EGON ERWIN KISCH

Gesammelte Werke in Einzelausgaben

Herausgegeben von Bodo Uhse und Gisela Kisch

III

EGON ERWIN KISCH

Zaren, Popen, Bolschewiken
Asien gründlich verändert
China geheim

Aufbau-Verlag Berlin und Weimar
1989

4. Auflage 1989

Einbandgestaltung Erich Rohde
Karl-Marx-Werk, Graphischer Großbetrieb, Pößneck
V 15/30
Printed in the German Democratic Republic
Lizenznummer 301.120/115/89
Bestellnummer 611 772 2
01200

Kisch, Ausgew. Werke in Einzelausgaben
ISBN 3-351-00613-6
Bd. 3
ISBN 3-351-00724-8

ZAREN, POPEN, BOLSCHEWIKEN

RUSSLAND IN DER EISENBAHN

In Moskau kommt der Petersburger Zug auf dem Nikolajewskij Woksal an und fährt vom Kurskij Woksal weiter, die beiden Bahnhöfe sind einander nahe, eine Viertelstunde genügt, um mit dem Schlittenkutscher handelseins zu werden, und zehn Minuten währt die Fahrt.

Jedoch die Platzkarte (russisch: Platzkarta) hält auf: obwohl man sie bereits besitzt, hat man am Schalter die Nummer des Waggons und des Platzes ausfüllen zu lassen, und das dauert noch länger, als in einem russischen Postamt eine Briefmarke zu kaufen. Bedrohlich naht die Minute der Abfahrt, der Mann im Fenster läßt nicht von seiner Gemächlichkeit, und die Leute, die Queue stehen, werden nicht nervös, alle Menschen haben hier Zeit und Geduld, unfaßbar viel Geduld.

„Moskau–Sewastopol", „Moskau–Rostow", „Moskau–Nishnij Nowgorod" steht auf einigen Waggons, dort nehmen nur Reisende kurzer Fahrt Platz, sie haben bloß eine Strecke zurückzulegen, die etwa so lang ist wie von Rom nach Stockholm. Imposantere Kennzeichnungen: „Moskau–Baku", „Moskau–Tiflis" oder gar „Moskau–Wladiwostok", das heißt vierzehn Tage, wenn es gut geht; und dann steigt man um, Kleinbahn, Rentierschlitten, Schneeschuhe . . .

Blau gestrichen sind die internationalen Schlafwagen, in erste und zweite Klasse eingeteilt, in ihnen sitzen englische Kaufleute und deutsche Diplomaten, einer tritt sein Amt als Generalkonsul in Tiflis an, einer ist Gesandtschaftssekretär in Persien, und der dritte (der Herr, dessen elegante grüne Weste Aufsehen erregt) ist Zuschneider in Teheran.

In gelben Waggons der weichen Klasse „NEP"-Männer, die Trockenwohner der „Neuen Ökonomischen Politik", sie tragen keine Fingerringe und keine eleganten grauen Westen, man sieht ihnen an, daß sie von unten stammen, aber sie haben Fettpolster, rötliche Glanzpunkte über den Backenknochen, sind mit Handel und Wandel zufrieden, mit Essen und Trinken dito. Außerdem reisen Beamte in der weichen Klasse, irgendwohin kommandiert oder delegiert, und können es durch ein Mandat beweisen – „Delegat", „Mandat" und „Komandirowka" sind wichtige und gebräuchliche Titel, mancher maßt sie sich an, um zu imponieren, aber so leicht wie in Gogols Rußland hätte es heute kein Revisor mehr.

Die interessantesten Fahrgäste, weitaus die interessantesten benützen die harte Klasse; wer das Glück hat, einige Tage oder gar einige Wochen im dunkelgrünen Waggon fahrend zu wohnen, der sieht und hört das alte und das neue, das nördliche und das südliche, das begeisterte und das empörte Rußland, der lernt die Urbilder aller Typen aus der Literatur kennen, von Gorkis Barfüßlern bis zu Tolstois Fürsten, von den Helden der napoleonischen Zeit, die Lermontow edel malte, bis zu den roten Reitern Budjonnys, über die jetzt Babel freche Satiren schreibt, hat Freundschaften geschlossen, genug Komödien und Tragödien erlebt.

Das Publikum ist gemischt, es läßt sich nichts Besseres über ein Publikum aussagen. Hekatomben von Milchweibern füllen den Moskauer Bahnsteig, beim Morgengrauen schwärmten sie in die Stadt wie die Kremldohlen, und nun kehren sie heim, jede von zwei gigantischen Milchkannen flankiert und mit einem Sack, in dem sechs leere Zinngefäße klirren. Familien fahren aufs Land, dort das Weekend zu verbringen, Großvater bleibt vielleicht schon den Rest des Jahres auf der Datsche. Viehhändler sitzen im Personenzug. Ein gutrasierter junger Mann mit messerscharfem Hosenbug und weißen Gamaschen hat aus politischen Gründen in Suchum zu tun, mehr sagt er nicht; der Schüler einer Lehrerbildungsanstalt reist mit Frau und Kind in einen Kurort (russisch: Kurort) im Kaukasus, er bekam einen Freiplatz, außerdem zahlt der Staat ihm, einem gewesenen Arbeiter, und seiner Familie während des Studiums sein Gehalt! Farbengewirr von Kopftüchern, resigniert graue und optimistisch grellgeblümte. Eine Dame behält den Hut auf und ist auch sonst tipptopp: Seidenstrümpfe, Lackschühchen, Titusköpfchen und goldbestickte Seidenbluse, von ihren Pralinen bietet sie immerfort dem Ingenieur an, der neben ihr sitzt, nach Dschulfa fährt, „Schmidt“ heißt, aber nicht weiß, daß das ein deutscher Name ist.

Moskau kriecht vorbei, Orgie der Kontraste, asiatisches Dorf mit Häusern in amerikanischem Wolkenkratzerstil, Kistenschlitten und Autobus, Barockpalast und Holzhütte, Stanislawskij und Meyerhold, Presseaufschwung und Diktatur, Hofopernballett und „Blaue Blusen“, Straßenbasar und Warenhaus. Von den Turmknäufen des Kreml leuchten goldene Zarenadler unversehrt herüber, zwischen ihnen weht Tag und Nacht die rote Fahne von der Kuppel. Vierzigmal vierzig goldene Kreuze mit je acht Enden (auch dort, wo Kopf und Füße Christi waren, sind Querbalken) und mit einer goldenen Kette richten sich fromm zu Gott empor, vierzigmal vierzig blutrote Sterne mit je fünf Enden richten sich trotzig gegen Gott empor. Und die Türme selbst! Es war dafür gesorgt, daß goldene Zwiebeln in den Himmel wachsen – an einer Straßenecke hat man mit einer Ananas Fußball gespielt, und sie blieb in der Luft hängen –, am Roten Platz steckt eine buntgewürfelte Gesellschaft von beturbanten Emiren, Scheichs und Großwesiren die Köpfe zusammen und flüstert sich, o heiliger Basilius!, pikante Geheimnisse aus dem Harem zu – jemand erhob feierlich seinen Becher, und der Becher ward zum Kirchturm.

Auf breiten Holzbänken, über denen eine große Laterne hängt, wodurch der Waggon wie ein braves Blockhaus wirkt, sitzen je drei Leute nebeneinander, so wie sie nachts übereiander schlafen werden; drei Stock hoch ist das brave Blockhaus. Polster, Decken, Bettuch hat fast jeder mit, in Leinwand war das und alles übrige Gepäck eingenäht, jetzt wird die Hülle aufgetrennt und der Inhalt ausgebreitet; wer kein Bettzeug hat, kann sich's vom Schaffner leihen, der es einem plombierten Sack entnimmt und das breite Brett in ein Bett verwandelt, drei Rubel kostet es – gleichgültig, ob man eine Nacht fährt oder zehn Nächte. Kinder liegen an der Wandseite, hinreichend viele sind's, wir brauchen vorläufig keine mehr, Kinder in allen Lebenslagen, solche, die noch in die Windeln pinkeln, solche, die es schon in die Hosen besorgen, solche, die in sich hineinwimmern, andere, die dem Nachbar in die Ohren trompeten.

Die Hauptstadt dreht sich am Zug vorüber, dort im Marienhospital wurde Dostojewskij geboren, an Biegungen des Moskwaflusses ragen Bastillen mit Festungsgräben, hohem Wall und Schießscharten und sind Klöster, alte Holzhäuschen begleiten die Ausfahrt, man liest eine Jahreszahl: Anno Domini 1796, die napoleonische Feuersbrunst hat also diese Hütten verschont, Waggonvillen, nicht weit vom Bahndamm; die Speicher des „Chleboprodukt“ sind moderne Zweckbauten, sie könnten auch in Hamburg stehen, Schneefelder spielen in allen Nuancen des abstrakten Weiß, das blau sein kann und perlmutterfarben und silbern, Leute mit Handschlitten schleppen etwas in die Stadt.

Die versickert schon. Schwengelbrunnen, Raben, Düngerhaufen tauchen an ihrer Stelle auf, Birkenwälder, Hüttengruppen, eine Schloßruine, die wie ein von Kandelabern umgebener Sarg aussieht; augenscheinlich ist der Palast nicht zu Ende geführt worden, weil der Bauherr vor dem Katafalk erschauerte; kleine Häuser mit bemalten Giebeln und geschnitzten Fensterläden, Datschen, dann verschwinden auch die Dörfer, und stundenlang dampft das Vehikel durch den Atlantik des Schnees.

Der Schaffner hat die Fahrkarten abgenommen und ist damit beschäftigt, jede an die zugehörige Stelle eines zusammenlegbaren leinenen Planes zu stecken, der den Waggon veranschaulicht, zwei Schaffner sind in jedem Wagen, sie lösen einander im Dienst ab und wohnen in einem Halbkupee. In Intervallen durchwandert der Oberkondukteur (russisch: Oberkonduktor) den Zug. Wen die Platzkarte in ein braves Blockhaus einquartiert hat, das Nichtrauchern reserviert ist, der muß, seine Papirossa anzustecken, auf den kurzen Korridor vor der Toilette. Hier finden endlose politische Beratungen statt, besonders wenn ein Passagier aus Deutschland da ist, den man über Gindenburg, Stresemann und Thälmann ausfragt, darüber, ob in Deutschland Arbeiter das Doktorat machen können, bis zu welchem Monat eine schwangere Frau arbeiten darf, ob dort die Bergleute auch nur vier Wochen Jahresurlaub haben, wieviel ein Pud Brot kostet, wieviel ein Paar Walenki (Filzstiefel) und ob man viel Foxtrott tanzt. Während dieser Debatten öffnet sich von Zeit zu Zeit die Tür der Toilette, der Zigarettenrauch ist auch nicht von der besten Sorte, und die Doppelfenster sind in den Wintermonaten hermetisch verschlossen.

Draußen ist Luft und Schneesteppe. Spärlich die Waldungen, man erkennt die Holzarmut der Gegend an den Wohnstätten: niedrige Häuschen, mit Stroh gedeckt, keine Spur mehr von Schnitzerei und von Fensterläden, die Zäune von äußerst geringer Dichte. Manchmal wächst der Schnee ins Senkrechte empor und zerstäubt oben in dunkle Strahlen: das sind Birkenforste.

Im Zuge spielen Arbeiter „Schachmatt". Der gutrasierte junge Mann mit dem messerscharfen Hosenbug und den weißen Gamaschen, der – wie jeder weiß – in politischer Mission nach Suchum fährt, spricht herablassend mit einem Studenten und läßt durchblicken, daß er ein Delegat mit einem Mandat und einer Komandirowka ist. Die tipptoppe Dame hat den Hut bereits abgelegt, ist aber noch immer in Seidenstrümpfen und

Halbschuhen und raspelt noch immer mit dem langen Ingenieur Schmidt Süßholz und Pralinen. Tee wird getrunken und Eßwaren werden ausgepackt, Riesenbrote, Riesenschinken, Riesenwürste, Riesenkäse, man bietet einander an. Zwischen den Waggons sind kleine Blechbrücken heruntergeklappt, ihre Hälften schlagen rhythmisch zusammen, ganz anders klingt der Schall der russischen Bahnfahrt als bei uns: Tarrara-tarrara-bsching, tarrara-tarrara-bsching.

Frauen aus dem Raucherabteil und aus dem Nichtraucherabteil, die Frau mit dem Hut, die Frauen mit den optimistischen und den pessimistischen Kopftüchern, die Frauen ohne Hut und ohne Kopftuch haben sich auf den Passagier aus Deutschland gestürzt: Was trägt man in Deutschland? Kurzen Rock, langen Rock, helle Strümpfe, dunkle Strümpfe, Männerhemd, Jumper, ach, was weiß ich! Und schreiben dem Passagier aus Deutschland ihre Adresse auf, wollen ein Modejournal, sind bereit, es vorher zu bezahlen, zwei Rubel, drei Rubel, fünf Rubel – gibt niemand mehr? Und was tanzt man in Berlin? Wohl oder übel muß der deutsche Gast Java und Blues und Charleston vorführen, die Leute stellen sich auf die Bänke und schauen zu, tarrara-tarrara-bsching, tarrara-tarrara-bsching spielt die Jazzband.

Hält der Zug auf einer Station, springen die Fahrgäste hinaus, jagen auf eine fensterlose Holzbude zu, in deren Innern ein Kessel dampft; aus der Piepe an der Außenwand strömt heißes Wasser. Alle erdenklichen Gefäße füllt man, Samoware, Flaschen, Thermophore, Kannen, Eimer. In Tula stürmt man nicht nur den „Kipjatok", sondern auch den Stand, der Tulaer Stahlwaren feilbietet – obwohl man Solinger Stahl in Solingen nicht besser einkauft als in Berlin! Unverschämt teuer sind die Sachen, Taschenmesser, Scheren oder Nippesbügeleisen. Die Lokomotive wird gewechselt, statt des einen fossilen Ungeheuers kommt das andere, zur Seite rollt die alte Maschine, von ihrem Vorderteil trieft schwarzes Fett, ihr Hinterteil ist reines Kristall, leuchtend von Schnee und Eis.

Zweimal läutet die Bahnhofsglocke, alles rennt zum Zug, jeder Waggon hat eine Nummer, auf daß auch der Dümmste seine Wohnung finde, mit dem neuen Vorspann geht es weiter; das heiße Wasser wird in Tee verwandelt; links Jasnaja Poljana, ein stilles, friedliches Dorf, aber man weiß jetzt, welch laute Kämpfe Tolstoi dort auszufechten hatte; rechts flüchtet eine Zwingburg vorbei: Orel, Väterchens Zentralgefängnis.

Oberhalb der Oka leuchtet der goldene Knauf einer Kuppel, tarrara-tarrara-bsching, tarrara-tarrara-bsching, und nun ist es das Tal des Dnepr, über das sich die weiße Steppdecke breitet, lehmbeworfene Hütten, geflochtene Zäune. Eine Pracht von Kloster: die Einsiedelei Korenscha. „Ich bin wie ein Kloster", pflegte Paul Cassirer zu sagen, „ich lebe von einem Bild." Das Kloster Korenscha lebte auch von einem Bild, noch dazu von einem hier nicht vorhandenen; in Korenscha war es nur aufgefunden worden – so erzählen die Fahrtgenossen – und nach Kursk gebracht, von wo es immer zu Pfingsten in seine ehemalige Heimat überführt wurde, um Wunder zu tun, indem es dem Klosterkonvent zu einer Millioneneinnahme verhalf.

Schnee liegt auf den Feldern, nicht mehr in breiter Fläche wie im Norden, aber in allen Furchen, die Fruchtbarkeit der Gegend läßt sich auch in Schnee und Winter feststellen: stattliche Bauernhäuser, weite Stallungen und Schuppen, wir sind in der Ukraine.

Die Nacht bricht langsam herein, man klettert ins zweite oder dritte Stockwerk, Bettzeug auszubreiten oder sich einfach aufs Holz zu werfen; die tipptoppe Frau wird von Ingenieur Schmidt überredet, im Parterre Lager zu beziehen, und er sitzt nun neben ihr, sie liegt in Seidenstrümpfen, Halbschuhen und goldbestickter Bluse da, die meisten Frauen sind in Nachtjacke und Unterrock, die Männer schlafen in Kleidern und hohen Stiefeln oder in heißen Wollsocken, Kinder wimmern, Mütter irren; wenn jemand hinausgeht, spürt man Zugluft, läßt er gar die Türe offen, so brüllen die anderen, Schnarchen dröhnt durch alle Etagen, tarrara-tarrara-bsching, tarrara-tarrara-bsching, jeder hat Koffer und Stiefel unter dem Kopf, fürchtet Diebe. In einem braven Blockhaus liegt man, vorbei fährt die schwarze Unendlichkeit. Nur auf den Stationen wird das Dunkel zerrissen von Lämpchen oder von dem offenen roten Feuer der Lokomotiven; selbst nachts fließt der Kipjatok, in den Wartesälen schlafen hundert Schafpelze, hundert Kopftücher und hundert Säcke auf dem Boden, hier riecht es ebenfalls nach heißem Tee und heißen Wollsocken, hier durchsägen ebenfalls die Schläfer laut die Luft. Eine Weichenstellerin schwingt die Lampe, ihr Kopftuch leuchtet für einen Augenblick als roter Fleck, zweites Läuten, der Zug rollt, tarrara-tarrara-bsching.

Vor Charkow großer Lärm, ein Koffer ist gestohlen, bald ist's klar, wer der Dieb war: der schlanke Ingenieur Schmidt! Er wußte nicht, daß Schmidt ein deutscher Name ist – natürlich, er führte diesen Namen noch nicht lange. Alle greifen unter ihren Kopf, nach dem Gepäck und nach der Brieftasche, der tipptoppen Frau fehlt das Handtäschchen, deshalb also hat ihr der Galan zugeredet, im Parterre zu schlafen, da läßt sich nichts machen, nitschewo; es wird kein Protokoll aufgenommen, keine Anzeige erstattet, kein Telegramm abgesandt, nitschewo, die tipptoppe Frau zieht jetzt ihre Halbschuhe aus und lockert die Strumpfbänder, Verzicht.

Man rekelt sich, steht auf, die Toilette ist belagert von Menschen mit Seife und Handtuch. Das weiße Land ist schwarz, Windmühlen am Horizont, manche Frauen bleiben in Pantoffeln und Unterrock, die Bügelfalte des gutrasierten Mannes, der in politischer Mission nach Suchum reist, ist nicht mehr messerscharf, im Gegenteil, die Hose weist Ansätze von Knollenbildung auf, und er erscheint keineswegs gut rasiert; hingegen zeigen sich der Gesandtschaftsbeamte und der Generalkonsul auf dem Bahnsteig in Charkow mit tadellosem Scheitel und unzerknittertem Kragen, und der präsumtive Zuschneider von Teheran hat sogar eine neue Weste an, dunkelgelb mit grauem Passepoile.

Keine Schlittenkufen sieht man nun, sondern Wagenräder, deren Anblick man länger als ein halbes Jahr entbehrt hat; während in Moskau noch die Diktatur des Winters herrscht, lokkert sie sich hier zum Vorfrühling. Die Äcker hören auf, und die Halden beginnen, Essen lodern, Fördertürme stehen dick und breitspurig da, Schlote schlank und hoch, Fabriken, Kohlenberge, Holzplätze. Schwerarbeiter steigen in den Waggon und wollen von dem ausländischen Passagier wissen, wieviel Wochen Urlaub einem Metallarbeiter in Deutschland gesetzlich zustehen, wieviel Lohn ein Hauer hat, ob die Bruchpfeiler verritzt werden, welche Zeit des Urlaubs die Arbeiter der chemischen Betriebe unentgeltlich im Sanatorium verbringen dürfen. In Artjomowsk steht das Gewerkschaftshaus des Donezbeckens, ein neues ist im Bau, ein Bronzeobelisk auf dem Bahnhof nennt die Namen der Arbeiter, die von den Weißen füsiliert wurden. Von Fördertürmen weht ein rotes Flaggentuch – rote Fahne über schwarzem Land, aus den Schloten unvertünchter Ziegelbauten weht der Rauch – schwarze Fahne über rotem Land.

Auf allen Stationen ist es gleich, über eine niedrige Hürde strecken Weiber ihre Körbe, in denen Eier sind oder frischgebackenes Brot (unter einem Kissen warmgehalten) oder gebratene Hühner, deren Preis je nach der Größe (der Station) von fünfzig Kopeken bis zu einem Rubel dreißig Kopeken schwankt; Milch wird gleichfalls feilgeboten. Der Abend ist Steppe, Steppe ist die Nacht. Beim Morgengrauen in Nowotscherkassk, der Stadt der Donkosaken, steigen Städter ein, die Erbeingesessenen nehmen keine Rücksicht auf sie; der Mann mit der ehemaligen Bügelfalte ist kleinlaut geworden und hat sich seit vorgestern noch nicht gewaschen, die Frauen bleiben in Unterröcken, im Waschbecken auf der Toilette reinigen sie Windeln und hängen sie in der rußigen Heizkammer zum Trocknen auf, die tipptoppe Dame zieht die Lackschühchen nicht wieder an und knüpft die Strumpfbänder nicht fest, tarrara-tarrara-bsching. Wer in Rostow am Don ans Büfett gehen will, richtet sich ein bißchen her. Ein ganz europäischer Bahnhof: Damen, die echten Augenbrauen ausrasiert, hoch darüber die falschen gemalt, spazieren auf dem Perron (russisch: Platforma), das Ausspucken und Wegwerfen des Mundstückes (russisch: Mundschtuck) ist bei drei Rubel Schtraf (um das russische Wort für „Strafe" zu gebrauchen) verboten, und das Publikum wird gebeten, nur die offiziellen Gepäckträger zu benützen, die an Messingschild und weißem „Fartuch" kenntlich sind. Im weißgedeckten Speisesaal kriegt man ausgezeichnete Horsd'oeuvres (russisch „Vorschmack" genannt), und der Raseur (Parickmacher) amtiert in einem modernen Salon. Dagegen ist der „Kaspar", der auf buntem Plakat zu Dampferfahrten einladet, kein deutscher Kaspar, sondern die Zusammenziehung des russischen Firmatitels Kaspisee-Dampfschiffahrt ... Hier äußert sie sich sonst nicht, hier äußert sich die Dampfschiffahrt des Asowschen Meerbusens, des Schwarzen Meeres. Auf den Bahnhofsrampen werden Ballen mit Weizen, Tabak, Hafer, Wolle umgeschlagen, die Hafenspeicher reichen bis zum Personenperron, die Eisenbahnwerkstätten bis ans andere Ufer des Don, über den man auf einer Gitterbrücke rattert.

Tief unten ist Inundationsgebiet – eine jener geheimnisvollen Landschaften, von denen man monatelang nichts weiß, da das Wasser über ihnen zusammenschlägt, und die dann wieder vom Ertrinkungstode auferstehen; vor kurzem schwammen noch Fische hier, Holzblöcke, Leichen, Schiffe, und nun ist es Land, auf dem Menschen gehen; drei Landstreicher tauchen aus einem Gebüsch auf und strecken sich, Bauernweiber tragen Rückenkörbe und Säcke, Männer treiben Ochsen und Schweine, am Rand der Stadt ist ein Markt im Gange, tarrara-

tarrara-bsching, Steppe, Steppe, Steppe, ein Kosakendorf wird sichtbar, dahinter wieder ein Aul, Steppe, Steppe, Steppe, wieder eine Staniza, dann der Kaukasus.

Fünf Frauen sind eingestiegen, sie haben als Gattinnen von Eisenbahnern freie Fahrt und reisen fünf Tage und fünf Nächte nach Batum, um Konterbande einzukaufen, Strümpfe und Seide, die griechische und türkische Schmugglerschiffe dort verschleißen; fünf Tage und fünf Nächte dauert die Rückfahrt – ein abenteuerliches Einholen, aber die fünf Frauen haben nicht genug davon, sie sind auch Abenteuern anderer Art nicht abhold.

Die Stammgäste des Waggons duzen einander längst, jeder hat schon mit jedem „Schachmatt" gespielt, jeder hat schon ein Mädchen, mit dem er nachts auf dem Korridor vor der Ubornaja steht oder im Heizraum, alle Schranken sind gefallen, auch die Seidenstrümpfe der tipptoppen Dame, sie läuft in schmutziger Nachtjacke und schmutzigem Unterrock umher, ach, wie zerzaust ist das ehemals so wohlassortierte Titusköpfchen! Der gutgebügelte, gutrasierte Herr hat ausgebuchtete Hosen und einen scheußlichen Vollbart, nicht mehr grau, sondern braun sind die weißen Gamaschen, nichts blieb von seiner Herrlichkeit als die politische Mission, der Lehrer-Arbeiter hustet immer mehr, die Kinder haben sich mit den Fahrgästen angefreundet und pinkeln auf deren statt auf der Mutter Schoß; wenn jemand den deutschen Passagier nach Gindenburg, Stresemann, Thälmann fragt oder danach, was ein Glas Sonnenblumenkerne in Deutschland kostet oder eine Rubaschka, eine länge Männerbluse, so antworten alle im Chor.

Isothermische Waggons mit Mineralwasser kommen entgegen, eine Flasche des Sauerbrunns „Narsan", für die man in Moskauer Hotels fünfzig Kopeken verlangt, kauft man hier bei den Verschleißhütten für achtzehn, der Doppelgipfel des Elbrus hüpft auf und ab, mit Eis bedeckt, und später der Kasbek, er trägt eine Nebelkappe, und deshalb kann man nicht sehen, ob dort noch immer Prometheus festgeschmiedet ist, vom Adler beknabbert; ein Knirps ist der Montblanc gegen diese Berge! Dazwischen die Station Mineralnyje Wody, die Arbeiter steigen um, die den Urlaub in kaukasischen Kurorten verbringen. In Grosnyj: Tribünen auf Petroleumhalden, weiße Ölzisternen, Schlote der Raffinerien, neue Arbeiterkolonien. Auf dem Bahnhof von Machatschkala, das in zaristischer Zeit „Petrowsk" hieß, spreizen sich Tscherkessen in der hohen Persianermütze, dem Papach, Türken hocken mit gekreuzten Beinen auf der Erde, die Aufschriften sind türkisch, und zwar sowohl in osmanischen Schriftzeichen als auch in lateinischen Buchstaben, um deren Einführung man bemüht ist; Machatschkala ist Hauptstadt der Sowjetrepublik Dagestan. Hier ist schon andere Zeit, die Uhr wird um eine Stunde vorgerückt, von nun an gibt es keine Klosette mehr, man muß jede Notdurft stehend verrichten, nur wir im Zug dürfen uns noch setzen, wenn wir Lust haben. Nach Südosten ist der Schienenstrang geschraubt; stundenlang: links Kaspisches Meer, rechts Felsen mit Zitadellen; dann: links Dämmerung, rechts Dämmerung; dann: links Nacht, rechts Finsternis. Morgens versucht Narynkala zu drohen, die Zitadelle von Derbent; sie beherrschte die Porta Albana, den einzigen Weg von Asien nach Norden zwischen Meer und Berg; Altertum, Mittelalter und Neuzeit kämpften um sie. Schon ist gesunken in den Staub der Sassaniden alter Thron, schon plündert Mosleminenhand das schätzereiche Ktesiphon längst nicht mehr – und an der ziemlich unversehrten Mauer der Sassaniden saust die Staatsbahn achtlos vorbei, tarrara-tarrara-bsching.

Der Schaffner erscheint und fegt mit besonderer Sorgfalt. In Baladshary stehen auf Nebengleisen Hunderte ausrangierter Waggons – warum schreibt niemand den Film „Die Insel der verlorenen Waggons“? – Das Besondere dieses Eisenbahnfriedhofes ist, daß hier nur Zisternenwaggons ruhen, hundert Farben und hundert Formen und hundert Größen.

Was sollen Trampoline auf dem Festland? Ach so, es sind Bohrtürme, alte und neue, Arbeiterkolonien, alte und neue, die Raffinerievorstädte durchläuft unser idyllisches Blockhaus, Belyj Gorod und Tschornyj Gorod, ein Gebäude strebt zur Göttlichkeit, teils indischer Tempel, teils Moschee, teils byzantinische Kathedrale, es ist die griechisch-katholische Kirche, nun neigen sich auch ein Palast der Chane und eine Perserfestung, und Baku, die Petroleumstadt am Meer und auf dem Berg, voilà Naples tatare!

Die Bahnhofsuhr hat zwei Stundenzeiger, einen für Orts- und einen für europäische Zeit; die Uhren der Stadt tragen die Buchstaben AEG. Am Zeitungsstand bekommt man eine Berliner Zeitung, wenn sie auch drei Wochen alt ist, das Modenblatt liegt bei, und im Nu ist man von allen Frauen umringt. Neue Frauen geben dem deutschen Fahrgast ihre Adresse an, daß er ihnen Modejournale zusende und Schnittmuster. (Aber nur zwei werden sie erhalten, davon die eine: zwei Nummern.)

O du meine Güte, wie sieht die alte Garde der Fahrtgenossen aus! Nicht mehr bloß schmutzig, nein, auch zerrissen sind Nachtjacken und Unterröcke, zerrauft die Haare. Welches war doch die Dame mit dem tipptoppen Titusköpfchen? Die Gamaschen des struppigen Herrn (der nicht mehr in politischer Mission reist, sondern für die Leningrader Großeinkaufsgesellschaft einen Waggon Suppengewürz beschaffen soll), waren sie weiß, grau oder braun? – jetzt sind sie jedenfalls schwarze Fußlappen. Und noch sind wir nicht am Ziel, noch bewegt sich die Landschaft, während wir sitzen, tarrara-tarrara-bsching, tarrara-tarrara-bsching, ein Schlammvulkan, eine Sahara, durch die Kamelkarawanen ziehen, von den Felsen herab und nun entlang der Bahnstrecke, die Schiffe der Wüste fahren parallel zur Eisenbahn, Berge, öde Steppe, Weinberge, Gendscha (vormals Jelissawetopol), wo schwäbische Winzer aus dem Dorf Rosa Luxemburg einsteigen, Kupferwerke, die Ubornaja ist wieder umlagert von Menschen mit Seife und Handtuch, einige haben die Zahnbürste aus dem Koffer exhumiert, vielleicht wartet der Bräutigam, die Braut, vielleicht wollen sie nur – zum Abschied – imponieren, viele packen ihre Sachen; in den Gärten der Villen blühen Rosen, gelbe, rote und die blauen Rosen Georgiens, grün strahlt der Frühling von allen Beeten, und unten im Tale und auf den Bergen liegt Tiflis, die Hauptstadt des Kaukasus.

Nur für kurze Zeit lächelte sie ins Fenster und breitete sich lockend aus – vergeblich, der Zug reißt sich los von der Versuchung, resigniert senken sich die Arme, die Stadt schrumpft zusammen, tarrara-tarrara-bsching, die Kuppel der Garnisonkirche, über der jetzt der rote Stern wohnt, und die Höhen verschwinden mit den Felstrümmern der persischen Festung, dem botanischen Amphitheater, dem georgischen Königsschloß Metech, in dem die aufständischen Reaktionäre von 1921 eingesperrt sind, und bald schließt sich auch ein enttäuschtes Auge, das nachgeblickt hatte, das Davidskloster auf dem Hang. Eine häßliche, braungelbe Vorstadt empfängt die Fahrt, kahle, dachlose Häuser mit hölzernen Klopfbalkonen, die nur vormittags schön sind, wenn sie – der Nachbarschaft zum Neid – die schwarzrot geknüpften Lambrequins herausblöken, es ist nicht schlimm, daß sich ein Felsenvorhang dazwischensenkt, doch da er sich wieder hebt, sieht man ein asiatisches Dorf, von tausend asiatischen Dörfern nur durch einige Bedachungen und schöne neue Arbeiterkolonien unterschieden, dahinter wieder Hütten, geborstene Zäune, im kahlen Garten steht nichts als ein Baum, Esel zotteln des Wegs und räudige Trampeltiere. Links die Bergwüste trägt Telegrafenstangen. Obwohl man scharf auf die Steppe schaute, entging es einem, daß sie plötzlich ein Salzsee ward. Von Sandar an sind die Aufschriften auf Bahnhöfen dreisprachig, russisch, grusinisch, armenisch. Grenzstation ist Sadachlo, und auch die Landschaft ändert sich, wilde Schlucht preßt sie ein, Buschwerk und Moos, alle fünf Werst ein Karaul. In Achtala stehen die französischen Kupferwerke noch in Betrieb, aber sie gehören den Franzosen nicht mehr, die Bolschewiki, die jeden Nationalismus ablehnen, regieren das einzige Reich, das keine ausländischen Fabriken auf seinem Boden hat: sie verjagten den fremden Privatkapitalismus wie den einheimischen. Die Strömung des alpenbachgrünen Bededatschai brandet mit weißem Gischt auf Steinblöcken, die sich im Flußbett breitmachen, die Birken am Ufer sind eher Telegrafenstangen, die oben mehrfach gespalten sind.

Bergschweine und Ziegen mit Mähnen weiden hier, Hirten lagern vor Hütten aus Lehm und Laub, deren Eingänge im Kreise angeordnet sind, es ist wie ein Indianerdorf. Ein Berg bildet die Wasserscheide zwischen der georgischen Kura und dem armenischen Araks, aber er hält die Eisenbahn nicht auf, ein Tunnel führt durch, und gleichzeitig mit dem Licht der Frühlingssonne taucht Schnee auf, oben auf den vier Gipfeln und hundert Zacken des Allahgoes und über seinem weißen Krater. In Leninochan halten wir – jahrhundertelang war es Alexandropol, eine heiße Ecke dreier Reiche: Georgiens, Persiens und der Türkei.

Im Jahre 1920, jawohl, im Jahre 1920 schleppten Türken die zweitausend schönsten Jungfrauen, Mädchen im Alter von zwölf bis achtzehn Jahren, aus Alexandropol fort, keine ist zurückgekehrt, von keiner ahnt man das Schicksal.

Graugestrichene Zisternenwaggons, von kaukasischen Mineralquellen kommend, füllen den Bahnhof, Schienen durchlaufen Lavafelder, das Mauerwerk von Ani hebt sich im Mondlicht vom Horizont ab, Ruinen von tausendundeiner Kirche und der Bagratidenburg, Ani ist armenisches Pompeji. Von Etschmiadsin, wo die armenischen Päpste nun auch schon seit sechzehnhundert Jahren ihre Residenz haben, ist nur ein arger

Bahnhof zu sehen. Eine Bahnlinie löst sich, ein Zug knattert vorbei, tarrara-tarrara-bsching, will nach Dschulfa und Täbris, ins Persische.

Des Ararat Eisdom ragt aus dem Tal der Weiden und Weingärten, der Herden und Hütten unmittelbar auf die andere Seite des Gewölks; wohl ließe sich glauben, daß Noah oben furchtlos landen konnte, dorthin steigt kein Hochwasser, auch biblisches nicht, und der Schnee mag ruhig schlafen. In Eriwan verlassen wir den Zug.

VORMALS ZARSKOJE SELO

Vormals: Zarskoje Selo. Mehr Zarskoje als Selo. Mit den andern russischen Dörfern hat das kaiserliche nichts gemein. Da gab's keinen dumpfen Muschik mit Wodka und Tee, kein kümmerlich bebautes Feld und keine zerbrochenen Schlitten und keine rostige Pflugschar, da herrschte kein Pope über Männlein und Weiblein. Hier hatten die Zaren ihr Schloß, und alles, was sich im kaiserlichen Glanz sonnen wollte oder wenigstens etwas von der Luft erhaschen, die der Hof ausatmete, baute, vorausgesetzt, daß es die Erlaubnis dazu bekam, in Zarskoje sein Sommerhaus. Das war Rußlands Ischl. Hier leuchtete schon elektrisches Licht, als selbst in den größten Städten noch die Ölfunzel brannte, hier war Kanalisation, als Rußlands Bauern die Jauche noch in Bierfässern aufs Feld führten, hier gab es bereits Wasserklosetts, als im übrigen Rußland nicht einmal ein Zaun die Verrichtung maskierte.

Jetzt: Detskoje Selo. Die schönen Datschen, die schönen Steinbauten, die schönen Gärten gehören den Kindern. Es bestehen Kinderkommunen, Kindersanatorien, Arbeitsschulen, und die Vertreter der Kinder sitzen im Gemeindeausschuß. Wo einst im Rokoko die Fürsten mit ihren Gattinnen zur Rechten und zur Linken spazierten, treiben jetzt Nachkommen der Leibeigenen ihre Kinderspäße, schlagen Purzelbäume über die Rasenbeete, und in der Liebesgrotte steht ein Barren, auf dem sie turnen.

Nur der Palast der Zarin Maria Pawlowna ist für eine Behörde von Erwachsenen frei gemacht worden, für das Exekutivkomitee des Gemeindesowjets, und der des Großfürsten Boris Wladimirowitsch ist Zentralversuchsstation für Botanik und

Selektion. Die beiden Kaiserschlösser, die in der russischen Geschichte der letzten zweihundert Jahre eine Rolle gespielt haben wie Versailles in der französischen, sind als Museen geöffnet.

Wie Versailles? Armseliges Versailles: wenn „der Louvre eine Rumpelkammer ist gegen die Ermitage" mit ihren neunundvierzig Rembrandts, mit ihren dreißig Rubens', mit ihrem Sassanidensaal und tausend andern Unikaten, so ist das Schloß von Versailles eine Hundehütte gegen das Katharina-Schloß von Zarskoje Selo. Um wieviel reicher war jeder russische Selbstherrscher als alle Fürsten Frankreichs und Europas zusammen, ihm gehörte nicht nur das weitaus größte und reichste Reich, nein, auch alle Menschen und deren Geld gehörten ihm, in Asien und Europa; all das, was an Kunstwerken geschaffen oder gefunden wurde, wanderte in die Hände von Gottes kaiserlichem Stellvertreter, und Tribute wurden geleistet, hoch und kostbar genug, Länder freizukaufen.

Mandelgrün strahlt die Fassade, Bronze verdeckt das Mauerwerk, und Turmspitzen von fettem Gold verbanden den Obersten der russischen Kirche mit seinem einzigen Vorgesetzten, dem Zaren des Himmels. Und innen ein noch satterer Glanz, ein noch wüsterer Luxus, hinter dem man fühlt, wie wenig die Herren seiner froh werden konnten. In der Kirche zum Beispiel, die ein Exzeß ist in Blau und Gold, in der Kirche, die mitten im Haus des Zaren stand, in der Kirche, deren Ikonen und Altäre in ihrem Prunk nur der Kaiser würdig sein sollten, konnten die Kaiser nicht knien: sie fürchteten immer den Dolch eines Nebenbuhlers, eines Prätendenten, eines Empörers. Nur ganz oben auf der Balustrade erschienen sie, geschützt vor allzunaher Berührung selbst mit den Auserwähltesten.

Von einer Stelle des Palastes aus kann man eine Flucht von sechzig Sälen und Zimmern sehen. Hier warteten die Audienzwerber, bis die Kaiserin endlich herankam, zuerst ein kleiner blitzender Punkt von Brillanten, dann ein Tanagrafigürchen in Atlas, dann in menschlicher Größe und schließlich in Krone und Krinoline, eine überlebensgroß erscheinende Gestalt, ihr eigenes Denkmal, zu dem kein Mensch mehr menschlich zu sprechen wagte.

Wie in allen Königsschlössern, so auch hier: Spanischer Saal, Paradesaal, Pompejanisches und Chinesisches und Elfenbeinzimmer, Spiegelgalerie und dergleichen, nur prunkvoller als im armen Bayern, im armen Frankreich, im armen Wien. Ein solches Bernsteinzimmer zum Beispiel gibt es nirgends, am allerwenigsten in Sanssouci, und doch ist der ganze Raum ein Geschenk Friedrichs des Großen an den Zaren, ein Gegengeschenk sogar, überreicht zum Dank für hundert Grenadiere von je vier Ellen Größe. Im Speisesaal fehlt nicht der Witz des Tischleindeckdich, das plötzlich aus dem Parkettboden emportaucht, was für andere Sterbliche ein Märchen aus dem Märchenbuch ist. Der Thronsaal aber ist ein Märchen aus dem Kopf von hundert Künstlern und aus einer Goldkammer, die keinen Boden hatte, und neunhundertsechsundvierzig Lampen beleuchten ihn und werfen ihr Licht aus zwölfhundert Spiegeln einander wieder zu; klatscht man in die Hände, so läuft der Schall die Wand entlang, fast zwei Minuten dauert dieser Galopp des Echos. Ein Saal schimmert von Silber, einer im Weiß der Porzellantäfelung und im Violett gläserner Säulen, des einen Parkett ist blankes Perlmutt, der Lüster des anderen ist Lapislazuli, ein Gemach ist von einer Vase erfüllt, an der drei Generationen einer chinesischen Künstlerfamilie geschnitzt haben, fünfundsiebzig Jahre lang, in einem Zimmer wurde die Teilung Polens vollzogen, und in einem wohnte Emile Loubet im Jahre 1902, als er hierherkam, um Rußland zum Bündnis mit Frankreich gegen Deutschlang zu gewinnen.

An das Dampfbad der Gardeoffiziere grenzt eine winzige Dienerkammer, aus der ein kaum anderthalb Meter breiter Korridor in die kaiserlichen Gemächer führt; dieses Kämmerchen soll die Loge gewesen sein, aus der Katharina II. die Badenden beobachtete, um die Wahl ihrer Favoriten zu treffen.

Hinter all dem hemmungslosen Genuß und hemmungslosen Luxus verbargen sich Fratzen der Angst und die gequälten Mienen derer, denen all dieser Reichtum und Glanz ausgepreßt wurde.

Drüben das neue Schloß, das Alexanderpalais, ist die unpersönliche Villa einer kleinen Spießbürgerfamilie ohne persönlichen Geschmack, ohne Charakter. Hier wohnte der letzte Zar und seine Familie. Wer es nicht glaubt, mit wie wenig Verstand die Welt regiert wird und mit wie wenig Kulturgefühl man viel Geld auszugeben vermag, der kann im Hause Nikolaus' II. untrügliche Beweisstücke in Massen vorfinden. Nein, kein Mensch von Verstand und Geschmack möchte in diesem Sammelsurium von gipsernen Jungfrauen, von schablonenhaften Alpenlandschaften, von sezessionistischen Ornamenten auf Leuchtern und Tintenfässern leben. In manchem Zimmer hängen fünfzig bis sechzig Seestücke an der Wand (die einzige Kunst, die sich auf ihnen offenbart, ist die, einen Meeressturm langweilig darzustellen) und Genrebilder aus dem Bojarenleben, und zweihundert lithographierte Gibsongirls mit einem einzigen Mund, dem zum Kotzen beliebten Kirschmündchen, schmücken dein Heim, und in den intimen Gemächern stekken Hunderte von Photographien in Rahmen, alle Männer und alle Frauen in den gleichen Uniformen und mit den gleichen Gesichtern, auf allen steht mit Tinte derselbe Text: „Meinem lieben Niki zum freundlichen Andenken, Valerie von Hessen", „Meinem lieben Niki zum freundlichen Andenken, Hermine von Hessen", „Meinem lieben Niki zum freundlichen Andenken, Ernst Ludwig von Hessen". Es ist geradezu eine Erquickung, wenn man unter dem Konterfei eines solchen hessischen Prinzen, den man nun schon zum Überdruß oft in effigie gesehen hat, lesen kann, daß er kein Prinz von Hessen ist, sondern ein Prinz von Dänemark. Aber an diesen Photographien der lieben Familie hatten Niki und seine Frau nicht genug. Auf jedem der vielen Tische liegt ein Album mit Bildern der Prinzen von Hessen, Koburg, Dänemark, Hessen, Preußen und Hessen. In etwa dreißig dicken Mappen sind sorgfältig Kameraaufnahmen von Nikolaus II., seiner Frau und den Kindern eingeklebt, bald sieht man ihn in Schwimmhosen, bald in der Galakalesche, bald mit einem erlegten Eber, bald bei einer Truppenparade, bald beim Tennisspiel, bald auf einem Schiff – um Gottes willen, hatte er nicht genug daran, daß er das alles tun mußte, erfreute er sich außerdem noch an der Erinnerung? Kopfschütteln erregt der Anblick des Schlafzimmers, in dem auf einer Matratze Zar und Zarin nebeneinander schliefen (die offizielle Geliebte des letzten Zaren, die Ballerina Kschessinskaja, hatte in ihrem pompösen Palast auf der Petersburger Insel einen pompösen Schlafsaal), nicht wegen dieses schmalen Bettes, sondern deshalb, weil für ein breiteres kein Platz vorhanden war. Denn das Zimmer ist vollgestopft mit Ikonen; Heiligenbilder, Medaillons, Kreuze, Ketten, Reliquien, Ewige Lampen füllen den ganzen Raum und alle Wände von oben bis unten. Und im Seitenkämmerchen, an dem ein oberflächlicher Besucher diskret vorbeischreiten würde, ist der Altar, wo die Morgenandacht verrichtet wurde, gleichfalls umhängt von mehreren hundert frommen Bildchen. Die elektrische Klingel paßt durchaus nicht zu dieser Draperie. Aber noch weniger paßt dazu, daß über der elektrischen Klingel ein Hufeisen angebracht ist, auf Weisung des Zaren, der fest an diesen Glücksbringer glaubte. So sind in einem kleinen Zimmer Glaube und Aberglaube sinnfällig benachbart. Überall, wo Nikolaus arbeitete, mußte ein Hufeisen auf die Schwelle genagelt sein und eine Ikone in der linken Ecke hängen und ein Gibsongirl an der Wand. (Die Ikonen aus dem Schlafzimmer waren das einzige, was die Zarin nach ihrer Verhaftung in die Verbannung mitnahm: drei schwere Kisten hatte sie selbst gepackt. Erst nach ihrem Tode wurden sie zurückgeschickt, und eine Kunsthistorikerin bekam den weniger kunst- als historischen Auftrag, nach einer vorhandenen Photographie des Zimmers, die man vergrößerte, die Bildchen und Kreuze wieder so zu befestigen, wie sie gewesen waren. Fast drei Monate arbeitete sie an diesem Geduldsspiel.)

Die Töchter des Zaren wohnten oben im ersten Stockwerk mit ihren Erzieherinnen, und in dem großen Spielzimmer ist ein Berg aus Holz aufgebaut, auf dem sie kraxeln, rutschen und rodeln konnten. Nur der Zarewitsch hatte ein eigenes Spielzimmer, wie sich's für den künftigen Beherrscher aller Reußen geziemte. Prachtvolle Wiegen stehen darin, eine aus Tula, eine von den Holzschnitzern der Ukraine, und viel Spielzeug. Neun wirkliche Militärgewehre, jedes in einer andern Größe, mit dem einen mag er gespielt haben, als er drei Jahre alt war, mit dem nächstgrößeren im Alter von vier Jahren, und so weiter, im Kriege aber bekam er ein leibhaftiges Maschinengewehr mit einer Lafette und einen Gurt Knallpatronen, das stellte er zum Fenster, vielleicht um auf die bösen Deutschen zu schießen, wenn sie bis Zarskoje Selo vordringen sollten. Neben dem ikonengeschmückten Bettchen war die Kammer des Matrosen Andrej Yremejitsch, des „Onkel Derewenka", der als robuster Schutzengel des kranken Prinzen einen feinen Posten hatte, „Vertreter des Volkes" am Zarenhof war; seit 1917 ist er verschollen, wo mag er gekämpft haben, bei den Weißen oder bei den Roten?

Im Arbeitszimmer des Zaren liegen auf einem Tische Landkarten ausgebreitet, auf denen man die Front der Österreicher und der Deutschen mit rotem Strich verzeichnet sieht und die der Russen mit einem gelben. Bücher stehen hier, Almanache und Schematismen, und auch Belletristik, meist englische und französische Romane, sicherlich aber las er auch deutsch, und nur während des Krieges hat er diese Lektüre beiseite schaffen lassen. Oder sollte wirklich „Jörn Uhl" das einzige Buch gewesen sein, das er von der deutschen Literatur besaß?

Im Empfangszimmer der Zarin hängt die Verwandtschaft in Pastell an der Wand, sowie ein Porträt der Kaiserin selbst und eines ihrer Schwester, von Kaulbach. Nur ein Bild paßt nicht in diese neuzeitliche Galerie: es ist eine Kopie des Vigée-Lebrunschen Gemäldes von Maria Antoinette und ihren Kindern, der sich Alexandra in ihrem Schicksal ähnlich glaubte. Sie fürchtete, denselben Tod zu erleiden wie ihr Vorbild. Das Wort „Schafott" durfte man vor ihr nicht aussprechen, jedes Buch, das sie las, mußte vorher daraufhin durchgesehen werden, ob nicht eine Hinrichtung darin erwähnt sei. Furcht vor dem Tod durch Revolution und Henker verdichtete sich in ihr bis zur Psychose des religiösen Wahnsinns, veranlaßte sie zu einem Kult von Bildchen und dazu, dem Wunderpriester Rasputin hörig zu sein. Unter dem Porträt Maria Antoinettes wurde sie festgenommen und in Verbannung und Tod geführt.

GALOSCHEN

I

Der Rekord der Produktion, den die Russisch-Amerikanische Gummifabrik Treugolnik in St. Petersburg während des Friedens drückte, war: hunderttausend Paar Galoschen in einem Tage. Man multiplizierte diese Zahl mit den Tagen eines Jahres, man bedenke, daß die Lebensdauer eines normalen Gummischuhes zwei Jahre beträgt, und man ist mitten in Billionen drin. Nun war zwar zum Glück jene Ziffer nur eine einmalige Bravourleistung, wäre das die normale Tagesleistung gewesen, so hätte durchschnittlich jeder Bewohner der fünf Weltteile zehn Paar Galoschen besitzen müssen; die Konkurrenz wollte auch leben – „Prowodnik" in Riga, „Bogatyr" in Moskau und die amerikanischen Betriebe –, immerhin aber war es eine enorme Zahl von Füßen, die mit Gummischutz über die Erdkruste schlurfte, mit dem roten „Dreieck" gestempelt, das Schutzmarke und Name der Fabrik war. Jetzt ist das Beiwort in die Anführungszeichen einbezogen: „Rotes Dreieck". Der „Krasnyi Treugolnik" ist der größte Betrieb in der chemischen Industrie Rußlands.

II

Rohstoff für alle Werkstätten der Fabrik ist eingedickter (koagulierter) Saft, der den angeschnittenen Gummibäumen abgezapft ward. Aus den Waldungen am Ufer des Amazonenstromes kommt er in Kugeln und Klumpen und Laiben in geräuchertem Zustand an: Para, beste Marke des Wildkautschuks; Hauptquantum aber des Bedarfs, neunzig Prozent, ist Plantagengummi aus Ceylon, Sumatra, Malaya und den Sunda-Inseln. So viel des Rohmaterials bringen die Frachtdampfer via London und Liverpool in den Leningrader Hafen (und wenn dieser eingefroren ist, nach Reval oder Murmansk), daß täglich etwa fünfzigtausend russische Pfund verarbeitet werden. (Bei Batum am Schwarzen Meer, im subtropischen Gebiet der Sowjetunion, versucht man jetzt die Anlage von Kautschukplantagen, der Erfolg kann sich jedoch erst in einigen Jahren zeigen.)

III

Erstes Stadium der Manipulation: Wäscherei. Alle Stücke werden aus den ankommenden Kisten in unterirdische Zisternen geworfen, in Wasser, durch das man Dampf leitet. Vierundzwanzig Stunden müssen sie darin sitzen, bevor sie aufgeweicht sind, um besser losgewaschen werden zu können von Verunreinigungen, dem ungebetenen Passagier, der für hohen Fahrpreis aus tropischem Land über Großbritannien nach Rußland fuhr – bei Wildkautschuk oft bis vierzig Prozent Baumrinde, Sand, Erde, Fälschungen.

IV

Zwischen den Walzen wird nun der Gummi gepreßt. Eine grobe Zahnwalze verbeißt sich mit der Kraft von fünfzehn Pferdegebissen in die verschiedenfarbigen, verschiedenförmigen, verschiedenartigen Stücke und drückt sie zusammen mit der Kraft von fünfzehn Pferdeleibern, bis die Spuren der Zähne gleichmäßig beieinanderbleiben. Auf Glattwalzen wird das Material in ein endloses Band verarbeitet, ein dünnes Gummifell, das man in Stücke von drei Meter Länge teilt und vier, fünf Tage in Trockenräumen aufhängt.

V

Vor Knet- und Mischwalzwerken hantieren Männer, das gespenstische Gebilde der Gasmaske angeschnallt, sie haben die Felle aus den Trockenräumen geholt und flößen ihnen Schwefel, Glätte, Kreide und andere Ingredenzien ein, die beim späteren Prozeß der Vulkanisation dem Gummigegenstand Widerstandsfähigkeit geben gegen chemische Einflüsse, gegen Licht und hohe Temperaturen. Ein alter Arbeiter – ohne Gasmaske – läuft dem Beobachter nach, dieser möge notieren, er (der alte Arbeiter ohne Gasmaske) sei noch aus der Zeit hier, da man Guttapercha beimengte, damit alles schön zäh werde, das gibt es jetzt nicht mehr, Guttapercha wird samt und sonders für Unterseekabel verwendet, sonst ist die Arbeit besser als früher, bitte das gefälligst zu notieren. Geschieht.

Im Kalander erhält der Gummi das Aussehen einer polierten Platte. Die geht auf breitem Band

VI

in die Zuschneiderei, wo nach Schablonen Stücke daraus geschnitten werden, Oberteile und Sohlen für Galoschen von hundert verschiedenen Fassons (je nach der Schuhmode wechselnd) und von dreiunddreißig Größen. Mit Ausnahme des Oberblattes, das handgearbeitet wird, werden die Teile maschinell gestanzt, jeder Schuh besteht aus nicht weniger als zwanzig Teilen, die man zusammenfügen muß in atemloser Hast.

VII

In den langen Sälen der Konfektion stehen viertausend Arbeiterinnen, die roten Kopftücher schaukeln im Raum wie Kinderballons. Bewegungen dröhnen mit unpersönlicher Regelmäßigkeit im Hacketakt einer Maschine, obwohl die Frauen nicht etwa bloß *einen* Handgriff zu tun haben, sondern eines Schusters ganze Arbeit. Den Metalleisten vor sich, über den sie Futter und Kappe des Schuhs ziehen, kleben und rollen sie nun die anderen Teile fest an die Innensohle auf das Verbindungsband mit dem Futterstoff, drei Kappen, Spitzenauflage, Zwischenfutter, Hackenstück, Füllungssohle, Sporen, Oberteil und

Sohle hämmern sie zurecht, bis ein Schuh fertig wird, der zugehörige zweite, siebzehn bis zwanzig Paar im Tag. Intensive Stückarbeit. Keinen Augenblick wollen sie also verlieren, sie trödeln nicht, sie eilen, ihre Bedürfnisse schnell zu verrichten.

VIII

Schienen durchlaufen den Saal. Waggonetten fahren darauf, die hundert bis hundertfünfzig Paar der Leisten aufnehmen. Graue Rohgaloschen sind über die Leisten gespannt. Auf Hebemaschinen geht es hinab in die Halle der Schlußarbeiten.

IX

Hier sind es Männer, die arbeiten, jeder hebt aus der einfahrenden Waggonette eine der schweren Querstangen mit den zehn metallenen Leisten und beginnt die Galoschen zu lackieren mit Leinöl und Terpentin – so, jetzt sind sie braun und können bei 135 Grad gebacken werden, bis sie schwarz werden, in den alten Vulkanisieröfen oder in der neuen Halle, in der zwei ungeheure Kessel über den Kompressoren stehen. Ein elektrisches Hebewerk öffnet die Deckel, die Waggonetten fahren auf Schienen tief in den Kessel ein; fünfzehn Wagen haben in einem Kessel Platz, viertausend Paar Gummischuhe können gleichzeitig vulkanisiert werden.

X

Auf den Regalen des Magazins trocknen sie noch zwei Tage nach, man sortiert sie, paart sie, stempelt sie mit dem roten Treugolnik des Roten Treugolnik, packt je fünfzig Paare in eine Kiste und versendet sie. Die ausbrackierte, die Ausschußware kommt in ein Ausstellungslokal, das täglich von den Arbeitern besucht werden muß, damit sie die vorkommenden Fehler erkennen.

Das ist die Galoschenabteilung. Aber es sind noch andere Abteilungen in dieser vielseitigsten Gummifabrik der Erde. Ein Erzeugniszweig, bizarre Eindrücke vermittelnd, ist der

XI

der medizinischen Utensilien und nahtlosen Artikel. In einer Trommel, deren Schaufenster Glas ist, sieht man hundert Hände, menschliche Hände, ausgespreizte Hände, fünf Finger und Handgelenk, Hände an sich, einander in rasender Hast jagen: Holzformen für Handschuhe der Chirurgen. Ein Behälter mit Gummilösung in Benzin hat sich hydraulisch gehoben und gesenkt und auf der Form eine dünne Schicht hinterlassen, das Benzin verdampft während der Rotation, und nur die dünne Epidermis bleibt – der Handschuh, nahtlos, auf daß das Fingerspitzengefühl darunter nicht verlorengehe.

XII

Ebenso müssen die Präparate sein, die über den Glasröhren in den benachbarten Trommeln entstehen: diese gläsernen Zylinder, alle von gleicher Breite, etwa so, daß man sie mit Daumen und Goldfinger umspannen kann, rotieren, bis sich auf ihnen eine Gummiblase bildet. Nachdem man nun daran mit dem Finger einen kleinen Rand eingerollt hat, vulkanisiert man das Häutchen in einem Schrank mit Chlorschwefeldampf, bestreut es mit Reispuder, ehrwürdige Matronen und junge Mädchen untersuchen jedes Exemplar auf Undurchlässigkeit, indem sie es ein wenig aufblasen, andere Arbeiterinnen spannen es über einen lackierten Holzstab, prüfen, ob kein Fremdkörperchen in der durchscheinenden Materie ist, und glätten es mit auf und ab fahrenden Bewegungen der Fingerspitzen, rollen es ein und verpacken es in kleine quadratische Umschläge; tausend Dutzend sind das Tagespensum der Fabrik.

XIII

Gummilutscher für Säuglinge drehen sich in gläsernen Tauchapparaten, ein ewiger Bedarf, Babys kommen doch immer zur Welt. Im nächsten Raum entstehen Luftballons für Kinder (ohne Gasfüllung geschieht die Versendung), Spielbälle, Badeengel und anderes Gummispielzeug; Wärmflaschen und Eisbeutel, Luftpolster und Fußballseelen haben ein gemeinsames Geburtszimmer.

XIV

Hygienische Spritzen werden aus drei bis vier Teilen geklebt, der Beutel mit kohlensaurem Ammonium gefüllt, das während des Aufenthaltes im Vulkanisierkessel verdampft und das Gummi dergestalt gegen die Form drückt, das es eine hohle Birne von fester runder Form bildet; die Garnitur, eine Mündung aus Hartgummi, etwa von der Breite vorerwähnter Glasröhren, wird aufmontiert. Milchabsauger, Gummischwämme zum Waschen, Irrigatoren, Insektenspritzen, Gummiwannen, alle die Gebilde, die fertig in den Schaufenstern der Drogerien liegen und Geheimnisse sind des Bettes, der Krankenstuben oder des Badezimmers, kann man hier, jeden Mysteriums entkleidet, entstehen sehen.

XV

Zwanzigtausend Kämme im Tag fabriziert die Hartgummiabteilung; wie einst ein König Frankreichs wünschte, daß jeder Untertan am Sonntag sein Huhn im Topf habe, so wünscht das Sowjetregime, daß jeder Bauer an den Grenzen der Mandschurei und in den Bergen Armeniens seinen eigenen Kamm besitze. Von winzigen Ventilröhren für Fahrräder bis zu mächtigen, achtzehn Zoll dicken Saugschläuchen für Baggermaschinen wird hunderterlei in der Schlauchabteilung geboren, Druckschläuche für pneumatische Instrumente und für Eisenbahnen, Bremsvorrichtungen, Spritzenschläuche und ihre Mundstücke für die Feuerwehr. Ein Schlangenreich. Die Erzeugung von Treibriemen aus gummiartigem Baumwollstoff beschäftigt wenige Leute.

XVI

Produktion und Bedarf: Dreimal soviel Pneumatiks, Luftschläuche und Reifen wie vor dem Kriege müssen hergestellt werden, denn es gibt keinen Import mehr. Noch weniger reicht die Galoschenproduktion aus, obwohl die um ihren Export gekommen ist, mit Ausnahme von Persien und der Türkei, und obwohl das einstige Konkurrenz- und Provinzunternehmen und jetzige Bruder- und Residenzunternehmen, die Fabrik Bogatyr in Moskau, um die Hälfte mehr als 1914 erzeugt. Hunderte Menschen sind in ganz Rußland stundenlang vor jeder Verkaufsstelle des „Resinotrust“ angestellt, um Galoschen zu erstehen, im wahrsten Sinne des Wortes zu „erstehen“, und auf den Märkten zahlt man bis zu sechs Rubel für ein Paar, das offiziell dreieinhalb Rubel kostet, verhältnismäßig weniger als im Frieden, da Galoschen vom Obersten Wirtschaftsrat zum unentbehrlichen Bedarfsartikel erklärt sind. Die Produktion deckt also den Konsum bei weitem nicht. Warum? Jede Bauernmagd, die einst barfuß herumlief, muß jetzt Galoschen haben. Warum? „Weil nach der Revolution durch die Verbreitung der Kultur auch die Ansprüche gestiegen sind“, sagt der Mann zur Linken – „weil der Bauer in der Inflationszeit gelernt hat, auch die ihm überflüssigste Ware lieber anzunehmen als Geld“, sagt der Mann zur Rechten. Wie dem auch sei, eine Erzeugung von siebzigtausend Paar Gummischuhen pro Tag genügt nicht. Man muß die Betriebskosten herabsetzen, um mehr Rohmaterial kaufen zu können (seitdem England durch die Restriction Bill den Anbau verminderte, ist das Pfund „Indian Rubber“, das vor dem Kriege zehn Pence kostete, bis auf fünfundvierzig Pence gestiegen), und man muß den Betrieb rationalisieren, um die Erhöhung der Produktion zu erzielen. Wie in allen großen Betrieben Rußlands wird auch hier der Übergang zur Elektrifizierung vollzogen und Turbinenanlagen geschaffen, deren Höchstdruck auf Erzeugung von Kraft und deren Abdampf zur Vulkanisation verwendet werden soll; ein Ingenieurbüro führt die Pläne der Umgestaltung durch.

XVII

Reformen in der Herstellung werden von jeder der siebzehn Betriebszellen kollektiv besprochen und beschlossen. Dem Betriebsrat des ganzen Unternehmens gehören siebenundzwanzig Mitglieder an, dreizehn Frauen und vierzehn Männer, sechs der Betriebsräte sind von der Fabrikarbeit befreit.

XVIII

Die Gesamtzahl der Arbeiter beträgt sechzehntausendfünfhundert, davon sind sechstausend Frauen. Kommunistisch organisiert sind zweitausendzweihundert Arbeiter, von den viertausend Jugendlichen sind dreitausend Komsomolzen, Mitglieder des Kommunistischen Jugendverbandes. Alle Arbeiter gehören der Chemikergewerkschaft an, ob sie nun gelernte Metallarbeiter, Büroangestellte oder Holzarbeiter sind; in Rußland besteht wie in England das System der Industrieverbände, während in Deutschland bekanntlich die Arbeiter desselben Betriebes in verschiedenen Gewerkschaften – System der Fachverbände – organisiert sind. Zwei Prozent des Einkommens werden an die Gewerkschaft abgeführt. Außerdem gehört die Mehrzahl der Arbeiter den verschiedenen Wohltätigkeits- und Agitationsverbänden an. In der „MOPR", der Internationalen Roten Hilfe, die besonders die Familien der auf dem Balkan Hingerichteten und Niedergemetzelten und der im Ausland eingekerkerten Kommunisten unterstützt, sind vierzehntausend Treugolniker eingeschrieben, ebenso viele in der „Smytschka", einer Vereinigung, die den Antagonismus zwischen Stadt und Land überbrücken und für die innere Gemeinschaft von Industrie- und Landproletariat wirken will; das Werk „Treugolnik" führt auch das kulturelle Patronat über die russische Grenzstation Sebesch im Pokrowsker Gouvernement und über das Leningrader Sappeurbataillon. In der Organisation „Mutter und Säugling" sind dreitausendfünfhundert Arbeiterinnen des Betriebes, im Verband „Kinderfreunde" elftausend Männer und Frauen, in der Invalidenfürsorge viertausend und im „Aero-Radio-Chim", der Bewegung zur Förderung des Flugzeugbaues, des Funkwesens und zur Abwehr künftiger Gaskriege, vierzehntausend.

XIX

Achthundertdreißig Schriftsteller gibt es in der Fabrik, nicht weniger, eine eigene Vereinigung schließt sie zusammen: die Arbeiterkorrespondenten. Sie bilden Redaktionskollegien der (hier: lithographierten, in kleineren Betrieben: handgeschriebenen, in vielen großen Unternehmungen: gedruckten) Wandzeitungen, von denen je fünf Werkstätten eine haben, und eines Wochenblattes, das für den ganzen Treugolnik erscheint. Sie schreiben gelegentlich oder ständige Berichte für die Gewerkschaftszeitung, für die Jugendzeitung, für die Tageszeitung der Partei, die „Leningradskaja Prawda", Stimmungsbilder, Humoresken, Vorschläge und Angriffe, gegen die dem Angegriffenen das

Recht der Berichtigung und der Anrufung des Volksgerichtes, nicht aber einer Abwehr innerhalb des Betriebes zusteht. Die Institution des „Rabkorr“ hat in Rußland eine ganz eigenartige Neuerung im öffentlichen Leben hervorgerufen, die Zeitung ist nicht mehr Sprachrohr des Herausgebers und der Redakteure allein, sondern sie muß einen großen Raum, zumindest eine Seite des Großformats den Rabkorr (beziehungsweise Selkorr, Wojenkorr oder Molkorr, das heißt den Arbeiter-, Bauern-, Militär- oder Jugendkorrespondenten) zur Verfügung stellen. In der Presse der Union erscheinen täglich zwanzigtausend solcher Berichte, zweihundertfünfzigtausend Arbeiter- und Bauernkorrespondenten gibt es im ganzen Reiche, jeder Arbeiter, der einmal einen Beitrag an eine Zeitung gesandt hat, darf sich zur Gilde zählen. In den Redaktionen werden die Artikel eingerichtet, in geringfügiger, zumeist bloß stilistischer Hinsicht geändert und in Satz gegeben; das Honorar beträgt fünfzig Kopeken bis einen Rubel für die Zeile. Die abgelehnten Artikel werden teils zurückgeschickt, teils zuständigen Kommissariaten übermittelt, damit diese täglich über Stimmungen, Urteile und Beschwerden des Arbeiters innerhalb ihres Ressortbereiches unterrichtet sind; oft sendet diese Behörde ein Manuskript der Redaktion zur Veröffentlichung zurück. In den Treugolnik-Werken haben die Rabkorr ein eigenes Lokal, wo sie die Wandzeitungen redigieren oder nach der Arbeitszeit Sprechstunden abhalten.

XX

Arbeiterlöhne: Das Durchschnittseinkommen beträgt drei Rubel fünfzig per Arbeitstag, zweiundachtzig Rubel im Monat, in diese Berechnung sind auch die hohen Gehälter kaufmännischer Konsulenten, der Spezialisten, Ingenieure und vor allem der fünf Inhaber persönlicher Kontrakte einbezogen: des technischen Direktors, des Leiters der Fabrikation, des Leiters der Maschinenabteilung, des Laboratoriumleiters und des kommerziellen Chefs. Im maschinellen Betrieb verdienen die Arbeiter bis zweihundert Rubel im Monat, in den meisten anderen Werkstätten ist Akkordlohn, die Galoschen-, Präservativ- und Schnullerarbeiterinnen kommen auf achtzig bis sechsundachtzig Rubel. Vierhundertfünfzig Jugendliche bis zu achtzehn Jahren gehören dem „Fabsawutsch“ an, der Fabrikschule, vier

Stunden theoretischer und vier Stunden Betriebsunterricht, bei dem sie eine mit mindestens sechzehn Rubel bezahlte Arbeit leisten.

XXI

Vier Wochen Urlaub, mit Ausnahme einiger Nebenbetriebe, wie Tischlerei usw., für die nur vierzehn Tage normiert sind. Die Galoschenarbeiterinnen hatten bisher bloß vierzehn Tage Urlaub, aber sie verlangten, daß statt der Flasche Milch, die sie täglich erhielten, eine Verdoppelung des Urlaubsquantums durchgeführt werde, was die Gewerkschaft ihnen bewilligte; „Akkordarbeit – Mordarbeit", das reimt sich, auch wenn man nicht für einen Patron arbeitet – auch wenn man Sanatorien, Benefizien für Schwangerschaft und Nährmutter, unentgeltliche Krankheitsbehandlung und Kindererziehung, auch wenn man Klub, Theater, Radio, Kino, Musik und Leihbibliotheken nahe und gratis hat, müßte der Akkordarbeiter ohne ausgiebigen Erholungsurlaub über kurz oder lang geistig und körperlich verkümmern.

XXII

Nach dem Umsturz war die Leibesvisitation bei den Fabrikausgängen abgeschafft worden, weil ein altes sozialistisches Vorurteil diese Methode des Abtastens menschenunwürdig nennt, obwohl sie es sicherlich kaum in stärkerem Maße ist als venerologische Generalmusterungen beim Militär, als Ungeziefersuche bei Auswanderern, als Kofferdurchsuchungen an den Zollgrenzen, als Prüfung von Banknoten am Schalter und als Hausdurchsuchungen und Hunderte anderer Polizei- und Militärmaßnahmen, die niemals Gegenstand programmatischer Proteste waren. Man versuchte also nach der Revolution, sich auf andere Weise vor Diebstählen zu schützen, hauptsächlich durch genaue Zuweisung des Rohmaterials und dessen Gewichtsvergleichung mit dem abgelieferten Halbprodukt. Das führte jedoch dazu, daß einzelne Diebe vom Stand des Nachbars stahlen, besonders in der Zeit des Bürgerkriegs, da Stoffe, Kämme, Schuhe unerschwinglich waren. Man schritt nun zur Selbstkontrolle, indem man die Visitation durch die Kommandanten – so heißt man die Hauswarte an den Fabriktoren – wieder einführte und ihnen die Verdächtigen noch besonders bezeichnete. Der Hauswart prüft jeden Mann, der das Gebäude verläßt, durch einen Griff, eine Frau macht es mit den Arbeiterinnen ebenso. Bedingung war, daß sich jeder dieser Untersuchung zu unterwerfen habe, doch auch dies mißlang: fünf oder sechs Spezialisten, auf ihre Unentbehrlichkeit pochend, stellten ein Ultimatum, und man mußte ihnen wohl oder übel einen Sonderausweis geben.

XXIII

So wird in Rußland jeder Beschluß zu korrumpieren versucht, die Leute der entthronten Schicht sind feindselig gegen die neue Ordnung eingestellt, ein Ersatz läßt sich nicht schnell schaffen, die geistige und wirtschaftliche Blockade verhindert den freien Arbeitsmarkt, Industriekredite wird das ausländische Kapital doch nicht geben, damit die Russen dessen Überflüssigkeit und Schädlichkeit auch praktisch restlos beweisen, und so herrschen in den Intelligenzberufen noch vielfach Menschen, die den Geist des neuen Wollens erst dann bejahen werden, wenn er sich trotz ihres Widerstandes durchsetzen wird.

VERKEHR IN MOSKAU

Schlitten, deren Iswostschiks grüne Mützen mit braunem Pelzrand haben, stehen schräg auf der Fahrbahn, dergestalt, daß sie einen spitzen Winkel mit dem Bürgersteig bilden, manchmal, durch abschüssige Straßen, fahren sie auch schief – diese Verschiebung der Achse ersetzt die Bremse. Die teure Kategorie von Schlitten hat schönere Pelzdecken und ein besseres Pferd, sie sind viel höher und federleicht, und der Fahrgast muß auf der Spazierfahrt in den Petrowskij-Park sein Mädchen notgedrungen umschlungen halten, weil der Sitz schmal und offen ist. Solche und die armen Wagen halten nachts auf den Passanten zu und bieten sich an, für achtzig Kopeken bis in die Soljanka zu fahren; hinterher verlangt der Kutscher das Doppelte, gibt man's ihm aber nicht, so macht er sich nicht viel daraus, die Iswostschiks sind eine gottergeben-gleichmütige Gaunerzunft, und nur selten muß man mit der Polizei drohen, worauf der Wagen mit einer Schnelligkeit davonjagt, die man sich während der Fahrt zur Soljanka gewünscht hätte. Die Pferde weichen dem Fußgänger aus, manchmal stolpern, nie aber fallen sie.

Lastschlitten führen den Straßenschnee in die Moskwa und befördern Kohle; ihre Pferde haben ein Kummet, das hoch ist wie der Trajansbogen, und Fesseln wie ein Küchentrampel, am Maul, an den Nüstern und am Bauch hängen Eiszapfen, und der Kutscher trägt gleichfalls Stalaktiten in seinem Bart. Die Taxis sind kurze französische Autos, außerdem gibt es größere Mietwagen, an der Aufschrift „Prokat" erkenntlich, doch sind ihrer viel zuwenig in Moskau, fast immer sind sie besetzt.

Auf der Straßenbahn ist das Auf- und Abspringen verboten, geschieht es, so hält der Wagen, der Schuldige wird dem Polizisten übergeben und muß einen Rubel Strafe zahlen. Das gleiche Pönale, wenn ein Passagier die Zone überschreitet. Der Fahrpreis beträgt acht Kopeken für eine Zone, elf Kopeken für einundeinehalbe und vierzehn Kopeken für zwei Zonen. Man steigt hinten ein, dort steht auch der Schaffner, der meist eine Frau ist, man bezahlt und steigt auf der vorderen Plattform aus. Die ist leer, erst wenn der Waggon hält, öffnet der Aussteigende die Schiebetür. Mütter mit Kindern auf dem Arm, Beamte mit einer Eiligkeitslegitimation und Invalide können vorne einsteigen. Diese Vorschriften sind nachahmenswert, die Durchführung vollzieht sich strikt, aber man denke beileibe nicht, daß es ein Vergnügen ist, in Moskau Tramway zu fahren: eine Stadt, die über Nacht ihre Bevölkerungszahl verdoppelt hat, die mehr als eine Million Einwohner aufnehmen mußte, wie kann eine solche Stadt den Verkehr bewältigen! Strecken von zwei bis drei Haltestellen kann man gar nicht fahren, denn innerhalb dieser Fahrtdauer wäre es unmöglich, sich vom Eingang bis zur vorderen Türe hindurchzuquetschen. Die Leute hängen hinten am Wagen als scheußliche Wucherung, sie hoffen, bei der nächsten Haltestelle aufrücken zu können. Und im Innern, glaubt ihr, sei es besser? Schlimmer ist es! Man drückt sich aneinander, Kopf an Kopf, Fuß an Fuß, Bauch an Bauch – es ist zum Verstand- und Galoschenverlieren! Von neun bis zehn Uhr morgens, wenn die Leute zur Arbeit fahren, von halb fünf bis sieben Uhr abends, wenn die Leute von der Arbeit fahren, ist der Anblick einer Straßenbahn zum Steinerweichen. Auch weiß man nie, wo man aussteigen soll, denn auf die Scheiben sind ganze Herbarien von Eisblumen gepreßt, und fragt man, ob der Wagen zu der oder jener Straße führt, so antwortet ein Chor der Fahrgäste „Idiot! Idiot!", was nicht angenehm im Ohr klingt, aber nur „er geht" bedeutet.

Autobusse sollen den Verkehr entlasten und tun es nach Leibeskräften. Zehn bis vierzig Kopeken kosten die Fahrten, es gibt schwere englische Wagen und leichte aus Zwickau, die billiger sind, aber stärker schleudern, die Zonengrenze ist weiter gesteckt als bei der Straßenbahn, das System des Hintenaufsteigens und Vornabsteigens ist auch hier in Wirksamkeit, dieselbe lebensgefährliche Überfüllung, eine Untergrundbahn wäre dringend notwendig, doch was wäre nicht alles notwendig: zehntausend Häuser, neue Fabrikbauten, landwirtschaftliche Maschinen – vorläufig muß man eben mit der Hand arbeiten und zu Fuß gehen. In Moskau zu Fuß zu gehen ist gleichfalls nicht leicht, der Schnee knirscht unter den Tritten, als hätte man Prothesen, das Pflaster ist alt und bucklig, und man glitscht auf der gefrorenen Kruste aus, obschon die Gummischuhe gerippte Absätze haben. Die Kolonnen der Soldaten marschieren daher in kurzem Schritt, beinahe auf der Stelle, die Uniformmäntel reichen bis an die Knöchel (die der Wachtposten sogar bis auf die Erde), so daß fast keine Bewegung der Doppelreihen bemerkbar ist, man sieht nur eine schaukelnde braune Wolke, über der immer Chöre schweben, halb Marschgesang, halb Sehnsuchtslied vom Dorf am Steppenrand. Dreißig Grad Kälte, man friert und schlägt die Arme zusammen, die Pelzmütze geht über die Ohren, und die Walenki, die Filzstiefel, bis zum Knie. Die Mädchen auf der Petrowka aber tragen fleischfarbene Seidenstrümpfe, Halbschuhe und keine Schlüpfer. Daran ändert sich nichts, wenn das Thermometer einen Grad über Null zeigt und die weiße Stadt zu einer braunen wird, Schnee, Pflastersteine und Straßenschmutz sich auflösen in einen ungeheuren Maischbottich, den man durchwaten muß, über und über bespritzt und andere über und über bespritzend. Abgesehen von der Zeit des Tauwetters macht die Stadt einen erstaunlich sauberen Eindruck. An jedem Haus, gewöhnlich an der Dachrinne befestigt, steht ein Trichter, in den man Abfälle wirft, Papierreste, Obstschalen und vor allem Zigarettenstummel, deren Mundstück – damit man es auch mit den dicksten Pelzhandschuhen halten kann – nicht unter fünf Zentimeter lang ist, so daß im Nu Kanäle und Abflußöffnungen verstopft und die Straßen mit Mundstücken besät wären, könnte man diese überall hinwerfen, ohne einen Rubel Strafe zu gewärtigen.

Die Pioniere strapfen geschlossen durch Schnee und Kothaufen, die höher sind als sie selbst, sie kommen vom Lager, von der Arbeitskommune oder von einem Ausflug und schwenken mit erfrorenen Händen die Standarten und die Trommelschlegel. Ist jemand von der Jugendorganisation gestorben, zieht der Kondukt, Mädchen mit rotem Kopftuch und Knaben mit roten Halsbinden, hinter einem roten Sarg auf rotem Leichenwagen, die Pferde tragen rote Schabracken, die Kränze sind aus roten Nelken mit roten Schleifen, und der rote Zug bewegt sich mit roter Musik über den Roten Platz der roten Stadt; vor dem Lenin-Mausoleum wird der russische Trauermarsch angestimmt, die Passanten bleiben stehen, die Pietät wird von der roten Draperie ebenso wachgerufen wie einst von der schwarzen.

Jeder zweite Mensch trägt eine Aktentasche, denn jeder zweite Mensch ist Beamter, all das, was früher Industrieller, Ingenieur, Kaufmann war, ist verstaatlicht, die Zentralen der Gewerkschaften, der Genossenschaften, der Staatstrusts, die Vertreter der russischen Republiken und der Provinzkooperativen, die Kommissariate, die Komintern, die Gesandtschaften Europas und Asiens sind in Moskau konzentriert, und jeder hält sein Portefeuille in der Hand.

Die Zahl der Bettler soll im Frieden vierzigmal größer gewesen sein als jetzt, aber noch immer bleibt die Zahl der Bettler nicht allzuweit hinter der der Dohlen zurück, die um die Mittagsstunde geschlossen über die Stadt fliegen, um sich als lebender Mäander auf dem Gesimse der Kremlpaläste niederzulassen. In den Kreml dürfen die Bettler allerdings nicht, jedoch auf der Teatralnaja Ploschtschadj rutschen sie auf den Knien oder sitzen, von drei, vier Kindern umgeben, den ganzen eisigen Wintertag da und flehen um den Diminutiv eines Diminutivs einer Kopeke. Sie hocken auf dem Podest vor der Madonna von Iberien und vor andern wundertätigen Kapellen, denen sie damit Konkurrenz machen, denn die Kirche ist selbst auf Almosen angewiesen, die geistlichen Güter sind eingezogen, der Pope lebt vom Opferstock in den Mund und ist der Letzte seines Standes, theologischen Nachwuchs gibt es in Rußland nicht. Bettelnachwuchs desto mehr, um Mitternacht, wenn die Konzerte zu Ende sind, die Theater, die Kinos, dann strömen die kleinen Straßenbettler vor den Ausgängen zusammen und bedrängen die Besucher. Ihre Rivalen sind Zigeunerinnen, die den Anzubettelnden oft eine Viertelstunde lang verfolgen, ihm und seiner Begleiterin Komplimente machend, daß die Schöne Helena vor Neid erblassen müßte, manche Bettler geigen oder werkeln, und vor dem Großen Theater spielt ein Greis allnächtlich auf seiner Flöte Melodien aus der Oper von heute abend. Straßenkinder machen in der Nacht illegale Feuerchen an, um sich zu wärmen. Auch legale Feuerchen lodern: die Weichensteller und die Verkehrspolizisten in abgelegenen Straßen bekommen Holzscheite von der Stadt, die sie anfachen und brennend ihrer Ablösung übergeben. Bei Straßenumzügen und Exkursionen, wie zum Beispiel bei der Leichenfeier für den kürzlich in Riga erschossenen Kurier Nette, oder bei der Ausstellung der Romanowschen Kronjuwelen, wenn die Menge sich auf den Straßen staut, liefert der Stadtsowjet Kohlenfeuer für die Manifestanten.

Nachts sitzt hinter jeder geschlossenen Geschäftstüre ein vermummter Mann, er versieht den Nachtwächterdienst; in jedem Hausflur, in jeder Kanzlei gibt es solche Hüter, die meistens schlafen. Von vier Uhr nachmittags bis zehn Uhr morgens tun sie das, aber nur jeden dritten Tag – auch ihre „Arbeitszeit" beträgt sechs Stunden täglich. Die Amtstracht ist eine ungegerbte Schafhaut mit Pelzbesatz – einen Pelz hat hierzulande fast jeder, vom Bettler bis zum Kulaken, vom Straßenjungen bis zum NEP-Mann, tausend Spielarten von Pelzen könnte man verzeichnen, blonde, brünette und kahlköpfige Pelze, billige und kostbare, und wer keinen Pelz hat, hat doch einen, denn man sagt von ihm, er trage einen Fischpelz.

Brotbuden, in denen ganz schwarzes, braunes, graues und weißes Brot feilgeboten wird, Bulki, Kringeln, Zwieback und Striezeln. Stiefelputzer, syrischer Nationalität, amtieren vor offenem Schrank mit Schnürsenkeln, Schuhcreme, Einlegesohlen und Gummiabsätzen, sie wichsen nicht nur Stiefel, verkaufen nicht nur obige Waren, sondern reparieren auch Galoschen. In Zeitungskiosken findet man meist illustrierte oder satirische Wochenschriften und die Morgenzeitungen, aber dem, der ein Boulevardblatt kaufen will, drückt es schon einer der Camelots in die Hand, die ein gellendes Organ haben, „Wetschernjaja Moskwa" zum Beispiel. Stumm lächelnd führen Chinesen mit Otterfellmützen und breiten, an den Knöcheln zusammengebundenen Hosen ihr bewegliches Kinderspielzeug vor, Papierdrachen, Stehaufmännchen und Puppen; an der Lubjanskaja Ploschtschadj bieten sie Aktentaschen, Gürtel und Damentäschchen an.

Die Verkäufer von Semitschki, gerösteten Sonnenblumenkernen, haben viele Säcke vor sich, ein Wasserglas ist ihr Maß, für acht Kopeken schütten sie es in die Taschen des Käufers. Der Mund des richtigen Russen ist ein Präzisionsmotor zum Zerbeißen der Sonnenblumenkerne, in weitem Bogen wird eine Portion zwischen die Zähne geworfen, und im gleichen Augenblick gleiten die leeren Schalen aus dem linken Mundwinkel, oft am Barte kleben bleibend, bis der Klumpen groß genug ist, infolge der Schwerkraft zu Boden zu fallen, oder bis sich der Esser die Mühe nimmt, ihn wegzublasen. In der Tram und in der Eisenbahn ist es verboten, Sonnenblumenkerne zu kauen, nicht wegen des Kauens, sondern wegen des Ausspukkens der Schalen.

An vornehmeren Straßenecken ruft ein Kordon gutgekleideter Frauen, bunte Phiolen in den Händen: „Coty, Chypre, Quelques-Fleurs, Houbigant, Eau de Cologne“, andere haben Büstenhalter, Binden und Strumpfbänder; Käuferinnen nehmen die Waren in die Hand, messen ungeniert an ihrem Körper, ob sie passen, probieren die Elastizität, vieles ist Schund, drum prüfe, wer sich ewig bindet. In der Mitte der Fahrbahn wandern Tataren, „Starjo beru“ schreiend, was russisch ist und angeblich wörtlich bedeutet: „Einkauf von Lumpen, Papier, Alteisen, Kleidern und überhaupt allem.“ Nach zerbrochenen Scheiben lugen Glaser aus, ihre Arbeit anzubieten, denn es gibt keinen stabilen Glaserladen; bei Anbruch des Winters verkitten sie hermetisch alle Fenster. Tankwagen des Naphtha-Syndikats rollen über das Pflaster und bleiben auf Anruf petroleumbedürftiger Hausfrauen stehen.

Auf den Märkten Bude an Bude, zweitausendsechshundert Stände hat der Sucharewskij Rynok allein, man kann nicht nur all das kaufen, was man in analogen Basarbetrieben Westeuropas kaufen kann, sondern noch vieles, vieles andere. Russisches, Allzurussisches, handgestickte Hemdblusen, Heiligenlämpchen, alte Ikonen, Filzstiefel, die bis zur Wade, und solche, die bis zum Schritt reichen, Kamelhaarwolle zum Ausstopfen der Federbetten, schwarzgolden lackierte Holzdosen zur Aufbewahrung von Tee, Kinderwagen ohne Räder, jedoch mit Schlittenkufen, Puppenschlitten, Pelze und Pelzabfälle, handgewebte Matten, Ledermützen mit Pelzbesatz und Pelzkappen mit Lederbesatz, Teppiche, Fäustlinge, Schlittschuhe mit je zwei Schneiden, die gezackt sind, Spielzeugschachteln, Stalin-Bilder, Frauenzöpfe, helle, runde Handköfferchen aus Birkenholz (für Frühstück und Ausflugsproviant), ganze Milchkälber und Fleisch, das der Metzger zu Hause zerhacken muß, denn auf dem Markt friert es zu Stein, aus Delikatessenläden stammende gemischte Warenreste von Kaviar, Käse, Wurst, Butter, Fleisch, Fisch und Obst, antiquarische Bücher, wie „Iswostschik Gentschel“ von Gergart Gauptmann, Kleiderhaken aus Ziegenhorn und hauptsächlich die vier ewigen Seiten der russischen Quadratur: Samowar, Gummischuhe, Sonnenblumenkerne und Rechenmaschine. Gebrüll, Gekreisch erfüllt die Märkte, am schlimmsten dort, wo Grammophone einander überschreien wollen, dort, wo Harmonikas und Balalaikas und Blasinstrumente ihre Preiswürdigkeit gleichzeitig in den diskrepantesten Melodien betonen. Durch das Gewirr drängt sich der Polizist und prüft den Marktschein, den der Befragte mit seinen dicken Handschuhen nur mühselig aus der Fell- und Wollverpackung seines Körpers zu holen vermag, charascho. Hie und da flüchtet ein Dieb, der Beute an den Mann bringen oder Beute holen wollte. Lachend enteilen unbefugte Obstverkäuferinnen auf die andere Straßenseite, wenn sich der Schutzmann naht – allzusehr fürchten sie ihn nicht („Miltoschka“ heißt der Milizionär im Volksmund, also ein Diminutiv, während man den zaristischen Polizisten als Tyrannen und Rächer sah, indem man ihn „Pharao“ oder „Erzengel“ nannte). Würste und Fleischstücke und Pasteten brodeln im Fett. Seltsam, im Schnee zwischen einem Spalier einladender Kanapees zu spazieren. In der Tolkutschka darf man Einzelgegenstände auch ohne Patent verkaufen; in diesem Sektor des Getümmels war es, wo man zur Zeit des Pajoks, des Bezugsscheines, den Urväterhausrat gegen Nahrungsmittel eintauschen konnte, noch jetzt ist hier Feilschen und Tohuwabohu am intensivsten. Über all dem Getriebe läutet unter goldenen Zwiebelkuppeln die Kirchenglocke, einer Welt zurufend, die nicht Zeit noch Lust hat, darauf zu hören . . . Uhrmacher sitzen über winziges Räderwerk gebeugt, ihre Finger dürfen nicht erfroren sein, der Kunde wartet, Freilichtschlosser hantieren an Schlüsseln oder Kassetten, ein Laden bietet Handwerkszeug feil, Sichel und Hammer, worüber man einigermaßen erstaunt ist, denn diese beiden Geräte sind in Rußland so oft symbolisch zu sehen, daß man an ihre Realität gar nicht mehr glaubte.

Großmarkt für Eßwaren ist der Ochotnyi Rjad, was soviel wie „Jägerzeile“ bedeutet. Wohl sind es keine Jäger mehr, die ihre Beute hier abliefern, aber noch immer kommen Bauern mit den im Säuglingsalter geschlachteten Ferkeln, mit Hühnern, Gänsen und Butter, noch immer kommen Bäuerinnen und verkaufen Eier, nicht etwa mandelweise, sondern je zehn Stück, marinierte Pilze für neunzig Kopeken oder ein Pfund Sahne mit sehr dickem Rahm in Tongefäßen, noch immer kommen Fischer mit der Wobla, einem gesalzenen, in der Luft gedörrten Fisch, der so hart ist, daß man ihn an die Wand schlagen muß, bevor man ihn häutet; er soll der Ichthyologie früher unbekannt gewesen und erst während der fleischlosen Zeit des Bürgerkrieges, auf einem Pajok schwimmend, aus den Wellen emporgetaucht sein; noch immer kommen Händler, um Ikra zu verkaufen: Kaviar, roten und schwarzen, Preßkaviar in Papier oder auf Brötchen – alles wird eingepackt. Dieser Embarras von Emballagen! Wenn man im Bäckerladen einige Schrippen ersteht oder einen Hering und ein Stück Wurst in der Twerskaja beim einstigen Jelissejew, dem Delikatessenbergwerk, so wird dieser Dreißig-Kopeken-Einkauf gewickelt in weißes Papier, dann in Pergament, noch einmal in Papier, wird verschnürt, ein Halter daran – oder eine Schachtel, die wieder verschnürt wird. In diesen Verpackungen offenbart sich deutlich die Maßlosigkeit, der Wille zum Superlativischen, der überall in Rußland deutlich kenntlich ist, in den fünfstündigen Theatervorstellungen mit hundert Akrobatenstückchen, hundert Regiewitzen, hundert Dekorationseinfällen, hundert darstellerischen Glanzleistungen, hundert Wiederholungen, hundert Infantilitäten, hundert Pubertäten und hundert Senilitäten, in den Versammlungen mit fünfstündigen Reden, in den Millionen von Lenin-Bildern, Lenin-Büsten, Lenin-Abzeichen und in den Millionen von Propagandabroschüren, in den Diagrammen, Tabellen und Illustrationen zur Statistik, in der Flut von Zeitungen, in den hundert Ausstellungen, in der Masse von Klubs, Exkursionen und Instituten, in den Enqueten mit sechzig Fragen und im Wolkenkratzerstil der neuen Häuser.

Auch der wilde Hausierhandel und der Basarbetrieb auf den Märkten ist ins Maßlose gestiegen, so daß der Staat dagegen einschreiten, selbst Straßenverkäufer und Händler über die Stadt schicken mußte. Manche tragen eine schwarze Mütze mit dem Namen des staatlichen Trusts „Mosselprom" (Moskauer Nahrungsmittelindustrie), und diese Aufschrift steht auch auf der glasgedeckten Schachtel, die ein horizontales Schaufenster ist, darunter, im Handschlitten, befindet sich das Warenlager.

Der „Mosselprom" beschäftigt Verkäufer von Schokolade und Konfekt, von belegten Broten, die auf russisch „Butterbrot" heißen, und hauptsächlich von Zigaretten, doch hat er hier viel Konkurrenz in den rotmützigen Händlern des Leningrader Tabaktrusts. Diesen Handel halten meist Arbeitsgemeinschaften von Kriegsinvaliden in Händen, außerdem werden organisierte Arbeitslose herangezogen, denen elf Prozent vom Brutto zufallen, was oft einen Rubel im Tag ausmacht, während die Arbeitslosenunterstützung für Unqualifizierte nur sechs Rubel im Monat beträgt. In Kiosken („Larjok") wird Chalwa, das ist Pflanzenöl mit Zucker und Nüssen, verkauft, kandiertes Obst, türkisches Zuckerwerk, süßer Käse, Nußgelee, Kandiszucker und Keks, in andern Buden Wurst, Käse und Schinken, in wieder andern: Papirossy. Reklameverse, von Majakowskij verfaßt, sind bunt darauf gemalt, etwa:

Unsre Zigaretten sind süß wie Aprikosen
Und duften überdies wie Rosen.

Vor rot-weiß lackierten Schränken, die der Organisation „Krasnyj Korobejnik" (der Rote Händler) gehören, verschleißt man verschiedene Heimarbeiten, Socken, Bandelkram, Posamenten, Knöpfe, Tücher, Nadeln und alle übrigen Galanteriewaren, manchmal auch Seife, in größeren Pavillons wird kaukasisches Mineralwasser ausgeschenkt, Borshom, Narsan und Essentuki. Im staatlichen Straßenhandel ist alles um vierzig bis sechzig Prozent billiger als im freien Handel, aber es sind fixe Preise, und das ist einer der Gründe, weshalb man zu den wilden Händlern und auf die Märkte läuft, denn was eine echte Hausfrau ist (in Moskau natürlich), kauft lieber ein wenig teurer und schlechter ein, wenn sie nur vom Preis etwas abhandeln kann.

Jedes Jahr am 5. Mai ist Feiertag der Presse. Da treten im Moskauer Palast der Gewerkschaften die Arbeiterkorrespondenten des Gouvernements zusammen, in einem andern Saal die Bauernkorrespondenten, in allen Klubs und Ämtern werden Vorträge über Wesen und Wert der Zeitung gehalten und Debatten darüber geführt, wie man durch Nachrichten und Agitation dem Pressewesen nützen kann. In den Blättern selbst kommen Artikel „In eigener Sache" und Reminiszenzen alter Mitarbeiter an sozialistischen Flugblättern und illegalen Zeitungen zum Abdruck, wenn nicht gar im Großen Theater eine Versammlung mit Referaten solcher Parteijournalisten stattfindet. Daß das Radio an diesem Tage sich daran beteiligt, über das Pressewesen aufzuklären und Abonnenten zu werben, ist selbstverständlich.

An den Tag der Presse schließt sich der Jahrmarkt des Buches an, eine Einrichtung, die vorbildlich ist und überall Nachahmung finden sollte. Einer der verkehrsreichsten Plätze Moskaus, der Twerskoi-Boulevard, ist das Gelände. Vom Dichter Puschkin bis zum Physiologen Timirjasew, das heißt ihren Denkmälern, führt eine Budenstraße, über die Wimpel gespannt sind, grellrote, grüne, ein blau-orangeroter und violette mit Losungen, auf den Wert des Bücherlesens bezüglich. Alle Verlagsanstalten, viele Buchhandlungen und Antiquariate haben Kioske. Der Verlag für Landwirtschaft präsentiert sich in einer dörfischen Bauernstube, der Verlag ehemaliger politischer Sträflinge verkauft in einer vergitterten Katorga, ein Kinderbücher-Verlag hat ein Kasperltheater als Verkaufsstelle eingerichtet. Vor gemalter Seelandschaft hantieren waschechte Fischer mit waschechtem Fanggerät, für zehn, zwanzig oder dreißig Kopeken senken sie Netz oder Angel hinter das gemalte Ufer, in das supponierte Gewässer und ziehen ein Buch empor. Andere Buden sind „Automaten“ aus Leinwand: wird ein Zwanzig-Kopeken-Stück eingeworfen, so fällt ein Buch heraus; jedermann weiß, daß ein Mann im Innern der Bude das Geldstück entgegennimmt und das Buch hinausschiebt, ebenso wie den obbemeldeten Fischern einfach ein unsichtbarer Gehilfe ein Buch ins Netz legt oder an die Angelrute hängt. Trotzdem drängen sich vor diesen „Wundern“ die Leute zu Hunderten und stürzen sich auf jeden, der ein Buch bekommen hat, neugierig zu sehen, welches Werk das Schicksal ihm bescherte. Kinder haben natürlich ihre eigenen Automaten und ihre eigenen Fischerplätze und stehen dort von früh bis abend, obwohl sie all ihr Geld schon längst in Bilderbücher umgesetzt haben.

Die Wimpel wehen im Wind, die Parolen darauf blähen sich, grüne Wimpel mit dunkelblauen Devisen, ein blau-orangeroter Wimpel, violette Wimpel mit hellgrünen Parolen, „Wer Bücher hat, braucht die Menschen nicht mehr“, rot überwiegt bei weitem, „Lenin hungerte, aber Bücher kaufte er doch“, „Wer Bücher kennt, kennt die Welt“.

Verkäufer haben Stöße von Ramsch auf der Erde ausgelegt, Männer und Frauen, Bourgeoisie und Proletariat hocken auf dem Boden, die Röcke rutschen hoch über die Knie, alle wühlen in vergilbten, oft mäusebenagten Broschüren. Da liegt Dikkens in tausend Exemplaren, der ganze Victor Hugo, so wie er seit dreißig, vierzig Jahren im Keller eines Antiquars verstaubte, bis ihn die Bücherkirchweih an die Sonne rief. Drei, vier solcher Parterrelager bestehen nur aus deutschen Büchern, hier muß man sich geradezu prügeln, um in die vorderste Reihe zu kommen, denn das neue deutsche Buch ist für russische Verhältnisse zu teuer und der Hunger nach ausländischer Literatur seit den Jahren der Blockade enorm; aber ach, es ist keine besonders aktuelle Literatur, die sich da feilbietet, Berthold Auerbach, Paul Heyse, die Marlitt, die Heimburg, der gesammelte Spielhagen und der ausgewählte Felix Dahn, die Bände der „Kultur" von Gurlitt, Malermonographien, Gedichte von Anastasius Grün. Daneben geht's moderner und wieder russisch her. Die Werke des Staatsverlages. Man kauft schon die Publikationen des Marx-Engels-Institutes, die neuen Gesamtausgaben Tolstois und Gorkis, und auch Trotzkis Œuvre beginnt in zwanzig Bänden zu erscheinen. Der erste Band der Sowjet-Ezyklopädie, eines der wenigen gebundenen Werke. Die mannigfachen Anthologien, „Die Großstadt in der Literatur", „Das Dorf in der Literatur", „Der Metallarbeiter in der Literatur". Alles um zwanzig bis fünfzig Prozent billiger als in den Geschäften, und obwohl das Maiwetter Moskaus diesmal einem Dezember in Berlin an Kälte nichts nachgab, war der Platz in den ersten Tagen des Freilichtsortiments ununterbrochen von Menschen durchflutet. Zum großen Teil erschienen sie allerdings wegen der drei Musikkapellen, die abwechselnd im Freien konzertierten. Aber manche haben den Zeitpunkt abgewartet, bis sie auf dem Markt die Bücher mit Rabatt beziehen können. Überall ist's ja so: man schiebt die Anschaffung eines Buches von Tag zu Tag hinaus, um sie schließlich ganz zu unterlassen, jeder Sortimenter weiß, daß kaum zwei Prozent allfälliger Bücherinteressenten Buchhandlungen aufsuchen, sondern nur dann kaufen, wenn man ihnen etwas zur Ansicht schickt oder ein Buch sonst auf eine zufällige Weise in ihre Hände gerät – selten kommt der Leser zum Buch, das Buch muß zum Leser kommen, und die Zukunft des Buchhandels liegt auf der Straße.

Der Bouquiniste Lefèvre vom Quai Voltaire, der als vielfacher Millionär starb, war gewiß eine Ausnahme, jedoch unter den Buchhändlern mit Laden wird es nicht einmal solche Ausnahmen geben. Was in der zweiten Maiwoche in Rußland unter den grellroten, grünen, violetten und dem blau-orangeroten

Wimpel in und vor den Buden veräußert wird, geht meist an Leute, die sonst niemals Bücher kaufen, und an den antiquarischen Druckschriften werden sicherlich beinahe hundert Prozent verdient, denn es ist Ware, die in den Kellern vermodern oder höchstens als Makulatur verschleudert würde.

Vor vielen Ständen sind Tafeln angebracht: „Das Buch . . . ist ausverkauft." Der Tagesumsatz hat nach den Zeitungen anfangs vier- bis fünftausend Rubel betragen, auf vier Tage war der Jahrmarkt proponiert und wurde um acht Tage verlängert. Leider kam der Mai auch in der zweiten Maiwoche nicht nach Moskau, im Gegenteil, ein Schneesturm kam, er zerrte an den Fahnen, er schwängerte die roten, violetten, grünen, blauen und den blau-orangeroten Wimpel und zerriß sie, die Devisen wurden Mißgeburten, vom Flaggenstock links weht „Wer Bücher kennt", vom zugehörigen auf der andern Wegseite „kennt die Welt", links hungerte Lenin, auf der gegenüberliegenden Seite kaufte er dennoch Bücher, die Bestände wurden naß, man mußte schwarzes Ledertuch darüber breiten, das bald mit weißen Flocken übersät war, schwarz und weiß gelten als die Farben der Reaktion, die Kapellen spielten mit Todesverachtung, aber sie unterlagen im Wettkampf mit dem Wetter, zwar zeigten sich Kunden, jedoch nur solche, die etwas Bestimmtes haben wollten, die Schmökerer ließen sich abschrecken, und die Kirmes des Buches endete demnach nicht so gut, wie sie begonnen hatte. Vielleicht ist es besser so, denn hätten alle Verlage ihre Bestände und alle Buchhandlungen ihre ältesten Ladenhüter ausverkauft, dann wäre nächstes Jahr nichts vorhanden, um zwischen Timirjasew und Puschkin ausgelegt zu werden.

Besteht der Straßenmarkt, muß auch die Börse bestehen. In dem teppichbelegten, unverändert eleganten Sitzungssaal des Börsenrates hängt außer einer Aufforderung, daß die Proletarier aller Länder sich vereinigen mögen, ein Kolossalgemälde: auf dem Dachgarten eines Hauses steht Karl Marx neben Lenin und weist auf die im Morgennebel schwimmende Großstadt. Der Maler hatte vielleicht eine ähnliche Vision wie in Zolas „L'argent" der schwindsüchtige Sigismonde Busch, der nach der Lektüre des eben erschienenen „Kapital" auf das erwachende Paris hinabsieht und von der Vernichtung der Großfinanz und der Demolierung der Börse träumt.

Die Bolschewiki haben die Börse nicht demoliert, der ionische Tempel in der Iljinka steht da wie einst, in den Räumen wird gerechnet und geschrieben, und teppichbelegt und unverändert elegant ist der Sitzungssaal des Börsenrates, in dem der gemalte Marx dem gemalten Lenin die gegnerischen Positionen zeigt ... Und doch ist es eine andere Börse als jene, deren Geheul weithin durch die Rue Richelieu tönt, eine andere als jene, die in der Burgstraße, auf dem Schottenring, auf dem Mansionhouse Place oder gar in Wallstreet die Gemüter der Akteure mit Erregung erfüllen und die Erregung bis in die letzten Winkel der Stadt und des Landes schwemmen. Sie hat still zu sein, die Moskauer Börse, und sie ist still. Zur Zeit des Kriegskommunismus, da man unterderhand mit allerhand Valuten und Werten handelte, mag es auf der Schwarzen Börse lauter zugegangen sein, obgleich man vor der Tscheka zittern mußte.

Wie überall ist auch im Sowjetstaat Klärung von Angebot und Nachfrage, Erleichterung des Warenaustausches und Reglementierung der sich ergebenden Handelsoperationen der Zweck der Börse. Doch der Unterschied zwischen hier und anderswo besteht darin, daß der Privatspekulation fast jeder Boden entzogen ist und von den fünfhundert Mitgliedern der Börse drei Viertel offizielle Organe, Vertreter der Staatsbanken, der Staatstrusts, der Genossenschaften und der gemischten Aktiengesellschaften sind. Nicht mehr als 120 Privatfirmen gehören der Börse an, und auch sie arbeiten – wenn auch indirekt – für den „Gosplan", das Planwirtschaftsamt; denn dieses regelt nach den auf der Börse ausgearbeiteten Statistiken (Professor Ustinow) von Auftrieb und Bedarf die gesamte Produktion des Reiches. Sogar die Makler harren ihrer Verstaatlichung, und obwohl sie auch weiterhin von den vermittelten Geschäften Tantiemen beziehen sollen, hilft ihnen das recht wenig darüber hinweg, daß sie der drakonischen Gesetzgebung für Amtsvergehen unterstellt sein werden.

Zur Börsenzeit, von zwölf bis zwei, herrscht auf der Zentralwarenbörse des warenreichsten Landes eine unglaubliche Ruhe, ja Langeweile. Durch den Riesensaal, der einst Schauplatz fürchterlicher Entscheidungsschlachten war, gehen Männer gemächlichen Schrittes – so geringfügig sind die Geschäfte, daß sie die Aktentasche in der Hand halten können, ohne dadurch in der Gestikulation gestört zu werden. Links unten, beim Büfett, sitzt ein Hüne mit bäurischer Pelzmütze, tunkt sein Brötchen liebevoll in den Tee, während er einem jungen Sensal Aufträge diktiert. An Tischchen kauern Menschen, die schon etwas börsenmäßiger aussehen, und drohend wie ein Revolver liegt das Telefon neben ihnen – aber ach, wenn sie das Mikrophon ergreifen, sprechen sie Dinge hinein, bei denen sie lächeln können, sie lächeln, unglückliche Börsianer! Mancher fühlt sich so einsam in der Unendlichkeit des Raumes, daß er mit den vorn an der Barriere stehenden Leuten ein Gespräch beginnt oder die Titel der Broschüren besieht, die hier wie in jedem Amt vor einer kleinen Buchhandlung ausgelegt sind. Bei der Bankabteilung nimmt man die Geldüberweisungen vor, dahinter, auf der Fondsbörse, handelt man russische Staatsanleihen und fremde Valuten – der Umfang der Abschlüsse ist gering, stabil der Tscherwonez, stabil das Pfund Sterling, stabil der Dollar, der Geldmangel groß – was soll man da für Geschäfte machen? Oben, entlang der Saalwand, verlaufen Galerien; die Beamten, das große Einmaleins in Gestalt der Rechenmaschine vor sich, sitzen apathisch wie eingeschlafene Fliegen da, nur in dem Registrierungsbüro für außerhalb der Börse getätigte Geschäfte, wo alle größeren Abschlüsse angemeldet werden müssen, ist lebhafter Parteienverkehr, die kleinsten Boten der größten Trusts warten auf Abfertigung. Untätig ist man im Kotierungszimmer, denn hier beginnt die Arbeit erst nach der Börsenzeit, und der teppichbelegte, unverändert elegante Saal des Präsidiums, in dem Marx seinem Schüler zeigt, wie man das Kapital zertrümmert, ist leer, aber er wird wohl selbst dann nicht von fanatischen Debatten belebt sein, wenn die Sitzungen tagen; das Präsidium des Obersten Wirtschaftsrates und die ihm unterstellten Verbände und Trusts, die Verwaltung des Zentrosojus und der Genossenschaftsverbände und die wirtschaftlichen Organe aller Volkskommissariate gehören der Börse an, sie wählen fünfundzwanzig Verwaltungsräte und einen sechsgliedrigen Vorstand, für dessen Mitglieder die Alternative „die Börse oder das Leben" sicherlich nicht besteht und die sich daher kaum echauffieren. Die übrigen ständigen Besucher müssen vom Vorstand zugelassen sein und einen Jahresbeitrag bezahlen; es sind Vertreter derjenigen staatlichen Institute, Unternehmungen und Genossenschaften, die nicht Börsenmitglieder sind, ferner Konzessionsinhaber, Pächter von Staatsbetrieben und Leiter großer Handels- und Industriefirmen. Geschäftsdifferenzen schlichtet die Arbitragekommission, und ihre Urteile werden – im Gegensatz zu den Schiedssprüchen der meisten westeuropäischen Börsen, deren Autorität eine rein moralische ist – zwangsläufig vollstreckt; allerdings kann der Kläger im Falle einer Ablehnung an das zuständige Volksgericht appellieren.

Im großen ganzen herrscht heiliger Gottesfrieden. Selbst im Souterrainlokal, wohin man die Kulisse versteckt hat, wo die schwarzen Gesellen der ehemaligen Schwarzen Börse debattieren, wo der Schalter der Bank von geradezu beleidigender Einfachheit ist und wo – erstaunliche Börsianer! – drei Polizisten in Uniform sitzen, ist alles friedlich, und die heilige Hermandad trinkt aus drei Gläsern dreimal soviel Tee wie die Börsenzeit Minuten hat.

Auf die Frage, wie die Geschäfte gehen, wird man kaum einer Antwort gewürdigt; gibt man sich nicht zufrieden, will man wissen, warum der betreffende Genosse unter besagten (beziehungsweise: bebrummten) Umständen hierherkomme, so erfährt man: „Sehen Sie, ich habe mich mein ganzes Leben lang geplagt, habe gehandelt und geschachert, und jetzt, als alter Mann, will ich eben meine Ruhe haben und meinen Frieden. *Deshalb* gehe ich jeden Tag von zwölf bis zwei zur Börse."

Rings um das Börsenhaus: die großen Kontore, die großen Geschäfte, die großen Lager.

Sechshundert Jahre lang herrschten in dem Stadtteil, den der chinesische Wall umgibt, die Handelsleute so absolutistisch, wie im Nachbarbezirk die Bojaren herrschten und der Zar. Gegenüber dem größten Kremlpalast hatte die Kaufmannschaft den ihren erbaut: auf der andern Seite des Roten Platzes, mehr als einen Viertelkilometer lang und fast hundert Meter breit, stehen die Handelsreihen, ein dreistöckiger Sandsteinbau mit glasgedeckten Gängen und Brücken, mit tausend Geschäften, Detail und Engros, Restaurants und Teestuben; man weiß nicht recht, ob man in ein hypertrophisches Warenhaus geraten ist oder auf drei übereinandergestülpte Ausstellungsplätze, ob in ein allzu vielseitiges Messegebäude oder auf einen städtischen Jahrmarkt. Einst lockte man hier und feilschte und machte einander laute, lautere und unlautere Konkurrenz, jetzt heißt das ganze „GUM", Staatliches Universal-Magazin, ist dem Obersten Volkswirtschaftsrat unterstellt, die Preise sind fest, und der Kommis schreibt nur die Rechnung aus, die an der Kasse zu begleichen ist.

Die drei Parallelstraßen der City, die Nikolskaja, die Iljinka und die Warwarka, und die schmalen Verbindungsstraßen waren voll von Läden, Banken, Börsen, Wechselstuben, Kontoren, Warenlagern, Packräumen und sind es zum Teil noch heute. Aber wo einst die Firmentafeln von Morosow, P. Botkin Söhne, K. & S. Popow, Meyer & Co., Einem, Abrikossow und andere aussprechbare Namen leuchteten, sind jetzt kannibalische Abbreviaturbildungen zu lesen, zusammengezogene Anfangssilben der staatlichen Unternehmungen, „Gospromzwetmet", „Glawschwejmaschina", „Zentrobumtrest", „Moskwoschwej", „Trjapjoloskut", „Sewsapgostorg"; auf der Holzverkaufsstelle der „Wälder des Fernen Ostens" steht der tragikomische Firmenname. „Dalles", noch dazu mit großen goldenen Lettern! Hämmer und Zangen arbeiten an Kisten und Tonnen, Lastautos und Schlitten kommen und gehen, hinter den Scheiben sieht man Warenproben, Pelze, Teppiche, Instrumente oder Schreibtische, auf denen die Kugeln der Rechenmaschine hin und her sausen, daß es eine Art hat – kürzlich sollen bei einem Wettrechnen zwischen automatischem Multiplikator amerikanischen Fabrikats und den „Stschoty" diese mit einigen Nasenlängen Sieger geblieben sein, und bei einiger Übung kann man, wie es heißt, mit ihnen nicht bloß addieren, subtrahieren, multiplizieren, dividieren, Wurzel ziehen und potenzieren, sondern auch Logarithmen errechnen. Die Klosterhöfe sind zu Verladestellen geworden, die Wohnräume zu Kontoren und die Bürohäuser – soweit sie nicht ein Volkskommissariat bezog – zu Zentralen der Genossenschaften.

Außerhalb des Kitaigorod blüht der staatliche Einzelhandel. „Muir & Merilees", Moskaus Wertheim, Ecke Petrowka und Theaterplatz, ward zu einem „GUM". Auf dem Kusnezkij Most sind die vielen Buchhandlungen der Gewerkschaften, der Genossenschaften und des Staatsverlags mit Abteilungen für Landwirtschaft und ausländische Literatur, in keiner andern Stadt gibt es so viele Buchhandlungen wie in Moskau, es werden Broschüren in Massen verkauft, Lehrbücher, Tabellen, Plakate mit Darstellungen historischer Epochen, der Dekabristenbewegung, der Revolution von 1905, des Lebens von Lenin, volkswirtschaftliche Schriften, moderne Belletristik, jedoch sehr wenig gebundene Bücher. An der Ecke Kusnezkij Most und Neglinaja ist jenes Juwelengeschäft, das beinahe jeder Journalist in liebevollster Übertreibung schilderte, um darzutun, daß das Arbeiterregime den schwelgenden Luxus nicht verdrängte; groß sind die Schaufenster allerdings und voll von Waren, aber, bei den Göttern, recht armselige Kostbarkeiten für eine Welthauptstadt, die Metropole des größten Reiches: zwei Platinarmbänder mit Rubinen, Schirmgriffe in Mosaikarbeit, drei Paar Brillantenohrgehänge, ein riesiges Teeservice aus Tulasilber, fünf goldene, zum Teil bemalte Tabakdosen, ein Service und einige Tabatieren im Jugendstil, Antiquitäten, vergoldete Silberpokale und Tafelaufsätze, eine Kette aus Perlen, die wie Pferdezahnmais aussehen, und eine Kette runder Perlen, von der ein famoser französischer Schriftsteller erklärte, es sei das schönste Kollier, das er je gesehen – wäre er so klug gewesen wie sein deutscher Nachfahr, der sich daraufhin nach dem Preis erkundigte, so hätte der Anrainer der Rue de la Paix das schönste Perlenhalsband, das er je gesehen, für sechzehnhundert Rubel kaufen können. Der Laden gehört dem „Mjut", der Moskauer Abteilung der Juweliergewerkschaft, deren Agenten die staatliche Bewilligung haben, Gold und Juwelen von Privaten einzukaufen; auf der Sretenka besitzt diese Kooperative ein zweites Verkaufsmagazin – entendez, Monsieur Henri Béraud, encore une succursale, une joaillerie de plus à Moscou, et pas detaillé par vous! Quelle chance échappée!

Ein anderes vielbemerktes Symptom sind die Menschenmengen, die häufig vor den Verschleißstellen des staatlichen Spiritustrusts angestellt sind, um „Rykowka" zu erstehen, wie die vierzigprozentige Monopolbranntwein nach dem Volkskommissar Rykow heißt, der seinerzeit die Bekanntmachung unterzeichnet hat. Es ist schmerzlich, daß ein sozialistischer Staat, noch dazu einer mit diktatorischen Machtbefugnissen, das Gewerbe des Schnapsbrenners betreibt, sei es nun aus finanzfiskalischer Notwendigkeit, sei es, weil er den Bauern, die das beste Brotkorn zu Wodka brannten, das Handwerk legen wollte. Es ist schmerzlich – jedoch man sieht in dem einst fuseldurchtränkten Moskau fast niemals einen Betrunkenen, und die Polonäsen vor dem Ausschank beweisen vor allem, daß Quantum und Verkaufszeit beschränkt sind.

Schlimmer ist: auch vor den zahlreichen Verkaufsstellen der Textiltrusts, wo Tuch und andere Stoffe, und der Gummiwerke, wo Galoschen abgegeben werden, stehen ewig „Schlangen", weil die Produktion mit dem Konsum noch nicht Schritt halten kann. Unter diesen stundenlang „Angestellten" sind Arbeitslose, die die erstandene Ware mit vierzig bis fünfzig Prozent Profit weiterverkaufen und bei so lohnendem Erwerb gar nicht an Rückkehr zur Arbeit denken.

Es gibt auch Privatfirmen – Kinder der Neuen Ökonomischen Politik, der „NEP". Jeder Kaufmann besitzt einen Handelsschein, für den er halbjährlich im voraus zu bezahlen hat, zweihundert bis tausend Rubel, je nachdem, in welche der fünf Klassen er eingereiht ist: für jeden Lagerraum muß er extra zahlen, und besitzt er mehrere Verkaufsläden, so steigert sich der Preis des Halbjahrspatents progressiv, überdies wird im nachhinein eine Umsatzsteuer erhoben. Diese Maßnahmen, die ein Überhandnehmen des Zwischenhandels und eine Übervorteilung des Konsumenten verhindern sollen, bewirken im Verein mit dem Mangel an Räumlichkeiten und der Höhe der Mieten, daß oft in ein und demselben Geschäftsraum zwei Firmen mit Waren unvereinbarlichen Charakters etabliert sind: eine Konditorei mit einer Pelzhandlung, ein Herrenmodegeschäft mit einer Drogerie, ein Stearin- und Wachskerzenladen mit einer Wäschehandlung, ein Schuhmagazin mit einer Uhrmacherwerkstätte. Manchmal führt ein einzelner Geschäftsinhaber den Dualismus durch, wenn auch aus andern Gründen, wie der findige Devotionalienhändler in der Nikolskaja, der zwei Verkaufstische und zwei Schaufenster hat, links Abzeichen mit Sichel und Hammer, mit dem Bilde Lenins, mit dem roten Fünfzack, mit den Distinktionen der Roten Armee, Trommeln, Trompeten und Standarten für Jugendorganisationen mit der Aufschrift „Religion ist Opium für das Volk", rechts aber Heiligenbilder, Fahnen für kirchliche Prozessionen, Altarstücke, Priesterornate, Heiligenlämpchen, Kruzifixe und ähnliche fromme Dinge mit kirchenslawischen Inschriften . . .

Im Innern der Häuser hört man das Surren und Fauchen des Primusbrenners, das Brodeln des Wassers oder der Suppe in dem Topf, der ihn krönt, und das Tröpfeln obiger Flüssigkeit auf den erhitzten Rost. Die schwedische Primusfabrik veröffentlichte vor kurzem eine Statistik, laut der sie seit Anfang 1918 nicht weniger als eine Million Apparate nach Moskau geliefert hat. Möglicherweise ist ein großer Teil davon in die Provinz weitergegangen, da jedoch gewiß viele Moskowiter ihren Schnellkocher bereits vorher besaßen, so kann man ruhig behaupten, daß mindestens auf jeden zweiten Bewohner der Unionshauptstadt eine Kochmaschine kommt. Aufgeteilt sind die Wohnungen, um zwölfmalhunderttausend Zuwanderern Platz zu schaffen, gemeinsam geblieben ist die Küche, und dort bereitet man auf dem Herd die Einheitsmahlzeit zu; die Menschen sind gleich, die Mägen aber sind verschieden, und als primus inter pares steht der Benzinkocher da, auf dem die

Hausfrau den Sonderwünschen von Gemahl oder Baby Rechnung trägt. Alle Viertelstunden geht dem Maschinchen die Luft aus, und man muß mit der Luftpumpe künstliche Atmung versuchen, manchmal wird es daraufhin erst recht wütend und explodiert – „Unfall durch den Schnellkocher" heißt eine Rubrik in den Zeitungen –, und es ist verboten, ihn im Zimmer zu benutzen. Man hält sich nicht an dieses Verbot, denn noch weniger Platz als auf dem kollektiven Herd ist auf dem Korridor, wo die Möbel der ehemaligen Wohnungsinhaber übereinandergestülpt ruhen.

Einen Spiritusbrenner muß man haben und einen Teekessel, das ist die Grundbedingung des Moskauer Lebens. Warum habt ihr geheiratet? – Er hatte einen Primus und ich einen Tschainik. – Dagegen ist ein Samowar schon eine ganz besondere Sache. Ach, Sie haben einen Samowar, also sind Sie ein Bourgeois! Diese Redensart ist etwas übertrieben, es kommt ganz darauf an, wie groß der Samowar, ob er aus weißem Metall, ob er emailliert, ob er aus Kupfer, aus Nickel oder gar aus Silber ist. Wie dem auch sei: kein Bourgeois ist man, wenn man das Wasser im Tschainik kocht, um es in die Teekanne zu gießen.

Überall in der Welt ist Wohnungsnot, wohl nirgends aber ist sie so brennend wie in Moskau, das nach fast zweihundertjähriger Pause wieder zur Reichshauptstadt wurde, zur Metropole des größten Staates. Klöster, Kirchen und Paläste enteignete man und suchte sie zu Wohnstätten umzugestalten, Gasthöfe und Villen nahmen Familien auf. Zinskasernen erhielten die sechsfache, ja oft die zehnfache Mieterzahl – und all das reicht nicht aus, die Vertreter aller zentralrussischen, ukrainischen, kaukasischen und asiatischen Behörden, Genossenschaften, Gewerkschaften und Trusts und die neuen Arbeiter und Soldaten zu fassen, die hier zusammenströmen. Gesetzlich hat jeder Mensch, ob Greis, Frau, Mann oder neugeborenes Kind, Anspruch auf je sechzehn Quadratarschin Wohnraum (ein Arschin – 75 cm), doch in der Praxis läßt sich nicht jeder Wohnraum so einteilen, ein Ehepaar übersiedelt nicht aus seinem Zimmer, auch wenn es inzwischen drei oder mehr Kinder bekommen hat, denn die Behausung ist gut gelegen, man hat sich an sie gewöhnt, die Beschwerden eines Umzugs wären zu groß: wer wird sich mit dem Primus in der Hand zwei bis drei Kilometer weit schleppen! In der inneren Stadt gibt es Wohnungen, in denen früher eine einzige Familie lebte, jetzt liest man auf der Tafel vierzehn Namen; besucht man den, der als erster angeschrieben steht, so läutet man einmal, besucht man den zweiten, so läutet man zweimal, auf vierzehnmaliges Signal erscheint der Letzte der langen Reihe. Dieser Unglückliche muß immer zählen, solange ein Besucher klingelt, während sich zum Beispiel sein Nachbar vom „Quartier vier" ruhig auf die andere Seite legen darf, da das fünfte Signal ertönt, und die Nachbarin Nr. 10 weiter ihren Kocher beluftpumpen kann, wenn die Glocke nach dem zehnten Mal nicht aufhört. Um die Wahrheit zu sprechen, man muß nicht überall vierzehnmal schellen, sondern benützt Morsealphabete: ein kurzer und ein langer Druck auf den Knopf besagt, daß Nummer zwölf zu öffnen hat; wird man zum Tee eingeladen, so teilt der Gastgeber gleichzeitig das Sesamöffnedich mit.

Große Zinshäuser sind den Beamten je einer Behörde zugewiesen, in einem wohnen fünfhundert Angestellte des Obersten Wirtschaftsrates, im Hotel Lux herrscht ein Mischmasch aller europäischen, asiatischen und amerikanischen Rassen – ex lucis orient –, denn dort logieren die Leute von der Komintern, der Dritten Internationale, in den oberen Stockwerken der Sowjethäuser schlafen die Beamten ungefähr so nebeneinander, wie sie tagsüber unten in den Kanzleien nebeneinander arbeiten. Für die Gelehrten ist ein Lyzeumsgebäude eingerichtet, schön ist die Aussicht auf die Moskwa, doch lange nicht so schön wie die Aussicht auf die Newa, die sich vom Gelehrtenhaus in Leningrad bietet, dem pompös eingerichteten Palast der Großfürstin Maria Pawlowna; im Dom Utschonych finden wissenschaftliche Arbeiter Herberge, die zu Studienzwecken, zu Kongressen oder zum Besuch von Kursen ankommen. Sie zahlen einen Rubel im Tag, einschließlich Beleuchtung, Beheizung, Bettwäsche, Bedienung und heißem Wasser.

Sonst bemißt man die Mieten nach dem Einkommen, es gibt Arbeitslose, die vierzig Kopeken für das gleiche Zimmer zahlen, für das der Kaufmann in der nächsthöheren Etage achtzig Rubel bezahlen muß. Leute in verantwortlicher Stellung und geistige Arbeiter, besonders Ärzte, besitzen Anspruch auf ein eigenes Zimmer außerhalb jenes Minimalraumes, und viele Familien haben daher dieselbe Wohnung inne wie vor dem Kriege. Nur die ehemaligen Hausbesitzer sind übersiedelt, weil sie sich einerseits als Entthronte in ihrem Reich nicht wohl fühlten und es andererseits schwerer als andere hatten, die gesetzliche Norm zu überschreiten. Einige vermögende Leute haben alte Stallungen oder Garagen aufgekauft, sie renoviert und als Wohnung eingerichtet; vierzig Jahre lang sind sie faktisch Hauseigentümer, dann gehört Grund und Gebäude dem Staat. Nahezu in allen Ämtern haben sich Baukooperativen gebildet, die große Wohngebäude oder kleine Kolonien projektieren. Trotzdem ist bei der ganzen Anlage Moskaus, bei dem Mangel an Arbeitskräften und vor allem bei der Not an Materialien gar nicht daran zu denken, daß innerhalb der nächsten zehn bis fünfzehn Jahre eine vollkommene Beseitigung der Wohnungsnot erzielt werden kann.

Die Mieten werden an die Hausverwaltung abgeführt, an das Shilischtschnoje Towarischtschestwo, das aus gewählten Mitgliedern besteht und über die Verwendung der einlangenden Beträge sowie über Zwistigkeiten entscheidet. Das Geld wird zu Reparaturen gebraucht – hierzulande „Remont" genannt. („Remont" ist das Wort, das den größten Begriffsradius hat, von einem schadhaften Kochtopf heißt es ebenso, daß er remontiert wird, wie vom Kreml oder vom Erlöser-Dom.) In den Höfen, die unendlich tief gegliedert und von Dorfhäuschen oder Zinskasernen umsäumt sind, spielen die Kinder des Hauses unter Aufsicht zweier von der Mieterorganisation engagierten Kindergärtnerinnen. Ein Arzt hat in den größeren dieser Obschtscheshitije, das heißt Gemeinschaftshäusern, ständigen Dienst. Die Haustore sind auch bei Nacht geöffnet, wenn man von dem Mann absieht, der im Schafpelz breitspurig vor dem Eingang sitzt und jedem Einbrecher den Weg versperren würde, sollte sich ein solcher durch Blendlaterne, durch klirrenden Schlüsselbund mit Dietrichen und durch auffällige Maske als verdächtig zu erkennen geben.

Die Zahl der Dienstboten, deren Ende man mit dem Anbruch des Kommunismus gekommen glaubte, hat sich eher erhöht, denn jetzt arbeitet nicht bloß das Familienoberhaupt außer Haus, sondern auch die Mutter und die erwachsenen Kinder, und es muß jemand die Wohnung in Ordnung halten, die Kleinen betreuen und das Abendbrot für die Heimkehrenden zurechtmachen. Die Hausgehilfin hat achtstündige Arbeitszeit, Mindestlohn fünfzehn Rubel im Monat, außerdem Anspruch auf zwei Kleider, ein Paar Schuhe, zwei Paar Strümpfe, zwei Kopftücher und zwei Schürzen im Jahr, wöchentlich auf fünfundzwanzig Kopeken zum Besuch des Bades und auf einen Urlaub von vierzehn Tagen im Jahr; der Mindestlohn für ein nicht im Hause wohnendes Mädchen beträgt zwanzig Rubel pro Monat. Überdies ist der Dienstgeber verpflichtet, etwa vier Rubel für die Gewerkschaft und die Krankenversicherung zu bezahlen. Ist der Dienstbote Analphabet, so muß er an drei Wochentagen eine Schule besuchen, einmal wöchentlich hat er einen ganzen Tag frei. Das Mädchen redet den Hausherrn mit Namen und Vatersnamen an, ebenso die Hausfrau, Natalja Stepanowna, und wird auch selbst so gerufen, Marja Iwanowna; trotzdem gibt es noch viele Mägde, die die Anrede „Barin" nicht unterlassen und sehr beleidigt wären, wenn man sie anders als mit „du" ansprechen wollte. Oft schläft das Dienstmädchen in der Küche, in küchenlosen Wohnungen wird die Schlafstelle in einem Zimmer zurechtgemacht.

Für den Arbeiter in der neuen Hauptstadt haben sich die Wohnverhältnisse durch die Revolution noch nicht gebessert, und neidisch spricht er von seinem Leningrader Kollegen; in Moskau hat er ein oder zwei Zimmer, wie früher, aber weniger Platz, denn infolge Schwangerschaftsunterstützungen, des Mutterschutzes und der staatlichen Kinderfürsorge widersetzt er sich der Vermehrung seiner Familie keineswegs – um so weniger, als ein operativer Eingriff immerhin dreieinhalb Tscherwonzen verschlingt. Und so wimmelt es innerhalb seiner sechzehn Arschin von „Oktobrinen" in der Wiege, auf dem Fußboden und im Bett oder in gefährlicher Nähe des Primuskochers.

UNIVERSITÄT FÜR FABRIKARBEIT

I. Der Aufmarsch der Studenten

Das Signal schrillt, die Schüler marschieren wie Turner ein, in Zweierreihen, Sibirier sind auch darunter und Malaien, Jünglinge und Männer, sie stellen sich auf sechzehn Postamente, die nach der Größe des einzelnen gehoben oder gesenkt werden können, für Kopf und Füße sind Schablonen da, ihren Körper schnallen sie fest, so daß er sich weder vorneigen noch zurücklehnen kann, der Stuhl steht einen halben Meter hinter jedem, der Arbeitsplan liegt linker Hand, das Handwerkszeug rechts an markierten Stellen des Tisches, für die zehn Finger sind Einbuchtungen auf dem Werkzeug und dem zu behandelnden Eisenstück, Apparatur der Drehbank, Räder und

Treibriemen bleiben vorerst verdeckt, damit der Schüler von seiner Aufgabe nicht abgelenkt werde.

Wieder schrillt das Zeichen, Beginn. Eine Minute dauert die Arbeit, dann müssen sich alle setzen, nach einer weiteren Minute wieder anfangen. Später ist für zwei Minuten Tätigkeit, noch später für fünf Minuten Arbeit eine Einminutenpause vorgeschrieben, am Schluß kann jeder die vier Stunden nach Belieben in Akt und Zwischenakt einteilen. Die den Fingern reservierten Einbuchtungen werden nach einigen Lehrstunden abgeschnallt, die Masken der Räder entfernt, und der Schüler arbeitet frei, wobei eine Nadel jeden Fehler denunziert, die Rüge erfolgt durch Aufleuchten eines roten oder weißen Lämpchens.

Auch die Kommandos werden maschinell gegeben, ein sich abrollender Zelluloidstreifen, durchlöchert, löst die Kontakte der Signale aus – der Automatische Professor; für jede Lektion ein Filmband, die Instruktion des Instruktors.

In hundertvierzig Stunden lernt der Student die exakte Bedienung der Drehbank, was in der Praxis des Betriebes bei häufigen Fehlleistungen drei bis vier Jahre dauert. Vierhundertsechzig Schüler werden jeweils im Institut ausgebildet, in verschiedenen Kursen, jeder bleibt so lang, bis er mindestens den fünften Grad der Qualifikation erworben hat (die Metallarbeiter Rußlands sind in neun Wertklassen eingeteilt). Der Kurs für Instruktoren, die im ganzen Lande verteilt werden, dauert etwa fünf Monate.

Hauptsächlich werden Arbeiter im Lehrlingsalter aufgenommen, jedoch auch Intellektuelle, die zum geachtetsten Beruf des Arbeiterstaates übergehen wollen. Besonders qualifizierte Kräfte der Betriebe werden gleichfalls in die Anstalt entsandt, aber man macht mit ihnen schlechte Erfahrungen, weil sie schon an Griffe gewöhnt sind, die der wissenschaftlich rationalisierten Art nicht entsprechen.

II. Der Zweck der Anstalt

Der junge Fabrikarbeiter träumt davon, hier, im roten Eckhaus der Petrowka, sein Examen zu bestehen, das Unterrichtskommissariat möchte die Methoden des ZIT, des Zentralnyj Institut Truda, in allen Schulen der Union eingeführt sehen, die Gewerkschaften wollen die Systeme der metallurgischen und holztechnischen Arbeiten auch auf Textilwaren, Baugewerbe, Bergbau und Transportwesen und sogar auf Kanzleiarbeit ausdehnen, aus den Fabriken kommen dringliche Zuschriften um Überlassung von Absolventen, und aus dem kapitalistischen Ausland gibt sich Interesse an dieser Lehrweise kund. Nachdem der Bürgerkrieg Hunderttausende von Arbeitern unter die Fahnen gerufen und dahingerafft hatte, nachdem die Banden der weißgardistischen Generale und die Interventionsarmeen bei ihren Rückzügen vor allem Fabrikunternehmungen zerstört hatten, um sich an dem Industrieproletariat zu rächen, und während der Blockade, die keinerlei Waren einließ, hieß es vor allem, den Produktionsprozeß grundlegend zu bessern. Der Massenverband NOT (Narodnaja Organisazija Truda) führte in allen Betrieben Reorganisationen durch und wirkte propagandistisch auf die Hebung der Arbeitsfreude ein, die Zeitliga kämpfte erfolgreich in Gewerbeunternehmungen, Verwaltungskanzleien, Schulen, Vereinen und Eisenbahnen gegen die (in Rußland mehr als anderswo eingerissene) Zeitvergeudung an.

Der Aufgabe, die Arbeit zu rationalisieren, unterzog sich Alexej Gastew, ein Lyriker, der um diese Zeit der Poesie entsagte; gewesener Pädagoge, war er unter dem Ancien régime wegen revolutionärer Umtriebe nach Sibirien verbannt worden und von dort geflüchtet, hatte in Deutschland und Frankreich als Metallarbeiter seinen Lebensunterhalt verdient und hierbei die Unterschiede der Betriebsführung kennengelernt. Um die Methodik amerikanischer Werkstätten bereichert, brachte er es fertig, einige Handgriffe des Taylorismus, die drüben in ihrer lebenslänglichen alleinigen Anwendung den Menschen im Arbeiter vernichten, zugunsten des Arbeiters seinem System einzufügen.

III. Wie lernt man manuelle Arbeit?

Die Rationalisierung der russischen Industrie beginnt damit, daß der Schüler des Institutes eine Stange in die Hand zu nehmen und sie aus dem Handgelenk nach verschiedenen Richtungen zu drehen hat; dann schwingt er mit eingepreßtem Oberarm eine Keule. Die erste der Übungen mit dem Handwerkszeug ist die: eine halbe Stunde lang einen mit elektrischer Kraft auf den Amboß fallenden Hammer zu halten. Bei der nächsten ist der Unterarm des Lehrlings festgeschnallt, und nur das Handgelenk begleitet die Bewegung. Hierauf wird ohne Strom mit dem Hammer hantiert, dessen Griff allerdings mit Moulagen für die fünf Finger versehen ist; auf kaltes Blei oder auf glühendes Eisen wird der Hammerschlag geführt. Dann auf einen eisernen Meißel. Dieser hat zunächst einen etwa zwanzig Zentimeter langen waagerechten Stiel, den der Arbeiter festhält, um sich nicht die Hand zu treffen. Nach kurzem Training nimmt er einen Meißel, dessen seitlicher Griff nur mehr zehn Zentimeter beträgt, dann einen dritten, dessen Stiel derart verkürzt ist, daß die geballte Faust das Eisenstück berührt. Hernach erst darf er den Meißel direkt umfassen. Während ein Lehrling in der Fabrik mindestens vier Monate braucht, ehe er den Schlag auf einen festgehaltenen Keil führen kann ohne die Besorgnis, seine Linke zu treffen, läßt der Student der Arbeitsuniversität bereits nach acht bis zwölf Stunden den Hammer furchtlos und sicher niedersausen. Ursache dieses Erfolges: der Meißelschlag, der sich dem Laien als eine einzige Bewegung darstellt, ist durch zeitlupenartige Beobachtung als Summe von Teilbewegungen erkannt worden, und diese sind es, die einzeln in vollkommener Weise gelehrt werden.

Die Befeilung ist die zweite typische Operation für die Werkzeug-Muskelarbeiten. Seitliche oder höhenmäßige Abweichungen der elektrisch bewegten, jedoch vom Schüler gelenkten Feile werden durch Aufflammen eines Signals verraten. Die Sägen und die Hobel, an denen gelernt wird, sind anfangs in den erfahrungsgemäß rationellsten Winkel eingespannt, sie haben, ebenso wie die Stemmeisen und die Bohrer, Kontakte zur Anzeigung der Fehler. Mit der drei Millimeter breiten Spitze der Bohrmaschine hat man zuerst einen Kreis von zehn Millimetern, später von sechs und schließlich von drei Millimetern zu treffen. Das anzubohrende Holz ist in verschiedenen Breiten mit metallenen Widerständen versehen, auf die der Arbeitende zu achten oder sie zu erfüllen hat, um das Abbrechen der Spitze zu verhindern.

IV. Das Examen ohne Examinator

Kurz nach dem Eintritt legt der Schüler eine Eignungsprüfung ab und vor dem Verlassen des Instituts eine Geschicklichkeitsprüfung, die wohl einzigartig ist: in einer Kammer wird er an eine gewöhnliche Drehbank gestellt und bekommt die Aufgabe, ein Stück Eisen zu einem Würfel abzuhobeln. Er bleibt allein, die Tür ist geschlossen, und er muß gar nicht ahnen, daß selbst die geringste seiner Bewegungen in einem andern Raum elektrisch registriert wird. Setzt er sich nieder, wird ein Kontakt ausgelöst, der die Dauer des Sitzens mit roter Tinte verzeichnet. Mißt er einen Winkel, wird der Strom unterbrochen (durch das Liegen des Winkelmaßes auf dem Pult war er hergestellt), und mit blauer Tinte vermerkt sich, wie oft und wie lange er kontrolliert. Nimmt er das Eisen aus dem Schraubstock, legt er die Feile hin, berührt er eine Schraube oder ein Rad – alles wird in jenem entfernten Raum selbsttätig notiert. Mit großem Staunen kann er dann sein automatisch ausgestelltes Zeugnis studieren, das über jede seiner Regungen im stillen Kämmerlein mit verschiedenfarbigen Tinten Auskunft gibt.

Außer dieser „Bioingenieur-Klinik" ist ein Laboratorium für Arbeitskontrolle da, den Wert des bearbeiteten Materials und der vollendeten Produkte zu konstatieren. Im Büro der Instruktoren werden die Erfahrungen verwertet, Programm und Arbeitspläne entworfen. Die Abteilung der Sozialingenieure prüft den Einfluß der Instruktoren auf die Arbeit, führt die physiologischen Untersuchungen des Blutkreislaufes, der Atmung und dergleichen durch und überwacht auch das vorgeschriebene tägliche Training im Turnsaal, die Aktivation, wie man die Arbeit des menschlichen Körpers zum Unterschied von der Statik und der Dynamik der Werkzeugsarbeit nennt. Der theoretische Unterricht am Abend gilt der Revolutionsgeschichte und dem Gewerkschaftswesen, und wer auch darin begabt ist, kann sich hier im Hause außer dem Adel der Arbeit noch den zweiten Adel erwerben, der in Rußland Bedeutung hat: den der Menschen, die den Sozialismus erfaßt haben.

HOCHWASSER ALS SPASS

Das Eis ist endlich, endlich geplatzt, sieben Monate vermummte es den Moskwafluß, endlich, endlich ist es geplatzt, selbst hierher kommt der Frühling, wenn auch ramponiert, etwa im Zustande von Napoleons Invasionsarmee, und bald wird er in dem noch ärgeren Zustande des geschlagenen Heeres flüchten. Zwischen Einzug und Auszug des Jahres 1812 lag der Brand Moskaus, während sich jetzt ad analogiam eine Wasserbrunst ereignet.

Allzu fest war's gefroren, und da nunmehr die Rückkehr in den flüssigen Aggregatzustand erfolgt, kann der Trog die Massen nicht fassen. Vorausgesagt haben es alle Hydrographen, der Mossowjet hat Anordnungen getroffen und die Mieter der Uferwohnungen delogiert, die Tretjakow-Galerie und andere Häuser bekamen Lattenüberzüge mit Teeranstrich auf die Fenster, die Pumpen aller Feuerwehrstationen wurden auf die Kais beordert, und insbesondere das Elektrizitätswerk, dessen Lahmlegung eine Katastrophe bedeuten würde, wurde mit großen Vorkehrungsmaßnahmen bedacht.

Die Sorge um das Schicksal der Stadt – mindestens eine Brücke, der Malyj Kamennyj Most, wird todsicher zertrümmert werden –, das Mitgefühl mit den ihres Heims beraubten Leuten und den arbeitslosen Angestellten der Fabriken im Inundationsgebiet bewirkten, daß ganz Moskau von morgens bis spät nachts am Wasser steht und sich königlich amüsiert. Keineswegs aus Schadenfreude. Im Gegenteil, am fidelsten sind die Leidtragenden: die obdachlos werdenden Familien scheinen für das Interesse, das Zehntausende ihnen zuwenden, eine Gegenleistung bieten zu wollen, indem sie sich mit Witzen zum Publikum kehren. „Glauben Sie, daß alle Ratten in unserer Wohnung jetzt ersaufen werden?" fragt ein schmunzelnder Vater von der Höhe des Wagens herab, auf dem Betten, Weib, Hund, Schränke und Kinder davonfahren, aus der Menge ruft man Antworten, vom nächsten Wagen schreit ein Auswanderer, eifersüchtig auf den Heiterkeitserfolg des Nachbars: „Bei uns konstituieren sich die Mäuse bereits als Mieterrat." – „Bravo, bravo!" Auch die noch weniger witzigen Opfer sonnen sich in dem Gefühl der Bevorzugung, sie dürfen den Kai betreten, der im übrigen bloß den Wassermassen geöffnet und dem gewöhnlichen Publikum verschlossen ist.

Beim Dorogomilowskij Most ist der Kontakt zwischen Betroffenen und Eingetroffenen innig, die Mitspieler der Tragödie gehen offensichtlich darauf aus, Heiterkeitssalven zu erwecken. Im Fenster des ersten Stockwerks sitzt ein Mann und angelt. Um die Aufmerksamkeit, die er bei der Menge erregt, beneiden ihn die Nachbarn, und aus dem Fenster des Nebenhauses ruft eine Frau: „Wir brauchen nicht zu angeln, uns schwimmt die Ucha (Fischsuppe) direkt auf den Tisch!" –

„Bravo, bravo!“ Duplik: „Ich angle doch keine Fische, ich will mir ein Haus aus dem Wasser fischen!“ – „Bravo, bravo!“ Ein Lastauto fährt heran, die Räder im Wasser, es wird aus dem Fenster mit Hausrat beladen, Kinder hinabgereicht, die größeren springen selbst, dann der Familienvater; er schreit (mehr in den Zuschauerraum als zum Chauffeur): „Fahren wir schnell ab, bevor meine Alte mitkommt.“ – „Bravo, bravo!“ Doch die Alte kommt mit, sie schwingt sich herab, der Saum des Kleides verhaspelt sich am Fensterrahmen, rote Barchenthosen blitzen: „Bravo, bravo!“

Ein Mann auf bepackter Karre verkündet, da diese absichtlich oder unabsichtlich stecken bleibt, den Neugierigen mit dem Stolz eines Kriegsvereinlers, der von alten Schlachten erzählt, das sei schon die zweite Überschwemmung, die er mitmache. „Aber 1908 sind wir vorher gar nicht gewarnt worden, wir wachten morgens auf, und die Möbel schwammen im Zimmer herum – ein unverhoffter Gast ist schlimmer als ein Tatar.“ – „Ja, ja, jetzt ist alles organisiert. Der Gosplan (Kommissariat für Planwirtschaft) ordnet einfach an: morgen ist Überschwemmung, und dann muß eben morgen Überschwemmung sein. Ertrinken gibt's nicht. Wer ertrinken will, muß eine Bewilligung vom Bezirksausschuß haben.“ – „Bravo, bravo!“

Die Brücken sollen den Anprall der dahinjagenden Eisschollen aushalten, man will sie daher nicht übermäßig belasten, außerdem könnten die Passanten bei einem Einsturz ums Leben kommen. Andererseits soll der Verkehr zwischen den Stadtteilen nicht unterbunden werden. Deshalb darf niemand das Brückentrottoir betreten und in der Fahrbahn niemand stehenbleiben. Am Bürgersteig sind also die Pferde der Milizionäre postiert, und die Fußgänger sind auf der Fahrbahn, verkehrte Welt. Da niemand stehen darf und keiner daran denkt, weiterzugehen, so ist aus Befehl und Wunsch eine Synthese gezogen worden: man marschiert auf der Stelle, man steht, aber im Profil und hebt die Knie. Schwarz sind die Brücken von Menschen, die in das Wasser starren und jauchzend jeden Eisberg begrüßen; sie hoffen, daß er den Pfeiler zerschmettern und sie allesamt eisig ersäufen werde, damit's eine Hetz gibt.

Am Abend, wenn auf den Stufen der Erlöserkirche und auf den Mauern von Kitaigorod und Kreml und auf den Brücken die Bewohnerschaft, Kinder und Pflegekinder von Mütterchen Moskau, vollzählig versammelt sind, geht die Sonne unter, und man würde nichts von dem unterhaltsamen Eisgang sehen –

falls nicht Vorsorge getroffen worden wäre: Scheinwerfer beleuchten das Flußbett. Mit welcher Motivierung? Mit solcher Motivierung: Es könnte doch ein Mensch auf einer losgerissenen Eisscholle sitzen oder ein Ochse, und man vermöchte dann, wenn auch mit wenig Hoffnung auf Erfolg, den Versuch zu machen, ihn zu retten. Gewiß, so etwas ist möglich und ist sicherlich bereits vorgekommen. Und mit derselben Begründung sollte man die Dächer Moskaus allnächtlich mit Reflektoren daraufhin absuchen, ob nicht ein Mondsüchtiger über die Traufe zu stürzen droht ...

Übrigens muß man sagen, daß ein Eisgang nicht die langweiligste Art von Volksbelustigung ist. Die Natur zeigt sich hier in ihrer wahren Natur. („Kisch", pflegte ein alter Lokalredakteur zu einem jungen Reporter zu sagen, „Kisch, schimpfen Sie nicht immer auf die Natur, ein Journalist weiß nie, ob er sie nicht brauchen wird. Kann er kein Tatsachenmaterial bekommen, muß er froh sein, wenn er fünfzig bis sechzig Zeilen lyrische Landschaftsschilderung zu schreiben hat.") Also, es sei anläßlich des Eisgangs nicht die Natur beschimpft, im Gegenteil, loben wir sie, daß sie diesmal nicht heuchlerisch die Maske frommer Idyllik umgebunden hat, sondern sich in ihrer ganzen rohen Wut und Gier und Geilheit dem versammelten Publico offenbart. Sexualkampf zwischen Wind und Winter. Es ist lange her, seit sich Winter, Selbstherrscher Rußlands, auf die temperamentvolle Moskwa warf, und mochte Genosse Wind noch so eifersüchtig die spanische Wand aus Eis entlangjagen, hinter der sich sein Komparativ mit der Moskwa verbarg, er konnte nicht erfahren, was dahinter vorgehe, er zischte vor Wut und Erregung, er ahnte nichts Gutes, er war neurasthenisch von der Zurückhaltung, sehnte sich, da unten im Bett mit dem Wasser wieder seine Liebesspiele zu treiben. Vergeblich. Jetzt aber, der 1. Mai ist nahe, jetzt hat er die Macht, den Nebenbuhler zu zertrümmern und die Mauer seines Liebespavillons, jetzt prügelt der Wind den Winter und die Wand und das Wasser, das sich bäumt unter den Hieben des Geliebten und unter den Leichenteilen des Schänders davonjagt in irrsinniger Flucht.

Man begreift die Ausdauer der Gaffer auf Brücke und Brüstung und ihre angeregte Stimmung, die sich erhöht, wenn kolossale Gliedmaßen des zertrümmerten Zaren talwärts stürzen und mit ihnen Möbelreste aus der Nachbarschaft, Holzblöcke und Bäume oder Komposthaufen oder gar das Dach eines Hauses, das wie ein accent circonflexe auf der flüssigen Zeile liegt. Bloß schade, daß die mächtigen Stücke nicht an den Brückenpfeilern zerschellen oder gar die Brückenpfeiler an den mächtigen Stücken. Nicht einmal der Malyj Kamennyj Most, der beinahe ganz unter Wasser steht und dessen Untergang einstimmig geweissagt wurde, geht kaputt. Schade, jedoch immerhin staunenswert. Was aber ist zu bestaunen, wenn der Eisgang vorbei ist, wozu noch in das Becken glotzen, wenn die Wasserspülung keine tragende Rolle mehr hat, sondern einfach zwecklos weiterfunktioniert? Wasser fließt, Wasser und wieder Wasser, eintönig, braungrüne Litanei. An den Rampen staut es sich und wirbelt in schäumendem Strudel. Nur an Lichtreflexen und Strichen erkennt man: die Wogen eilen, sie eilen wie alles, das keinen Grund zur Eile hat. Nichts hat einen Grund. Die Häuser haben keinen Grund, Fensterreihen stehen halb im Wasser, Dächer in der Luft, und man kann nicht wissen, wieviel Stockwerke sich unter ihnen im andern Element verbergen, die Kabelleitungen am Ufer haben keinen Grund und die Bäume und die Kaibrüstung, die die Wasserfläche in drei Längsschiffe teilt, die Scheinwerfer haben keinen Grund, ihr Licht leuchten zu lassen, die Menschenmenge hat keinen Grund, stundenlang hinabzustarren und sich zu amüsieren, und es gibt keinen Grund dafür, neue Naturmythen auszuhecken und mehr oder minder richtige Bemerkungen über eine Wasserkatastrophe niederzuschreiben, mag diese auch noch so humoristische Stimmungen bei Beteiligten und Unbeteiligten auslösen.

BERUFE UND RELIGIONEN IN TIFLIS

Jeder Volksstamm des Kaukasus hat ein Detachement in die Hauptstadt entsandt, und diese lebenden Warenproben wirken in Tiflis auf die verschiedenste Weise. Die europäisierten Armenier besitzen Häuser im Stadtteil Sololaki, sind wirtschaftlich die eigentlichen Herren des ganzen kaukasischen Handels (denn Tiflis ist der Punkt, wo sich die Wege von Moskau nach Persien und vom Kaspisee zum Schwarzen Meer schneiden), sie bilden die Mehrheit der Bevölkerung, ihre reicheren Repräsentanten machen Geschäfte mit dem Staat und den großen Verkaufs- und Einkaufsstellen, deren Direktoren und kommerzielle Angestellte häufig Armenier sind.

Nur den Manganerzbau, die Hauptexportindustrie von Grusien (im Jahre 1913 wurden 65827000 Pud ausgeführt, weit mehr als aus den beiden anderen großen Manganerzlagern der Welt, dem indischen und brasilianischen, zusammen), haben die Armenier nicht in Händen. Nach dem Konzessionsvertrag hat der Harrison-Konzern, dem auch die Gelsenkirchener Bergwerks-AG. angehört, jährlich eine Million Tonnen zu exportieren, wofür er das Ausbeutungs- und Ausfuhrmonopol für das Tschiatura-Mangan auf dreißig Jahre besitzt; gegen hohe Kaution ist der Konzern verpflichtet, Lade- und Entladestellen in Poti am Schwarzen Meer zu errichten, die Zufahrtbahn von Schorapani nach Tschiatura von Schmalspur auf Vollspur auszubauen, den Grubentransport zu elektrifizieren (jetzt tragen noch vielfach Esel und Büffel die Lasten). Wenn Harrison binnen zwei Jahren nicht auch bindend erklärt, daß er Schmelzöfen zur Gewinnung von Ferromangan erzeugen will, so geht das Recht auf Herstellung von Ferromangan an die Räteregierung über. Vorläufig wird das rohe Erz nach England oder Deutschland, z. B. in die „Gute-Hoffnung"-Hütte in Oberhausen, Westfalen, geführt und dort zu Ferromangan verschmolzen. Wozu so hohe Fracht bezahlen, wozu sechzig Prozent Schlacke durchs Schwarze Meer und auf europäischen Bahnen schleppen? Ganz abgesehen davon, daß viel Ferromangan nach Rußland zurückkehrt.

Die Armenier beherrschen außer dem Großteil des Großhandels auch den Privathandel fast ganz, auf dem Trottoir des Eriwanplatzes ist vormittags ihre helle, öffentliche Schwarze Börse, und sie tätigen dort, mit nichts bewaffnet als mit einem Notizbuch, bedeutende Warengeschäfte, kaufen und verkaufen und vermitteln Waggons alter Galoschen, Zisternen von transkaukasischem Wein, der zu Kognak verschnitten wird, Schweinsborsten, Därme und vor allem (wenn das Geschäft in Edelsteinen und Valuten flau ist) Tonnen von Lorbeerblättern, die ab Batum und via Moskau den Weg in jeden Teller Borschtsch von ganz Rußland finden sollen. Beträchtlichen Sukkurs haben die Armenier durch den Zuzug aus den türkischen Wilajets Wan, Bitlis und Erzerum erhalten – dort zettelte die Entente während des Krieges Aufstände der türkischen Untertanen armenischer Nationalität an, weshalb nach 1918 viele Armenier aus Furcht vor Strafe durch die türkischen Behörden und vor Massakern ihre Heimat verließen.

Die ärmere Schicht, zum Teil ganz asiatisch lebend, ernährt sich auf der Desertyrka, wo sich im Kriege Hunderte von Fahnenflüchtigen aus Rußland und aus der Türkei ihrer Monturstücke entledigten, solche und gestohlene Medikamente aus den Lazaretten verkauften und wo noch heute ein ähnliches Marktgetriebe wogt. Das amerikanische Hilfskomitee „NER“, Near East Relief, sandte nach dem Kriege – unter der Devise der Wohltätigkeit, in Wirklichkeit aber, um den von der Entente zwischen Rußland und der Türkei geplanten Pufferstaat vorzubereiten und so das Naphtharevier in Händen zu behalten – ganze Schiffsladungen von alten Kleidern, abgetragenen Stiefeln, zerfransten Hüten und dergleichen mehr nach Kaukasien; diese Ballen sind noch im Handel, ein Teil des Deserteurmarktes heißt „Amerikanka“, und man kann dort karierte Breeches, Rugby-Dresses, Tailor-mades und Yankeemützen erstehen.

Der Maidan-Bazar hat sich durch die Jahrhunderte politischer Wirrnisse unverändert erhalten. Warum auch nicht, der Zwischenhandel war schon lange vor der marxistischen Ära ausgeschaltet, Einlegearbeiten aus Silber, Gold, Perlmutter und Bernstein werden erzeugt und feilgeboten, Feldflaschen, Dolche und Ketten, Gürtel und Tabakhörner, Sättel, Zügel und Peitschen, hohe Stiefel ohne Absatz, bunte Saffianpantoffel mit Schnabelspitze, Buchara-Teppiche, die hier „Tekkiner“ heißen, und Kubaner Teppiche. In einzelnen Höfen ist Eselmarkt und Büffelmarkt, Hufschmiede sind hier etabliert, Pferde beschlägt man gewöhnlich nicht, dagegen die Lastbüffel, die man zu diesem „Behufe“ umwirft; viele Landwagen haben keinen einzigen Eisenbestandteil.

Hinter den blanken Badehäusern sind die Einkehrhöfe der Karawanen, von dort klingt es traulich, jedes Trampeltier trägt ein Glöckchen auf dem Hälschen, das Leitkamel geradezu eine Bahnhofsglocke. Aus den georgischen Dörfern kommen morgens zu Fuß, oft zwei Tage weit, Bauernjungen in die Stadt, einen Esel vor sich hertreibend, der einige Krüge „Mazoni“ trägt, eine besondere Art saurer Schafsmilch, um sie für fünfundzwanzig Kopeken per Krug zu verkaufen, oder Rettiche, Radieschen und Früchte, ein großes Bündel fünf Kopeken, Tomaten drei Kopeken das Pfund; wären die Esel organisiert, könnte jedes Dorf Zeit und Geld ersparen und bessere Preise erzielen. In allen Gassen und Gäßchen trabt das billigste Transportmittel, es schleppt Weinschläuche aus Büffelfell („Burdjuk“) mit Landwein, der für europäischen Geschmack zu herbe ist, und, armes Grautier, Wasserschläuche, die aus Eselshaut stammen, vielleicht von der seiner eigenen Mutter, es trägt Säcke mit Holzkohle für die Samoware (die ganze Umgegend von Tiflis ist abgeholzt, die Sowjetregierung muß zu drakonischen Maßregeln und bewaffneten Wachtposten ihre Zuflucht nehmen, um das Aufforstungswerk auf dem Davidsberg zu schützen), Eisblöcke für die Fischhandlungen, Holz zum Heizen, Bidons mit Petroleum, Kinder und Möbel, hier und da fährt auch ein Büffelkarren mit zwei hohen Rädern einen größeren Warenposten, aber die hauptsächlichste Konkurrenz hat der Esel hierzulande am Menschen selbst. Lastträger schleppen Kassen und Klaviere auf ihrem Rücken, der immer – auch wenn der Muschah außer Dienst ist – ein Stützpolster trägt, ein Holzgestell mit Teppichtuch. Jede fünfte Bude: Garküche, Duchan, Weinkneipe oder Teestube, es riecht weithin nach Hammelfett, Nationalgericht der Kaukasier ist Schaschlik, der aufgespießte Spießbraten von gezwiebeltem, tomatisiertem Schaffleisch, auch Loko wird viel gegessen, ein Fisch, der wirklich loco gefangen wird in der Kura, und Wels; morgens bekommt man Chaschi, Kuttelfleck, gehackte, eingekochte Schafsdärme in fetter Suppe. Inhaber der Teestuben sind im europäischen Stadtviertel Griechen, im mohammedanischen Perser und Tataren, dort trinkt man Mokka mit Salz und raucht Opium, wenn man es nicht vorzieht, sich Opiumessenz in den Tee mischen zu lassen. Kleine Bäcker (die großen Bäckereien sind jetzt verstaatlicht) verkaufen Brote, die die Form eines Backtrogs haben, andere meterlange Fladen von Weißbrot. Die offenen Fleischerläden, vor denen je ein Scherenschleifer mitten in der Gasse steht, haben hauptsächlich Hammel und Jungschafe auf ihren Haken, manchmal aber auch das Wild der Umgebung, Waldschnepfen, Rebhühnersorten, die es sonst nirgends gibt, Wildgänse, Wildenten, Wildfasane, Bärenfleisch, das als minderwertig gilt und billig ist, und Steinbockfleisch.

Die Hauptstraßenzüge stammen aus der russischen Zeit, das Russische ist noch immer Verkehrssprache, obwohl der innere Verwaltungsdienst georgisch abgewickelt wird. Das stärkste Element stellen zahlenmäßig die Armenier dar, doch geben die Georgier der Stadt das eigentliche Gepräge. Sie sind vorzugsweise kleine Beamte und Magistratsgehilfen, dienen in der Straßenpolizei und bilden „Auge und Ohr", das heißt: die Tscheka, die im Kaukasus noch nicht abgeschafft ist, und ein großer Prozentsatz gehört den freien Berufen an: Ärzte, Rechtsanwälte, Gelehrte und Journalisten. Dagegen ist das

Kleingewerbe, vor allen Dingen der Stand der Handwerker, Monteure, Facharbeiter, selten von Georgiern ausgefüllt, sondern ebenso wie der Handel von Armeniern. Die Grusier haben hier seit dem Umsturz eine große Universität, deren Hauptgebäude das ehemalige Adelsgymnasium darstellt (im Kaukasus blühte der Tschin besonders, es wimmelte von adeligen Staatsräten und Obersten); unter den 6700 Hörern findet man alle Völker vertreten, auch Deutsche, aber zwei Drittel sind Grusier. Fast sechzig Prozent, vom Schulgeld befreit, leben in den zwei Kollegienhäusern und beziehen Stipendien, die anderen zahlen nach dem Verdienst der Eltern oder dem eigenen (in Rußland hat fast jeder Student einen Nebenberuf) ein Kollegiengeld von fünf bis zweihundert Rubel pro Semester. Der Rektor wird jedes Jahr gewählt, wobei die Fakultäten nicht unbedingt alternieren, mit ihm teilen sich drei Prorektoren in die Leitung; es leben 38 Professoren, 20 Dozenten, 107 Assistenten und 44 Primarärzte an den Kliniken. Das Studium an der medizinischen Fakultät dauert sechs Jahre, an der sozialökonomischen vier Jahre, an der pädagogischen, die in Geschichte, Physik, Mathematik, Naturwissenschaften, Philosophie und Kunstwissenschaften geteilt ist, vier Jahre, an der agronomischen, die zur Heranbildung von Zootechnikern, Weinbau- und Forstinstruktoren dient, vier Jahre und an der technischen vier Jahre, nach welcher Zeit man auf jeder Fakultät das Doktorat machen kann, das aber zur Ausübung eines anderen Berufes als dem des Hochschullehrers nicht erforderlich ist, auch nicht zu dem des Arztes oder Rechtsanwalts. Die Universitätsbibliothek, die an Ordnung den westeuropäischen um nichts nachgibt, umfaßt bereits dreimalhunderttausend Bände.

Die einheimischen Deutschen – die deutsche Kirchengemeinde hat 4000 eingeschriebene Mitglieder – wohnen im Stadtteil Dibube und sind im Brauereigewerbe, in Möbel- und Sargtischlereien und im Weinhandel tätig, auch deutsche Ingenieure, Ärzte und Zahnärzte kann man antreffen, wenn man am Nachmittag zu Herrn Mader ins Café Germania geht; Deutschland hat hier ein Generalkonsulat, ein teilweise von der Billroth-Stiftung unterhaltenes Lazarett, ein Siechenhaus, Schulen und ein Kriegerdenkmal auf dem katholischen Friedhof, ganz stattlich steht die deutsche Kirche in der Plechanowstraße. Die deutschen Weinbauern steigen, wenn sie nach Tiflis kommen, im Einkehrhof „Frau Jette" ab, im Wohnbezirk der Molokaner, mit denen sich die Deutschen aus religiösen Gründen gut verstehen.

Abgesehen von Aschkenasim leben in Tiflis kaukasische Bergjuden, „Gorskije Jewrei", besonders aus Kutais in die Hauptstadt abgewandert, wo sie sich damit beschäftigen, die von ihren zu Hause gebliebenen Stammesgenossen geknüpften Teppiche zu verkaufen, oder mit Manufakturwarenhandel. Zum Unterschied von den Juden Rußlands sprechen sie nicht jiddisch. Ihre Synagoge ist zweistöckig, der ebenerdige Saal dient ärmeren Gemeindemitgliedern, der im ersten Stockwerk ist prunkvoll eingerichtet und mit einer Galerie für Frauen umgeben. Man wage es nicht, sie zu fragen, ob der Talmud für sie gelte, natürlich gilt er, sie sind empört über diese Frage und bezeichnen die Karäer aus der Krim, die den Talmud ablehnen, als Heiden und spucken aus vor Abscheu.

Die Perser sind seit den Feldzügen ihrer Chane hiergeblieben, Zucker, Teppiche sind ihre Branche, die Tataren stammen größtenteils aus dem Kreise Bortschalo und sind Schiiten, die Griechen sind Makler, die griechischen Landbewohner bedienen sich der türkischen Umgangssprache, verstehen nicht mehr Griechisch, aber haben griechisch-katholische Religion und das Bewußtsein ihrer Stammesangehörigkeit nicht verloren. Die Jesiden sind eine kurdische Sekte von Teufelsanbetern, die hauptsächlich in letzter Zeit als Flüchtlinge aus dem türkischen Karsgebiet hier auftauchten oder innerhalb der Räteföderation in der Gegend von Leninochan (vormals Alexandropol) beheimatet sind, wo der Boden geologisch und politisch allzu vulkanisch war, sie sind fast durchgehends Hausknechte oder Nachtwächter (Dworniki), man kann sie nachts, die Flinte geschultert, vor den Haustüren strenge Wache halten sehen, wobei sie gewöhnlich schlafen. Ein Restvölkchen, das an Anciennität von keinem übertroffen wird, sind die Assyrer, die in Tiflis als Maler und Anstreicher leben, sie kamen zumeist während des Weltkrieges von den Ufern des Urmia-Sees hierher, nachdem sie sich von der Entente zur Organisierung von Banden hatten aufhetzen lassen und deshalb beim Einfall der Türken und Kurden flüchten mußten. Die Adsharen sind georgische Mohammedaner aus der Gegend des Schwarzen Meeres bis an die türkische Grenze; ihre Zeitung heißt „Puchara" („Der kleine Bauer"), erscheint in Batum in einer Auflage von 35000 Exemplaren täglich. In einer autonomen Kaukasusrepublik leben die Abchasen, ihre Hauptstadt ist

Suchum, ihr Erwerbszweig der Tabakbau, um den sich die Frauen kümmern, während die Männer spazierenreiten; kurzum, ein paradiesisches Land, wo man den Weihnachtsbaum mit blühenden Rosen zu schmücken vermag. Die Osetiner haben gleichfalls nationale Autonomie, Zchinwali ist das Regierungsdorf. Die Molokaner, eine aus Zentralrußland vertriebene Sekte russischer Nation, gliedern sich in Untersekten, es gibt eine Unmenge von Sekten in Tiflis, ihre Betstuben haben oft auch deutsche Aufschriften, nicht nur Herrnhuter (Gemeinschaft evangelischer Christen), methodistisches Bibelkränzchen und Baptistengemeinde, die ihre Selbsttaufe in der Kura vollzieht, gibt es, sondern auch „Priguny" („Hüpfer"), die man auf dem „Peski", dem Sand, an besonderen Sonntagen auf einem Fuße umherspringen sehen kann. Im Kreise Bortschalo, unweit von Tiflis, wohnen auf dem Gebirgsplateau die Duchoborzen, Kommunisten auf religiöser Grundlage, sie haben keinen Eigenbesitz, sie essen kein Fleisch, sie glauben an die Inspiration, und sie sitzen stundenlang beisammen, wartend, daß der Heilige Geist sie erfülle; viele mußten vor dem Kriege wegen der Verfolgung durch den Synod und wegen Militärdienstverweigerung nach Kanada flüchten, wo sie gleichfalls beisammensitzen und auf die Eingebung warten.

PUTILOW-WERKE

Über, unter und zwischen Traversen, Laufkränen, Dampfhämmern, Treibriemen, Blöcken stolpert der Betrachter stundenlang hin und her.

Der gute Geruch heißen Eisens begleitet und erinnert ihn an Knabenzeiten, da er vor der Dorfschmiede stand.

Martinöfen arbeiten mit flackernden roten Augen, gefüllt mit frischem Gold sind die Kokillen, abgekühlt liegen die Stahlblöcke graublau da, wie Bausteine. In der Fassongießerei hocken Former mit Löffeln, Spachteln, Kellen, sie kopieren die Holzmodelle in den dünnen Sand der Formkästen. Schlanke Vasen aus Alabaster schmücken in langer Reihe einen Tempel, in dem unterirdische Feuer lodern. Nur Schamottetiegel sind diese Alabastervasen, sie haben die Mischung von Gußstahl, Ferrochrom, Nickel und Wolfram aufzunehmen; in den unterirdischen Opferfeuern, de facto Tiegelöfen, wird all das zusammengeschmolzen und in die Schränke gefüllt, die die Sandskulpturen einschließen. Ehedem diente der Formenguß ausschließlich den Produktionsmitteln und den Erzeugnissen des eigenen Hauses, jetzt wird auch für andere Unternehmungen gearbeitet, Schneidewerkzeuge und Maschinen an die einstige Konkurrenz geliefert, an die Leningrader Metallfabrik und die russischen Dieselmotorenwerke, vor allem aber an die hydroelektrische Station Wolchow-Stroi. (Die verwandelt die durch Stauung der Petropawlowsker Stromschnellen angesammelte Wasserkraft in elektrische Energie, in einen Strom von hundertzehntausend Volt: mit der Vollendung dieses Werkes, das dreißig Millionen Rubel kostet und an dem zehntausend Arbeiter beschäftigt sind, will Leningrad 1927 das zehnjährige Jubiläum Sowjetrußlands feiern, ähnlich wie es Tiflis und Eriwan mit ihren Elektrizitätswerken und alle anderen Städte mit der Eröffnung öffentlicher Industrieanlagen zu begehen gedenken.)

Die Putilow-Werke bedürfen neuer Absatzgebiete, denn die alten sind eingeschränkt. Ohne Anordnung eines Friedensvertrages wurde der Hauptproduktionszweig, die Artilleriewerkstätten, beseitigt, Kanonen fabriziert auch Rußlands Krupp nicht mehr. Und die Lokomotiverzeugung ist stark zurückgegangen; während man im Frieden monatlich sechzehn neue Lokomotiven baute, genügen jetzt bloß zwei, das Eisenbahnnetz ist kleiner geworden, vom Warschauer Bahnhof gehen keine russischen Züge bis Polen mehr, vom Baltischen keine bis Reval, Dorpat und Riga, vom Finnländischen keine bis Wiborg und Helsingfors; auch ist noch zuwenig Geld da, und man muß sich mit Reparaturen bescheiden.

In einer Backsteinhalle von hundertdreizehn Meter Länge und fünfunddreißig Meter Höhe sind die alten Maschinen auf Stellagen gehoben und sehen noch gigantischer aus als dort, wo sie leben und Kohlenfeuer zerkauen. Unter dem Laufkran, der in schwindlichter Höhe mit Lasten von siebzig Tonnen über dem Gehämmer dahinrollt, entstehen Lokomotiven des letzten Systems, solche, die mit einem Schwanz von dreißig Personenwaggons hundert Werst in der Stunde fahren. Neue Waggons werden gleichfalls zusammengefügt und Straßenbahnwagen – vierzig Stück hat eben „das sterbende Petersburg" bestellt, außer den hundert neuen Autobussen aus dem Ausland.

Der große Fabrikationszweig, den die Putilow-Werke inaugurieren, ist die Fabrikation von Fordson-Traktoren. In der

Edelstahlschmiede senken sich, manchmal mit der unheimlichen Langsamkeit eines Tigerbisses, manchmal im knappen Niederfall der Guillotine, manchmal in sausendem Auf und Ab, die großen und kleinen Hämmer auf stählerne Blöcke, plattgeschlagen werden sie zu Flachstahl oder zylindrisch geformt zu Rundstahl von allerhand Profilen, die in der Sortierungsabteilung fertigzustellen und dann doch noch nicht fertig sind; denn die thermische Bearbeitung harrt ihrer. Die Kleinschmiede: Bolzen, Nieten, Kurbelwellen, Schrauben, Schraubenmuttern, Eisenbahnfedern, Details für Dampfpflüge und Textilmaschinen und Hebezüge in Status nascendi. Eben hebt der Kran eine Kurbelwelle von zehn Tonnen Lebendgewicht aus dem Fegefeuer des Schmelzofens in die Hölle der hydraulischen Presse: der rote Kopf eines roten Nilpferdes – die Hängebacken zerfressen von der Flechte des Zunders – senkt sich auf die Schlachtbank, zehn Metzgerknechte mit Knüppeln und Stangen schieben ihn zurecht, sie setzen ein Messer auf den Dickhals, schlag zu, hydraulischer Henker!, der hydraulische Henker schlägt zu, und der Nilpferdnacken wird schmäler um ein starkes Stück. Jetzt drehen ihn die zwanzig Schlächterarme auf die andere Seite, wieder der Hieb aufs Messer, wieder auf eine andere Seite und dann auf die vierte, und Meister Dickhals ist zum Meister Schwanenhals geworden – ein Knie der Kurbelwelle ist fertig.

Der Hof: Hof eines Eisenwerks. Schwarze Rauchfänge aus Rundblech und hohe rote Schornsteine, eine Holztribüne – Fallwerk zum Zerbröckeln von Gußeisen – und Naphthatanks gliedern ihn vertikal. Der Fuß des Betrachters aber strauchelt über Schwellen und Schienen, tappt in Ölpfützen, stößt auf Winkeleisen, besteigt Hügel von Kalkstein, Hämatit, Gußeisen, Kohle und rotem und schwarzem Schrott, an Laboratorien vorbei, Gießereien, Kesselschmieden, Preßschmieden, Dampfzentrale, Motorzentrale, Administrationsgebäude, Montagewerkstätten, an metallurgischen und mechanischen Betrieben. Man kennt das alles vom Bochumer Verein her, von Krupp, von der Poldihütte, von den Arsenalen in Wien, Pola und Wilhelmshaven, von den Werften in Hamburg und London, man kennt den Zauber des Walzwerks, man weiß, wie der heiße Block unwillig sprüht, wenn ihn die Fänge der Walze packen, und daß es ihm nichts nützt, er muß durch, muß wieder durch, bis er transsubstanziert ist in eine Hydra mit sechs flammenden Köpfen, die sich gierig durch den Raum stößt und von neuem zurück muß, woher sie gekommen ist, und hervorspringt, ja springt, wer sah schon eine springende Schlange?, sie springt zweimal, dreimal, sie bäumt sich zum viertenmal und schlängelt sich kriechend weiter, rasch, aber bäuchlings, wie sich's für eine Schlange geziemt, und wäre sie noch so golden und noch so lang und noch so schmal – ließe sich erraten, daß sie vor kaum fünf Minuten ein breiter Stahlblock war? Man kennt diesen Zauber, an dem alle Künste scheitern, man hat schon Stunden damit verbracht, ihm zuzusehen, und kann den Blick nicht wenden . . .

Kam man jedoch von Mitteleuropa hierher an den Finnländischen Meerbusen, neuerlich der Magie des Eisens zu unterliegen? Man kam hierher, die Putilow-Werke zu obduzieren; denn daß sie tot seien, war seit 1918 allenthalben gelehrt worden und überdies klipp und klar bewiesen, warum sie sterben mußten: weil ohne Initiative des Unternehmers, der seinerseits seine Initiative durch die Aussicht auf die Profitrate nährt, kein Betrieb bestehen könne . . . Wie man eben sieht, lebt Moribundus noch immer, ist recht rüstig und regt sich unaufhörlich. Elftausendachthundert Arbeiter sind in drei oder vier Schichten Tag und Nacht am Werk.

„Jede Selbstverwaltung der Arbeiterschaft", so hieß es in Zeitungen und Versammlungen, und höhnische Lustspiele und Witze illustrierten das Axiom, „jede Selbstverwaltung der Arbeiterschaft lähmt die Produktion derart, daß sie binnen kurzem eingestellt werden muß." Wie steht's nun mit den Arbeitern? Sie arbeiten wie anderswo, man sieht ihnen, wenn sie mit dem hydraulischen Meißel eine Form von Schlacke reinigen, wenn sie in Kesseln hämmern, Öfen heizen, Karren schieben, Bandeisen schneiden, Kräne treiben, Modelle nachformen und Stahl gießen, nicht an, daß sie die Herren der Fabrik und des Staates sind. Auf die weißen Asbestwände, die einen Arbeitsplatz vor der Glut des angrenzenden Ofens schützen, sind satirische Bilder gekritzelt, von der gegossenen Hauskapelle in der Halle der Grobschmiede ist nur die Hinterwand stehengeblieben und dient als „Schwarzes Brett", und an allen Mauern hängen bunte, eindringliche Bilderplakate des Arbeiterschutzes: „Während der Arbeit denke an die Arbeit" – eine Gruppe von hobelnden Arbeitern, einer liest das humoristische Wochenblatt „Krokodil" vor, und einem der lachenden Zuhörer gerät die Hand in den Seitenhobel. – „Eßt nicht in der Werkstatt" – ein gesunder Arbeiter verzehrt beim Gußofen sein Frühstück,

Mikroben und Ruß fliegen auf das Butterbrot, und auf dem Gegenbild liegt der gesunde Arbeiter krank im Lazarett. „Bring den Treibriemen nicht mit der Hand in Ordnung!" – „Wirf kein brennendes Streichholz fort!" – „Wenn du stehend arbeitest, sitze in der Pause, wenn du sitzend arbeitest, erhole dich stehend!" – „Wenn du Alkohol getrunken hast, arbeite nicht!"

Streik gibt es nicht mehr. In den Putilow-Werken! Deren Arbeiter waren seit eh und je die radikalsten in der sozialistischen Bewegung Rußlands – wie überall die Arbeiter der Eisenreviere. Kohlenarbeiter sind dumpf und gedrückt, aus der Psychologie der Grube glauben sie an eine Lösung durch die Katastrophe, sie neigen zum Anarchismus, Metallarbeiter aber wissen, daß sich auch ein Stahlblock in Flächen und Linien verwandeln läßt, wenn man's versteht. Der Streik der Putilow-Werke leitete die Revolution von 1905 ein, von hier aus zogen sie am Sonntag, dem 9. Januar, unter Führung des Priesters Gapon durch die Narwaer Triumphpforte zum Zaren, um Gerechtigkeit zu suchen und Gewehrsalven zu finden, von hier aus wurde damals der erste Arbeiterrat Petersburgs organisiert, dessen Mitglieder mitsamt dem jungen Vorsitzenden, namens Trotzki, verhaftet, verurteilt und in die Verbannung geschickt wurden, und von hier aus wurde, nachdem während des Krieges 35000 Menschen an der Herstellung von Kriegsmaterial gearbeitet hatten, das Schicksal Kerenskijs in den Straßen Petrograds entschieden. Und jetzt sind die Metallarbeiter von Putilow staatserhaltende Elemente.

Über die Verhältnisse der Arbeiterschaft kann man im Büro des Betriebsrates Auskunft bekommen. 82 Prozent beziehen Akkordlohn, also nur 18 Prozent sind Tagelöhner. Es gibt, wie in allen Industrieanlagen Rußlands, siebzehn Lohnkategorien (Rasrjady), der Mindestlohn der ersten Kategorie beträgt 16 Rubel 75 Kopeken (ohne Zulagen), und jeder nächste erhöht sich um einige Prozent, solcherart, daß der Mindestlohn der siebzehnten Kategorie achtmal so groß ist wie der der niedrigsten, demnach 134 Rubel. Der ersten Stufe gehören bloß die sechzehn bis achtzehn Jahre alten Schüler des Fabsawutsch an, derzeit 220, die vier Stunden theoretischen Unterricht und vier Stunden Arbeitsunterweisung in der Fabrikbrigade nehmen. Die anderen verdienen ihren tarifmäßigen Stundenlohn plus Akkordlohn, der etwa 118 Prozent beträgt, in den höheren Kategorien zusammen etwa 60 bis 62 Kopeken per Stunde. Auf der zweiten Stufe stehen 11 Arbeiter, die 40 Rubel 24 Kopeken im Monat verdienen, auf der dritten Stufe 679 mit je 58 Rubel 73 Kopeken, auf der vierten 1368 Mann mit Monatseinkommen von 66 Rubel, Stufe fünf: 1852 mit 78 Rubel, Stufe sechs: 1739 mit 88 Rubel, Stufe sieben: 1381 mit 101 Rubel, Stufe acht: 853 mit 119 Rubel und Stufe neun: 1932 mit 134 Rubel. Die anderen acht Lohnkategorien sind (zum größten Teil ohne Akkordzuschuß) auf Kanzleikräfte, Ingenieure, kommerzielles Personal und Spezialisten („Spez") verteilt, der technische Direktor Sablin erhält 500 Rubel im Monat, der aus dem Arbeiterstand hervorgegangene, also „rote" Direktor Gratschow, dem die gesamten Putilow-Werke unterstehen, bezieht 192 Rubel im Monat, den Höchstlohn, den ein Kommunist annehmen darf. (Zur Illustrierung dieser Ziffern sei angeführt, daß in Leningrad 400 Gramm schwarzes Brot 3 bis 5 Kopeken kosten, weißes Brot 9 bis 12 Kopeken und 400 Gramm Rindfleisch 40 Kopeken.)

Das Fabrikkomitee besteht aus fünfundzwanzig Mann: dreizehn Kommunisten, zwölf Parteilose, gewählt für ein Jahr, aber jeder kann vor Ablauf dieser Zeit abberufen werden, wenn es ein Drittel seiner Wähler wünscht. Jedes Mitglied des sechsgliedrigen Präsidiums, das den ganzen Tag amtiert, bezieht 192 Rubel, auch die Volkskommissare im Kreml haben nur dieses Einkommen. Der kommunistischen Zelle der Putilow-Werke gehören 2250 Arbeiter an. Der Betriebsrat entscheidet alle Lohndifferenzen, besonders die Einteilung in die Rasrjady und die Abrechnungen, die Fragen des Arbeiterschutzes und der Fabrikorganisation, und untersteht der Metallarbeitergewerkschaft. Außerdem gibt es natürlich eine große Einkaufsgenossenschaft, eine Ortsgruppe der „MOPR", ein Smytschka-Komitee, das die Beziehungen zwischen Stadt und Dorf zu intensivieren hat, eine Kulturkommission, deren Obhut siebenhundert Jungpioniere, die Fabrikschule für Vierzehn- bis Sechzehnjährige, die Schulen und die Krippen für Kinder und die Bibliothek anvertraut sind, eine Abteilung des „Avioradiochim", ferner noch ein Komitee zur Liquidierung des Analphabetentums, eine Chefkommission, die die Funktion der Putilow-Werke als Inhaber dreier Regimenter und als Patron eines ganzen Landbezirkes (Opotschensk) durch Belieferung mit Radioapparaten, Büchern, Filmen und Vorträgen auszuführen hat, einen Marx-Zirkel und einen Lenin-Zirkel, Theaterverein, Gesangverein, Schachklub, Sportklub, Frauenzelle (320 weibliche Kräfte sind in den Putilow-Werken tätig als Hilfsarbeiterinnen) und vor allem den großen Klub, der in einer ehemaligen Kirche untergebracht ist, ein Theater und zwei Kinos. Der Urlaub beträgt vierzehn Tage im Jahr, in den heißen Betrieben, Schmiede, Strahlgießereien und Walzwerk, wo übrigens die tägliche Arbeitszeit bloß mit sechs Stunden bemessen ist, einen Monat; sechshundert Mann verbrachten ihn in dem großen Sanatorium auf dem Kamennyi Ostrow, einige mit ihren Familien auf den „Datschen", den Holzvillen der Umgebung, oder in den Kurorten von Krim und Kaukasus. Das kann man den Eintragungen entnehmen, es stimmt jedoch nicht mit dem überein, was man uns seit 1918 gelehrt hat.

DER NEWSKIJ-PROSPEKT

Hier also war's, wo Anna Karenina, noch bewegt vom Unfall auf der Eisenbahn, in dem sie ihr zukünftiges Schicksal fühlt, nach Hause fuhr,

hier also war's, wo Casanova die russische Bauerntochter, die er um hundert Rubel gekauft, auf den Namen „Zaïre" getauft und modisch eingekleidet hatte, spazierenführte,

hier also war's, wo die Beamtenwitwe Raskolnikowa in der Straßenbahn stolz den Zeitungsartikel ihres Sohnes Rodion Romanowitsch dem Nachbarn zeigte,

hier also war's, wo im dritten (nach russischem Kalender: im vierten) Stockwerk einer der in „Krieg und Frieden" besoffenen Gardeoffiziere mit einem englischen Marineur wettete, sich auf die Fensterbrüstung zu setzen und die Beine gegen die Straße baumeln zu lassen, nachdem Fürst Pierre Besuchow das Fensterkreuz herausgebrochen hatte,

hier also war's, wo Mischkin, der „Idiot", mit ungeschicktem Tritt zu seinem Onkel tappte,

hier also war's, wo beim Kartenspiel die „Pique Dame" Puschkins höhnisch blinzelte,

hier also war's, wo ein echt Gogolscher Friseur die „Nase" loszuwerden trachtet, die er morgens im Brot fand, während ein Tschinownik seine Nase sucht, die er seit dem Morgen vermißt,

hier also war's, wo alle russischen Romane begannen und endeten, die erfundenen und die wirklichen, „Zar und Zimmermann" und seiner Nachfahren Verhaftung, 1917.

Der Newskij-Prospekt heißt nicht mehr Newskij-Prospekt. Sondern: Prospekt des 25. Oktober.

Man denke sich ihn nicht als eine enorm breite, spiegelglatte Avenue, zwischen eisgetürmtem Newastrom und goldenen Palästen, er ist nur eine Binnenstraße und führt vom Moskauer Bahnhof zum Admiralitätspalast. Wir kommen an und sind etwas enttäuscht: hier also war's, wo Pierre Besuchow, wo Rodion Romanowitsch Raskolnikow, wo Anna Karenina, wo Peter Mischkin ... Eine Straße, kaum breiter als der Kurfürstendamm und lange nicht so gut gepflastert, Geschäfte, Wohnhäuser ...

Auf dem Platz vor dem Bahnhof: das Denkmal Alexanders III., alle Kaiser- und Generalsmonumente in Leningrad hat man stehenlassen und alle Marmorplatten, auf denen verewigt ist, daß jenes Gebäude, jene Brücke, jene Parkanlage unter der glorreichen Regierung des Zaren Soundso Soundsowitsch I., II., III. (nicht Gewünschtes bitte zu durchstreichen) errichtet wurde. Auf dem Sockel Alexanders III. ist bloß eine neue Inschrift eingemeißelt worden, Verse des Volksdichters Demjan Bednyj:

Mein Vater fand, so wie mein Sohn,
Den reichverdienten Henkerslohn,
Doch ich, ich muß hier weiterreiten
Ruhmlos durch alle Ewigkeiten.
Dick hockend auf dem dicken Hengst,
Ein lächerliches Schreckgespenst
Den Menschen, den von uns befreiten.

Alexander III.
vorletzter russischer Selbstherrscher.

Übrigens stimmt das mit dem Hocken auf dem dicken Hengst und das mit der Lächerlichkeit: der Bildhauer hat, ob freiwillig oder nicht, dem Dargestellten Gesicht und Körper eines vierschrötigen Wachtmeisters gegeben, dessen Eskadrongaul sich anschickt zu bocken, und man hat schon im Frieden ästhetisch-patriotische Diskussionen über diese Skulptur abgeführt. Ein bockendes Denkmalspferd ist etwas Auffälliges für St. Petersburg gewesen, wo die Bronzerosse die Gewohnheit des Gegenteils haben: sich kühn aufzubäumen. Es gibt hier keines, das seine vier Hufe am Boden hätte, Peters des Großen Gaul vor dem Winterpalais macht Männchen und stützt sich dabei auf den Schwanz – weshalb der Stallgenosse, den Nikolaus I. hinter der Isaakskathedrale reitet, dasselbe Kunststück probieren muß –, den Durchgang vom Generalstabsgebäude zum Newskij krönt eine „Quadriga von sechs feurigen Rennern" (Holzbock), und deren Vorderfüße greifen ebenso in die Luft wie die der antiken Doppeltroika auf dem Narwabogen und die der vier Pferde, die über die Brüstung der Anitschkowbrücke von bronzenen Stallknechten zur Tränke geführt werden.

Wir aber wollen mit allen vier Beinen auf dem Boden der Tatsachen und des Newskij-Prospekts bleiben, auf dem die adligen Gestalten Dostojewskijs, Puschkins, Tolstois und Lermontows verschwunden sind und keine schnauzbärtigen Generale, keine reichen Kaufleute und überhaupt keine Equipagen mit galonierten Lakaien mehr spazierenfahren. An die Stelle der Kaleschen sind die Galoschen getreten, die Läden gehören den Kooperativen, und die Inhaber der berühmten Zuckerbäckereien Ballett, Berrin, Borman, Conradi und Abrikossow existieren nicht mehr, jedoch ein süßer Trust ist dir geblieben, der diese Geschäfte verwaltet; sie haben neue Namen, die sich schon eingebürgert haben, und man darf keinem Mädchen in Kiew, Rostow, Moskau oder Charkow erzählen, daß man nach Leningrad fährt, sonst muß man versprechen, eine Bonbonniere von Degurme (sprich: „Des Gourmets") mitzubringen. Die Paläste stehen noch am Prospekt des 25. Oktober, genauso wie sie vor dem 25. Oktober standen, nur die Besitzer fehlen, Fürst Stroganow, Graf Scheremetjew, Graf Anitschkow, Graf Schuwalow, Großfürstin Elisabeth Feodorowna, der Präsident des Heiligen Synod Pobedonoszew, Fürst Beloselskij-Beloserskij und so fort (nach Paris).

Ihre Schlösser sind Museen geworden, meist verblieben Einrichtung und Anordnung, und der Palast wird als solcher besichtigt (Museum der aristokratischen Lebensweise), aber auch wissenschaftliche und künstlerische Kollektionen fanden in den Schlössern Unterkunft, Leningrad hat jetzt über zweihundert öffentliche Sammlungen – es ist vom Rom des Nordens zum Athen des Nordens geworden, und nirgends verfügen die Akademien, die Universitäten, die Kliniken, die Schulen, die Sammlungen, die Bibliotheken und die Professoren über derart splendide Räumlichkeiten. Dabei ist die Einwohnerzahl, die im Kriege zwei Millionen betrug und während Revolution, Bürgerkrieg und Hungersnot und weil Leningrad aufhörte, Rußlands Hauptstadt zu sein, auf sechsmalhunderttausend sank, wieder auf eine Million einhunderttausend angewachsen, obwohl einige Superkluge schon das Gras in den Straßen wachsen hörten und prophezeiten, an Stelle der Ermitage werde bald der Urwald wuchern. Statt des Grases wächst die Bevölkerungsziffer konstant, statt des Urwaldes wuchern ein paar NEP-Männer, und von den elfhundert jahrelang verödeten Häusern sind tausend von neuem bewohnt. Die restlichen hundert Gebäude, so die Kasernen am Marsfeld, verfielen allerdings beträchtlich, und ihre Renovierung würde mehr Geld kosten als ein Neubau. Derzeit die Stadt ohne Wohnungsnot (jeder obdachlose Junge hat hier ein Palais!), wird sie's bald nicht mehr sein, da sie der einzige baltische Hafen Rußlands ist und da die zentralen Unterrichtsbehörden über kurz oder lang hierher verlegt werden sollen.

Jedoch wir hatten uns vorgenommen, auf dem Newskij-Prospekt zu bleiben. Daß keine Gestalten Dostojewskijs, Tolstois und Lermontows, keine Kaleschen mit galonierten Dienern und keine schnauzbärtigen Generale und keine reichen Kaufleute mehr in Erscheinung treten, haben wir wohl genügend oft wiederholt, und es wird allmählich Zeit zu sagen, was in Erscheinung tritt. Vor allem tritt in Erscheinung, daß Leningrad auch im neuen Rußland eine elegante Stadt ist. Trotz der Textilnot ziehen sich die Frauen sehr gut an, nicht nur die jungen, auch die alten. Durchaus großstädtisch sehen die Männer aus, den Muschik im Schaffell und Ziegenfell, der in Moskau jenseits der Boulevards das Stadtbild beherrscht, findet man in Leningrad nicht; die Matrosen tragen sich außenbords wie aus dem Ei gepellt, sonst gibt es wenig Uniformen, nur die blauen Schildmützen der Studenten und der in technischen Berufen Tätigen; in sauberem Hemd und guten Anzügen gehen die Arbeiter auf den Straßen der inneren Stadt, stark unterschieden von ihren Genossen im Donezbecken, deren Mehrheit noch Lumpenproletariern gleicht.

Die Moral sitzt hier lockerer in den Gelenken, mag das nun Erbe der Hof- und Residenzstadt, mag das nun unveränderliche Eigenheit jeder Hafenstadt sein. Wirtshäuser blühen an allen Ecken und Enden, meist mit grün-gelbem Firmenschild und der Aufschrift „Wijn", „Bawarja" oder „Lewnbrai" (laut lesen!), drei Kabaretts, eine Bar, und im Hotel d'Europe tanzt man sogar Foxtrott, dreimal in der Woche, sechs Paare aus dem Publikum, die sich, wenn Stimmungsbeleuchtung gemacht wird, auf neun erhöhen. Foxtrott und „Hotel d'Europe" – Sehnsuchtsziel aller Gents und Modedämchen Moskaus! (Unter „Foxtrott" versteht man in Sowjetrußland moderne Tänze; beim Foxtrott brach der Weltkrieg aus, und von Shimmy, Java, Blues, Charleston ahnen die Ärmsten nichts!) Außerdem gibt es zwei Spielklubs, einen mit Lotto auf dem Newskij und einen auf dem Wladimirskij-Prospekt, wo man Bakkarat und Makao spielen und die Aufmerksamkeit der Geheimpolizei auf sich lenken kann, und drei oder vier Juwelenläden, davon einen – den im Handelshof – mit Halbedelsteinen des Ural, insbesondere Lapislazuli.

Die Geschäfte strahlen Lichtreklamen aus, normale Litfaßsäulen und dreikantige transparente Glassäulen auf sechskantigem Postament sind plakathaft bemalt; auf weiße Leinwand werden gleichfalls Reklamen projiziert, zwischen Nachrichten der Abendblätter. Lautsprecher des Radios dröhnen an den Straßenkreuzungen, und die Gläubigen, die vor der Filiale der Troize-Sergijewa-Lawra knien, hören gleichzeitig das Gebet des Popen und das Orchester des Akademischen Operntheaters und wissen nicht, wo Gott wohnt. An der einen Ecke ist also die Leningrader Zahlstelle der Moskauer Kirche, an der zweiten Ecke der Funksprecher, an der dritten Ecke der Kaufhof, und an der vierten steht Ferdinand Lassalle. Nur als Herme, und da er nun einmal keinen Unterleib hat, ließ er sich auch den Schnurrbart abnehmen und ward zu einem Antinous, der die Handelsakademie absolviert hat; querkants und unregelmäßig ragt die Büste über das Postament hinaus. Lassalle teilt mit Plechanow, Jaurès, Bebel und einigen Sozialrevolutionären und Anarchisten das Schicksal, rechtzeitig gestorben zu sein, um Standbild, Straßen und Städte in Sowjetrußland gewidmet zu bekommen, denn hätten sie's erlebt, so hätte mancher, ein so ehrlicher Führer der Arbeiterschaft er auch sonst gewesen, für die Kriegskredite gestimmt und gegen die kommunistische Revolution agitiert. Jedenfalls steht jetzt Ferdinand Lassalle monumental da, nicht weit von der Katharina, die hat ihren Unterleib behalten und ist von den Statuen ihrer Günstlinge Potemkin, Rumjanzew, Bezkoi und Suworow umgeben. In dieser katharinischen Gegend öffnet der Newskij-Prospekt bereits ganz andere Prospekte als im Bahnhofumkreis, hier buchtet er sich aus zu Plätzen mit Blumenbeeten, frei und prächtig schauen die Fronten von Theater und Bibliothek nach allen Seiten.

Die Kasan-Kathedrale breitet ihre Arme aus, mächtige Kolonaden, um ganz Rußland aufzunehmen; aber diese Umarmungsbereitschaft war nicht so gemeint, daß sich in ihnen Demonstranten zu Meetings gegen den Zarismus vereinigten, und da sie dies seit 1876 beständig taten, erfüllte man den Raum mit Rasen und Bosketts und sperrte ihn mit zierlichen Gittern – aus ist es mit den Demonstrationen, dachten die Regierenden und lachten sich ins Fäustchen, wie der Ehemann, der das Kanapee verkauft, damit seine Frau ihn nicht darauf betrüge. Die silberne Balustrade am Altar, sechshundert Kilo schwer, nach den napoleonischen Kriegen von den Donkosaken gestiftet, ist 1920, zur Zeit der Hungersnot, versilbert worden; sie soll keinerlei künstlerische Bedeutung gehabt haben. Von öffentlichen Kunstwerken ist erstaunlicherweise während des Bürgerkriegs nichts zerstört und nichts verschleppt worden, und nachher wurden die Sammlungen der Ermitage und der andern Museen durch Stücke aus den Schlössern verdreifacht und vervierfacht; am Tage und in den Abendstunden sind die Galerien von Besuchern durchflutet, meist von Exkursionen, bei denen Damen der ehemaligen Bourgeoisie und Hörer der kunsthistorischen Akademie die Führer machen; ungeheure Schätze aus den entlegensten und unbewohntesten Sommerresidenzen sind der Öffentlichkeit zugänglich gemacht, also „geraubt“ worden.

Manchmal ist der Newskij-Prospekt eine Straße, manchmal ein Platz, manchmal aber auch eine Brücke; denn senkrecht auf diese Koordinate der Stadt verlaufen Vertikalprojektionen, und die sind flüssig. Schiffahrtskanäle. Man muß schon ein arger Schmeichler sein, um auf Grund dieser Kanäle Petersburg so malen zu können, daß man es erkennt und doch von Venedig nicht unterscheiden kann. Was aber brächten höfische Maler nicht zustande! – an den Wänden der russischen Museen und der Paläste von Zarskoje Selo ist zu bestaunen, wie die geschmeidigen Schüler Canalettos eine Perspektive zu wählen wußten, die dem Palais Stroganow die Züge des Dogenpalastes gibt, die (allerdings schmalen) Kaistraßen verschweigt, der Brücke zwischen Ermitage und Winterpalast den Schwung des Ponte dei Sospiri verleiht und auf der Moika, dem Jekaterininskij-Kanal und der Fontanka Gondeln schwimmen läßt.

Ganz großartig, schöner als der Markusplatz, wird der Newskij dort, wo er zu Ende ist, wo er in einem grandiosen Delta von Skulptur, Natur und Architektur sein Ziel erreicht,

Mündung des ganzen russischen Landes in die Newa zu sein. Da leuchtet eine lange Spitze aus dunklem Gold über dem Figuren- und Säulenreichtum des Admiralitätsturmes, da rieselt der Springbrunnen und strecken sich die Bäume des Alexandergartens, da schickt sich Peter der Große an, mit seinem Pferd über den Fluß zu springen, da spreizen sich Senat und Synode und Garde-Manege, und da strotzt in altem Rot der Winterpalast, sichernd umschlossen von einem massiven Kreis der Ministerialgebäude.

Dahinter: die Newa. Vorige Woche war sie noch Eis, und nächste Woche wird sie ein Strom sein, aber sie vollzieht diesen Toilettenwechsel hinter braunwolkigem Vorhang. Der Himmel sandte ihn dem Flusse, und die vielgeprüfte Stadt wird er entschädigen, indem er ihr weiße Nächte gibt. Dann kann man nachts am Kai stehen und die Newa sehen und ihre geschmückten Inseln und die Peter-Pauls-Festung. Auf die blickten die Zaren und ihre Gäste, wenn sie sich vom Bankett erhoben, um ans Fenster zu treten: sie brauchten sich nicht zu beunruhigen, fest ragten die Wälle aus dem Wasser, jedem Ausbruchsversuch der gefangenen Empörer hohnsprechend. Die Zaren und ihre Gäste konnten lächelnd diesen Blick genießen, fest stand der Tower, weiß waren die Nächte, und keinem Gedanken öffnete sich der Prospekt des 25. Oktober 1917.

HENKER IN HAFT, OPFER BEFREIT

Wer je etwas von Henkergeschlechtern gehört hat, von denen der Sanson, der Pipperger oder der Mydlář, der weiß – und wäre es bloß aus ihren apokryphen Familienchroniken –, daß nicht nur Vater und Sohn, sondern oft auch ein und derselbe Scharfrichter den verschiedensten aufeinanderfolgenden Regierungen „diente“, passiv und aktiv, dem König, dem Direktorium oder dem Kaiser. Jeden brachte er um, der sich gegen die herrschenden Herren verging, und dann die herrschenden Herren selbst, er aber, er blieb am Leben und im Amt.

In Sowjetrußland war das unmöglich. Hier hat man allen Machthabern der zaristischen politischen Justiz den Prozeß gemacht, den Polizeimeistern, den Gefängniswärtern, den Verbannungsgendarmen und den Spitzeln. Das geschah teils aus agitatorischen Gründen, teils aus solchen der historischen

Feststellung, was gewiß einen überzeugenden Anschauungsunterricht darstellt, wenn auch bedauerlicherweise der einzelne für Verbrechen eines ganzen Systems zu büßen hat. Und angesichts der großen Überschriften in den Zeitungen „Prozeß gegen die zaristischen Henker" fällt einem vor allem ein, die kleinen Henker hängt man, während man die großen laufen ließ, nach Paris und Prag, wo sie ein fideles Leben führen. Wirklich sind es auch diesmal zumeist dumpfe Menschen, die an der Barre stehen, und der Strom von Abscheu, den das Verfahren bewußt einschaltet, wendet sich nicht gegen die Angeklagten, die mechanische Vollstrecker fremder Befehle waren, sondern gegen die Welt, der sie dienten. Es ist ein blutrünstiges Milieu, von dem im Gerichtssaal der Vorhang gerissen wird, und erschüttert fragt man sich, in welcher Zeit so etwas möglich war. In welcher Zeit? Das Substrat des Prozesses bilden Vorgänge bis zum Jahre 1917 . . .

Mitten in Moskau, dort, wo gegen die Flußbiegung zu die Häuser dünner gesät sind, befand sich das Polizeirevier des Bezirkes Chamowniki, das eine besondere Aufgabe hatte. Wer der Ochrana nicht gefiel und aus dem Wege geräumt werden sollte, ohne daß man einen Prozeß entfesseln wollte, wurde mit kleinem Zettel, auf dem bloß eine Zeitangabe stand, dieser abgelegenen Wachstube überstellt. Die wußte, was zu tun sei. Der Eskortant wurde in eine Zelle gesperrt und zur festgesetzten Zeit, immer in der Nacht, über den Hof in einen Schuppen geführt.

Dieser Schuppen ist sozusagen der Hauptangeklagte. Sein Inventar: ein Tisch, ein Petroleumlämpchen, ein Schemel und ein in den Plafond eingeschlagener Haken. War der Gefangene hier eingetroffen, wurde ein Sack hinterrücks über seinen Kopf gestülpt, um seinen Hals die herabhängende Schlinge gelegt, man hob ihn auf den Schemel und mit diesem auf den Tisch, dann wurde das Möbel weggeschoben, und an der Decke baumelte ein Leichnam.

Der Arzt, der bei jeder Strangulierung anwesend war, um den eingetretenen Tod zu konstatieren, war nicht der einzige Zeuge: es wohnte ihr noch ein gespenstischer Gast bei, der allerdings bis zum heutigen Tage nicht ermittelt werden konnte; dieser fremde Herr, er fuhr im Gummiradler oder einem Schlitten erster Güte drei Minuten vor der festgesetzten Stunde in den Hof des Polizeihauses ein, trug eine blaue Brille, sein Gesicht war verschminkt, und niemand wußte seinen Namen und sein Amt. Er schaute die Festgenommenen an, bevor ihnen die Henkersknechte den Sack über den Kopf warfen, und beobachtete, wie die Schlinge um den Hals gelegt, wie der Wehrlose gehoben und wie durch das Umstürzen des Schemels die Prozedur beendet wurde, er sah der Todesprobe des Arztes zu und fuhr davon. Die anderen blieben, nahmen erst jetzt dem Leichnam Arm- und Fußfesseln ab, entkleideten und schafften ihn auf den Wagankowskij-Friedhof, wo man ihn verscharrte, als „Unbekannter, von den Austrägern gebracht". Niemals wurde im Schuppen ein Protokoll über die Hinrichtung ausgefertigt, vielleicht vertraute man dem Mann mit der blauen Brille, vielleicht verließ man sich auf die Henker – es gab nichts Schriftliches, der Delinquent war non in actis, non in mundo.

So dunkel es auch in dem Schuppen war (man mußte vor jeder Exekution das Öllämpchen anzünden), so rasch sich auch alles vollzog, so abgeschlossen der Hof auch dalag, die Tatsache, daß dort eine geheime Richtstätte sei, blieb der Umgebung nicht verborgen. Man wußte, wer von den Polizisten mit der schrecklichen Manipulation betraut war, man nannte diese Leute auf der Wachstube und bald auch in der Umgebung „die Musketiere" und fürchtete sie mehr, als man sie verachtete.

Eines Morgens fanden die Polizisten an der Wand des Schuppens mit großen weißen Lettern aufgemalt: „Hier wird erdrosselt." Die Buchstaben wurden in Eile abgewischt, am nächsten Tage jedoch standen sie wieder dort. Nun wurde ein Wachtposten im Hof aufgestellt, und die Mauer blieb unbeschmiert. An dem Tage, an dem der Posten eingezogen wurde, war die Aufschrift von neuem da, und das Spiel wiederholte sich noch einige Male. Es war eine ebenso gefährliche wie sinnlose Demonstration, denn jene, die die Worte lasen, wußten ja, daß hier erdrosselt wurde, und ein Fremder kam nicht in den Hof. Aber was waren denn alle Auflehnungsversuche gegen die Blutherrschaft des Zarismus anderes als ebenso gefährliche wie sinnlose Demonstrationen, was vermochten denn die Revolutionäre in Rußland und in der Emigration anderes zu tun, als durch Bombenattentate oder Flugschriften an die Wand zu schreiben: „Hier wird erdrosselt!" Die Welt las zwar den Satz, doch war sie geneigt, alles für reichlich übertrieben zu halten, und der Zarismus konnte mit Statistiken dienen, denen zufolge Todesurteile und Vollstreckungen nur sehr selten vorkamen. (Justifikationen von der Art der in der Chamowniki-Wachstube standen allerdings nicht in den Tabellen und demnach non in mundo.)

Aus den Aussagen der Angeklagten und der Zeugen und aus den Wagankowsker Friedhofsbüchern geht hervor, daß die Zahl der in Chamowniki ohne Gerichtsverhandlung und ohne gesetzliche Begründung Getöteten über fünfhundert beträgt, die sich auf kaum zwanzig Jahre verteilen; vor 1905 wurden hier nur gelegentlich Hinrichtungen vorgenommen, seit diesem Jahr war der Schuppen von Chamowniki die offiziell-inoffizielle Poliklinik des Kaiserreichs gegen revolutionäre Erkrankungen.

Wiederholt wurden zwei oder drei Häftlinge gleichzeitig in die Baracke geführt und mußten, wenn auch mit dem Sack über dem Kopf, anwesend sein, während ihr Genosse sich in Todesqualen wand; in manchen Nächten gab es neun solcher Meuchelmorde. Die Namen sind zumeist unbekannt, es waren fast durchweg politische „Verbrecher", darunter auch Ausländer, im Laufe des Krieges besonders viele Deutsche.

Erst mit Ausbruch der Kerenskij-Revolution wurden die Hinrichtungen in diesem Schuppen eingestellt; in ihrem Amt als Polizeidiener verblieben die einstigen Henker dennoch. Die Beschwerden, die sich dagegen erhoben, wurden von den Menschewiki abgewiesen: niemand könne für etwas bestraft werden, was er auf Befehl der alten Regierung begehen mußte.

Und so verteidigen sich auch heute noch die angeklagten drei Musketiere Djabin, Krolejew und Grudzin und ihr Faktotum Dschugunow: „Man hat mir gesagt, ich soll ihn aufhängen, also habe ich ihn aufgehängt, ich war doch im Amt, ich durfte die Ausführung eines Befehles nicht verweigern." Der Arzt, Dr. Wesselizkij, der laut Anklageschrift in vierzig Fällen den Tod der Strangulierten festgestellt hat, antwortet auf die Frage, ob er sich schuldig bekenne: „Ich bin bloß schuldig, kein Held zu sein. Den Heroismus, die Ausführung des Auftrages abzulehnen, besaß ich nicht. Ich tat übrigens nur das, was jeder Arzt tun muß, ich konstatierte bei einem Toten, daß er tot sei." Vom Richtertisch aus wird ihm erwidert, zwei seiner Vorgänger hätten sofort ihren Dienst als Amtsarzt quittiert, als man von ihnen Assistenz bei diesen gesetzwidrigen Justifikationen forderte. Dr. Wesselizkij gibt zu, das gewußt zu haben, fügt aber bei, der eine der beiden Doktoren sei nach Sibirien versetzt worden, der andere gelte seit seiner Demission als verschollen. Sicher ist, daß man ihn und die anderen nicht lange mit so gefährlichem Geheimnis in Freiheit belassen hätte, wenn sie aus dem Dienste getreten wären.

Das Gericht nahm das als Milderung an, und auch – wie jetzt gerichtsüblich – die Tatsache, daß die Verbrechen weit zurückliegen. So wurden die drei Henker zwar zum Tode verurteilt, aber gleichzeitig die Umwandlung der Strafe in zehnjährige Haft ausgesprochen, der Henkersknecht erhielt vier Jahre Haft. Dr. Wesselizkij, der sich unter dem neuen Regime als Organisator einer Kinderkolonie Verdienste erworben hat, wurde vollständig freigesprochen mit der Begründung, daß er niemals Hand angelegt habe – ein Urteil, das großes Aufsehen und Diskussionen hervorruft, da mit derselben Motivierung auch der Freispruch des geschminkten und blaubebrillten Herrn erfolgen könnte, wenn man jemals seiner habhaft würde. Mit Ausnahme der Angeklagten ist niemand von dem Urteilsspruch befriedigt, das Publikum, das mit Gruseln jeder Phase des Prozesses gefolgt war, verläßt offensichtlich enttäuscht den Verhandlungssaal. Es waren zumeist ältere Leute aus der Gegend der Moskwa-Schlinge, sie hatten die Angeklagten gekannt und gefürchtet und holten sich beim Prozeß die Aufklärung über die rätselhaften Todesschreie, die sie einst aus dem Schlaf hatten auffahren lassen. Eine alte Dame im Auditorium, ehemalige Lehrerin des Bezirkes, erinnert sich, daß ihr Nachbar von gegenüber, Lew Nikolajewitsch Tolstoi, in einer Augustnacht wütend das Fenster zuschlug, weil das gellende Gebrüll zweier oder dreier Menschen hörbar war. Wahrscheinlich arbeitete Tolstoi damals an seinen Auslegungen des Evangeliums, er war wohl der einzige Bewohner des Chamowniki-Pereulok, der nicht ahnte, daß unter seinem Fenster die Werkstätte der Henker war, und schrieb das „Du sollst nicht töten", ebenso wirkungslos aufs Papier, wie ein ahnungsvollerer Hausgenosse an die Wand des Schuppens schrieb: „Hier wird erdrosselt!"

Man urteile selbst: eine Frau, viel älter als die siebzig Jahre, die sie wirklich alt ist, beider Augen Licht erloschen, spärlicher grauer Scheitel über verrunzelter Quitte, ein farbloses, fadenscheiniges Kleid, so sitzt sie wie ein Bettelweib zwischen den beiden Justizsoldaten; das Verbrechen liegt dreißig Jahre, ja beinahe vierzig Jahre zurück. Will man die blinde Greisin, dieses Häufchen Unglück, wirklich zum Tode verurteilen?

Aber nun beginnt der Prozeß, Anklageschrift und ein Gutachten der akademischen Historiker werden verlesen, Zeugen marschieren auf, die dreißig Jahre und länger in sibirischen Zuchthäusern litten, der Ankläger spricht, Felix Kon, einer aus der Zeit der Ersten Internationale und gleichfalls ergraut in der Katorga Alexanders III. und Nikolaus' II. Die dünne, blinde Matrone wird von den Scheinwerfern dieser Angaben und Aussagen beleuchtet, farbig beleuchtet und sieht ganz anders aus.

Sie ist vierzig Jahre jünger, hübsch und reich, wohnt in der Prestschistenka, ihr Mann ist Beamter des neugegründeten Semstwo, einer Organisation, die für die achtziger Jahre schon beinahe revolutionär war – denn es saßen die Vertreter des Großgrundbesitzes darin. Dieser Gatte, Serebrjakow, ist also ein Liberaler, aber seine schöne Frau mit pechschwarzem Haar und großen tiefblauen Augen, Anna Jegorowna, ist liberaler als liberal, linker als links, sie sympathisiert mit den Sozialdemokraten und lädt alles ein, was oppositionell ist, sogar die Illegalen, besonders die Illegalen. In Paris, in der Schweiz, an den russischen Grenzen teilt man den mit konspirativen Aufträgen ins Zarenreich fahrenden Genossen mündlich die wichtige Adresse mit, und vom Bahnhof in Moskau kommen sie alle zu Anna Jegorowna. Manchem vermittelt sie Wohnung, verschafft Räumlichkeiten für geheime Druckereien. Revolutionäre aus Nord und Süd treffen sich in ihrem Hause, besprechen etwas unter vier Augen und kehren in die Heimat zurück, um – verhaftet zu werden. Wer hat sie verraten?

Vor dem Kriege ging ein Privatdozent namens Leonid Menschikow nach Paris. Er war im Dienste der Ochrana gestanden, der berüchtigten politischen Geheimpolizei, und hatte erkannt, daß die im Recht seien, die er bekämpfte. Nun sollte sein Kampf der Ochrana gelten, der Demaskierung ihrer Methoden und ihrer Helfer. Er gab dem Journalisten Burzew das Material, den größten Attentäter Asew und viele andere als Provokateure zu entlarven, und Menschikow schrieb dann auch selbst ein reichlich romantisch gefärbtes Buch, in welchem er als eine Hauptlieferantin für die Zuchthäuser Anna Jegorowna Serebrjakowa bezeichnete – die schöne Frau mit dem vollen schwarzen Scheitel und den großen blauen Augen, die jetzt, ein erloschenes Weib mit weißen, schütteren Haarsträhnen, auf der Anklagebank sitzt.

Nach der Revolution von 1917 nahm man sie fest, und sie verbrachte einige Monate in Untersuchungshaft. Ihre Tochter beging Selbstmord, ihr Mann starb vor Kummer, ihr Sohn jedoch, Professor in Nishnij Nowgorod, bot alles auf, um zu beweisen, daß seine Mutter niemals Lockspitzel gewesen, niemals von der Ochrana Geld genommen und niemals Verrat geübt habe. Ihm und anderen von der Unschuld Anna Jegorownas Überzeugten gelang es, die Freilassung zu erzielen, ja, die Alte bekam als Mutter eines Professors eine Pension vom „Zekubu", dem Zentralkomitee zur Besserung der Wirtschaftslage von Gelehrten.

So lebte sie in Freiheit, bis 1925 aus aufgefundenen Schriftstücken des Staatsarchivs hervorging, daß die Serebrjakowa viele tausend Rubel für geleistete Dienste von der Ochrana und ein außerordentlich hohes Gnadengehalt vom Zaren erhalten hatte, auf Grund eines vom Polizeichef abgefaßten Berichtes, worin er die Verdienste der Pensionsbewerberin aufzählte.

Und nun sitzt sie vor der Barre. Niemand in Rußland glaubt mehr an ihre Unschuld, jeder in Rußland glaubt, man werde sie erschießen, hat sie doch jahrzehntelang die Revolution verraten, darunter Lenin und die andern Vorkämpfer.

Ihr Sohn richtet jetzt an die Prozeßleitung ein Schreiben, in dem er sich von seiner Mutter lossagt und seine Bereitwilligkeit erklärt, unter solchen Umständen als Belastungszeuge aufzutreten. Dieses Schriftstück ist es vielleicht, das der Greisin, für deren Leben kein Mensch mehr eine Kopeke gegeben hätte, das Leben gerettet hat, denn die Haltung des Professors wirkt peinlich, und einstimmig beschließt die Gerichtskammer, die angebotene Aussage abzulehnen. (Gleichzeitig findet in Baku der Prozeß gegen den Sozialrevolutionär Funtikow statt, der Agent der englischen Naphthatruppen gewesen und an der Erschießung der sechsundzwanzig Volkskommissare mitschuldig ist; er war geflüchtet und hat in Sibirien unerkannt gelebt, bis ihn – seine Tochter, die ihn abgöttisch liebte, aber Mitglied der kommunistischen Jugendorganisation ist, aus politischem Pflichtgefühl anzeigte. Und der Tochter Funtikows wendet sich ebenso die Sympathie Rußlands zu wie dem Sohne der Serebrjakowa die Verachtung.)

Die Alte verteidigt sich selbst. Da sie ihr Leben erzählt, wird sie wieder jung, sie schildert ihre unglückliche Ehe mit Serebrjakow und wie sie sich einem Verehrer anschloß, bei dem sie häufig für ihre verfolgten Freunde intervenieren mußte. Dieser Verehrer war kein anderer als Sergej Wassiljewitsch Subatow, der Chef der Ochrana, von dem der Plan stammt, die

Arbeiter in legalen Vereinen zu organisieren, um sie besser überwachen zu können, der berühmte „Polizei-Sozialismus".

Zwischen Anna Jegorowna und Sergej Wassiljewitsch entspann sich eine – wie die blinde Greisin zu versichern für notwendig hält: platonisch gebliebene – Freundschaft. Sie leugnet nicht, mit ihm über die Menschen gesprochen zu haben, die von der Polizei gehetzt wurden und in Moskau bloß in ihrem Hause eine Bleibe hatten, aber, fügt sie hinzu, sie habe nur zu deren Gunsten geredet, keinen verraten und, im Gegenteil, die Angaben in den Protokollen der Ochrana im Interesse ihrer Freunde rektifiziert. Als es ihr schlecht zu gehen begann und sie Geld brauchte, damit ihr Sohn seine Studien vollenden könne, habe ihr alter Verehrer sie unterstützt, sie nahm es als Cadeau, ohne zu ahnen, daß er die Summen auf den Spitzelfonds verrechne. Nach dem Tode ihres Gatten habe Subatow an den Zaren die Eingabe gerichtet, ihr eine hohe Pension zu gewähren; natürlich habe sie sich gegen die Begründung nicht gewehrt, obwohl darin „Verdienste" aufgezählt waren, die sie sich nicht erworben hatte. „Hätte ich verraten wollen, so hätte ich alle meine Freunde ins Zuchthaus gebracht und alle konspirativen Aktionen verhindert, von denen ich wußte." Sie nennt sie: das verrunzelte Weib mit den leeren Augenhöhlen spricht von Abenden und Nächten der Jahre 1888, 1902, des Sturmjahres 1905, des ersten Parteitages 1908 mit einem Elan, mit einem Gedächtnis, das in Erstaunen setzt.

Und sie hat Glück. Als Zeugen marschieren auf die, von denen Menschikow behauptete, daß sie sie verraten habe: Lunatscharskij, Anna Iljinitschna Jelisarowa, die älteste Schwester Lenins, Maria Smidowitsch, die jetzt als Hauptgegnerin der Kollontai gegen die freie Liebe auftritt, Solz, der als Vorsitzender der ZKZ oberster Richter über Parteimoral ist, Semaschko, Leo Deutsch – die Überlebenden aus der Geschichte der russischen Sozialdemokratie und der bolschewistischen Fraktion. Zum Teil verteidigen sie ihre einstige Gastgeberin. Sie sei eine romantische Dame gewesen, etwas zum Plaudern geneigt, manche sagen sogar schwatzhaft, und man habe sich daher gehütet, allzu geheime Dinge vor ihr zu erörtern. Trotzdem seien diese Dinge, von denen die Serebrjakowa nichts wissen konnte, zur Kenntnis der Polizei gelangt, und es gab für jede Verhaftung auch eine andere, plausiblere Erklärung als die, daß ein Verrat der Serebrjakowa erfolgte.

Je weiter die Verhandlung vorrückt, deren agitatorischer

Zweck klar ist (vor dem Richter steht ein Radiosender, und in jeder dörfischen Lesestube am Ural und im Kaukasus lauscht man dem Verhör), je weiter also die Verhandlung vorrückt, die die Zeit der Prosekutionen sinnfällig machen und Empörung gegen die Denunziantin wecken soll, desto stärker wächst das Mitgefühl für die blinde, weißhaarige, von ihrem Sohn verstoßene Frau, deren Delikte aus ihrer Liebe zu einem Menschen von verächtlichem Amt, zum Chef der Ochrana, erwuchsen.

Der öffentliche Ankläger erörtert die vierzehn nachgewiesenen Punkte der Anklageschrift: für jedes dieser Verbrechen an der Entwicklung der Freiheit und des sozialen Gedankens habe Anna Jegorowna nicht einen, sondern vierzehn Tode verdient. Er beantragt, sie zu „zerschießen", wie das russische Wort bildhafter und furchtbarer den Tod durch das Gewehr ausdrückt. Für Zubilligung mildernder Umstände plädiert der vom Gericht gestellte Verteidiger, er spricht kurz, man liebt die Advokaten nicht. Der Gerichtshof zieht sich zurück, dreiundzwanzig Stunden dauert die Beratung, ohne daß sich jemand aus dem Beratungszimmer entfernen darf. Da er wiederkehrt, wird anderthalb Stunden lang verlesen, Anna Jegorowna ist in vierzehn Fällen schuldig, die Delikte werden aufgezählt und der Schuldspruch begründet. Atemlos wartet Rußland, den Hörer am Ohr, auf das Wort „rastreljat". Und das Wort fällt, Anna Jegorowna ist verurteilt zum Tode durch Zerschießen, doch fügt der Gerichtshof hinzu, daß diese Höchststrafe angesichts des erblindeten Angesichts und der sonstigen Hilflosigkeit von Anna Jegorowna in siebenjährige Einzelhaft umgewandelt wird, mit Anrechnung von einem Jahr sieben Monaten Untersuchungshaft. Von dem Rest – das weiß jeder im Auditorium – braucht man bloß die Hälfte abzubüßen, wenn die Führung während der Haft keinen Anlaß zu Klagen gibt. Stehend wird das endlose Urteil angehört, auch die beiden Justizsoldaten stehen. Nur die Alte sitzt. Sie sitzt eingesunken da, stützt die leeren Augenhöhlen in die Fäuste und zuckt nicht einmal bei der Verkündung des Höchstmaßes zusammen. Aber da die Umwandlung der Strafe ausgesprochen wird, richtet sie sich ganz froh und frisch auf, und nach Schluß der Verhandlung beginnt sie mit den Mitgliedern des Gerichtshofes zu plaudern. „Sind Sie zufrieden, Anna Jegorowna?" – „Ich habe eigentlich nur fünf Jahre erwartet", lacht sie.

Eine Frau kommt, nimmt sie unter den Arm und hilft ihr die Stufen vom Podium hinab, auf die Straße zum offenen Auto, das sie in den Kerker fährt. Photographen knipsen, die Menge steht Spalier, und ein achtjähriger Junge, der das so gewöhnt ist, schreit „Hoch“, die Leute lächeln, der Kleine hat etwas von der Sympathie ausgedrückt, die die menschliche Seele auch einem verabscheuungswürdigen Verbrecher entgegenbringt, und etwas von dem Mitleid mit einer Greisin, die zwar aus dem Kerker noch den Weg in die Freiheit finden kann, aber nicht mehr den Weg zu ihrem Sohn.

Im Moskauer Klub der ehemaligen politischen Sträflinge und Verschickten sind aufbewahrt Erinnerungsstücke an die Schlüsselburg, an die Peter-Pauls-Festung, an die Katorga von Nertschinsk, an den Amurschen Weg, auf dem sich die Verbannten schleppten, an das Oreler, das Tobolsker und Alexandrowskische Zentralgefängnis und an die Sträflingsinsel Sachalin, sind aufbewahrt Knuten der Schergen, ein Schafott, der Stempel mit den Buchstaben „S. K.“, der den Galeerensklaven des 19. Jahrhunderts in den Rücken eingebrannt wurde, Handketten und Fußfesseln, Armseile und Schließeisen, Kerkervorschriften, Todesurteile und ihre Vollstreckungsrapporte, Brotknetereien und Holzschnitzereien der Gefangenen und Photographien jener Marterwerkstätten, von denen man außerhalb des Zarenreiches nur durch die Sibirienbücher des amerikanischen Journalisten George Kennan, durch das „Totenhaus“ Dostojewskijs, die Memoiren Kropotkins und Herzens, Trotzkis „Meine Flucht aus Sibirien“ und durch einige Romane, wie Tolstois „Auferstehung“, erfuhr. In Rußland durften nicht einmal diese spärlichen Dokumente ungekürzt erscheinen, obschon sie eher idyllisierten als übertrieben, was man an den Beweisstücken erkennt.

Allerdings, der Imperialismus, das muß man ihm zugute halten, hatte sich waghalsiger Gegner zu erwehren. Hundert Jahre dauerte die latente Revolution, von aufgeklärten Aristokraten, den Dekabristen, begonnen, von der Intelligenz, den Petraschewzen, aufgenommen (eine Riesenseite der offiziellen „St. Petersburgskije Wedomosti“ vom 24. Dezember 1849 füllen die Namen der zum Tode Verurteilten, deren einer, ein entlassener Ingenieurleutnant namens Fjodor Dostojewskij, begnadigt wurde), in den siebziger Jahren vom Bürgertum ins Volk getragen, zur Massenbewegung der Narodowolzen gemacht, die mit Dynamit arbeiteten, dann von der Arbeiterschaft organisiert, deren Aufstand im Jahre 1905 blutig niedergekämpft wurde, und schließlich drei viertel Jahre nach dem Zusammenbruch der Romanows von dem radikalen Flügel der Sozialdemokratie zum Siege geführt.

Die Schrecknisse der Kasematten und Verbannungssteppen haben die Kontinuität der gewaltsamen Auflehnungsversuche in Rußland nie zu unterbrechen vermocht. Am 1. März 1881 flog die Staatskalesche, in der Alexander II. saß, in die Luft, der Mann, der die Bombe geschleudert hatte, wurde gleichfalls zerrissen, und schon zwei Stunden später verkündete ein in tausend Häusern und an hundert Straßenecken liegendes Manifest des „Vereinigten Komitees", der Zar sei „im Auftrage unserer Partei durch zwei unserer Mitglieder hingerichtet". Fieberhaft suchte die Polizei nach Drucker und Kolporteuren, sie fand sie nicht (im Keller des Hauses Lesnaja Nr. 5 in Moskau ist nunmehr eine dieser konspirativen Druckereien, die des kommunistischen Blattes „Rabotschij", dem öffentlichen Besuch freigegeben), und als am 3. April 1881 um neun Uhr vormittags drei der Attentäter gehängt wurden, erschien das Flugblatt mit dem Bericht über die unerschrockene Haltung der Kameraden in ihrer Todesstunde und mit neuen Drohungen um elf Uhr. – Nun sind diese gefahrvoll erzeugten Druckschriften neben den Bildern und letzten Briefen der Justifizierten im Klub unter Glas und Rahmen zu sehen. Im Jahre 1887, am Jahrestage des Attentats auf Alexander II., erfolgte eines auf seinen Nachfolger, es mißglückte, und alle Teilnehmer, vor allem der Hauptschuldige, der Student Alexander Uljanow, endeten auf dem Galgen. Als 1921 der Verband der Verbannten und Katorganten gegründet wurde, konnte der jüngere Bruder dieses Uljanow (seither unter dem Pseudonym „Lenin" als unbestreitbarer Revolutionär bekannt), nicht Mitglied werden, da er bloß administrativ und nicht justitiär bestraft worden war, der Klub trägt seinen Vatersnamen, den Namen „Iljitsch", der auch der seines hingerichteten Bruders ist.

Die Bilder und Erinnerungsstücke aus den Käfigen der Festungen und aus den Sträflingsplantagen, die hügellosen, kreuzlosen, tafellosen Massenfriedhöfe für die im Zuchthaus zu Tode Gepeinigten erschüttern nicht so sehr wie menschliche Tragödien, deren Spur hier ausgestellt ist. In kleiner Vitrine eine Kassette, geschnitzt von Frolow, der wegen Ermordung des Gubernators von Samara im Jahre 1908 zu lebenslänglicher Verbannung verurteilt worden war. Sein Mitgefangener Jakowlew schickte dieses Kästchen der aus der

Verbannung ins Ausland geflüchteten Genossin Jakimowa-Dikowskaja. Der Deckel der Schatulle war doppelt, und in die Höhlung hatte Jakowlew seine Memoiren und wichtige Mitteilungen über bevorstehende Parteiarbeit verschlossen. Die Empfängerin wußte jedoch nichts von diesem Geheimfach und führte das Geschenk vierzehn Jahre mit sich herum, ahnungslos. Und sie hat es nie erfahren? Natürlich hat sie es erfahren. Da sitzt sie ja, die alte Frau mit dem grauen Haar, und auch Jakowlew lebt noch und kommt in den Klub, und Frolow. Der Umsturz von 1917 hat die Tore ihrer Bastillen geöffnet, Frau Jakimowa-Dikowskaja durfte nach Rußland zurück, mitsamt der Kassette, und hörte nun von ihren beiden Freunden, daß der kleine Schrank auch einen Inhalt habe. Die darin angeregten Maßnahmen waren allerdings überholt . . .

Auf einem Tableau sind Pläne und Photographien arrangiert, die veranschaulichen, wie sich im Jahre 1904 siebenundfünfzig Verbannte in einem Haus der Transportstation Romanowka in Jakutsk verschanzten, um zu erzwingen, daß ein ungerechtfertigter Ukas des Generals zurückgenommen werde. Länger als vierzehn Tage vermochten sie sich mit alten Jagdflinten und Revolvern gegen eine Kosakenschwadron zu halten, und nur durch den Hunger wurden sie zur Übergabe gezwungen, die sich übrigens unter glimpflichen Bedingungen vollzog, da der General den Eklat der Massenhinrichtung zu scheuen hatte. Wird das Interesse eines Klubgastes an der Verteidigungstechnik dieses unbekannten Fort Chabrol dadurch offenbar, daß er längere Zeit vor dem Tableau steht, so kommen ein paar alte Herren auf ihn zu, zeigen den Verlauf der Belagerung und wo damals der Posten der heutigen Erklärer war. Deserteure eines Friedhofes, die den Cicerone machen . . . Der eine war Berufsphotograph und hatte während der Belagerung die Stellungen aufgenommen, die Platten entwickelt und die Kopien versteckt. Seine Platten wurden zerbrochen, aber die Bilder brachte er nach dreizehn Jahren in die Heimat.

Über dem Saal, der den Greueln der Schlüsselburg geweiht ist, steht das Wort, das der Kommandant Orschewskij zu den Neuangekommenen zu sagen pflegte: „Von hier geht man nicht hinaus, von hier wird man hinausgetragen." Bilder der berühmtesten Gefangenen an den Wänden: Michail Petrowitsch Sashin, der Freund Bakunins, Mitbegründer der Ersten Internationale, hat an der Pariser Kommune von 1871 teilgenommen und an der russischen Kommune 1917. Sashin spielt hier im Klub Schach, den weißen Bart tief über das Brett gebeugt. Auch Wera Figner lebt und Leo Deutsch, der Nestor des Sozialismus, und Aschenbrenner und Frolenko und Bibergall, der zaristischen Hippe entkommen. Fünfzig von den achthundert Mitgliedern des Moskauer Verbanntenklubs waren zum Tode verurteilt und sind am Leben. Die andern: expediert für mindestens zehn Jahre, zumeist für Lebensdauer in die furchtbaren Gluten und Fröste von Sachalin und Sibirien oder in die von Kettenklirren, Geißelhieben und Schmerzensschreien durchtönten Verliese der Zwingburgen oder in den gräßlichen Kreislauf der Tretmühlen – und doch leben noch zweitausend in ganz Rußland. Aber Tausende, Zehntausende, Hunderttausende kehrten nicht mehr zurück, niemand weiß, hinter welchen Gittern sie verendeten, niemand weiß, wo ihre Leichen liegen. Den Witwen und Kindern dieser Vorkämpfer zahlt der Klub „Iljitsch" eine Pension, den Invaliden, von denen achtzehn älter als siebzig Jahre sind, gleichfalls. Die Kosten erwirbt das Prytaneum der Revolution durch die Herausgabe einer Revue „Katorga i Sylka" („Zuchthaus und Verbannung"), die hauptsächlich Prozeßakten und Memoiren der Mitglieder enthält, und durch den Verlag von Büchern über das zaristische Justiz-, Polizei- und Gefängniswesen. Diese Literatur, deren Authentizität mehr als teuer bezahlt ist, wird in Rußland sehr stark gelesen.

MARX-ENGELS-INSTITUT

Von Werkstätte und Werk, die ich eben rekonstruiert gesehen, bin ich bewegt, ich bin benommen von der Intimität alter Schriftzüge, in denen ich mit Entwürfen, Streichungen, Änderungen, Einfügungen fluktuierend das werden sah, was ich als feststehend kannte, ich bin erfüllt von dem direkten Wirkungswillen, aus längstbekannten Aufsätzen sprang er mir entgegen, da sie in ihrer ersten Form auf hastigen Zeitungsblättern vor mir lagen, ich bin betäubt von den Gebirgen an Material, das verwendet wurde, und von der Flut von Gegenschriften, Protesten . . .

Nun hinabgehend zum Moskwafluß male ich mir den Kontrast aus zwischen diesem schicksalsschweren Strom und der idyllischen Ilm, an deren Ufer ich nach dem Besuch des Goethe-Schiller-Archivs rastete in Weimar, dem Naturschutzpark vergangener deutscher Geistigkeit.

Auch das Haus, von dem ich mich eben trennte, gilt dem Werk zweier deutscher Denker – aber Fürstengunst umsonnte sie nicht, und der Jubel des Theaterpublikums umtobte sie nicht, nie schritten sie würdig aus eigenem Palazzo am Frauenplan, niemals konnten sie sich in Leidenschaften der Liebe süß verzehren, sie bekamen keine Denkmäler, apollinisch verklärt, und ihre Werke sind nicht Erbgut und Möbel des deutschen Heims, ihre Namen spricht der Oberlehrer nicht mit verzücktem Schauer aus, und ihre Biographie hat der Schüler nicht ehrfurchtsvoll auswendig zu lernen.

Gehetzt von Polizei und Verleumdung irrten sie von Stadt zu Stadt, von Land zu Land, sie, die mit wissenschaftlichem Geschütz und aktuellem Kleinkaliber gegen eine internationale Front der Mächtigen kämpften und im Exil starben.

Da sitze ich am schrägen Kairand, noch voll von Eindrükken, noch erregt über Verfolgung, Mißhelligkeit, Verleumdung und Not zweier Sozialisten und über die Unzerbrechbarkeit ihrer Riesenkraft, zu meinen Füßen fließt die Moskwa – anders plätscherte die Ilm. Wie konnte mir Weimar auch nur einfallen. Es muß doch Vergleichsmöglicheres geben in meiner Erinnerung? Was sah ich nicht schon für sonderbare Wallfahrtsorte, Ruhmestempel und Gedächtnisstätten in aller Welt. Zeigte man mir nicht gegen Eintrittsgeld ein Bauernhaus, in dem sich ein Kaiser gefangen gab. Sah ich nicht von Staats wegen ein Auto ausgestellt, in dem ein Thronfolger erschossen wurde. Sah ich nicht im Hôtel des Invalides einen gewöhnlichen Eisenbahnwaggon anstaunen, nur ungewöhnlich dadurch, daß darin ein Begehren um Waffenstillstand überreicht wurde. Sah ich nicht Familiengrüfte und Ahnengalerien, nicht Prunkbetten, in denen diese Fürstin mit ihren Liebhabern oder jener Fürst mit seinen Mätressen für Wohl und Wehe ihrer Untertanen sorgten, ungeheure Gebäude voll alter Uniformen und Ordenskollektionen. Welch teure Votivkirchen sind aufgerichtet, wo ein erlauchter Herr einer vermeintlichen Gefahr entging, pompejanisch konserviert die Häuser, in denen ein schlauer Staatsmann oder wenigstens ein Dichter geboren ward; Moden, Theaterdekorationen, Ballett und Schmuck haben Museen . . . nie aber gab es ein großes Institut, bestimmt zur Ehre und Lehre jener, die die Ungerechtigkeit der Gesellschaftsform erkannten und physisch dafür leiden mußten, daß sie ihrem Leid darüber Ausdruck liehen, in Studierstuben oder auf der Barrikade ihr Streben zur Änderung menschlicher Nöte bezeugten. Nein, niemals wurden Anstalten gemacht, ihr Wirken dem Vergessen zu entreißen, in das Monarchen, Politiker und Beamte sie stürzen wollten. Niemals. Sonst hätte ich nicht heute im Marx-Engels-Institut in Moskau das zu sehen vermocht, was ich vergeblich in meinem Kopf und meinem Herzen zu ordnen versuche, dieweil ich bewegt und erschöpft am Uferbord der Moskwa sitze. Sonst wäre nicht binnen fünf Jahren eine Spezialliteratur in zwei mal hunderttausend Bänden zusammengebracht worden, einst aktuell gewesene Broschüren und längst vergriffene Bücher, darunter Unikate, Originalfolianten aus dem sechzehnten Jahrhundert und viele hundert handgeschriebene Dokumente. Wie wäre das selbst bei der reichen Dotierung, die das neue Rußland für die wissenschaftlichen Grundlagen seiner Staatsform opfert, wie wäre das selbst bei den größten Geldmitteln und dem Fanatismus des Marxforschers Rjasanow möglich gewesen, wenn je vorher ein öffentliches Institut in der Welt Interesse an dergleichen bekundet hätte?

Da fand ich mich denn, seit Monaten fern von Deutschland, im Hause an der Moskwabiegung, im einstigen Palais des Fürsten Dolgorukow, vor Schränke gestellt, deren Reihen deutscher Bücher sich mit nichts befassen als mit der Rheinfrage und dem Moselstrom und der Stadtgeschichte Kölns, weil dort die „Rheinische Zeitung“ und die „Neue Rheinische Zeitung“ ihre Kämpfe ausfochten; als ausgedienter Österreicher staunte ich, in Bänden und Broschüren und Flugblättern die Revolution von 1848, chronologisch geordnet und über alle sozialistischen Begebenheiten hinaus bis zum Weltkriege und zur Gründung der Roten Garde in Wien fortgeführt, zu erblicken; die lückenlose Serie des „Vorwärts“ und sogar die seines Vorgängers, des „Berliner Volksblattes“, und alle preußisch-revolutionären Reminiszenzen des Sturmjahres, die mir in Berlin nur unter großen Schwierigkeiten zugänglich geworden waren, stehen zur Benützung; im Scheizer journalistischen Universitätsseminar meines Freundes Professor Wettstein hatte ich vor kaum Jahresfrist die Emigrantenzeitungen durchsucht und muß mich nun wundern, wie Moskau es fertigbrachte, soviel mehr davon zu erlangen als das Land der Drucklegung; der tschechoslowakische Staatsangehörige blätterte heute in den rarsten Raritäten seiner heimatlichen Literatur, im unversehrt erhaltenen „Volksblatt für Böhmen", herausgegeben von C. W. Medau, redigiert von Eduard Breier, in den Nummern der vom „Konstitutionellen Verein" (Bernh. Gutt, Dr. Franz Klier) edierten „Deutschen Zeitung aus Böhmen" und in Klutschaks „Bohemia" und in Längstgesuchtem, verschollen Geglaubtem wie dem „Spiegel des konstitutionellen Lebens", verlegt bei Gerzabek, Brenntegasse, in dem der Autor Josef Wintiř, Kriminalaktuar in Prag, für mündliches Gerichtsverfahren eintritt.

In dieser Abteilung kommt mancher Schriftsteller zu den revolutionären Ehren, auf die er im späteren Mannesalter verzichtet hatte, so Joseph Görres oder Richard Wagner, der in den Dresdner „Volksblättern" August Röckels in wahren Siegfriedsrufen zu Haß und Verachtung gegen die Gesellschaft aufreizte. Klassiker, die ihre Gesinnung nicht widerriefen, wurden vom deutschen Parnaß relegiert, Georg Forster oder Franz Mehring, und Rußland ist es, das sie nun auf einem internationalen Parnaß vereinigt.

Die Demagogenverfolgungen stehen hier auf dem Pranger, die Darstellungen der Todesmißhandlung Pastor Weidigs, der Kerkerhaft Sylvester Jordans, wenn auch die Bücher des Hauptdenunzianten Witt von Doering nur dürftig vertreten sind. Die Bedeutung der Kriminalsoziologie, zu der diese politische Martyrologie überleitet, wird vom Marx-Engels-Institut offensichtlich unterschätzt; in den Regalen fehlt Wesentliches, die Spitzel-, Provokateur-, Verhaftungs- und Verurteilungstaktik im Kölner, Wiener, Leipziger, Berliner (Waldeck-)Prozeß und in den übrigen Hochverratsprozessen ist immer die nämliche und wird vergleichend aufgedeckt werden müssen; das Juristische Kabinett des Marx-Engels-Instituts füllt die vorhandene Lücke nicht auf, und nur unter den Anarchisticis beleuchten einige Darstellungen politischer Verbrechen die Tat von der andern Seite und verurteilen den Gerichtshof.

Aber mit Einwänden, denen Gegeneinwände der Archivare folgten, und mit kritischen Überprüfungen konnte ich mich nicht länger aufhalten, da ich die Räume durchwanderte, deren es viele gibt, und eben wird noch ein Seitentrakt mit Aufwand von vier mal hunderttausend Dollar angebaut. Die bibliophile Hingabe an einzelne Objekte muß man sich gleichfalls aus Zeitmangel versagen, so schwer es auch fällt, angesichts von Büchern, die noch vor Erscheinen beschlagnahmt wurden, von

Werken, die nur handschriftlich existieren, wie Bruno Bauers Kritik der Hegelschen Rechtsphilosophie, angesichts einer Marat gewidmeten Sammlung mit den vollständigen Nummern des „Ami du Peuple“, der Seltenheiten von und über Danton, Robespierre, Saint-Just, Cloots und Babeuf. Fünfzehnhundert Nummern, darunter Manuskripte von Louise Michel, Blanqui, Jaurès, Photographien und Zeitungsbände umfaßt das Archiv der Pariser Kommune von 1871, aus England sind Erstausgaben von Godwin, Ricardo, Adam Smith, Morus und Mill da, Pamphlete und Flugschriften aus den Zeiten ökonomischer Aufstände und Organisationsversuche.

Es wird angestrebt, die von Marx zitierten Ausgaben zu sammeln und alle ihn beeinflußt habenden Werke. Streitschriften um Kant, Fichte, Schelling und Hegel und vor allem um den historischen Materialismus sind in der Philosophischen Abteilung vertreten, und die ganze Bibliothek, die Fichte besaß und die von ihm an Windelband überging. Den Saal der Politischen Ökonomie hat Marx selbst in Fachgruppen eingeteilt: die Bestände brauchten bloß nach den Kapitelüberschriften des „Kapital“ angeordnet zu werden, Wert, Mehrwert, Profit, Preis-, Geld- und Kreditverkehr und so weiter, doch sind die Bücher teils recht vormarxistisch, teils nachmarxistisch und viele antimarxistisch. Was es je an Systemen der Gesellschaftsverbesserung, des Sozialismus, des Kommunismus und des Anarchismus gab, wurde in der Abteilung für Sozialismus zu vereinigen versucht, die Utopistica, der Saintsimonismus, die Phalanstère, Proudhon und Owen mit ihren Schriften und Zeitungen, und vom Abbé Meslier, der auf dem Obelisk im Alexanderpark am Kreml unter den Vätern des Kommunismus eingereiht ward, ist ein handgeschriebenes Exemplar des Testaments vorhanden, aus der Mitte des 18. Jahrhunderts stammend; auch die Anarchisten haben hier ihr Pantheon gefunden. Bakunin, Kropotkin, Elisée Réclus, Bellegarrigue mit „L'Anarchie, Journal de l'Ordre“, Most mit seiner „Freiheit“ und andere, Götter kleiner Leute.

Allerheiligstes dieser soziologischen Kathedrale ist das Marx-Engels-Kabinett, wo alles ist, was von den beiden Dioskuren herrührt: Erstausgaben ihrer Arbeiten, die in Amerika und in der Schweiz erschienenen Auflagen des Kölner Kommunistenprozesses, die „Kritik der politischen Ökonomie“ in jenem Exemplar, in das Lassalle seine polemischen Bemerkungen an den Rand schrieb, die „Rheinische Zeitung“ von 1842 bis 1843, der Pariser „Vorwärts", die „Deutsche Brüsseler Zeitung", die Londoner „Kommunistische Zeitschrift" von 1847 und die „Neue Rheinische" in ihrer vollständigsten Form – die fehlenden Seiten sind nach den in andern Archiven liegenden Originalen photographisch ergänzt, ebenso alle Manuskripte von Marx und Engels und die von ihnen geschriebenen oder an sie gerichteten Briefe, soweit sie nicht original vorhanden. Nicht weniger als 55 000 Aufnahmen von Druckseiten und Schriftstücken hat das Institut herstellen lassen, zumeist im SPD-Archiv in Berlin, im Historischen Archiv der Stadt Köln, im Engelsschen Familienarchiv in Engelskirchen, im Geheimen Staatsarchiv Berlin und in der New York Public Library, so daß man im Haus an der Moskwa das ganze Werk der beiden deutschen Gelehrten, ihrer philosophischen, politischen, literarischen und ökonomischen Freunde und Feinde studieren und zur Publikation einer monumentalen Marx-Engels-Ausgabe schreiten kann; die bisherigen Veröffentlichungen litten teils an der Lückenhaftigkeit des Materials, teils an der physischen Unzulänglichkeit von Einzelpersonen, alles wissenschaftlich durchzuarbeiten, und teils an Streichungen, die aus Platzmangel oder aber aus Gründen der aktuellen Politik vorgenommen worden sind. Jetzt vergleicht man mit philosophischer Akribie jede handschriftliche und gedruckte Zeile, prüft jedes Zitat und jede statistische Angabe nach und beschafft Erklärungen zu den Werken, dem Briefwechsel und den Akten. Welch seltsame Dinge sah ich hier: die Aufgabe des Schülers Marx „Betrachtungen eines Jünglings bei der Wahl seines Berufes" mitsamt dem Zeugnis, worin der Lehrer tadelt, daß „sein Aufsatz ... häufig mit Ungehörigkeiten beladen" ist, Briefe und Briefentwürfe aller Art, aus denen unter anderem die vergeblichen Versuche Marx' hervorgehen, im September 1848 in Wien sozialistisches Verständnis zu finden und den Prager Verleger Borrosch zur Bundesgenossenschaft zu bewegen. Komisch andere Briefe aus der Tschechoslowakei, wie das Schreiben aus Brünn vom 21. März 1872, worin der Absender Jos. A. Fiedler sich in einer Familienangelegenheit an den emigrierten Marx nach England wendet: der Herr Doktor möchte doch so liebenswürdig sein, sich nach einer Verwandten Fiedlers zu erkundigen, die sich in London der Prostitution ergeben hat ...

Engels antwortet seiner Mutter (sie wollte ihren Fritz von dem Verkehr mit Marx abhalten) in einem Brief, in dem er seine Empörung darüber äußert, daß die Pariser Kommune wegen der Erschießung einiger Geiseln überall wütend beschimpft wird, während sich gegen die Versailler Armee, die 40 000 Menschen ermordete und brandschatzte, nirgends ein Wort der Anklage erhebt. Die Verleumdungen, Lügen und Haßgesänge gegen jeden Versuch der Weltverbesserung gehen jahrhundertelang durch die Literatur, Marat ist ein Bluthund und Napoleon ein Gott, die Räteregierungen der intelligenten Arbeiter und arbeitenden Intellektuellen sind „Blutregime", und die Metzeleien der jagdlüsternen Aristokraten und sadistischen Feldwebel heißen: Restauration der Ordnung. Man müßte diese Stelle aus dem Briefe Engels' als Motto über dem Moskauer Institut anbringen, denn von hier aus soll wissenschaftlich die Defensive gegen die ewige Lüge und die Offensive für die ewige Wahrheit aufgenommen werden.

In den Kabinetten, im Lesesaal und in dem bilderreichen Museumszimmer arbeiten Forscher von überall, Dokumente benützend, die das Vaterland nicht besitzt, und ich hocke unten an der schrägen Kaimauer und blättere in Zetteln, auf die ich mir Hinweise und Büchertitel notiert. Es ist, denke ich, dieses Haus eine lebende Bibliographie, eine Bibliographie in Büchern – es gibt viele Spezialbibliotheken, medizinische zum Beispiel, aber für die Medizin, die nicht den einzelnen heilen will, sondern alle, gibt es nur diese.

Ich blättere in meinen Notaten; heimgekehrt nach Deutschland, werde ich dieses oder jenes Buch in der Staatsbibliothek heraussuchen. Das wird jetzt leicht sein – wenn sie es nur hat. Wahrscheinlich nicht. Sonst würden die Leute, die im Lesesaal und in den Kabinetten arbeiten, das in Berlin besorgen. Sie sind meist Deutsche.

Das Heim einer verleumdeten und verfolgten Wissenschaft, zur Heilung der Gesellschaft begründet, steht dort, wo ihre Schöpfer gelebt und ihr Grab gefunden haben: in der Fremde. Ein Archiv im Exil.

DAS IST EIN THEATER IN ASERBAIDSHAN!

Im Vestibül des Theaters sitzt die ganze Bibel: Lea, Rahel, Rebekka und Hagar und das übrige Morgenland, Scheherezade, Fatmé, Salome und Genossen. Um Leib und Kopf der Frauen ist ein Tuch geschlungen, dergestalt, daß die Lippen verdeckt sind, die alten Weiber verschleiern nur eine Hälfte des Mundes, der Form wegen, sie wissen, daß er niemand mehr lockt, die jungen hingegen verbergen ihn ganz unter dem Kopftuch, eine Scham, die den Städterinnen des Westens besser anstünde. Das sind Tatarinnen. Die Türkinnen aus der Türkei verhüllen auch die Stirn, wir sind im bolschewisierten Islam, vom Halbmond zur Sichel ist nur ein Schritt, wir dürfen schon Augen sehen, schwarze Augen in schwarzem Oval und schwarze Locken, schwarzer Flaum wölbt sich unter der Nase. Auch die männliche Bibel ist vollzählig da, das Alte Testament, soweit es nicht assimiliert ist, und der Koran. In Fez und Turban oder einer runden Pelzkappe, die nicht mehr der religiöse Fez ist und doch dieselbe Couleur in Schwarz. Die Söhne Sems, die Töchter Sems haben sich in vorgeschriebener Weise vermehrt, seid zahlreich wie der Sand am Meer, unter jedem Frauentuch kreischt ein Baby, auf jedem Schoß jauchzt ein kleiner Halbneger mit wulstigen Lippen und breiter Nase, und der blinde Mann, der draußen vor dem Eingang des Theaters steht und den kaspischen Wind um sein unbedecktes Haar streichen läßt, ist von kleinen „Tjurken" umlagert (so nennt man die russischen Türken zum Unterschied von denen des Osmanenreiches), die sein märchenhaftes Zuckerwerk kaufen, eine Kopeke das Stück.

Die Glocke schellt eine halbe Stunde nach der plakatierten Anfangszeit, der Hellespont durchbricht alle Kontrolleure, Türen und übrigen Hindernisse, man erstürmt die Sessel und wartet auf den Beginn, wartet eine halbe Stunde, drei viertel Stunden; Kinder jagen im Parkett umher, Säuglinge weinen, Frauen nehmen ungeniert die Brust heraus, um sie den Ungestümen zu reichen, achten aber sittsam darauf, daß ihr Mund nicht sichtbar werde, schwarze Rotarmisten sind im Publikum. Auch die fünf Photographen vom Tor der Zitadelle; dort stehen sie tagsüber vor einer der bizarrsten Kulissen der Welt, und jeder hat eine grell gemalte Leinwand als Hintergrund der Photographie lockend neben sich, eine mit einem Salon oder eine mit einem Rosengarten oder eine mit einem Palmenhain – also diese fünf Photographen schnappen einander ihr Leben lang die Kunden weg und sitzen abends friedlich nebeneinander im Theater, nur ihre gemalten Hintergründe haben sie nicht mit. Da sind überhaupt alle Typen: die Jungen mit den Mützen, die sie als Hörer des Polytechnikums ausweisen, und die Alten, deren Bärte wie die Fortsetzung des Mützenfells aussehen, die Lastträger vom Hafen, die man beileibe nicht bemühen möchte, die zerlumpten Fruchthändler, die sonst in der Stadt auf dem Esel umherreiten, daß die Füße als Bremse auf dem Boden nachschleifen, die energischen Verkäufer, durch deren Spalier man in der Basarnaja Spießruten laufen muß, und die Arbeiter von den Naphthafeldern.

Endlich, endlich tönt das Horn, das Spiel beginnt. Für den Westler: das absolute Theater; seit Sadda Yaccos Tagen hat der Westler das absolute Theater nicht mehr erlebt, das Theater, das keine Pantomime ist, sondern: die Sprechbühne, von der er kein Wort versteht. Nicht einmal den Namen eines Schauspielers kennt er, nicht den Namen des Stückes, kein Wort der Sprache – kein Wort.

Hier die Handlung getreulich: Ein glatzköpfiger Mann liegt auf einer Matratze, es wird dunkel, es wird hell, und eine Lokomotive en face glotzt aus zwei runden Signallichtern; aber da es ganz hell wird, sieht man, daß es keine Lokomotive ist, sondern eine riesenhafte Fratze, und die Signallichter sind die Augen, und unten ist ein großer Rachen. Der Kahlkopf richtet sich auf, schlottert und springt in den Rachen, wieder wird es finster, die Fratze verschwindet, und inmitten einer Landschaft toll brodelnder Kessel ruft er das erste Wort seiner Rolle aus: „Dschehenna!" Hurra, denkt der Westler, der sich auf das absolute Theater, das Unverständliche gefreut hat, hurra, der Autor hat sein Türkisch auch aus Karl May gelernt, Dschehenna = die Hölle, das wissen wir! Und richtig, Mephisto aus der Kostümleihanstalt, zwei Glühbirnen statt der Augen, klopft dem Ankömmling auf die Schulter, und dieser schreit entsetzt auf: „Scheitan!"

Wir verzichten von nun an auf die Wiedergabe des Wortlautes und beschränken uns darauf, den Inhalt des Stückes kursorisch zu berichten. („Ich zeichne den Kreis natürlich nur schematisch", pflegte Professor Tiesel sich zu entschuldigen, wenn er statt eines Kreises die Kontur eines zackigen Embryos auf die Tafel malte.) Also der Teufel redet dem Glatzenmann, der äußerst witzig ist und das Publikum mit Recht zum Lachen zwingt, zu, in den Kessel zu springen – möchte man meinen, dem ist aber nicht so, davon kann keine Rede sein, denn alle Kessel sind besetzt. In dem einen ist ein Hadschi, ein Mekkapilger, ihr wißt doch?, in dem andern ein Stotterer, in dem dritten ein Choleriker, die von Zeit zu Zeit auftauchen und einige sehr zutreffende Worte sagen. Schließlich packt der Teufel, da die Situation sich nicht mehr halten läßt, den Kahlen an und wirbelt ihn im Kreis umher. Es wird dunkel, es wird hell, der Mann ruht auf der Matratze, er hat nur geträumt, seine Frau kommt herein, und mit einem geradezu ausgezeichneten Witz schließt der erste Akt.

Im zweiten steigert sich die Begebenheit in außerordentlicher Weise: vier Männer liegen jetzt auf einem grünen Teppich, eingewickelt in verschiedenfarbige Tücher, verschiedenfarbige Kissen unter dem Kopf. Draußen wird Gesang hörbar, die Schläfer erwachen; einzeln geht jeder zum Fenster, erkennt mit unverhohlenem Erstaunen den merkwürdigen Ursprung des Gesanges, gibt einigen Gedanken Raum, die der Gesang und dessen Ursache bei ihm auslösen müssen, und legt sich wieder schlafen. Der letzte bewegt sich in Purzelbäumen vom Fenster fort über die Schläfer hinweg, was man unter solchen Umständen nicht übelnehmen kann, aber die drei andern springen entsetzt auf, raffen Teppiche und Polster zusammen und wollen in panischem Schrecken enteilen; doch werden sie aufgeklärt, und nun können sie abgehen, allerdings bloß auf einem Fuß hüpfend, die linke Hand selbstverständlich auf dem rechten Knie und mit aufgesperrtem Mund. Nummer vier ist nun allein, hebt einen Vorhang und weckt den dahinter liegenden Herrn, dessen Kopf von einem Turban und dessen Kinn von einem halben Meter Watte verlängert wird, berichtet ihm alles Vorgefallene. Gerade in diesem Moment – mag man's nun für Zufall oder Kismet halten – kommt ein armer Mann auf Krücken hereingehumpelt, beschimpft, nicht ohne gewisse Berechtigung, den Turban mit dem Wattebart und verschwindet mit einem Wort, das wir gar nicht wiederholen wollen. Der Alte grollt, aber schließlich verläßt auch er – begreiflicherweise auf einem Fuße hüpfend, die linke Hand auf dem rechten Knie und mit aufgesperrtem Mund – die Bühne, und unter stürmischem Jubel fällt der Vorhang.

Nunmehr im dritten Akt kommt alles, wie es kommen muß. Eine Dame steigt auf eine Leiter, und rechts und links schweben Reifen, in denen zwei äußerst wenig bekleidete Frauen sitzen, was man um so praktischer findet, als ein ungeheurer Aufwand von Manufaktur notwendig wäre, den Popo der linken Dame zu umhüllen. Am Fuße der Leiter steht, in völlig klarem Zusammenhang mit der bisher erzählten Handlung, ein aus Pappe geschnittener Amor, und daneben kauern ein lebendiges Mädchen mit offenem schwarzem Haar und zwei Feen in faltigem Trikot und angeschnallten Flügeln – „Houris", wie man bei uns in Aserbaidshan die Feen nennt, die im Paradies im faltigen Trikot mit angeschnallten Flügeln herumlaufen. Das Mädchen mit den aufgelösten Haaren legt in sehr erregtem Ton ihre Gedanken dar, die Dame auf der Leiter antwortet geradezu demgemäß und geht durch die Mitte ab, nachdem sie, was sich erwarten ließ, eine Henne aus Blech einem Schubfach entnommen und der linken Houri überreicht hat.

Drei Männer treten ein, glatzköpfig alle drei, vollbärtig alle drei, und der geneigte Leser wird sich denken, daß der Mann aus der Hölle darunter ist, wenn sich das auch nicht beschwören läßt. Sie geraten miteinander in Konflikt, dann versuchen sie vergeblich nach den Houris zu haschen, ein ausgestopfter Pferdekopf senkt sich zur rechten Zeit vom Schnürboden herab – das Mädchen mit dem aufgelösten schwarzen Haar erblickt ihn, was bleibt ihr anderes übrig, als sich einen Dolch gegen die Brust zu stoßen? Doch jetzt naht wieder die uns von der Leiter her bekannte Dame, entreißt ihr die Waffe, worauf der Pferdekopf verschwinden muß und dem Ballett nichts mehr im Wege steht. Das Mädchen, das mit dem staatlichen Popo bisher auf dem so tragfähigen Reifen saß, beginnt mit ihrer Partnerin einige langsame Pirouetten, und hinten tanzen, zum Teil in parodistischer Weise, die andern Personen des Dramas.

Die drei Akte dieses ausgezeichneten Werkes könnte man auch in anderer Reihenfolge spielen. Vielleicht überhaupt als drei Einakter, die in keinem Zusammenhang miteinander stehen – es käme nur auf einen Versuch an. Aber solche Stücke spielt man bei uns selbstverständlich nicht!!

DER 1. MAI UND DAS OSTERFEST

Die beiden großen Feste Rußlands, das des alten und das des neuen, fielen zusammen. Die einen feiern die Auferstehung des Herrn, die andern den 1. Mai, denn sie sind selber auferstanden. Drei Demonstrationen fanden statt. Demonstrationen von einer Eindringlichkeit und Mächtigkeit, wie sie nur ein Staat aufbringt, der aus der Organisation hervorging, und wie sie nur die Kirche hervorbringt, die die Psychologie der Massen länger kennt, als die Bolschewiken sie kennen, aber statt der lauten Agitation die stillen Mittel der Suggestion gewählt hat, dauerhafte Mittel, man sah es heute abend.

Zuerst war die Parade, eine Truppenparade mit allem, was dazu gehört und was im Grunde genommen auch auf dem Marsfelde von St. Petersburg nicht gefehlt hat und heute auf dem Champ de Mars in Paris nicht fehlt. In massiertem Viereck stehen funkelnagelneue Truppen mit geschultertem Gewehr, schnurgerade ausgerichtet und schnurgerade aufgedeckt, Fußvolk, Reiterei, Kanoniere und Troß, die Musikkapellen spielen Märsche und Hymnen, sogar der deutsche Schellenbaum hebt sich klingend empor, Kommandos erschallen, es wird geschworen mit vielen tausend Stimmen. Die Geschütze feuern den Salut, und am Schluß wird, Augen rechts, defiliert. Das ist überall so.

Und doch ist es anders. Schon Soffitten und Hintergrund: kein Exerzierfeld, sondern die krenelierte Kremlmauer mit frommen Fresken und geschichteten Türmen, über denen noch der Zarenadler horstet, und vor ihnen, aus neuer Zeit, die Gräber der Revolutionäre, drüben der Kaufhof und das Historische Museum, und auf der vierten Seite das bizarrste Bauwerk Europas: die bunte Basilika des heiligen Basilius; ein steinerner Richtplatz bevor, Schädelstätte Iwans des Grausamen, dort ließ er alle köpfen, die ihm nicht gefielen. Affichen von fünfzehn Quadratmetern sind heute an die Innenfläche des Würfels „Roter Platz“ gespannt, ein russisches, ein deutsches, ein englisches und ein französisches Plakat, Aufrufe zur Einheit der arbeitenden Menschen.

Auf dem Mausoleum Lenins stehen die Ehrengäste der Parade, andere Ehrengäste als die auf den Marsfeldern von Petersburg und Paris, keine Fürstlichkeiten mit damastenen Ordensschärpen, keine Damen, deren Dekolletés Schaufenster eines Juwelenladens sind, keine Diplomaten in Operettenuniformen. Es sind die Vertreter der Volkskommissariate und der Gewerkschaften, der Organisationen, denen die Armee gehört, und doch defiliert sie nicht vor ihnen, sondern vor – – wir werden es sehen.

Auch die Truppen bieten einen andern Anblick als andere Truppen dar. Nicht weil sie Kalmückenhelme tragen mit dem roten Pentagramm, das ist schließlich egal. Aber weil die Mannschaft genauso aussieht wie die Offiziere; die bilden keine besondere Kaste, sind Mannschaftspersonen, die bereits eine Kompanie kommandieren oder ein Regiment, eine Brigade oder eine Division, wo ist der bunte Glanz der Generalsuniformen mit silbernen Tressen und goldenen Epauletten und grünen Federbüschen und weißen Waffenröcken und goldenen Lampassen! Da reitet eben eine solche Mannschaftsperson die Front ab, Woroschilow, Volkskommissar der Land-, See- und Luftstreitkräfte, jedem Truppenteil ruft er ein „Sdrawstwuite, towarischtschi" zu und erhält gleichfalls den Gruß zur Antwort: „Sei gegrüßt, Genosse." Er sprengt moi-tout-seul-allein über den großen Platz, kein Adjutant, kein Stab begleitet ihn. Dann spielen die Musikkapellen die Hymne. Es ist keine Hymne, Gott möge den König schützen, den Herrscher des Vaterlandes, überhaupt ist vom Vaterland nicht die Rede. Die russische Armee ist nicht die Armee Rußlands, sie ist die Armee der Weltrevolution, ihr Lied ist die Internationale, die im Westen entstand und längst in alle Sprachen übersetzt war, bevor man auch in Rußland singen durfte: „In Stadt und Land, ihr Arbeitsleute, ihr seid die stärkste der Partei'n, die Müßiggänger schiebt beiseite, diese Welt muß unser sein . . ."

„Zum Schwören" wird kommandiert. Von wem? Von wo? Von allen Seiten dröhnt das Kommando aus den Lautsprechern. (In der Stadt hört man durch alle Radios die Befehle und die vorgesprochenen und nachgesprochenen Worte des Schwurs.)

Hierauf defilieren die Truppen. Vierzigtausend Soldaten der Moskauer Garnison ziehen in Reih und Glied vorüber an dem Befehlshaber, der in Uniform mit dem Orden der Roten Fahne ruhig lächelnd im gläsernen Sarge liegt: an Lenin. Vor Lenin senken sich die breiten Pallasche, vor ihm beugen sich Fahnen und Standarten und Reiterfähnchen, zum Grabgebäude wenden sich, Augen rechts, die Kolonnen. Hinter der Infanterie kommen die Zöglinge der militärischen Fortbildungskurse, die Marine, die GPU, die Kavallerie, nach der Farbe der Pferde geordnet, eine Eskadron von Schimmeln, eine Eskadron von Rappen, eine Eskadron von Falben, dann die Maschinengewehre, die leichten und die schweren Geschütze, die Trains. Und jetzo rattern die unheimlichsten Gebilde der Welt, die Tanks, es dröhnt das Pflaster, kein Mensch ist zu sehen auf diesen Riesenwagen, neben diesen Riesenwagen, in diesen Riesenwagen, über deren Verdeck die Kette rollt, der Platz ist leer, als wäre alles geflüchtet, und man erschrickt beinahe, wenn sie, räderlose, fußlose Ungetüme, dem toten Lenin ihre Ehrenbezeigung leisten, indem sie einen Augenblick lang vor dem Eingang des Grabmals innehalten ... Vom Firmament kommt das Geschwader der Äroplane, so hoch sind sie, daß man die Propeller nicht hört, plötzlich senken sie sich herab, tief herab, man glaubt, sie stürzen, aber sie neigen sich nur vor der Gruft Iljitschs und heben sich schwirrend wieder empor, über die Plakate, über die geschweiften Schießscharten der Kremlbrüstung, über die Zarenadler und die Kirchenkuppeln.

Es ist zwölf Uhr mittags geworden. Automobile rollen an, ihr Dach wurde als Rednertribüne hergerichtet (das Geländer besteht aus Buchstaben „1. Mai"), und nun erst naht der Zug der Arbeiter. Alle Unternehmungen Moskaus sind ausgerückt. Zehnerreihen. Die Zahl der Teilnehmer: sechs mal hunderttausend Menschen. Vor jedem Betrieb eine Standarte, dann kommen die Söhne und Töchter der Arbeiter aus diesem Betrieb, meist mit dem roten Halstuch der Jungpioniere, sie tragen Attrappen oder Embleme mit den Produktionsmitteln und Arbeitsprodukten ihrer Eltern, Webstühle oder Spindeln, Hobel oder Hämmer, Automobilreifen oder Schuhe, Brote oder Zigaretten, Messer oder Ziegel. Hinter den Kindern marschieren die Komsomolzen, die Sechzehn- bis Zwanzigjährigen, die in dem Unternehmen angestellt und organisiert sind. Nach ihnen die Männer und Frauen, und so bewegen sich tausend Fabriken, tausend Werkstätten, tausend Schulen, tausend staatliche Ämter und staatliche Firmen, tausend Vereine über den Roten Platz.

Fast vor jedem Kindertroß schreitet eine Musikbanda, setzt sie aus, so fangen die Kleinen selbst zu konzertieren an, jeder Pionierklub hat seine zwei Tamboure und seine zwei Trompetenbläser, manche nehmen die Sache sehr ernst und trommeln, daß sich der Rücken bewegt, manche sind lustig und werfen die Schlegel mitten im Wirbel in die Luft. Auch innerhalb der Betriebe gibt es Musikinstrumente – in jeder zehnten Reihe ist eine „Garmoschka", die Ziehharmonika, oder eine Balalaika – eine Gruppe von Mädchen mit roten Kopftüchern spielt auf Kämmen, die mit Seidenpapier umwickelt sind – Frauen halten sich untergefaßt und singen.

Vom Dach des Rathauses sieht man die beiden Teile des Zuges herankommen, rechts und links kilometerweit nichts als rote Fahnen und rote Standarten, von den Peripherien Moskaus bis ins Zentrum eine unendliche rote Schaukel. Auf den Standarten stehen meist Zitate, die ganze achtzehnbändige Gesamtausgabe Lenins kann wohl am 1. Mai auf der Straße ausgelesen werden, auch Karl Marx unterrichtet heute peripathetisch. Einige Sprüche sind individuell und selbst verfaßt, eine Jugendgruppe trägt die Devise: „Wir werden euch ablösen!", eine zweite noch knapper: „Wir: der Schichtwechsel!" Eine Betriebszelle: „Lieber sterben als jemals einer Regierung dienen, die nicht aus Kommunisten besteht!" Sehr viele schwingen fremdsprachige Parolen, deutsche, französische, englische. Die Nationalitäten Rußlands sind in Einzelgruppen vertreten, die Sensation machen, Tataren in buntem Schmuck, Kaukasier in ihrer Wildwestuniform, Mongolen und Kirgisen. Die Organisation der Arbeiterkorrespondenten trägt ein überlebensgroßes Porträt Franz Mehrings als Standarte vor sich.

Auch karikaturistische Gruppen gibt es, mit Ausfällen gegen Völkerbund, Faschismus und Zweite Internationale. Mussolini in schwarzem Hemd ist auf ein tragbares Plakat gemalt, wie er Matteotti ermordet, eine Karikatur Kautskys, unter der die Worte stehen: „Wenn ich sterbe, wird die kapitalistische Presse doch sagen, daß ich der beste Sozialist war." Eine dicke Puppe mit der Tafel: „Ein Viertelstündchen lang war ich Revolutionär, weil Papa mich geärgert hat. Gezeichnet: Friedrich Adler." Der tschechoslowakische Außenminister Benesch, der vor zwei Tagen gegen das deutsch-russische Abkommen protestiert haben soll, wird als Hampelmann gezeigt, den Schneider-Creuzot in der Hand hält, Macdonald mit einem Strumpfband, das drei Leute tragen: „Honny soit, qui mal y pense." So geht das stundenlang. Alles über den Roten Platz von zwei Seiten kommend, an der Gruft Lenins vorbei und an den Tribünen, auf denen die Volkskommissare stehen, jubelnd begrüßt. Der alte Kalinin, der im Rat der Volkskommissare das Ressort Popularität verwaltet, dürfte heute einige hundertmal gerufen haben: „Seid bereit, Kinder der Arbeiter- und Bauernklasse" und aus einigen hunderttausend Kehlen die Antwort erhalten haben: „Wsegda gotow! – Allzeit bereit!" Er ist nicht zu beneiden, der alte Kalinin, und die Jungpioniere auch nicht. Denn sie sind mindestens sechs, sieben Stunden im Manifestationszug, und man kann diese Anstrengungen nicht vermindern, da man die Kinder nicht allein defilieren, sondern mit den Betrieben der Eltern ziehen lassen will. Viel besser haben es die ganz Kleinen, die Oktobrinen, die nach dem Oktober 1917 geborenen Kinder; für sie sind sämtliche Automobile, Lastwagen, Droschken frei gemacht worden, die Fahrzeuge sind dekoriert mit Girlanden und Schleifen, jedes Kind hat ein Fähnchen in der Hand und darf es schwenken und nach Herzenslust brüllen, und diese Autos dürfen überallhin fahren, auch der Demonstrationszug muß ihnen Platz machen und selbstverständlich die Kordons der Polizei.

Noch immer marschieren die Kolonnen. Es ist schon sieben Uhr abends, die roten Fahnen auf den Häusern sind von Reflektoren beleuchtet, an den öffentlichen Gebäuden brennen Sichel und Hammer, Marx und Lenin, Sowjetstern und die Buchstaben „1. Mai“, die Straßenbahnen fahren nicht, die Geschäfte sind geschlossen, aber die Schaufenster drapiert und illuminiert, in den Klubs der Organisationen wird unentgeltlich Theater und Kino gespielt.

Am selben Abend wieder eine Demonstration, gleichfalls eine, wie die übrige Welt sie nicht kennt: russisches Osterfest, eine Veranstaltung voll mittelalterlicher Mystik und mittelalterlicher Ekstasen. Voll waren die Kirchen, die Menschen zwängten sich ineinander, jeder trug eine brennende Kerze, und die tausend Flämmchen warfen ihren Glanz auf die goldenen Mäntel, die über die Heiligenbilder gespannt sind und nichts frei lassen als das Gesicht, die Haare und die Hände des Abgebildeten. Viele hatten gefastet, und der Wachsgeruch der Lichter mischte sich mit dem heißen Atem der Hungernden und mit dem Weihrauch, der in Schwaden unter den Kuppeln lag. Eine Viertelstunde vor Mitternacht ergriff der Priester das Venerabile, schritt aus der Kirche, hinter ihm Mönche, Nonnen und Popen, hinter ihnen jene Gläubigen, denen vergönnt war, eine Ikone zu tragen, doch berührten sie diese nicht, sondern hielten sie mit einem Tuch, und ihnen nach strömten tausend Fromme, jeder die Mütze und die Kerze in der Hand. So wandelte die Prozession aus der Kirchentür und dreimal um das Gotteshaus, singend, daß Christus im Grabe liege, was sich auch die Glocken zuriefen. Und Punkt zwölf Uhr, der Ostersonntag beginnt, steht der Zug wieder vor der Tür, sie öffnet sich, das Bild des Heilands über dem Altar ist von Lichtern umstrahlt, der weißbärtige Erzdiakon schreit auf: „Christ ist erstanden!“, alle Stimmen schreien auf, als sähe man das Wunder vor sich: „Er ist in Wahrheit auferstanden!“ Das wird jetzt wiederholt in einer Litanei, „Christos woskresse“ – „Woistinu woskresse“, zehnmal, zwanzigmal, hundertmal, immerfort, bis der Morgen da ist, man nach Hause geht, um Kulatsch zu essen, den Osterpudding, und Paska, die süße Osterspeise. Krüppel stehen und liegen vor der Tür und betteln die Frauen an, die mit der brennenden Kerze die Kirche verlassen, daheim das Lämpchen in der heiligen Ecke daran zu entzünden, und jene Frommen, die vorsichtig die Kerze verlöschen und in der Tasche verbergen, weil sie nicht gern als fromm erkannt werden möchten. Wie viele von ihnen mögen nachmittags an der Maifeier teilgenommen haben, die „gegen Pfaff, Adel, Kapital“ durch die Straßen zog? Viele, gewiß. Aber eines ist festzustellen: Jugend ist am Abend nicht dabei, keinen jungen Menschen sieht man in der Kirche. Die Jugend weiß nicht mehr, was am Karfreitag vor neunzehnhundertsechsundzwanzig Jahren geschah und was sich zwei Tage später ereignet hat, und weiß auch nicht, was man feiert. Und wenn sie es weiß, so glaubt sie es nicht.

In den ersten Jahren nach der Revolution hat man die Auferstehungsfeier verhöhnt, indem man die mitternächtige Prozession mit Katzenmusik oder Gelächter empfing. Das hat aufgehört, diesmal, am 1. Mai, zog der Ostersonntag ohne Störung ein.

So ist heute jede der drei Demonstrationen solenn verlaufen. Welche hatte Beweiskraft? Die, zu deren Begleitung die Kanonenschüsse dröhnten, die, zu der die Melodie der Internationale erklang, die, zu der die Glocken läuteten?

Ein Tank, hinter seinem unheimlichen Panzer läßt kein Mensch sich ahnen, wackelt räderlos, fußlos durch die nächtliche Straße nach Hause.

BUNTER BILDERBOGEN EINES VORMITTAGS IN ERIWAN

Es war kalt, als ich heute morgen in Eriwan ankam, zu laut waren im Waggon die Schlafgenossen gewesen, vorne und hinten, über mir und unter mir, und die Bahnhofswirtschaften überfüllt. Hungrig, fröstelnd, übernächtig ging ich in die Stadt, die mir trostlos schien mit ihren lehmfarbenen Häusern auf ungepflasterter Straße. Inmitten der Fahrbahn lag ein umgekippter Dampfer, vom Goktschasee hierhergebracht, damit er in der Eisenbahnwerkstatt repariert werde.

Im Gasthof kein Zimmer frei, um zwei Uhr nachmittags könnte ich eines bekommen, vielleicht. Die Geschäfte noch gesperrt, teilnahmslos ließ ich mich zu einem antiken Triumphbogen hinabgehen, von dem sich beim Näherkommen erwies, daß er das Chantar sei, der gedeckte Basar. Ich durchstrich ihn ohne Interesse (längst habe ich es aufgegeben, Namen, Herkunft, Geschmack der verschiedenen Gewürze und Fische und Fleische zu ergründen, die man auf orientalischen Märkten ausgebreitet findet) und geriet in das Spalier der offenen Buden und Stände, eine „Amerikanka" fand ich wieder, wie in Tiflis, eine Altkleiderbörse, wo das Projekt, durch alte Kleider aus Amerika und Waisenfürsorge einen kaukasischen Ententestaat zwischen Rußland und der Türkei aufzurichten, hosenweise verschleudert wird, Wäschehändler, Galanteriebuden und dergleichen.

Tataren hockten am Straßenrand, während ihr Kopf rasiert wurde; ein Bartscherer hatte (o Hygiene Semaschkos, die vorschreibt, daß der Rasierpinsel vor jedesmaligem Gebrauch dem plombierten Säckchen der staatlichen Desinfektion entnommen werde!) eine Hasenpfote zum Einseifen bereit und einen rostigen Gillette zum Rasieren – sein Opfer blutete aus vielen Schnitten.

In einem Tschaitzschki-Chana kehrte ich ein und ließ mir, um meine Laune zu verbessern, eine Wasserpfeife stopfen. Männer saßen darin und würfelten auf dem Tricktrackbrett: das Spiel, das man in jedem Pariser Bistro kennt, heißt hier Nargin. Auf teppichbedecktem Podium im Hintergrund warf sich ein Türke im Opiumrausch. Der Wirt hob vom staubigen Fußboden einen Wedel auf, reinigte damit die Karaffe, um ihn nachher wieder auf den staubigen Fußboden zu werfen, goß Wasser ein, schraubte einen Deckel mit Kautschukrohr an, nahm die Messingmündung in seinen ungewaschenen Mund, probierte den Zug, legte vier Stückchen brennender Holzkohle auf den leuchterartigen Deckel und Pfeifentabak darüber. An einem Tisch rauchte ich. Es kostete viel Lungenkraft, den Tabak aufzuziehen, das Wasser in der Karaffe prallt zwar bei jedem Atemzug, aber nur wenig des gebadeten Rauches kommt in den Mund, der „Kalian" (so nennen die Türken Armeniens das Nargileh) lohnt nicht der Mühe, ich war der einzige im Lokal, der ihn rauchte, die andern drehten sich Zigaretten, ich zahlte fünfzehn Kopeken und ging.

Töpfer bieten Kannen aus unglasiertem Ton feil, die unten beinahe spitz sind, so daß sie nicht stehen können, doch lassen sie sich sowohl auf dem Kopf balancieren als auch dem Esel an die Flanken binden, zu Hause lehnt man sie in die Ecke; sie heißen „Kuz", wie ich erfragte. An die beiden Enden der tönernen Torpedos, an die „Chnotzi", knüpft man Stricke, die von der Decke des Hauses herabhängen, und schaukelt so lange, bis die eingefüllte Milch zu Butter wird.

Ausrufpreis für zwei Streifen Ziegenfell beträgt sechzig Kopeken, man kann daraus zu Hause Sandalen nähen, das Fell nach außen, fertige Sandalen kosten neunzig. – Kaukasische Silberschmiede halten eine Feile in der Hand und schneiden Ziselierwerk in Dosen, Stockgriffe, Uhrendeckel oder Ringe, das nachher oxydiert wird; auf ihrem Schoß liegt ein Tuch, in das die Silbersplitter fallen. – Die Stiefelputzer Armeniens haben nur selten einen erhöhten Stuhl für den Kunden wie ihre Kollegen in Baku, aber vorne und seitlich auf dem Podest, auf dem sie putzen, sind Spiegel befestigt, einerseits, damit jeder Passant erkenne, wie dreckig sein Schuhwerk ist, andererseits, damit der Klient den glanzvollen Fortschritt der Reinigung mehrfach merke. Wenn die Jungen hohe Tscherkessenstiefel wichsen, machen ihre Arme weit ausladende symmetrische Bewegungen und gleichen rasanten Stoßkolben; haben sie nichts zu tun, so lesen sie in der Fibel, russisch oder armenisch – der Bildungshunger hat auch sie ergriffen. – Ein reiches Lager haben die Mützenmacher, von sechzig Kopeken bis zu achtzehn Rubel schwanken die Preise, man kann sich Fellmützen à la minute arbeiten lassen, die Holzformen, das Maß, das Futter und vor allem das Pelzwerk liegen auswahlbereit. Das „Pelzwerk" ist von eigenartiger Herkunft: neugeborene Schafe werden mit Bandagen fest umwickelt, damit darunter die Wolle kleingekräuselt bleibe, nach einigen Wochen werden sie geschlachtet und die Haut mit den zarten Löckchen, das Karakul, als Pelz verkauft – auch in Europa gibt es viele solcher „Astrachanfelle". – Werkbank der Schuhmacher pflegt ein Baumstamm zu sein, darauf bessern sie Gummisohlen aus, im Bedarfsfall von einer alten Automobilpneumatik eine Scheibe abschneidend. – En plein air wird Kebab gebraten, Kalbfleisch auf breiten Blechstreifen, direkt auf die Pfanne mit Holzkohle gelegt, deren Glut man, ein Fähnchen schwingend, schürt; acht Stück wiegen ein Pfund und kosten achtzig Kopeken, billiger ist eine Portion Kuttelfleck, armenisch „Deschweschuk" gerufen. – An die Frontmauer eines verfallenen Hauses sind große Bretter gelehnt, oben auf einem Gerüst arbeiten Männer, sie zu zersägen, man glaubt schon, das Haus werde renoviert, aber es ist nur eine Brettsäge, die hier Baumaterial für neue Basarbuden schafft. – Türkische Konfitürenbäcker sind zu sehen, sie machen rote Bonbons, zu denen sie sogar ein Schneidemaschinchen haben, und mit bloßen Händen Rachatlokum, Dattelmehl, Honigkuchen.

Seltsam, daß es keine Ethnographie des Brotbackens gibt, jedes asiatische Völkchen hat sein eigenes Brot, keine Revolution, kein Massaker, keine Vertreibung hat seinen diesbezüglichen Geschmack verändert, Stämme haben ihren erbeingesessenen Wohnort verlassen, sich an andere Tabaksorten gewöhnt, ihre Tracht abgelegt, sich fremden Gesetzen und Gebräuchen unterworfen – ihrem Brot sind sie treu geblieben. Im Basar von Eriwan backen fünf verschiedene Nationalitäten. Mit einem gestempelten Schein des Tifliser Kommissariats für Volksaufklärung, der mich zur Besichtigung der dortigen Universitätsinstitute berechtigt, den aber in Armenien niemand lesen kann, weil er georgisch geschrieben ist, trat ich in eine türkische Brotbude; Maimal-Ali-Ogli verneigte sich vor dem Inspektor bis auf die Erde, in der Werkstätte war ein beinahe nackter Jüngling über den Trog gebückt, knetete auf normale Weise den Teig, schlug mit einem Brett darauf, der Laib ward zu einer Fläche, von dem Herd wurde der primitive Blechdeckel abgenommen, auf flacher Schaufel hob der Geselle das Brot in die Öffnung und klatschte es derart auf die im Ofen liegenden vielen Tausende von Kieselsteinen, daß der Teig nun ein schmales Rechteck von nicht weniger als anderthalb Meter Länge bildete. Blasen entstehen, platzen, dunkeln sich – das Brot wird herausgeschoben. Es gleicht dem jüdischen Osterbrot des Westens (während hier die Mazzes klein und quadratisch sind und wie unsere Hundekuchen aussehen), man breitet es auf den Boden, dort wird es hart, kommt hernach auf die Haken des Schaufensters, und jeder Türke oder Tatar kann ein Pfund Sangak für zehn Kopeken kaufen. Das grusinische Brot, dessen Genesis ich im Nachbarladen beobachtete, hat ähnliches Aussehen, aber Lawasch ist weicher als Türkenbrot, der Backofen hat eine andere Form, runde Riesenvase aus Lehm, die in den Boden eingelassen ist, keine Steinchen sind darin, auf dem oberen Teil der Wölbung wird der Teig angeklebt und flachgeschlagen. Ein wahres Akrobatenstück muß der Gehilfe des armenischen Bäckers leisten: mit verbundenem Mund und halbverbundenen Augen, um nicht versengt zu werden, taucht er, oh, kopfüber, mit jedem Laib in einen dieser bauchigen Öfen, an dessen oberem Rand er sich mit den Füßen festhält (bebend sieht man solches), und klatscht die Masse unten über die Kohle; nach zwei Minuten muß er wieder hinab, das fertige Tschurek zu holen, in das die Einheimischen das Fleisch wickeln, um es mit der Hand zum Munde führen zu können.

Mutig geworden durch die leichte Art, den Revisor zu spielen, betrat ich die Werkstatt der Goldstickerinnen. Waisenmädchen von vierzehn Jahren sind es, die diese Kunst unter Leitung einer türkischen Instruktorin lernen, sie arbeiten von acht Uhr morgens bis zwölf Uhr mittags, nachher müssen sie in die Schule. Ihre Finger sind umwickelt, eine Art Hufeisen tragen sie als Fingerhut. Die Muster, altarmenischen Fresken und Ornamenten nachgebildet, sind in ein Klischee geschnitten, man stempelt es auf über ein Tamburin gespannte Seide. Mit der rechten Hand macht das Mädchen die Stiche, mit der linken umwindet es auf der andern Seite des Stickrahmens den Widerhaken der Nadel mit goldenem, rotgoldenem, blaugoldenem Zwirngarn, dessen Herstellung auf Spindeln gleichfalls hier gelehrt wird. Ein Mützchen zu erzeugen, ein Paar Pantoffeln, eine kleine Decke oder ein Handtäschchen bedarf es dreier Tage, und drei Rubel ist der Preis eines Stückes, wovon die Arbeiterin zehn Prozent bekommt; selbstverständlich hat sie Kost, Wohnung und Unterricht unentgeltlich.

Auch die Meisterwerkstätte für Teppichweberei ist vom Staat organisiert, da sich die Heimindustrie infolge der Kriege und Blockaden ohne Absatzgebiet sah und hoch heute die Ausfuhr aus dem russischen Orient gering ist. Dementsprechend zeigen die neuen Teppiche Muster, die für das Inland berechnet sind, Gobelins mit dem Bildnis Lenins, Tschitscherins und Dserhinskijs, mit Motiven aus dem Fabrikleben und mit dem armenischen Wappen, auf dem die Konturen des großen und kleinen Ararat, Sowjetstern, Sichel und Hammer, Korn und Weintraube vereinigt sind. Der Instruktor kommt aus einer Weberei in Aleppo, er zeichnet die Details der Muster auf einen Raster und erhält als „Spez" einhundertzwanzig Rubel im Monat, die Frauen durchschnittlich vierzig Rubel bei achtstündiger Arbeitszeit. Fünfundvierzig Arbeiterinnen sitzen vor den zwölf Webstühlen, die bunten Garne teils auf dem Schoß, teils in Knäueln an Rollen aufgehängt, sie knüpfen nach dem Modell, das neben ihnen steht, und pressen eine Dochtschere horizontal auf das vollendete Stück, um Zipfel und Knoten wegzuschneiden. An einem Teppich von vier mal sechs Metern wird vier Monate gearbeitet, er kostet sieben- bis achthundert Rubel, viereinhalb mal zweieinhalb: sechshundert Rubel, drei mal zwei: vierhundert Rubel, manche Stücke alten Musters haben vierzehn Farben.

An dem Laden eines Instrumentenmachers kam ich vorbei, er bespannte Mandolinen verschiedenartigster Drechselung, Wölbung und Form mit Herzblasen von Rindern, sein Gehilfe schnitzte Flöten und Pfeifen, kleine Trommeln, von Fischblase überzogen, hingen an der Wand und allerhand andere kaukasische Instrumente, Onduk, Tar, Dohol, Kammandscha, Tutak, die uns nicht klingen.

Weitergehend sah ich links eine Ansammlung, um kleine Büffel feilschend, um Ziegen und Schafe, die ungeschoren auf den Markt getrieben werden, und um Esel, die überall im asiatischen Kaukasus billig sind wie Brombeeren. Der Markt vollzog sich vor einem unsagbar verkommenen, aber massiven Haus, in das ich eintrat; es war die armenische Karawanserei, auch im Hof stritten Gruppen, schrien mit den Händen, in denen sie Halfter hielten. Auf dem verfallenen Balkon waren gleichfalls Viehhändler, die hier Absteigequartier nehmen, wenn sie zum Markt kommen, unten in türlosen Ställen lagert die Ware.

Einige Schritte weiter, im Haidi-Basar, saßen Männer auf der Erde und bearbeiteten merkwürdige Dinge: teils aus grobem Zwillich, teils aus Teppichresten nähte der eine an zwei Säkken, die ein leinener Schlauch zusammenhielt, und der andere stopfte, sich eines gespaltenen Eisenstabes bedienend, dieses Gesack mit Stroh voll, bis die beiden Seitenpolster steinhart wurden; nur in der Mitte des Verbindungsschlauches blieb eine dreieckige Stelle weich, damit der Reiter sich nicht wund reibe. Eselsattler waren es, die ihre Ware fabrizierten; ein Eselsattel kostet drei Rubel, ein Kamelsattel acht, auch Gurte werden verkauft und alte Sättel neu gepolstert und neu vernäht.

Hufschmiede waren inmitten der Fahrbahn in seltsamer Weise an der Arbeit; sie schlangen ein langes Seil um das Maul des herangetriebenen Büffels, Ochsen oder der Kuh, von dort über die Hörner um die Hinterfüße, rissen an dem Strick, das

Vieh stürzte, und zwischen Vorder- und Hinterfüße band man einen Balken, unter dessen Mitte man einen Dreifuß aus gegabeltem Astwerk schob, den Dasgah. Das Maul an den Hals gepreßt, die Beine aufwärtsgestreckt, lag nun das zu operierende Tier auf dem Boden, regungslos ließ es die vom Schmied selbstgefertigten plumpen Nägel in die neuen Absätze aus Eisenblech und damit in die Hufe schlagen. Und nur, wenn man mit einem am Hammerstiel befestigten Messer – „Yondascha" heißt es – die Hornhaut abschnitt, schien dem wehrlosen Opfer diese Art der Pediküre zu schmerzhaft zu sein, konvulsivisch zuckte es zusammen.

Um einen Händler, der rotgefärbte Eier in einem Korbe trug, war eine Gruppe von Burschen versammelt, die schrien und lachten. Es handelte sich um ein Volksspiel, „Bass-cha" genannt, an dem ich mich beteiligte, aber konstant verlor: um fünf Kopeken konnte ich eines der hartgekochten Eier aus dem Korb herausholen, mit den Zähnen prüfen, ob die Spitze fest sei, und jemanden einladen, seinerseits ein Ei in die geballte Faust zu nehmen. Ich schlug nun mit der Spitze meines Eies auf die Spitze des seinigen – meine Schale zersprang – beide Eier gehörten ihm. Zwei neue Eier: er schlug, und abermals zersprang meine Eierschale. Zum Teil kam es wohl auf die Härte der Schale an, zum Teil auf die Geschicklichkeit, die ich anscheinend nicht besaß.

Eine Karawane kam des Weges, Dromedare aus Nachitschewan-Eriwanskij, von der persischen Grenze, wo des alten Juden Noah Grabstein auf dem Friedhof armenischer Christen steht; die Tiere mit Baumwollsäcken bepackt, „Karawan-Baschi", das Leitkamel weiß und blödsinnig stolz, es trug zwei Glocken aus ziseliertem und oxydiertem Silber und eine Schabracke, die ein Perserteppich war; es strebte hinüber in die persische Karawanserei. Ich folgte ihm nicht, mich rief der Muezzin vom blauglasierten Minarett, ich ging in die Moschee, eigentlich nicht in die Moschee, sondern in den Hof, den ein Korridor mit Pilgerwohnungen rings umgab, hätte vielleicht auch in die Moschee eintreten können, die eine Salla terrina ist, gegen den Garten zu offen, nur mit einem Gitter versehen, aber ich wollte meine Stiefel nicht ausziehen und meine Füße nicht waschen. So durchschritt ich wieder die Torwölbung, kam auf den Platz hinaus, hielt mich links und sah mich in einem Viertel bewohnter Ruinen, wohl kürzlich während des Bürgerkrieges zusammengeschossene Häuser, schräg und zakkig mit Lehm und Reisig notdürftig und irgendwie zusammengepickt, meist waren nichts als Kellergewölbe übrig, davor saßen zerlumpte Menschen, schmutzige, zerrissene Wäsche hing kreuz und quer, vermodertes Stroh lag überall, Pfützen stanken, ein kranker Esel wälzte sich stöhnend auf dem Boden, zwei Knaben kackten in den Gemeinschaftshof – ich ging weiter, oben war ein Kloster, das Spuren von hundert Gewehrschüssen und einer Kanonenkugel trug, das anschließende Seminar beherbergt jetzt arme Leute, ich trat an die niedere Mauer und –

– und blickte hinunter auf den Sangafluß, der sich hier in einer blaugrünen Serpentine wand, auf massiven Stufen klommen Weingärten die Hügelhänge empor, das Khakifarb der Hütten, das mich morgens entsetzt hatte, war nunmehr der Fleck menschlichen Lebens in orientalischer Landschaft, von rechts leuchtete schneeweiß das Profil des Ararat mit zwei steilen Kuppeln, von links grüßten Schnee und Eis des Allahgoes –

– ein Knabe fragte mich, wie spät es sei, was kümmert dich die Zeit, kleiner Betteljunge, zwei Uhr ist es schon, vergessen sind die schnarchenden, streitenden, brummenden Fahrtgenossen von heute nacht, ich sollte in den Gasthof, sonst wird ein freiwerdendes Zimmer wieder vergeben –

– was kümmert mich die Zeit, ich sah soviel Merkwürdiges heut, orientalische Straßenköche, Barbiere, Goldstickerinnen, Instrumentenmacher, Bäcker, Hufschmiede, Silberschmiede, Teppichknüpferinnen, Pantoffelschuster, Büffeltreiber, Töpfer, Eselsattler, Viehhändler, Kappenmacher, Beter, Spieler und Bettler, heut erlebte ich das alles, an einem Vormittag den ganzen Orient –

– ein Nichts ist die Zeit, Genosse Bettelknabe, ein Nichts ist die Zeit, und die biblischen Berge leben uns heute über biblischem Land.

ZIGEUNER ALLER LÄNDER, VEREINIGT EUCH!

Im Umzug am 1. Mai mußten einem westeuropäischen Zuschauer die Gruppen schwarzhaariger, schwarzhäutiger und schwarzäugiger Menschen auffallen, auf deren Standarten solche Losungen standen: „Zigeuner aller Länder, vereinigt euch!" – „Sollen wir ewig die Parasiten der Völker bleiben?" – „Hinein in den Zigeunerverband!"

Dieser Bewegung nachzugehen, war für besagten westlichen Beobachter aus Pflicht und Neigung unerläßlich, und so sah er sich wenige Tage später, in einem Hause der vom Petrowskij-Park abzweigenden Gasse, mit den Vorstandsmitgliedern des Verbandes konfrontiert. Die Unterhaltung verlief ohne sprachliche Schwierigkeiten, da die Funktionäre durchweg russisch sprechen können und auch ihr Zigeunerisch sich nur in den Endungen von jenem der in Ungarn, in der Slowakei, in Böhmen und auf dem Balkan umherziehenden Stammesgenossen unterscheidet.

Der Allrussische Zigeunerverband (Name: „Wserossijskij Sojus Zygan", Adresse: Petrowskij-Park, Perwyj krasnoarmejskij pereulok) ist eigentlich gar so allrussisch nicht, denn er ist vor kaum einem Jahre gegründet worden und stellt vorläufig nicht viel mehr als ein Amt in partibus infidelium dar. Die zwanzigtausend Zigeuner, die in Bessarabien, in der Ukraine und andern Teilen Rußlands, besonders im Süden, ein wahres Zigeunerleben führen, wissen noch nichts von ihrer in der Hauptstadt etablierten Vertretung oder wollen nichts von ihr wissen, geschweige denn ahnen die braunen Kesselflicker, Wahrsagerinnen, Zimbalschläger, Komödiantentruppen und Pferdemarktfieranten des übrigen Europas etwas von den Moskauer Bemühungen, daß im Konzert der Nationen künftighin auch die Zigeunermusik mitspiele. Der externe Teil der Tätigkeit erstreckte sich bisher bloß auf Erlangung von statistischem und Adressenmaterial und auf den Beginn einer Agitation, die vorläufig nur persönlich geführt werden muß, denn von den Zigeunern Rußlands sind neunzig Prozent Analphabeten, was um so weniger erstaunlich ist, als es überhaupt kein zigeunerisches Alphabet gibt. Der Verband faßt seine Protokolle in Zigeunersprache ab, die mit russischen Buchstaben geschrieben wird, aber in einer Sektion des Ministeriums für Volksaufklärung (Narkompros) werden ein Alphabet und eine Grammatik der Zigeunersprache mit lateinischen Buchstaben zusammengestellt, damit sie wirklich für die Zigeuner aller Länder Bedeutung erhalten. In wirtschaftlicher Hinsicht wird intendiert, die Zigeuner von ihrem Nomaden- und Parasitenleben abzubringen, indem man ihnen Land zuweist. Über die Art der Durchführung bestehen zwei einander entgegengesetzte Projekte: die Zigeuner in den Gubernien möchten dort Ackerland bekommen, wo sie seit fast mehr als hundert Jahren „grundlos“ ansässig waren und es auch noch heute sind, weil sie teils von einer Bodenverteilung nichts wußten oder von den Bauern davon ausgeschaltet worden sind. Die andere Richtung aber erstrebt die Schaffung einer rechtlich gesicherten Heimstätte, Wiedervereinigung der Zigeuner wie in ihrem Heimatlande, von dem sie freilich selbst nicht wissen, ob es am Ufer des Ganges oder am Ufer des Nils gewesen ist. Dieses Nichtwissen um die Urheimat hindert nicht, daß die zweite Richtung, die man einen „Zionismus der Zigeuner“ nennen könnte, unter den Mitgliedern der zukünftigen Kolonialregierung die Majorität bildet.

Daß der Zusammenschluß womöglich noch schwerer sein wird als der der Juden, darüber gibt man sich keinem Zweifel hin, denn die Diaspora der Zigeuner ist verzweigter und schütterer, und zu dem Analphabetentum kommt ein unbezähmbarer anarchischer Hang, zu der Disziplinlosigkeit die Asozialität, die Bohemenatur. Trotzdem, und obwohl die Taxe für die Aufnahme in den Verband einen Rubel beträgt und eine Monatsgebühr von fünfzig Kopeken zu bezahlen ist, gelang es, die Mehrheit der Moskauer Zigeuner zu organisieren.

Der Vorsitzende des Verbandes stammt aus dem Gouvernement Kursk, wurde 1917 zur Roten Armee ausgehoben, nahm am Bürgerkrieg teil und erhielt politische Aufklärung, die ihn zum Eintritt in die Kommunistische Partei veranlaßte – der einzige Kommunist des Verbandes, kein Zigeuner ist sonst imstande, die Lasten strengen Parteilebens zu tragen und sich der Disziplin zu unterwerfen. Wohl aber sind von den dreihundert Verbandsmitgliedern sehr viele in der Sektion der Estradensänger des „Serabes“ (Künstlergewerkschaft) organisiert, und einige Mädchen bei den Komsomolzen. Die übrigen Zigeuner befassen sich zumeist mit Pferdehandel, die Frauen mit Handlesekunst und Wahrsagerei.

Beträchtliche Erfolge hat die Kultursektion des Verbandes zu verzeichnen. Früher bestand nicht bloß keine Schule für Zigeuner, sondern die Kinder konnten auch an keinem öffentlichen Unterricht teilnehmen, da sich von seiten russischer Eltern Vorurteile geltend machten, denen die Behörden Sanktion gaben, indem sie den Schulbesuch der Zigeuner nicht überwachten. Im August 1925 hat der Verband die erste Zigeunerschule des Erdballs gegründet, an deren Spitze eine Zigeunerin und eine Russin stehen. Die Gründung zweier weiterer Anstalten folgten im Laufe eines Jahres, und nun besuchen bereits einhundertzwanzig Moskauer Zigeunerkinder die Schulen des Rogoshsko-Simonowskij-Rayons, des Butyrka-Bezirkes und des Krasno-Presnenskij-Bezirkes. Russisch und zigeunerisch wird der Unterricht erteilt, die Wandzeitung, die die Kinder redigieren, heißt „Romani glos“, „Die Zigeunerstimme“ – vielleicht die Urzelle der künftigen zigeunerischen Weltpresse. Die Kulturabteilung (ihr Vorsitzender Pankow ist ein äußerst belesener Fabrikarbeiter) hat auch Liquidierungspunkte gegen den Analphabetismus geschaffen, eine Musikschule, bei der freilich das Notenlesen nicht gelehrt wird, um die zigeunerische Eigenart des Nach-dem-Gehör-Spielens nicht zu vernichten, und Kurse für Pferdearzneikunde werden bereits abgehalten. Der Gesangs- und Gitarrenchor gastiert fast jeden Abend in einem andern Arbeiterklub. Zahlreichen Kindern mußte der Verband erst Kleider kaufen, um ihnen den Weg zur Schule zu ermöglichen.

Die Zigeuner des Butyrka-Rayons sind rumänischen Ursprungs und derartig abergläubisch und konservativ, daß einmal alle Kinder dem Unterricht fernblieben, weil tags vorher im Schulhaus eine Zigeunerin in einer Versammlung öffentlich eine Rede gehalten hatte. Die Lehrerin ist eine Russin, das störte die rumänischen Zigeuner nicht, aber dadurch, daß eine Stammesgenossin vor fremden Männern stehend gesprochen hatte, war das Haus entweiht und mußte durch eine Zeremonie entsühnt werden, sonst hätten es die Kinder niemals wieder betreten dürfen.

In den längst vergangenen Jahren des Prassens hatten manche Zigeuner, die im „Jar“ und andern Nachtlokalen des Petrowskij-Parkes den Großfürsten und Großgrundbesitzern zum Sektgelage aufspielten, ganz stattliche Vermögen und Einkünfte. Noch heute gehört der Zigeuner Poljakow, der Regenschori einer Sänger- und Tanztruppe war, zu den populärsten Leuten Moskaus und wird in seiner Branche nur vom Russen Schaljapin übertroffen. Viele Zigeunermädchen heirateten Aristokraten, und der Arbeiter Pankow hat eine Tante, die als Gräfin und Generalswitwe Solski in Nizza wohnt, überdies ist er durch seine erst vierzig Jahre alte, in Warschau lebende Großtante sehr nah mit der Zarenfamilie verwandt: sie hat den Fürsten Jurjewskij, den unehelichen Sohn Alexanders II., geheiratet: Auch berühmte Maler und Musiker gingen aus dem Zigeunerstamm hervor, aber im Moment des Aufstieges verloren alle jeden Zusammenhang mit den Volksgenossen.

Was heute in Moskau an Zigeunern haust, ist zumeist unsagbar arm. Wenn man in die Holzhäuser kommt, die die Kirche „Mutter Gottes von Jerusalem“ umstehen, so beleuchtet das seit der Revolution eingeführte elektrische Licht eine braune Geige, braune Wäsche und braune Haut. Nackte Kinder von zwei Jahren rutschen die Holzstufen aufwärts, die von drei Jahren aufwärts rutschen das Geländer abwärts. Der Besucher kann nicht viel anderes erfahren, als daß er achtzig Jahre alt werden wird, daß sich eine schöne Frau in ihn verliebt hat, daß ihm ein angenehmer Besuch „zusteht“ – all das, was klar, deutlich und unwiderlegbar die Handlinien sagen.

Eines Abends gerät man zufällig zum Geburtstagstee, den die Tochter eines Pferdehändlers veranstaltet. Der Pferdehändler ist keineswegs reich, obwohl in dem Vorraum der Wohnung einige vernickelte Pferdegeschirre hängen und seine Stube ziemlich groß ist. In der Ecke wendet die Mutter Gottes ihr Profil nach rechts, neben ihr wendet Lenin sein Profil nach links, und darunter brennt beiden das Ewige Lämpchen; im übrigen bilden Pferdeköpfe, ausgeschnitten aus illustrierten Zeitschriften, das künstlerische Inventar. In dem Zimmer sitzen an dreißig Personen aller Altersklassen. Einjährige und zweijährige Kinder kriechen auf dem Boden umher, die Mädchen hocken auf den Fensterbrettern und auf der Erde, die Frauen auf dem Bett und auf jenen Stühlen, die nicht von Männern und Burschen besetzt sind. Welche Typen! Nubierinnen, Italienerinnen, Araberinnen, alle haben große schwarze Augen und glänzendes schwarzes Haar, ganz dichte Augenbrauen, blitzendweiße Zähne und schmutzige Hände. Die Männer tragen die natürliche Form des Bartes, aus Wange und Hals bricht das Haar ungebändigt hervor und kennt keinen Bartscherer. Es gibt kaum einen Menschen in diesem Gedränge, der nicht schön wäre. Wie sie so in drei oder vier Reihen übereinander liegen, sitzen und stehen, transponieren sie den Besucher in einen Gottesdienst der vorchristlichen Zeit.

Zuerst muß selbstverständlich der Fremde erzählen, von der Lebensweise der Zigeuner in Ungarn, davon, wie das Zymbal aussieht und wieviel ein Geigenspieler in Wien verdient, und ob es wahr ist, daß ein ehemaliger Kesselflicker aus Serbien jetzt die größte Kupferfabrik der Welt besitzt. Dann zeigen die Kleinen ihre Schulhefte, die Größeren ihre Bilder, einige Burschen gehen nach Hause, ihre Gitarren zu holen, es wird gesungen, ein Chor, der wie gellendes Wehklagen klingt.

Plötzlich stellt sich ein sechsjähriges Mädchen, Magelonka Swanirskaja, mitten im Zimmer auf; als ob sie Hüften und Busen hätte, stellt sie sich hin, beginnt zu tanzen; ein wunderbares kleines Persönchen, geht Magelonka ganz langsam wiegend im Kreise, zuerst mit den Fingern kokett an einem eingebildeten Halskettchen spielend, nun streckt sie die Ärmchen aus, flattert mit den Händen, als wären sie Tamburine, läßt den ganzen Körper vibrieren, als wäre er mit Schellen behangen, und schwenkt einen großen bunten Seidenschal, der nicht vorhanden ist. Schneller wird der Tanz, sie lockt einen imaginären Freier und entzieht sich ihm im letzten Augenblick, immer schneller klappen die Füßchen auf und nieder, wechseln von Spitze zu Ferse im Shimmyschritt, einem alten Shimmyschritt aus dem Orient. Die andern singen dazu die „Taganka", klatschen vorgebeugten Körpers in die Hände, und je leidenschaftlicher das Kind tanzt, desto leidenschaftlicher klatschen sie, oder je leidenschaftlicher sie klatschen, desto leidenschaftlicher tanzt das Kind, bis Klein-Magelonka in einer siegreichen Pose, die Arme in die Höhe gestreckt, endigt. Jetzt ist der Bann gebrochen, die Gitarren sind da, alle tanzen, jedoch nur einzeln, denn der Raum ist zu eng. Wenn aber einmal das Zion der Zigeuner erstehen wird in weiten Ländern und Flächen, werden alle gleichzeitig tanzen und singen – jahraus, jahrein, Tag und Nacht.

MÄNNER UND FRAUEN IM GEFÄNGNIS

Kein Vergleich mit den anderen Gefängnissen Moskaus. Lefortowo ist das strengste.

Posten mit langen Bajonetten auf dem Gewehr patrouillieren längs der Mauer, und wenn das Schloß sich rasselnd öffnet, um den Verwalter einzulassen, so meldet der Aufseher in dienstlicher Haltung Zahl und Beschäftigung der Gefangenen. Verbrecher gegen die Gemeinschaft und Mörder kommen nach Lefortowo, dreihundertneunzig sind jetzt da, Mindeststrafe fünf Jahre, Höchststrafe zehn. Die Arbeitsräume gleichen nicht Werkstätten von Kleingewerbetreibenden, sondern einer Fabrik, einer mächtigen. Fünfzehn Webstühle langten aus Reutlingen ein, auch Wickel- und Zettelmaschinen, Strikkerei- und Appreturmaschinen. Trikotindustrie wird betrieben, alles elektrisch, Riemen sausen, Spulen drehen sich, Garne und Zwirne durchschneiden den Saal. Achtundsechzigtausend Meter Tuch werden im Packraum zum Versand bereitgemacht, fünfhundert Damenjacken – das Monatsquantum –, zweitausend Dutzend Kopftücher im Monat, eintausend Paar Handschuhe für Eisenarbeiter pro Tag und außerdem täglich sechzig Pullover, schwarzweiße und grünrote, nach einem neuen Muster aus Paris. Acht Stunden tägliche Arbeitszeit, vierzig Rubel Monatslohn.

Sprechen und singen kann man, soviel man Lust hat, sich die Arbeit aussuchen, täglich Briefe schreiben und täglich Briefe empfangen, alle vierzehn Tage auch Pakete; bei guter Führung gilt die halbe Strafzeit als ganze. Eingeschränkt jedoch sind die Urlaube.

Das Zellenhaus, noch in kaiserlicher Zeit erbaut, ist panoptisch: radial verlaufende Korridore mit eisernen Balustraden in drei Stockwerken. In der Mitte des Sterns fehlt der Aussichtsturm mit dem Diensthabenden an Signal- und Alarmapparaten, der in westlichen Zuchthäusern unvermeidlich ist. Bettstellen für zwei Mann in einer Zelle; die Kammern sind nicht uniformiert, der Inhaber darf sie nach Belieben ausstaffieren; einer hat das Bild von Frau und Kind im Rahmen über dem Bett, ein zweiter die gedruckte und kolorierte Ansichtskarte einer bloß mit Hemd und (langen) Höschen bekleideten Dame, die auf einem Dache sitzt, Erotik der neunziger Jahre, ein dritter selbstgemalte Gemälde an der Wand, jeder ist auf eine andere Zeitung abonniert. Der Eimer mit Wasserspülung steht in der Ecke, auch das Waschbecken hat fließendes Wasser. Beim Raseur kann man den Kopf waschen und den Bart stutzen lassen, wie man mag, keine Haar- und keine Barttracht ist vorgeschrieben, ebensowenig eine Anstaltskleidung. Die Kantine ist eine ehemalige Zelle, ein kleines Magazin mit Wurstwaren, Butter, Schmalz, Tee, Zigaretten, Pfeifentabak und Weißbrot; säuberlich trägt der Krämer die Fünf-Kopeken-Einkäufe in seine Bücher ein und war doch noch vor Jahresfrist Leiter eines staatlichen Industrietrusts und disponierte über Millionenbeträge. Ein anderer – er ist eben in der Drechslerei dabei, eine von den sechzehn Balalaikas für das Anstaltsorchester zu fabrizieren – hat sich als Inspektor einer Kurortdirektion eine Unterschlagung zuschulden kommen lassen, wofür er mindestens fünf Jahre in Lefortowo zubringen muß.

Der Werkmeister der Trikotagenabteilung hatte während seiner Freiheit die gleiche Funktion beim Textiltrust inne, von NEP-Leuten bestochen, von der GPU entlarvt, wurde er zu sechs Jahren Isolator verurteilt. Ein junger Soldat arbeitet in Uniform (es gibt in Rußland keine Garnisonarreste), er wird der Montur entwachsen sein, wenn er herauskommt: zehn Jahre wegen Totschlages, begangen an dem ihn beim Wilddiebstahl ertappenden Forstgehilfen. Ein Bauer aus der Tulaer Gegend hat im Jahre 1917 an einem Bauernaufstand zugunsten Denikins teilgenommen; wäre er damals erwischt und nicht gleich erschossen worden, so müßte er längst frei sein, denn die vollgültige Hälfte einer 1917 verhängten Maximalstrafe lief schon 1922 ab. Er wurde jedoch erst vor zwei Jahren verhaftet; er hatte sich von der antikommunistischen Revolte direkt in die Kampffront der Roten Armee geflüchtet und bei dieser jahrelang gedient, bevor man erfuhr, was er auf dem Kerbholz habe.

Die Dunkelzellen aus der Zarenzeit, in die man die ungebärdigten Sträflinge warf, sind beseitigt, ihre Wände niedergerissen, Fenster hineingehackt und der neue Raum als Marodenzimmer eingerichtet. Bei unserem Eintritt erhebt sich ein etwa sechzigjähriger Hüne von seinem Sitz am Kavalett; der schüttere Scheitel ist sorgfältig gekämmt, der weiße Knebelbart gepflegt, selbst im Krankenmantel läßt sich der emeritierte General auf den ersten Blick erkennen: war Chef der Eisenbahn-Gendarmerie für das Kaiserreich Rußland und soll zur brutalen Behandlung vieler politischer Gefangenen Anlaß gegeben haben. Wohl mit Rücksicht auf sein hohes Alter verurteilte man ihn nur zu fünf Jahren schweren Kerkers. Aus dem gleichen Grunde wurde der greise Sozialist Okladskij nach dem vorjährigen Sensationsprozeß nicht erschossen: er war einer der ältesten Parteigänger von Martow, Plechanow und Axelrod in Rußland gewesen und wurde nach dem Umsturz mit einem entsprechenden Vertrauensposten belohnt. Aber bei Sichtung der staatlichen Geheimarchive stellte sich heraus, daß der alte Revolutionär länger als ein Menschenalter der Ochrana Berichte geliefert und seine Parteigenossen den Steppen Sibiriens preisgegeben hatte. Nun steht Okladskij mit der Brille an einer Fräsmaschine, wie er es in seiner Jugend bei „Siemens & Galske“ in St. Petersburg gelernt hat, und ist der tüchtigste aller dreihundertneunzig Gefangenen; er repariert die kompliziertesten Störungen der Maschinen. Gerne läßt er sich in ein Gespräch über die sozialistischen Anfänge Rußlands ein, wenn man ihn aber nach Lenin fragt, macht er eine ablehnende Handbewegung: „Den habe ich gar nicht persönlich gekannt, das war ein ganz junger Mann, der erst sehr spät zu uns kam . . .“ Im Hofe schippt ein alter Mann Schnee, mit hoher Pelzmütze, langem Popenhaar und weißem, wallendem Bart. Das ist Sinizew, ein anderer Parteiführer, der seine Haft in Lefortowo gleichfalls der Öffnung der Staatsarchive verdankt.

Ohne sich in seiner Arbeit stören zu lassen, erzählt im Saal, wo Knöpfe überzogen werden, ein Bursche auf Befragen, er habe bei einer Rauferei im Dorfe zwei seiner Nebenbuhler erstochen, einen in die Schläfe und einen in den Bauch. Neben ihm ein Koreaner, der scheinbar als japanischer Sprachlehrer in Moskau, in Wirklichkeit als Spion wirkte. Drei oder vier andere Japaner und Chinesen sind wegen Schmuggels von Opium und dessen Verkauf an Kinder in Haft. Der Koreaner ist nicht der einzige Spion, es sind viele hier, aus allen Teilen des Erdballs. Wenn man mit ihnen in ihrer Muttersprache spricht und allerhand offene Eingeständnisse erhält, die die Spione vor der Behörde wohl nicht gemacht haben, greift man sich an den Kopf, versteht nicht, was die entlegensten Staaten für ein Interesse daran haben können, geheime Berichte über die russische Wehrmacht zu erlangen. In seiner Zelle, derzeit arbeitsunfähig, sitzt ein Arzt, Doktor Hora aus Laun in Böhmen, der in der österreichischen Armee gedient hat, kriegsgefangen, zuerst tschechoslowakischer Legionär und dann Regimentsarzt bei der Roten Armee wurde und als solcher mit der tschechoslowakischen Handelsmission in Moskau belastenden Verkehr unterhielt; acht Jahre schweren Kerkers. Sonderbare Dinge behaupten einige Häftlinge über das Material, das sie der russischen Emigration nach Westeuropa geliefert haben, hundert Rubel für je einen Brief. „Nur ein Narr hätte es abgelehnt, dafür ein paar Seiten Unsinn zu berichten, den sich die Weißgardisten in Paris und Prag auch selbst ausdenken konnten.“ Einer erzählt sogar in seiner Muttersprache, die vom Gefängnisdirektor nicht verstanden werden kann, seine Frau friste in Lettland noch immer von dieser einträglichen „Berichterstattung aus Moskau“ ihr Dasein.

Im Klublokal, der ehemaligen Anstaltskirche, spielt ein Mann Klavier, der zwei in der Provinz aufgeführte Opern und einige kleinere Sinfoniekonzerte geschrieben hat; er ist wegen

Kinderschändung in Haft und vertont das Drama „Iwan der Schreckliche" von Alexej Tolstoi.

Dem affichierten Stundenplan kann man entnehmen, daß von acht bis zehn Uhr vormittags Unterricht für Analphabeten, von zehn bis zwölf für Fortgeschrittene erteilt wird, daß zweimal in der Woche der dramatische Zirkel, viermal in der Woche der Schachklub, viermal in der Woche der musikalisch-vokalisatorische Verband (der einfach der Gesangsverein ist) und einmal der politisch-historische Verein tagen; allabendlich findet die Bibliotheksausgabe und zweimal wöchentlich juristische Beratungen statt, alle vierzehn Tage eine Kinovorstellung. Eine Zeitung gibt es nicht – während in zwanzig Gefängnissen Rußlands gedruckte Zeitschriften, in anderen lithographierte oder hektographierte Mitteilungsblätter erscheinen, hat Lefortowo nichts als die Wandzeitung. Es ist ein strenges Gefängnis, die äußere und innere Bedrückung der Häftlinge ist schwer, sie haben keine Zeit zu stilistischen Übungen, keinen schriftstellerischen Ehrgeiz und keine Lust zur Literatur. Der Isolator Lefortowo ist ein trauriges Haus.

Eine immerhin hellere Stimmung herrscht im früheren Nowospasskij-Kloster.

Über achtzig Frauen und Mädchen sitzen an Nähmaschinen, sie säumen Wäsche und rauchen Zigaretten, manche haben Bubikopf und manche graubraune Kopftücher, manche sind verrunzelt und schlaff, manche gepudert, und ihrer Mundlinie ist mit dem Lippenstift nachgeholfen, manche tragen Broschen und Ohrringe, altrussische Filigranarbeit mit goldenen Fransen, und manche Männerkragen und gebundene Krawatten, manches Paar Füße steckt nackt in Filzpantoffeln und manches, fleischfarben bestrumpft, in Halbschuhen. Alle singen, einige verstummen beim Eintritt des Besuches, die Kesseren erheben desto lauter die Stimme, ein russisches Soldatenlied ist es, das Wort „Donkosak" zwar durch „Komsomol" ersetzt, doch wird nach dem Refrain im Marschtakt gehackt: „Eins – zwei – haltet – Schritt."

An der Stirnseite des Saales ein Pult, an dem Linnen ausgegeben und die fertige Wäsche abgeliefert wird. Werkstättenleiterin und Lehrerin haben da ihren Platz. Auf einer Tafel steht die Zahl der Beschäftigten; an den Maschinen 58, Handarbeiterinnen 14 (die sitzen, alte Frauen, zu einem Kreis geschlossen, nahe der Tür) und freiwillige Arbeiterinnen 16. „Freiwillige

Arbeiterinnen"? Sind denn die andern Sängerinnen und Raucherinnen unfreiwillig hier? Es ist schwer zu glauben, daß man in einer Strafanstalt ist, kein Sprechverbot, kein Zuchthauskleid, Rauchen erlaubt, keine uniformierten Aufseher . . .

Und doch sind es arme Gefangene, Verlust der Freiheit erträgt sich schwer, ist Strafe, die keiner Verschärfung bedarf. – Ein Mädchen tritt auf den Vorsteher der Anstalt zu, der den Besucher in den Saal begleitet, es ist eben vom Begräbnis des Vaters zurückgekehrt, herb, zusammengebissen erzählt es, daß daheim die Schusterwerkstätte zugrunde gehen müsse, wenn es keine Begnadigung oder wenigstens Strafunterbrechung bekomme; nur wenig Hoffnung wird der Bittstellerin: sie ist rückfällig, zu zwei Jahren verurteilt, und erst vier Monate sind verbüßt. – In die Arbeitskommune transferiert zu werden, bittet eine Frau mit quittengelbem Teint, sie vertrage die Stadtluft nicht, besonders im Winter werde sie krank davon; auch ihr ist schwer zu willfahren, sie gehört zur ersten Kategorie, ist wegen Kindesmißhandlung schuldig gesprochen, vom Lazarett will sie nichts wissen. „Gehen Sie zum Gefängnisarzt, Genossin", erhält sie als Bescheid, „er soll ein Gutachten auf Ihr Gesuch schreiben."

Eine Zwanzigjährige in rotem Kopftuch fragt an, ob zwei ihrer Freundinnen hier Beschäftigung finden könnten; vorläufig geht das nicht, es sind ohnedies zuviel freiwillige Arbeiterinnen im Haus, weil fünf erwachsene Kinder Lohn bekommen. (Einige Sträflinge haben ihre Kinder während der ganzen Strafzeit bei sich, die nähen im Saal oder treiben sich im Hof umher.)

Vor kaum neun Jahren ist der Arbeitssaal ein Refektorium gewesen, der ganze Häuserblock bildete das Kloster „Nowospasskij Monastyr", berühmt seit dem Mittelalter wegen seines Reichtums; Großfürst Iwan Kalita (Kalita bedeutet „Geldsack") hat es 1330 gegründet, die Zaren pflegten ihre Hauspriester von hier zu holen, einige Romanows, wie die Kaiserin Marfa, ließen sich hier begraben. Nicht weniger als neun große Kirchen, darunter eine Kathedrale, gehörten zum heiligen Konvent, doch die steilen Wälle und die krenelierte Mauer mit den massiven Ecktürmen, die seit den unruhvollen Zeiten des falschen Demetrius den Komplex umringen, deuten kaum darauf hin, daß man allzusehr auf Gott vertraute. Durch diese Schießscharten wurde 1812 auf die französischen Soldaten gefeuert, und unter den marmornen Grabmälern der Mönche im Klostergarten ist das des Diakons Gabriel, den Napoleon füsilieren ließ. Eine der Kirchen ist in ein Theater mit vierhundert Sitzplätzen umgebaut worden; die Sträflinge führen hier Dramen auf und gehen einmal in der Woche zur Filmvorstellung; sonst ist das Kino von der Straßenseite her für das Publikum geöffnet – eine Nebeneinnahme der Strafanstalt, und nicht die einzige: auch das im Hause gebackene Brot wird zum Verkauf gebracht. In ihrer freien Zeit sitzen die gefangenen Frauen im Klub, am Schalltrichter des alten Grammophons und am Lautsprecher des neuen Radios, sie spielen Dame, können Zeitungen lesen, Briefe schreiben und sich bis zehn Uhr abends unterhalten. Die Arbeitszeit beträgt, wie in jedem Fabrikbetrieb, acht Stunden im Tag, die Häftlinge erhalten durchschnittlich zwanzig Rubel Wochenlohn, wovon fünfundzwanzig Prozent für Verpflegung abgehen. Zum Frühstück wird Tee und Brei, mittags Suppe, Fleisch und „Kascha" und abends wieder Tee verabreicht, die Tagesration Brot wiegt anderthalb Pfund. Zucker kann man vom Arbeitslohn kaufen, von dem überhaupt zwei Drittel nach Belieben (außer für Alkohol) verwendet werden dürfen; das restliche Drittel erhält man bei der Entlassung ausbezahlt. Im strengsten Stadium der Haft ist dem Sträfling nur alle vierzehn Tage der Empfang eines Besuchs erlaubt, im mittleren Stadium einmal wöchentlich, im leichtesten, das bereits eine Vorstufe der Entlassung darstellt, darf die Gefangene am Sonnabend um zwei Uhr nach Hause gehen und muß sich erst Montag morgens zur Arbeit in der Anstalt einfinden. Briefe können beliebig oft empfangen und abgesendet werden; doch wird die Post von der Zensur gelesen. Häftlinge der mittleren und leichteren Kategorie haben den gleichen Anspruch auf Urlaub wie Fabrikarbeiter; in acht Jahren, seitdem die Anstalt besteht, ist es nicht ein einziges Mal vorgekommen, daß Gefangene bei dieser Gelegenheit flüchteten; nur in zwei oder drei Fällen rückten Beurlaubte verspätet ein. (Nach Angabe von Schirwint, dem Leiter des gesamten Gefängniswesens, sind im vorigen Jahr 10 120 Häftlinge in Rußland zu dreimonatiger Erntearbeit beurlaubt worden, von denen bloß siebzig teils überhaupt nicht, teils nicht rechtzeitig zurückgekehrt sind.)

Jede inhaftierte Frau muß lesen und schreiben lernen (die Fortgeschritteneren erhalten Unterricht in allen Fächern) und wird im Wäsche- und Kleidernähen unterwiesen. Erst nach erworbener Kenntnis können manche, die kein Interesse für diese Arbeiten zeigen, zur Tätigkeit in der Küche und andern häuslichen Verrichtungen oder zum Ausbessern der Wäsche, zum Knöpfeannähen oder dergleichen verwendet werden.

Die Maximalstrafzeit beträgt im Besserungsarbeitshaus fünf Jahre, Frauen, die zu einer längeren Strafe (zehn Jahre ist das Höchstausmaß nach dem Strafgesetz) verurteilt sind, kommen in den sogenannten Isolator. Das Volksgericht fügt seinem Urteil bei Gewohnheitsverbrecherinnen oder renitenten Individuen die Entscheidung bei, daß sie in der ersten Kategorie zu halten sind; in diesem strengen Gewahrsam verbleiben sie, bis sie die Hälfte der Strafe abgebüßt haben. Kategorie zwei bilden die Rückfälligen bis zum vollendeten Viertel der Strafzeit. Der dritten und leichtesten Gruppe gehören die Zufallsverbrecherinnen und die vollkommen Besserungsfähigen an, ihnen rechnet man je zwei verbüßte Tage als drei, und sie können bedingt entlassen oder im Falle der „sozialen Heilung" zur Gänze begnadigt werden. Über die Versetzung aus einer Kategorie in die andere, über außertourliche Urlaube und Entlassungen berät die Aufsichtskommission, die jeden Sonnabend in der Anstalt zusammentritt, bestehend aus dem Vorsteher des Hauses, der Vertreterin der Gewerkschaftskommission und einer Volksrichterin des Bezirkes, in dem sich das Gefängnis befindet. Die Kommission kann dringende oder provisorische Maßnahmen aus eigener Machtbefugnis veranlassen, in wichtigen Angelegenheiten erstattet sie der Verteilungsinspektion für das Gouvernement oder dem Justizministerium Vorschläge, die in praxi immer angenommen werden.

Hundertfünfundneunzig Frauen, im Alter von sechzehn bis sechzig Jahren, sind gegenwärtig im II. Moskowskij Shenskij Isprawtruddom untergebracht, für vierhundert und für ein Personal von achtundsechzig Leuten ist Raum in den vielen Gebäuden innerhalb der so unklösterlich drohenden Bastionen. Doch in den Zimmern, in denen einst die Mönche des reichen Klosters lebten, rücken die Frauen ihre Betten möglichst eng zusammen, sie wollen, zumeist alte Frauen, nicht allein sein im Jammer ihrer Haft, an dem selbst die kühnste Humanität nichts ändert; sie stopfen ihre Strümpfe und streicheln ihre Katzen und erzählen einander von den Jahren ihrer Schönheit. Ein Großteil ist wegen Diebstahls hier, Kindesmörderinnen, die in der kaiserlichen Zeit mehr als zwanzig Prozent der weiblichen Sträflinge Rußlands ausmachten, gab es im ersten Jahr nach der Revolution noch zwei Prozent, da die Auffassung von der Gleichstellung der ehelichen mit der unehelichen Mutter und die Kenntnis von der staatlichen Säuglingsfürsorge nicht in alle Schichten gedrungen war, jetzt sind keine Kindesmörderinnen mehr in der Anstalt; auch keine „unbefugte Geburtshelferin" (früher vier bis sechs Prozent), weil Schwangerschaftsunterbrechungen in den Kliniken durchgeführt werden. Betrugsfälle kommen häufiger vor, und eine ehemalige Schauspielerin, die stolz von ihren Gastspielen in Paris, Berlin und Wien erzählt und „L'Illustration" abonniert, ist wegen Kuppelei zu zwei Jahren verurteilt. Wie Stuben eines Pfründnerinnenasyls sehen die Kammern aus, armselig und alt sind die Feldbetten, die Strohmatratzen kaum eine Spanne hoch, dünn die Kissen und aus grauem grobem Leinen der Bettüberzug. Rußland hat wenig Material und wenig Geld, und Übelwollende können leicht behaupten, daß die Generosität der Urlaube, die Strafverkürzungen und Begnadigungen, manche Freiheiten, die man den der Unfreiheit Verfallenen gewährt, und die Begründungen dieser Erleichterungen der ideologische Überbau für die Notwendigkeit sind, Ersparnisse zu machen und Arbeitskräfte zu gewinnen. Selbst wenn man eine solche Möglichkeit zugeben wollte, dürfte damit nicht gesagt sein, daß solche der Not entsprungenen Maßnahmen nicht auch dem Westen wohl anstünden, der in seinen Kerkern barbarischere Methoden hat. Keine Milderung kann groß genug sein – das Gefängnis bleibt immer der Ort des Schreckens und der Qual.

Dem schönen Gartenhaus gegenüber, in dem Peter Kropotkins fürstliche Wiege schaukelte, steht hochgemauert ein Bau, der Kropotkins Wort, daß die Zuchthäuser Hochschulen des Verbrechens sind, einschränkt und erweitert. Auch soziale Verhältnisse können Hochschulen des Verbrechens sein und Zuchthäuser Lehr- und Lernstellen des Irrenwesens. Die gefährlichsten Individuen Rußlands sind in diesem Gebäude interniert, es ist das Gerichts-Psychiatrische Sachverständigeninstitut. Ein kleiner Junge kommt uns entgegen. Er hat aus Brot und Farben ein blaues Herz geknetet, das sich öffnen läßt, und darin liegt wieder ein blaues Herz und darin ein drittes. Er freut sich seiner Arbeit, kindlicher Künstlerstolz leuchtet aus seinen Augen, und man würde nicht glauben, daß er in einem Kinderheim vor vierzehn Tagen einen Kameraden mit dem Messer seines Bestecks ins Herz gestochen hat, ins wirkliche Herz, so daß er tot umfiel. Vielleicht rettet ihn das psychiatrische Gutachten, das er von hier mitnehmen wird, davor, in eine Hochschule des Verbrechens zu kommen.

Ein blasser Mann mit eingefallenen Wangen hockt in der Ecke, verhaftet wegen irgendwelcher Briefe, die er ins Ausland schrieb. Er hat in Leipzig studiert bei Wundt und Bücher. „Alles ist hier symbolisch", sagt er. „Das wahre Leben steckt in den Wänden, und was draußen ist, ist nur Mörtel." Bietet man ihm eine Zigarette an, so lehnt er sie ab: „In jeder Zigarette steckt die Seele eines Kindes." – „Sie haben auch ein Kind?" – „Es ist gestorben, und meine Frau auch." – „Aber sie kommen doch jede Woche Sie besuchen", unterbricht ihn die Ärztin. „Nein, das ist nur meine Imagination, hier ist alles verkehrt." Auf dem Bettrand sitzt ein Mann und macht Perlenbeutel, ein regelmäßiges ornamentales Muster aus Brotkügelchen, die er im Munde formt, mit Farben versetzt, durchlocht und sorgfältig aufreiht. Er hat Drohungen gegen die Ärzte des Spitals ausgestoßen, in dem seine Frau krank lag, und, als er verhaftet wurde, gegen den Untersuchungsrichter, weil ihn seine Frau besuchte. Eifersucht. Er glaubt, alle stellen ihr nach, Behauptungen, die wahrscheinlich von der Frau aufgestellt werden, aber in ihm einen abnormal starken Nährboden gefunden haben. Ein pausbäckiger, gut gekleideter junger Ingenieur ist hier, der Goldschmuggel an den Grenzen betrieben hat und vorher im Dienste Koltschaks stand; er ist Paranoiker. Mit drohenden Augen verfolgt ein Kranker den Gast aus Berlin. Die Deutschen sind böse Menschen, brüllt er, sie haben im Kriege meinen kleinen Bruder erschossen, weil er ihnen den Weg nicht zeigen wollte, ich muß einen Deutschen erschlagen. Ein blonder Zwanzigjähriger mit schöner, freier Stirn antwortet mit hi-hi, fi-fi auf die Frage, was ihm fehlt. Dann zeigt er jubelnd, mit der Fußspitze wippend, einen Hampelmann, der an der Wand hängt, hi-hi, fi-fi. Der junge Mann war das Haupt einer Betrügerbande, die mit gefälschten Amtsvollmachten und Aufgabenscheinen in Rußland Durchstechereien verübte, ganze Waggons mit Nahrungsmitteln erschwindelte und verkaufte. Sein Lallen, seine Freude am Hampelmann und sein hi-hi, fi-fi sind Simulation. Seit vierzehn Monaten hat er kein Wort gesprochen und nichts getan als irres Gelächter und diese unartikulierten Laute ausgestoßen und mit den Händen seine Speisen in den Mund gestopft. Eine Energie, die ungeheuer ist, so daß es die Ärzte nicht wagen, ihn ordentlichen Gerichten zu übergeben. In einer Einzelzelle lebt ein Inder,

der zarte Hände und vornehme Gesten hat, zwei Schritte zurücktritt, wenn er auf eine Frage antwortet, und sich dreimal verneigt, wenn er zu Ende gesprochen hat. Er wurde aufgegriffen, weil er keine Papiere hatte und nicht angeben wollte, weshalb er zu Fuß nach Rußland kam. Gott wisse alles, sagt er, und wir seien alle sündige Menschen und dürften nicht verraten, was Gott weiß, und er neigt sich dreimal. Ein Alkoholiker stöhnt nach Schnaps; er war Kommunist, im Sicherheitsdienst tätig und wurde in berauschtem Zustand arretiert; vor der besonders schweren Strafe kann ihn das Gutachten der Ärzte retten, die ihn als schwer pathologischen Alkoholiker erklären. Ein Mann hat seine Schwester nach geringfügigem Streit mit einem Kochtopf erschlagen. Ach was, es tut mir nicht leid, brummt er, sie hat immerfort gezankt. In einer anderen Zelle sitzt sein Bruder, festgenommen wegen öffentlicher Gewalttätigkeit. Sie gewährleisten sich gegenseitig den Freispruch – hereditäre Belastung. Wegen Kuppelei ist eine alte Paralytikerin da, um den Hals eine Kette von Korallen geschlungen, die rotgefärbte Brotkügelchen sind. Die Alte hat ihrer Tochter und deren Freundinnen Männer zugeführt. Ein hagerer, verhärmter Mann mit struppigem Vollbart stellt sich feierlich vor und weist auf die Armseligkeit seines Bettes hin, betonend, er habe einst zwei der schönsten Schlösser in der Krim besessen, einen Rennstall und vier Automobile; man möge gütigst veranlassen, daß sie ihm zurückgegeben werden. Dagegen sieht ein rothaariger, buckliger Mann nicht von seiner Arbeit auf; aus kleinen Holzstäbchen konstruiert er das Modell eines Aeroplans, der wie ein Zuckerhut aussieht. Viele brüllen, viele knurren, viele fluchen, manche kratzen sich, manche ziehen die Decken über die Ohren, manche laufen wütend umher. Eine Wandzeitung hängt da, die Weihnachtsnummer, in der die Redakteure ihre neunzig Mitpatienten in Wort und Bild verspotten. Sie wünschen dem Mann, der den Aeroplan baut, ein Fünfpudgewicht, mit Anspielung darauf, daß er mit einem Gewicht ein Fenster des Zentralkomitees eingeschlagen hat, um auf seine Erfindung aufmerksam zu machen, zu deren Durchführung er zehntausend Rubel verlangte. Dem Knaben, der seinen Freund erstochen hat, wünschen sie einen Gummischnuller, damit er nicht mehr in die Lage komme, beim Essen mit seinem Messer jemanden umzubringen. Dem Villenbesitzer aus der Krim wünschen sie vier lahme Gäule, damit er sie vor seine Automobile spanne. Einem, der sich einbildet, ein Sänger zu sein, hängen sie auf einen gemalten Christbaum eine Kollektion von Stimmgabeln. Von teuflischem Humor ist es, daß die Redaktion behauptet, jener simulierende Patient mit dem Hampelmann beantworte hiermit die an die Zeitung gelangten Anfragen. X. Y. fragt an, wie lange er noch hier liegen und Injektionen bekommen werde. Antwort: hi-hi, fi-fi. N. N. fragt an, warum man hier keinen Schnaps ausschenke. Antwort: hi-hi, fi-fi.

Dem Kranken, der in allem das Gegenteil zu erkennen behauptet, und zwei anderen Patienten, wegen konterrevolutionärer Umtriebe in Untersuchung befindlichen Menschewiken oder Sozialrevolutionären, widmet die Wandzeitung der Verrückten ein gar nicht so verrücktes Märchen: Ein Moskauer Bürger betete Tag für Tag zur Iberischen Madonna, seine Mutter, die krank und elend war und viele Kinder hatte, möge bei der Lotterie tausend Rubel gewinnen. Wirklich wurde im Februar ihr Los mit tausend Rubel gezogen, und der Sohn war sehr stolz und ging nicht mehr in die Iberische Kapelle. Als aber im Oktober die alte Frau hunderttausend Rubel gewann und gleichzeitig ihre Krankheit schwand, da wütete der fromme Sohn, er wollte seine Mutter, seine Brüder und Schwestern erschlagen und reizte die Leute auf, ihr Haus anzuzünden. Verhaftet, rettete ihn nur die Anstalt der kriminellen Irren vor dem Tode.

DORF AM SONNTAG

Solch ein Sonntagnachmittag auf dem russischen Dorf ist ewig gleich. In der mittleren Zwiebelkuppel schwingt ein Mann die Glocke, und der Pope geht aus seinem Haus, dem einzigen vertünchten des Dorfes, mit langsam ausladendem Schritt der Kirche zu. Ist's kalt, stecken seine Hände in einem schwarzen Muff, sonst trägt er einen Stock, der so lang ist wie er selbst. Sein Haar und sein Bart sind edel, jeder sein eigener Christus, Batjuschka ist ganz Würde und Frömmigkeit, und man sieht ihm nicht an, daß er wochentags in einer Holzbude stehen und Galanteriewaren verkaufen muß, weil der Staat ihm kein Gehalt mehr bezahlt und aus dem Klingelbeutel heutzutage niemand einen Haushalt bestreiten kann. Es gehen wohl auch nicht mehr so viele Gläubige zum Gottesdienst wie zur Zeit, da Gott und der Zar regierten, meist sind es Frauen in kurzem Kaftan, unter dem der Sarafan bunt sichtbar wird, ihre Kopftücher sind hell und geblümt; die perlenbehängte Krone, der Kokoschnik, der einst ihr Stolz war, ist fast verschwunden. Aus der Männerwelt ist es die ältere Generation allein, die allsonntäglich die Messe besucht. Die Alten grüßen auch den städtisch gekleideten Mann im Schlitten, während Junge, wenn ihnen der Kutscher zuruft, auszuweichen, nur höhnisch zur Antwort haben: „Natürlich, weil ein Barin vorüberfährt!" Die Burschen und jene Mädchen, die sowjetrote Kopftücher tragen, gehen nicht mehr in die Kirche, sondern in den Klub der Komsomolzen, sie spielen Theaterstücke und inszenierte Gerichtsverhandlungen, deren Textbücher ihnen der Dorfsowjet liefert und deren Sujets die Einführung des Dampftraktors, der Elektrifizierung, des Vierfeldersystems oder hygienische Angelegenheiten sind. Sie frequentieren die Lesestube, die Isba Tschitalnja, und bekommen dort Bücher, die der neue Patronatsherr gesandt hat: die Chefkommission; jedes Dorf und jeder Truppenteil steht nämlich unter kultureller Obhut eines städtischen Unternehmens – sei es einer Behörde, eines Amtes, einer Organisation, eines Industriebetriebes oder eines Trusts –, das sich um die geistige Nahrung seiner Schutzbefohlenen zu kümmern hat. Die Alten sieht man in der Lesestube niemals ein Buch, eine Zeitung oder eine Zeitschrift in die Hand nehmen; zwar haben sie unter dem Druck der enormen Propaganda, unter dem Druck des Staates, des Dorfsowjets und dem ihrer begeisterten Söhne in den ersten Jahren der Revolution das Alphabet zu studieren versucht, haben vielleicht sogar lesen gelernt, aber sie machen wenig Gebrauch davon; ist man alt geworden, ohne lesen und schreiben zu können, so weiß man schon, daß es ohne dergleichen moderne Neuerungen auch geht. Um so eifriger hören sie dem Radio zu, besonders an Wintertagen; wenn auf den Feldern der Schnee liegt, schmettert der Lautsprecher Sinfonien von Beethoven und Reden von Bucharin in jede Lesestube, und mit offenen Augen und Mündern lauschen Bauern und Bäuerinnen den Dingen über Leninismus und Marxismus, von denen sie keinen Deut verstehen. Ist's aber eine Oper mit lustigen Melodien, dann wird die Lesestube zur Bühne für ein Ballett der Gesichter.

„Derewnja" hieß ein Dorf, das so klein war, daß es nicht einmal eine Kirche hatte, „Selo" ein größeres, in dem die Kirche war. Heute bekommt man, wenn man einen Dorfjungen fragt, was der Unterschied sei, zur Antwort, in einem Selo sei ein

Kino, in der Derewnja nicht. Ein Radio aber und ein Klub und eine Lesestube sind heute auch in jeder Derewnja. In der Nähe der Städte gibt es hölzerne Villen, Datschen, manche prunkvoll und manche armselig, manche geräumig und manche eng, in denen die Städter zwei Monate Séjour hielten, dann wieder zusperrten, den Hausrat mit sich in die Stadt nehmend. Diese Datschen sind nun das ganze Jahr hindurch bewohnt, entweder von den Bürgern, die ihre Wohnung in der Stadt aufgegeben haben, oder von den Dorfarmen. Die neuen Häuser, die aufgeführt wurden, sind so angelegt wie jene aus der Zeit, da noch keine Antenne über den Dächern schwebte und kein Draht das weltvergessene Idyll mit dem Elektrizitätswerk verknüpfte: ein Fundament aus Lehm oder unbehauenen Steinen, darauf waagerecht übereinandergelegte Baumstämme; die Zwischenräume sind mit Werg und Moos ausgefüllt. In einer einzigen, sehr breiten Zeile stehen diese Häuser, zwischen ihnen niedrige Pumpen mit langem Schwengel; unter der Mündung ist das Wasser gefroren zu einer bis zum Pumpenrohr hinaufreichenden Stange, so daß das Rohr einem aufgelegten Gewehr in der Schießstätte gleicht.

Das größte Haus ist jetzt für die Kooperative frei gemacht, die aus der Stadt Waren bezieht und der alle Dorfbewohner angehören, ob sie nun Sowjetstern und rotes Kopftuch oder ob sie Gebetbuch und Sarafan tragen, manche kaufen außerdem noch in dem kleinen Larjok ein, den der Pope innehat, weil er individuelle Artikel feilbietet und vielleicht auch, weil sie sich den Segen Gottes davon versprechen.

Neben dem Genossenschaftshaus stehen hölzerne Pyramiden, es sind die Dächer der unterirdischen Eiskeller, in denen Lebensmittel aufbewahrt werden. Ein anderes öffentliches Gebäude, das in keinem Dorf fehlt, ist der Feuerwehrschuppen mit einer Apparatur, die nichts von neuem Geist atmet; daneben ist eine hohe Stange in den Boden gerammt, auf deren Topp, von einem kleinen Dach beschützt, die Feuerglocke hängt. Es ist kein Dörfchen so klein, eine Tschainaja muß darin sein, aber o weh, man kriegt im Teehaus wirklich nur Tee, und da dem Samagon, dem Schwarzbrennerwesen, von Dorfmiliz, Tscheka und den Jugendorganisationen der Garaus gemacht worden ist, muß man oft einige Werst weit wandern, um den Sonntagnachmittag in einem anständigen Teehaus zu verbringen, das heißt in einem solchen, wo Bier ausgeschenkt wird und das an einer runden Blechtafel mit der Aufschrift

„Ehemals Karnejew-Gorschanowsche Bierbrauerei" kenntlich ist. Darin geht es den ganzen Sonntagnachmittag ziemlich wüst zu. Vollbärtige und langhaarige Männer, die über jeden Verdacht erhaben sind, küssen einander bei jedem Glas Bier. Von Zeit zu Zeit versuchen sie sogar zu singen, aber nach einigen Takten sehen sie das Aussichtslose dieser Bemühungen ein, gießen sich und dem Nachbar ein Glas ein, küssen ihn je dreimal auf die rechte und die linke Backe und saufen weiter. Ist die Flasche geleert, dann holen sie eine neue von der Theke, dort amtiert der Wirt, eine Käsekugel vor sich, einige Konservenbüchsen, einige Würste und kalten Schweinebraten und die schlechtesten Zigaretten des Mosselprom oder des Leningrader Tabaktrusts.

Alles was recht ist, die Alkoholiker sind nicht so schlimme Säufer wie jene, die keinen Alkohol trinken, sondern Tee. Es ist eine schweißtreibende Angelegenheit, den Teetrinkern nur zuzusehen, sie sitzen in der heißen, rauchgeschwängerten Stube, als ob sie auf dem Nordpol wären, haben struppige Mützen tief in die Stirn gedrückt, den Schafpelz zugeknöpft und umgürtet, ihr Gesicht ist eingepackt in einem rechtgläubigen Vollbart, erstaunlich, daß sie wenigstens die Handschuhe ausgezogen haben. Ein Stück Zucker stecken sie in den Mund und behalten es darin, während sie aus dem großen Tschainik heißes Wasser ins Glas schütten und aus dem kleinen Tschainik Tee dazu und dann das Ganze in die Untertasse, aus der sie es siedend schlürfen, Untertasse auf Untertasse ergießt sich in den Mund, in dem der Zucker bleibt. In kurzen Intervallen ziehen die Trinker ein Handtuch aus der Tasche, ein graues Handtuch, mit dem sie den Schweiß trocknen, der ihnen in die Augen und in den Bart strömt. Die Stirn wischen sie nicht ab, denn dazu müßten sie die Mütze abnehmen, und dann würden sie vielleicht weniger schwitzen.

Der Ursinn dieses Teetrinkens, des Transpirierens, ist nicht zu ergründen. Wollen sie alle bösen Gedanken, alle bösen Triebe und alle bösen Säfte aus ihrem Körper ausschwitzen? Wollen sie sich schon auf Erden an die Pein der Hölle gewöhnen? Wollen sie den Frost verhöhnen, ihm zurufen, du marterst mich draußen, hier drinnen aber lache ich deiner, hier drinnen schwitze ich um so mehr! So etwas muß es sein, denn auch im Dampfbad, das in keinem Dorfe fehlt, hocken sie in teuflischen Temperaturen und erhöhen die Folter, indem sie sich mit Birkenruten prügeln. So etwas muß es sein, was sie zum Teetrinken veranlaßt. Oder aber, sollt es möglich sein?, schmeckt es ihnen, auf einem Sitz viele Liter heißes Wasser in sich hineinzuschütten?

Im Freien, in arktischer Kälte harren die Pferde, längst geleert ist die Krippe, und sie müssen stundenlang zwischen den beiden Deichseln stehen, unter der riesigen Duga, dem Krummholz – keinem Bauer fällt es ein, das Pferd untertags auszuspannen –, sie frieren, die armen Rosse, und niemand steckt ihnen ein Stück Zucker zu, durch das sie einen Eimer heißen Tees schlürfen könnten. Erst spätabends, wenn die Sterne aufgehen, wanken Biertrinker und Teetrinker aus der Stube, legen sich in ihre Schlitten und schlafen. Das Pferd findet allein den Weg nach Hause, obwohl es weit ist vom Selo zur Derewnja. Raben flattern über den Schnee, innerhalb der waagrechten Häuserbalken ist es dunkel, unter ihrem hölzernen Zirkumflex wartet die Feuerglocke, das Eiskristall an den Pumpen glitzert ein wenig, ein Fenster im getünchten Haus des Popen ist erleuchtet, und im Klub wird noch debattiert, vielleicht redet man dem „Selkorr", dem Korrespondenten der Bauernzeitung, zu, über die letzte Kirchenhochzeit einen satirischen Bericht zu verfassen, einige Burschen lesen.

DAS DONEZBECKEN, RUSSLANDS RUHRGEBIET

Die Hauptstadt heißt jetzt Artjomowsk. Die Gewerkschaftszentrale ist da, der die ganze Bevölkerung untersteht, denn alle sind Arbeiter; der Monatsumsatz der Genossenschaften macht für die Stadt 800000 Rubel aus (der des privaten Handels noch immer zwei Millionen). Im Bau: ein steinerner Leninpalast der Arbeit, die Häuser haben unverputzte Ziegelfronten, hellgrün leuchten Dach und Kuppeln der Kirche, schwarzer Rauch lagert darüber, rechteckig verlaufen die Straßenzüge, die Menschen haben den schweren Schritt der Schwerarbeiter und sind verrußt über Meunierschen Gesichtszügen; das kennt man, jedoch man darf die Städte des Donezbeckens beileibe nicht mit Essen oder Bochum vergleichen, die Häuser lassen weite Lükken zwischen einander, Zäune verbinden sie, in denen Türen sind, denn Haustore gibt es nicht, vom Hof aus tritt man ein, vierzig Meter breit sind die Straßen und ungepflastert oder schlimmer als ungepflastert. Nur der Platz im Zentrum hat städtischeren Charakter.

Dort steht das steinerne Riesenmonument des Bergarbeiters Artjom, nach dem die Hauptstadt des russischen Industrielandes den Namen hat (früher hieß der Ort „Bachmut"). Artjom ist vor einigen Jahren bei einem Eisenbahnunglück ums Leben gekommen, als er zu einer kommunistischen Tagung nach Leningrad fuhr. Das Denkmal ist ganz modern: das Postament, dem Durchgang geöffnet, expressionistisch gegliedert, darüber die Kolossalfigur, in kubistisch angeordneten Wickelgamaschen und Bergmannskittel, das Gesicht des jungen Mannes ist naturalistisch. Es stört nicht, wenn manchmal, zum Beispiel beim Empfang ausländischer Arbeiterdelegationen, in der linken Hand des Dargestellten eine brennende Grubenlampe befestigt wird und über seiner ausgestreckten Rechten das blutrote Pentagramma, nicht einem kosmischen Stern gleich, sondern der genagelten Kugelwaffe der Hussiten.

Das Glück, Kohlenkeller und Schmiede eines ungeheuren Bauernlandes zu sein, hat das „Donbass" in den Jahren des Friedens und des Weltkriegs wenig empfunden und in den Jahren des Bürgerkrieges mit fürchterlichen Opfern bezahlen müssen. Es wäre töricht, an die Industrieanlagen etwa die Maßstäbe des Ruhrgebietes anlegen zu wollen: zur Zarenzeit war jede Lohnarbeit bloß eine Form der Leibeigenschaft, von Arbeiterschutz, modernem Maschinen- und Hochbau war keine Rede, immer noch war die Neueinstellung einiger hundert Hände billiger als der billigste Transport der billigsten Maschine, man bedurfte keiner Rationalisierung der Methoden, keiner Fürsorge, keiner Hygiene und auch keiner Wohlfahrsinstitutionen, um die Leute an ihre Arbeitsplätze zu fesseln, Menschen waren genug da, murrten sie, gab es Polizei genug, streikten sie, gab es Streikbrecher genug, revoltierten sie, gab es Kosaken genug; Rußland war groß und der Zar war weit, und wäre er nahe gewesen, hätte er ebensowenig geholfen, und als er ganz weg war, kam der Bürgerkrieg und währte bis 1921. Vierundzwanzigmal wechselte das militärische Regime im Donezbecken, deutsche Okkupation, Denikin, das nächste Mal Petljura, das vierte Mal Skoropadskij, hinterher eine nördlich versprengte Truppe Wrangels, wiederholt tauchte der Ataman Machno auf, nach ihm wütete General Schkuro, das achte Mal die Haidamaken mit Zöpfen und rasierten Schädeln zu Ehren jahrhundertelang verjährter unkrainischer Traditionen (die freilich kaum sinnloser waren als die Motivierungen, mit denen man nach dem Weltkrieg einigen Stämmen zwischen Deutschland und Rußland das Recht auf selbständige Geschichte und eigenes Staatswesen verlieh, den Pufferstaaten der Angst.) Jeder dieser künftigen Zaren meldete jubelnd einer jubelnden Welt, Fabriken und Gruben Rußlands seien in seiner Hand und das Ende der Roten besiegelt, und Wrangel ließ überdies die sozialistisch organisierten Arbeiter antreten und jeden zehnten erschießen, auf daß das ohnehin in der Minorität befindliche Industrieproletariat, das in Moskau und in Petrograd die Macht ergriffen hatte, noch dezimiert werde. Ein Obelisk zwischen den Fabriken von Konstantinowka nennt die Namen jener Arbeiter, die von ihren Genossen als Zehent gezahlt wurden.

Wie überall in Kohlengebieten konzentrieren sich auch hier Eisenwalzwerke und andere metallurgische Betriebe; darüber hinaus hat das gleichzeitige Vorkommen von Salzlagern das Donezland zum Sammelplatz der chemischen Industrie gemacht. Dreißig Millionen Pud Salz werden bei Artjomowsk jährlich gefördert; die Halle der Grube „Karl Liebknecht", hundertsechzig Meter unter der Erde, ist wahrhaftig ein Münster aus Salz. Dort tagt der Kongreß der Bergarbeiter, dreitausend Mann haben Platz unter dem kristallenen Deckengewölbe.

In der Flaschenfabrik, die zu dem Glaskonzern „Roter Oktober" gehört, kann man mehr solcher Dinge sehen, die märchenhaft und romantisch, aber nicht durchaus up to date sind. Auf hohem Postament reichen Jünglinge einander meterlange Pfeifen, an deren Spitze ein Seifenbläschen baumelt, der Nachbar faucht ins Rohr, und die silbergoldviolette Kugel wird größer, marsch, wird sie in den Ofen geschoben, und da sie herauskommt, ist sie weder gesprungen noch hart geworden; Vater sperrt sie in eine Form, die wie eine eiserne Jungfrau aussieht, aber bloß zwanzig Zentimeter groß ist, Vater bläst wuchtig in den hohlen Stab, unten am Fuß des Podiums klappt Rotkäppchen, die Gehilfin, die Form auf, nimmt dem Vater das Rohr aus der Hand, und daran baumelt jetzt kein Bläschen mehr, sondern eine ganz weiche Flasche. Das Mädchen, dessen Arbeit per Stück bezahlt wird, schreibt mit Kreide ihre Paraffe auf die Flasche und reicht sie einem Mann an der Drehbank, der schneidet den gläsernen Hals durch und bohrt die Mündung aus.

Mit einem dunklen Glas kann man ins Feuerloch der Öfen schauen und eine Wüste sehen, über die heißer Sand jagt, ein weißer Tempel steht dahinter, aber kein Lebewesen weit und breit, denn der Samum faucht sichtbar und glüht fühlbar, dieweil man in einer russischen Fabrik mit berußter Scheibe in den Schmelzofen starrt . . .

Im Hofe erheben sich Berge von Sulfat und Soda, Mühlen sind in Betrieb, Sand zu vermahlen, Strohschober warten darauf, zur Verpackung der Gläser zu dienen, in der Spiegelfabrik wird auf rotierenden Riesenscheiben Glas geplättet, Luftkräne greifen Scheiben und lehnen sie an die Wand, in chemischen Werkstätten wird Zinkweiß fabriziert und Kupfervitriol – hier haben die Arbeiter Anspruch auf vier Wochen Jahresurlaub (die andern nur auf vierzehn Tage), die Tätigkeit ist nicht die gesündeste. Auch die Methoden sind häufig primitiv, manche Anlagen und Maschinen veraltet. Mit dem Stolz des Fabrikherrn aber zeigen die Arbeiter ihre neuen Bauten, eine zweihundert Meter lange und dreißig Meter hohe Spiegelfabrik ist im Werden, die Außenmauern sind bis zum Dachstuhl bereits fertiggestellt, nur die Quermauern fehlen – russische Bauweise, um so unpraktischer, als in Rußland der Flaschenzug noch nicht erfunden ist und die Ziegel in Schubkarren auf Bretterrampen emporbefördert werden. Amerikanische Maschinen sind unterwegs, die Lungenkraft der Bläser soll durch Apparate abgelöst werden.

Die Kohlengruben, die auf einem Gebiet von zweitausendvierhundert Quadratkilometern verteilt sind und vierzigtausend Bergleute erfordern, harren gleichfalls gründlicher Modernisierung. Der Tagbau wird patriarchalisch betrieben, unten in den Gruben werden die abgebauten Felder nicht versetzt, obwohl Bruchpfeiler die Gefahr der Verschüttung erhöhen, durch Abbauhämmer würde die Leistung des Mannes, der an manchen besonders weichen Stellen die Kohle mit der Hand gewinnt, von fünf auf zehn Wagen pro Tag gesteigert werden, auch gegen Schlagwetter scheint man noch nicht allzugut gerüstet; die Wettersicherheitslampen können, wenn sie verlöschen, nicht wieder entzündet werden, Wasserhaltungsmaschinen und Fördermaschinen sind überholte Modelle, aber vielfach wird reformiert und Neues angeschafft. Durchschnittlich vierhundert Meter untertags liegen die Stollen, die Flöze haben eine Mächtigkeit von etwa einem Meter zehn Zentimeter. Der Kumpel im Schacht oder Stollen hat jährlich vier Wochen Urlaub bei vollen Gebühren, die Bergleute des Tagbaus vierzehn Tage; Arbeitszeit: im Vertikalschacht sechs, sonst acht

Stunden, mit Ausnahme der im Alter von sechzehn bis achtzehn Jahren Stehenden, die höchstens sechs Stunden beschäftigt werden dürfen.

Die Produktion ist in den letzten Jahren um sechs Prozent gestiegen, die Einnahmen um dreiunddreißig Prozent, und alles steht im Zeichen eines freudigen „Remont". Alte Arbeiterhäuser werden aufgestockt, vernachlässigte Herrschaftsgärten hergerichtet, an den Bergwerken Badeanlagen gebaut, und Kolonien mit mehreren hundert Häusern sind im Entstehen – ein Wunder bei der Not an Materialien und Arbeitskräften, die das aufbauende Rußland des Nachkriegs zum Unterschied von dem raubbauenden des Vorkriegs zu verzeichnen hat. Überall Sommergärten mit Bühnen, überall Klubs, Lesehallen, Vortragssäle, Arbeiterfakultäten, Fachkurse, Spezialschulen, Kindergärten. Und vor allem Arbeitersanatorien, das größte im Industrierevier des Donbass in Krasnogorsk, einst das Mönchskloster Swjatogorsk, am bewaldeten Ufer des Donez gelegen; hier wohnen die Erholungsbedürftigen in Zimmern, die je drei bis sechs Betten haben, zwölfhundert Gäste gleichzeitig im Haus, zwölftausend jährlich. Rudersport, Schwimmen, Kino, Pfadfinder-Camp im Wald, siebzehntausend Bibliotheksbände, zweihundertfünfundzwanzig Zeitungen, elektrische Küche, Ärzte, Zahnklinik, Krankenhaus. Drei andere solcher Erholungsheime gibt es im Donbass, und im Eisenbahnzug fährt man immer mit Leuten, die ärztlicherseits auf einige Wochen in die Kurorte des Kaukasus, besonders nach Kislowodsk, nach Borshom oder nach Suchum, an die abchasische Riviera, gesandt werden.

Über das, was Sowjetrußland in der Einrichtung von Sanatorien, Adaptierung von Kurorten, Villen, Schlössern und Klöstern zu gemeinnützigen Zwecken geleistet hat, läßt sich nicht sprechen, ohne den Ton kühler und kritischer Berichterstattung zu verlassen.

SELTSAMES GEHABEN EINES TÜRKISCHEN BADEMEISTERS

Der nackte Türke, nichts als ein Lendenschurz umgürtet ihn, übergießt dich, dieweil du nackt auf marmornem Diwan liegst, mit einigen Scheffeln des heißen Wassers, das im steilen Bogen in die Wanne strömt. An den süßlichen Geruch des Schwefels, der an faule Eier und ähnliche Düfte erinnert, ohne unangenehm zu sein, hast du dich allmählich gewöhnt. Du spürtest ihn von weitem, als du den Schaitan-Maidan emporklommst, den Teufelsmarkt, gegen die Perserfestung zu, die zerfallen ist, aber immer noch schwer zu erfassen: mit unbewaffnetem Auge kann man nicht sehen, wo die Zitadelle beginnt und wo der kahle Felsen aufhört. Hier hat der georgische Zar Wachtang Girgaslan die wohltätigen Quellen entdeckt, immer sind es ja die Kaiser, die so etwas entdecken, ein gewöhnlicher Sterblicher kommt gar nicht dazu – Karlsbad und Aachen haben die gleiche Geschichte. Zar Wachtang Girgaslan befand sich also mit seiner Lieblingsfrau auf der Jagd, der Wind riß der Zarewna den Schleier fort, Hunde nahmen die Verfolgung auf. Plötzlich schlugen die Rüden an – man kennt das aus dem Lesebuch – Schwefel. Jedenfalls, der Schwefel ist nun einmal da, und inmitten der verfallenen Häuser mit den morschen Holzbalkonen stehen kleine Bäder und große, die Moscheen gleichen, das Wasser fließt aus dem Felsen in warmem, dickem Strahl, und unten hocken Frauen, Röcke und Hemden hoch aufgeschürzt und mit gegrätschten Beinen – hat man je so etwas gesehen –, nur der Mund ist keusch verschleiert –, sie waschen ihre Wäsche und ihre Teppiche in dem natürlich-heißen Wasser, das seinen Weg durch eine Wanne genommen hat.

Wir sprachen aber von dir und dem nackten Türken mit dem Lendenschurz, der dir eben einige Scheffel des heißen Wassers über den Leib gegossen hat und seine hohle Hand auf deinen Körper klatscht, daß es in den gewölbten Räumen wie Donner widerhallt. Nachdem du dich auf den Bauch gelegt hast, entlockt er deinem Rücken die gleichen dröhnenden Wirkungen, aber ehe du darob staunen kannst, hat sich der Moslem auf dich gestellt, als wärest du eine Gebetmatte, dreht sich oben in rhythmischen Bewegungen, dreht sich auf seinen Fersen, fühlt sich sauwohl auf deinem Rückgrat und hüpft vergnügt von einem Bein aufs andere. Du möchtest ihn aufmerksam machen: Hallo, das ist *meine* Wirbelsäule!, jedoch er würde dich nicht hören, denn der Kerl singt, bei Allah, er singt, Schreibtafel her, ich muß es niederschreiben, daß einer dem andern die Wirbelsäule zertrampeln und dabei singen kann. Endlich verläßt er deinen Revers, aber nur, um mit seiner Ferse in deine Kniekehle ein Loch zu bohren. „Wollen Sie sich nicht doch lieber wieder auf mein Rückgrat begeben?“ will man ausrufen, zum

Glück steigt er von selbst ab, prügelt deine Waden, tritt dich in die Schienbeingegend, genug, genug! du bist bereit, den gewünschten Mord einzugestehen, gewiß, ich habe das Kind geschlachtet – jetzt will er deine Knöchel, die du zeitlebens am richtigen Orte glaubtest, dorthin drehen, wo sich der Rist deines Fußes befindet; ach, ich habe das Kind nicht nur getötet, ich habe es auch vorher gemartert – und nun ist er an deiner Fußsohle, knetet und kitzelt sie, au, au! ich gestehe alles, ich habe nicht nur das gewünschte Kind getötet, sondern auch alle andern Kinder unserer Stadt, ich habe sie aufgegessen, hör nur auf mit dieser Bastonade, edler Sohn Mohammeds, (beiseite:) verfluchter Hurensohn!

Warum schaukelt er deine Arme nicht in vernünftigem Auf und Ab, wie es sonst Masseure tun, auch die in den Schwefelbädern von Tiflis-Schönau oder Trencsin-Tiflis, warum bringt der vermaledeite Kümmeltürke das Muskelwerk aus seiner gewohnten Federung, was hat die Muskularis bei der Axillaris zu suchen? Was haben ihm die unschuldigen Brustwarzen getan, was der Nabel, was der Bauch, was . . . ach, womit ihr sündigtet, damit werdet ihr bestrafet werden . . . Schon umklammert er deinen Hals, du bist gefaßt. Es sei! Besser, als länger diese Qual zu dulden, stumm willst du sterben. Er aber ist es, der schreit, er schreit wie ein Berserker, während er dich beklemmend umhalst. Warum brüllt er? Erst nach und nach begreifst du, daß er über alle Korridore hinweg einem andern Folterknecht eine Botschaft zurufen will, die türkisch ist und daher für die Ohren eines Giaur nicht verständlich. Der Nacken wird malträtiert und die Schultern, indes die Ohren Geschrei zu erleiden haben.

Wer hat diese Prozedur erdacht? Schreibt Alkoran sie vor, sind es fünfzig Suren, deren jede eine andere Pose angibt, ähnlich den Sonetten Aretinos, oder ist sie ein überlieferter Ritus flagellantischer Priester oder der Rest eines Gemeinschaftstanzes, muß sich jeder Muselmann solcher Marter unterziehen, hoch und nieder, Kaiser und Knecht – ich möchte nicht der Sultan sein!

Jetzt kommt etwas ganz Wunderbares. Der nackte Türke mit dem Lendenschurz war eigentlich nicht ganz nackt: er hatte über die rechte Hand ein Säckchen („mein Reibsackel", sagt der Wiener) geschnallt und holt nun einen zweiten Sack herbei, einen großen, den er mit heißem Wasser füllt, bis er prall ist, und schüttelt ihn und schwenkt ihn hin und her und schlägt dir plötzlich den Inhalt gegen den Leib. Aber siehe da, es tut nicht weh, es ist Seifenschaum, riesige Knollen, sie bedecken dich vom Scheitel bis zur Sohle, du erkennst dich selbst nicht in diesem Kostüm von irisierenden Kugeln, die einander den Platz streitig machen, gegeneinander anrennen, platzen oder einander verdrängen, daß von deinen Füßen aus ein dicker, weißvioletter Teppich von Blasen den ganzen Raum erfüllt. In der Mitte stehst du: ein schaumgeborener Venus. Unbarmherzig tappt der Türke in das opalene Glas, unbarmherzig zerschlägt er es an deinem Körper und in deinem Haar, an den Schläfen, am Schädel und in den Achselhöhlen und verreibt die Reste. So. Nun darfst du in das Bassin, das daraufhin überfließt, damit die hochgeschürzten Weiber da unten Wasser für ihre Felsbettwäsche haben; du mußt dich genau unter den Strahl setzen, der heiß und straff aus den Rohren strömt, du mußt – oh, wie schmerzt die Bastonade! – deine Fußsohlen darunterhalten, den Kopf, die Schulterblätter, alles je fünf Minuten, die Haut rötet sich, weh tun die Poren, der Sultan ist ein armer Mann, lebt er nach seinem Alkoran ... Gerne bliebest du noch ein Weilchen in der Wanne, jedoch das darfst du nicht, der Türke hat Eile, er wickelt dich in ein Tuch und trocknet dich ab – nicht anders, als die Bediensteten aller andern Dampfbäder den Gast „abzutrocknen" pflegen: ein Klatsch auf den Bauch, ein Klatsch auf den Steiß, fertig! Der Rest ist dir überlassen, der nackte Bademeister packt seinen Sack mit Seifenschaum zusammen, hält dir die linke Hand hin, über die kein Reibsack gespannt ist, fünfundsiebzig Kopeken hat er zu kriegen, du gibst ihm einen Rubel, da murrt er und gestikuliert, bis du noch zehn Kopeken zugelegt hast. Früher hättest du ihm gern mehr gegeben, daß er aufhöre. Er gürtet das Tuch fester um seine Lenden, neigt sich dreimal bis auf die Erde und geht, um andere zu beglücken.

Du aber, endlich allein, vollendest die Abtrocknung, schiebst das Handtuch zwischen die Zehen, hinter die Ohren, in die Nase, in alle Öffnungen – es bleibt rein wie es war, so sauber, Freund, warst du noch nie. Mit diesem Gefühl legst du dich auf den zweiten marmornen Diwan, den trockenen, steckst dir eine Zigarette an, süßliche Schwefeldämpfe umspielen dich, und im angenehmen Halbschlummer wünschst du: Ich möchte doch der Sultan sein. Siehste woll!

VON AUSREISSERN, KLEINEN VAGABUNDEN UND EINEM KLEINEN DICHTER

I

Die Geschütze hatte man manchmal schonen, mit der Munition oft sparsam umgehen, den Verpflegungsnachschub hier und da aussetzen müssen, strategische Pläne konnten versagen, taktische Maßnahmen scheitern – Soldaten aber hatte der Zar immer, sie gegen die Fronten der Deutschen und Österreicher vorwärtszutreiben, unerschöpflich war das Menschenreservoir. (Dachte und denkt jemand an die Kinder, wenn man von den Masuren oder von Przemysl spricht?) Nachher: die Februarrevolution, die Oktoberrevolution, die Bürgerkriege gegen Denikin, Wrangel, Koltschak, Petljura, Judenitsch, die Entente, die Tschechoslowaken, die Finnen, die Baltikumer und die Polen, mit Massenjustifikationen, Vergeltungsmaßnahmen, Attentaten und Zwangseinreihungen, bei denen jeder an den Gegner und niemand an dessen Kinder dachte. Und dann die Hungersnot. Armeen von halbwüchsigen Tramps stahlen und bettelten sich durch Dörfer und Städte, nächtigten auf Steppen und Feldern, schlichen sich in Waggons ein, setzten sich auf die Puffer, preßten sich zwischen die Achsen, um als blinde Passagiere in reichere Gegenden zu kommen, nach Taschkent, der brotreichen Stadt, in das sagenhafte Lichtmeer von Petersburg oder gar zum Mütterchen Rußlands. Neun Bahnhöfe hat Moskau, und aus jedem ankommenden Zug wissen die weitgereisten, welterfahrenen, menschenkennerischen Knaben an den Polizisten und Schaffnern vorbeizuhuschen, Kameraden zu finden, mit ihnen durch die Straßen zu streichen, in Mistkübeln, Kesseln, Plakatsäulen, Erdgruben und Neubauten zu nächtigen, zu betteln, zu stehlen und Handtäschchen zu rauben. Tausende solcher Miniaturvagabunden gab es in Moskau, und noch gibt es Hunderte, obgleich man alles versuchte, um dieser Gegenwarts- und Zukunftsgefahr zu begegnen. Dem „Spon" (Abkürzung für „Sozialno prawowaja ochrana nessowerschennoletnich" – Sozialer Rechtsschutz für Minderjährige) unterstehen die Moskauer vier Sammelstellen (Prijomnije punkty) für Straßenkinder, zwei für Knaben, eine für Mädchen und eine für ganz kleine Obdachlose im Alter von vier bis sieben Jahren; in diesen Kollektoren verbleiben sie mindestens zwei Monate, vierzehn Tage hiervon entfallen auf physische Quarantäne, die restlichen sechs Wochen gelten der psychologischen und sozialen Beobachtung, nach der sich das weitere Schicksal des Aufgenommenen richtet. Gewöhnlich wird er von dort in eines der vierhundertsieben Kinderheime Moskaus abgegeben; von denen sind einhundert für normale Kinder, die öffentliche Schulen besuchen können, fünfundsechzig für normale Kinder, für die in der Anstalt eine Schule eingerichtet ist, vierundzwanzig mit Schulwerkstätten für asoziale Kinder, fünfzehn mit Lehrstellen für Gemüse-, Garten- und Feldbebauung gleichfalls für asoziale Kinder, vierzehn Häuser enthalten Kurse zur Berufsausbildung für Begabte und Vorbereitungszirkel für die Arbeiteruniversitäten, zehn dienen als Wohnstätten für die bereits in Betrieben arbeitenden Knaben und Mädchen, drei sind für blinde, acht für taube und stumme, zwei für geistesschwache, eins für venerisch erkrankte, eins für normal schwache, eins für die an Narkotika gewöhnten und eins für epileptische Straßenkinder, einhundertneun Häuser sind in Moskau den obdachlosen normalen Kindern der einzelnen Bezirke eingeräumt, es gibt sechsunddreißig Waldschulen mit Wohn- und Lehrgebäuden in der Umgebung und sieben „Posjolkow", Kinderstädte mit 4150 Bewohnern, Wohnhäusern, Werkstätten, Ställen, Scheunen, Schulen, Feldern und Gärten, von den Kindern selbst verwaltet; die größte dieser Kinderstädte ist Puschkino bei Moskau.

Außerdem besteht ein Nachtasyl für Kinder, in das sie um sechs Uhr abends kommen, baden und reine Wäsche erhalten können und sich morgens wieder entfernen, wenn sie es nicht vorziehen, in das Nachbarhaus zu gehen, das als Tagasyl eingerichtet ist, oder sich in einer Sammelstelle aufnehmen zu lassen. Fünfunddreißigtausend Minderjährige wohnen jetzt ständig in den Moskauer Heimen.

In die Kollektoren werden auch die von der Polizei festgenommenen und vom Jugendgericht verurteilten Verbrecher überstellt. Eigentlich gibt es kein Jugendgericht, sondern nur eine „Kommission in Angelegenheiten der Minderjährigen", keine Verurteilung, sondern eine „Rechtsbehandlung", und keine jugendlichen Verbrecher, sondern bloß „minderjährige Rechtsverletzer". Man will alles vermeiden, was an Gericht, Verbrechen und Strafe erinnert; nur in ganz schweren Fällen, deren Täter im Alter von vierzehn bis sechzehn Jahren stehen, übergibt man die Beschuldigten dem regulären Volksgericht, das sie verurteilen und in das Arbeitshaus für Minderjährige („Trudowoi dom dlja junoschej lischonnych swobody ot 14 – 16 let") schicken kann. Die Kommission, die aus einer Pädagogin, einem Arzt und einem Volksrichter zusammengesetzt ist, hat die Aufgabe, sich weniger um das Delikt als um den Charakter und den Einfluß des Milieus auf das Kind zu kümmern; sie amtiert täglich und behandelt die Vorgeführten sofort, nachdem aus der im Haus befindlichen Registratur die eventuellen Vorakten geholt worden sind; auf Grund dieser Akten und des Vorfalls, der zur Arretierung Anlaß gab, erstattet ein angestellter Pädagoge Bericht, Akten, Anzeige und Pädagoge verschwinden, und der minderjährige Rechtsverletzer tritt ein. Ein Gespräch entspinnt sich: „Hallo, Mitja, du bist also wieder hier! Was hast du wieder ausgefressen?" – „Ich hab eine Apfelsine geklaut." – „*Eine* Apfelsine? Ich dachte, es war ein ganzer Papiersack mit Apfelsinen, der auf der Waage lag. In der Twerskaja, nicht?" – „Na ja, bei einem Verkaufskasten." – „Wann war denn das?" – „Vor einer Stunde erst oder vielleicht vor zweien." – „Um halb zwölf also. Warst du denn nicht in der Schule?" – „Nein, ich bin heute nicht gegangen." – „Nur heute? Es ist doch besser, in der Schule zu sitzen, als bei solch einer Kälte in den Straßen herumzulungern. Was sagen dein Vater und deine Mutter dazu, wenn du nicht in die Schule gehst?" – „Sie gehen in die Fabrik und kümmern sich nicht darum." – „Da sollst du dich eben selbst darum kümmern. Willst du ein Dieb werden?" – „Ich bin kein Dieb." – „Natürlich nicht, wenn man ein paar Apfelsinen wegnimmt, so ist man noch kein Dieb. Aber das ist der Weg, ein Dieb zu werden, besonders wenn man nicht zur Schule geht. Versprich mir, daß du jetzt pünktlich in die Schule gehen wirst." – „Das geht nicht. Der Lehrer wird mich bestrafen, weil ich schon acht Tage nicht dort war." – „Er wird dir kein Wort sagen, wir werden dir einen Zettel mitgeben, daß du nicht kommen konntest. Bist du einverstanden?" – „Ja." – „Kannst du dein Ehrenwort geben, daß du morgen in die Schule gehst, damit wir den Zettel nicht überflüssigerweise schreiben?" – „Ich gebe Ihnen mein Ehrenwort, daß ich von morgen ab wieder in die Schule gehen werde."

Der nächste Angeklagte, etwa dreizehn Jahre, zerlumpt, mit ungleichen Schuhen, fast stirnlos, breites Kinn, abstehende Ohren, hat am Marktplatz ein Paar Galoschen gestohlen. Ist rückfällig, bereits zweimal aus Anstalten entlaufen. „Also mit dir ist nichts zu machen, was? Du willst in keine Kommune und in keine Schule gehen, nicht wahr?" – „Kann das nicht, was die andern können." – „So mußt du es eben lernen." – „Kann es nicht lernen. Möchte wieder aufs Land." – „Du kannst ja in eine Feldkolonie gehen." – „Will als Knecht zu Kühen und Ochsen. Mein Onkel nimmt mich gleich." – „Wo ist dein Onkel?" – „Bei Leningrad ist er Bauer, er läßt mich im Stall schlafen und gibt mir zu essen." – „Wann würdest du denn fahren?" – „Wenn ich Geld hätte, noch heute." – „Wir werden dir also eine Fahrkarte kaufen und dich heute abend in den Zug setzen." – „Ist das wirklich wahr?" – „Du mußt uns nur versprechen, daß du dort zur Schule gehen wirst." – „Kann ich schon versprechen, aber lernen werde ich nichts, das sag ich gleich, in meinen Kopf geht nichts hinein . . ."

Die nächste: ein Mädchen, kaum fünfzehnjährig, räudige Astrachanmütze, kurzes Haar, in zerfetztes Zeug gehüllt, betreibt Prostitution, unterstandslos, vom Hauswirt vor zwei Jahren vergewaltigt, wird wegen Wäschediebstahls vorgeführt und bittet, nicht dem „Sud", dem Gericht, übergeben zu werden. Sie wird dem entsprechenden Mädchenheim zugewiesen. „Soll der Milizionär Sie begleiten?" – „Nein, ich bin froh, daß ich hinkomme." – „Hier haben Sie Geld für die Elektrische." – „Ich brauche es nicht, ich gehe zu Fuß. Werde ich dort gleich Tee bekommen?" – „Ja, wir werden das sofort veranlassen." Man telefoniert in das Heim, daß der Ankommenden gleich Tee und Butterbrot verabreicht werde, und sie geht ab.

Ein Dreizehnjähriger mit roter Krawatte, dem Abzeichen der Pioniere, tritt ein. Hat in einem der staatlichen Warenhäuser einen Stoß Notizbücher gestohlen. „Was, du trägst das rote Halstuch und klaust?" Der Junge (weinend): „Ich hab noch nicht das Gelöbnis abgelegt." – „Und wenn du den Pionierschwur geleistet hast, wirst du weiter aus den Geschäften Sachen wegtragen?" – „Entweder werde ich stehlen oder ich werde schwören. Man kann nicht ein Pionier und ein Dieb zugleich sein." – „Und was würdest du mit dir machen, wenn du hier an meiner Stelle säßest?" Angeklagter (nachdenkend): „Ich würde mir eine Rüge geben – mehr verdiene ich nicht, weil ich es ja das erstemal gemacht habe und es wahrscheinlich nicht wieder tun werde." – „Siehst du, und wir erteilen dir eine Belobigung. Denn wenn jemand einsieht, daß ein Dieb kein Pionier sein kann, so wird er sicherlich ein brauchbarer Mensch." Handschlag.

In einem andern Saal amtiert die „Opeka“, Kommission für Rechtsberatung der Jugendlichen. Hier treten Kinder als Ankläger gegen ihre Eltern oder Vormünder auf. Ein Mädchen beschwert sich über ihren Stiefvater, der ihr Gewalt anzutun versucht, ein Lehrbub führt Klage gegen seinen Meister, der ihn exploitiert und mehr als acht Stunden im Tag arbeiten läßt, ein Vater vertrinkt seinen Lohn, den der Frau auch, und die Familie hungert, ein Vater erlaubt dem Sohn nicht, in den Pionierklub einzutreten, ein Vater verprügelt den zwölfjährigen Kläger grundlos. In den meisten Fällen soll die Person des Anzeigers nicht bekannt werden, der Inspektor, den die Kinderkommission in allen Straßenblocks unterhält, hat – wie zufällig – der Sache nachzugehen und womöglich in flagranti einzuschreiten. Das bedarf besonderer Geschicklichkeit, denn in vielen Fällen, wie in dem der Stieftochter zum Beispiel, sind die Tragödien für einen Dritten kaum zu erfahren. Ergibt sich die Stichhaltigkeit einer Bezichtigung, wird der Beschuldigte vorgeladen, verwarnt oder dem Volksgericht übergeben, das mit den Vätern strenger umgeht als das Jugendgericht mit den Söhnen.

II

Verpackt und vermummt, um den Nächten in Eis und Schnee und Wind zu trotzen, verlaust und verfloht, wie es nicht anders sein kann, wenn man jeden aufgelesenen Lappen als Kleidungsstück willkommen heißt, verdreckt und verrußt, wie man eben ist, wenn man monatelang in Müllkästen, ausrangierten Kesseln, auf Ziegelhaufen und im Innern der Plakatsäulen nächtigt, einen zerschlissenen Sack und eine zerbeulte Eßschale in der Hand, so kommen die kleinen Straßenlumpen, vom Sozialinspektor, vom Polizisten, von einem Passanten hergeführt oder aus eigenem Antrieb, in den Kollektor. Man fragt sie nichts, und wenige Minuten später verwandeln sich diese Jammerbilder des Nordens in Kinder, toben im Badesaal splitternackt umher, springen in die Wannen, prusten unter der Dusche, werden vom gleichaltrigen Bademeister mit Seife und Bürste abgerieben, und sind sie trocken, schneidet ihnen der Barbier die Locken ratzekahl ab. Bettelsack und Bettelnapf sind inzwischen durch den Desinfektor gewandert und von dort ins Depot.

Jeder kriegt reine Wäsche und einen schwarzen, hochgeschlossenen Anzug, und derart eingekleidet wird er rezipiert, jetzt fragt man ihn nach Namen, Alter, Herkunft, Erlebnissen und Beschwerden, ob er lesen und schreiben könne, was er werden möchte und was er getrieben. Kranke finden im Hausspital Aufnahme, viele sind augenleidend, haben Krätze, Hautausschläge, verschmutzte Wunden, die sie sich bei einem Raufhandel oder vielleicht bei einem Einbruch zugezogen haben, zwei bis drei Prozent sind tuberkulös und nicht weniger als ein Prozent luetisch. Die Gesunden kommen in einen der großen Schlafsäle, wo je fünfzig Betten stehen. Fast sechshundert Kinder nimmt jede Moskauer Sammelstelle auf, und im Jahre 1921, als an den Ufern der Wolga die Hungerfurie tobte, flüchteten so viele Waisen in den Schutz der weißen Mauern von Moskau, daß bis zweitausend Kinder in einem Heim beherbergt werden mußten. Platz war genug da. Einer der Kollektoren ist in einem Komplex untergebracht, der das typische Schicksal zaristischer Gebäude mitgemacht hat: zuerst Kaserne, dann, baufällig geworden, Massenasyl für Witwen der Staatsbediensteten; die wurden bei Kriegsbeginn aufs Pflaster gesetzt, man brauchte die Riesenräume als Lazarett, Blessierte und Kranke besserten das Gemäuer aus und machten es bewohnbar. Nach der Revolution wurde es für Kinder bestimmt, Arbeiter des Bezirks tünchten, weißten und richteten es auch her, in den Abendstunden, freiwillig, unentgeltlich – Arbeit für die Gemeinschaft.

Im Alter von acht bis sechzehn Jahren stehen die Knaben, die hier aufgenommen werden, und acht Schulen gibt es. Manche der Kinder kennen die Geographie Rußlands von Jekaterinoslaw bis Odessa, die Mechanik der Türschlösser, die Warenkunde der Eisenbahnfrachten, die Rechnungsarten der Hehler und die Naturgeschichte aller eßbaren Tiere und Pflanzen, aber das Alphabet kennen sie nicht und nicht das Einmaleins und keinen ehrlichen Handgriff. Andere wieder haben Erziehung genossen, doch starben die Eltern in den Tagen der Intervention und des Bürgerkrieges, so daß das Kind dem Banditentum verfiel. Noch andere, kaum zwölf Jahre alt, erlernten das Handwerk des Vaters, dem sie von klein auf helfen mußten, sind Schuster, Korbmacher, Schneider oder Tischler, haben nur pausiert und können, wenn das Erziehungswerk gelingt, bald der alten Arbeit nachgehen. Mehrere verstehen mehrere Sprachen (Turkestanisch, Polnisch, Tatarisch), und eines der Kinder „spricht Deutsch". Der Kleine sagt: „Komm rin!" – So, und was kannst du noch? Da ballt er die Faust und ruft: „Verfluchter Kerl!" Das ist keine Beschimpfung, sondern die zweite Hälfte seiner deutschen Kenntnisse, mehr hat er nicht gelernt, als er in der Wolga-Republik bettelte: ein freundliches „Komm rin!" oder ein wütendes „Verfluchter Kerl!"

Mit den andern muß man schon russisch reden, um zu erfahren, was ein Kind von Rußland weiß. Man zeigt auf ein Bild Lenins und fragt, wer das ist. „Lenin war der Führer der Arbeiter und Bauern und hat sie frei gemacht, damit sie zu essen haben und lesen und schreiben lernen." – So, und wer ist die Frau an der Wand? – „Das ist die Rosa Luxemburg, die hat in Deutschland dasselbe machen wollen wie der Lenin, aber der Zar hat sie dort erschossen." – Und Liebknecht? – „Das war der Mann von der Rosa Luxemburg und auch ein guter Mensch." – Und wer ist der Mann dort mit dem großen Bart? – „Das ist der Karl Marx. Das war der Lehrer von Lenin und hat ihm gesagt, wie er alles machen soll." – Habt ihr etwas von Christus gehört? – „Natürlich. Die Bauern glauben, daß er ein Gott ist, aber es gibt keinen Gott."

Drei Klaviere und ein Pianino sind im Haus, auf jedem klimpert ein Autodidakt. Die meisten Jungen liegen im Klubzimmer bäuchlings über den Tischen und spielen Dame. Ein Sechzehnjähriger und ein kaum Achtjähriger machen eine Schachpartie, der Kleine wird seinen Gegner in vier bis fünf Zügen matt setzen. An den Wänden hängen bunt bemalte und kalligraphierte Riesenkartons: die Wandzeitungen. Sie erscheinen monatlich und befassen sich mit den aktuellen Fragen des Hauses, satirisch und ernst, aber sehr naiv. (Wandzeitungen findet man übrigens in jedem Betrieb, in jedem Haus und in jedem Magazin Rußlands, die verschüttet gewesene Kunst der Jounaux d'affiche aus der Großen Französischen Revolution ist neu im Werden.) Im größten Saal eine Bühne, auf der die Zöglinge jede Woche ein Stück aufführen. Montag findet die Premiere von Tschaikowskijs Oper „Stenka Rasin" statt – ohne Tschaikowskijs Musik, der Text wird gesprochen, und das Balalaika-Orchester bringt im Zwischentakt die „Internationale", die „Marseillaise" und einige Volkslieder zum Vortrag, die Musiker sind gerade bei der Probe, aber sie unterbrechen, da Besuch kommt, und spielen, dem deutschen Gast zu Ehren, „Mädel, ruck, ruck, ruck an meine grüne Seite"; ihre Instrumente sind aus ungehobelten Brettern plump zusammengefügt, und der Triangel ist ein altes Hufeisen. Der Lehrer, ein Berufsmusiker, korrigiert, es wäre kaum nötig, die Burschen sind mit unglaublicher Musikalität bei der Sache, und sogar die zwei Orchestermitglieder, die nicht mitspielen können, weil nicht genügend Instrumente da sind, sitzen todernst auf ihren Plätzen und zupfen mit der Hand nicht vorhandene Saiten einer nicht vorhandenen Balalaika.

Im Zeichensaal malen Knaben, ein Lehrer unterweist sie in der Handhabung von Pinsel, Papierpalette oder Pastellstiften und im Modellieren aus Ton. Ganz kleine Kinder sind mit Zusammenlegspielen und Bilderbüchern beschäftigt. Die Schlosserwerkstätte, ein elektrischer Betrieb, steht bereits leer, die vierstündige Arbeitszeit ist abgelaufen, aber in der Tischlerei arbeiten noch einige Kinder. Sie erwirkten sich die Erlaubnis dazu, weil sie ihre Rodelschlitten so schnell wie möglich fertigstellen wollen, sie haben Eile – morgen oder übermorgen verlassen sie den Kollektor.

Zwei Monate ist die Maximaldauer des Aufenthaltes, dann muß sich herausgestellt haben, in welches der vierhundert Institute für Minderjährige das Kind gehört: in die Arbeitskommunen, die selbständig den landwirtschaftlichen oder industriellen Betrieb aufrechterhalten, in die Anstalten für Psychopathische oder Kranke, in die Kinderstädte, in die verschiedenen Arbeitsschulen oder in ein großes Kinderheim. In jedem dieser Kinderheime herrscht Disziplin, eine Disziplin, die von den gewählten Kindersowjets ausgeübt wird und dermaßen streng ist, daß die Pädagogen manchmal zugunsten der Bestraften einschreiten müssen. Ein kleiner Arrestant sitzt seit acht Tagen während der Mahlzeiten allein im Schlafsaal, Kollegen bringen ihm das Essen, ohne mit ihm zu sprechen, und wenn man ihn fragt, was er denn Furchtbares begangen hat, so weint er, er hat die Rauferei gar nicht angefangen, und wenn er das nächste Mal Richter sein wird, wird er es ihnen schon zeigen und ihnen eine noch längere Strafe aufdonnern. Die vier Mitglieder der Menagekommission, die zusammen keine vierzig Jahre alt sind, stellen an Hand eines Verzeichnisses von achtzig Speisen den Küchenzettel für die Woche zusammen. Sehr wichtig kommt sich der Redaktionsausschuß der Wandzeitung vor, besonders eines der Mitglieder, das schon zum zweitenmal für eine Amtsdauer von drei Monaten gewählt worden ist; dieser zwölfjährige Kollege erzählt, wie schwer es war, die Festnummer für die Hundertjahrfeier des Dekabristenaufstandes zu redigieren und doch auch Witze und Karikaturen zu bringen, ohne daß der festliche Charakter der Nummer gestört werde. Den Pionierklub bildet die Elite der Anstalt, die Mitglieder lassen keinen Unwürdigen in ihren Kreis. Eben sitzen sie wie die Alten auf den Beratungsstühlchen, der Präsident hat eine Glocke vor sich, ein Komsomolze gibt nur hier und da sachliche Aufklärungen. Man diskutiert Fragen der Selbstverwaltung und hält Gericht über einen Jungen, der seinem Nachbar ein Pennal mit Buntstiften weggenommen hat – geborgt oder gestohlen? Eine rote Fahne steht, flankiert von zwei Trommeln und zwei Trompeten, in der Ecke, sie trägt die Inschrift „Pionierklub des Kinderheims A. I. Herzen". Daneben eine illuminierte Krippe, Kampf auf der Barrikade darstellend. Dicht beklebt mit Zeichnungen ist alles Mauerwerk, Motive aus dem Anstaltsleben, Bilder von Fabriken und Bauernhöfen, die beängstigend nahe nebeneinandergekritzelt sind, so daß eine Kuh leicht in den Schornstein fallen oder ein Treibriemen das Bauernhaus erwischen kann. Dieses Sujet – Vereinigung von Industrieproletariat und Bauernschaft, die sogenannte „Smytschka" – ist häufig verwendet, Hammer und Sichel reichen sich die gemalten Hände, das, was die Partei gerade propagiert, ist Gegenstand aller Zeichnungen. Sogar Traktoren sieht man idealisiert goldfarben, aus ihren Gliedern quellen Brot, Geld und Früchte, die Elektrifizierung und ihre segensreichen Wirkungen sind mit grellen Tinten auf das geduldige Papier geworfen. Nicht nur in der Lenin-Ecke Lenins Bild, zwanzigmal ist's an jeder Wand, und wo Genrebilder hängen, die zum Beispiel einen Polizisten zeigen oder einen dicken Mann, der mit Weib und Kind am Flußufer angelnd sitzt, haben Polizist und Angler die Züge Lenins . . . Eine Wanddekoration anderer Art sind die mit noch plumperer Hand geschriebenen Briefe der Bauern, bei denen die Kinder im Sommer Erntearbeiten geleistet haben und die bestätigen, daß die kleinen Helfer von Nutzen waren.

Keine Wache steht vor dem Haus, und das Tor ist tagsüber offen. Allerdings versieht ein Knabe den Dienst des „Schweizers", täglich ein anderer, und er darf keinen hinaus- oder hereinlassen, der nicht die Bewilligung des Kindersowjets hat. Sich eigenmächtig aus der Kommune zu entfernen gilt als Desertion, wer sie begangen hat, ist ehrlos, hat das Band zerschnitten zwischen sich und seinen verbrecherischen, obdachlosen Altersgenossen, die das Verbrechen verlassen und ein Obdach gefunden haben.

III

Anders als sonst in Moskaus Kinderheimen öffnet sich das Anstaltstor auf dem Deneshnyj Pereulok. Kein Knabe versieht hier mit drolliger Wichtigkeit das ihm von den Kollegen anvertraute Amt des Türhüters, nein, eine alte berufsmäßige Pförtnerin. Es ist eine geschlossene Anstalt: „Haus der jugendlichen Narkomanen".

Kinder haben sich, charakteristische Erben eines verfluchten Zeitalters, an den Genuß von Drogen gewöhnt, mit denen die Erwachsenen sich zur Flucht aus der Wirklichkeit von Kriegsnot und Hungersnot verhalfen. Die Revolution hatte Alkohol verboten, da entstand in jedem zwanzigsten Haus der russischen Dörfer eine Spritbrennerei; das Korn, das man so dringend gebraucht hätte, wurde zu Schnaps; vergeblich zerstörten Patrouillen von Rotarmisten Hunderte, Tausende der Giftkessel, immer wieder wurden neue geheizt, überall auf dem Flachland gab es „Samogon", illegalen Wodka. 1921 gestattete die Regierung den Ausschank von Bier, später auch von turkmenischen und kaukasischen Weinen, die Schwarzbrennereiindustrie ging zurück, verschwand aber nicht, der Staat erzeugte selbst Branntwein, dreißigprozentigen, die Schwarzbrennereiindustrie ging noch mehr zurück, verschwand aber immer noch nicht, denn sie erzeugte vierzigprozentigen, der Staat macht nun vierzigprozentigen, die Schwarzbrennereiindustrie geht noch mehr zurück, verschwindet aber nicht ganz, denn die legale Flasche kostet einen Rubel sechzig Kopeken, die Flasche Samogon nur einen Rubel. So vollzog und vollzieht sich der Alkoholkrieg auf dem Lande und wird mit dem Sieg der organisierten, antialkoholischen Jugend enden, die der Alten Schnapskessel vernichtet.

In den Städten gab es neue Gifte. Noch war die Blockade um Rußland lückenlos geschlossen, noch sperrten die Fronten der Intervention von allen Seiten das Land – und doch waren bereits Schmuggler hereingelangt, aus Polen und Deutschland kamen sie mit Kokain und Morphium, und die chinesischen Hausierer, von denen es wimmelt, boten öffentlich Spielzeug und geheim Opium zum Verkauf, fast alle Chinesen Moskaus sind leidenschaftliche Opiophagen und hatten noch genügende Mengen aus der Heimat mitgebracht, um gegen Bezahlung davon abgeben zu können. Die Kokainhändler verschenkten in den Spelunken und auf den Straßen eine Dosis des weißen

Pulverchens an fremde Leute – sie wußten, morgen werden die fremden Leute wiederkommen, die neue Dosis um so besser bezahlen, ständige Kunden bleiben. Die Seuche entstand, verbreitete sich rapid, da jeder Narkomane bemüht ist, den Nebenmenschen des gleichen „Glückes" teilhaftig werden zu lassen, Proselyten zu werben. Und so gelangten auch die Straßenkinder zu dem weißen Gift; in einem einzigen Heim für verwahrloste Jugendliche erwiesen sich von fünfhundert Insassen sechsundvierzig als Kokainomane oder wenigstens als Kokainisten. Da das Gramm „Koks" acht bis neun Rubel kostet (ein Rubel ist mehr als zwei Mark) und manches Kind drei Gramm im Tag schnupft, kann man ausrechnen, wieviel es zusammenbetteln und zusammenstehlen muß, um zu seinem Quantum zu gelangen. Es gibt noch jetzt zehnjährige Kinder, die täglich drei Flaschen Wodka konsumieren, was gleichfalls ein starkes Budget erfordert, vermehrt um das für „Papirossy"; hundert Prozent der Moskauer Straßenkinder sind Zigarettenraucher, Sechsjährige, die oft dreißig Stück am Tage verpaffen, also stehlen oder von gestohlenem Geld kaufen müssen. Die strengen Maßnahmen der Behörden waren nicht bloß von sanitären Gründen diktiert, sondern auch von solchen der öffentlichen Sicherheit.

Auf dem Deneshnyj Pereulok, in jenem Haus, dessen Tür sich anders als sonst in Moskaus Kinderheimen öffnet, sind die vergifteten Kinder untergebracht, hierhergeführt von der Polizei, die sie berauscht in einem Winkel fand, von den Gerichten, deren ärztlicher Experte in dem kleinen Angeschuldigten einen Narkomanen diagnostizierte, oder aus dem Kindernachtasyl, wo es das Personal war, das die Feststellung machte.

Zurückgeblieben im Wachstum sind die alkoholischen Jugendlichen, sie haben die aufgeschwemmten, geröteten Gesichter erwachsener Trunkenbolde. Der Kokainist magert ab, vermag fünf bis sechs Tage ohne Essen und Schlafen zu verbringen und verkauft seine Kleider, um eine neue Portion zu ergattern. Die Opiophagen stecken zumeist in stumpfem Rausch, der außerhalb der unmittelbaren Wirkung als Apathie anhält.

Im Narkomanenheim erhält jeder Junge täglich nach dem Mittagessen und nach dem Abendbrot zwei Zigaretten – eine Verminderung dieser Ration würde ihn das Rauchen als noch begehrenswerter und die Internierung noch schwerer empfinden lassen. (Die angestellten Pädagogen und Ärztinnen dürfen übrigens im Hause nicht rauchen, damit gezeigt werde, daß sie nicht selbst einer Gewohnheit rettungslos verfallen sind; und so besteht das Faktum einer Wohnstätte, in der Kinder rauchen dürfen und Erwachsene nicht.) Von Alkohol, Kokain, Morphium oder Opium werden die Kleinen keineswegs durch eine allmähliche, sondern durch eine radikale Entziehungskur zu heilen versucht, es gibt kein Narkotikum in der Anstalt. Das hat zur Folge, daß sie in den ersten drei bis vier Wochen ungebärdig wütend sind, stundenlang schreien, im Affekt die Fensterscheiben zerschlagen und ausbrechen wollen; wiederholt ist ihnen auch trotz aller Vorsichtsmaßnahmen die Flucht gelungen. Nach vier Wochen pflegen sie zumeist das Gift zu vergessen und können nach Verlauf eines weiteren Monats einer Arbeitskommune für Jugendliche zugewiesen werden – wenn nicht die Abgabe in die neurologisch-psychiatrische Kinderklinik notwendig erscheint. Die Halbgeheilten kommen während des Sommers nach dem Ort Talgren, der dreißig Kilometer nördlich von Moskau, nahe der Kinderstadt Puschkino gelegen ist und ein Dorf der jugendlichen Narkomanen bildet; hier, bei autonomer Werkstätten- und Landarbeit in schönem Terrain, verlieren sie auch den Rest ihrer Sehnsucht nach dem präkox erworbenen Koks und den andern Lastern typischen Großstadtcharakters.

Im Haus auf dem Deneshnyj Pereulok würde man den Bewohnern die Heilungsmöglichkeit schwerlich ansehen – das sind nicht Insassen von Kinderheimen, mit denen der Staat Staat machen kann. Hier gibt es keinen Pionierklub (die russischen Pfadfinder sind ebenso wie die Jugendorganisationen gegen Alkohol und Nikotin verschworen), hier gibt es keine Selbstverwaltung, hier gibt es wenig Schul- und wenig Werkstättenunterricht. Die Knaben laufen oder lungern umher, den Rauch der Zigarette inhalierend, manche haben einen Verband auf beiden Händen – verletzt, als sie im Sehnsuchtsaffekt die Fensterschreibe zertrümmerten, oder sie haben sich selbst gebissen. Man kann nicht viel mit ihnen anfangen, selbst zur experimentalpsychologischen Prüfung, die einmal wöchentlich vorgenommen werden soll, bequemen sie sich nicht. Ungeniert betteln sie den Besucher um Zigaretten an oder um seine Handschuhe, und man muß darauf achten, nicht bestohlen zu werden. Dabei stellen die Narkomanenkinder in einem hohen Prozentsatz die begabteste Schicht des Moskauer Vagabundentums dar, was zum Teil eine Folge der nervenreizenden Toxine ist, zum Teil darauf zurückzuführen, daß der unbezähmbare Trieb, sich die teuren Drogen zu verschaffen, erfinderisch und geschickt und waghalsig macht. Die Begabung ergibt sich nicht bloß aus den experimentalpsychologischen Versuchen, sondern auch die Bilder beweisen es, die an der Wand hängen, meist Motive aus der Lebensweise der Obdachlosen, in eigenwilligerer Art dargestellt, als Kinderzeichnungen sonst zu sein pflegen. Etlichen Gemälden merkt man schon den Einfluß der Erziehungsarbeit an, auf einem ist das Elend im Asphaltkessel dem Glück des Kindes gegenübergestellt, das im Entgiftungsheim Aufnahme gefunden hat. Darunter steht: „Wer ein guter Bürger der UdSSR werden will, muß das Kokain wegwerfen und sich im Narko-Dispensaire heilen lassen." Auch ein Dichter ist da, der zwölfjährige Beglow, genannt „Zigeuner", von dem bereits Verse veröffentlicht sind, u. a. in der vom Moskauer Kommissariat für Gesundheitswesen herausgegebenen Zeitschrift „Für neues Sein". In der Kanzlei lese ich die Gedichte und äußere den Wunsch, eines davon mit persönlicher Autorisation des Dichters ins Deutsche zu übertragen. Die Erzieherin ist gleich bereit, den Jungen zu holen, aber sie kommt allein zurück, Beglow hat sich ins Bett gelegt und denkt gar nicht daran aufzustehen; wolle jemand etwas übersetzen, so brauche er den Verfasser nicht dazu. Das flößt mir Respekt ein, denn es gibt kaum einen Literaten auf der Erde, der nicht herbeiliefe, wenn sich die Chance bietet, in einer Weltsprache berühmt zu werden. Ich gehe also selbst ins Schlafzimmer zu Beglow, schwarzhaarig liegt der Knirps im Bett, sein Gesicht: ein Dreieck mit zwei hellblauen Kugeln, und rät mir ab, das Poem zu übersetzen, das ich mir ausgesucht. „Nehmen Sie lieber den ‚Njuchoder' (Der Schnupfer), der ist, unter uns gesprochen", die hellblauen Kugeln blinzeln, „viel ehrlicher." Als Honorar will er drei Zigaretten, die ich ihm leider nicht geben darf, und so muß das Gedicht hiermit unbefugt publiziert werden:

Der Schnupfer

Den ganzen Tag hab ich mich heut herumgetrieben,
Ich lief und stahl und stritt mit anderen Dieben,
Ich fror fast nicht, erst abends ward mir kalt,
So kroch ich denn in meinen lieben Kessel für Asphalt.
Rund rollte ich mich ein in meinem runden Haus,
Auf meinem alten Stroh schlief ich mich aus.

Doch jetzt bin ich erwacht, darf mich nicht länger freuen,
Auf Diebstahl geh ich aus von neuem;
Ich habe gut geschlafen, neue Kraft,
Fünf Rubel sind für Beglow leicht geschafft.
Ich kaufe Koks und schnupfe mit Gefühl.
Ist es vorbei, beginnt das Kartenspiel,
Und ist die letzte Kopeke verschwunden,
Kehr ich zurück zu meinem Haus, dem runden.
Gregor Beglow, genannt „Zigeuner".

STERNWARTE AUF NORDISCHER STEPPE

Die dorischen Säulen, den mittleren Rundturm gliedernd, rufen keineswegs den Eindruck hervor, ein adeliger Herr habe hier seinen Landsitz erbaut. Was hätte er in der Steppe, wo kein Forst ist, kein See, meilenfern von St. Petersburg, werstfern von der Bahnstrecke, nur nah einem elenden Dorf, an frohem Genuß des Sommers zu erwarten? Die breiten zylindrischen Türme, die vielen Blitzableiter und seltsamen Bänder auf ihren Kuppeldächern, eine hohe Antenne, ungewöhnlich nüchterne Pavillons im Garten (eher Kisten als Lauben) verraten noch deutlicher, daß dieses Haus am Steppenhügel trotz dorischer Säulen und gepflegter Fassade kein Tuskulum ist.

Pulkowo, Zentralsternwarte Rußlands. Hier hocken seit einem Jahrhundert Menschen, äugen durch Fernrohre Tag um Tag, Nacht um Nacht, messen unvorstellbare Weiten, messen unvorstellbare Geschwindigkeiten, entreißen dem Himmel das Geheimnis seiner Launen und forschen nach Stäubchen, Flekken und Strichen im Kosmos und kümmern sich höchstens ganz nebenbei darum, ob Zaren regieren, Bomben fliegen, Kriege entbrennen, Revolutionen aufströmen, Bürgerkämpfe toben – was ist das alles gegen die unendlichen Gesetze, die man am Okular feststellt und kontrolliert.

Nur zweimal wurden die Türme von irdischem Gekrauch berührt: der flüchtige Kerenskij wollte nach Petrograd zurückkehren, schoß hier und wurde hier beschossen, später drang Judenitsch bis Pulkowo vor, Bombardement ging los, die Objektive, die kostbarsten der Instrumente, Bücher und Tabellarien kamen in den Keller, während eines einzigen Tages und einer einzigen Nacht waren die astronomischen Beobachtungen unterbrochen, „wir hatten lange unter dieser eintägigen Unterbrechung zu leiden". Im Kabinett des Direktors liegen Hülsen von Schrapnellen – die schlugen in das Gebäude ein –, sie konnten ihm nichts anhaben, irdische Himmelskörper, „die Apparate schwankten, aber wir rektifizierten sie rasch . . ."

Der Sowjetstern ist in dem siebenbändigen Fundamental-Sternkatalog von Pulkowo nicht eingezeichnet, und keine Kürzung der Arbeitszeit und kein Kodex der Akkordlöhne gelten für den Astronomen in der Einöde; ihm ist nicht zu helfen, achtzehn Stunden im Tag sind manche der weißbärtigen Sterngucker am Werke, in Wind und Frost; die Räume des Passage-Instruments, des Vertikalkreises und des Meridiankreises sind offen, damit innere und äußere Temperatur gleichbleibe, sonst würden die Bilder zittern und die Refraktion unnormal werden, derart empfindlich ist das Fernrohr, daß es sich verstellt, wenn man mit dem Finger einen der beiden auf tiefen Fundamenten stehenden Steinpfeiler streift. Vom Anbruch der Dunkelheit bis zur Morgendämmerung wird die Höhe der Gestirne über dem Himmelsäquator verzeichnet, ihr Abstand vom Frühlingspunkt und die Zenitdistanz bestimmt, tagsüber der Polarstern nicht aus dem Auge gelassen, und mit Pausen von einer bis anderthalb Stunden werden Zeiträume daraufhin kontrolliert, wann sie durch den Meridian gehen. Ins Instrument schauend, hielt der Astronom früher den elektrischen Schlüssel in der Hand, um ihn im Augenblick einer Feststellung zu drücken, wobei sich ein „persönlicher Fehler" von, man bedenke, einer Zehntelsekunde ergab; jetzt registriert das Repsoldsche Mikrometer alle Beobachtungen selbsttätig auf dem uhrenmäßig abrollenden Morsestreifen, und der Fehler beträgt bloß ein bis zwei Hundertstel Sekunden. Jahraus, jahrein starren Augen durch meterdicke Monokel empor, und nur wenn Niederschläge die Fronten des Kosmos verhüllen, schließt der immer vermummte Astronom sorgsam den Baldachin, um die Instrumente zu schützen, stellt die Uhr ab, die tickend die Sekunden auf dem Chronographen vermerkt, und geht schlafen – fluchend. Ohne Aufsicht bleibt heute der Himmel, kann tun und lassen, was er will.

Über den Rundbau, dessen Portikus und Griechensäulen sich vergeblich mühen, ein Schlößchen ländlichen Müßigganges vorzutäuschen, ist ein Turm gestülpt. Darin wohnt der

„kleine“ Refraktor, immerhin ein Mörser von fünfzehn Zoll Durchmesser. Drehbar ist das Fort, da in der Kuppel nur ein Spalt klafft, durch den die Mündung ins Firmament lugen kann. Ein Uhrwerk bewirkt, daß das Teleskop, trotz der Bewegung der Erde, unausgesetzt dem beobachteten Stern folgt, ein kleines Fernrohr, der Sucher, ist parallel fixiert. Eine eigene Zitadelle schützt den Großen Refraktor, gigantisches Geschütz von vierzehn Meter Länge und dreißig Zoll Durchmesser, nur von dem zweiunddreißigzölligen Himmelsspiegel der Lick-Sternwarte (Kalifornien) und dem vierzigzölligen des Observatoriums Yerkes (Chikago) übertroffen, der, wie wir hören werden, bald seinen Meister finden wird. Im Jahre 1884 wurde der Pulkowoer Refraktor aufgestellt, die Glasmasse – Kronglas und bleihaltiges Flintglas, um farbige Ränder zu vermeiden, von Feil in Paris gegossen, von Clark in Amerika geschliffen – hat achtzigtausend Rubel gekostet, die Montierung, von Repsold in Hamburg durchgeführt, ebensoviel. Der Koloß wird nicht elektrisch bewegt, wie zum Beispiel der Refraktor der Sternwarte von Berlin-Babelsberg, sondern mechanisch; auch dieser Turm ist ein Drehfort, auf einem Stuhle sitzend, rollt der Observator auf-, ab- und seitwärts, ohne das Auge vom Okular abwenden zu müssen.

In einem kleineren Turm knipst der Astrograph die Planeten mit ihren Trabanten und die Kometen und bestimmt die Parallaxen, die durch die Drehung der Erde hervorgerufene scheinbare Stellungsänderung des Gestirns; im Gartenhäuschen arbeiten Zenitteleskop und „Passageninstrument in der ersten Vertikale“ daran, die periodischen Schwingungen der Erdachse zu untersuchen; ein Sonnenspektrograph zeigt die Linien im Spektrum auf – aus ihnen ergibt sich die chemische Zusammensetzung der lichtbringenden Körper, der Stoffe, die in der Sonne glühen, und der Elemente, die die Sterne bilden. (Dort oben gibt es, die Hitze ist zu groß, keine Verbindungen, nur Elemente.)

Unterirdisch sind die Räume der Erdbebenstationen mit ihrer Apparatur und dem Seismographen, der gewissenhaft registriert, wenn ein alter Krater Südamerikas ein leichtes Aufstoßen verspürt oder – in den Putilow-Werken der Dampfhammer zuschlägt. Schlank ragt im Garten der Antennenmast, aus Nauen, Paris und Bordeaux wird die Zeit empfangen, um weitergegeben zu werden. Ganz Rußland wird von Pulkowo aus mit Zeit versorgt, im runden Saal, neben der Pendeluhr von „Dent, London, clock-maker to the Queen“ steht Mister Morse und drahtet der Sowjetunion, wie spät es ist.

An den Wänden des Rundsaales hängen alte Porträts, die Ahnengalerie der Himmelsforscher: Kopernikus, der fand, daß sich die Erde um die Sonne drehe, und Galilei, der darum litt; Newton, der das Fall- und Gravitationsprinzip prägte; Kepler, der die Gesetze aufstellte, nach denen sich die Himmelskörper bewegen; Herschel, der über zweitausend Nebelflecken entdeckte; Römer, der die Geschwindigkeit des Lichtes maß; Cassini, der die Teilung des Saturnringes erkannte und vier Satelliten dieses Planeten konstatierte; G. V. Schiaparelli, der den Bahnen der Sternschnuppe nachging (ein Jahr lang arbeitete er auch in Pulkowo, und in seiner Stube ist noch ein großes Pentagramm erhalten, das er prophetisch gezeichnet hat, und eine merkwürdige Inschrift von seiner Hand: „In dieser Kammer hat ein arger Wüstling gewohnt, die Welt war so freundlich, ihn für einen unschuldigen Knaben zu halten; hätte er länger hier geweilt, wäre er als Landsmann Cagliostros erkannt worden“). Leverrier errechnete nach den Störungen des Uranus, von einer bestimmten Stelle des Firmaments aus müsse ein Planet einwirken, und schrieb dies aus Frankreich nach Berlin an Galle, der sofort an der bezeichneten Koordinatenkreuzung den Neptun fand. (Leverrier hatte sich für die Pariser Sternwarte malen lassen; da er sich mit ihr verfeindete, vermachte er sein Bildnis dem Observatorium von Pulkowo.) Astronomen, Physiker, Mathematiker und Optiker wie Tycho de Brahe, Bradley, Laplace, Gauß, Bessel, Arago, Hansen, Newcomb, Steinheil sind porträtiert.

Vor allem die genii loci, die Leute von Pulkowo. Wilhelm Struve, aus Altona hierher berufen, um die Sternwarte zu leiten, deren Bau von 1835 bis 1839 gedauert und zwei Millionen Rubel verschlungen hatte; 1864 starb er und liegt in Pulkowo begraben. Das von ihm verfaßte Programm für das Observatorium ging dahin, von den vierhundert hellsten Sternen die genaue Stellung zu ermitteln, Deklination und Rektaszension, damit man innerhalb des Koordinatensystems alle übrigen Himmelskörper einzeichnen und die Eigenbewegung der Sterne berechnen könne. Durch diese Sternkataloge hat Pulkowo Weltruhm erworben, die sieben erschienenen Bände dienen als Grundlage jeder kosmischen Ortsbestimmung. Wilhelm Struve überließ jedoch diese Arbeit am Passageninstrument und Vertikalkreis einem Kollegen, setzte sich für ein

Menschenalter zum Refraktor und entdeckte Doppelsterne. Sein Sohn und Nachfolger Otto Struve (gestorben 1905) erbte diese Zuneigung und wachte gleichfalls über α-Geminorum, β-Andromeda und γ-Leonis. Der Sohn des Sohnes schenkte seine Leidenschaft hauptsächlich den Trabanten des Saturn; 1895 folgte er einer Berufung als Direktor des Königsberger Observatoriums, 1913 gründete er die Sternwarte von Berlin-Babelsberg. Dort wirkt jetzt Georg, der vierte des Astronomengeschlechtes derer von Struve, als Observator und hält die Verlassenschaft des Vaters, den Umkreis der Saturntrabanten, zusammen. Bredichin, der durch Kometenschweife berühmt wurde, und Backlund, der Forschungen über die Bahnbewegung der Himmelskörper, insbesondere der Enckeschen Kometen, publizierte, waren die Nachfolger der Struveschen Familie in Pulkowo. Der gegenwärtige Direktor, Professor Iwanow, betreibt meist theoretische Astronomie und Berechnungen von Planetenbahnen, am Passageninstrument setzt Vizedirektor Renz das Usprungsprogramm der Sternwarte fort, die Fundamentalbestimmung der Sternpositionen, und am Dreißig-Zoll-Refraktor lebt der Akademiker Belopolskij, Geschwindigkeitsmessungen der Sternbewegung und Spektralphotographie ausführend. Im ganzen sind in Pulkowo vierundzwanzig Astronomen und achtzehn Rechner am Werk.

Und da man hiermit in der Gegenwart und auf Erden ist, so muß auch von der neuen Zeit gesprochen werden, die schwer begann, mit Bürgerkrieg und Bezugsschein, ohne daß deshalb die Arbeit stockte. Für die beiden südrussischen Filialobservatorien von Pulkowo, für Nikolajew in der Ukraine und für Semeïs in der Krim, sind von der Regierung große Investitionen gemacht worden; Simeïs bekommt einen Reflektor von einem Meter Durchmesser und sogar einem Refraktor von einundvierzig Zoll, den größten der Welt – um elf Zoll den von Pulkowo übertreffend, der bis jetzt den Rekord in Europa hielt; die Montierung ist bereits von Howard Grubb, St. Alban bei London, vollendet, das Glas bei Parsons geschliffen worden, hundertdreißigtausend Rubel bezahlt die Sowjetregierung dafür. Das Mutterinstitut erhält ein photographisches Zwölf-Zentimeter-Fernrohr von Zeiß, zehntausend Rubel; damit wird Pulkowo an dem Unternehmen der Internationalen Astronomischen Gesellschaft mitwirken, der photographischen Aufnahme des ganzen nördlichen Himmels, den der Kongreß in Kopenhagen zu diesem Zweck an die Sternwarten aufteilte.

Den neuen Sonnenspektograph hat die Russische Akademie der Wissenschaften angekauft, und Pulkowo ist gewappnet, noch mehr Geheimnisse einem Himmel zu entreißen, der sich eben mit Dämmerung bedeckt und einem im Schlitten davonfahrenden fröstelnden Laien unsagbar eintönig erscheint.

AUDIENZ BEIM KATHOLIKOS DER ARMENIER

Das Auto steht bereit, aber etwas am Kühler ist nicht in Ordnung, der Chauffeur macht sich daran zu schaffen.

Und der Himmel öffnete seine Schleusen, und es regnete vierzig Tage und vierzig Nächte, und die Arche Noahs stieg immer höher und höher.

Endlich rattert der Motor, es geht durch das Morgengetriebe von Eriwan, an Moschee und Festung und orientalischen Weingärten vorbei, über den Sangafluß, durch kahle Landschaft.

Und am siebzehnten Tage des siebenten Monats ließ sich die Arche nieder auf das Gebirge Ararat. Es regnet in Strömen, wir fahren zwischen Allahgoes, dem Gottesauge, und Ararat, dessen zwei spitze Firne leuchten, als hätte niemals ein lebendiges Wesen sie betreten, und doch war von jedem Getier ein Pärchen da, ein Männlein und ein Fräulein, dieweil Noahs Kasten oben landete. Ochsenfuhren kommen des Weges und Eselreiter und Kamelkarawanen und ein Wagen, dem ein Pferd vorgespannt ist; alle Tiere scheuen vor dem Automobil, sie haben so etwas noch nicht erlebt und wissen nicht, was das für eine Arche ist, die auf dem Lande fährt, oder vielleicht protestieren sie dagegen, daß eine Neuerung sich hier vollzieht, hier, angesichts des Ararat, von dem die Taube hinunterflatterte und mit einem Ölblatt zurückkehrte.

Es regnet noch immer, ganz gut könnten die Pfützen sich zu einer Sintflut auswachsen. Die Häuser am Wege, sie sahen vor fünftausend Jahren kaum anders aus: müde Lehmhütten, ein Loch ist das Tor, das horizontale Dach ist von Steinen beschwert, damit der Orkan nicht alles wegfege; nackte Kinder; altersgraue Eselchen, die lange suchen können, bis sie einen Grashalm finden, ein Schöpfbrunnen, an dem irgendeine Rebekka Kamele tränkt; hie und da der grüne Fleck eines Weingartens, eben noch fruchtbar genug, daß Noah sich dort betrinke und mit entblößter Scham umfalle. Daraufhin kam, wenn man recht berichtet ist, die große Wassernot; rechts am Straßenrand starrt eine Säule, möglicherweise ein armenisches Grabmal, weshalb aber nicht der salzige Rückstand von Frau Lot, die sich damals umgewendet hat? Das Auto watet vorbei, ohne sich umzuwenden. Ruinen alter Kirchen. Links vom Wege liegt ein ganzes Pompeji, schöner als das italienische, nicht nur, weil keine Reisegesellschaften samt Baedeker, Lorgnon und vorgeschriebenem Entzücken es durchstöbern, sondern auch, weil es voll ist von merkwürdigen Ornamenten, Kapitellen, Säulen, Podesten und Arkaden, weil es mehr ist als Pompeji: Pompeji und Forum Romanum zugleich, mit Resten alter Gerichtsstuben, Kerkerzellen und Richtstätten, mit Bädern und Kemenaten – wer weiß, aus welchem Jahrhundert des frühen Altertums die Unterlage stammt, wer weiß ob Zuartnots ein Kloster war oder eine Zitadelle.

Der Regen besprengt das verfallene Gemäuer, glasiert es, wie alle andern Häuser, die das Auto mit Kot bespritzt, wie die Friedhöfe und quadratischen und runden Kirchenruinen mit ihren geborstenen oder vor tausend Jahren renovierten Kuppeln. Endlich ein Dorf, Wagarschapat, gleichfalls mit Lehmhütten, aber zwischen ihnen steht schon eine Baumwollfabrik, und auf einem einstöckigen Haus besagt die Tafel: Sowjet der Arbeiter und Bauern. Eine Karawane schaukelt im Gänsemarsch, an einem Gittertor hängen Photos als Reklame für ein Kino, wir fahren ein.

Das große Haus war einmal die geistliche Akademie, das Dshemaran der Armenier, und über der roten Kuppel ragte wohl ein Kreuz; der weltliche rote Stern mit fünf Zacken war jedenfalls vorher nicht da. In den weitläufigen Gebäuden, von denen die Kathedrale im Oblong umgeben ist, sind Museum und Priesterwohnungen untergebracht. Das ist der Vatikan der armenischen Kirche seit sechzehn Jahrhunderten, hier residiert seit sechzehn Jahrhunderten Seine Heiligkeit der Papst. Jetzt ist es Georg V., armenisch Geworg Hinkerort, mit seinem bürgerlichen Namen Surenian, der über die Millionen der armenischen Kirche als Katholikos regiert. Wir treten ein in den langen Audienzsaal, an dessen Längswänden Stühle stehen und oben ein prächtiger Thronsessel für den Statthalter Gottes auf Erden, auf armenischen Erden. Die Decke Stalaktitengewölbe, an den Wänden Gemälde, Gobelins und Holzschnitzereien, alle mit den Sujets der benachbarten Landschaft, die gleichzeitig ein religiöses Symbol ist: die beiden gezackten Eisdome des Ararat von einer Gloriole umleuchtet und vom Regen schräg gestrichelt; am Bergesgipfel ist mitten in den schiefen Linien ein Schiff vertäut, Noahs Arche; warum sollte ein Schiff bei ewigem Regen im ewigen Schnee nicht landen können, dreieckig strahlt ja das Auge Gottes herab. Intimer Audienzsaal für intime Empfänge; Gobelin mit dem Kloster Etschmiadsin, zwei Fahnen, die Stange der einen endigt als Kreuz, die andere als Inful. Aber für einen einzelnen Audienzwerber braucht man nicht einmal das kleine Empfangszimmer zu bemühen, er durchschreitet nur die offiziellen Säle; an dem Schlafzimmer vorbei, dessen Tür offensteht, so daß man sehen kann, Seine Heiligkeit benützt ein einfaches Messingbett, kommt man in ein Arbeitskabinett, in dem der Katholikos sitzt.

Georg V. ist ein rüstiger Greis von achtzig Jahren, Hüne von Gestalt, und sein Bart, der sich nach vorn wölbt, weist noch braune Fäden auf. Auf den Scheitel gedrückt: eine runde Kappe. Der Katholikos spricht keine europäische Sprache, aber der Erzbischof neben ihm, Dr. Garigin Howespian, hat an der Leipziger Universität seine archäologischen Studien beendet und dort das Doktorat gemacht; er übersetzt, geht über sein Amt als Dolmetsch hinaus, mit Wärme erklärt er und fügt aus eigenem hinzu, wenn der freundliche Papst Erläuterungen gegeben hat. Und schweift das Gespräch aus Altertum und Mittelalter in die neueste Neuzeit, nicht in die des Weltkrieges, über den sich Georg V. auch vor dem fremden Besucher mit unverhohlener Erbitterung äußert, sondern in die bolschewistische Gegenwart, die eine gewisse Reserve erfordert, dann überläßt der Papst mit einem kurzen Blick seinem weniger verantwortlichen Erzbischof das Wort. Während der Unterhaltung fällt draußen der Regen noch immer herab, klatscht auf die Scheiben, trocken bleibt der Doppelgipfel des Ararat, und seine Weiße durchdringt, ein Naturspiel, die Nebelschwaden, unten aber trieft alles, die Kreuze und Kirchen und der rote Stern auf dem ehemaligen Seminar.

Zuerst gibt Georg V. dem Gast eine historische Lektion. Die armenische Kirche ist die älteste der Erde, wenn man dem Eusebius von Cäsarea glauben darf, standen bereits in der ersten Hälfte des dritten Jahrhunderts armenische Bischöfe mit dem alexandrinischen Bischof Dionysios in Korrespondenz. Die Organisation der Kirche ist am Ende des dritten und anfangs des vierten Jahrhunderts durch Gregorius Illuminator durchgeführt worden; hier vor dem Fenster, wo sich jetzt, vom Regen gepeitscht, die Kathedrale erhebt, ist dem heiligen Gregorius der Sohn Gottes erschienen – Etschmiadsin heißt: „Der Eingeborene ist herabgekommen!" – und hat ihn sozusagen zum ersten Katholikos gesalbt. Solches begab sich jedoch bloß das eine Mal. Seither wird das Oberhaupt der armenischen Kirche von der ganzen Nation gewählt, von den russischen, türkischen, persischen und nun auch von den armenischen Armeniern. Die Geistlichen werden von der Gemeinde, die Bischöfe von den Eparchien und Diözesen und der Katholikos von den Vertretern aller armenischen Gläubigen aus der Türkei, aus Europa und aus Amerika gewählt, die je einen Geistlichen, den Bischof und einen Laienvertreter aus jeder der sechzig Eparchien zum Konzil entsenden. So ist auch der jetzige Katholikos zu seinem Amte gekommen, aber über seinen Nachfolger werden bereits weniger Wahlmänner abstimmen, denn Türkisch-Armenien existiert nicht mehr. Der fünfte Georg erzählt von dem unmenschlichen Leid, das die Armenier in der Türkei zu erdulden hatten, und da er merkt, wie wenig der Besucher darüber unterrichtet ist, wird er noch offener, ja: davon wußte man in Deutschland und Österreich nichts, man durfte nicht erfahren, daß der türkische Bundesgenosse einen Massenmord beging, wie ihn die Geschichte nicht kennt. Die türkischen Armenier wurden verfolgt, weil der Großteil ihrer Glaubensgenossen in „Feindesland" lebte. Sie wollten nach Mesopotamien auswandern, aber man drangsalierte sie unterwegs derart, daß Hunderttausende und aber Hunderttausende, Männer, Frauen und Kinder, vor Hunger und Durst und Entkräftung gestorben sind. Der Rest wurde zu Tode gemartert oder, in Säcke genäht, ins Meer geworfen. Jetzt gibt es fast keinen Armenier mehr in der Türkei. Vor dem Kriege zählte die armenische Kirche insgesamt vier Millionen Seelen, jetzt nur drei, eine Million ist ermordet worden.

Der Katholikos von Etschmiadsin ist das Haupt der Kirche, in Beirut residiert noch ein zweiter Katholikos und in Konstantinopel und Jerusalem je ein Patriarch, aber sie unterwerfen sich in allen Fragen dem Heiligen Vater auf heiligem Boden, obwohl jahrelang jeder Verkehr unterbunden gewesen ist. Seit zwei Jahren tauschen die kirchlichen Behörden des Auslands von neuem Briefe mit dem Heiligen Stuhl, fordern Gutachten ein und sein Urteil in kirchlichen Streitfragen, und das oberste

Konzil „Geraguin Chorurt“ kann wieder zusammentreten. In der Sowjetunion wirken acht Bischöfe, außerdem einer in Boston, zwei in Persien, einer in Paris, dem die Kirchen von London, Berlin und Wien unterstehen, je einer in Rumänien, Griechenland, Ägypten und Bulgarien.

Das Schrifttum der armenischen Kirche reicht bis zum Anfang des fünften Jahrhunderts zurück, es gibt nicht nur Übersetzungen der gesamten biblischen Literatur, die in den Urtexten erhalten ist, sondern auch solche, deren griechische oder syrische Niederschriften verlorengegangen sind. Armenische Pergamente von allgemein wissenschaftlicher und künstlerischer Bedeutung sind vorhanden, theologische, poetische und historische Werke, die sich vor allem auf Persien, Syrien, den Kaukasus, Kleinasien und Byzanz beziehen.

In der Sakralbaukunst existieren kaum ältere Denkmäler, als sie die Armenier aufzuweisen haben, Ruinen aus dem fünften, sechsten und siebenten Jahrhundert, in welcher Zeit die Kirche der Gregorianer ihre erste Blüte erlebte. Damals wurden auf basilikale Gebäude armenisch-iranische Kuppeln gestülpt, der eigentliche armenische Ekklesiastil geschaffen. Vom Ende des neunten bis zur Mitte des elften Jahrhunderts kommt während der Bagratidenherrschaft die zweite und unter der Regierung der Sachariden die dritte große Epoche der Architektur. Ungemein entwickelt war auch die Miniaturmalerei und die Buchkunst. Unten im Museum sind Porträts der Fürsten, der Könige und der Heiligen und Szenen aus der Heiligen Schrift zu sehen, Gebetbücher, kostbare Evangeliare und Memoria aus dem zehnten Jahrhundert, mit reichgeschmückten geschnitzten Elfenbeineinbänden, goldenen und silbernen Initialen – Schätze in wissenschaftlicher Obhut, wie man sie hier an der Grenze Asiens kaum vermuten würde. Archiv und Museum sind gegenwärtig nicht mehr unter der Verwaltung des Heiligen Stuhles, sondern Staatseigentum.

Das Gespräch zwischen dem Katholikos, seinem Erzbischof und dem Besucher wendet sich jetzt von Altertum und Mittelalter der Neuzeit zu, und die kirchlichen Würdenträger sprechen über die Stellung der armenischen Kirche in Rußland. In der Zarenzeit wurde die armenische Kirche mit allen Machtmitteln unterdrückt. Von der Förderung, die die griechisch-katholische Kirche als Staatsreligion erfuhr, war natürlich für die armenische keine Rede. Aber darüber hinaus versuchte der Prokurator viele Schulen unter allerhand Vorwänden zu schließen, sämtliche religiösen Schriften mußten der Zensur vorgelegt werden, und der orthodoxe Zensor in Tiflis waltete orthodox seines Amtes. Es war schon in der kaiserlichen Ära ganz klar, wenn es auch nicht ausgesprochen werden durfte, daß die großen Pogrome, welche die Tataren in Baku, in Achitschewan, in Tschutscha und in zahllosen Dörfern gegen die Armenier verübten, von der Regierung geduldet und von ihren Organen unterstützt wurden. Viele Armenier kamen hierbei ums Leben; als Fürst Golizyn kaiserlicher Statthalter im Kaukasus war, nahmen diese inszenierten Ausschreitungen sehr überhand und wurden wiederholt zu regelrechten Massakern.

Seitdem die Bolschewiki die Herrschaft ausüben, besitzt die armenische Kirche kein Eigentum mehr außer einigen Weinbergen, etwa vierzig Deßjatinen für die Landwirtschaft und den Kirchengebäuden und den Wohnungen der Geistlichen, obwohl auch hier Grund und Boden Eigentum des Staates sind. Während viele griechisch-katholische Kirchen im Kaukasus, wo sie von Staats wegen ohne besonderes Bedürfnis aufgebaut worden waren, von den Kommunisten geschlossen und andern Zwecken dienstbar gemacht sind, ist dieses Schicksal den armenischen Kirchen fast nirgends widerfahren. Allerdings haben wir dem Staat keinerlei Anlaß zum Einschreiten gegen uns gegeben. Wir haben von dem Augenblick an, da das kommunistische Regime Platz griff, uns positiv dazu gestellt und haben in unseren Kirchen in diesem Sinne gepredigt. Tatsächlich führte unsere loyale Haltung dazu, daß man uns im großen und ganzen ungeschoren läßt.

Anfangs wurde die Kirche von Anhängern der antireligiösen Bewegung, den Besboshniki, verhöhnt; jetzt hat diese Art der Propaganda bei uns jeden Boden verloren. Schmerzlich ist nur, daß wir kein geistliches Seminar besitzen, aber wir erhielten bereits die Versicherung, die Regierung habe im Prinzip nichts dagegen, wenn wir eine geistliche Hochschule eröffnen, die wissenschaftlichen Zwecken dient. Das Recht, die Schuljugend zu erziehen, ist uns von den Sowjetgesetzen genommen worden, aber nach dem siebzehnten und achtzehnten Lebensjahr darf jeder lernen, was ihm beliebt, und es kann uns daher nicht verwehrt sein, Jünglinge dieses Alters, die die Mittelschule absolviert haben, in unsern Spezialschulen für den geistlichen Beruf vorzubereiten. Wenn man uns gestattet, unsere Kirche zu haben, so muß man uns selbstverständlich auch erlauben, Seelsorger für diese Kirche heranzubilden.

Dieses war das Gespräch im Vatikan von Etschmiadsin. Der Papst reicht dem Gast zum Abschied die Hand und entzieht sie ihm, bevor dieser den Versuch machen kann, sie – sich dem strengen Rituale unterwerfend – zu küssen. Wir passieren den Audienzsaal, an dessen Wänden man die gemalten Spitzen des Ararat von Regensträhnen schraffiert aus der Sintflut emporragen sieht, wir gehen über den Hof, den noch immer der wirkliche Regen peitscht, wir bestaunen die Schätze des Museums, die Pergamente des Archivs und die Wände der Bibliothek, wir treten wieder hinaus und steigen in das Auto, dieweil der Himmel die Landschaft übergießt, als wollte er sie ertränken. Der Besucher, im Fond des Wagens sitzend, notiert sich einiges von den Mitteilungen des armenischen Papstes und seines Erzbischofs, denn – denkt er – wenn selbst die Sintflut kommt, das Interview ließe sich auch nachher verwerten – könnte die Arche des zwanzigsten Jahrhunderts nicht ein Automobil sein?

PETRUSCHKA UND WANKA-WSTANKA

Petruschka, Petruschka, wenn ich zur Gruppe der linksrevolutionären Literaten gehörte, die mit der Laterne bei schneehellem Tage nach Kleinbürgern suchen, Petruschka, Petruschka, dann ginge es dir schlecht! Dann schleuderte ich zweiundzwanzig Thesen gegen dich und eröffnete eine jener Debatten, die so lange währen, bis alle Diskussionsredner tot sind, und manchmal auch der, über den man diskutiert. Dann wärest du also mausetot, Petruschka, Petruschka, und könntest nicht einmal sagen, daß du unverdient gestorben seiest. Denn du bist ein Gegenrevolutionär, Petruschka, nichts mehr und nichts minder.

Nicht etwa, weil du dich, gleich da der Vorhang hochgeht, als ein Parasit entpuppst, der, faul wie der selige Oblomow imperialistischer Ära, sich im Bett wälzt, ja, von einem Neger in Livree bedient wird (obwohl schon das in einem Staatswesen der Werktätigen unzulässig ist). Auch nicht, weil du einen ausgesprochen individualistischen Schriftsteller, den Fabeldichter I. A. Krylow, einen großen dicken Herrn mit hellblauem Biedermeierrock und Ratsherrenstock, als Patron des Hauses vorstellst und das Publikum veranlassest, ihn aus vielen hundert

Stimmchen mit „Sdrawstwuite, Iwan Andrejewitsch“ zu begrüßen. Nein, nicht deshalb, sondern –

Was ist das überhaupt für eine monarchistische Angelegenheit, die Fabel von der Erbsenprinzessin, he, Petruschka? Es war einmal ein König, der hatte einen Sohn, und selbiger Sohn verliebte sich in ein fremdes Mädchen, das aus einem fernen, fernen Reich namens Deutschland gekommen war und angab, des dortigen Königs Tochter zu sein. Des verliebten Königssohnes Mutter aber hat noch nie etwas von einem Reich namens Deutschland gehört, glaubt auch nicht an die Geschichte von der hohen Herkunft, und um die präsumtive Schwiegertochter der Lüge zu überführen, der unverwöhnten Jugend und rauhen, empfindungslosen Haut, legt sie eine Erbse auf das Bettgestell, darüber eine himmelblaue Matratze, darüber eine damastweiße Matratze, darüber eine rosenrote Matratze, darüber eine smaragdgrüne Matratze, darüber eine dunkelviolette Matratze und hoch hinauf eine goldene Matratze. Und nun wird es dunkel, mit einer brennenden Kerze kommt die junge Dame in ihr Schlafzimmer, entzündet die sechs Lichter des Kronleuchters und löst ihre blonden Zöpfe, dabei in deutscher Sprache das Lied von der „Loreley“ anstimmend, woraus die Königinmutter die deutsche Abstammung des Mädchens erkennen könnte, wenn sie bei diesem Coucher anwesend wäre. Solches aber ist nicht der Fall, ganz schwiegermutterseelenallein verlöscht die Königsbraut alle Kerzen und legt sich auf die sechs Matratzen – um entsetzt aufzuschreien, denn etwas drückte ihr süßes Popotscherl: eine Erbse am Grunde der Matratzengruft! Da erkennen alle, daß sie eine Fürstentochter ist von reinstem Geblüte, die mißtrauische Schwiegermama gibt ihren Segen, Prinz und Prinzessin heiraten, und wenn sie nicht gestorben sind, so gehören sie alle auf den Galgen, bevor sie um die Fürstenabfindung einkommen. Petruschka, Petruschka, willst du dich um deinen Hals spielen?!

Oder soll ich gar den Inhalt des Gesprächs wiedergeben, das der Schoßhund mit dem Wächterhund führte? Wie sich der rauhe Köter mit dem Riesenschwanz darüber beklagt, daß er in Frost und Nacht das Haus beschützen muß, während der Pinscher im silbernen Fell behaglich auf dem Diwan ruht? Und die Antwort des Pinschers (geradezu eine Apologie des arbeitslosen Einkommens): Auch Schönheit habe ihren Wert und müsse belohnt werden. Nein, nein, darüber wollen wir erst gar nicht sprechen, sonst geht's dir schlimm, Petruschka, Petruschka.

Was könntest du zu deiner Verteidigung sagen? Daß dein Publikum Kinder sind, die nicht verstehen, was ein Prinz und ein Schoßhündchen und ein Lakai sind? Nein, nein, Petruschka, du hast auch eine Gemeinde von Erwachsenen, Zuhörer aus der Zeit der Prinzen, Schoßhündchen und Lakaien. Ich sah dich einmal im Haus der Vegetarier spielen, vor alten Herren mit abendfüllenden Umhängebärten und mit apostolisch gescheitelter Mähne, bereit zur Aufnahme des Glorienscheines, Heilige und Narren, die da glauben, durch Grasfressen und Gottergebenheit könne man Tyrannei, Ausbeutung, Massenmord und Not aus der Welt schaffen, und dir begeistert Beifall klatschten, Petruschka, Petruschka!

Die Ausrede, daß du in einem dreiaktigen Spiel auch zwei Zarengenerale verspottest, die sich auf einer Insel nicht zu helfen wissen und schließlich durch einen Bauer vom Hungertode errettet werden, diese Ausrede würde dir nichts nützen, denn die harmlose Satire stammt aus der kaiserlichen, der schrecklichen Zeit, von dem bürgerlichen Dichter Saltykow-Schtschedrin.

Aber ich weiß, was dir helfen würde, und ich glaube, du weißt es selbst, Petruschka, Petruschka: es würde dir helfen und hat dir geholfen, daß dein Theaterchen das entzückendste und reizendste von ganz Moskau ist, trotz Stanislawskij, trotz Meyerhold und trotz Habima! Der Bildhauer Jefimow hat dich und dein Ensemble so wunderbar aus Holz geschnitzt und die Malerin Simowa dich und dein Ensemble so herzig und witzig bekleidet und bemalt, und beide wissen mit euch so prachtvoll zu agieren, daß man dir nicht böse sein kann, Petruschka, Petruschka. Voll von Einfällen ist die Regie! Zum erstenmal erblickt man zum Beispiel einen lebenden Menschen auf der Puppenbühne, eigentlich steht er nicht auf der Bühne, sondern dahinter, und nur der Oberkörper ist sichtbar: es ist Gulliver im Lande der Zwerge. Männlein kribbeln auf ihm herum. Nicht sie sind klein, sondern er ist übermenschlich groß; so ungeheuer wirkt er auf das Publikum, wie er auf die Zwerge wirkt, und die Relativitätstheorie des Puppentheaters, die Heinrich von Kleist aufstellte, bekommt eine neue erstaunliche Bestätigung. Am Schlusse fängt das ganze Ensemble närrisch zu tanzen an – du, Petruschka, mit der alten Königin – der Königssohn mit dem Seidenpinscher – der Fuchs mit dem Kranich – der Gewerkschaftsführer aus dem Zwergenreich mit dem Riesenschwanz des Wächterhundes – die Königstochter allein, Pirouetten machend, daß die Pawlowa, die Karsawina und die Gelzer vor Neid erblassen müssen – und der schwarze Lakai, der keine Partnerin bekommt, aus Verzweiflung mit dem Vorhangtuch, immerfort stolpernd.

Du hast die vielhundertjährigen Traditionen des russischen Puppentheaters stark modernisiert. Du hast statt des Pferdes und des Teufels, die auf den Bauernbühnen mit dir gemeinsam spielten, Menschen hingestellt, das ist gut, Petruschka! Aber du stelltest Menschen aus einer alten Welt hin, und den Teufel mit Beelzebub auszutreiben, das ist nicht gut, Petruschka! Du mußt noch weitergehen, obwohl dir keine Gefahr droht von der GPU, denn der Bürgerkrieg ist schon vorbei, und man läßt dich aufführen, was du willst, man weiß, daß deine Bewegung nicht weiter reicht als eine Spanne, die Spanne zwischen den beiden menschlichen Fingern, die in den Ärmeln deines Kostümes stecken, und daß du kein gefährlicher Gegenrevolutionär bist, sondern nur Petruschka, Petruschka, das russische Kasperl.

Auch in dem ständigen staatlichen Puppentheater auf der Uliza Kropotkina werden ziemlich unziemliche Dinge vorgeführt, Boxkämpfe zum Beispiel, die in Rußland verboten sind, Akrobaten, die sich eine Zeitlang nur im Rahmen des ernsten Schauspiels betätigen durften, treiben dort Schabernack, Schlangenmenschen wickeln sich auf der Bühne zusammen, ein mondänes Tänzerpaar zeigt seine Künste, Athleten werfen Gewichte in die Höhe, und eine mutige Dompteuse legt einem Löwen ihr Köpfchen in den Rachen. Das Spiel ist stumm, die Figuren bewegen sich auf Drähten, aber sie sind mit derart kunstvoller Mechanik ausgestattet, daß die Symmetrie ihrer Gliederverrenkungen helles Entzücken erregt.

„Kinder, besucht euer Theater", so steht es mit großen Buchstaben an allen Straßenecken für jene, die noch nicht lesen können. Und am Sonntagmittag besuchen die Kinder „ihr Theater", Eintrittspreis wird nicht erhoben, der obdachlose Betteljunge kann einen Platz in der ersten Reihe bekommen, und das sorgsam verpackte Zärtelkind muß oft hinten vorliebnehmen, wo man gar nichts sieht, denn auch in den vorderen Reihen hält das Publikum nicht still, alles steht auf, gestikuliert und feuert die stummen und tauben Schauspielerchen durch begeisterte Zurufe an. In ihrer Gemischtheit haben diese Zuschauer doch etwas Gemeinsames: sie sind die Oktobrinen Moskaus, die Kinder, die seit jenem Oktober geboren sind, in dem man das Kapital verjagte und die Beamtenschaft und die Offiziere und die Gesetze und die Nonnen und die Gendarmen und den Herrgott und tausend andere Dinge, von denen diese Kleinen nunmehr keine Ahnung haben. Sie haben merkwürdige Namen, heißen Ninel, was die Umkehrung des Wortes Lenin ist, unzählige Mädchen führen den Doppelnamen Rosa-Luxemburg, ebenso wie Knaben mit dem Vornamen Karl-Liebknecht benannt sind; Oktobrina (nach dem Oktober 1917) und Maia (nach dem 1. Mai überhaupt), Remira (Abkürzung für Rewoljuzionnyj mir – Revolutionäre Welt) oder Rima (Abkürzung für Rewoljuzionnaja internazionalnaja molodjosh – Revolutionäre internationale Jugend), Ana (Abkürzung für Anarchie) und Uta (Abkürzung für Utopie) sind häufige Mädchennamen, sehr viele Knaben heißen Kim nach den Anfangsbuchstaben der Kommunistischen Internationalen Jugend (Molodjosh) oder Revo, der ersten Hälfte von „Revolution". Nach der Riesenpropaganda für die Traktorenwirtschaft und die Elektrifizierung Rußlands nannten einige Bauern ihre Töchter Traktora oder Elektrifikazija. Knaben führen den Vatersnamen Lenins „Iljitsch", also z. B. Iljitsch Petrowitsch, was soviel wie Sohn des Ilja und Sohn des Peter bedeutet. Viele Mädchen wurden „Prawda" genannt, was zwar „Wahrheit", aber auch der Titel einer Moskauer Zeitung ist und einige Eltern veranlaßte, ihr nächstes Töchterchen nach der andern Zeitung zu rufen: „Iswestija" – Nachrichtenblatt. (Wenn nur nicht die dritte Tochter konsequenterweise den Namen „Wetschernjaja Moskwa" – „Moskau am Abend" – bekommt.) Ähnlich wie es in der Französischen Revolution war, haben antike Helden wie Spartakus, Gracchus oder Junius Patenstelle vertreten (auch Anarchasis fehlt nicht), und geistige Heroen wie Giordano, Galileo oder Leonardo.

Diese Jugend mit den historischen Namen und mit der Ahnungslosigkeit von den historischen Dingen, die sich rings um ihre Geburt abgespielt haben, jauchzt und jubelt und klatscht einem europäischen Varieté zu, das auf ihrem Theater vorgeführt wird. Sie wissen nicht, daß dieses ihr Theater einmal Besitz und Vorrecht reicher Kinder war, daß viele der Marionetten aus dem Kreml stammen und aus den Adelsschlössern in der Krim und daß ein vierjähriger Herr Graf kaum ein paar

Wochen lang damit tändelte, worauf das Theaterchen mitsamt dem Ensemble in die Bodenkammer geworfen wurde.

Ungeheure Mengen alten Spielzeugs sind der Masse zugänglich gemacht worden. Aus dem Zarenschloß Livadia in der Krim trafen nicht weniger als vierzig Pud, also fast 650 Kilogramm kostbarer Spielwaren beim Kindertheater in der Uliza Kropotkina ein, wo manches in die Künstlertruppe eingereiht, das meiste an Kinderheime und Familien verteilt und das kultur- oder kunsthistorisch Wichtige in den Vitrinen angeordnet wurde, die das Theaterchen umgeben und ein Puppenmuseum bilden, das mehr ist als ein Puppenmuseum: eine miniature Darstellung des Unterschieds zwischen dem Spiel des reichen und des armen Kindes.

Für die Prinzen, nicht für die des Märchens, sondern für die leibhaftigen, für die kleinen Romanows, Dolgorukows, Bolkonskijs, Trubezkois gab es Spielsachen, die kein Märchenerzähler erfinden kann. Im Puppenmuseum staunen jetzt Proletarierkinder diese Herrlichkeiten an, aber auch der Erwachsene wundert sich. Eine Puppenwohnung zum Beispiel mit einem Klavier, das, aufgezogen, Melodien aus „Eugen Onegin" spielt, mit einer Standuhr unter Glassturz auf dem Kamin, die kaum drei Zentimeter groß ist und regelrecht die Zeit ansagt, mit einem Spind, in dem Wäsche für die Puppen geordnet liegt, mit himmelblauen oder blaßroten Schleifen, ganz zu schweigen von den Schränken, in denen Morgenkleid, Reitgewand, Straßenkostüm und Abendtoilette für Fräulein Puppe hängen, und von den geschnitzten Möbelstükken. Oder ein Panzerfort mit drehbaren Geschütztürmen, gebrauchsfähigen Kanonen, weithin blitzenden Scheinwerfern und einer Besatzung von einigen hundert Mann, die auch nicht von Pappe sind, sondern aus Zinn. Oder ein Gartenhaus im Empirestil, einen Meter hoch, worin das dreijährige Prinzchen seine Freundin empfangen konnte, früh krümmt sich, was ein Fürstchen werden will. Oder ein Theater mit Kulissen und Soffitten und Souffleurkasten und mit gelenkigen Akteuren, wie sie eben beim Spektakel mitwirkten. Oder das Puppenporzellan, ein Service, das drei Regale eines breiten Glasschrankes füllt, so winzig die einzelnen Stücke auch sind: eine lange, gedeckte Tafel, auf der nichts fehlt, nicht die Servietten und Gläser, nicht die Karaffen und Teller, nicht die Champagnerflasche mit dem Sektkübel, die Weinflaschen und die Römer, nicht der Samowar und die Teetassen (mit goldenem Überfang), nicht die Suppenterrine und die Löffel, nicht ein gebratener Schweinskopf, nicht Hühner, Fische, Gurken, Puddings, Käse, Obst, Konfekt.

Von den armen Kindern, die das jetzt mit aufgerissenen Augen umdrängen, bekam wohl keines früher solche Herrlichkeit zu schauen, und hätte es sie zu schauen bekommen, hätte es nur eine Frage gestellt, auf die es keine Antwort gab: „Warum kriege *ich* so etwas nicht?" So ist das Museum ein Stück politischer Geschichte.

Und überdies ein Stück Kulturhistorie:

Man kann die Moden und Aktualitäten von gestern an diesem ausrangierten Inventar der Kinderstuben studieren, Puppendämchen tragen einen Cul, Puppendämchen tragen Puffärmel, Puppenherrchen spreizen sich im grauen Zylinder und grünen Frack des Biedermeier, zwei aufziehbare Blechfiguren verspotten die Anfänge der Entente cordiale, indem sich Präsident Fallières und King Edward VII. vorne umarmen und hinten zu erstechen versuchen, ein Geduldsspiel trägt die Aufschrift: „Home Rule or How to solve the Irish question", ein altes Brettspiel geht um den Besitz von Port Arthur, edle Gesichter haben die russischen Soldaten, quittengelbe Affen sind die Japaner.

Den Gegensatz von hoch und nieder, der wohl nirgends so kraß war wie im Zarenreich, bekunden die liebevoll mit Lumpen umhüllten Puppen aus Stroh, die unweit des filigranen Porzellans ihren Stand haben, und die „Schauspieler" des Kartoffeltheaters. Die Babys der Samojeden vergnügen sich mit gesichtslosen Puppen – ein Walroßzahn mit Kleidern umwickelt, fürsorglich mit warmen Kleidern, die dem arktischen Klima Trotz bieten können. Kinder der Mandschurei lassen Drachen aus giftgrünem Papier in die Lüfte steigen, spielen mit Schlangen, aus Holzringen beweglich zusammengesetzt, und mit grotesken Fratzen, Schattenbildern. Zentralrussische Heimarbeit sind grelle Ostereier und Würfel, jedes nur Hülle für ein kleineres, andersfarbiges Exemplar, das seinerseits wieder ein Futteral bildet – zehnmal verkleinert sich die Schachtel. Geschnitzte Figuren, zwei Holzfäller mit Äxten, die sich gegeneinander bewegen; ein Arbeiter mit dem Hammer und ein Bauer mit der Sichel schlagen auf einen Amboß, was soll das für eine Arbeit werden! Ganze Gruppen, bewegliche und unbewegliche. Eine hölzerne Bauernhochzeit zeigt den Popen mit breitkrempigem Hut über dem glatten, lang herabreichenden Haar und dem Christusbart, den Bräutigam in der bunten Rubaschka, in Pluderhosen und Lederstiefeln, die Braut im Sarafan und mit dem riesigen glasperlenübersäten Kokoschnik auf dem Kopf. Es gibt keine Auffassung, die zur Herstellung des Wanka-Wstanka, des russischen Stehaufmännchens, nicht schon zutage getreten wäre, bald ist er ein Muschik mit fadenscheinigem Schafpelz, bald ein schnauzbärtiger Hauptmann, bald ein Kosak, bald eine runde Bäuerin, bald ein Pope und schließlich ein Rotarmist mit dem spitzen Kalmückenhelm aus Tuch. Ein Motiv, in Marzipanbäckerei und Holzschnitzerei auf dem Lande viel verwendet, ist das Begräbnis der Katze, das die Mäuse jubelnd und tanzend begleiten. Neueste Krippenidee ist ein Arbeitertrupp mit Standarten, der sich, dreht man die Kurbel, über den Roten Platz bewegt, längs der Kremlmauer, am Lenin-Mausoleum, an der Schädelstätte Iwans des Schrecklichen und an dem bizarren Kuppelgewirr der Wassilij-Kathedrale vorbei, während das Spielwerk die „Internationale" hören läßt. Auch den „Zentrorynok", den Moskauer Markt, hat ein emsiger Heimgewerbler mit vielen Buden, Hunderten von Verkäufertypen, Polizisten und Passanten aus weichem Holz und hartem Papier zu gestalten versucht.

Sie wird plumper und billiger, die Kunst des Spielzeugs, das ist nicht zu leugnen, und kein Proletarierkind besitzt wohl ein Empireschloß für Puppen, aber es wird auch kein anderes Kind beneiden müssen, das um nichts artiger ist und doch ein solches Zauberwerk sein eigen nannte, bloß weil seine Wiege im Palaste stand.

DER SCHATZ IM KASPISEE: NAPHTHA

Irreführender Wald

Pinien werden zu beiden Seiten des Weges nach Bibi-Eybat sichtbar, links am Ufer des Kaspischen Meeres und rechts am Fuß des ockergelben Hügelzuges, auf dem dächerlose Hütten stehen und ein Moscheechen. Es ist ein dichter Wald von Pinien ... gewiß ... oder sind es Zypressen? ... ein Olivenhain mit kegelförmig zugeschnittenem Astwerk?

Weiterfahrend, an offenen Häusern vorbei und durch fettgesättigte Pfützen, merken wir, jener Wald ist kein Wald von Pinien, nicht von Zypressen und nicht von Oliven, nein, es sind dunkle, verwitterte, dreikantige Bauten von Menschenhand, schmale, gestumpfte Pyramiden, über jede eine sich verjüngende Pyramide gestülpt, und darüber eine dritte – steile Altäre, auf daß oben der Hohepriester das Opferfeuer entfache. Manche dieser Holzhöhen sind schwarz, manche tragen rostrote Flicken, manche scheinen noch im Stadium des Entstehens zu sein, denn das Gestänge liegt nackt, schräge Balken und Bretter über Kreuz, Stufen an der Außenwand, oben ein Rad; besonders am Meeresufer häuft sich die Zahl dieser hölzernen Eiffeltürme.

Die Bohrtürme von Bibi-Eybat sind es, des einen Naphthagebietes, südwestlich von Baku, das zweite erstreckt sich auf der andern Seite, nördlich des Tschornyj Gorod und des Belyj Gorod auf der Halbinsel Apscheron, und ist bedeutender; an dreitausend der konischen Gerüste schraffieren den Horizont des Bezirkes Balachany-Sabuntschi-Romana-Surachany und Binogady, der Millionen europäischer Lampen mit Petroleum, die Motore mit Benzin, die Maschinen mit Öl versorgt, schon seit zwei Menschenaltern. Zu Füßen des braunfelsigen Berges mit den asiatischen dachlosen Hütten ist jedoch etwas ganz Neues zu sehen: wenden wir uns dem größten See des Erdballes zu, an dessen Ufer Trampoline gelbhölzern glänzen.

Festungen und Feueranbeter

Meeresburgen auf Gestein mit Bastion und Wall sollen das Gestade bewachen vor feindlichen Schiffen. Aber ebensowenig wie jene Pinien Pinien waren, sind diese Festungen Festungen, kein Felsen ist ihr Fundament, und kein feindliches Fahrzeug bekümmert sie: es sind Gruppen von Bohrtürmen, die man durch Ummauerung vor dem Anprall der Wogen schützte. Diese Schutzwand ist überflüssig geworden, der See reicht nicht mehr bis hierher, wir haben auf welligem Sand weit zu marschieren, bevor wir die Hand in die blaugrüne Flut des Kaspium tauchen können.

Vor fünf, sechs Jahren war das alles Wasserfläche, obschon man seit langem wußte, daß der Grund zu kostbar sei, um ewig Seeboden zu bleiben. Hier sahen, ängstlich ein Kreuz schlagend der russische Matrose, sich scheu an die Stirn greifend der persische Kauffahrer eine senkrechte brennende Linie mitten im Wasser, hier spürte der Tatare, der vor der Glut des Landes in die Wogen flüchtete, öligen Geschmack auf seinen Lippen, hier gab es – was sonst in Ufergebieten nie der Fall ist – Gemeinden von Feueranbetern, und die hielten an ihrer Religion fest (bei Surachany steht ihr Tempel, in dem sie noch vor fünfzig Jahren zu dem ewigen Feuer beteten), länger als die Mehrzahl ihrer Glaubensgenossen in Indien.

Die Götter des Öls

Die Beherrscher von Baku betrachteten die pyrotechnischen Kunststücke des Wassers durchaus nicht mit den Augen der Frömmigkeit, sie beteten nicht, und wenn sie beteten, so betete jeder darum, ihm allein möge der Schatz im Silbersee beschert werden. Da aber jeder einen anderen Gott hatte und Gottheiten einander in Trustgebieten nicht gern Konkurrenz machen, schloß der Gott des Pariser Bankhauses Rothschild mit dem Gott der schwedischen Firma „Brüder Nobel" und mit dem Gott des Tataren Schibajew und mit dem Gott der russischen G. m. b. H. Mantaschow-Kokorew und mit dem Gott des armenischen Brüderpaares Mirsojew, die hier schon seit 1873 Millionen scheffelten, und mit dem Gott der Familien Lianossow-Terakopow, die außer ihren Naphthaquellen an der diesseitigen Küste auf der persischen Seite die Fischereikonzession in Händen hielten, und mit dem Gott des alten Tagijew, den der Kadettenführer Maklakow für ein Palmare von einer Million Rubel davor rettete, wegen Meuchelmordes gehängt zu werden . . . so schlossen also besagte Ölgötzen einen Vertrag ab, demzufolge sie die Bucht bei Bibi-Eybat trockenlegen und an Stelle des verdrängten Wassers das wertvollere Rohöl emporpumpen wollten.

Besaß der Konzern auch Macht genug?

Geld genug hatten sie zu solch gigantischem Plan, wenn sie auch nicht mit der American Standard Oil Company in Wettbewerb treten konnten, die mit unerreichbarer Organisation an jeden europäischen Dorfkrämer herankam, ihm ihren Meßapparat und Kredit und Metallplakate überließ und seinem Gewürzladen taxfrei den Titel und Rang einer Filiale von John Rockefeller verlieh. Dafür hatte das Kartell von Baku ein faktisches Monopol auf das unabsehbare Absatzgebiet von Rußland. Ohnmächtig war die Petersburger Regierung gegen die Ölprinzen, sie versuchte zwar, Krieg gegen sie zu führen, sie kaufte, um zu zeigen, daß sie von Baku nicht abhängig sei, aus Mexiko Riesenquanten von Masut zum Schmieren der Maschinen, obwohl im eigenen Lande die gleichen Mengen verderben mußten; sie wollte dem Preisdiktat des privaten Monopols dadurch begegnen, daß sie verbot, neue Felder zu erschließen; aber der Pariser Rothschild und die Royal Dutch Shell Company besiegten den Zaren und sein Kabinett. Ohne um den Absatz besorgt zu sein, durften sie außer den Schätzen, die sie aus der Erde holten, noch die unter dem Grunde des Wassers schlummernden begehren, sie ließen gemeinsam ein Projekt ausarbeiten und beteten vielleicht – – –

– – – jedoch die Götter Nobels, Rothschilds und Lianossows verhüllten ihr Haupt, denn der Weltkrieg war ausgebrochen, sie hatten es nicht gewollt, und wurden nun von allen Seiten als Bundesgenossen angerufen, und kein Gottesgläubiger wird ihnen verdenken, daß sie nicht Zeit fanden, den Kaspisee partiell auszutrocknen.

Blut ist dünner als Naphtha

Baku, Baku, keine Straße, durch die nicht der Windstoß pfiffe, auch politische Winde werfen sich hierher, aus allen Weltgegenden und Weltteilen, und ihre Kreuzungspunkte bezeichnen die hölzernen Pyramiden – Trigonometer. Da der große Krieg zu Ende ging, rückte zunächst die geschlagene Türkei petroleumdurstig heran, aber vom anderen Endpunkt der europäischen Diagonale blies der englische Badkubé, und eine britische Armee marschierte auf dem kleinen Umweg von Indien über Bagdad und Persien ein, um die ergiebigen Kanzeln zu besetzen und die sechshundertfünfzig Kilometer lange Rohrleitung, durch die das Öl vom Ufer des Kaspisees in die Schiffe des Schwarzen Meeres gepumpt wird. Rechtzeitig zogen die Türken ab. Die Volksregierung, die eine Zeitlang in Baku installiert gewesen, flüchtete, wurde in Turkestan auf der Station Krasnowodsk aus dem Zuge geholt und auf der Stelle füsiliert, denn sie hatte das Verbrechen begangen, das Gebiet zu verwalten, in dem sich die doch unbestritten Seiner Großbritannischen Majestät gehörende Naphtha befand; die sechsundzwanzig Erschossenen sind die Märtyrer der südrussischen Revolution, ihr Todesdatum ist Nationalgedenktag, und jede kaukasische Republik feiert den Besten der Ermordeten – die Armenier den Armenier Stepan Schaumyan, die Tataren den Tataren Asisbekow, die Grusier den Grusier Ilja Dshaparidse, und so fort.

Okkupationstruppen King Georges, Sikhs, Hindus und die üblichen paar Paradeschotten, verließen das Ruhrrevier am Kaspisee, weil Denikins Schicksal besiegelt war und Rußland mit der Türkei ein Abkommen getroffen hatte. In Aserbaidshan ergriff die Partei der Mussawatisten die Staatsgewalt, da aber eine nationale Regierung nichts anderes bieten konnte, als die zaristische Regierung geboten hatte, so traten bald die Kommunisten an ihre Stelle, und die Republik Aserbaidshan gehört seit April 1920 wieder zu Rußland, zur UdSSR.

Abgedrängte Wellen

Und auch die Reiche der entthronten Naphthafürsten sind zu einer Union vereinigt, dem Staatsbetrieb „Asnepht". Der hat das Projekt zu Ende geführt, die Bucht trockengelegt; das Land, auf dem man von den Wäldern der Naphthazitadellen bis ans Ufer geht, zweihundertdreizehn Deßjatinen, ist aufgeschütteter Sand, 1 400 000 Kubikfaden, fünfzehn Kilometer weit hergeholt; die 450 Meter lange Steinmauer, die auf der Wasserseite aufgerichtet ist, damit sich der See nicht auf seinem alten Gebiet festsetze, ist fünfundzwanzig Fuß hoch. „Iljitsch-Bucht", das neue Land. Über hundert Bohrtürme strekken sich empor, bloß vierhundertfünfzig Meter unter der Erde lagert der flüssige Bernstein auf Petroleumsand.

Die geologischen Schnitte, schmale Kartonstreifen mit horizontalen und schrägen Schichtenlinien farbig gestrichelt, reichen weiter ins Erdinnere, denn nicht ewig liegt das Gute ach so nah; in den alten Feldern von Bibi-Eybat muß man oft 920 Meter schürfen, jenseits Baku bis zu einer Tiefe von 1092 Metern. Innerhalb der Tribünen, im trockenen Teil des Kaspisees, arbeiten die Pumpen Tag und Nacht, und man wird bald wieder die Bohrer einsetzen müssen und tiefer ausholen, noch ehe das neue goldgelbe Land der goldenen Bucht so schwarz wie das jenseits des Weges sein wird und die neuen hellen Türme so dunkel wie jene drüben, die wir für Pinien hielten.

Alte Arbeiterhäuser

Alt von Geburt an und doch noch gealtert, bilden scheußliche Häuser Spalier auf den Wegen, die zu den Erdölfeldern von Baku führen. Häuser? Kaum Hütten sind das! Ein unregelmäßiges Stück Erde, von Wänden aus Holz und Teig jämmerlich umfriedet, mit zwei Löchern an Fensterstatt, steht in einer Pfütze brauner Jauche, ein Dach ist des Landes nicht der Brauch, windschief die Grundmauern, Giebel oft mit der Hand erreichbar. Die langgestreckte, zweistöckige Baracke mit offenen Veranden sieht aus wie ein vergrößertes Hühnerhaus, noch brüchiger und dünner, wahrhaftig, ein Fußtritt könnte sie zusammenschmeißen.

So hatten die reichsten Leute der Welt die Arbeiter der reichsten Stadt untergebracht! Allerdings: der Boden, aus dem jährlich fünfhundert Millionen Pud quellen, ist enorm teuer, und die Behausungen für fast fünfzigtausend Arbeiter sollten provisorisch sein, auf daß der Bewohner nicht allzu schmerzlich berührt sei, wenn man seinen Wohnraum niederlegte, um an dessen Stelle ein Bohrgerüst aufzuführen. Wer in der Stadt wohnte, mußte morgens lange vor Beginn der Arbeitszeit aufstehen, denn schwerfällig schleppte, noch 1920, eine Pferdebahn durch den steifen Wind und die tiefen Lachen; und diese Fahrt zur Arbeitsstätte hatte jeder von seinem Lohn zu bezahlen.

Neue Arbeiterhäuser

Jetzt sind auf den Hügeln, die bei Bibi-Eybat den See umrahmen, fünfundzwanzig große Wohngebäude aufgeführt, dreitausend Häuser und Baracken remontiert worden, bei Balachany ist eine Gartenstadt mit vierundsechzig Bauten entstanden, und eine weitläufige Kolonie mit Einfamilienhäusern (Wohnzimmer, Schlafzimmer, Küche, Badezimmer und Wasserklosett), wie sie auf dem Ölgebiet von Grosnyj bereits fertiggestellt ist, ist budgetiert; in Mardatschan wurde ein Erholungsheim für die Arbeiter des „Asnepht“ und ihre Familien eingerichtet, ein anderes großes Sanatorium besitzen sie nahe den Raffinerien von Baku. Noch immer herrscht Wohnungsnot, ein beträchtlicher Prozentsatz der Arbeiterschaft muß in der Stadt und in den asiatischen Dörfern auf den Berghängen der Umgebung wohnen, aber die Verhältnisse bessern sich von Monat zu Monat, und für die vielen Familien, die den ganzen siebenjährigen Krieg Rußlands hindurch in ausrangierten Zisternenwaggons am Güterbahnhof hausten, sind menschenwürdige Quartiere frei gemacht worden. Die Straßenbahn ist elektrisch, die Fahrt von und zur Arbeitsstätte, wie überall in der Sowjetunion, unentgeltlich.

Spaziergang durch Pfützen

Alle Systeme der Bohrung und Förderung, alte und neue kann man sehen, wenn man die Tümpel durchwatet, mit denen rasanter Wind seltsames Farbenspiel treibt: dort, wo sie sich mit dem emporgeholten Lehm mischen und von den Tritten der Arbeiter durchfurcht sind, gleichen sie schmutzigen Lachen vor Düngerhaufen, an der Meeresmauer jedoch strahlen sie als Perlmutt, der Sonne orangerotes Zentrum und ihre goldenen Strahlen oszillieren in manchem Teich wie ein Tigerauge; wir balancieren über einen Silberreif, wagen unsern Schritt über einen Topas, über ein Stück Bernstein mit dunkelbraunem Kern und hellen Rändern, über einen Beryll und werden erst viel später (fluchend) merken, daß all das so verschiedenartige Edelgestein unsern Anzug eintönig bespritzt und befleckt hat.

Wie gebohrt wird

Inzwischen lernen wir, was innerhalb der Kanzeln vorgeht: zwanzig quadratische Stangen verlängern einander und dringen, elektrisch gehämmert, ins unbekannte Erdinnere, mit einem Stück Lehm oder Sandspuren an der Kante des Bohrers steigen sie empor – dieser Kundschafter bringt Proben aus dem gelobten Land, sorgsam wird der Tonpatzen oder der Sandklumpen abgehoben und ins Kontor getragen, ein Strich, blau oder rot, je nachdem, auf dem geologischen Querschnitt, und von neuem vertiefen sich die vereinigten Stangen ins Erdreich. Anderswo wird der Bohrer am Seil über einer Winde gesenkt. Dritte Art: die Rotationsbohrung; nicht gradlinig fällt der scharfe Keil hinab, er dreht sich, rund wird das Loch, eine Tonmischung entsteht und umkleidet die Wand zementartig, die Besetzungsrohre befördern den Schlamm aufwärts in den nahen Teich. Nach je fünfzig Metern muß man den Boden prüfen, jäh könnte die Stahlkante auf Stein stoßen und zerbrechen. Schnell kreist der Bohrer auf seinem langen Schaft, neunzig bis hundertzwanzig Umdrehungen in der Minute, von einem Elektromotor mit hundert Pferdestärken getrieben. Das ist die modernste Bohrungsweise nicht nur auf der Iljitsch-Bucht, auch auf dem neuen Gebiet Puta-Kala-Fatmai (Soldatskij Basar) und auf den alten Feldern wird sie ausgeübt, zweihundert Quellen wurden seit 1921 erschlossen.

Methoden der Förderung

In Dörfern der Umgebung, in Schubani zum Beispiel, wird das Erdöl noch aus Brunnen gewonnen, die Dorfbewohner ziehen es mit Schöpfeimer und Kurbel herauf, füllen es in Fässer und verkaufen es an den „Asnepht", einige hunderttausend Pud im Monat. Auf den Naphthafeldern werden sechzig Prozent durch die „Shelonka" gefördert, ein langes Rohr von sechzig Zentimeter Durchmesser, das in das Bohrloch gesenkt wird, automatisch sich öffnet, wenn es an die Flüssigkeit kommt, und schließt, wenn es voll ist. Kompressen werden in zehn bis fünfzehn Prozent der Quellen verwendet, sie drücken Luft nach unten; dadurch steigt die Naphtha in die Beförderungsrohre, wobei allerdings auch Ölgase verdrängt werden, die das Rohöl an die Grube bringen. Die beste Methode ist die der Tiefpumpen. Der Elektromotor treibt im Wege der Transmission Rad und Schaukelwerk an, die daran befestigte lange Stange ist der Stiel eines Kolbens, der sich im Pumpenrohr auf und ab bewegt. So wird die Naphtha aufgesaugt, es bedarf keiner breiten Schächte und keiner eigenen Arbeiter, ein Mann kann fünf bis sechs Quellen beaufsichtigen, ein Kraftwerk genügt für die Pumpen mehrerer Gruben, die Apparate fördern in vierundzwanzig Stunden bis zu viertausend Pud zutage; die strömen durch die sechs Kilometer lange Röhrenleitung nach der andern Seite der Stadt, nach Tschornyj Gorod und Belyj Gorod, wo tausend Zirkuszelte aus Eisen stehen, die Reservoire, und die großen Raffinerien, die die Naphtha zerteilen: in Petroleum (Kerosin) 22,3 Prozent, Benzin 0,42 Prozent, Gasolin 1 Prozent, Masut

57,7 Prozent, Maschinenöl 6,3 Prozent, Solaröl 10,3 Prozent, Zylinderöl und Gudron 1,98 Prozent. Die Gesamtproduktion, seit dem Jahre 1921 ununterbrochen steigend, betrug 1925 bereits 330 Millionen Pud, etwa fünf Prozent der Weltproduktion und achtzig Prozent der Friedensleistung.

Maschinenanlagen

Beinahe die ganze Einnahme wird investiert, Maschinen, Röhren und Kessel aus Amerika, aus Deutschland, aus Frankreich und aus England werden montiert, eine große Maschinenfabrik des Asnepht erzeugt selbst Apparate, nach Kalifornien, Pennsylvania, Wyoming, Texas und Mexiko sind russische Ingenieure zum Studium der Methoden kommandiert. Das Kraftwerk hat seine Leistung von 40 000 Kilowatt auf 92 000 erhöht, und die Elektrifizierung der Anlagen schreitet fort. Dampfturbinen mit elektrischen Schaltanlagen produzieren den Strom, der auf den Ölfeldern die Motore treibt. Viel weniger Rohöl als früher verbrennt, das Gas geht nicht mehr verloren, es wird gefangen und utilisiert, das Gasolin, das in den meisten Betrieben entwich, wird vom Gas abgeschieden und restlos erfaßt. Allmählich wird die Dampfkraft ausgeschaltet, sie ist bloß auf den Betrieb eines Zehntels der Anlagen beschränkt, in Amerika werden mehr alte Verbrennungs- (Gas-) Maschinen verwendet als auf den Ölfeldern des neuen Rußlands. Die elektrische Zentrale Bailow wird durch Gas betrieben, 80000 Pferdestärken braucht die Industrie von Baku, die Anlagen, die mit Naphtha geheizt wurden, sind bereits zu klein, der Naphthabrennstoff, der zur Herstellung von Licht und Kraft verwendet wurde, betrug zehn Prozent der Ausbeute, bares Geld. Der Charlottenburger Professor Ludin hat ein Projekt ausgearbeitet, die Wasserkräfte des zweihundertfünfzig Kilometer entfernten Samur und die des Araks und des Terter, zweier Nebenflüsse der Kura, als weiße Kohle zu verwerten. Weiter sieht das Projekt eine Ausnützung der Gase vor, die sich im Kaukasus bereits bewährt hat: im Glashüttenwerk „Dagestanskije Ogni“ („Dagestanisches Feuer“) bei Derbent, das ganz Armenien, Grusien und Aserbaidshan mit Fensterglas versorgt; Betriebsleiter und Werkmeister sind meist Deutschböhmen, doch in den Glasindustrien ihrer Heimat, im Böhmerwald und in Haida, ersetzt kein Erdgas Arbeiter und Kohlen.

In Baku ist man auch noch nicht soweit wie in Derbent, in Baku sind 47 000 Arbeiter auf den Naphthafeldern und in den Destillationen vonnöten, aber die Ingenieure, aus welchen Ländern sie auch stammen, sprechen schwärmerisch von den Reformen der Gegenwart und den Projekten der Zukunft, als wären sie die Besitzer dieser Quellen des flüssigen Goldes und nicht Angestellte mit einem Monatsgehalt von hundertfünfzig Rubel.

MOSKAUS POLIZEICHEF ANTWORTET DEM INTERVIEWER

Einst saß hier, umgeben von Wachen und Dienern, Seine Exzellenz der Herr Polizeiminister und Stadthauptmann von Moskau. Jetzt, wenn man nach dem Chef der Kriminalpolizei fragt, wird man zu einer Tür gewiesen; ohne zu klopfen, tritt man ein, geht auf einen Schreibtisch zu, doch der ist der falsche, es sind mehrere Schreibtische da. Mehrere Schreibtische im Büro des Chefs? „Ja, im Westen wird ein eigenes Zimmer statt eines Ordens verliehen“, erhält man zur Antwort, „bei uns hat der das größte Zimmer, der den größten Parteienverkehr hat.“

Man möchte zuerst etwas Persönliches wissen, ob der Genosse Polizeichef schon früher auf diesem Gebiet gearbeitet hat, was er vor der Revolution gewesen ist. Aber darüber gibt er keine Auskunft. „Nennen Sie, bitte, keine Namen!“ (Ist mir noch nicht vorgekommen. – Anm. d. Reporters.) „Wir sind Räder einer Maschine, namenlos, wir können morgen Volkskommissare sein oder Nachtwächter, je nachdem, wie unsere Arbeit von jenen eingeschätzt wird, die sie zu beurteilen haben. Morgen kann ein anderer an meiner Stelle sitzen.“ Es muß aber Fachleute geben, Menschen, die den Betrieb kennen? „Gewiß, wir arbeiten und gewinnen wissenschaftliche und praktische Erfahrungen und haben auch Leute aus der zaristischen Zeit.“ Viele? „Nein. Während des kaiserlichen Regimes zählte die Moskauer Kriminalpolizei zweihundertunddrei Beamte, denen die ganze Straßenpolizei unterstand, sie hatten eine ausgezeichnete Schule von strengster Disziplin, waren jedoch jeder Protektion zugänglich, mit Geld konnte man bei ihnen alles durchsetzen, und vor allem waren sie durch ihre politische Einstellung kompromittiert – sie arbeiteten der

Ochrana in die Hände, deren Moskauer Abteilung gleichfalls in dem Hause untergebracht war, das wir jetzt innehaben. Wir mußten daher an ihren Abbau denken. Das konnten wir leicht, denn ihre Tätigkeit war von ganz anderer Art als unsere. Die Moskauer Verbrecher der Friedenszeit konzentrierten sich zum großen Teil in bestimmten Distrikten, so bei der Chitrowka, wo Maxim Gorki in seiner Jugend gewohnt hat und deren größtes Haus, in dem jedes Zimmer ein Massenquartier war, er zum Schauplatz des ‚Nachtasyl' gemacht hat. Sie kennen das Stück?" Ja, auch in der Inszenierung Stanislawskijs. „Stanislawskij hat eine solche Wohnung der Chitrowka genau kopiert, so sah es aus. Die Polizei durfte sich gar nicht hinwagen, sie hatte nur Konfidenten dort. Wir haben eine Attacke gegen diese Schlupfwinkel unternommen, die Häuser renoviert und Wohnungen daraus gemacht. Jetzt scheint in einem andern Rayon, in der Nähe des Twerskoi-Boulevard, eine neue Verbrechergegend zu entstehen, wir wissen nicht, ob wir uns darüber freuen oder ärgern sollen.

In der früheren Ära setzte sich das Moskauer Gaunertum meist aus geschlossenen Gruppen zusammen, Einbrecherkolonnen, Räuberbanden, Familien von Dieben, Hehlerkonsortien, die heute ganz verschwunden sind. Einbruchdiebstähle kommen in Moskau fast überhaupt nicht mehr vor, was zum Teil in der enormen Wohnungsnot der neuen Reichshauptstadt seinen Grund hat – es ist immer jemand zu Hause –, zum Teil in der Restriktion des Privatkapitals. Mit Räuberbanden hatten wir allerdings in den Landbezirken unseres Gouvernements schwer zu kämpfen, unter anderm haben wir die aus sechs Männern und vier Frauen bestehende Kolonne Kotows unschädlich gemacht, die an der Grenze des Smolensker Gouvernements in den Jahren 1920 und 1921 wohl den Weltrekord an Verbrechen erreicht hat: hundertfünfzig Raubmorde in dieser kurzen Zeit. Ein zweiter Fall von ungeheurem Ausmaß ist der des Kutschers Wassilij Komarow-Petrow, der unter dem Vorwand, ein Pferd zu verkaufen, allwöchentlich einen Menschen in sein Haus lockte und mit dem Hammer erschlug; das Blut ließ er in eine Wanne strömen, die jetzt in unserm Museum ist. Den nackten Leichnam band er, wobei seine Frau ihm half, mit Stricken und steckte ihn in einen Sack, den er in der waldigen Umgebung Moskaus ins Wasser warf. Sechsunddreißig Menschen hat er umgebracht und wurde – ähnlich wie Haarmann, Denke, Landru und Großmann – nur durch Zufall entlarvt. Als man bei ihm nach einer Wodka-Schwarzbrennerei suchte und die Polizeibeamten in den Keller stiegen, wollte er fliehen, wurde erwischt, und im Keller fand man eine Leiche – das letzte seiner Opfer. Man verurteilte ihn und seine Frau zum Tode, ihre drei kleinen Kinder wurden der Staatserziehung übergeben. Seither kamen keinerlei Monsterverbrechen vor, und das Bandenwesen ist vollständig liquidiert. Unsere Mordkommission tritt seltener in Tätigkeit als in den andern Großstädten.

1914 waren der Polizei 4191 Verbrechen gemeldet, von denen nur 1739, also 41 Prozent, aufgeklärt wurden. Im Februar 1917 sprengte die Kerenskijrevolte die Gefängnistore, die Kriminalität nahm jäh zu, und zu den Berufsverbrechern traten Gelegenheitsverbrecher. Trotzdem gelang es im Jahre 1918, dem ersten unserer Tätigkeit, inmitten großer Wirrnisse, von 11 565 Verbrechen 3622 aufzuklären, das sind 31 Prozent. Im Jahre 1919, das der Reorganisation des Detektivkorps gewidmet war, wurden uns 10 613 Delikte gemeldet – die Täter von 4942 machten wir ausfindig (49 Prozent), 1920 von 10 707 Verbrechen 5670 (53 Prozent), und im nächsten, dem Hungerjahr, blieb der Prozentsatz konstant. Schwer waren die beiden folgenden Jahre: die Neue Ökonomische Politik, die Wertanhäufung bei Privatpersonen, die Entwicklung des Handels, die Verdreifachung der Moskauer Bevölkerungsziffer und das Auftauchen von Gastverbrechern aus der Provinz steigerten die Kriminalität, fast auf das Vierfache der Friedensziffer schnellten die registrierten Straffälle dieser beiden Jahre empor, auf 15 719 und 14 054, von denen 8707 und 7290, das sind 55 und 52 Prozent, aufgehellt wurden. Allerdings mußte die Beamtenzahl des ‚MUR' (Moskowskij Ugolownyj Rosysk, Moskauer Verbrechensaufklärung) um beinahe hundert erhöht werden. 1924 sank die Kriminalität auf das normale Maß, die Verhaftungen der Schuldigen stiegen auf 59 Prozent (von 10 206 Verbrechen wurden in 6082 Fällen die Täter ermittelt), und die eben abgeschlossene Statistik des vergangenen Jahres stellt unsern und vielleicht den europäischen Rekord dar: 7198 Meldungen von Delikten, davon 4929 Täterschaften aufgeklärt, nicht weniger als 68 Prozent.

Wir arbeiten ohne Mitwirkung der Miliz, der die Verkehrsregelung untersteht, und ohne Mitwirkung der GPU, der die Bekämpfung der Gegenrevolution obliegt, die Erfolge sind jedoch nicht unser alleiniges Verdienst. Wie gesagt, vieles liegt in den wirtschaftlichen und Wohnungsverhältnissen, vor allem aber hat die Erziehung der Bevölkerung zur Gemeinschaft ergeben, daß unsere Arbeit gefördert wird, während man vor der zaristischen Polizei viel zuviel Angst hatte, als daß man sich ohne zwingenden Grund an sie gewandt und damit bürokratischen Scherereien ausgesetzt hätte. Der Hauptzweig des Verbrechertums in den russischen Städten war der Bauernfang – es war ein leichtes, den analphabetischen, obdachsuchenden Muschik zu prellen. Heute ist der Landmann propagandistisch bearbeitet, kann lesen und schreiben, hat in jeder Stadt seinen Klub, wo er wohnt, Rechtsbelehrung und jeden andern Rat unentgeltlich erhält, so daß – wenigstens im europäischen Rußland – die Bauernfänger ihr Dorado verloren haben. In der Zeit der wirtschaftlichen Blockade traten Damen an die Stelle des gefoppten Muschiks: es entstanden klandestine Fabriken bekannter Parfüms, Coty, d'Orsay, Houbigant – sie entsprachen den Falschmünzerwerkstätten von ehedem. Durch die Verhältnisse gingen diese Laboratorien von selbst zugrunde. Den geheimen Wodkaerzeugungen, die hier eine Zeitlang mehr florierten als die Schwarzbrennereien in Thüringen, ist durch die partielle Wiedereinführung des Branntweinmonopols das Handwerk gleichfalls gelegt. Die internationale Welle des Opiumrauchens, Kokainschnupfens und Morphiuminjizierens kam zu uns in besonders starkem Maße, weil die chinesischen Händler zunächst in Rußland Absatz suchten, das Hasardspiel mit den schmalen chinesischen Karten grassierte in Kellern, Spelunken und Schlupfwinkeln der Prostituierten und macht uns noch heute Arbeit. Eine zeitgemäße Art von Dokumentenfälschung ist es, Gewerkschaftslegitimationen nachzuahmen, um Arbeitslosenunterstützung oder Sozialversicherungsprämien zu entlocken – einige Werkstätten haben wir bereits ausgehoben. Wichtig ist, daß die Blockade der Verleumdung, die von einigen Staaten gegen uns verhängt wurde, nun aufgehoben scheint und der Verkehr mit den fremdländischen Behörden wieder in Fluß kommt. Besonders häufen sich die Anzeigen gegen Emigranten – in den ersten Jahren hatten sie sich in Berlin, Paris und Prag von den mitgenommenen Schätzen und durch die Inflation ehrlich ernährt, jetzt haben einige von ihnen Diebstähle und Unterschlagungen begangen; im Dezember bekamen wir zwanzig Steckbriefe aus dem Ausland gegen Persönlichkeiten, die einst sehr, sehr hochstehend waren; es scheint aber nicht, daß sie nach Rußland zurückgekehrt sind. Wir beziehen auch wieder Literatur und Instrumente aus Deutschland – aber unser Budget ist klein, die Union braucht ihr Geld für Maschinen und Bauten."

Vom Loblied zum Klagelied war dieser Diskurs des Kriminalchefs nicht in einem Zuge vor sich gegangen, Leute waren mit Meldungen eingetreten, wir rauchten Zigaretten, der Polizeichef hatte ein Faszikel durchstudiert und mit Randbemerkungen versehen, Legitimationen unterschrieben und Tee getrunken, zwei, drei Beamte blieben im Zimmer und nahmen an der Unterhaltung teil, es ging zu, wie es im Westen etwa in Zeitungsredaktionen zuzugehen pflegt, aber nie in einem Amt, nimmer bei der Polizei, nie und nimmer beim Chef des Polizeiamts. Und da wir über den Hof gehen, ins Gefangenenhaus (mit Einzelzellen für die schweren, Gruppenzimmern für die leichten Delinquenten), in die Registratur mit 40 000 Negativen von Photographien und 25 000 Karten von Fingerabdrücken, ins daktyloskopische und anthropometrische Atelier und vor allem in das wissenschaftliche Kabinett, wo ein Ps

later jeden Festgenommenen nach den ökonomischen Verhältnissen und seiner Herkunft befragt und auf den biologischen Typus hin untersucht, grüßt der Genosse Polizeichef kollegial die vorbeikommenden Hilfsbeamten, zwei schließen sich ihm an, um auch die Institutionen zu besichtigen, es gibt keinen äußerlichen Respekt, und das ist gut, denn sollte der Polizeichef der Millionenstadt wieder abkommandiert werden, wie er eingangs sagte, in ein anderes Land versetzt und dort wegen seines Passes einmal in den Vorraum einer Kanzlei geraten, kann er es leichter ertragen, vom Amtsdiener angeschnauzt zu werden: „Halten Sie gefälligst den Mund, wenn Sie mit einem Polizeibeamten reden!"

SCHWÄBISCHE KUNDE AUS DEM KAUKASUS

Das Ohr desjenigen, der im asiatischen Süden Rußlands umhergondelt, sperrt sich bald ab gegen Gespräche, die es vernehmen könnte. Was hülfe das Hören? Nichts ist zu verstehen, je zwei Leute sind eine Sprachgruppe, Tonfall und Dialekte nivellieren sich im gleichen Gebiet, und man gibt es auf, zu erraten, ob die beiden, die streiten, Armenier sind – die beiden, die einander Liebesworte sagen, Georgier – die beiden, die miteinander trinken, Molokaner – die beiden, die miteinander Tabak tauschen, Tataren. Das Ohr sperrt sich ab. Nur manchmal lüftet es sich ein wenig, und dann vermittelt es ein Staunen darüber, daß die Leute, die stundenlang neben dir fuhren, die ganze Zeit hindurch schwäbisch sprechen.

Zwölftausend deutsche Bauern leben in der Sowjetrepublik Grusien, ungefähr ebenso viele in der Sowjetrepublik Aserbaidshan, sie haben eine gemeinsame Tradition, ihre Ururgroßväter wanderten 1816 von Württemberg aus, sie wollten nach Palästina, teils weil ein neues lutherisches Gesangbuch mit etwas veränderter Liturgie eingeführt wurde, teils weil das unmittelbare Bevorstehen des Weltunterganges vollständig sicher war, und teils weil sie einer Templersekte angehörten. So zogen sie, Kind und Habe auf dem Karren, vom Schwabenland zu Fuß ans Schwarze Meer, unterwegs waren viele, viele gestorben, die übrigen waren krank und müde, kein Schiff nahm sie auf, eine Hälfte ließ sich in Bessarabien und um Odessa zu ständigem Wohnsitz nieder, die zweite Hälfte akzeptierte die Einladung des kaukasischen Militärgouverneurs Jermolow, in seinem Gebiet als Musterbauern sich anzusiedeln. Den im Gouvernement Cherson Gebliebenen ging es hundert Jahre lang leidlich, aber während des Welt- und nachher während des Bürgerkrieges hatten sie schwer zu dulden, man verjagte sie vielfach von der Scholle, weil sie sich als Angehörige des Volkes fühlten, gegen das Rußland Krieg führte, und dafür, daß sie mit den deutschen Okkupationstruppen sympathisierten, mußten den später kommenden weißgardistischen Generalen Tausende mit übermenschlichen Requisitionen und manchmal mit dem Tod bezahlen. (In der Krim lebten seit mehr als einem Jahrhundert Mennoniten, die ursprünglich aus Westfalen stammten, vom Großen Kurfürsten und Friedrich Wilhelm I. zur Kolonisation nach Ostpreußen berufen, aber, da man sie zum Militärdienst einzuziehen versuchte, nach Rußland abwanderten, dort wuchsen sie bis zum Beginn des Krieges auf 40 000 Seelen an, als man sie zu verfolgen begann. Die deutschen Bauern von Podolien und Wolhynien waren – ihr Land lag im Frontgebiet! – 1915 nach Sibirien getrieben worden, 90 000 Menschen.)

Die Württemberger zwischen Schwarzem Meer und Kaspisee hatten im Kriege politisch und wirtschaftlich zu leiden: der Gebrauch der deutschen Sprache an öffentlichen Orten wurde verboten, die Zeitung „Kaukasische Post" von der Regierung eingestellt, der Dorfschulze durfte nicht mehr gewählt werden, der Staat setzte einen russischen Beamten ein, sie wurden mit Abgaben und Lieferungsverpflichtungen überhäuft, konnten nicht mehr auf dem Markte erscheinen, ohne als deutsche Spione beschimpft und boykottiert zu werden. Der Termin für die Deportierung aller deutschen Kolonisten war bestimmt, eine dreiviertel Million Wolgadeutscher sollte von der seit hundertfünfzig Jahren bewohnten Scholle vertrieben werden, denen aus dem Kaukasus stand auf Befehl des Statthalters, des Großfürsten Nikolai Nikolajewitsch, dasselbe Schicksal bevor, sie hatten bereits Abschied genommen von ihren Häusern und wehklagend ihren Hausrat verpackt, da brach in Moskau die Februarrevolution aus, in Tiflis etablierte sich der Transkaukasische Sejm, die Deutschen kamen, am 26. Mai 1918 wurde die Unabhängigkeit Georgiens erklärt, und die menschewistische Regierung Jordania ließ die Deutschen ungeschoren – sie hatte vorläufig größere Ziele: der Entente, die die weißgardistischen Generale bezahlte und sich mit Millionen von Dollars für Wohltätigkeitszwecke Anhänger schaffen wollte, den Zugang zu den Petroleumgruben frei zu halten.

Das Deutsche Reich wollte man durch Mißhandlung der Kolonisten nicht verstimmen, denn eine Sympathie Deutschlands für die Kommunisten hätte das Projekt der Naphthaeroberung zu durchkreuzen vermocht. Um so heftiger wandte sich das nationalistische Regime der Menschewiken gegen Tataren und Armenier, die im Osten und Süden bereits ihre Sowjetstaaten proklamiert hatten; man benachteiligte und unterdrückte sie, und es gab blutige Steuereintreibungen, bis es zu einem Aufstand kam, in dessen Verlauf die Arbeiter und Bauern aus Aserbaidshan und Armenien einrückten, und die Kommunisten die Regierung übernehmen und den föderativen Anschluß an Rußland finden konnten.

Die Transkaukasische Landesregierung und die ihrer drei Nachfolgestaaten, die Mussawat-Regierung von Baku, die Daschnaki-Regierung von Eriwan und die Menschewiki-Regierung von Tiflis, hatten Zuweisung von Land versprochen, aber erst jetzt wurde die Aufteilung des Bodens durchgeführt. Und nun überstieg die Zahl der Unzufriedenen die der Zufriedenen: wer abgeben mußte, weil er mehr als vier Morgen über der Norm besaß, klagte, man mache ihn zum Bettler, und da er das Abtretungsland nach eigenem Ermessen auswählen durfte, schimpfte der bisher Landlose, er habe bloß eine Steinwüste erhalten. Dazu kam, daß die Welle der Mißernten auch Kaukasien nicht unberührt ließ.

Gegen die Anschaffung von Traktoren wehrte sich der deutsche Bauer mit noch größerer Hartnäckigkeit als der russische; alles schön und gut, das Land sei jedoch zu gebirgig, zuwenig Acker vorhanden, als daß sich eine so teure Sache verlohnte, der größte Teil des Bodens sei ohnedies mit Reben bepflanzt, und für Mais und frühe Kartoffeln braucht's keiner Maschine und keiner könne mit so etwas umgehen und wenn etwas kaputt gehe, werde es keinen Ersatzteil geben. Man mußte erst die Dampfpflüge vorführen, bevor man Kreditgenossenschaften zu gründen vermochte, die von den landwirtschaftlichen Banken in Tiflis und Baku zweitausend Rubel zur Anschaffung eines zweischarigen Fordtraktors erhielten, nachdem sie fünfhundert Rubel angezahlt hatten. Personal war genug da, weil überall Traktorenschulen errichtet wurden, der Bauer brauchte keine Ochsen mehr zu halten, von denen er bisher fünf Paar das ganze Jahr hindurch füttern mußte, um mit ihnen im Sommer die schwarze Brache zu bearbeiten (im Herbst, da die Erde leicht ist, genügten Pferde), die Maschine war zum Überführen von Ernte, Mist und Jauche gleichfalls zu gebrauchen, man düngte also das Ackerland, während man dies vorher bloß auf den Weingärten getan hatte, ging zum Dreifeldersystem über und verwendete den Apparat zum Betreiben der Mühlen. Nun gab es mehr Nachfrage nach Traktoren, als solche vorhanden waren, der Bauer schalt, da er keine bekam, und Ford sei zu schwach ... Man bestellt jetzt kollektiv tankartige „Gold"-Traktoren, Dampfdresch- und Garbenbindemaschinen.

Ähnlich mit der Elektrifizierung. Wozu brauchen wir Elektrizität? Nur in Luxemburg, das früher Katharinenfeld hieß, in Helenendorf und Georgsfeld hatte es schon je eine Elektrostation gegeben, nunmehr entstanden in den deutschen Niederlassungen von Aserbaidshan neue, in Georgien ist eine Hydrostation im Bau und eine mit Motorbetrieb, und andere Kolonien beziehen Kraft von der nächsten Industrieanlage. Nun hatte man Licht und konnte die Hausindustrie elektrisch betreiben: Tischlereien, Küfereien, Wagenbau, Schlosserei und Schneiderwerkstätten, also all das, wessen der Winzer bedarf (in Helenendorf gibt es sogar eine elektrische Gießerei), und Rektifikationsfabriken zur Erzeugung von Sprit.

In den letzten Jahren hatte die Reblaus ganze Weingebiete

in Kachetien vernichtet – das ist zu Ende: amerikanische Reben, die früher in den kaiserlichen Gärten von Napareuli und Zinandali verwendet worden waren, wurden eingeführt und an die Bauern abgegeben. Weinbauschulen errichtete man, eine deutsche befindet sich in Luxemburg, wo auch ein landwirtschaftliches Technikum besteht, in Elisabethtal wird demnächst eine deutsche Musterplantage etabliert. Die Winzer organisierten sich in Genossenschaften; vor dem Kriege hatten in Aserbaidshan mehrere reiche Kolonisten, wie die Gebrüder Hummel, Vohrer und andere, den ganzen Wein aufgekauft, der Auslieferungsapparat war in ihren Händen, und sie konnten die Preise derart drücken, daß ein Eimer Wein sie auf vierzig bis fünfzig Kopeken zu stehen kam; in Grünfeld versuchten die Winzer, sich gemeinschaftlich gegen diese Ausbeuter zu wehren, schufen einen Gemeindekeller, aber der konnte sich nicht halten und zerfiel im Kriege. Im Jahre 1921 schlossen sich die deutschen Siedlungen in Aserbaidshan zu dem Winzerverband des Gandshaner Bezirkes „Konkordia" zusammen, einer Kooperative, der die Weinbauern von Helenendorf, Georgsfeld, Annenfeld, Traubenfeld, Eigenfeld, Grünfeld und Alexejewka ausnahmslos angehören; zwei große Rektifizierungsanlagen (eine dritte wird bald vollendet sein) brennen Wein zu Sprit und Kognak. Die grusinischen Winzer sind in Luxemburg zum Verband „Union" vereinigt, in Elisabethtal wird der Wein noch einzeln verkauft.

Die georgischen Dörfer Traubenberg, Marienfeld-Rosenfeld, Alexanderdorf-Liebknechtdorf, Georgstal und Marxheim bilden Milchgenossenschaften, die geben ihre Milch an das Lager in Tiflis ab und lassen sie allmorgendlich mit Wagen in der Stadt austragen, den Becher zu sechs Kopeken, ein Pud (sechzehn Liter) zu drei Rubel sechzig, davon zehn Prozent für die Unterhaltung des Apparates und für die Erhöhung des Grundkapitals. Früher erzielte man für das Pud nur sechzig bis achtzig Kopeken, so daß der Konsument die Milch zwar nach dem Friedenspreis bezieht, der Produzent aber das Dreifache verdient, weil der Zwischenhandel ausgeschaltet ist.

Rosenberg (Alexanderhilf), das 1400 Meter hoch im Gebirge liegt, und Waldheim erzeugen Schweizerkäse, gleichfalls kollektiv, und liefern an die Zentralkooperative aller Genossenschaften Grusiens. Durch Einführung der deutschen roten Kuh und Anschaffung von Rassebullen versucht man Aufzucht des Viehbestandes.

Wie in ganz Rußland hat auch in den deutschen Kolonien das Schulwesen nach dem Umsturz eine Änderung erfahren. In dem Bezirk der heutigen Republik Georgien gab es unter den Romanows sechs zweiklassige Schulen mit zusammen zwölf Lehrern, nur Lesen, Schreiben und biblische Geschichte wurden in deutscher Sprache unterrichtet, alle andern Fächer in russischer. Jetzt: zehn vierjährige Schulen erster Stufe mit neunundfünfzig Lehrern. In Elisabethtal, wo zwei Lehrkräfte waren, sind acht, in drei Orten siebenjährige Schulen, in denen die Unterrichtssprache Deutsch ist, aber auch Georgisch und Russisch gelehrt wird, in Luxemburg ein landwirtschaftliches Polytechnikum, das der Schüler vom siebenten bis zum sechzehnten Lebensjahr besuchen kann und in dem fünfundzwanzig Lehrer tätig sind, und in Tiflis eine neunjährige Schule mit siebenundzwanzig Lehrkräften und ein Kindergarten. Die Lehrer mußten in der Kaiserzeit von den Kolonien erhalten werden, nunmehr bezahlt sie der Staat, in den ersten Jahren nach der Revolution bekamen Dorflehrer ein Monatsgehalt von nur fünfunddreißig Rubel, jetzt schwanken die Gehälter zwischen sechzig und einhundertzwanzig Rubel und sollen noch gesteigert werden; einen Zuschuß von den Gemeinden haben die Lehrer abgelehnt, weil sie die Abhängigkeit von ihren bäuerlichen Nachbarn fürchteten.

In manchen Dörfern sind die deutschen Bauern sehr reich, in manchen sehr arm, und selbst innerhalb derselben Kolonie treten auch im kommunistischen Regime enorme Vermögensunterschiede zutage, was zum Teil auf die Ertragsfähigkeit des Bodens, zum Teil auf Glück, zum Teil auf die Arbeitsleistung der Bauern zurückzuführen ist. In Helenendorf stehen Villen mit fünf bis sechs Zimmern, und die Bäuerinnen und ihre Töchter gehen nicht anders angezogen als die Damen in westeuropäischen Großstädten. In Liebknechtdorf gibt es meist Mauerwerk aus aufgeschütteten Steinen, häßliche Häuserfronten. Die Kolonisten verstehen Russisch, Grusinisch und Tatarisch, viele auch Armenisch, russisch schreiben alle, die Jugend außerdem grusinisch oder tatarisch, hochdeutsch aber reden sie nicht, lateinische Schrift lesen sie ungern – Bibel, Gesangbuch, Gebetbuch sind Fraktur gedruckt –, und sie unterhalten sich miteinander in einem durch kein Atom verfälschten Schwäbisch, so daß die Bewohner von Hahnweiler in Württemberg baß erstaunten, als während des Weltkrieges dort russische Kriegsgefangene einlangten, die „deutsch" mit ihnen sprachen – engere Landsleute, auf dem Umweg über Generationen, Fronten und Weltteile von einem symmetriebesessenen Schicksal in die Urheimat gesandt.

Der Konservativismus dieser deutschen Ghettos bekundet oft assimilatorische Gewalt: wiederholt kann man in Haushaltungen eine junge Magd von armenischem Typus antreffen, stehend spinnt sie Flachs, indem sie die primitive asiatische Spindel durch einen Schlag auf den Schenkel zum Drehen bringt, aber die Spinnerin spricht Schwäbisch – sie ist ein Waisenkind aus dem Karser Wilajet, wo ihre Eltern von den Türken massakriert wurden. Diese Eignung, an sich zu ziehen und anzugleichen, kann wahre Wunder hervorbringen: anno 1826 wurden die damals jungen Siedlungen von Kurden überfallen, Frauen und Jungfrauen geraubt und auf dem Sklavenmarkt verkauft, bei welcher öffentlichen Feilbietung auch ein deutsches Mädchen aus Katharinenfeld in den Harem des Schahs Fet-Ali geriet, dort erblickte sie ein junger Beg namens Kedschi, war entflammt und beschloß, sie zu entführen. Die schwäbische Haremsdame erklärte sich einverstanden, unter der Bedingung, daß der stürmische Freier sie in ihre kaukasische Heimat bringe. Und so geschah es. Kedschi-Beg heiratete seine Beute zu Katharinenfeld nach lutherischem Ritus, lernte Reben pflanzen und keltern, zeugte viele Kinder mit seinem deutschen Ehegespons, die Kinder zeugten wieder Kinder, und wenn sie nicht gestorben sind, so leben sie noch heute und antworten, seltsame Persersprossen, auf die Frage nach Nam und Art: „I hoiß Gottlieb Kedschi ond gang en d' zweit' Klass'."

Dort in der Stubenecke, wo bei den rechtgläubigen Russen das Ewige Lämpchen unter dem heiligen Obras brannte und wo bei den neuen Russen das Bildnis Lenins hängt, dort zeigt der Lehrer mit Stolz die Ikonen und Reliquien aus seiner Studentenzeit, Gruppenbilder in Wichs und Couleur, das eichenlaubbestickte Zerevis, die gekreuzten Schläger und das grünsilber-rote Mensurband „Rhenania sei 's Panier!". Die einzige Kollektivarbeit, die man in einem der ärmeren Kolonistendörfer sehen kann, ist die Aufrichtung eines neuen Zauns um die Kirche, bei dem alt und jung Hand anlegt. Anhänglichkeit an die Religionsgebräuche ist das Gemeinsame der sonst sehr verschiedenen Kolonien, zur Synodaltagung wandern aus jedem noch so entlegenen Ort Kaukasiens je zwei Vertreter nach Tiflis, um wegen der Berufung eines Wanderpastors stundenlang Rats zu pflegen, und da kein Bewerber für dieses Amt vorhanden, interpellieren einige Kirchenälteste den Gast aus Berlin, mit dem sie den Abend verbringen, auf alle mögliche Art und Weise, wie er ihnen einen zum Nomadisieren bereiten Seelenhirten verschaffen könnte.

Es gibt Sekten unter den deutschen Bauern des Kaukasus, Adventisten, deren deutsches Zentralorgan in – Moskau erscheint; Gottesgemeinden und Baptistenzirkel, dabei gut lutheranisch allewege, stehen dem Sowjetregime, dem sie eingestandenermaßen wirtschaftlichen und kulturellen Aufschwung verdanken, wegen dessen antireligiöser Gesinnung mit ziemlich unverhohlenem Mißtrauen gegenüber, sie würden ihren Grund und Boden gegen jeden Feind bis zum letzten Tropfen von Wein und Blut verteidigen, sind aber allesamt bereit, es ihren Ahnen von 1816 augenblicklich gleichzutun und, mit Kind und Habe auf dem Karren, zu Fuß auszuwandern, wenn ein Gesangbuch mit etwas veränderter Liturgie eingeführt werden sollte . . .

ERZIEHUNG DURCH DEN „GESCHLECHTSKRANKEN"

Das Auditorium, diesmal durchweg aus Frauen bestehend, zwei-, dreihundert Frauen, erhebt sich, da der Gerichtshof eintritt. An dem langen Tisch, über den ein rotes Tuch gespannt ist, nehmen der Vorsitzende, die beiden Beisitzerinnen, der Sachverständige und der Schriftführer Platz, rechts der Verteidiger, links der Staatsanwalt. Aus den Aktenstücken verliest der Vorsitzende, daß Pawel Iwanowitsch Kisseljow aus dem Jaroslawer Gouvernement, neunundzwanzig Jahre alt, nicht vorbestraft, angeklagt ist, die Krankheit seiner Frau verschuldet zu haben und hierdurch auch den Tod des Kindes und den daraufhin verübten Selbstmord der Frau.

Vorgerufen wird der Angeklagte, ein schwarzhaariger Mann von hoher Statur, sorgfältig ist sein Scheitel, schräg die dunkeln Augen gegen die Schläfen gezogen, hochgeschlossen sein Mantel. P. I. Kisseljow gibt ruhig seine Personalien an, aber die Lippen pressen sich, wenn er ein Wort gesprochen hat, fest zusammen, was darauf hindeutet, daß er Aufregung bemeistern will. Es treten die Zeugen ein. Die würdige Matrone, das Spitzentuch um den Kopf geknüpft: Mutter der Toten. Eine blonde, lebhafte Frau: Hausgenossin des Ehepaares Kisseljow. Ein Jugendfreund des Angeklagten, sanguinischen Typs. Die Hebamme, eine Rosa Valetti mit Brille. Rechtsbelehrung wird erteilt, die Zeugen unterschreiben einzeln die Präsenzliste, sie können nach der Verhandlung, wie ihnen der Vorsitzende mitteilt, im Zimmer 26 die Zeugengebühren ausbezahlt erhalten.

„Nein", antwortet der Pawel Iwanowitsch auf die Frage, ob er sich schuldig bekenne. „Bestreiten Sie auch, daß Sie Ihre Frau infiziert haben?" – „Nein, das bestreite ich nicht. Wenn die Ärzte es sagen, wird es wohl so sein." – „Und warum haben Sie das getan?" – „Warum werde ich das getan haben? Absichtlich werde ich das nicht getan haben, wie Sie sich denken können", erwidert der Angeklagte trotzig. Er wird zur Ordnung gerufen, er hat die Fragen nicht ironisch zu wiederholen, sondern zu beantworten. „Wußten Sie nicht, Angeklagter, daß Sie krank sind?" – Nein, das wußte er nicht. Damals, als er sechzehn Jahre alt war, merkte er schon, daß er erkrankt sei, aber er hat nichts getan, um sich zu heilen. „Warum nicht?" – „Um zu einem Arzt zu gehen, fehlte mir das Geld, ich war Gymnasiast, und womöglich hätte mir der Doktor verordnet, wochenlang zu Hause zu liegen, dann konnten die Lehrer erfahren, was los ist, und ich wäre erbarmungslos ausgeschlossen worden." – „War Ihnen nicht bekannt, daß es sich um eine leichte Infektion handelt, die sofort geheilt werden kann, jedoch, wenn man sie vernachlässigt, chronisch bleibt? Was wußten Sie über diese Krankheit?"

Der Gerichtshof, Verteidiger und Staatsanwalt, die wiederholt Zwischenfragen stellten, hatten die Krankheit nicht nur mit dem lateinischen Namen, sondern auch mit dem im Volke üblichen Ausdruck bezeichnet und über die Art der Erwerbung ohne Rücksicht auf den mit Frauen besetzten Saal gleichfalls offen gesprochen, lautlos war das Publikum dem Prozeß gefolgt, aber da der Angeklagte jetzt darüber aussagt, was er von der Krankheit wußte und hierbei drastische und vulgäre Worte gebraucht, brechen zwei, drei Frauen in hüstelndes Lachen aus. Der Vorsitzende schwingt die Glocke und verkündet, er werde, falls sich die Störung wiederholen sollte, unnachsichtlich den Saal räumen lassen.

Man traut ihm das ohne weiteres zu, sagt er das doch, die Stirnhaut faltend, mit ernster, lauter Stimme; das Auditorium zuckt zusammen – obwohl eigentlich jeder weiß, daß, wenn das Publikum jetzt den Saal verließe, das ganze Schauspiel vorzeitig zu Ende wäre. Denn es handelt sich gar nicht um eine wirkliche Gerichtsverhandlung, hier soll nicht Recht gesprochen, sondern Recht verbreitet und sanitäre Aufklärung gegeben werden, es ist eine „inszenierte Gerichtsverhandlung", die in Rußland jetzt allgemein übliche Art der Aufklärungspropaganda, wir sind in einem Versammlungssaal, und die heutige Vorstellung findet für Arbeiterinnen des Bezirkes statt; das nächste Mal wird sie für Männer wiederholt. Andere Stücke des Repertoires befassen sich mit Prostitution und Kuppelei, mit Tuberkulose und dergleichen und sind Paradigmen wirklich vorgekommener Gerichtsverhandlungen; ein Akt aus Brieux' „Schiffbrüchigen", nach russischen Gerichtsprotokollen adaptiert, wird gleichfalls manchmal vorgeführt. Einige der Szenen sind im Verlag des Volkskommissariats für Volksgesundheit gedruckt erschienen, die Schauspieler halten sich jedoch nicht durchaus an den Wortlaut. Alle Rollen, männliche und weibliche, werden von *Ärzten* des Dispensaires (des in jedem russischen Stadtbezirk eingerichteten Prophylaktoriums und Ambulatoriums gegen Ansteckung) dargestellt, nur die Hebamme, die wie Rosa Valetti mit Brille aussieht, von der Manipulantin jener Poliklinik.

Der Vorsitzende des Gerichtshofes hätte übrigens gar keine Veranlassung, den Saal zu räumen, denn die fieberhafte Aufregung schafft sich in keinem Ton mehr Luft. Die Mutter der Selbstmörderin, sichtlich noch unter dem Eindruck des Verlustes stehend, macht mit erkämpfter Fassung die Aussagen über die Liebe und die Ehe und den Tod ihrer Tochter, ihre Erregung wächst mit jedem Detail, das sie preisgeben muß, die Zwischenfragen des Verteidigers irritieren sie vollends, und am Schluß stößt sie hervor, das Gericht müsse diesen Menschen einsperren, wenn es wirklich Gerechtigkeit üben wolle. Streng, doch den Schmerz der Mutter respektierend, weist der Vorsitzende sie zurecht: „Das Gericht hat immer Gerechtigkeit zu suchen, und Sie dürfen nicht vorschreiben, was es zu tun hat. Setzen Sie sich auf die Zeugenbank." Die nächste Zeugin, die Hausgenossin und Vertraute der verstorbenen Frau Kisseljow, erzählt über die Symptome vor und nach der Entbindung, von der Depression, die diese beim Tode ihres Kindes befiel, und schließlich davon, wie Frau Kisseljow vom Arzt den Grund ihres Leidens erfuhr und sich erhängte. Der Jugendfreund des Angeklagten, von der Verteidigung als Zeuge geführt, ist bemüht, in heiterem Ton Kisseljow zu entlasten. Vor der Eheschließung habe Kisseljow sich mit dem Zeugen beraten, ob seine Beschwerden kein Hindernis für Eheglück seien, schließlich habe er sogar fachmännischen Rat eingeholt und gehört, daß Tausende Männer an ähnlichen Dingen laborieren und trotzdem gesunde Kinder haben. Allerdings muß der Zeuge zugeben (und der Angeklagte bestätigt es), der „fachmännische" Rat sei nicht von einem Arzt, sondern von einem Kurpfuscher gegeben worden, und auch das Charakterbild, das der Zeuge wider Willen entwirft, spricht nicht zugunsten des angeklagten Freundes. Dann kommt die Hebamme dran, die den Gerichtshof mit „Euer Hochwohlgeboren" und „Eure Vorzüglichkeit" tituliert, obgleich sie energisch belehrt wird, daß es in Rußland nur Genossen gäbe. Der Richter und der ärztliche Experte fragen sie über Geburt und Tod des Kindes aus, der Vorsitzende teilt mit, daß gegen die Zeugin bei einer anderen Kammer desselben Gerichtes das Verfahren wegen Vernachlässigung der pflichtgemäßen Obsorge und Verletzung der Anzeigepflicht schwebt.

Schon während der ersten Zeugenaussagen hatten Frauen im Auditorium etwas auf Papierchen geschrieben und diese Zettel dem Schriftführer auf das Podium gereicht, der sie gelesen und teils dem Vorsitzenden und den Beisitzern, teils dem ärztlichen Sachverständigen, teils den Vertretern der Anklage und der Verteidigung übergeben hat. Es sind Interpellationen, die behandelte Materie betreffend, und die Beantwortung wird nun von den Gerichtsfunktionären in Fragen an die Zeugen vorbereitet und in den Gutachten, Resümees und Plädoyers erteilt, weshalb ja das Ensemble aus Ärzten besteht.

Wenn die Reden beendet sind, die Schuldfragen verlesen, stimmt der ganze Saal ab: 1. Ist der Angeklagte Pawel Iwanowitsch Kisseljow schuldig, seine Frau infiziert zu haben? 2. Ist der Angeklagte schuldig, hierdurch den Tod seines Kindes herbeigeführt zu haben? 3. Ist der Angeklagte schuldig, hierdurch den Selbstmord seiner Gattin herbeigeführt zu haben? 4. Verdient der Angeklagte mildernde Umstände? Die überwältigende Mehrheit hebt bei den ersten drei Fragen verdammend die Hand, und bloß bei der vierten Frage stimmen sie zugunsten Pawel Iwanowitschs. (Ein Forum von Männern pflegt erfahrungsgemäß den Angeklagten nur im ersten Punkt schuldig zu sprechen.)

Der Gerichtshof zieht sich zur Beratung zurück, der Sachverständige liest inzwischen jene Zettel vor, deren Beantwortung noch nicht im Verlaufe der Verhandlung erfolgt ist und die oft nur in losem Zusammenhang mit dem Substrat des Prozesses stehen. In längerer Rede, durch fragende Zurufe unterbrochen, gibt er die verlangten Aufklärungen und verweist auf die Institution der Dispensaires. – Der Gerichtshof tritt ein, atemlose Spannung herrscht, da er verkündet, der Angeklagte wird unter Zubilligung mildernder Umstände zu einem Jahr Gefängnis bedingt verurteilt und hat sich unverzüglich in die Behandlung des Dispensaires zu begeben.

Langsam leert sich der Saal, auch die Mitglieder des Gerichtshofes drängen zum Ausgang. Vor Pawel Iwanowitsch Kisseljow weicht alles zurück, und es ist zu befürchten, daß keine Patientin des Dispensaires sich von ihm behandeln lassen werde.

REPUBLIK GRUSIEN – EIN MASKENBALL

Der Dekoration kann man uneingeschränktes Lob spenden, die zur Verfügung stehenden Räume (sie erwiesen sich übrigens als viel zu klein) konnten nicht stilvoller zu einem Karnevalsfest unter der Devise „An der Grenze Asiens und Europas“ adaptiert werden. Die Prospekte des Hintergrundes: wildester Orient. Droben auf dem schroffen Steine raucht in Trümmern eine verfallene Perserfestung, parallel zu ihren Wällen lagert kahler Basalt; dachlose Häuser mit geflochtenen Balkonen versuchen hinaufzuklettern, die Fronten kaum auf Breite einer Elle einander gegenüber; fast senkrecht und mit schlechten Stufen versehen sind diese Gäßchen, Armenierklöster mit Pyramidenkuppeln und das Filigranwerk von Minaretts richten sich empor zwischen den Häusern vom Fels ins Tal, bis an einen romantisch gemalten, Wassermühlen treibenden Strom hinab, der die Sehne des Hügelbogens bildet, und über ihn hinaus aufs andere Ufer. Das Diorama des Zentrums hingegen, die Räume, auf denen sich das Fest abspielen sollte: ganz europäisch, mit gepflasterten breiten Straßen und Plätzen, mit Denkmälern von Puschkin, von Rosa Luxemburg und dem Revolutionär „Kamo“, recte Petrosjan, der einst Bomben gegen einen Geldtransport geschleudert hat und den Raub für politische Zwecke verwendet, und mit einer runden Garnisonkirche, deren jetzige Bestimmung als Klub der Jungkommunisten durch den roten Drudenfuß auf dem Turmknauf manifestiert wird; die Aufschriften der Geschäfte und Ämter in der seltsam ornamentalisierten Runenschrift der Grusier oder in den Lettern der russischen Asbuka.

Das Vergnügungsprogramm: reichhaltig und streng im Stile eines Treibens, das sich an der Grenze Europas und Asiens entfaltet. Auf etwas erhöhter Pflasterung reihten sich offene Buden mit seltsamen Waren, breite Portale türkischer Bäder lockten zum Eintritt, für Spazierfahrten durch den bunten Trubel waren offene Straßenbahnwaggons vorbereitet, und eine Drahtseilbahn führte auf den höchsten Punkt, den Davidsberg, wo Partner und Partnerin allein sein konnten oder das Gewoge des Festes betrachten.

Masken und Kostüme: so exzentrisch man sie auch finden mag – keiner darf ihnen die Anerkennung versagen, daß sie echt waren bis zum I-Tüpfelchen. Nicht von jenen Gästen sei gesprochen, die, humorlos genug, im Straßenanzug kamen und sich damit begnügten, durch Gebrauch der russischen Sprache sozusagen das große Vaterland zu verkörpern. (Trotzdem hatten selbst sie als Maske nicht die breiten, slawischen Profile der autochthonen Russen gewählt, sondern die von Armeniern, brünette, schärfere Züge, breite, oft schwulstige Lippen und geradezu negroiden Teint.)

Eine sehr, wenn auch unfreiwillig komische Gruppe bildeten die Imeretier und Mingrelier, auf dem Golowinski-Prospekt stolzierten sie geschniegelt und gebügelt in tscherkessischer Tracht umher, mit dem braunen oder bordeauxroten, auf Taille gearbeiteten, geschweiften Rock, mit dem niedrigen Stehkragen und den zur Aufnahme von Patronen plissierten Brusttaschen, den blauen, anliegenden, knopflosen Reithosen in hohen, über Ledersocken angezogenen Stiefeln ohne Sohle; aus dem Stiefelschaft schaute des Dolches Horngriff hervor, den Säbel mit oxydierter Scheide hielt ein dünner Ledergürtel, von dem glatte, silberne Anhängsel baumelten; tief in die Stirn dieser Kosakenmasken gedrückt war ein nach unten zu abgestutzter Kegel aus Pelz; Schnurrbart und Stiefel, vielleicht mit der gleichen Pasta?, tadellos gewichst.

Grusier waren anwesend mit Sturmkappen, im roten oder weißen Baschlik aus Kamelhaar, dessen Zipfel nach vorn über die Brust fielen – die Kartaliner hatten runde Filzkäppchen auf das Schädeldach gepreßt, und Hosen, flatternd breit –, Kachetiner, aus der Gegend des guten Weins, steckten in Röcken, bis an die Knie reichend und mit einer dichten Allee von Knöpfen bepflanzt, und auf dem Kopf trugen sie Pyramidenmützen aus Schaffell, aus deren eingeknicktem Scheitelpunkt sie im Bedarfsfalle die Geldbörse hervorholten – wild erschienen die Kurden auf dem Plan, dunkel das Gesicht, als wären sie Hindus, offen die Brust, grelle Schärpen um den Leib – tatarische Frauen, alte und junge, und Kinder, alle mit gefärbten Haaren (schade, daß nicht Tataren aus Aserbaidshan dabei waren, die auch ihre Pferde und Esel färbten, so daß man auf den Straßen Bakus Tieren mit roten und grünen Mähnen begegnen kann!). Von den Persern, die seit den Feldzügen der Chane in Georgien bei keiner Revue der Völker fehlen dürfen, hatten sogar die Männer rot gefärbtes Haar und waren eingehüllt in dunkle Kaftane – ältere grusinische Damen kamen in grauem Seidentuch und Schleier und hielten einen schweren Stock, nicht um sich zu stützen, sondern um ihre Würde als Herrin zu zeigen – Türkenfrauen, ein wenig verschleiert oder vom Kopf bis zur Sohle in Leinentücher gewickelt – Griechen und Jesiden setzten die allerbuntesten Flecken in das wahrlich bunte Trachtengewoge: Frauen in roten Pluderhosen, kanarienvogelgelben, seitlich offenen Röcken (oder Schürzen), als Hut einen rot umkleideten Zylinder aus Pappe, auf dem Münzen aus Gold hingen, Spielmarken und Glasperlen oder ein orangerotes Jeton mit dem Monogramm „C. Z.“, Casino Zoppot, wie mag das wohl nach Tiflis kommen? – Derwische in langen Mänteln und struppigen Bärten – Bergjuden aus Kutais, Hochgewachsen, mit breiten, eher auf- als abwärts gekrümmten Nasen, wer weiß, sie können die einzigen Arier dieser europäisch-asiatischen Bezirke sein! Die Sensation aber bildeten sicherlich die Kewsuren und die Pschawen, im Kettenpanzer über den ganzen Körper und das halbe Gesicht; sie sind in der Stadt zu sehen, wenn sie einen Grenzstreit bei den Behörden auszufechten haben, oder beim Umzug am 1. Mai, da stehen sie im Harnisch stolz auf ihrem Traktor und versinnbildlichen Mittelalter und allerneueste Zeit, Wildnis und Kultur. – Der Berichterstatter war nicht imstande festzustellen, welche Volksstämme die übrigen Masken repräsentierten, ob Assyrer (richtiggehende Nachkommen der alten ehrlichen Assyrer, die während des Krieges hierher flüchteten), Adsharen, Abchasen, Ossetiner, swarische, kirinische oder darginische Lesginer aus

Dagestan, Tschetschenzen, Kisten und Inguschen aus der autonomen Republik Nachkrai, Tuschen, Swaneter, Tscherkessen, Kirgisen, Kalmücken, Baschkiren, Kartali oder gar Polen und Württemberger Schwaben – und was sonst noch alles an exotischen Namen in der Präsenzliste eingetragen war.

Natürlich stellten die Gruppen nicht bloß Nationen dar, sondern auch markante Berufe. Man bemerkte u. a. viele Muschahs, die, mit dem teppichbedeckten Stützpolster auf dem Rücken, Aufträge suchten, eine Last zu schleppen; Hirten in perückenartigen Ziegenfellmützen, deren lange Zotteln ihnen über die Schulter fielen; Dagestaner Gebirgsbauern in der „Berka", einer unendlich weiten ärmellosen Umnahme aus hausgemachtem Preßfilz, in der man reitet, in die eingewickelt man auf bloßem Erdboden nächtigt oder die man als Zelt aufstellt (hierbei vor Schlangenbissen gefeit, weil Schlangen über Filz nicht kriechen können). Treiber mit weinschlauchbeladenen Eseln machten ihre derben Scherze, die knabenhaften Lenker der Milchkarren tuteten, die Kinto balancierten Riesenteller mit Früchten und Fischen auf dem Kopf durch das Gestoße und Geschiebe, Bäcker und Traiteure ließen ihre Werke entstehen, Händler priesen an, Derwische, barfüßig, in langen Mänteln drängten Amulette auf, und Bettler wimmelten umher, uralte und blutjunge, mehr als man je im afrikanischen oder asiatischen Orient zu Gesicht bekam.

Durch keinen Zwischenfall wurde die Festesfreude gestört, wie denn überhaupt das seit einigen Jahren wirkende Komitee alle zwischen den einzelnen Gruppen früher ununterbrochen vorgekommenen Reibereien vollständig aus der Welt geschafft hat.

DIE HUNDE DES PHYSIOLOGEN PAWLOW

„Meine Herren", schrie Professor Pawlow und schlug mit der Hand auf den Tisch, daß das Katheder wackelte, „meine Herren", schrie Professor Pawlow in Erregung, weil einer seiner Angriffe auf die Sowjetregierung von etlichen Hörern mit Protest aufgenommen worden war, „meine Herren", schrie Professor Pawlow mit dem ganzen jugendlichen Temperament eines verbissenen Greises – aber auch im ruhigen Teil der Vorlesung pflegte er immer „meine Herren" und niemals „Genossen" zu sagen –, „meine Herren, die Wissenschaft hat ein Recht, auch das auszusprechen, was der herrschenden Staatsform zuwiderläuft."

Dazu hat die Wissenschaft freilich das Recht. Aber seit es Universitäten in der Welt gibt, hat kaum jemand auf einem Lehrstuhl in fortschrittlichem Sinne von diesem Recht Gebrauch gemacht, denn die reaktionären Regierungen schützen sich gut, indem sie niemanden zum Professor machen, der nicht die Staatsverfassung bejaht, und indem sie jenem, der sich als Feind entpuppt, unter ausgezeichneten Vorwänden das Lehramt zu entziehen wissen. Als Professor Iwan Petrowitsch Pawlow, der größte Gelehrte Rußlands und der größte Biologe überhaupt, in einem öffentlichen Vortrag die Sowjets wieder einmal in maßloser Weise angegriffen hatte, antwortete ein Volkskommissar in der Presse: „Es ist wahr, wir können gegen Iwan Petrowitsch nichts unternehmen, denn wir sind der einzige Staat der Welt, der sich nach einer wissenschaftlichen Theorie konstituiert hat, und wir müssen jeden ernsten Vertreter der Wissenschaft respektieren, auch wenn er uns feindlich gesinnt ist. Es ist wahr, wir können gegen Iwan Petrowitsch nichts unternehmen, denn wir sind der einzige Staat der Welt, dessen Regierung nicht Männer von aristokratisch geborenem oder militärisch erdientem oder beamtlich ermessenem ‚Verdienst' innehaben, sondern Vertreter der Wissenschaft und der Arbeit, und wir müssen daher in Iwan Petrowitsch den verdienten Vertreter der Wissenschaft und der Arbeit ehren. Es wäre jedoch ein alter und unwürdiger Trick, wenn wir unsere Ohnmacht nun dahin ausmünden lassen wollten, daß wir das Ergebnis seiner Forschungen einfach legendarisch verdrehen und als ein uns günstiges bezeichnen, auch wenn es das nicht wäre. Wer sich aber je mit der Reflexologie befaßt hat, muß trotzdem sagen, daß es niemals eine eindeutigere, experimentell exaktere Beweisführung für die Richtigkeit der materialistischen Geschichtsauffassung, für den Marxismus gegeben hat als die Lebensarbeit Iwan Petrowitsch Pawlows. Dieser große Gelehrte ist ein politisches Kind und sieht nicht, daß alles, was er schafft, Wasser auf unsere Mühle ist."

Meine Herren, schlage ich auf das Pult, verlassen wir das Gebiet der Politik und bewegen wir uns zu Professor Pawlow ins Laboratorium. Es ist nicht mehr im Haus der Akademie, wo er zur Zeit, da seine Freunde herrschten, sechs dunkle Zimmerchen innehatte, sondern in einem riesigen Gebäude auf dem

Wassiljewskij Ostrow mit achtzehn Arbeits-, Laboratoriums- und Operationsräumen und neuen Instrumenten aus Deutschland; gut untergebracht sind alle Mitarbeiter, vom Hunde ganz zu schweigen, der in fünfzig Exemplaren vertreten ist und für den im Hof ein eigenes Haus mit Bedienung erhalten wird.

Das Institut dient bloß dazu, das Großhirn, insbesondere die Großhirnrinde physiologisch zu erforschen, den obersten Teil des Zentralnervensystems, von dem alle unsere psychischen Erscheinungen abhängig sind. Bis zum Jahre 1900 hatte sich Professor Pawlow mit der Physiologie des Verdauungskanals befaßt, von dem Beginn des neuen Jahrhunderts an widmete er sich der Untersuchung der bedingten Reflexe, eine Methode, die eine Revolution in vielen Zweigen der Medizin und der Naturwissenschaft und darüber hinaus in der Erkenntniswissenschaft hervorgerufen hat. Durch sie erhielten Psychiatrie, Psychologie, Pädagogik exakte Grundlagen und hörten auf, reine Grenzwissenschaften zu sein. In der Reflexologie ist jede Subjektivität ausgeschaltet, und nur objektive Feststellungen gelten. Pawlow mag wohl schon während seiner Arbeiten am Verdauungskanal zur Meßbarkeit des sogenannten Psychischen gekommen sein, vielleicht dadurch, daß er für die Redensart „Das Wasser läuft einem im Munde zusammen" die praktische Bestätigung fand (ebenso wie Sigmund Freud unbewußt durch die Phrase „er kann ihm nicht auf den Namen kommen" zu seinem System der Fehlleistungen veranlaßt wurde). Jedenfalls sah Pawlow, daß das Wasser, das bei Erwartung einer Speise (Appetit, nicht Hunger) im Mund zusammenläuft, quantitativ verschieden ist, ähnlich wie sich auch bei Erregungen von Angst oder Erotik die bekannten physiologischen Wirkungen ergeben. Von dieser Konstatierung war es nur ein Schritt, die Stärke der Vorstellung durch Messung der physiologischen Veränderungen, die sie hervorruft, auszudrücken.

Zum Unterschied von den angeborenen Reflexen, zum Beispiel dem Zusammenzucken beim Empfang eines Schlages, dem Gähnen im Falle physischer Ermüdung, dem Aufschrei bei einer Verletzung, nannte er jene gedanklich ausgelösten Wirkungen: bedingte Reflexe. Die sind nicht fertig bei unserer Geburt, sie stellen eine Summe unserer Erfahrungen dar und werden unter Beteiligung der Großhirnrinde bewirkt, die, nach Pawlow, nicht die Trägerin einer geheimnisvollen Psyche ist, sondern ein Organ der Reflexe: der Futterreflexe, der Geschlechtsreflexe und der Schutzreflexe. Daher kommt es auch, daß für ihn in die Kausalitätskette des menschlichen Handelns Bewußtseinsvorgänge nicht eingeschaltet sind, sondern bestenfalls als Begleiterscheinungen neben den ganz im Physiologischen verlaufenden Prozessen einhergehen. Tatsächlich läßt sich schwerlich etwas Anti-Idealistischeres, etwas Anti-Individualistischeres, etwas Materialistischeres denken als die Lehren des fanatischen Anti-Materialisten Pawlow.

Zur Messung der aus der Erfahrung stammenden Wirkungen konstruierte Pawlow Erregungsapparate und nahm mit ihnen an Hunden die sogenannten Chronischen Experimente vor. Diese Hunde stehen schon zwölf bis fünfzehn Jahre in seinem Dienst, es sind Hofhunde, Zufallsbastarde aller Rassen – je unkomplizierter ein Wesen, desto leichter sind seine Differenzierungen meßbar. Jedem dieser Köter ist unterhalb des linken Ohres eine Fistel eingeschnitten, so daß die Sekretion der linken Ohrspeicheldrüse nach außen erfolgt. Sie leben im hygienisch erbauten, gut gelüfteten Kotter in achtundvierzig geräumigen Boxen, weil sich dies einerseits für langjährige Mitarbeiter des Instituts geziemt und andererseits, weil das Leben dieser Hunde für die Reflexologie von Wichtigkeit ist, der Überbau ihrer Erfahrung ist ja pragmatisch genau verzeichnet.

Wenn die Arbeitszeit beginnt, werden sie über Hof und Stiegenhaus in das Laboratorium geführt und dort in einem Raum angebunden, wo sie ungeduldig auf den Beginn der Experimente harren; des öfteren kommt ein Angestellter, spielt mit ihnen und sagt zum Pudel Wodka: „Wie lacht der Mensch?“, worauf Wodka seinen Mund zu einem Grinsen verzieht. Sind aber in den Kabinetten die Operationstische hergerichtet, alle Futternäpfe gefüllt, alle Skalen und das Schreibzeug bereit, dann bindet man die Hunde los, sie jagen davon, jeder in sein Kabinett, jeder springt auf den Operationstisch, steckt Kopf und Rumpf selbst in die Verschnürung, die ihn festhält, und erwartet es begierig, daß man ihn noch fester bindet, in die Fistel seiner Backe einen kleinen Glasballon drückt und hermetisch fixiert und die Tür schließt. Jetzt ist die Hündin Erda allein im Kabinett. Vor dem Experimentator draußen ist ein horizontales Röhrchen mit geröteter Flüssigkeit befestigt, er hält Gummibälle in der Hand, mit denen er Chronometerglocke und Futternapf in Bewegung setzt.

Durch eine Öffnung beobachtet er Erda, die ruhig auf dem Tisch steht. Er läßt das Glöckchen einmal schnurren, zweimal, dreimal, fünfzehnmal, und die rote Wassersäule bewegt sich schnell entlang der Skala, Erda weiß: das Schnurren der Glocke ist ein Zeichen nahenden Essens, sie sondert Speichel ab, durch die Fistel in die kleine Glaskugel, von der in den Schlauch, und aus dem drückt die verdrängte Luft auf die Flüssigkeit. Plötzlich dreht sich ein Teller mit Brei der Hundeschnauze zu, und Erda stürzt sich gierig auf den Fraß, das ist ein unbedingter Reflex, der uns nichts sagt. Dann wird der Futternapf mechanisch entfernt, und Erda erhält neue Signale; wieder läuft ihr das Wasser im Mund zusammen, das Uhrwerk schnurrt wieder fünfzehnmal, jedoch sie bekommt nichts. Pause. Von neuem die zweite Art des Tickens, jetzt ist Erda nicht mehr so dumm, darauf hereinzufallen, sie weiß schon, das ist blinder Alarm, und sie denkt gar nicht daran, durch Speichelabsonderung darauf zu reagieren. Kaum aber wird Signal Nummer sechzehn eingeschaltet, kriegt Erda wieder Appetit, und die rote Wassersäule steigt immer höher, je näher das Signal Fünfzehn heranrückt, das den Futternapf bringen wird; Hunde unterscheiden Geräusche ganz scharf, sie differenzieren Achteltöne, besitzen das absolute Gehör, das beim Menschen so selten anzutreffen ist. Ebenso arbeitet ihr Geruchssinn und ihr Tastgefühl, sie erleben die physikalischen Einzelheiten viel genauer als Menschen, aber sie haben keinerlei Fähigkeit zur Synthese, sie erfassen Einzeleindrücke, kein Ganzes von Eindrücken, wie man experimentell erkannt hat, indem man Lichtreize gleichzeitig mit Farben- und Tonreizen einschaltete, wobei die Tiere niemals einzelne Unterschiede merkten. Je stärker der Reiz, desto stärker der Reflex – beim Tier wie beim Menschen. Nur bei abnormalen Typen, beim Neurastheniker, beim Kastraten, beim Kranken ist die Wirkung verkehrt, bei ihnen kann ein kleiner Reiz größere Erregungen hervorbringen als wirklicher Schmerz.

Wenn man mit Menschen die gleichen Versuche anstellte, würde man konstatieren, daß sich jedes Wort in einem anderen meßbaren Reflex äußert. Aber mit Menschen experimentiert man nicht, ebensowenig wie man mit Geschlechtsreflexen experimentiert. Zur Prüfung der Schutzreflexe erhält das Tier nach einer Reihe von Signalen einen elektrischen Schlag, es heult entsetzt, will sich losreißen und stößt mit den Füßen aus. Nach derselben Reihe von Signalen kommt der zweite Schlag, dieselbe Wirkung. Zum drittenmal wird die gleiche Reihe von Signalen gegeben, wieder bellt der Hund vor Weh, wieder will er sich losreißen, und wieder stößt er mit den Füßen aus – obwohl diesmal gar kein Schlag erfolgt ist. Es ist die Macht der Einbildung, die auf diese Art exakt berechnet wird. Damit Beobachter und Beobachteter nicht abgelenkt werden, arbeitet der physiologische Chef vor einer geräuschundurchlässigen Kammer, in der der Hund ist.

Einigen der fünfzig Hunde ist die Fistel in den Verdauungskanal geschnitten worden, bei Beginn des Versuches führte man eine Kanüle ein und kann Störungen des Verdauungsprozesses messen und auf diese Weise eine Art der Entstehung von Neurosen untersuchen. Auch an Fischen werden chronische Experimente vorgenommen, deren Reaktion ein Physiologe prüft, indem er sie unter anderm mit einem Glöckchen zur Fütterung ruft, was die Chinesen schon vor vielen hundert Jahren getan haben.

Den Hunden des Professors Pawlow, den ständigen, geht es gut. Die Fistel ist nicht schmerzhaft, das Experiment angenehm, denn es bringt Essen, wir wissen, daß der Hund selbst in die Kammer jagt und sich in die Schlinge zwingt, die ihn festhält, und wir haben sogar den Hund Wodka lachen gesehen. Das gilt bloß für die ständigen Hofhunde. Doch es gibt andere, das sind Hofhunde von irgendeinem fremden Hof, und an ihnen vollzieht man nicht mehr die chronischen, sondern die scharfen Experimente, Vivisektion. Auf einem Operationstisch, der – was hilft's dem armen Hunde? – mit allen Finessen von Hygiene und Antisepsis ausgestattet ist, wird das Tier nach erfolgter Narkose seiner Testis oder seiner Eierstöcke oder anderer Organe der inneren Sekretion oder bestimmter Gehirnpartien entkleidet, man prüft nun, nach welcher Amputation es nicht auf optische, nach welcher Amputation es nicht auf akustische Erscheinungen reagiert, man prüft seine Erregungen bei Hunger und Durst. Obwohl diese wissenschaftlichen Übungen in vielem den unwissenschaftlichen Übungen ähnlich sind, die seit eh und je an Menschen, an ganzen Völkern unternommen wurden, nicht nur an Haremswächtern, Chorknaben, Schwertschluckern und Sechstagefahrern, nicht nur an Pyramidenkärrnern, Galeerensklaven und Kriegern, und obwohl die Wirkungen der scharfen Experimente am einzelnen Tier denen an ganzen Volksschichten gleichen, lehnt Professor Pawlow solche Analogie ab, er will nicht, daß man in diesen Dingen vom Tier auf die Menschheit schließe, und wir müssen schließen.

WARSCHAU AM TAGE NACH DEM STAATSSTREICH

Es ist der erste Zug, seit fünf Tagen der erste, der aus Rußland nach Polen fährt, wo seit fünf Tagen Revolution ist. Revolution? Zwischen Negoreloje, der russischen, und Stolpce, der polnischen Grenzstation, nehmen die Passagiere den harten Kragen aus dem Koffer, die Brillantringe aus der Tasche, binden seidene Krawatten um, sind alle bereit, sich aus Kleidern zu Leuten zu machen. Obwohl niemand weiß, wie's in Polen aussehen mag – so arg, das weiß doch jeder Niemand, kann der Bürgerkrieg keinesfalls geworden sein, daß man einen dikken Herrn nicht respektieren wird, wenn er vier breite Ringe mit Brillanten an den Fingern hat. Diese Grenze ist wirklich eine Grenze, die einzige in der Welt. Die Zollbeamten und Grenzoffiziere haben goldglänzende Uniformen, verschwenderische Tuchwürfel als Mützen, weiße Glacéhandschuhe und Lackstiefel, die Brust und der Bauch sind mit Orden behängt – so viele Verdienste konnte man sich also in dem jungen Staat bereits erwerben –, Hackenzusammenschlagen, tiefe Verbeugungen, Türenaufreißen . . . Schon stürzen sich Passagiere auf die Zeitungen des Westens, Finger tasten über das Kursblatt, die Augen kaufen und verkaufen, ins Kupee drängen sich Händler und fragen, ob man Kaviar mitgebracht habe, sie wollen das Dreifache, das Vierfache vom Einkaufspreis bezahlen und drohen, wenn man ihnen nichts verkaufen will, daß die Büchse ohnedies beim Aussteigen oder beim Passieren der deutschen Grenze abgenommen werden wird, Farbstifte verwandeln schwülstige Mäuler in Rosenmündchen, Puderschwaden steigen hoch, Parfüm schwängert die Luft, übergeschlagene Damenknie kokettieren, und ihnen gegenüber wippt geil ein Shimmyschuh auf Plattfuß. Derart fährt der erste Zug in den Bürgerkrieg.

Man konstatiert mit Befriedigung, daß der Kurs des Zloty sich seit dem Umsturz gebessert hat, selbstverständlich, ist's doch ein Sieg der Armee, die hat eine Kraftprobe geleistet und kann nicht abgebaut werden, die englische Börse hat ein Interesse daran, daß die Armee nicht abgebaut wird, man braucht sie gegen Deutschland und Rußland; wenn das arme Polen auch an der Unterhaltung des Heeres zugrunde geht, schadet das der Entente nichts, im Gegenteil, sie freut sich und revanchiert sich, indem sie auf ein paar Tage den Kurs des Zloty kräftigt. So schleppt der Zug seine Ladung von gefestigten Zloty, geschminkten Lippen und maskierten Plattfüßen durch die Masowischen Wälder in die „Revolution", rattert über die Weichsel und nähert sich Warschau. Die Reisenden stehen an den Fenstern: wird er halten, wird er nicht halten? Er hält nicht, läuft an der Warschauer Zitadelle vorbei, eigentlich in die Zitadelle, denn auch links ist ein Fort, beschreibt einen Halbkreis um die Stadt und fährt ein.

Warschau ist bereits ruhig. Die Bevölkerung, die zuerst Pilsudski gehaßt hat, weil er ihre Ruhe störte, die Bevölkerung, die zuerst auf Seite der Regierungstruppen stand, weil diese in der Überzahl waren, ist jetzt für Pilsudski, weil er gesiegt hat. Ja, sie ist noch päpstlicher, schimpft, daß er den Präsidenten und den Ministerpräsidenten und die Minister aus der Haft entlassen hat, man fürchtet, sie könnten einen Widerstand organisieren. Pilsudski ist ein viel zu feiner Mensch, sagen alle; kaum ist jemand Staatspräsident, ist er schon ein feiner Mensch, das ist in der ganzen Welt so. Monarchismus der Republikaner. Im übrigen ist alles in Ordnung, die Prostitution sproßt auf den Hauptstraßen, und auch in den Ämtern wird gearbeitet; Glaser, Kranzgeschäfte, Geistliche haben ein gutes Leben, Beerdigungsanstalten und Plakatunternehmungen können den Aufträgen nicht nachkommen, in den Fahrbahnen werden die vorgestern aufgeworfenen Schützengräben wieder dem Erdboden gleichgemacht, die Kirchen stehen Tag und Nacht offen und sind voll von Menschen, die für ihre Toten und Verwundeten beten. Litfaßsäulen und Häuserwände sind beklebt mit schwarzumränderten Plakaten, Todesanzeigen der Erschossenen, Frauen, Kinder, Soldaten und Freiwillige, dazwischen die Programme der Theater und die bunten Affichen der Revuebühne „Qui pro Quo". An Straßenecken kreuzen sich drei bis vier Leichenbegängnisse, manchen geht ein glanzvoller Priester voran, und eine vierspännige Trauerkalesche trägt den Metallsarg, Herrschaften im Zylinder folgen, manche der Toten müssen sich mit einem schwarz ausgeschlagenen Lastwagen begnügen, sie haben nicht einmal einen Kaplan und nur einen kläglichen Kranz. Zweihundertfünfzig Menschen wurden gemeinsam beerdigt, Freunde und Feinde, Soldaten und Zivilisten, Kämpfer und Opfer. Und die Reden, die die Toten feiern, sprechen von Heldenmut, Opferfreudigkeit, Vaterlandsliebe, ewigem Ruhm, solcherart, daß es auf alle paßt, gleichgültig, ob sie diesseits oder jenseits der Barrikade durchlöchert wurden. Die Harmonie wird auch nicht gestört, als Feldkurat Panasch sich emphatisch die Orden von der Brust reißt und sie dem General vor die Füße wirft, „sie brennen mir auf der Brust!“. Das steigert die Erregung, Trauergäste schreien auf und sind einverstanden mit der Geste, in der sie eine Huldigung für die Toten sehen.

Wie Furunkel mit rotem Kern nehmen sich auf den Fassaden der Häuser und den Säulen der Kirchen die Flintenschüsse aus. Im Zentrum der Stadt wurde gekämpft, in der Gegend des Schlosses, wo einst Poniatowski wohnte und jetzt, wenn auch nur in einem Kämmerchen, der Dichter Przybyszewski wohnt, beim Hauptbahnhof, in der Marszałkowska ist ein großer Balkon herabgeschossen worden und die noble Ujazdowskie-Allee arg mitgenommen. Die schönen Kastanienbäume sind vernichtet, die Gitter der Villen verbogen, und selbst den Gesandtschaften wichen die Projektile nicht aus; obwohl die Fahnen fremder Staaten gehißt waren, sausten die Gewehrkugeln kreuz und quer in die Häuser, zerfetzten Fenster, Möbel und Tapeten und Telefonleitungen. Das Sommercafé Lobzowianka war ein Truppenquartier, und die ungewohnten Gäste haben die freundliche Wirtsstätte übel zugerichtet. Den schrecklichsten Anblick bietet gegenüber das Gebäude des Kriegsministeriums, wo sich die Nowowiejska mit der Ujazdowskie-Allee kreuzt. Hier hat sich ein dreitägiges Gefecht abgespielt, das in der Geschichte von Krieg und Bürgerkrieg wohl nicht seinesgleichen hat: in den Parterreräumen befanden sich Truppen, die dem Marschall Pilsudski anhingen, während im zweiten und dritten Stockwerk Regierungssoldaten ubiquierten. Die Hausbewohner beschossen einander ununterbrochen über den Treppenflur und durch die Plafonddecken, die teilweise herabstürzten, teilweise barsten; in diesem Gebäude gab es hundertachtzig Tote und Schwerverwundete, nicht eine Fensterscheibe ist ganz geblieben, nicht ein Möbelstück auf seinem Platz, nicht eine Stufe unzerschossen, alles ist übereinandergeworfen, das Haus ist jetzt unbewohnt und wird es wohl noch geraume Zeit bleiben müssen. Die angrenzenden Straßen, besonders die Bagatela und der Platz Zbawiciela, sind verwüstet, unverwüstet bloß das Belvedere, um das der Kampf ging: die höchsten Kriegsherren pflegen einander persönlich nicht zu gefährden. Ums Schlößchen Wilanow, den letzten Sitz der gestürzten Regierung, sind Schützengräben aufgeworfen und Geschützstände ausgehoben, der Bau selbst unversehrt.

Das Warschauer Leben läuft weiter, elegant und leer. Es hat sogar einen Inhalt bekommen durch den Putsch, man kann wieder spekulieren, Kattowitz und Posen sind angeblich gegen das neue Regime, soll man sich mit Zloty eindecken oder soll man Zloty spritzen, soll man ins Ausland fahren oder soll man neue Rekrutenaushebungen abwarten, auf der Nalewki wird das jüdische Laubhüttenfest gefeiert, die Caféhäuser sind voll, abends wird zum erstenmal wieder Theater gespielt. Das „Teatr Narodowy" ist ausverkauft, man gibt ein antirussisches Stück, eine Kommunistin kommt darin vor, mit Schmuck behängt und sich unausgesetzt schminkend, zwei blutrünstige Tschekisten treten auf, der eine in der Maske Lenins, der andere in der Maske Trotzkis, auch sie tragen Brillantringe und schießen zum Spaß auf die Straße – und das Publikum freut sich sehr, in einem geordneten Staatswesen zu leben und nicht in der bolschewistischen Hölle.

ASIEN GRÜNDLICH VERÄNDERT

BILDERBOGEN MIT PROPELLER

Dem dunkelroten Mond schwirrt ein Raketenbündel entgegen und zischt oben nach allen Richtungen auseinander. Das sind die Aeroplane, die 4 Uhr 20 morgens, Beginn der Flugzeit, starteten, parallel zueinander vorwärtshüpften, dann in flachem Sprung mondwärts gingen. Jetzt stieben sie auseinander.

Nun sind wir kein Geschwader mehr, sind einzelne Fahrzeuge verschiedener Richtung, nach dem Norden Asiens und dem Süden Europas segelnd, haben nichts mehr miteinander zu tun. Nur der dunkelrote Mond leuchtet ihnen wie uns auf dem Weg durch den Äther.

Die Reisegesellschaft, die noch vor wenigen Minuten eine war, ist keine mehr. Vom Auto des Dobroljot aus unseren Wohnungen abgesammelt, saßen wir im Restaurant des Chodynka-Feldes beisammen, während der dunkelrote Mond auf Neubauten und Hangars, Masten und Tragflächen schien.

Ein Ingenieur, noch vor vierzehn Jahren Analphabet, noch vor fünf Jahren Arbeiter an der Werkbank gewesen, wartet auf das Flugzeug, das ihn in das große Asbestwerk am Ural zu bringen hat. Ein anderer Arbeiter-Ingenieur muß heute in Dneprostroi sein. Zwei deutsche Chemiker, eben aus Berlin gekommen, borgen uns die heutigen Berliner Blätter, morgen sind sie in Kusnezk, Sibirien. Drei Kollegen von der „Prawda" fliegen mit Matrizen nach Rostow, Tiflis und Charkow; von heute ab soll ihr Blatt dort nach den Moskauer Matern am Vormittag gedruckt werden, in Tiflis freilich erst am nächsten Tag. Ein Ingenieur von Ford in Detroit, der nach Erscheinen einer kritischen Beschreibung des Betriebes entlassen wurde: Pinkertons hatten die Meldung erstattet, er habe mir die Informationen gegeben; jetzt erzeugt er Ford-Wagen in Nishnij Nowgorod. Mit „Glück ab", dem Fliegergruß, sind wir wieder auseinandergestoben, jetzt kann man einander nicht einmal mehr winken.

Während das Flugzeug seine erste Spirale beschreibt, hebt sich ein mondliches Moskau und neigt sich wieder, um uns nach altrussischer Art zu grüßen. An allen Ecken der Stadt bastionsartig vorspringend, Schutz gegen Heiden und Empörer, ragen hart die Klöster, in den Winkeln der krenelierten

Kremlmauer nisten die frommen Festungswerke mit dem goldenen Schwert auf der Turmspitze, dann eine neue Schanze, dann der Wassergraben Moskwafluß. Aber die natürlichen und unnatürlichen Verteidigungslinien wurden überrannt. Abgenommen sind schon die Kuppeln der Erlöser-Kathedrale, errichtet zum Andenken an die Erlösung der Zaren von Napoleons Besuch; dieses Gegenstück zum Dom im Berliner Lustgarten wird bald niedergerissen sein.

Die Arbeitervorstädte sind zum Gegenteil von dem geworden, was man sonst unter diesem Wort versteht. Wir sehen auf die neuen Riesenhäuser, die Parks, die Fabriken, die Alleen.

Es gibt eine Zone, wo die Stadt Dorf wird, das Dorf Stadt. Holzhäuser stehen in strenger Parallele, hoch bilden sie Straßen, dann klaffen Lücken zwischen ihnen, hier ein Haus und dort eines, am Wald, in der Wiese, bald eine Gruppe, die Datschen, Landhäuser. Der Mond ist der Sonne gewichen, es wird Tag. Autobusse fahren in die Stadt, und wir fahren in das Land, über Gemüsebeete, Vorstadtbahnhöfe, Felder.

Unser Schatten fährt über die Spuren des Dampfpflugs, unser Schatten ist ein Auto, das hinter uns herrast, er ist ein Motorboot, das die Flüsse durchschwirrt, er ist ein Paternoster, der die Häuserwände der Baumwollspinnerei von Ramenskoje hinaufklettert, über ihr Dach verläuft und wieder hinabklettert, er ist ein Tank, der die Traktorenstationen überrennt, unser Schatten ist ein Fahrzeug aller Arten – nur eines ist er nicht: ein Flugzeug. Niemals schwingt er sich in die Luft, immer bleibt er am Boden.

Unser Schatten zerschneidet die Funkmasten von Ljuberzy und die Schlote der Motorenwerke von Kolomna, er huscht zu Füßen der Hochspannungsleitung aus Schatura. Die Räder der Eisenbahn, die parallel zu uns läuft, scheinen über ihn zu stolpern.

Neubauten von Brücken, Bahnhöfen, Häuserblocks, Silos, Fabrikschornsteinen, wir fliegen über den Fünfjahrplan.

Südost ist die Flugrichtung, Seitenwind, sechzig Kilometer hinter Rjasan gehen wir auf einem von Gänsedreck bedeckten Anger nieder, um zu tanken. Kinder spielen Ringelreihen, ein Greis hockt mit dem Rücken zu uns am Bach. Die Kinder hören nicht auf zu spielen, der Alte dreht sich nicht um, die Gänse watscheln gemütlich davon – Flugzeuge landen hier oft.

Schon dreht sich der Propeller, schon rattert der Motor, Zigaretten auslöschen, einsteigen, aufsteigen. Da drunten das Sowjetgut Baschmakowo, ein ganzes Land.

Nächtigungsstation Pensa. Wir möchten unsere Füße bewegen, möchten vor dem Schlaf im Flugbahnhotel einen Spaziergang machen, aber es bleibt uns versagt, eine horizontale Ansicht der Stadt zu gewinnen, zwischen Flughafen und Stadt liegt das Areal des Bahnhofs, immerfort werden Züge verschoben, Zisternenwaggons mit Naphtha, mit MacCormick-Erntemaschinen, Kühlwaggons, Pfiffe von Menschen, Pfiffe von Lokomotiven. Ins Bett, aus dem Bett, einsteigen, aufsteigen, weiter geht die Fahrt.

Wir sehen hinab auf das Dorf, das vor zweihundert Jahren das Räuberdorf Trujewo war, fünftausend flüchtige Verbrecher aus aller Welt hausten hier. Nichts Romantisches bietet sich unseren Blicken, es ist ein Dorf wie alle Dörfer. Hunderte solcher überspringen wir. Ein ganzer Tag mit Feldern, Feldern, Speichern, Speichern, Batterien ackernder Raupenschlepper schneiden ihre endlosen Mäander in die russische Erde.

Die Wolga blendet uns wie ein Spiegel, der Sonnenlicht zurückwirft. Bleiern bleibt der Rauch der Dampfer in der Juniluft stecken. Kein Land ist das Ufer, es ist eine Fortsetzung des Stromes mit anderen Mitteln, Inundationsgebiet, Seen. Über Wasser und Erde lugen die Kronen von Bäumen, deren Wurzeln, im Wasser geboren, im Wasser lebend, niemals Land gesehen haben.

In Samara kurze Rast, dann hebt uns der Motor über Weizenland. Ausländische Journalisten, die mit dem „Graf Zeppelin“ nach Tokio flogen, sahen aus einer Höhe von achthundert Metern den hungernden russischen Bauern sich unwillig über kahle Felder schleppen Wir aber können von oben nicht erkennen, daß die Menschen unter uns Hunger leiden, nicht einmal, daß sie unwillig sind, sehen wir. Wir können auch nicht behaupten, daß die Felder kahl sind.

Was wir behaupten können, ist das: das flache Land hat sich gewandelt. Die Felder ergeben nicht das bunte Mosaik, das man von überallher kennt; hier herrscht kilometerweit nur eine Farbe, die Äcker sind ein Acker, die Bauern sind ein Bauer geworden, wir sehen langgestreckte Wirtschaftsgebäude, zinngedeckte Stallungen, Maschinen- und Traktorenstationen mit ihren Wagenparks, Kollektivwirtschaften und Sowjetgüter, Elektrostationen, Reihen neuer Einfamilienhäuser mit Gärtchen.

Nicht durch Raine gespalten ist der Weizenfelder Unendlichkeit. Nicht gehört dieses Stück dir, jenes Stück dem anderen. Wir fliegen über den Fünfjahrplan.

Kilometerlange Furchen biegen sich am Ende, um sich wieder in einer kilometerlangen Furche fortzusetzen, diese Parabel des Traktors, der für alle pflügt, begleitet uns immerfort, bis sich der Mond von Moskau von neuem entfacht.

Wir fliegen über den Fünfjahrplan.

Orenburg, eine Stadt, dem Lineal entsprossen, ein Rechteck mit Rechtecken; kompanieweise stehen die Häuser. Am Kai des Uralflusses ein steinernes Tor, ein Dom mit einer Riesenperle als Kuppel, und ein Palast, wahrscheinlich einst Sitz des Generalgouverneurs, der immer noch mehr General war als Gouverneur. Man regierte mit Waffen. Der General von Orenburg war örtlich der letzte Europas, Armeekommandant gegen Asien.

Hier soll irgendwo ein Grenzstein stehen mit zwei Pfeilen: Asien – Europa. Wir sehen ihn nicht, aber wir sehen vor der Stadt eine kleine Festung mit Söllern, Bastionen, Sturmmauern. Der Bordmonteur, der neben dem Piloten sitzt, reicht uns einen Zettel nach hinten: „Menowoi Dwor". Das war also der Tauschhof: der wahre Grenzstein zwischen Europa und Asien. Hierher kamen die Karawanen des Ostens, brachten Seide und Teppiche, Reis und Wolle, Hammel und Ziegen und bekamen innerhalb der Mauern von den russischen Händlern die Güter Europas dafür: Schnaps und Geld. Dann zogen die Asiaten durch das Tor, durch das sie gekommen waren, nach Asien zurück, die Europäer durch das andere Tor nach Europa zurück.

Denn Ost ist Ost und West ist West,
Nie kommen die beiden zusammen.

So lautet die Weisheit der weißen Kolonisatoren in Kiplings Fassung.

Wir aber sehen den Abgrund nicht zwischen Ost und West, wir sehen den Tauschhof nicht mehr, der längst aufgehört hat, einer zu sein, wir sehen die Bahn weiterziehen, wir sehen die neuen Bahnhofsgebäude mit den Silos, auf die einfarbige Unendlichkeit der Gemeinschaftsgüter leuchtet der dunkelrote Moskauer Mond.

1500 Kilometer haben wir hinter uns, und noch immer fahren wir über den Fünfjahrplan. Europa – Asien? Wir merken keinen Unterschied. Im Winter vorigen Jahres waren wir gezwungen, in dem ukrainischen Grenzdorf Schepetowka einen ganzen Tag zuzubringen und gleich darauf im polnischen Grenzdorf Zdolbunowo einige Stunden. Da sahen wir freilich einen Unterschied. Hüben Werkschulen, Abendkurse, Neubauten, drüben der Geistliche, dem man die Hand küßt, Händler, die dem Reisenden Kaviar und Rubel abkaufen wollten, ein Schlepper, der dem Reisenden ein Bordell empfahl, Zollbeamte und Grenzpolizisten mit silbernen Schnallen, goldenen Fangschnüren, lackierten Stiefeln und offenen Händen. Da unter uns würden wohl selbst die weitsichtigen Journalisten vom „Graf Zeppelin" schwerlich dergleichen erkennen können.

Allerdings ist es schon dunkel geworden, in Aktjubinsk windet sich der Gleitflug über die Köpfe weidender Kamele zur Nachtruhe hinab. Ein unbewegliches, unbewegbares Blechgerüst: unser Flugzeug auf der Steppe. Die beiden Pneumatikräder, die sich rechts und links von uns stundenlang im Gegenwind gedreht haben, obwohl ihr Zweck nur der ist, sich auf dem Erdboden zu drehen, stehen starr auf dem Erdboden und drehen sich nicht. Die Schalttafel ist nun kein zuckender, atmender Organismus mehr, sondern ein Brett. Die Steuerhebel, bislang Gliedmaßen, sind plumpe Knüppel. Der Propeller, vorher eine Scheibe aus Wind, gleicht einer Latte im Mund des apportierenden Hundes. Flugzeug „L 31", tagsüber, fahrtüber eine sonnendurchleuchtete, geäderte, froh fliegende Libelle – was ist es jetzt, eine zinnerne schräg aufgestützte Kiste.

Aber: in unseren Ohren jagt der Propeller, an unseren Flanken drehen sich die Gummiräder, in unseren Augen zucken die Zeiger des Höhenmessers, des Öldruckmanometers, des Kompasses, der Vorratsuhr noch immer, in unserem Gehirn schwingen sich Leib und Flügel der Libelle weiter, das Flugzeug rastet, seine dynamische Kraft hat es den Passagieren abgegeben.

Die fliegen, obwohl sie ostentativ schreiten, übertrieben die Beine bewegen. Korso auf asiatischer Steppe, Leonid Dmitriewitsch, ein Entomologe, der mit uns fliegt, um in Mittelasien Pflanzenschädlinge auszurotten, hebt eine grau und gelb gesprenkelte Heuschrecke aus dem Gras und erklärt uns, es sei ein Phrinocephalus caudivolvolus, den hätte Professor Ramme in Berlin nicht. Ob wir das Tier mitnehmen wollen? Nein, wir wollen es nicht mitnehmen. Phrin. caud. macht einen Luftsprung, er muß nicht nach Berlin.

Wir sind in Kasachstan, der Autonomen Kasachischen Sozialistischen Sowjetrepublik. Das Wort „Kasachen" hat mit „Kosaken" nichts zu tun, es ist der historische Ausdruck für „Kirgisen". Der Mechaniker des Aerodroms ist ein schwarzer Kasache, der Leiter ein hellerer. Seine Frau bringt uns das Abendbrot, „Bjelischij", warme Fleischpasteten mit gebackenem Reis, Tee. Der junge Kirgise, der den Flughafen leitet, ist stolz darauf, ein Badezimmer mit Dusche zu haben. Wir dürfen nicht ablehnen. Nach dem Bad gehen wir schlafen. Die Zimmer blitzblank, die Wäsche desgleichen.

Um zwei Uhr nachts fliegen wir weiter, bis Taschkent haben wir noch 1400 Kilometer. Der kleine Held von Newerows Roman hat diesen Weg in die „brotreiche Stadt" fast ganz zu Fuß gemacht. Ein Eisenbahnzug bleibt nicht weit hinter uns zurück, denn der Wind bremst den Flug. Dagegen können sich die Kamelkarawanen, die wir unter uns schaukeln sehen, mit unserem Tempo keineswegs messen.

In Tschelkar trinkt der Motor, rauchen die Passagiere. Die Rast dauert mehr als eine Stunde. Wir gehen in den Aul hinüber, die Menschen wohnen in Lehmhütten, der junge Komsomolze, der mit uns russisch spricht, erzählt uns, er will jetzt fort, in die neuen Betriebe von Karaganda, in das Kohlengebiet, das sich bis an die chinesische Grenze erstreckt. Er heißt Achmed Muntaj, weil sein Vater Muntaj mit dem Vornamen hieß, sein eigener Vorname Achmed wird seines Sohnes Familienname sein.

Der Flughafen ist ein moderner Neubau mit Telefon, Radio, Telegraf und Fremdenzimmer. An den Wänden meteorologische Karten. Unsere Uhren stellen wir um eine Stunde vor, wie wir es in Pensa taten; das muß man tun nach jedem 15. Längengrad, nach je fünfzehn mal 111 Kilometern, wenn man nach Osten reist.

Wir fliegen der Sonne' entgegen. „L 31" hat Rückenwind, es steigt nicht hoch, oben ist die Strömung nicht so günstig, und im Bedarfsfalle braucht es nicht lange nach einem Landungsplatz zu suchen, alles ist flach. Kaum zweihundert Meter unter uns ein ethnographisches Museum. Kreisrunde Hütten, luftdicht umflochten, punktieren die Landschaft. Da steht eine, dort eine andere, abseits eine dritte Jurte. Spärlicher Rasen umgibt sie, eine niedrige Hürde den Grasplatz. Darauf weiden ein paar Hammel oder Ziegen. Wenn die Grasnarbe aufgefressen ist, wird das Haus eingerollt, und man wandert weiter. Hundert Jahre, tausend Jahre. Spuren ehemaliger Siedlungen sind runde Löcher, dort wurde das Heu versteckt, damit das Vieh es nicht fresse. Hier und da ist der Abriß eines abgerissenen Dorfes in den Steppenboden gezeichnet.

Näher am Bahndamm, an den Jurten der Halbnomaden, sind unregelmäßige weiße Flächen, als wäre dort Linnen zum Trocknen ausgebreitet. Man erkennt sie als Beete unter Wasser – sollten es Salinen oder Reisfelder sein? Manchmal sind diese Trapeze grün von flockigen Olivensträuchern. Windmühlen stehen auf hohen Postamenten.

Will die Steppe niemals enden? Plötzlich grüßt vom Westen her eine neue Farbe. Das ist der Aralsee. Ein Hafen in eine Bucht eingebettet. Fischerboote, ein Dampferchen, ein Seglerchen, ein winziger Leuchtturm, der Ort heißt Malyj Sary-Tschagan. Unser Schatten durchschwimmt die Wellen. Rechts ist die Küste, links ist das Land, links ist die Wüste, rechts ist der Strand, bis weithin nach rechts sieht man den See, weither von links leuchtet der Schnee.

Der Schnee leuchtet noch immer, während der See zurückbleibt. Nur dort, wo er einmal ins Land gedrungen war, liegen Pfützen da, Karneolen gleich, verschiedenfarbig getönte Kurven durchglänzen sie. Auch hier leben Halbnomaden nicht weit; sie benützen die Bewässerung, um ihre kleinen Beete zu bebauen.

Nächste Nächtigungsstation: Ksyl-Orda. Zwei Passagiere warten schon, die nach Tschimkent wollen, in ein neu entdecktes Bleibergwerk. Dagegen steigt der Insektentöter aus und fährt in die Stadt. Wir mit ihm. Kara-Agatsch, das schwarze Dorf, ist die Peripherie. Lehmhütten, nackte Kinder, Patriarchenbärte. Eine riesige Ziegelfabrik arbeitet noch zu später Abendstunde. Stoßbrigadiere mit geschlitzten Augen, den Zweizack unter dem Kinn, wetteifern in der Herstellung von Lehmziegeln.

Kamele, unbeaufsichtigt, strecken in der Pappelallee ihre Hälse hoch ins Gezweig und lassen sich das Grün gut schmekken. Gespanne kommen uns entgegen, die Kalmückenkühe haben nach innen gebogene Hörner.

Immer anders und immer gleich ist der Weg des Matrosen nach Feierabend im fremden Port. Er kennt bestenfalls den Namen des Hafens, weiß nicht, ob er in ein Fischerdorf kommt oder in eine Großstadt. Diesmal fanden wir uns in einer Stadt mit Villen und breiten Straßen und schönen Neubauten; auf schwarzen Glastafeln standen mit goldenen Lettern die Namen von Ärzten oder Wirtschaftsgesellschaften; Männer in Tropenanzügen und Mädchen in Sommerkleidern lustwandelten im Park unter den Eukalyptusbäumen und Pappeln. Ein Springbrunnen sprudelte vor dem Cafépavillon, Kellnerinnen bedienten, und die Büfettdame saß hinter einer nickelnen Registrierkasse. Blumen mit aquarellenen Blättern wurden feilgeboten.

Es ist in Ksyl-Orda, wie es vor zwei Jahren in Savannah gewesen war. Und dennoch ist es nicht so. In Savannah sind die Indianer ausgerottet. Hier freuen sich die Ureinwohner inmitten der Europäer ihres Landes.

Der Ort hieß Ak-Metschet, weiße Moschee, der General Perowskij, der ihn für den Zaren eroberte, nannte ihn nach sich „Perowsk". 1925, da er Regierungssitz von Kasachstan wurde, bekam er den Namen Ksyl-Orda, Rote Hauptstadt; jetzt ist Alma Ata die Hauptstadt dieser Republik, die ziemlich groß ist, drei Millionen Quadratkilometer, sechsmal so groß wie Deutschland.

Kasachen gehen vor ihren Kamelen, auf denen Frauen mit langen Zöpfen sitzen und ärmellosen, bordeauxroten oder violetten Samtjacken. Aber es gibt andere Frauen, die tragen die Jacke der Jungkommunisten und kurzes Haar, es gibt solche, die nehmen in der Schule des Ortskomitees wissenschaftlichen Unterricht.

Über dem Straßengraben der Friedrich-Engels-Straße stehen die Kioske der Flickschuster und der Zeitungshändler. Die Zeitung „Syr boj" ist in lateinischen Lettern gedruckt, aber einige unbekannte Zeichen sind dabei, ein verkehrtes e, ein verkehrtes q und viele Buchstaben mit Cedille. Wir verstehen nur, daß kamsomol Komsomol bedeutet, ijen Juni und tijin Kopeke.

Elektrische Uhren an den Straßenecken. Die, von denen wir vor fünf Jahren in Baku die Zeit ablasen, waren aus Berlin, die Buchstaben AEG sagten das. Jetzt begegnet man überall denen der Zweiten Moskauer Uhrenfabrik „Ernst Thälmann". Die Tatsache, daß aus einem Schlauch die Straße besprengt wird, bedeutet ein Gaudium für Ksyl-Orda. Kinder duschen, Erwachsene betrachten kopfschüttelnd die Aktion: worauf die Europäer alles kommen! Der „Gosisdat", der Staatsverlag, hat hier Bücher in kasachischer Sprache unter seinem wie überall schwarzrotgoldenen Ladenschild, Weltliteratur in Übersetzungen, Bücher über Marx, Leninismus, Motoren, Baumwolle, Reis, Heuschreckenvertilgung und Anweisungen für die Bildungsarbeit unter den Nomaden. Plakate von „Gastrollen" –

das ist das russische Wort für Gastspiele –, Sänger und Virtuosen aus Moskau, alle angeblich ehemalige Mitglieder des Staatstheaters, des Künstlertheaters, des Philharmonischen Orchesters.

Auf ihren Kutschböcken sitzen die Iswostschiks, ihre runden Pelzmützen scheinen Miniaturausgaben der Jurten zu sein. Man fragt einen, wieviel er für eine Fahrt auf den Flugplatz verlange. Er schätzt den Fremden ab. Ergebnis: fünfzehn Rubel. Man bietet ihm fünf. Hohnlachen: „Vielleicht für ein Glas Tee?“ Man bietet sechs Rubel. Ein vorbeigehender Russe klärt uns auf: „Wenn ein Kasache einmal fünfzehn Rubel gesagt hat, so fährt er auch nicht für vierzehn Rubel fünfzig.“ Der Fußmarsch in unseren Hafen tut gut nach soviel Flug, und auch der Schlaf tut gut.

Durch die Morgenluft fahren wir weiter entlang des Syr-Darja-Tales. Rechts hat die Steppe der Wüste Ksyl-Kum Platz gemacht. Das alles, vom Aralsee nach Süden, ist das Land der Kara-Kalpaken, der Schwarzmützen, ihr Hauptsitz ist im Delta des Amu-Darja, aber als sie die Autonomie bekamen, bekamen sie das Land dazu, über das ihre Volksgenossen seit einer Ewigkeit tippeln, die schwarzen Mützen auf der roten Wüste. Das ist ein Gebiet, so groß wie Bayern und Württemberg zusammen.

Wir fliegen darüber hin, bis sich ein jähes Wunder vollzieht, die Wüstenei grün wird, eine Oase emporschießt, ein riesenhafter Park, und in seiner Mitte eine Stadt liegt, mächtig und herrlich.

Taschkent steht, sich verneigend, am Fuß der Wendeltreppe, die wir hinabsteigen.

ZWEIFARBENDRUCK VON TASCHKENT

Graue Farbe: Die Stadt Taschkent ist von den kaiserlich-russischen Kolonisatoren – die „Herren Taschkents“ nannte sie der Klassiker Saltykow-Schtschedrin in seinem gleichnamigen Roman – in ein europäisches Settlement und ein Eingeborenenviertel geteilt worden. In der Europäerstadt residierte der Gouverneur, gewöhnlich ein abgesägter General, wie Kuropatkin, der gegen die Japaner seine Unfähigkeit bewies, Samsonow, der 1915 seine Soldaten in die masurischen Sümpfe jagte, und andere, die ihre als Kriegsmänner erlittenen Scharten durch Härte gegen die Usbeken auszuwetzen versuchten. An Seiner Exellenz Seite walteten, ihm verwandt durch Stamm und Sinn, die Vertreter des Heiligen Synod, der Banken, der Zivilbehörden und der Baumwollfirmen. Die Altstadt aber, Ghetto der Usbeken, hatte in einer Distanz von zwei Kilometern abseits zu stehen und war ein jämmerlich vernachlässigter Bezirk.

Rote Farbe: Um den klaffenden Zwischenraum auszufüllen, werden jetzt fast alle Neubauten, deren die rasend emporschießende Hauptstadt bedarf, in der Altstadt aufgeführt, Fabriken, Arbeiterhäuser, Konsumgenossenschaften, Schulen, Klubs.

Graue Farbe: Trotzdem unterscheiden sich die Straßen der Altstadt noch immer kilometerweit durch nichts von den Negerdörfern der nördlichen Sahara, durch nichts von den schmutzigen Außenbezirken von Tunis. Hier wie dort die fensterlose Wand aus Lehm, der mit Stroh, Häcksel, Urin von Kamelen verrührt, von den Händen der Menschen angeklatscht, von der Hitze der Sonne gebacken und vom Zahn der Zeit zerbissen ist. Im ersten Stockwerk ein frei gelassener Raum als Veranda, zu ebener Erde Nischen, darin ein Hufschmied hantiert, ein Raseur, ein Sattler oder ein Brezelbäcker. Die Moscheen fraßen alle Architektur, für den Profanbau blieb nicht einmal ein Ornamentchen, nicht ein Ziegelchen übrig.

Rote Farbe: Jetzt erst wird das eintönige Gemäuer durch neue Häuser unterbrochen. Eine Straßenbahnremise und das Gebäude des Frauenklubs (Kinderkrippe, Säuglingsfürsorge, Mutterschutz, Aufklärungsarbeit) sind erstanden, eine große Druckerei, ein Technikum für Genossenschaftswesen, eine Filiale des Moskauer Zentralinstituts der Arbeit, eine gynäkologische Klinik, ein medizinisches Technikum zur Ausbildung von Krankenschwestern, Pflegern, Hebammen, von Hilfsarbeitern für Apotheken, Unfallstellen und Prophylaktorien. Die Moschee Scheich Anta-ur ist Aufnahmehalle der Filmfabrik „Roter Stern“ geworden – in Hollywood macht man aus den Aufnahmehallen der Filmfabriken Moscheen. Im Garten der Ex-Moschee spielen junge Usbeken Tennis, am Rand des Bassins steht ein Rotes Teehaus. Das usbekische Nationaltheater trägt den Namen des Dichters und Komponisten Chakimsade Hamsa, der . . .

Graue Farbe: . . . 1926 im Tal von Fergana wegen seiner freigeistigen Poesie von religiösen Fanatikern erschlagen wurde.

Rote Farbe: Bei der Uraufführung des Dramas „Der erste

Pfiff" von Mumtas setzte sich ein junger Mann neben uns, um uns, den einzigen Europäern im Zuschauerraum, die Bühnenvorgänge ins Russische zu übersetzen. Er tat das kritisch, und um so größer war unsere Überraschung, als er sich im Laufe der Unterhaltung als der Autor herausstellte. Gerufen wurde er nicht, obwohl das Stück allen außer ihm gefiel. Er war weniger aufgeregt als die Zuschauer bei dieser seiner ersten Premiere, in diesem Augenblick seines Eintritts in die usbekische Theatergeschichte. Das Stück spielt unter Baumwollbauern, und sein Thema sind ...

Graue Farbe: ... die Machenschaften der Kulaken und der mit ihnen verbundenen Schädlinge, die sich ihre Aufnahme in die Kommunistische Partei erschlichen haben. (Zum Unterschied von anderen Schädlingsdramen auf den sowjetrussischen Bühnen tritt hier kein Pfaffe als Bundesgenosse der Kulaken auf.) Die Reaktionäre dingen Banditen, um die Führer der Arbeiter-Stoßbrigaden ermorden und die Baumwollfabrik in die Luft sprengen zu lassen.

Rote Farbe: Aber die GPU greift ein, da schon der Mordstahl blitzend die Luft durchfährt, die GPU greift ein, da die Lunte bereits glimmt, und jubelnd, minutenlang jubelnd – „bis", „bis" – quittiert das keineswegs nur kommunistische Publikum dieses Einschreiten.

Graue Farbe (außerhalb des Rahmens um unseren Zweifarbendruck): Der Besucher aus dem Westen wirft die Frage auf: Warum könnte es kein europäischer Dramatiker wagen, die politische Polizei seines Landes, etwa die „Abteilung I A" in Deutschland, die „Siguranza" in Rumänien, die „Defensive" in Polen, die doch alle das Prinzip ihres Staates vertreten, sympathisch auf die Bühne zu stellen? Der Besucher aus dem Westen wirft die Frage auf, warum alle diese energisch staatserhaltenden Behörden geheime Behörden sind,

Rote Farbe: ... während die GPU bei der Maifeier oder bei der Oktoberfeier begeistert bejubelt wird, fast in jedem Haus das Bild ihres Gründers Dsershinskij hängt, Schulen, Fabriken, Klubs sich nach ihm nennen.

Graue Farbe: Im Theater Hamsa sitzen viele Frauen mit dem Tschadschwan, einem Schleier aus Pferdehaaren.

Rote Farbe: Sie sehen auf der Bühne Frauen ihres Stammes, die ihre Sprache sprechen, ihre Lieder singen und kein Schutzschild vor dem Antlitz tragen. Und die Verschleierten klatschen den Unverschleierten Beifall.

Graue Farbe: Dabei muß man wissen, daß es in Usbekistan noch Gegenden gibt, wo Frauen, die sich ohne Tschadschwan zu zeigen wagen, gesteinigt werden. – Neben einer der verschleierten Theaterbesucherinnen sitzt ihre Tochter.

Grau-rote Übergangsfarbe: Wie ihre Mutter ist sie in das Nationalgewand, Parandscha, gehüllt, das vom Kopf bis zu den Knöcheln reicht, aber sie ist nicht verschleiert.

Rote Farbe: Und das Mädchen neben ihr – Freundin? Schwester? – hat kurzes Haar, europäische Kleidung. Viele junge Usbekinnen und Tadshikinnen tragen schon die olivengrüne Uniform der Komsomolzen.

Graue Farbe: Auf der Hauptstraße der Altstadt schaut eine Gruppe von Frauen durch das Roßhaarschild zu . . .

Rote Farbe: . . . wie ein Auto von einer Frau angekurbelt wird. Tschadschwan und Autobrille schützen gleichermaßen vor dem argen Staub Taschkents, aber die Autobrille nimmt man ab, wenn man sie nicht braucht.

Graue Farbe: Den Tschadschwan nimmt man nicht ab, zeitlebens steckst du hinter einem Gitter, durch das du die Welt schwarz siehst und durch das die Welt dich schwarz sieht, in einer beweglichen Kerkerzelle, die nur dein Gebieter öffnen darf.

Rote Farbe: Ein Brückenkopf, tief in das dumpfe Lehmgesiedel der Altstadt vorgeschoben, ein Brückenkopf der neuen Zeit ist der Frauenklub von Taschkent. Wenn man einige Stunden in den Beratungsstellen dieses mächtigen Neubaus zubringt, dann erlebt man schaudernd den wahren Orient.

Graue Farbe: Ein Mädchen kommt herein, hebt den Schleier.

„Wie alt bist du?"

„Vierzehn Jahre."

„Was willst du?"

„Ich – ich habe vor neun Wochen – geheiratet. Und ich – ich möchte – möchte weg von meinem Mann."

„Wer hat dich verheiratet?"

„Meine Mutter. Sie ist sehr arm, und sie hat für mich ein großes Kalim (Kaufpreis) bekommen."

„Wieviel hat er bezahlt?"

„Sechzehn Hammel."

„Wie alt ist er?"

„Das weiß ich nicht. Seine Enkelsöhne sind älter als ich."

„Er hat also außer dir noch eine Frau?"

„Nein. Er hatte drei Frauen, sie sind alle tot."

„Was ist er von Beruf?"

„Händler. Er ist Lischenez." (Einer, dem die Bürgerrechte abgesprochen sind.)

„Warum willst du von ihm fort?"

„Ich bin ein Jahr lang zur Schule gegangen und möchte weiterlernen oder wenigstens lesen. Das erlaubt er nicht. Ich hatte ein Buch, er hat es verbrannt und mich geschlagen. Ich habe einmal gesagt, daß ich den Schleier ablegen will. Darauf hat er gedroht, er wird mich töten, wenn ich so etwas auch nur sage. Er läßt mich nicht ausgehen. Ich kann aber nicht den ganzen Tag auf der Erde sitzen und mit dem Halsband spielen. Heute bin ich weggelaufen."

Rote Farbe: „Gut. Du kannst vorläufig hierbleiben."

„Aber ich – ich bekomme ein Kind."

„Der Arzt wird dich untersuchen, vielleicht kann er dir helfen."

„Wird meine Mutter die sechzehn Hammel zurückgeben müssen?"

„Nein. Wir werden ein Protokoll aufnehmen und schicken es ans Gericht."

Graue Farbe: Zwei Frauen treten ein, jede mit einem Kind, das kleinere hat Beinchen und Händchen verbunden, es ist eben im Ambulatorium unten im Haus behandelt worden. Die beiden entschleiern sich nicht, sprechen durcheinander. Man schickt die eine hinaus. Aus den Worten der Zurückbleibenden geht hervor:

„Wir sind Frauen des gleichen Mannes. Er ist fünfundsiebzig Jahre alt, Lischenez. Ich bin die jüngere, er zieht mich ihr vor und mein Kind dem ihren. Aus Eifersucht hat sie mein Kind an den Backofen gestoßen. Ich habe mich bei unserem Mann beschwert, und er hat sie geschlagen, bis sie zusammenbrach. Acht Tage mußte ich sie pflegen . . .

Rote Farbe: . . . dann haben wir beschlossen, beide von ihm fortzugehen. Aber wir wissen nicht, wovon wir leben werden. Kannst du uns einen Rat geben?"

„Wollt ihr gleich hierbleiben?"

„Nein. Heute gehen wir noch nach Hause."

„Gut. Wir werden eine Anzeige machen. Für die Kinder muß er auf jeden Fall sorgen."

„Da wird er doch erfahren, daß wir ihn angezeigt haben!"

„Nein. Ihr müßt nur die Wahrheit sagen, wenn das Gericht euch verhört."

Graue Farbe: In der konservativen frommen Altstadt von Taschkent blühte früher die Prostitution. Auch heute empfinden noch manche Frauen Arbeit beschämender als den mit verhülltem Gesicht ausgeübten Männerfang. Gewöhnlich sind es die älteren Frauen im Harem ihres Gatten, er gibt ihnen und ihren Kindern kein Geld mehr, so daß sie zwischen Nationaltheater und Zirkus auf den Strich gehen, während er im Teehaus sitzt.

Rote Farbe: Eine Nachtklinik, drei Prophylaktorien, drei Ambulatorien arbeiten in der Nähe des Basars; die Bordelle sind aufgehoben, an ihrer Statt sind Arbeitsstellen eingerichtet, in denen die Prostituierten bleiben müssen, bis sie Lesen, Schreiben und eine Arbeit erlernt haben.

Graue Farbe: Im ehemaligen Gouvernement Turkestan waren die mohammedanischen Frauen ausnahmslos Analphabeten.

Rote Farbe: Noch immer stößt die Durchführung der allgemeinen Schulpflicht für Mädchen auf steile Hindernisse; den Mädchenschulen müssen Lehrerinnen zugewiesen werden, die Knabenschule darf nicht im gleichen Haus sein. Allerdings besuchen Frauen auch schon Mittelschulen – vor dem Krieg gab es hier überhaupt keine den Mohammedanern zugängliche Mittelschule. Im Frauenklub werden Tageskurse und Abendkurse zur Liquidierung des Analphabetentums abgehalten. Die Klubmitglieder, durchweg usbekische, tadshikische oder kirgisische Frauen, bilden verschiedene Zirkel: Sport, Theater, Musik und Landesverteidigung. Der Zirkel der Gottlosen nennt sich hier „Naturwissenschaftlicher Kurs", und man lehrt dort Biologie und Völkerkunde, Allah möglichst aus dem Spiel lassend. Eine Filiale der staatlichen Sparkasse amtiert im Klubgebäude, verschleierte Frauen legen erspartes Geld auf ihren Namen ein – ein großer Schritt zur Befreiung aus der Sklaverei. (In Deutschland darf keine verheiratete Frau ohne Zustimmung ihres Mannes ein Bankkonto eröffnen.)

Graue Farbe: Ein Museum im Wartezimmer gibt den Müttern Anschauungsunterricht in Säuglingspflege. An Bildern und Schaustücken wird die Schädlichkeit der bisherigen Methode gezeigt. Das Usbekenbaby, in einer mit weißen Tüchern verhängten Wiege, dem „Beschik", festgebunden, kommt während seines ersten Lebensjahres nur beim Wechseln der Windeln aus diesem schaukelnden Kerkerchen heraus. Die Mutter beugt sich über die Wiege, um das Kind zu stillen. Wenn es Pipi macht, so läuft das Wasser zwischen zwei schrägliegenden

Miniaturmatratzen in ein Töpfchen unter der Wiege. Blasenkatarrhe sind die Folge, durch das unbewegliche Liegen wird das Köpfchen flach, die Einschnürung der Ärmchen durch Armbänder stört den Blutkreislauf, und das landesübliche Abwischen des Popos mit Steinen ist auch nicht das Richtige. (Auf allen Abtritten der Altstadt sind Steine bereit, alle für einen, einer für alle, und bilden neben der kollektiven Benutzung der Teetasse und des Tschilims, der Schlauchpfeife, die Hauptursache für die Verbreitung der Syphilis.)

Rote Farbe: Modelle und Bilder stellen diesen Landesübeln die moderne Säuglingspflege gegenüber. Tief verschleiert sitzen die Mütter da, aber ruhig entblößen sie vor den eintretenden Männern die Brust, um ihr Kind zu stillen, sie lassen sich vom Arzt gynäkologisch untersuchen, wenn nur ihr Gesicht verdeckt bleibt. Manche befolgen den Rat, ihr Kind in der Krippe zu belassen. Wir durchwandern den Kindergarten, wo die Erziehung zur Gemeinschaft beginnt. Bei den Dreijährigen ist eben Mittagessen. Der Diensthabende, schrecklich stolz auf sein Amt ist der Stöpsel, wackelt mit einem Löffel zu einer beim Tisch sitzenden Altersgenossin und legt ihn vor sie hin, wackelt zurück zum Löffelschrank und bringt dem nächsten einen Löffel – einen vollendeten Kellner kann man ihn nicht nennen. Die Sanitätskommission der vierjährigen Usbeken hält Sitzung ab. Sie entscheidet mit leidenschaftslosem Ernst, ob die Fingernägel ihrer Kollegen sauber sind und genügend kurz geschnitten. Im Garten wird gespielt, die Kinder – was spielen die Kinder in der Sowjetunion? –, sie spielen Kolchos.

Graue Farbe: Viele der Kleinen leiden an Würmern, die vom Wasser der Kanäle und Bassins stammen, Säuglinge (ein bläulicher Rhombus auf der Rückenhaut, der Mongolenfleck, ist das Kennzeichen der Rasse während der ersten Lebensmonate) saugen die Infusorien mit der Muttermilch ein.

Rote Farbe: Mit Ausnahme des Arztes sind alle Funktionäre des Frauenklubs Usbekinnen, wie auch alle Ämter und fast alle Betriebe von Einheimischen geleitet werden. Die Befreiung der Frau vollzieht sich gleichzeitig mit der Befreiung der ganzen Nation, vollzieht sich ersprießlich, während ...

Graue Farbe: ... die Kolonialmächte ihre Sklavenhalterei mit der Behauptung begründen, die Kolonialvölker – alte Kulturvölker wie Inder oder Araber! – seien unfähig zur Selbstverwaltung. Freilich, noch gibt es viel Grau im Zweifarbendruck Taschkents, oft wird die neue Zeit mißverstanden.

Rote oder graue Farbe? Da putzen sich junge Leute im Kanal der Altstadt die Zähne und gurgeln das trübe Wasser, in dem der Nachbar, von der hygienischen Agitation beeinflußt, sich die Füße wäscht.

Graue Farbe: Im Hof der usbekischen Häuser schwelt eine Pfütze, an deren Rand ein Teppich ausgebreitet ist, darauf manchmal ein Damebrett, immer geleerte Teetassen und Brotreste. Der Hausherr führt uns ins Taschkari, die Männerabteilung. Möbellose Zimmer ohne Ofen. Zusammengelegte Steppdecken sind bereit, jederzeit als Stühle, und ein Teppich, jederzeit als Tisch zu dienen. Nachts sind Decken und Teppich das Bett. Wir möchten das Frauenhaus sehen. Ungern willigt der Hausherr ein, tritt auf die andere Seite des Hofes, von wo ein gedeckter Korridor hinüberführt zum Itschkari, klatscht in die Hände, ruft „ej, kotschinglar“ (verschwindet!) und geht voraus, um zu sehen, ob die Luft rein ist. Nur eine mit bunten Metallen und Perlmutter eingelegte Truhe schmückt den Frauenraum. An der Wand hängt der Susaneh, ein Teppich, der unvollendet ist, weil man stirbt, wenn man ihn zu Ende webt. So will es Allah, und Allah will, daß die Frau hier ihre Zeit verbringt, ohne einen anderen Mann zu sehen als ihren „Gebieter“ – er soll dein Herr sein, das hat Mohammed aus der Bibel plagiiert –, ihm hat sie, Lebenszweck, ihre Liebe zu geben, bis er eine jüngere kauft, mit der sie nun, der verhaßten, höhnischen, zeitlebens auf dem gleichen Teppich hockt. Sogar den Namen verliert das Mädchen, das heiratet. Von dem Tage an, da sie den ersten Knaben geboren, heißt sie „Mutter des Achmed“ oder „Mutter des Ibrahim“.

Rote Farbe: Die Sowjetgesetze verbieten die Vielweiberei. Der, der mehrere Frauen besitzt, darf sie behalten, jedoch keine neue Ehe schließen.

Graue Farbe: Aber welche Usbek hoch oben in den Bergen wird nach dem Gesetz fragen, wenn ihm jemand für seine Tochter zwanzig oder gar sechzig Hammel bezahlt? Und welche Behörde kann in alle Geheimnisse des Familienlebens eindringen, solange die Register nicht die ganze Bevölkerung erfassen? Fast in allen alten Häusern erhält man auf die Frage, wer im Itschkari wohne, die Antwort: „Meine Mutter, meine Gattin und meine Töchter.“

Rote Farbe: Am Rand der Altstadt fängt eine neue Stadt an. Kein Viertel mehr grau in grau, ein Viertel im Grünen, ein rotes Viertel im Grünen. Arbeiterhäuser. Über den Ziegeldächern hängen Antennen, den fünfzackigen Stern mit Sichel und Hammer als Schmuck. Gärten mit Gemüsebeeten und Obstbäumen. Gorodok Selinskowo heißt der neue Bezirk. Auch hier wohnen Usbeken. Wir können eintreten, selbst wenn der Hausherr nicht daheim ist. Die Kinder führen uns umher, knipsen das elektrische Licht an, drehen den Hahn der Wasserleitung auf, schalten das Radio ein – ungeahnte Wunder. Eine junge Frau sitzt auf dem Teppich, wie ihre Schwestern in der grauen Nachbarschaft, ihr Töchterchen ist mit breiten Armreifen behängt, wie die Töchterchen ihrer Schwestern in der grauen Nachbarschaft, in der Ecke steht der Beschik, die verhängte Wiege, wie bei ihren Schwestern in der grauen Nachbarschaft. Aber die Wiege wird nur nachts benützt. Und niemand hat in die Hände geklatscht und „ej, kotschinglar" gerufen, als wir nahten. Die Hausfrau sieht uns, die fremden Männer, unbefangen an, obwohl sie unverschleiert ist – sie trägt überhaupt keinen Schleier mehr –, und antwortet auf unsere Fragen: „Fünfzehn Rubel kostet das Haus monatlich, und nach sechzehn Jahren gehört es uns. Mein urtak (Genosse) ist achtundzwanzig Jahre alt, er arbeitet bei der Straßenbahn. Ja, ich bin Mitglied des Frauenklubs, aber mein Töchterchen ist noch zu klein, es läßt mir jetzt keine Zeit hinzugehen, kaum Zeit zum Lernen." Sie zeigt auf die Fibel, ein Heft und einen Bleistift, die neben ihr liegen.

IM ZUG NACH SAMARKAND

Ja, wenn man wegfährt, nachdem man Taschkent wie seine Tasche kennt, sieht die Stadt anders aus; als man die sanfte Rampe der Luft zu ihr herniederglitt, schien sie, von oben gesehen, eine schön gegliederte Fläche zu sein – jetzt kennen wir sie als eine räumliche Durchdringung von alt und neu, von Grau und Rot, von Orient und Okzident, von Primitivwirtschaft und Sozialismus, von Mohammed und Marx ...

Als kaiserliche Generale das Land vor sechzig Jahren eroberten, hatten die Sieger in Taschkent, so wie sie es in Warschau oder in Tiflis getan, zunächst eine mächtige russische Kathedrale erbaut. Hier haben sie auf ihren Giebel, zum höhnischen Zeichen des Triumphes, das Kreuz über den Halbmond gestellt. 1918 war dem Kreuz nur ein Stückchen wegzunehmen, auf daß es ein Hammer werde, und dieses Stück dem Halbmond beizufügen, auf daß er eine Sichel werde; die Sergius-Kathedrale ist jetzt ein Klub.

Vom Palais des Großfürsten Nikolai Konstantinowitsch weisen die Spitzen des roten Sterns in die fünf Weltteile. Nikolai ist in Taschkent begraben, das war er auch schon zu Lebzeiten: verbannt vom Hof des Vetters wegen Diebstahls, er hatte seiner Mutter das Perlenkollier der Romanows entwendet. In Taschkent nannte er sich bescheiden Fürst Iskander, nach Alexander dem Großen. Seine legitime Frau, die Tochter des Stadthauptmanns von Orenburg, mag im Gothaischen Hofkalender als Ihre Kaiserliche Hoheit figurieren, hier sehen wir sie, die Bürgerin Iskander, durch die Straßen des bolschewistischen Taschkent spazieren. Das Schloß, das sie einstmals mit ihrem Gatten, marmornen Hirschen und lebenden Mädchen teilte, ward zum naturwissenschaftlichen Museum, der Park zum Kindergarten, auf der Balustrade turnen Kinder.

Die Zitadelle, ehedem letztes Bollwerk gegen das streitbare Morgenland, hat keine strategische Bedeutung mehr, das Abendland dringt bis an die felsigen Grenzen Indiens vor. Taschkent ist der Sitz des Mittelasiatischen Parteibüros für die Sowjetrepubliken Usbekistan, Turkmenistan und Tadshikistan, die Autonomen Republiken Kirgisistan und Kasachstan und das Autonome Gebiet der Karakalpaken, also für alle Länder, in die das Generalgouvernement Turkestan, das Reich des Emirs von Buchara und das des Chans von Chiwa geteilt worden sind.

Große Umschweife macht die Eisenbahn, bevor sie an ihre Endstation kommt; die Luftlinie Taschkent–Stalinabad ist nur 350 Kilometer lang, der Aeroplan fliegt jedoch nicht über die viertausend Meter hohen Berge, sondern weicht ihnen in einem Bogen von 930 Kilometern aus und die Eisenbahn gar in einem solchen von 1600 Kilometern.

Eine Zeitlang läuft die Taschkenter Oase neben uns her, wirft Jasminduft und der Pappeln Grün als Abschiedsgruß in das Abteil. Dann aber bleibt sie zurück, und alles ist öde. Geflochtene Wände schützen den Schienenstrang vor dem Samum, der häufig über die graue Unendlichkeit der Hungersteppe braust.

Jurten schieben sich heran, je näher der Bahnhof, desto dichter stehen sie beisammen, manchmal nur dreißig, vierzig Schritte voneinander entfernt. Weiter draußen brauchten die Nomaden nicht zu befürchten, daß die Hammel des Nachbarn den eigenen die spärlichen Grasbüschel wegschnappen. Aber die Bahn lockt selbst die ewigen Einzelgänger. Hier können sie Schafkäse eintauschen gegen Tee und Tassen. Auch die Neugierde treibt sie, staunend starren sie auf die Leute, die aussteigen, auf die unverständlichen Maschinen in den Waggons. Hinaus zu den Menschen der Steppe drang die neue Zeit noch nicht, so dringen die Menschen der Steppe zur neuen Zeit. In einigen Jahren werden die Abstände zwischen den runden Hütten Straßen sein und die runden Hütten keine runden Hütten mehr, sondern steinerne Häuser.

Je langsamer alles gegangen ist in den letzten zweitausend Jahren, um so schneller muß es in den nächsten zehn Jahren gehen. Als Alexander von Mazedonien auf seinem Bukephalos des Weges ritt, saß dieser hagere Greis hier und sah, wie heute, seinem Gras rupfenden Grautier zu, die rauhen Scharen Dschingis-Chans überholten die Kamele, die dort drüben gleichmäßig schaukelnd ihre Bahn ziehen. Nur die Bahn, deren Rauchwolken die gleißende Luft zu durchstoßen versuchen, ist neuen Datums. Menschen und Güter rollen von Leningrad in das Land am Pamir, vom Amu-Darja nach Moskau, man kann vom Orient an das nördliche Eismeer fahren, die Turksib ist fertig, die Züge Moskau–Taschkent verkehrten 1927 viermal wöchentlich, jetzt zweimal täglich, die Strecke ist vor zwei Jahren verlängert worden und durchläuft zwei neue Republiken, und schon erweist sich das als viel zuwenig; ein neues Geleise, neue Zweiglinien sind geplant, eine elektrische Bahn nach Stalinabad und über Stalinabad hinaus.

Die neuen Bahnhöfe haben Moscheeform, sie stehen vor der Stadt, und kein Mensch geht durch den Eingang auf den Perron hinaus, kein Mensch benützt den Ausgang, alle gehen um das Stationsgebäude herum. Das ist auch viel interessanter, da hocken Männer mit gebratenen Hühnern, mit Eiern, mit Kwaß. Schwarz ist der Inhalt mancher Körbe, wenn jedoch der Händler mit einem Wedel darüberfährt, so hebt sich die schwarze Decke in die Lüfte, sie bestand aus Fliegen, und sichtbar werden metallisch glänzende Aprikosen, Kirschen, Äpfel und Pfirsiche. Die wären nun für den hygienebeflissenen Europäer ungenießbar; zum Glück sind wir nicht nur im Orient, sondern auch in Rußland, wo auf jedem Bahnhof eine Therme sprudelt, der Kipjatok, das heiße Wasser für den Samowar; damit wäscht man das fliegenbeschissene Obst, wenn man der hygienebeflissene Europäer ist.

Das dem Bahnhof am nächsten gelegene Haus ist fast immer ein Gasthof. Daß die Fenster geöffnet sind, ist selbstverständlich, denn die Glut und der Staub draußen sind kühle Luft gegen die Glut und den Staub drinnen. An allen Wänden teppichbelegte Pritschen, auf denen beturbante Männer und verschleierte Frauen und bemützte Kinder und eingenähte Gepäckstücke herumliegen; die Gespräche, das Essen, der Tee, das ganze sich öffentlich entfaltende private Leben erinnert an das in den russischen Waggons. Hier aber, in der Tee- und Schlafstube, kommt man nicht vorwärts.

Es ahnen die Menschen, die hier biwakieren, nichts von der Existenz eines Fahrplans, nichts vom Fahrkartenvorverkauf, nichts von Anschlüssen, nur Allah weiß, wann das rauchende Eisenpferd nach Buchara gehen wird, im Fatum liegt es beschlossen, an welchem Tag die endlich erlangte Platzkarte Gültigkeit hat. Abwarten und Tee trinken. Züge kommen an, Züge gehen ab, es klingelt und pfeift, das macht die Wartenden nicht nervös. Vor Allah sind tausend Jahre wie ein Tag, warum sollen sie nicht noch eine Woche harren?

Auf der Plattform unseres Waggons nimmt jedesmal, sobald sich der Zug in Bewegung setzt, ein etwa fünfzehnjähriger Usbekenjunge Platz. Für einen „Besprisorni" sieht er viel zu gut aus, sein Käppi, wie eine Apfelsine auf dem Hinterkopf schwebend, hat offenbar kein Nachtquartier im Asphaltkessel mitgemacht, der Junge trägt Stiefel und Anzug. Er besucht eine Werkschule in Taschkent, und weil diese eben renoviert wird, hat er sich ohne Urlaub und Marschroute aufgemacht, um auf ein paar Tage nach Hause zu fahren. Das erzählt er uns und möchte dafür wissen, ob wir aus Amerika kommen. Nein, wir kommen aus Deutschland. Ei! Er lernt eben Deutsch in der Schule und beeilt sich, uns das zu beweisen.

„Das ist Sstuhl", sagt er, auf das Trittbrett deutend, das ihm freilich als Stuhl dient. Wir verhehlen nicht unsere Bewunderung. Er will uns noch mehr imponieren, langsam und deutlich rezitiert er das nachstehende deutsche Poem:

„Wenn dich die Westerzunge sticht,
So laß dir das zum Trochte sagen,
Die schlechtesten Frukten sind es nicht,
An denen die Läsper nagen."

Überrascht und erfreut bieten wir ihm eine Zigarette an. Er lehnt ab, er sei Nichtraucher, und wir erinnern uns wieder an die blinden Passagiere, die uns vor fünf Jahren begleiteten, als wir über den Kaukasus an die Grenzen Sowjetasiens fuhren. Auf allen Trittbrettern hockten sie, unter und über den Waggons ritten und hingen sie und bettelten um Zigaretten und Wodka. Zehntausende von schmutzigen, zerlumpten Besprisornis sahen wir damals auf den Straßen und in den Dörfern und vor den Jugendgerichten Rußlands; auf sechzig Seiten des Buches „Zaren, Popen, Bolschewiken" mußten wir uns beschäftigen mit diesem Heer von kleinen Dieben, Luetikern und Säufern, gegen das man damals kämpfte. Nun ist nichts mehr von dieser Armee vorhanden, nur in der Antisowjethetze wird sie noch verwendet, obwohl gerade die Sowjetunion dieses Zarenerbe liquidiert hat.

Mit noch zwei Passagieren werden wir bekannt. Der eine ist Einkäufer für den Ledertrust, der andere soll auf der Hochebene des Pamir und des Altaigebirges die Erzeugung und den Vertrieb von Schafskäse organisieren.

„Was Sie dort unten sehen werden", brummt der Häuteeinkäufer, „ist das Ergebnis eines ultrarechten Opportunismus. Wenn Sie schon hinfahren, so sollten Sie das festnageln, unsereinem glaubt man ja nichts, aber wenn es ein Ausländer sagt, wird es vielleicht eine Wirkung haben."

„Wo werden wir das sehen?"

„Überall werden wir das sehen", beteuert der Häuteeinkäufer. „Diese Usbeken und Tadshiken wissen von Karl Marx nicht mehr, als daß nach ihm Straßen benannt sind, und von Lenin kennen sie nur die Denkmäler. Und solche Leute läßt man schalten und walten! Es kamen Briefe an unseren Trust, unterschrieben vom Vorsitzenden und vom Sekretär des Bezirkssowjets, die haben so geschlossen: ‚Allah segne die Genossen Marx, Engels, Lenin und Stalin, und er verleihe ihnen Kraft zur glorreichen Führung unserer heißgeliebten kommunistischen Partei, wofür wir uns täglich zum Gebete vereinigen.' In anderen Briefen . . ."

Der Mitpassagier unterbricht ihn, gerade diese Naivität beweise die gute Gesinnung der Briefschreiber.

„So? In manchen Bezirken haben sich die Geistlichen und die Kulaken des Sowjetapparats bemächtigt, zum Teil sind sie auch in die Partei eingetreten, und üben nun ihren Terror und ihre Korruption im Namen der Sowjets aus, verlangen Einschreibgebühren auf dem Standesamt und Steuern und stecken das Geld natürlich in die eigene Tasche. Befürchten sie Vermögenskontrolle, dann lassen sie ihre Ehen pro forma scheiden und überschreiben ihren Grundbesitz auf ihre Frauen und Kinder, um der Aufteilung zu entgehen. Sie verkaufen ihre Parzellen und ihre Herden zum Schein an die armen Bauern. Manchmal treiben sie ihre Herden in die Berge oder verkaufen sie gar nach Afghanistan hinüber, wenn eine Inspektion droht."

„Warum lassen sich die Kleinbauern das gefallen?"

„Die können ja nicht lesen, und die Schädlinge reden ihnen ein, das Volkskommissariat habe so entschieden, der Erlaß laute so und so. Einen Landarbeiter, der ihnen unbequem war, strichen die Kulaken einfach von der Kandidatenliste. Sie erklärten, er dürfe nicht wiedergewählt werden, weil er während der NEP Mitglied des Ortssøwjets gewesen war, also in einer Periode, deren Prinzipien der jetzigen Politik widersprechen; er müsse froh sein, nicht zur Rechenschaft gezogen zu werden. So weit geht die Agitation der Kulaken, daß Studenten der Kommunistischen Universität in Taschkent vor vier Jahren gegen die Aufteilung der Güter Stellung genommen haben, mit der Begründung, die mittelasiatischen Großgrundbesitzer seien nicht so unbarmherzig wie die Großgrundbesitzer in anderen Ländern und man brauche sie daher nicht zu ‚bestrafen'."

„Erfährt das keine vorgesetzte Behörde?"

„Wenn man oben merkt, daß Kulaken leitende Stellungen erschlichen haben, so werden sie natürlich abgesetzt. Wissen Sie, was nach einem solchen Fall geschehen ist? Die Kulaken haben acht Hammeln ihrer Herde Namen gegeben und sie dem Bezirkssowjet als die neugewählten Mitglieder gemeldet. Im Namen von zwei dieser Hammel korrespondierten sie dann mit den höheren Instanzen! Erkundigen Sie sich, wie Bauernkorrespondenten ermordet worden sind, weil sie den Zeitungen von derartigen Umtrieben Mitteilung gemacht haben, wieviel Konsumgenossenschaften und Lager der Kolchose angezündet worden sind, wieviel Frauen erschlagen, weil sie ohne Schleier gingen."

Der Schafkäseorganisator widerspricht dem Häuteeinkäufer, ohne die Richtigkeit mancher Tatsachen zu bestreiten.

Aber alle diese Fälle seien Ausnahmeerscheinungen gewesen, Anfangsschwierigkeiten gäbe es überall, die Verhältnisse bessern sich von Tag zu Tag, die Kollektivierung mache große Fortschritte, die Leute lernen lesen und schreiben, Marx und

Lenin werden nun übersetzt, in den kleinsten Dörfern werden Zeitungen gelesen, in vielen Bezirken gäbe es überhaupt keine verschleierten Frauen mehr.

Damit ist der linke Mann nicht zufrieden. Man habe nicht soviel Zeit. Diese ehemaligen Kolonien hätte man mit doppelter Strenge als Kolonien behandeln sollen, bevor man ihnen die Freiheit gab. Man hätte alle Moscheen und alle Koranschulen sperren müssen, alle Beys, alle Mullahs, alle Beamten verhaften und verschicken, das Tragen des Schleiers einfach verbieten und jede Übertretung erbarmungslos bestrafen, allen Grund und Boden sofort verteilen, den Baumwollanbau dekretieren, jede Korruption mit Erschießen sühnen sollen und die Kinder, auch die Mädchen, mit Gendarmen in die Schule treiben. Dann hätte man nach zehn Jahren ein modernes Land gehabt und dem Volke sagen können: So, jetzt macht, was ihr wollt.

Der Käseorganisator wirft ein, inzwischen würden alle Leute nach Afghanistan, nach China oder nach Indien auswandern.

„Mögen sie, mögen sie! Sie würden schon wiederkommen, wenn sie hören, daß alles gut geworden ist, viel besser als es war. Es sind ja Zehntausende von Tadshiken nach Afghanistan ausgewandert und sind wieder zurückgekehrt."

„Aha! Sie sind zurückgekehrt; auch ohne Anwendung solcher Gewaltmaßnahmen bei der Kultivierung. Wenn man es aber so gemacht hätte, wie Sie vorschlagen, dann wären alle Bassmatschen (Banditen) geworden."

„Haben vor ein paar Jahren nicht ohnehin Zehntausende zu den Bassmatschen gehört?"

„Sehen Sie, und jetzt gibt es fast gar keine Bassmatschen mehr."

„Es gibt noch Bassmatschen. Vor allem ist Ibrahim Beg selbst noch da. Sehen Sie da links die Berge? Wie wollen Sie Banden bekämpfen, die sich dort verstecken?"

Wir schauen aus dem Fenster des Abteils auf das Turkestanische Gebirge, um unser Urteil darüber abzugeben, ob man Banden bekämpfen könne, die sich dort verstecken. Die Berge sind fern, es gibt zackige und flachgewölbte, graue und solche mit ewigem Schnee; sicherlich ist es schwer, hinaufzufliehen, und sicherlich noch viel schwerer, dort oben jemanden zu verfolgen.

Eigentlich wollten wir bloß prüfend hinaufsehen, aber wir schauen sehnsüchtig hinauf. Oben muß es schön kühl sein, und hier rinnt uns rußiger, sandiger Schweiß von der Stirne heiß.

Hinter der Station Dshisak spreizt sich vor uns ein gigantischer Felsen, versperrt das Tal. Wir erwarten einen Tunnel, der Zug rollt jedoch in die steinerne Wand ein und aus der steinernen Wand heraus. Es bedurfte keiner Ingenieure und keines Sprengstoffs, um diesen Weg zu bahnen; wie die eingehauene arabische Inschrift besagt, hat sich dieser Felsen Dshumalitin von selbst ehrerbietig geöffnet, als Tamerlan mit seinen Heerscharen nach Europa zog.

Nach zwölf Stunden wieder eine Oase, die Oase des Flusses Serawschan. Den Namen der Stadt, der wir uns nähern, kennen wir aus unserer Kinderzeit, es ist ein klingendes Wort, wie schwarze und weiße Perlen reihen sich seine Vokale und Konsonanten abwechselnd aneinander.

Aber indes wir unsere Sachen zusammenpacken, denken wir merkwürdigerweise nicht an das Märchen, uns geht das deutsche Gedicht des Usbekenknaben im Kopf herum. Aussteigend sehen wir einen Platz mit hochgezimmerter Rednertribüne, in einem Blumenbeet steht eine Pyramide aus Steinen mit der Büste Lenins.

Wir stellen uns in die Reihe der auf die Autobusse wartenden Menschen und fahren, während uns die stechende Westerzunge und die schlechtesten Frukten nicht aus dem Sinn kommen, nach Samarkand, der Stadt mit dem Zaubernamen.

RINGS UM DAS GRAB VON TAMERLAN

„Der Teufel soll euch holen alle zusammen!"

„Wer ist das ‚euch'?"

„Das seid ihr: die Europäer, die uns besuchen."

„Und warum soll uns der Teufel holen, uns Europäer alle zusammen, die euch besuchen?"

„Warum? Da kommen sie her, die Europäer – Arbeiter, Volkswirtschaftler, Marxisten, Gelehrte, Schriftsteller –, und keiner will sich unsere technischen Anlagen ansehen, unsere Forschungsinstitute, unsere Fabriken, unsere Neubauten, unser Wasserwerk in Rewat-Chodscha, unsere Klubs, unser Haus der Bauern, unsere Mutterschaftsfürsorge oder unsere Kliniken. Alle kommt ihr nach Samarkand, um Romantik anzuglotzen."

„Genosse Mustapha . . ."

„Natürlich. Ich weiß selbst, daß es Neubauten und Schulen überall gibt. Aber aus einer Stadt voll blauer Majolika und goldener Koransprüche eine Stadt mit Hygiene und Industrie zu machen, ohne das Alte zu zerstören, das gibt's nicht überall. Schaut euch einmal die Geschichten aus der tausendundzweiten Nacht an! Das ist keine Nacht des Märchens, das ist eine Nacht der Wirklichkeit."

„Warum sagst du ‚Nacht', Genosse Mustapha?"

„Ich weiß nicht ... ich habe das nur so gesagt ... weil es schön klingt ... man wird ja angesteckt von eurer dummen Romantik. Hier sind die politischen und religiösen Gräber. In Samarkand kann man das asiatische Altertum studieren und das mohammedanische Mittelalter, von Alexander dem Großen bis zum Araberstaat Maweranar, so wie man drüben in Buchara die asiatische Neuzeit kennenlernt, den Despotismus des Emirs, und schließlich die neueste Zeit, denn Buchara war der Ausgangspunkt der mittelasiatischen Revolution."

„Gut, Genosse Mustapha, wir möchten also das asiatische Altertum sehen und das mohammedanische Mittelalter."

„Der Teufel soll euch holen, ihr wollt nur ..."

„Ich denke, der Teufel ist abgeschafft, Genosse Mustapha?"

„In Samarkand ist vieles noch nicht abgeschafft, was anderswo abgeschafft ist. Kommt, ich werde es euch zeigen – ihr Europäer, die der abgeschaffte Teufel abschaffen sollte."

Wir erklimmen die Treppe von Schachi-Sinda, eine Treppe, deren Geländer aus Palästen besteht. Übereinander liegen diese Paläste, marmorbelegt sind sie, mosaikengeschmückt, majolikagekachelt, girlandenumschlungen, säulengestützt, kapitellengekrönt. Der Grundriß ist ein Quadrat, aber die Wände laufen nach oben in ein offenes Achteck zusammen, von dem aus sie in ein Sechzehneck münden. Das trägt die strahlend blaue, goldbetupfte Kuppel, Firmament mit Gestirn.

Bienenwaben, bunte Bienenwaben, abwechselnd rote und blaue und goldene, stumpfen die Ecken ab, so daß man glaubt, in einem Rund zu stehen. An Waben erinnern uns diese Nischen oder an zusammengepickte Bonbons, woran sie aber gewiß nicht erinnern, sind Stalaktiten: sie heißen Stalaktitenbogen.

Jeder der Paläste hat nur einen Bewohner, und dieser Bewohner ist tot. Da liegt Tuglutekim, eine Gattin des Emirs Hussein, da liegt Schirin-Beka-Aka, eine Schwester Tamerlans, und gegenüber eine seiner Frauen namens Turkan-Aka, da liegt ein Heiliger, Prophete rechts, Prophete links.

Und zuoberst der Oberste der Propheten, der Vetter Mohammeds: Kussam ben Abbas. Genaugenommen liegt er gar nicht hier, sein Grab ist das einzige apokryphe Grab der Nekropole. Kussam, wehrhafter Verbreiter des Islams in Mittelasien, war weder vor noch nach seinem Tode (56 n. d. Hedschra) in Samarkand, aber Tatsachen beweisen nichts in Glaubensdingen. Kussams Grab ist Ziel der Wallfahrer. Barfüßig knien sie in der Moschee, die der Seitenraum des Grabgemachs ist, knien nach Südsüdwest gewendet, Mekka zugekehrt, mit gesenktem Haupt, als wollten sie es aus lauter Demut in die Steinfliesen stoßen.

Allzu nahe an das Grab von Mohammeds Cousin heranzukommen verwehrt ein Holzgatter. Eine Mongolenfahne steht im Raum, von einer Stange weht der Schwanz eines Yak, aus Silberblech ist die Kontur einer Hand geschnitten, mystische Symbole. Die Gebetstube daneben ist Frauen und Ungläubigen unzugänglich. Sie darf nur einmal in zehn Jahren aufgeräumt werden und nur vom Mullah persönlich. Was einer Frau geschähe, die sie zu betreten wagte – solches hat noch kein orientalischer Märchenerzähler auszudenken vermocht. Auch nach dem Tode darf keine Frau in eine Moschee; die Totenpaläste unter uns sind keine Gotteshäuser, selbst die Moschee Bübü-Chanum trägt wohl den Namen von Tamerlans Lieblingsfrau, birgt aber nicht ihren glückspendenden Leib; der ist in einem Mausoleum gegenüber bestattet.

Ans Grab Kussams indes dürfen die Frauen. Sie kommen, um von dem Fluch der Kinderlosigkeit gelöst zu werden. Zu beten ist ihnen, diesen Menschen ohne Seele, selbstverständlich auch hier verboten, doch können sie die kupferne Kugel umfassen, das Widderhorn berühren und einen Faden an die Eichentür knüpfen. Dann gehen sie in das Haus des tempelhütenden Ischan, der bestreicht sie mit heiligen Salben, und nach 277 Tagen schenken sie ihrem Gebieter ein Kind.

Neben dem erklärten Grabgemach des Propheten beten die Männer um Allahs Gunst im Diesseits und im Jenseits. Vierzig Tage lang haben sie gefastet, nur Wasser und Flachbrot zu sich genommen und sich der Frauen und Knaben enthalten. Wie ein geschwellter Teppich sieht in ihren bunten Chalaten diese Schar der Pilgrime aus, die sich in den Staub geworfen.

Wer sind sie? Häuptlinge der Banden oder Mitglieder der

Kollektivwirtschaften? Grundbesitzende Beys oder Wortführer der Dorfarmut? Mullahs oder Mitglieder des Atheistenbundes? Beten sie für oder wider . . .?

Wir möchten ein Photo des Prophetengrabes haben.

Genosse Mustapha Machmudow, Mitglied des Parteisekretariats, zuckt die Achseln: „So weit haben wir es noch nicht gebracht. Da oben restaurieren wir nichts, erforschen nichts und photographieren nichts. Da oben herrscht noch der Glaube, der Aberglaube."

„?"

„Mit den Mitteln, die der Islam predigt, könnten wir allerdings alles gegen den Islam erzwingen. Aber wozu Gewalt? Man merkt den Übergang vom Islam zum Sozialismus in der Kollektivierung, im Anwachsen der Partei, in den Schulen, sogar Frauen lernen jetzt, die Mutterschutzstellen werden aufgesucht, der Schleier fällt, die Gerichtsfälle haben sich in diesem Jahr um fast vierzig Prozent vermindert."

„Die Gerichtsfälle? Du glaubst an einen direkten Zusammenhang zwischen Religion und Verbrechen?"

„Direkt oder indirekt. In der ‚Iswestija' war neulich eine Statistik, daß in Chikago nach dem Kriege so viele Kirchen eröffnet worden sind wie in Moskau gesperrt, und Chikago marschiert an der Spitze der Kriminalität, Moskau aber hat nur sehr wenig Eigentumsverbrechen, steht in der Statistik neben Zürich. Schau dich um, Genosse, welche Pietät und welche Frömmigkeit liegt in den Totenbauten hier in Schachi-Sinda. Timur hat sie für seine Frauen und seine Angehörigen errichtet, und drüben das Mauerwerk, das ist Bübü-Chanum, das ‚Steinerne Liebeslied'. Ein guter Gatte und Familienvater also, ein gottesfürchtiger Mann, dieser Timur, nicht? Er schlachtete die Bewohner der eroberten Städte zu Tausenden oder begrub sie lebendig. Seine Grausamkeiten waren beispiellos. Und alles geschah nur im Namen Allahs. Den Abgesandten Mekkas setzte er im Mausoleum seines Enkels bei. Später wurde Timur selbst dort begraben, er ruht sozusagen zu heiligen Füßen. Komm, Genosse, du mußt das Grab Timurs sehen!"

„Ist das nicht Romantik, Genosse Mustapha?"

„Der abgeschaffte Teufel hole euch Europäer mit eurer Romantik. Aber das Grab Timurs muß man sehen. Komm, Genosse."

Unterwegs . . .

Nun, der Genosse Mustapha Machmudow hat recht mit seinem Fluch, und wir werden den Registan nicht schildern. Einfach als Axiom sei der Satz hingeschrieben, daß wir in keiner Stadt einen Platz mit so bunten, herrlichen Bauwerken kennen wie den Registan in Samarkand. Basta.

Der Genosse Mustapha, der die Moskauer Akademie der Ostvölker absolviert hat und alle romantischen Betrachter des Orients zum Teufel wünscht, weist stolz auf die Baugerüste hin: „65 000 Rubel kosten uns die Renovierungen in diesem Jahr, mitten im Fünfjahrplan, wo wir jede Kopeke brauchen."

Der alte Wassilij Lawrentjewitsch Wjatkin, seit langen Zeiten Hüter und Mehrer der Samarkander Heiligtümer, gesellt sich zu uns und spuckt dem Genossen Mustapha in die Suppe seines Stolzes:

„65 000 Rubel sind gar nichts", eifert er, „schief aufgestellte Minarette aus Timurs Zeiten kann man mit diesem Geld höchstens stützen, aber nicht renovieren. Dazu kommen die Moscheen, der Basar, die beiden Grüfte auf dem Platz. Die Verzierungen kosten am meisten. Sie sind uns gelungen, was? Hojhoh, unmöglich zu unterscheiden, was aus dem 16. Jahrhundert stammt und was wir in diesem Jahr gemacht haben."

„Wo nehmen Sie die Farben her, Wassilij Lawrentjewitsch?"

„Hojhoh, das sind die alten Farben. Wir haben die Lehmbrüche ausfindig gemacht, woher sich die alten Samarkander damals ihr Baumaterial holten und ihren Ocker. Nur den Kobalt beziehen wir aus dem Kaukasus. Auch die Farbenküchen haben wir ausgegraben mit Öfen und Ziegeln und arbeiten jetzt, hojhoh, mit den alten Werkzeugen."

„Da haben Sie Glück gehabt, Wassilij Lawrentjewitsch."

„Hojhoh, das ist noch gar nichts; wir haben sogar Kohle in den Öfen gefunden und konnten nach ihrem Verbrennungsstadium die Temperatur feststellen, die die Alten angewandt haben. Wir mußten nicht einmal experimentieren, hojhoh."

Unsere Augen trinken, was die Wimper hält, vom Registan, aber wir werden ihn nicht beschreiben, hojhoh, wir gehen zum Grab Tamerlans.

Räumliche Entfernung von Ereignissen wirkt wie zeitliche Entfernung – asiatische Geschichte scheint uns nur Sage zu sein. Und nun finden wir in dieser Kapuzinergruft der Timuriden alles schwarz auf weiß belegt, es erweist sich: dieser Tamerlan hat wirklich gelebt, nicht im undurchdringlich grauen Nebel der Vorzeit, sondern im späten Mittelalter, bis ins 15. Jahrhundert; wir buchstabieren seine Grabtafel, sie könnte gestern gemeißelt worden sein.

Die Grabmoschee Gur Emir hat Tamerlan seinem Enkel Muchammed Sultan erbaut, den er von seiner ganzen Nachkommenschaft am meisten schätzte, wobei freilich zu bedenken ist, daß die Auswahl nicht sehr groß war, da seine Söhne teils irrsinnig, teils im Kampfe erschlagen wurden. Tamerlan hatte den Enkel, der dem Großpapa durch seine Grausamkeit schon frühzeitig Freude gemacht, zu seinem Stellvertreter und präsumtiven Nachfolger bestimmt. Ach, auch Muchammed Sultan starb ihm auf dem Kriegspfad im Jahre 1403 weg. Damit sich Beter aus dem Volk einstellen, ließ Tamerlan zwei Heilige, deren Gräber Wallfahrtsorte gewesen waren, exhumieren und neben dem Enkel beisetzen; Nur-Addin-Bassur, genannt „der vierzehnte Heilige", und Scheich-Burchan-Addin sollten dem toten Muchammed Sultan als Schlepper dienen.

Bald nach dem Enkel, am 18. Februar 1405, starb Tamerlan selbst, so wie er gelebt; auf einem Feldzug und im Suff. Obwohl er verfügt hatte, in der Stadt Kesch an der Seite seines Vaters und seiner Söhne begraben zu werden, hielten es die um ihre Macht kämpfenden Nachfolger für politisch klüger, den Leichnam in der Stadt zu lassen, in der sie in seinem Namen regieren wollten. So freigebig im Bau von Mausoleen, wie er gewesen, waren die Erben allerdings nicht, und Tamerlan blieb neben dem Enkel liegen.

Eigentlich hieß er gar nicht Tamerlan, er hieß Timur-i-lenk, „der eiserne Krüppel". Er hinkte von Jugend auf, sein rechter Arm war gelähmt. Aus dieser Tatsache werden die Psychoanalytiker kinderleicht erklären können, warum Timur zwangsläufig die Unterwerfung Asiens bewerkstelligen mußte. Sollten die Freudianer noch erfahren, daß ihm an der linken Hand zwei Finger fehlten, so wird ihnen vollends klarwerden, weshalb er diese Minderwertigkeit nicht anders kompensieren konnte, als indem er die Bewohner widersetzlicher Ortschaften, auch Greise, Frauen und Kinder, blutig auszupeitschen befahl und zehntausend gefangene Soldaten als Baumaterial für Festungszwecke benützte: er ließ sie aneinander und an Pflöcken festbinden und mit Lehm und Mörtel übergießen.

Er war aus armem Hause. Aber anders als Napoleon, der

eine ihm überreichte phantasievolle Genealogie mit den Worten ins Feuer warf: „Mein Stammbaum beginnt bei mir", behauptete Tamerlan, sein Vater hätte auf den Titel eines Emirs Anspruch gehabt. Dieser Wunschtraum ist auf der Grabplatte weitergeführt, Tamerlan stammt hier nicht nur von lauter puren Emiren ab, sondern auch von Dschingis Chan, und schließlich entziffern wir sogar, daß sein Urahn von einem Mädchen unbefleckt geboren wurde: ein durch die Türritze dringender Sonnenstrahl habe Fräulein Alankuw befruchtet.

Tamerlan konnte zeit seines Lebens nicht lesen und schreiben, was ihn nicht hinderte, mehr Kunstgeschmack zu verraten als mancher, der in Potsdam von Hofmeistern unterrichtet wurde. All die Bauten der irdischen und himmlischen Liebe, all die Berufungen von Gottesgelahrten und Künstlern beglückten das grenzenlos ausgepowerte Volk freilich nicht; elende Lehmhütte neben elender Lehmhütte, Schmutz auf Schmutz, Sklaverei über Sklaverei, das war das Samarkand unter den Globen, die so hell und so blau seit des Weltbeherrschers Tagen über schön gezierten Mauern der Moscheen leuchten.

Religion . . . Zu Füßen des kriegerischen Tamerlan liegt ein anderer seiner Enkel, Ulug-Beg, der ihn vierzig Jahre als Herrscher überlebte, ein gelehrter Mann war und sich ein Observatorium einrichtete, dessen Quadrant vor kurzem ausgegraben wurde. Ulug-Beg korrespondierte mit Galilei und anderen Weisen des Abendlandes. Damit war das Morgenland nicht zufrieden, er wurde mit dem Bannfluch des Ketzers belegt, weil seine astronomischen Forschungen dem Koran widersprachen: Ulug-Beg leugne das Vorhandensein eines Siebenten Himmels! Eine Verschwörung ballte sich zusammen, an deren Spitze sein ältester Sohn Abd-al-Latif stand. Der nahm den Vater gefangen, tat so, als ob er ihn vor das Hohe Gericht nach Mekka schaffen wolle, ließ ihn aber unterwegs ermorden. Einen Monat später baumelte Abd-al-Latifs Haupt auf dem von Ulug-Beg gegründeten Seminar, sein Neffe Abdullah kam auf den Thron und wurde seinerseits von den Soldaten seines Vetters Abu-Said binnen Jahresfrist erschlagen.

So ging's den Timuriden, wie sollte es da erst ihrem Volk ergehen! Die Herrscher wurden wenigstens schön begraben; angeordnet um den großen Ahnen und um die Heiligen liegen sie friedlich beisammen in porphyrnen und nephritnen Särgen. Man kann zur Krypta hinabsteigen. Senkrecht über jedem

Grab steht im Erdgeschoß der entsprechende Sarkophag, und an der Balustrade, die die Grabmäler umgibt, knien Beter.

„Hierher wollte Enver Pascha, hierher wollte Ibrahim Beg ... Vom Grabe des mächtigen Muselmans, des kriegerischsten Asiaten aus gedachten sie sein Weltreich wieder aufzurichten. Aber jetzt sind alle tamerlanischen und großturkmenischen und panislamitischen Ideen begraben wie Tamerlan selbst. Die Besucher kommen entweder, um zu den Heiligen zu beten, oder sie sind Europäer, die in Romantik schwelgen wollen – der Teufel soll sie holen."

REVOLUTION IN BUCHARA

Wenn – preisend mit viel schönen Reden ihrer Länder Wert und Zahl – Mittelasiens Fürsten einst beisammen gesessen hätten: alle Teilnehmer durften sich rühmen, daß sie jedem Untertan dessen Haupt in den Schoß legen konnten.

Aber kein Teilnehmer dieser Entrevue, weder der Schah von Persien noch der König von Afghanistan, der Emir von Buchara oder der Chan von Chiwa und auch nicht der als landesfürstlicher Kommissar des Ak-Pascha anwesende Generalgouverneur von Turkestan, hätte etwas Ähnliches zu behaupten gewagt wie Uhlands Graf im Bart, der sich vermaß, sein eigenes Haupt sorgenlos in jedes Untertanen Schoß legen zu können.

Man muß kein unbedingter damnator temporis acti sein, um zu konstatieren, welch eine Angst diese Herrscher vor ihrem geliebten Volk empfanden, man braucht nur die verlassenen Residenzen näher anzusehen mit ihren Schutzvorrichtungen, Verliesen, Geheimausgängen. Buchara zum Beispiel. (Buchara war die Hauptstadt von Buchara, was meine gottselige Großmutter wieder für einen meiner unzulässigen Witze gehalten hätte.) Die Stadt ist durch einen Wall gesichert, den elf Spitzbogentore, von Zinnen, Türmen und Wachlokalen flankiert, allabendlich verschlossen. Nicht gegen äußere Feinde geschah das, denn das große Nachbarreich gehörte dem weißen Pascha in St. Petersburg, und dessen Vasall war man ja. Hätte er die Bastionen als gegen sich gerichtet empfunden, husch, husch, wären sie geschleift worden.

Ein Felsenhügel auf dem Marktplatz und oben die Burg, genannt „Ark". Von dort aus beherrschten die Emire ihre Untertanen, bestrebt, es ihrem Vorfahren mütterlicherseits, dem harten Dschingis Chan, an Härte gleichzutun. 700 Jahre nach seinem Tode wurden sie gestürzt. Es war kein äußerer Feind, der sie stürzte, es war der innere Feind, der, gegen den die Armee gerichtet und die Residenz in starker Rüstung gehalten war. Eine sechsschwänzige Knute, ihr lederner Stiel ist dicker als ein dicker Ast, hing als drohendes Symbol der Macht über dem Tor des Ark, und unter diesem Zeichen fuhr der Herrscher ein und aus. Jetzt ist die Knute im Museum.

Vom Hauptportal des Schlosses windet sich eine lange Rampe zu den Wohnräumen Seiner Hoheit hinauf, und diese Rampe ist eingesäumt von fensterlosen Kammern – was sage ich, Kammern? –, Gesteinslöchern, darin die Staatsverbrecher eingekerkert waren. Am Eingang zu diesen Verliesen sind jetzt Tafeln angebracht, besagend, wer in den Höhlen saß, hier ein Mitglied der Dshadiden, dort ein Liberaler, hier ein Sympathisierender der jungbucharischen Bewegung, dort ein Sozialist. Die Hofkalesche fuhr tagtäglich vorbei, ohne daß ihren Insassen die Insassen der Löcher zu stören vermochten, ohne daß er diesen Weg als Spießrutenlauf empfand.

Dieser grausame Hauskerker ist noch nicht der grausamste von Buchara, der grausamste ist der Sindan, dort auf der anderen Anhöhe. Seine Kuppel wölbte sich unmittelbar über dem Kellerverlies, jetzt ist sie geborsten, und so kann man geradezu sehen, wie finster es war. Der Boden ist Kot, die Wand ist Stein, der Boden ist feucht, die Wand ist kalt. 350 Menschen hatte das Rundgewölbe zu fassen. Wie konnten sich 350 Menschen hier bewegen? Sie konnten und sollten sich nicht bewegen. Eisenpflöcke, Klammern und Spangen sind ins Mauerwerk gerammt, daran die Gefangenen in verschiedenen Stellungen geschmiedet waren. Keine Kette gab es, an der ohnmächtig zu rütteln schon Wohltat bedeutet hätte. Nur schreien konnte man, aber das schreckte den Kerkermeister nicht, der von Zeit zu Zeit herabkam, um ihnen zur Seite einen neuen Genossen anzulöten.

Auf dem steinernen Boden, der das Dach des Sindan ist, ragt ein „Buntschuk" auf. Das ist eine krumme Stange, die oben auf einem Querholz einige Tuchfetzen, den schwarzen Schweif eines Yak und eine blecherne Hand trägt, Zeichen, daß hier ein heiliger Mann begraben liegt. An diesem frommen Ort war der höchste Wächter des Gefängnisses postiert, von hier hat man einen Überblick über die ganze Anlage, über die runde

Gemeinschaftszelle und alle anderen in den Hügel eingelassenen Zellen, über die voneinander durch Wallgraben getrennten Trakte und über die Mauer, die den Komplex umsäumt.

Vor einem Menschenalter hatte der Emir Musaphar Chan dieses unmenschliche Gefängnis zu schließen befohlen, wie es einst Kaiser Josef mit dem Spielberg tat; Olim Chan, der letzte der Emire, öffnete es wieder, wie es Kaiser Franz mit dem Spielberg tat, und zwar nur für politische Gefangene und Gotteslästerer. Auch seinen Onkel Barat Beg warf Olim Chan hinein, und dieser hat vor Hunger, oder um sich zu töten, oder im Wahnsinn, oder um sich von der Eisenklammer zu lösen, seine linke Schulter abgenagt.

Gut gefüllt waren die Kerker, aber seltsam, seltsam, das half nichts. Der Geist der Auflehnung verstummte nicht. Mit Schulen begann es. Mitglieder des Dshadiden-Bundes richteten in Buchara, im heiligen, Schulen ein, die dem Unglauben und dem Ungehorsam dienten, wie der Rat der zwölf Mufti, des Achun und des obersten Kasi feststellte:

Erstens sitzen die Schüler und Lehrer nicht auf der Erde, sondern auf Bänken nach europäischer Unsitte,

Zweitens wird Naturgeschichte gelehrt, die dem Geist des Korans in allem widerspricht.

So wurden die Schulen gesperrt. Und die Einkerkerungen, Bastonaden und Hinrichtungen nahmen von Jahr zu Jahr zu. Nach dem Februarumsturz kam der Vertreter der Kerenskij-Regierung, Oberst Miller, nach Buchara und unterstützte den Emir freundschaftlich bei der Ausforschung revolutionärer Elemente.

Das Volk unter dem Felsen des Despotismus regte sich mehr und mehr. Es verlangte Beseitigung der Steuerwillkür, der Zwangsarbeit für das Wakuf, den güterreichen Religionsfonds, Schulen in der Muttersprache und die Errichtung einer Druckerei; die Dshadiden verbreiterten sich zur Jungbucharischen Partei, deren innerster Kreis im Flüsterton von einer Konstitution schwärmte, wie sie der Sultan seinem Volke nach der jungtürkischen Revolution gewährt hatte.

Der Emir fürchtete einen Aufstand der notleidenden Bevölkerung, der Bauern, die durch die hochverzinsten Vorschüsse ihr Baumwoll-Land verloren hatten, der Landarbeiter, der Karakularbeiter, der Teppich- und Seidenweber, der Kutscher und der Wasserträger. Dieses von der Riesenzahl der Beys und der Mullahs, der Händler und Beamten ausgebeutete Proletariat begann sich zusammenzuschließen, und die Jungbucharische Partei unterstützte es.

Unter diesem Druck gab der Emir am 28. Dshemadissan 1295 n. d. H., das ist am 17. März 1917, ein Dekret heraus, darin er verschiedene Freiheiten, die Einrichtung einer Druckkerei und die Freilassung der Gefangenen versprach. Der Gefangenen. Er schränkte den Begriff nicht ein. Eigentlich hätten nach dieser mit Anrufung Allahs erlassenen Deklaration sogar die Raubmörder und Straßendiebe freigelassen werden müssen. Aber sie wurden nicht freigelassen. Es wurde überhaupt niemand freigelassen. Im Gegenteil: drei Tage später wurden die Führer der Jungbucharischen Partei, weil sie eine Freudenkundgebung anläßlich des Manifestes veranstaltet hatten, in das Gefängnis des Ark geworfen. Dort wurden ihnen je 75 bis 150 Stockstreiche verabreicht, der nationale Dichter Ajni war unter den Verprügelten und der greise Führer Mirza Nasrullah Abdugafur unter denen, die den Schlägen erlagen.

Was war der Grund für solche Strenge gegenüber den Teilnehmern an einer Demonstration, die doch nur Zustimmung mit dem Erlaß des Herrschers ausdrücken sollte?

Ungläubige hatten, o Hohn und Schmach, an dem Umzug durch die Straßen der heiligen Stadt teilgenommen, Christen und Juden! So weit konnte die Freiheit nicht gehen. Kein Christ war berechtigt, in Alt-Buchara ansässig zu sein, selbst der Vertreter Kerenskijs residierte in Kagan, mehrere Kilometer vor der Stadt. Die Juden mußten im Machallah-Viertel wohnen und um den Leib einen Strick tragen, an dem die Muselmänner den Eigentümer des Stricks aufhängen konnten, wenn sie sich von ihm betrogen glaubten. Fahrzeuge durften die Juden nicht benützen und auf keinem Pferd sitzen. Das Reiten auf dem Esel war ihnen erlaubt, zum Glück, denn zu Fuß kann man während der Regengüsse in den ungepflasterten Straßen Bucharas kaum vorwärtskommen. Überhaupt ist das der Sinn des Eselreitens in den Ebenen und Städten: man bleibt nicht im Kot stecken und braucht die Kanäle nicht zu durchwaten. Ebenso schützen die Reitkamele vor dem Versinken im Staub und Sand der Wüste. Wie die Esel die Galoschen des Orientalen sind, so sind die Kamele seine Stelzen.

Den Judenfrauen war verboten, ohne Schleier auf die Straße zu gehen; dieser Zwang mag für sie drückender gewesen sein, als es für ihre Männer und Väter der verbotene Pferderücken und der gebotene Strick war; und die Buchareser Jüdinnen tragen heute, da der Schleier und der Emir gefallen sind, nicht nur das Gesicht unverhüllt, sondern auch die Beine, und zwar so hoch, wie sich Europas kurze Mode der kurzen Röcke nicht emporwagte.

Wer von den Progressisten nach jener Demonstration unverhaftet blieb, tat gut daran, vor den Maßregeln des Terrors, die der Emir statt der Versprechungen seines Manifestes durchführte, zu flüchten. An 6000 Menschen emigrierten aus Buchara nach Turkestan und fanden bei den Arbeiter-, Bauern- und Soldatenräten Obdach.

Erst nachdem die Oktoberrevolution gesiegt und auch in Taschkent Fuß gefaßt hatte, gingen die Völker der südlicheren Gebiete daran, das Joch der mittelalterlichen Feudalherrschaft abzuschütteln. Zunächst wurde das Chanat von Chiwa gestürzt, dann die antikommunistische Gegenregierung von Turkestan, die sogenannte Kokander Autonomie, und nun sollten dem Emir wenigstens Reformen abgezwungen werden.

Die von der Jungbucharischen Partei organisierte Aktion war ideologisch schlecht vorbereitet, und so leisteten viele Bauern dem Befehl des Landadels und der Mullahs Folge, um „dem neuen Kreuzzug, der beabsichtigten Unterwerfung des islamitischen Landes durch die Christen" Widerstand entgegenzusetzen.

Bevor diese vermeintlichen Glaubensstreiter in die Stadt gekommen waren, sandte der Emir seinen Großwesir und seine Wesire zu Kolessow, dem militärischen Leiter der Aktion, und Faisullah Chodschajew, dem Führer der Jungbuchareser, auf den Bahnhof vor der Stadt. Dort setzte man ein Schriftstück auf, darin der Emir sich verpflichtete, eine Regierung aus dem Zentralkomitee der Jungbucharischen Partei zu bilden, eine Konstitution zu geben und sein Militär zu verabschieden. Dafür gaben die Jungbuchareser die Zusicherung, daß Olim Chan an der Herrschaft bleiben solle.

Die alte Regierung nahm das Schriftstück mit und erklärte, mit der Unterschrift Seiner Hoheit zurückkehren zu wollen. Statt dessen kamen Boten, die die Bitte um Aufschub überbrachten, drei Tage vergingen mit Verhandlungen. Inzwischen rückten die von den Beys geführten Bauern aus dreißig Dörfern mit Beilen und Sensen heran. Sie waren in solcher Überzahl, daß sich die Aufständischen zurückziehen mußten.

Am Tage nach diesem Mißerfolg der Kolessow-Aktion, dem 3. März 1918, ließ der Emir in seinem Reich ein Gemetzel entfalten, wie es Mittelasien seit Tamerlans Tagen nicht erlebt. Aus den im Ark vorgefundenen Meldungen der einzelnen Wilajets geht hervor, daß 3200 Menschen hingerichtet oder gemartert und umgebracht wurden, meist Leute, denen nichts anderes zur Last fiel, als daß sie Zeitungen lasen oder saumselige Besucher der Moscheen waren. Dem Geist der Auflehnung und des Unglaubens sollte für ewig ein Ende bereitet werden. Der Emir erhöhte seine Armee auf 20 000 Mann, zog die Bassmatschen von Fergana in die Hauptstadt, schloß mit Persien und Afghanistan einen Vertrag zur Waffenlieferung gegen die Ungläubigen im Norden und erhielt von ihnen sogar sechs militärisch ausgebildete Elefanten.

Seine Hauptstütze aber waren die englische Interventionsarmee und Hunderte russischer Weißgardisten, meist Offiziere – er verband sich mit den Ungläubigen zum Kampf gegen den Unglauben, mit den Europäern zum Kampf gegen das Europäertum. Dieses Bündnis des religiösen und nationalen Emirs sei unterstrichen, weil man den bucharischen Revolutionären und der bereits kommunistisch gewordenen Jungbucharischen Partei, also Internationalisten, den Vorwurf gemacht hat, daß sie zur Beseitigung des Tyrannen ihre russischen Klassenbrüder herbeiriefen.

Das Volk, durch die unterbleibende Getreideeinfuhr aus dem Norden und die unterbleibende Baumwollausfuhr nach dem Norden, die Lahmlegung des Teppichhandels und vor allem durch die Rüstungen des Emirs an den Bettelstab gebracht, durch die eingeschmuggelten Zeitungen über den Sinn des Sowjetregimes aufgeklärt, dachte nicht mehr daran, den Despoten wieder zu retten.

Und als die Revolutionäre von neuem heranmarschierten, Ende August und Anfang September 1920, waren es nur die zaristischen Weißgardisten, die englischen Abenteurer und die Söldner Olim Chans, die für ihn kämpften. Vergeblich. Er mußte mit Wesiren, Muftis, Harem, Lustknaben und Kriegselefanten nach Ostbuchara, die heutige Sowjetrepublik Tadshikistan, fliehen, und fand schließlich in Afghanistan sein Doorn.

Die Knute auf dem Tor der Burg, die Kerkerzellen an ihrer Rampe und die Verliese des Sindan sind Museumsobjekte geworden, die Gemächer des Ark dienen als Studentenheim, keine Frau im heiligen Buchara trägt Schleier mehr, die Christen brauchen nicht in Kagan, die Juden nicht in Machallah zu wohnen, blanke Knaben nicht die Gunst des Emirs und der

Beys zu fürchten, der Harem des Lustschlosses Sitarah Imach Asa ist als Irrenhaus eingerichtet, sein Park ward zu einem Obst- und Gemüsesowchos, die Güter des Wakuf sind Kollektivwirtschaften, in den Schulen sitzen die Kinder auf Bänken und lernen Naturwissenschaft, was dem Koran widerspricht, am Marktplatz erhebt sich das neue Nationalhaus, ein Park schmückt die Fläche, auf der vor sechzig Jahren Europäer als Sklaven feilgeboten wurden, und dort, wo noch vor zehn Jahren Revolutionäre geköpft wurden, streckt sich ein Wasserturm in die Höhe, das „Sowjet-Minarett".

Freilich, dieser eiserne Wasserturm kann sich mit den wirklichen Minaretten von Buchara an Schönheit nicht messen. Da ist zum Beispiel das Minarett des Todes nicht weit. Feinde und Sklaven sollen von seinen Zinnen hinabgestürzt worden sein, jedoch es bedarf keiner schaurigen Geschichten, deren Held dieser Turm ist, um zum „Toj-Munar" respektvoll aufzusehen.

Die Treppe in seinem Innern hat Araslan Baba Chan anlegen lassen, das ist schon achthundert Jahre her, aber man kann sie noch heute benützen, und je mehr ihrer Stufen man in der Hitze erklimmt, desto leichter erledigt man die restlichen, denn der Erklimmer, der Besteiger, der Erlediger verliert zusehends an Körpergewicht. Oben ist man schon ein elfisch Wesen.

Auch der Turm des Todes ist von der Bedrückung frei, die er unten erleidet, wo er eingekeilt ist zwischen der blaugewölbten Moschee Kok-Gumbasch und der Medresse Schir-Arab, umbrandet vom Straßenbasar, vom Schreien des Auktionators und seiner Kundschaft, vom Feilschen der Händler, von bunt ausgelegten Truhen, silbernen Armbändern, kupfernen Tabletten, Tonkrügen und Pialas (henkellosen Teetassen), bestickten Mützchen, asiatischen Gewürzen und europäischem Trödelkram, während die Bringer all dieser Köstlichkeit, die Eselchen, im Hintergrund am Brunnen ungeduldig i-ahen.

Hinan zur Turmhöhe, 52 Meter, reicht kein anderes Minarett, die Kuppeln der Moscheen erscheinen von hier aus wie blaue Pfützen, Gras wächst an ihrem Rand, und Störche halten nach Fröschen Ausschau. Unten aber, aus der Froschperspektive, war alles anders, die Wölbung war kein Sumpf, sondern das Firmament, und die Störche lugten nicht nach Froschbeute aus, sie standen vielmehr, leicht gebückt, als Funktionäre Allahs auf dessen Haus und kontrollierten streng die Gläubigen. Durch solche Haltung erwirbt man sich den Ruf besonderer

Heiligkeit, und selbst die Sowjets binden mit den Störchen lieber nicht an: die Renovierungsarbeiten, so rigoros auch der Fünfjahrplan ihre Termine vorschreibt, werden an jenen Baudenkmälern nicht in Angriff genommen, auf denen eine Störchin in den Wochen liegt.

Wir schauen über die Störche hinweg, wir schauen in das Innere Bucharas. In das Gewinkel der Straßen, die sich zwischen das bloßliegende Fachwerk der grauen Häuser zwängen. In die Häuser selbst mit ihrer Stallung für die Gattinnen, die ausgedienten alten und ihre jungen Nachfolgerinnen. Bis herauf zum Giebel des Todesturms funkelt der Ocker, mit dem hundertmal in ornamentalisierten Lettern der Kufi-Schrift auf den Gebetspalästen der gleiche Satz eingeprägt ist: Bismallah ir – Râhman – ir – Rahûn – Im Namen Gottes des Allgütigen.

Durch die blau-gelbe quadratische Vorderfront traten Priester und Lehrer, Beter und Schüler in die den Hof umlaufenden Arkaden, spülten an der Taharat-Chana den Staub von Hand und Fuß und knieten erst dann nieder und leierten Suren des Korans und lernten die Auslegungen des Schariats, des kanonischen Rechts, oder die Überlieferungen des Adats, des Gewohnheitsrechts. Scheu blickten sie zu den Störchen auf, die feststellten, ob keiner fehle.

Die Hörer pilgerten von weit her, aus Arabien, aus der Türkei, aus Persien, aus Afghanistan, aus Indien, um die Weisheit an ihrer reinsten Quelle, in Bochara Ischerif, zu schlürfen. Und kehrten wieder weithin heim, mit dem Nimbus von Bochara Ischerif geschmückt, um den Armen ihrer Heimat nach den Lehren von Schariat und Adat Steuern und Leibeigenschaft und Vielweiberei und Knabenschändung und Gottesfurcht vorzuschreiben. Nun pilgern sie nicht mehr hierher, zwischen den Katzenköpfen, mit denen die Aula so sorgfältig gepflastert war, wuchert Gras, und mißbilligend sehen die Störche in die menschenleeren Höfe.

Auch die Dienstwohnung des Mudariss steht leer, des Rektors. Das ist ein eigenartiges und graziöses Heim in der Medresse Schir-Arab, wenngleich es kein Mobiliar, weder Tisch noch Stühle hat – Seine Magnifizenz empfing Gäste und schrieb auf dem Boden sitzend –, wenngleich keine Tür, sondern nur ein Loch von einem halben Meter Höhe ins Schlafzimmer führt. Denken Sie sich eine Wand, die aus unzähligen filigranen Laubsägearbeiten besteht, aus geschnitztem Rosenholz und aus zierlich durchbrochenem weißem Lack. Wenn Sie sich das gedacht haben, wie wir uns das gedacht haben, als wir es sahen, so denken Sie es sich wieder weg. Keine Laubsäge war hier das Produktionsmittel, kein Holzschnitzer der Produzent, kein Rosenholz und kein Lack das Arbeitsmaterial. Alles ist aus verschiedenfarbigen Sorten von Alabaster gemeißelt. Diese marmornen Ajourspitzen sind Vorderwände von Schubfächern, in denen sich Handschriften und Bücher befanden.

Für ein rauheres Kunstwerk von Buchara hat Amerika zwei Millionen Dollar geboten: für das Grabmal Ismail Samanids, des Begründers der Samaniden-Dynastie; aber nicht aus dynastischen Gründen wollten die Mäzene den massiven und riesigen Bau über den Ozean schaffen, sondern weil ihnen versichert wurde, daß es das älteste (the oldest!) Baudenkmal von Zentralasien sei.

Unter uns die Burg, darin der Herrscher zu Häupten der politischen Gefangenen den Schlaf des Gerechten schlief. Dort der andere Kerker, hier das andere Schloß, dort ist es das Raffinement der Marter, hier ist es die Primitivität des Fürstenhirns, was uns Alpdrücken verursachte, als wir diese Orte besuchten. Im Sommerschloß steckt jeder Öldruck in einem Kartonrahmen, auf den sich der Emir eine Fortsetzung des Bildes malen ließ; Fortsetzung von Böcklins „Toteninsel", Fortsetzung von Kowalskis „Einsamer Wolf", Fortsetzung von „König Salomo und die Königin von Saba", Fortsetzung von „Ausfahrt des Alcibiades". Für Plastik hatte der letzte Emir gleichfalls Verständnis: das Standbild eines Frosches im Zylinder dominiert im Spiegelsaal.

Ein drittes Schloß sahen wir bei Kagan; es ist jetzt der Arbeiterklub „Felix Dsershinskij", auf der Veranda turnt man in Schwimmhosen, und im Park spielt man Volleyball bei 51 Grad Celsius. Wo der Sommerharem war, die offiziellen Gattinnen des Emirs sich von den geprüften Eunuchen fächeln ließen, soweit dies ein geprüfter Eunuch zu tun vermag, werden Abendkurse abgehalten. In der Hausmoschee ist die Lenin-Ecke.

Unser Blick schweift vom Turm Toj-Munar umher. Dort – und dort – und dort . . . überall ein kleiner See, der „Chaus", Lust und Leid des Mittelasiaten. In Alt-Buchara füllen die Chause die Stadtplätze aus, Akazien- und Maulbeerbäume werfen Schatten, Treppen führen hinunter zum Wasserbecken – es fehlen nur die Skulpturen, um die Illusion der Fontana Trevi in Rom wachzurufen. Am Ufer sitzt man und trinkt den heißen Tee und raucht aus dem heißen Tschilim und atmet die heiße Luft. Aus dem Wässerchen bezieht der Samowar den Grundstoff für den Tee, aus dem Wässerchen füllt der Wasserträger seine Schläuche, in dem Wässerchen wäscht man sich Füße und Hände, aus dem Wässerchen kommen unheimliche Würmer und Moskitos.

Wo? – einen Augenblick, wir müssen uns orientieren – ja, dort der Bau aus gebrannten Ziegeln ist das Tropen-Institut. Darin sahen wir die dem Chaus entsteigenden Gefahren unter dem Mikroskop, sahen sie als Präparate und auf Ölgemälden, wahre Wahnsinnsphantasien. Das Porträt eines Zyklopen flößt Furcht und Grauen ein, das Original ist eine winzige Mikrobe, der Maler hat sie zweitausendmal vergrößert. Wir machten die Bekanntschaft des Medischen Fadens, Filariae medinensis, eines schlanken Weibchens, das drei Millionen lebender Junger im Mutterleibe, im zwei Millimeter breiten Mutterleibe birgt. Wäscht man sich im Chaus, füllt man als Maschkar seine Schläuche mit Wasser, um es in die Häuser zu tragen, so wandert der obgemalte Zyklopid, der Zwischenwirt des Medischen Fadens, aus dem Wasser in den Menschen und äußert sich in allerhand Geschwür.

Herr Peter Reinhart, der als Apothekergehilfe vor vierzig Jahren aus Deutschland nach Buchara kam, erzählte uns, daß auch der letzte Emir von der Rischta heimgesucht wurde und Gangräne bekam. Der Tabib (Heilpriester), hatte er auch Tausende dieser Fälle behandelt – in diesem einen Fall, der ihn den Kopf kosten konnte, wollte er sich nicht auf die ärztliche Eingebung Allahs verlassen und beriet sich in der europäischen Apotheke mit dem „Kafr“, dem Ungläubigen.

Nun gibt es keinen Emir mehr, Magister Peter Reinhart leitet ein Laboratorium im Tropen-Institut, kein Tabib ordiniert mehr, und auch dem Medischen Faden hat das letzte Stündlein geschlagen. Viele der Chause, die abflußlosen vor allem, wurden für immer trockengelegt, wobei man große Fische fand – wie kamen sie da hinein? –, andere Becken wurden ausgepumpt, der Boden zementiert, fließendes Wasser eingeführt. Nicht nur die „Sowjet-Minarette“ sind da, auch eine Pumpstation mit Reservoir, wo sich der Sand des Serawschan-Flusses absetzt und das Wasser gefiltert wird. (NB. Der Serawschan hat keine Mündung, bei Chiwa verläuft er im Sand.)

Der Sandfloh, Phlebotomus papatasii, Verbreiter des Papatatschifiebers, und die Malariamücken haben jetzt Ursache, in der Front der Sowjetgegner zu stehen. Mit Rauch und Schwefelhydrid rottet man sie in den Reisfeldern aus, man kaptiert die Wasserquellen, an denen sie so lange ungestört ihre Spiele trieben, man trocknet Sümpfe hektarweise, schafft Abflußkanäle, petrolisiert die Bassins oder setzt ihnen Parisergrün zu. Die Malaria ist seit 1925 in Kuljab, Tadshikistan, von 69 Prozent auf 7,4 Prozent gefallen, in Mumin-Abad von 96,1 Prozent auf 10,1 Prozent. Mit der Elephantiasis ist es in Tadshikistan ganz zu Ende.

Vom Minarett des Todes sieht man die Elektrostation – vor der Revolution hatte nicht einmal der Emir elektrisches Licht, und wenn er sich abends seine Bilder mit den bemalten Rahmen ansehen wollte, mußte er sich mit Öllampen leuchten lassen. Vom Minarett des Todes sieht man das neue Theater, das neue Hotel, die neuen Parks, die neuen Schulen, die neuen Klubs, die neuen Häuser, das neue Leben und auch das alte Leben. Vom Minarett des Todes sieht man ganz Buchara bis zu den Festungsmauern mit ihren Toren, die allabendlich gesperrt wurden. 1920 hat die Revolution sie erstürmt, und seither stehen alle Tore offen.

BANDENKRIEG UND WELTPOLITIK

Uff! Wir haben uns endlich durchgegessen durch die Mauer aus süßem Hirsebrei.

Hinter uns Samarkand, die Vergangenheit, und Buchara, die Mitvergangenheit, hinter uns Tamerlan und der letzte Emir, hinter uns das Azurblau der Kuppeln und das Schwarz der Kerkerverliese, hinter uns die Poesie und die Bestialität.

Schwer war's, sich loszureißen vom Hirsebrei, aber, uff, wir sind durch, sind im Zug nach dem Land, das unser Reiseziel ist, nach einem Land der neuen Wirklichkeit, nach der jüngsten Sowjetrepublik.

Die Lokomotive pfeift nüchtern, nüchtern rattern, rattern die Räder, es stuckert der Zug auf dem sandigen Damm, in flacher Parabel heben und senken und heben sich die Telegrafenstangen an uns vorbei. Alle fünfzehn oder zwanzig Kilometer stockt die Fahrt. Entweder ist eine Station der Anlaß dazu oder ein Ausweichgeleise: wir haben einen anderen Zug vorbeizulassen, manche überholen wir. Meist Güterzüge. Die „stromaufwärts" gehenden sind beladen mit Entkernungsmaschinen aus der „Selmasch" (Fabrik für Landwirtschaftsmaschinen), mit Drahtballen, verfrachtet vom Zwet-Met-Import (Einfuhramt für Buntmetalle), mit Vakuum-Erntemaschinen aus Amerika, Sackleinen aus Iwanowo-Wossnessensk – Material für die Baumwollproduktion. So rollt es nüchtern nach Süden. Ballen mit Flocken und Kernen rollen nüchtern nach Norden.

Allerdings, wenn man orientalisches Leben als Romantik ansieht, so sind wir ihr noch keineswegs entronnen. Mit untergeschlagenen Beinen hockt der Orient am Bahndamm und am Bahnsteig. Auf seinen Köpfen sprießen silberne und rote Blumen, um seine Körper schlingen sich schimmernde Brokate.

In unserem Abteil sitzen zwei schwarz verhängte Gestalten, wir vermuten eine alte und eine junge Frau hinter dem Visier aus Roßhaar. Gespenstische Mitpassagiere! Man fühlt sich fortwährend beobachtet von einem nahen unsichtbar-sichtbaren Gesicht.

Lustig und sangesfroh ist eine Gruppe von Männern und unverschleierten Frauen im Speisewagen. Der Westeuropäer – vielleicht der erste, der diese Strecke fährt – erregt ihre Beachtung, sie fragen ihn aus, und er revanchiert sich ebenso. Sie sind Tadshiken aus Rabat-i-Malik und übersiedeln jetzt in einen Kolchos nach Tadshikistan.

Gerne wollen sie dem Wunsch des exotischen Gastes willfahren, ihm den Text des Liedes aufzuschreiben, das sie eben sangen und das mit seinem „John" und „Jonny" so englisch klang. Ein jüngerer setzt schon den Bleistift an, da schlägt er sich auf die Stirn: „Wir können es ja nicht mit russischen Buchstaben aufschreiben. Wir lernen nur lateinische, das wirst du nicht lesen können, rafik (Genosse)!"

„Doch. Wir lernen in Germanistan lateinische Buchstaben, so wie ihr, rafikon."

„Habt ihr denn dort auch Sowjets?"

Wir erklären den Tadshiken, warum sie ihre Sprache nicht mit den persischen Schriftzeichen schreiben, die ihre Stammesbrüder in Persien und Afghanistan verwenden, und nicht mit der Schrift der Russen. „Ihr schreibt unsere Schrift, rafikon – unsertwegen. Eine Welt mit einer Schrift und einer Gesinnung soll einmal erstehen."

Der junge Genosse schreibt uns also beruhigt den tadshikischen Text mit lateinischen Buchstaben auf:

Abdula dschon dschonimon
Nuridi tschaschmonimon
Dschon Abdula dschon
Abdula dschoni.

Chasa gajmogarquardi
Kasa jak bor nadadi
Busa voj Abdula dschon
Abdula dschoni . . .

Das Lied erzählt vom Räuber Abdula, der mit Kulakensöhnen und Mullahs und lockigen Lustknaben auszieht, um Sowjetdörfer zu überfallen. Auch Bauern sind in seiner Schar, sie lehnen sich gegen ihn auf, sie wollen nicht die Henker ihrer Brüder sein, und der Räuberhäuptling tötet die Rebellen mit seinem englischen Karabiner. Seine Knabengeliebten singen ein Lied zum Preis von Abdula dschon (dschon heißt Seele) und vom bevorstehenden Sieg. Aber Abdula wird von den herankommenden Kollektivbauern überwältigt, Abdula, der Feind des arbeitenden Volkes.

Wir, ahnungslose Berliner, fragen, wieso es sein kann, daß ein Mann männliche Geliebte hat? Unsere Mitpassagiere sehen einander verständnisvoll an und erklären uns, so etwas kam sehr oft vor. „Die Frauen waren teuer in früheren Tagen. Oft diente man jahrelang einem Dechkan (Bauer) ohne Lohn, um seine Tochter zu bekommen, aber der gab sie dann einem zur Frau, der für sie Kalim bezahlte. Was sollten die armen Männer tun – so liebten sie eben einander."

„Und bei reichen Leuten kam das nicht vor, rafik?"

„Bei reichen Leuten kam das auch vor, rafik. Sie machten das dem Emir nach. Viele schickten ihm ihre Söhne, und wenn der Emir zufrieden war, so verlieh er dem Vater eine Medaille, der trug sie dann stolz auf der Brust. Gab es das bei euch in Germanistan nicht, rafik?"

„Nein. Bei uns in Germanistan war das alles viel teurer. Unsere Emire verliehen nicht nur Medaillen an ihre männlichen und weiblichen Favoriten, sondern auch Güter und Adelstitel. Und als unsere Emire flüchteten, da hat die Republik alle diese Adelstitel und alle diese Eigentumsrechte in Kraft gelassen. Wenn die Republik Germanistan etwas von diesen Besitzungen brauchte, so bezahlte sie den Lustknaben und Lustdamen und ihren Nachkommen viele Milliarden dafür, obwohl das Volk selbst sehr arm war. Man nannte das ‚Fürstenabfindung' . . ."

Das alles haben wir natürlich nicht geantwortet, die ehemaligen Untertanen des Emirs von Buchara hätten es nicht begriffen.

Es stuckert der Zug und hält alle zwanzig Kilometer. Station Termes. Die Stadt, von Alexander dem Großen angelegt, hat, wie schon der griechische Name sagt, heiße Quellen. Rechts von uns, jenseits des Amu-Darja, ist Afghanistan, es stuckert der Zug entlang der Grenze.

Auf dem Bahnsteig von Denau, der letzten Station in Usbekistan, sehen wir einen jungen Mann in europäischer Kleidung, umringt von Orientalen, denen er Rede und Antwort steht.

Wir erfahren, daß es Faisullah Chodschajew ist. Die Leser der Völkerbundsberichte kennen diesen Namen nicht. Die europäischen Politiker kennen diesen Namen nicht und nicht die Funktion seines Trägers. Vielleicht ist sie nicht so wichtig? Seine Funktion ist gegenwärtig: Regierungspräsident von Usbekistan und Vertreter dieses Staates in der Gesamtregierung der UdSSR. Je einen Vertreter entsenden die sieben Sowjetrepubliken in das Präsidium des Zentralexekutivkomitees (ZIK) der Sowjetunion, und diese führen abwechselnd den Vorsitz, offiziell wohl das höchste Amt der Welt.

Uns aber, die wir aus Buchara und aus dem Hirsebrei der Romantik kommen, uns interessiert Faisullah Chodschajew noch aus einem anderen Grund: auf den Kopf keines Menschen wurde je ein höherer Fangpreis ausgesetzt.

Nach der mißglückten revolutionären Aktion vom März 1918 lebte sich die Rache des Emirs an allen fortgeschrittenen Elementen seines Landes aus. Die Sowjets protestierten aus Turkestan gegen die Greuel. Darauf die Antwort: aufhören würden die Maßregeln nur dann, wenn Faisullah Chodschajew ausgeliefert werde, der Mann, der namens der Jungbucharischen Partei das Ultimatum an den Emir unterschrieben hatte.

Olim Chan unterbrach das Blutbad unter seinen Untertanen, er wartete die Auslieferung ab. Da sie nicht erfolgte, setzte er das Gemetzel fort, 3200 Menschen wurden martervoll getötet.

1920 beschloß in der Stadt Tschardshou der Kongreß der Jungbucharischen Partei, neuerlich loszuschlagen, und unter der militärischen Führung Frunses, eines Sohnes von Mittelasien, siegte die Revolution. Der erste Regierungspräsident der nationalen Volksrepublik Buchara hieß Faisullah Chodschajew. Sie wurde 1924 mit den von Usbeken bewohnten Gebieten von Turkmenistan zur Republik Usbekistan vereinigt, die der UdSSR als Bundesstaat beitrat. Auch in Usbekistan, wozu damals das heutige Tadshikistan gehörte, war Faisullah Chodschajew der erste Vorsitzende des Rats der Volkskommissare.

Einen bärtigen, tollkühnen asiatischen Hünen hatten wir uns vorgestellt, aber siehe da, er ist ein schmächtiger junger Mann, glattrasiert, in europäischem Anzug.

Ob wir ihn sprechen können?

„Bitte, Genosse."

Wir sitzen in seinem Dienstwagen. Er bietet uns Zigaretten an. („Deli", die alle Welt in der Sowjetunion raucht. Wir hätten bessere erwartet.) Unsere Frage gilt dem Zweck seiner Reise.

„Meine Reise hatte einen kriminalistischen und einen landwirtschaftlichen Zweck. Was das Kriminalistische anbelangt: wir haben hier den letzten Kampf gegen das Banditentum geführt, die Bassmatschen der dritten Epoche."

„Was heißt das: ‚Bassmatschen der dritten Epoche'?"

„Die erste Epoche war die vor dem Kriege. Die Männer, die damals in den Höhlen und auf den Felsen Banden formierten und Überfälle unternahmen, waren Opfer der Feudalwirtschaft. An Baumwolle haben nur die Großgrundbesitzer glänzend verdient, sie wurde ihnen ja zu dem gleichen Preis abgekauft, den Rußland für die mit hoher Fracht aus Amerika oder aus Ägypten bezogene Baumwolle bezahlte. Gerne hätten die Bauern auch soviel verdient. Aber um Saatgut einzukaufen, Bewässerungskanäle anzulegen, Wassersteuer zu entrichten, Leute anzuheuern – dazu gehörte Kapital. Leicht bekam man es geliehen. Man mußte nur nach der Ernte für je hundert Rubel 148 zurückzahlen, und das war weniger, als der Gewinn beim Verkauf der Ernte betragen konnte. Die Schuld wurde selbstverständlich hypothekarisch festgelegt.

Kamen Regengüsse, so ging ein Teil der Baumwolle zugrunde. Kamen keine Regengüsse, so kam ein Heuschreckenschwarm aus Marokko und fraß Kapseln und Kerne auf. Wenn die Heuschrecke nicht kam, so kam der Baumwollwurm, und wenn man die Schulden mit Zins und Zinseszins nicht bezahlen konnte, so kam der Hypothekengläubiger mit den Gendarmen und verjagte den Baumwollbauer von seiner Plantage. Vielen erging es so, sie zogen in die Berge und lebten dem Raub und der Rache. Das war die erste Epoche des Bassmatschentums.

Die zweite Phase: die Organisation der Banden gegen die Revolution. Wirtschaftlich war es wieder die Baumwolle, die die entscheidende Rolle spielte. Die Feindschaft zwischen dem Emirat und dem neuen Sowjetrußland bedeutete für Buchara den Verlust des Absatzgebietes, Arbeitslosigkeit der Baumwollarbeiter, allein 100 000 im Wilajet Fergana. Dabei hätte Sowjetrußland auch bei den besten Beziehungen mit Buchara keine Baumwolle kaufen können, weil die weißgardistischen Armeen die Bahnen, Straßen und Telegrafen nach Rußland zerstört hatten. Die verarmten Bauern aber glaubten den Mullahs, daß der Kommunismus die Schuld am Niedergang der Baumwolle trage, ließen sich gegen die Feinde Allahs und der Baumwolle aufhetzen und führten den Bandenkrieg gegen uns. Nach und nach erkannten die Bauern, daß wir auf die Wiederherstellung der Baumwollkultur den größten Wert legen. Daraufhin wurde von den Beys die Losung ausgegeben: ‚Nieder mit der Baumwolle! Es lebe der Reis! Baumwolle kann man nicht essen! Die Bolschewiken werden uns verhungern lassen, wenn wir unsere Religion nicht aufgeben, ihnen unsere Frauen nicht ausliefern!' Mit dem Beginn der Kollektivierung flammte diese Agitation der Beys von neuem auf. Aber als sich die Befürchtungen als grundlos erwiesen, der Bauer im Kolchos mehr verdiente als früher, war auch diese Periode des Bassmatschentums zu Ende."

„Und die dritte?"

„Die dritte, hm. Sie ist eine rein interventionistische. Sie kommt von außen, soll den Aufbau des Sozialismus am Rand der Kolonialländer stören, damit diese nicht angesteckt werden. Außerdem ist das Bestreben der Sowjetunion, sich von der Baumwolleinfuhr unabhängig zu machen, ein Millionenschaden für die Exporteure, die ohnehin von der Weltbaumwollkrise betroffen sind. Man unterstützt also die Bassmatschen von außen her. Ein verlorenes Spiel. Sie besitzen keine Sympathien mehr im Land, im Gegenteil, die Bauern hassen sie und schließen sich gegen die Störenfriede zusammen. Eben haben sie – das war einer der Zwecke meiner Reise – die letzten Banden auf usbekischem Boden liquidiert. In Tadshikistan treiben sich noch welche umher."

„Ist es gefährlich dort?"

„Gefährlich? Nicht politisch gefährlich, weil die Bassmatschen unter einer im ganzen zufriedenen Bauernschaft niemals Anhang finden können. Aber sie können Schaden stiften, solange Ibrahim Beg die Führung hat. Seine Autorität ist groß, manche im Inland fürchten ihn, und viele im Ausland unterstützen ihn."

Der andere Reisezweck Faisullah Chodschajews ist die Baumwolle an sich. Usbekistan ist das wichtigste Land im Kampf der Sowjetunion um die Autarkie ihrer Textilindustrie. 1 788 200 Tonnen Baumwollkapseln werden die fünf Republiken Mittelasiens in diesem Jahr ernten, was 528 800 Tonnen reiner Faser ergibt. An der Spitze der Lieferung steht die usbekische Sowjetrepublik, sie allein sollte im vorigen Jahr 747 100 Hektar anbauen, aber die Bauern überschritten das Programm, indem sie 812 600 Hektar anbauten, fast fünfmal soviel wie vor dem Kriege. Und 1931 beträgt die Baumwollfläche Usbekistans 1 120 000 Hektar. Allerdings werden jetzt durchschnittlich nur 60 Pud (9,8 Zentner) per Hektar geerntet gegen ungefähr 16 Zentner im Frieden – verkürzte Arbeitszeit, Mangel an Arbeitskräften, Verzögerung der Aussaat infolge der Bandenkämpfe, Fehlen von Dungmaterial für so ungeheure Gebiete verursachen das.

Faisullah Chodschajew hatte die Herbstaussaat zu organisieren und für verstärkte Kollektivierung zu wirken. 63 Prozent der usbekischen Wirtschaften sind sozialisiert, im Bezirk Sarija-Assja 95 Prozent. Hier, wo wir sind, im Umkreis der Stadt Denau, ist die Vergesellschaftung nur zu 52 Prozent durchgeführt, und Chodschajew mußte viel verhandeln, um jetzt mit der Hoffnung auf ein kollektiviertes nächstes Jahr abreisen zu können.

Wir verabschieden uns und fahren mit unserem Zug weiter, der gewartet hat.

In Njuschachar steigt eine Gruppe ein. „Bassmatschi" raunen die Leute hinter ihnen her. „Bassmatschi" sind also die sieben Tadshiken, die ein Abteil in unserem Waggon beziehen. Nein, Bassmatschi sind nur fünf von ihnen, die fünf Unbewaffneten. Die Bassmatschi, die oben in den Bergen, bis an die Zähne bewaffnet, auf Karawanen, auf Mitglieder der Dorfsowjets, auf Stoßbrigadiere der Kollektivwirtschaften, auf Komsomolzen oder auf Rotarmisten lauern – hier unten dürfen sie sich nicht mit Waffen zeigen.

Zwei der sieben – der der Kolonne voranschritt und der die Queue bildete – haben Gewehre. Sonst unterscheidet sie äußerlich nichts von den fünf anderen, deren Gesinnung, deren Beruf und deren Lage sich von den ihren so unterscheiden.

Die beiden Bewaffneten sind die Eskorte. Die fünf anderen, unter ihnen ein Greis, sind die Eskortierten. An ihren alten Seidenmänteln hängen dreieckige Pölsterchen, Amulette.

„Bassmatschi“, antworten die Leute vor dem Fenster des Abteils auf die Frage, was es zu sehen gäbe. Mancher von den neugierig oder feindselig in den Wagen Lugenden mag selbst ein Bassmatsch gewesen sein oder ein Bundesgenosse der Bassmatschen. Vielleicht hat sogar der ältere der beiden Bewaffneten noch vor einigen Jahren zu denen gehört, die er jetzt dem Volksgericht zuführt.

Daß die Bauern Mittelasiens damals vom Strudel der Gegenrevolution ergriffen wurden, versteht man, wenn man sich vergegenwärtigt, welche Agitation die Kolonialmächte unter den Kolonialvölkern nach der Oktoberrevolution betreiben. Sind sie, die Großmächte, doch selbst bedroht.

Ein Gespenst geht um in Asien, das Gespenst des Kommunismus.

Bebend, mit gesträubten Haaren huschen die Machthaber zusammen.

Der Weise von London stöhnt: „Wie sollen wir die gelben und braunen Völker weiterhin niederhalten mit der Behauptung, sie seien minderwertig und die Weißen seien Gott ähnlich, wie können wir das, wenn sie jenseits der Grenzen ihre Stammesbrüder sehen, die sich selbst verwalten?“

Der Weise von Paris klagt: „Wie kann unsere Wirtschaftsblockade gegen die Sowjets Erfolg haben, wenn sie hier unten Reis anbauen oder gar versuchen, Baumwolle . . .“

Der Weise von Washington fällt entsetzt ein. „Baumwolle! Wenn Rußland sich von unserem Export unabhängig macht, müssen wir ein Drittel unserer Ernte verbrennen, oder . . .“ seine Stimme erstickt in Schluchzen, „oder wir müssen die Preise herabsetzen.“

Der Weise von Amsterdam: „Was macht meine Koninklijke Shell, wenn Rußland sein Petroleum ohne uns verkauft?!“

Der Weise von St. Petersburg, derzeit Nizza: „Aus meinen Schlössern in der Krim werden diese Vandalen Arbeitersanatorien und Kinderheime machen!“

„Wehe, wehe!“ schallt es im Chor.

Aber dann raffen sie sich auf: „Wir müssen das Gespenst vertreiben, wir haben das Geld, wir haben die Macht.“

Chorus: „Wir haben das Geld, wir haben die Macht.“

Und beides wird entfaltet. Hierher entsendet man alles, worüber man an Abenteurern und Agitatoren und Agenten für östliche Bezirke verfügt. Hier vereinigt sich die englische Hochkirche mit den indischen Ismailiten, der Panindischen Muselmanischen Liga unter dem lebenden Gott Aga Chan. Hier vereinigt sich der Islam mit der armenischen Kirche, die allmohammedanische Partei Ulema mit der armenischen Bewegung Daschnak-Zutjun – vergessen das armenische Millionenmassaker in der Türkei. Hier vereinigen sich die rechtgläubigen Zarengenerale mit den Sozialrevolutionären.

Die russischen Emigranten sind das militärische Exekutivorgan. Im Jahre 1848, beim Prager Slawenkongreß, haben die russischen Nationalisten ausgerufen: „Lieber die russische Knute als die deutsche Freiheit!" Jetzt, siebzig Jahre später, verliert diese Losung ihren Charakter als Antithese, da sie sich für die Knute des Emirs gegen die Freiheit der russischen Arbeiter entscheiden. Sie sind und waren eben immer für die Knute.

Geldgeber und Organisator ist England. In Aschchabad finanziert England die Transkaspische Regierung der Sozialrevolutionäre und Menschewiken; die islamitische „Kokander Autonomie" besteht aus Englands Marionetten; die am 17. August 1918 aus Indien über China in Taschkent eingetroffene offizielle Britische Mission unterstützt die „Turkestanische Militärorganisation" der Generale Kornilow (des Bruders) und Saizew, den bei Orenburg operierenden Ataman Dutow und die von der Wolga vorrückenden Tschechoslowaken; der britische General Malmson inszeniert aus Meschcd in Persien einen bewaffneten Aufstand, um mit seinen Ghurkas und Schottländern in Turkmenistan einmarschieren und die Militärdiktatur proklamieren zu können; George MacCartney, britischer Konsul in Kaschgar (Chinesisch-Ost-Turkestan), rüstet Karawanen mit Waffen aus; Reginald Tig-Jones, Captain Seiner Königlichen Majestät von Großbritannien, kommandiert in Annau die Hinrichtung der neun kommunistischen Volkskommissare von Aschchabad, der sechsundzwanzig Volkskommissare von Baku und der vierzehn Bezirksvertreter in Taschkent, organisiert den Staatsstreich des verräterischen Kriegskommissars Ossipow und läßt zu seiner Unterstützung 25 000 Bassmatschen aus Fergana nach Taschkent holen.

In den Memoiren der englischen Teilnehmer an jenem Spiel wird übereinstimmend hervorgehoben, daß nach dem Diktatfrieden von Brest-Litowsk zum erstenmal während des Weltkrieges eine Gefahr für die Existenz Englands als Großmacht bestand: die deutsche Okkupationsarmee aus der Ukraine konnte ostwärts vorrücken, sich mit den von Baku kommenden Türken und den in Turkestan befindlichen 100 000 deutschen und österreichisch-ungarischen Kriegsgefangenen vereinigen und – vielleicht sogar im Bündnis mit den Bolschewiken – an die indische Grenze ziehen. England hätte Streitkräfte aus Europa abziehen und als Damm gegen eine aufflammende nationale Bewegung Indiens verwenden müssen. Siebzig Jahre vorher hat Karl Marx in seinem Artikel „Das neue Jahr 1849" betont, daß ein europäischer Krieg, an dem England teilnimmt, auch in Ostindien geführt werden müsse. Aber der deutsche Generalstab hielt sich an Schlieffens Plan; nur der Eroberung von Paris, des Erbfeindes Hauptstadt, galt sein ganzes Dichten und Trachten. Also konnte England ruhig und mit wenig Truppen sein Indien schützen, indem es einen Glaubenskrieg, einen Klassenkrieg, einen Nationalkrieg der Bewohner Mittelasiens organisierte.

Unter der Leitung des Emirs von Buchara hetzen die Geistlichen, unter militärischer Führung des britischen Kapitäns Baly wird seine Armee ausgerüstet, Enver Pascha und Ibrahim Beg formieren die Besucher der Moscheen zu Banden, Halbmond gegen fünfzackigen Stern.

Und jetzt?

„Bassmatschi", raunen die Leute vor dem Waggon. Die Kinder werden hochgehoben, um ins Fenster gucken, die bösen Onkels sehen zu können. Vor zehn Jahren hätte man vielleicht zu den Kindern gesagt: Da drinnen im Zug sitzen fünf Menschen, die sind keine Bassmatschen! Die Kinder hätten ebenso geschaut wie heute.

Nein. Das stimmt nicht. Vor zehn Jahren gab es keinen Eisenbahnzug. Der Eisenbahnzug ist die Gegenwart.

Wir fahren durch die Gegenwart, durch die Sowjetrepublik Tadshikistan. In der Vergangenheit war dies das Östliche Buchara, eine Kolonie der Kolonie Buchara, das „Land ohne Recht". Die Emire ließen die Provinz durch ihre Beys verwalten, und erst der letzte der Emire kam hierher, 1920, auf der Flucht vor seinen Untertanen.

Der östliche, unwirtlichste Teil dieser Provinz war russisch. Warum hatte der Zar seinem Vasallen gerade dieses felsigkahle Stück nicht belassen? Dieses graue Plateau ist der Pamir. Sein nördlicher Hang war Rußland. Sein südlicher Hang war Indien. Hier stießen einmal zwei Weltreiche zusammen, hier stoßen nunmehr zwei Welten zusammen.

Zwischen der Südgrenze des tadshikischen Pamirgebietes (Gorno-Badachschanskaja Oblastj) und der Nordgrenze Indiens ist ein schmaler Korridor. Im Osten grenzt die Pamirprovinz an China, im Norden an Kirgisistan. Von dort, aus der Stadt Osch, gehen die Expeditionen auf den Pamir. Das Innere Tadshikistans berühren sie nicht.

Wir sehen nicht viel von dem Land, in das wir von weit her gekommen sind, karge Felder im Vordergrund, hohe Berge im Hintergrund; wir fahren über eine Brücke, der Fluß unter uns heißt Kafirnigan.

Wir wissen nicht viel von dem Land, in das wir von weit her gekommen sind. Unsere geographischen Kenntnisse beschränken sich darauf, daß Tadshikistan 141 800 Quadratkilometer umfaßt, also so groß ist wie die Tschechoslowakei. Das Land zählt fast anderthalb Millionen Seelen, wenn man auch Kommunisten als Seelen zählen darf, die die Seele verneinen, und mohammedanische Frauen, denen die Seele vom Koran abgesprochen ist. Die Tadshiken sind ein altes iranisches Volk, über eine halbe Million ihrer Stammesbrüder wohnen verstreut auch in Usbekistan und anderen Ländern von Sowjet-Mittelasien, im Königreich Afghanistan leben vier Millionen, in Nord-Indien eine Million und in China eine halbe. Ihre Sprache ist das ursprüngliche Persisch, das Farsisch. 79 Prozent der Bevölkerung sind Tadshiken, 18 Prozent Usbeken, ein türkisch-mongolischer Volksstamm, der Rest Kirgisen, Russen, Turkmenen und Afghaner.

Das ist alles. Bald werden wir mehr wissen.

In Stalinabad steigen wir aus, 6525 Kilometer von Berlin, Luftlinie.

EINE HAUPTSTADT ENTSTEHT: STALINABAD

„Sehen Sie dorthin! – Und dort . . . Sehen Sie dieses Haus . . .!"

Man mußte schon allen Vorrat an verständnisvoller Nachsicht aufbieten, um die enthusiastischen Gebärden und Ausrufe nicht übertrieben zu finden, mit denen die Stalinabadenser auf der Fahrt vom Bahnhof unsere Aufmerksamkeit nach rechts und links lenkten.

„Dort – dort, das Gerichtsgebäude. Sehen Sie dorthin, das ist das Elektrizitätswerk. Unser Pädagogisches Technikum.

Chauffeur" (wir waren Insassen eines normalen Autobusses, der voll von ortsansässigen Fahrgästen war), „biegen Sie links ein, wir wollen dem Ausländer das neue Zentralkomitee zeigen."

Und wenn gar nichts zu sehen war als eine zerfallene Hütte, dann gerieten unsere Mitpassagiere vollends in Ekstase: „Sehen Sie dorthin, sehen Sie dorthin, so haben die Häuser von Stalinabad früher ausgesehen."

Früher war hier ein Dorf, und das Dorf hieß Djuschambe, und Djuschambe heißt „Montag". Am Montag war Markt, an den anderen Tagen der Woche war nichts. Sechzehn Werst von hier residierte der Chan von Gissar, dem man Steuern und junge Mädchen abzuliefern hatte.

„Sehen Sie dort, das ist das Spital, das einzige mit Mörtel beworfene Haus aus der Zeit vor der Revolution. Dort wohnte 1920 der Emir."

Die Jungbuchareser Revolutionäre und Frunses Soldaten waren ihm auf den Fersen. Olim Chan, ein Wilhelm II. aus der Dynastie der Mangiten, flüchtete über die nächste Grenze ins neutrale Ausland.

Sein bevollmächtigter Vertreter wird Enver Pascha, vor dem Weltkrieg Führer der jungtürkischen Revolution, während des Weltkriegs Kriegsminister der Türkei, nach dem Weltkrieg von Kemal Pascha abgesägt. Enver hatte in Moskau um Unterstützung seiner abenteuerlichen Pläne gegen Englands mesopotamische Kolonie gefleht und war dann als offizieller Gast in Buchara aufgetaucht, wo er das Militär der neuen Republik organisieren wollte. Als er sah, daß die Jungbuchareser für keinen Panislamismus zu haben waren, reiste er bei Nacht und Nebel nach Kurgan-Tjube, an die Grenze Afghanistans. Niemand weiß, daß *Usman* Chodschajew, der Vorsitzende des Zentralexekutivkomitees, mit ihm unter einer Decke steckt. Ihm schickt Enver einen Situationsbericht: auf Beschluß der Großmächte habe das letzte Stündlein der Sowjets geschlagen. Daraufhin folgt ihm Usman mit Ali Riza, dem Kommandanten der Miliz, zweihundert Kavalleristen und vierhundert Infanteristen.

Enver Pascha besetzt Kuljab, die größte Stadt im Süden Tadshikistans, erstattet regelmäßig Meldungen an den Emir, der ihn dafür in seinen Briefen „Hauptbefehlshaber aller Heere des Islams, Schwiegersohn des Kalifen und Nachfolger Mohammeds" nennt, Enver projektiert die Wiederaufrichtung des

Araberreiches Maweranar, des Landes jenseits des Flusses Amu-Darja (Oxus), und versucht, die Bassmatschenbanden in seiner Hand zu vereinigen. Aber Ibrahim Beg, der andere Vertrauensmann des emigrierten Emirs, der inzwischen Djuschambe eingenommen hat, sieht eifersüchtig auf den Fremden und läßt ihn eines Tages schlankweg festnehmen. Fünf Tage lang behält er den „Hauptbefehlshaber und Nachfolger Mohammeds“ in Haft.

„Sehen Sie dort das Haus? Darin hat Enver Pascha seine Proklamationen an die Muselmanen verfaßt.“

Ja, wir sehen das Haus, und wir kennen auch die Proklamationen. Nach Norden, wo die Lehren des Marxismus immer stärkeren Anhang fanden, schrieb er kein antisoziales und kein religiöses Wort. Dorthin verkündete er, der Kommunismus sei nur für die industriellen Staaten gedacht, Marx, Engels und Lenin hätten in Deutschland, England und in der Schweiz das System ausgearbeitet, jedoch für die Länder ohne industrielle Lohnsklaverei und ohne Finanzkapitalismus sei es undurchführbar und müsse binnen wenigen Monaten Schiffbruch erleiden. (Er kehrte also für Asien die Parole um, die zur selben Zeit in Europa von den Unabhängigen und später von den „linken“ Sozialdemokraten ausgegeben wurde: Der Kommunismus könne wohl im rückständigen Osten, niemals aber im entwickelten Westen Anwendung finden.)

In seinen Sendschreiben an die Südbezirke Mittelasiens redete Enver Pascha anders. Er beschwor die Bauern, den heiligen Krieg gegen die bolschewistischen Giaurs und für den Islam zu führen, ohne von den englischen Giaurs zu sprechen, die ihm ihre Hilfe angedeihen ließen, um auch weiterhin Millionen von Mohammedanern ungestört unterjochen zu können.

Die Regierung der Bucharischen Volksrepublik schickte Truppen gegen ihn, Enver Pascha zog sich mit seinen Soldaten und Bassmatschen nach Osten zurück, bis hinter den Engpaß von Chowaling. Im Dorf Sarichosor, Bezirk Baldschuan, wurde er am 4. August 1922 erreicht und getötet. Die Kugel war durch den Fez in den Kopf gedrungen, in seiner Brusttasche fand man das Eiserne Kreuz und Dokumente, aus denen man erkannte, wer der Tote war.

Nach ihm übernahm ein anderer türkischer Exgeneral, Chodscha Sami Bey, genannt Selim Pascha, das Kommando und bedrängte von neuem Djuschambe. Als er sich geschlagen sah und von Ibrahim Beg als Feigling beschimpft wurde, ritt er angesichts der Truppen auf seinem Roß Duldulj in den reißenden Pjandsh, um zu sterben. Seine Leiche wurde neben der Envers in einer Felsenhöhle bestattet. Das Heer löste sich auf, aber das Bandenwesen blühte weiter.

Am 14. Oktober 1924 wurde die Autonome Republik Tadshikistan (im Rahmen der Sowjetrepublik Usbekistan) gegründet und das Dorf Djuschambe zur Hauptstadt erklärt. Die Mitglieder des Revolutionskomitees trafen im Aeroplan ein.

„Chauffeur, bitte, fahren Sie nach rechts. Wir müssen dem Ausländer den Kreml zeigen." So wurde das erste Regierungsgebäude ironisch genannt. Eine Art Karawanserei aus brüchigem Lehm. In der einen der kaum zwei Meter hohen Kammern amtierte der Staatspräsident, in der anderen der Justizminister, in der dritten der Finanzminister. Über dem ausgedienten Stall, darin noch heute Fliegen und Bremsen wohnen, stand in tadshikischer und russischer Sprache: „Volkskommissariat für Gesundheitswesen". Der Ahornbaum im Hof war der Sitzungssaal, unter seinem Plafond aus Zweigen konnten, wenn es noch so heiß war, die Kabinettsitzungen im kühlen Schatten abgehalten werden, das heißt bei 42 Grad.

Um neu zu bauen, brauchte man Material. Von Sibirien und Archangelsk bis an die Grenze der Autonomen Republik Tadshikistan, viele tausend Kilometer weit, ging es leicht, von Termes nach Djuschambe schwer. Frachtmittel war das Kamel. Dem wurde rechts ein Balken abgebunden, links ein Balken, die schleiften im staubigen, lehmigen Boden, und wenn die Karawane die 250 Kilometer zurückgelegt hatte, waren die Balken um 70 Zentimeter kürzer als auf dem Bahnhof von Termes. Dreimal soviel Zeit wie zu einer Fahrt nach Amerika brauchten die in Nishnij Nowgorod und Rjasan angeheuerten Arbeiter zur Reise hierher.

Im Jahre 1925 wurde ein Postamt errichtet. „Sehen Sie, dort links, das ist das Bürohaus für das Zentralkomitee der Partei mit einem Wohngebäude – das wurde auch 1925 gebaut und die Schule und dort die zwei Kleinhäuser. Viele Arbeiter sind dabei ums Leben gekommen, die Bassmatschen haben aus dem Hinterhalt geschossen."

66 Bauarbeiter wurden an der Stelle begraben, wo jetzt der Justizpalast steht. Unter dem Schutz einer Postenkette baute man weiter.

1926: Die zweistöckige Mühle dort mit elektrischem Betrieb

und eine Speisehalle; damals besaß man ein Lastauto. 1927: Einige Brücken, das erste Haus der Bauern, „sehen Sie!", die Badeanstalt, Finanzkommissariat, Bezirkskomitee, eine Drukkerei, das Haus der GPU – „Sehen Sie?" Man hatte schon fünf Lastautos.

Nun ging es schnell vorwärts: Haus der Presse aus Eisenbeton, zweites Haus der Bauern. – „Chauffeur, zum Haus der Roten Armee!" – Theater, Bibliothek, „sehen Sie, unser Park!" – ein schöner Park mit Adambäumen, Asiatischer Eiche (Quercus asiatica), Ahorn und Obstbäumen, „da steht das Handelskommissariat", – drei tadshikische, eine russische und eine usbekische Lehrerbildungsanstalt, ein Lenindenkmal, die Arbeiterhäuser, Rotes Teehaus, eine Dampfmühle, eine Parteischule, das Pharmazeutische Magazin mit der Staatsapotheke, Kindergärten, Schulen, Elektrizitätswerk, Autostraßen.

Am 1. Mai 1929 fuhr der erste Eisenbahnzug in Djuschambe ein, direkter Schienenstrang nach Moskau, Berlin, Paris. Der Flugpark besteht jetzt aus 28 Aeroplanen. Das Baubudget hatte 1927/28 anderthalb Millionen Rubel betragen, 1929 fünf Millionen, 1930 achtzehn Millionen, 1931 dreißig Millionen, davon achtzehn für Straßenbau und zwölf Millionen für Hochbauten. Früher wurden die Bauplätze nach Willkür ausgesucht, jetzt wird nach einem Lageplan gearbeitet.

Im Juli 1929 beschloß der außerordentliche Andshuman (Sowjetkongreß): Tadshikistan tritt als selbständige Sowjetrepublik in die UdSSR ein. (Nach dem Nationalitätenprogramm der Sowjetunion ist anerkannt „das Recht aller Nationen, ohne Rücksicht auf ihre Rassenzugehörigkeit, auf volle Selbstbestimmung, das heißt Selbstbestimmung bis zur staatlichen Absonderung".) Der jahrhundertelange Traum der Tadshiken von nationaler Selbständigkeit war erfüllt.

Dreieinhalb Jahre vorher, auf dem ersten Andshuman am 1. Januar 1926, war eine Abordnung von Frauen erschienen. Obwohl sie tiefverschleiert waren und nur kurze Zeit anwesend blieben, erregte diese Tatsache Entsetzen unter den Delegierten, viele ritten empört nach Hause. Auf dem Unabhängigkeitskongreß von 1929 saßen weibliche Delegierte unverschleiert neben den Männern, traten als Rednerinnen auf, und niemand wunderte sich mehr. Über tausend Frauen sind bereits gewählte Mitglieder der Dshamagate, der Kreisvertretungen.

Auch der Beschluß, Djuschambe den Namen Stalinabad zu geben, wurde auf diesem Kongreß gefaßt.

„Sehen Sie dort das Kino? Dort war der Andshuman."

Jahrhunderte sind übersprungen. Ohne den Kapitalismus, die Ausbeutung durch die Maschinerie kennengelernt zu haben, kommt das Land aus dem Joch des mittelalterlichen Feudalismus geradenwegs in die Zeit des sozialistischen Aufbaus, aus der Naturalwirtschaft in die Kollektivwirtschaft.

Hier in der Stadt treffen wir die Söhne des Landes bei Beschäftigungen an, von denen sie sich in ihrem Dorf nichts träumen ließen. Einer unserer Freunde namens Alibaj („Ollyboj" spricht man das aus, ebenso Tadshikistan: „Todshikiston") führt das Kreditkonto in der Filiale der Mittelasiatischen Bank, ein anderer macht im Tropeninstitut chemische Analysen und hat ein weibliches Pendant in der Apotheke, das Mädchen Bara-at, das uns nach einem lateinischen Rezept ein Medikament gegen Papatatschifieber mixte.

Nasratullah Maksum, der Staatspräsident, kann gedrucktes Russisch nur schwer lesen, geschriebenes überhaupt nicht (sein ältester Sohn, Redaktionsmitglied des „Todshikistoni Surch", liest ihm Marx und Lenin vor, soweit sie tadshikisch noch nicht erschienen sind), die übrigen Bauern im Zentralexekutivkomitee verstehen gar nicht Russisch. Der Regierungspräsident Abdurachim Chodschibajew ist ein Tadshike wie alle Volkskommissare, mit Ausnahme Nissar Muhammedows, der das Kommissariat für Unterrichts- und Bildungswesen leitet, eines Revolutionärs aus Afghanistan; die Frau dieses angsteinflößenden Hünen ist eine zarte, deutschsprechende Kurländerin.

Alle Mitglieder der Sowjets, alle Leiter der Behörden sind Tadshiken, nur die Spezialisten, technische, ärztliche und agronomische, sowie einige Organisatoren der Partei sind vorläufig Russen, aber en cadre ist schon der Schichtwechsel formiert. Gussejnow, Parteisekretär von Tadshikistan, ist Turkotatar.

Der Volkskommissar für Justiz ist kein Jurist. Der Volkskommissar für Gesundheitswesen ist kein Arzt. An der Moskauer Universität waren in diesem Jahr fünfzehn Plätze für Tadshiken reserviert, sie konnten mangels geschulter Anwärter nicht besetzt werden. Während viele Knaben der kulturell rückständigeren Kirgisenstämme in der Zarenzeit von den

Missionaren unter der Bedingung ausgebildet wurden, daß sie zur griechisch-orthodoxen Kirche übertraten, gab es im Reich des Emirs nichts dergleichen. 1932 werden die ersten Jahrgänge die tadshikischen Mittelschulen und Arbeiterfakultäten absolvieren und die Hochschulen besuchen können. (Vom pausbackigen Rachimbajew abgesehen, der ein technischer Leiter des Wachsch-Stroi ist, eines Volkes erster Ingenieur.)

Alles lernt. Vor der Revolution konnten zwei Prozent der Untertanen des Emirs lesen, von denen wohnte ein halbes Prozent im Gebiet des heutigen Tadshikistan, also nur 6000 von 1 200 000 Bewohnern. Diese 6000 hatten gelernt, in der ihnen unverständlichen arabischen Sprache die Suren zu surren; selbst die Lehrer konnten oft nicht einmal ihren Namen schreiben.

Die ersten weltlichen Schulen wurden 1926 gegründet: sechs Stück. Diese Zahl erhöhte sich bis zum Ende 1926 auf 113 Schulen mit 2324 Schülern – keine einzige Schülerin gab es. Im Jahre 1929: 500 Schulen mit 28 400 Schülern und 1500 Schülerinnen. 900 Schulen bestehen jetzt, davon sechs russische für die Kinder russischer Arbeiter. Von 119 000 Kindern im schulpflichtigen Alter genießen nunmehr 58 000 regelmäßigen Unterricht, darunter 11 500 Mädchen. 75 000 Erwachsene haben Lesen und Schreiben gelernt. Durch die Errichtung neuer Schulen sollen im nächsten Jahr alle Knaben, 1933 alle Mädchen erfaßt werden; auch die Erwachsenen im Alter von 16 bis 39 Jahren müssen vom nächsten Jahre an in Abendkursen Elementarunterricht nehmen.

Die allerwichtigste und allerschwierigste Frage ist die des Lehrernachwuchses. Von den neun tadshikischen Lehrerbildungsanstalten in Usbekistan und Tadshikistan dienen fünf zur Heranbildung von männlichen Lehrkräften, drei von weiblichen und eine, die Taschkenter, von männlichen und weiblichen.

Dieses Land, das vor fünf Jahren 99,5 Prozent Analphabeten zählte, hat jetzt 16 000 Mittelschüler, die teils die erwähnten neun Pädagogischen Technika, das Landwirtschaftliche Technikum und das Konservatorium, das überall in der Sowjetunion den merkwürdigen Namen „Musikalisches Technikum" führt, besuchen, teils in Taschkent, Moskau und Leningrad studieren. Schon hat die Stalinabader Tageszeitung „Todshikistoni Surch" eine Auflage von 11 000 Exemplaren, die Bauernzeitung 12 000, die vor einem Jahr gegründete Jugendzeitung 8000 Exemplare, drei andere Blätter erscheinen in der Provinz.

Betrug also in Olims Zeiten die Zahl der Analphabeten sozusagen 100,5 Prozent, da jenes halbe Prozent aus Geistlichen und Beamten bestand, die ihr Wissen zur geistigen und realen Niederhaltung des Volkes benützten, so sind die neuen Leser und Schreiber im Sinne der Revolution erzogen. Auf die Bevölkerung können chauvinistische und religiöse Machenschaften nicht mehr widerstandslos einwirken, die Kommunistische Partei dieses Landes, das vor fünf Jahren zur Mehrheit auf Seite der Bassmatschen stand, zählt heute 6627 Mitglieder, davon 40,7 Prozent Tadshiken, 26 Prozent Usbeken, der Rest Russen, Kirgisen und Kasachen. Der Kommunistische Jugendverband hatte 1929 4424, heute 25 151, der Gewerkschaftsverband 6500 Mitglieder.

Gegen das Bandentum hat sich die Bauernschaft zu Abwehrtrupps, den „Roten Stöcken", zusammengeschlossen, und das ehemalige Stabsquartier Enver Paschas ist jetzt die Kaserne des tadshikischen Freiwilligenbataillons.

Viele Andenken an Bassmatschenkämpfe sind in dieser Kaserne. Da stehen die Pferde der gefangenen oder getöteten Kurbaschi; der Apfelschimmel von Alimartar Dotcho, der mit 350 Mann beim Dorfe Chodscha-Bulbular geschlagen wurde; der Hengst von Kurartik Beg, dem „Schielenden", ist ein Equus Przewalskii, ein Urpferd; längs des Rückgrats verläuft, wie mit dem Lineal gezogen, ein schwarzer Strich, vom Hals geht quer der Streif der Wildesel, die Unterschenkel sind die eines Zebras. Herrliche Pferde, unkastriert, nur an den Vorderhufen beschlagen, aber alle mit eiterndem Satteldruck – unfaßbar, daß solche Reiter niemals den Sattel abnehmen. Wir sehen das Zaumzeug, es ist bunt und unpraktisch, bemaltes Holz, Leder und teppichüberzogene Strohkissen, der Sattelknauf oft spitzig.

„Und das Pferd des Loschkari boschi?" fragen wir den Bataillonsführer, der uns die Rosse der Bandenführer vorstellt.

„Auch ihn werden wir kriegen", antwortet er, „auch den Loschkari boschi." Loschkari boschi, „Haupt der Soldaten", ist Ibrahim Beg, der Führer aller Banden.

Alimartar Dotchos Perserteppich ist da. Wo er ihn ausbreiten ließ, war das Stabshauptquartier, war die Offiziersmesse, war das Quartier des Kommandos. Veritable Richtschwerter:

die Säbel der Bandenkämpfer. Manche der erbeuteten Gewehre sind Faktur ihrer Handhaber – die aus Ästen und Türschlössern hergestellten Wildererstutzen unserer kriminalistischen Museen sind moderne Waffentechnik gegen diese Pistolen und Flinten. Wir sehen aber auch schon die neuen Fabrikate Europas, Winchestergewehre, Handgranaten, Mannlichergewehre, Mauserpistolen.

Man zeigt uns Photos und Pläne der unwirtlichen Höhen und Höhlen, dahin sich die tadshikischen Freiwilligen und die Roten Stöcke vorwagten, um Nester der Banden aufzustöbern, man zeigt uns ein Tableau mit den den Räubern abgenommenen Münzen, indische Rupien, afghanische Grans, chinesische durchlochte Sapeks.

„Und die englischen Pfunde des Loschkari boschi?"

„Auch ihn werden wir kriegen. Ibrahim Beg glaubt selbst nicht mehr an seinen Sieg. Wo immer er auftaucht, schließen sich sofort die Bauern gegen ihn zusammen, melden sein Kommen den Nachbardörfern."

Ewig wird es uns heiß überlaufen, wenn wir der Sommertage gedenken werden, die wir jetzt in Stalinabad erleben. Wir schreiben mit einer Füllfeder, in der die Tinte eintrocknet, schreiben in einem Zimmer, dessen Fenster tagsüber geschlossen und dicht verhängt sind, sonst käme die Hitze herein und ginge nimmermehr hinaus, wir schreiben auf einem Papier, auf das Schweißperlen tropfen. Je mehr wir schwitzen, desto mehr Kwaß und Narsan trinken wir, je mehr Kwaß und Narsan wir trinken, desto mehr schwitzen wir; acht Kilo unseres Körpergewichts haben sich bereits in Dampf aufgelöst.

Wir haben nur eine Schwimmhose an, und wenn's zu arg wird (manchmal wird's mitten in der Nacht zu arg), gehen wir baden und duschen, der Chaus steht im Garten. Auf dem Basar gibt es Gefrorenes, die Portion zu einem Rubel ist ihr Geld wert, schmeckt ausgezeichnet. Das Eis wird aus Kamelmilch gemacht, vielleicht wird sich das vom Auto verdrängte Kamel ganz dieser Produktion widmen. (Konditoren Europas, kauft Kamele!) Die Tadshiken schlürfen das Eis mit Selbstverständlichkeit. In der Schießbude des Parks zielen sie auf gemalte Aeroplane, die im Fall des Treffers abstürzen, und auf Eichhörnchen, die im Fall des Treffers einen Baum hinaufklettern.

Sehr viel zu tun hat der Photograph; welcher Orientale möchte nicht verewigt sein vor einer Alpenlandschaft samt

Dampfschiff, Palmen und antiken Statuen? Die Photographie ist die neueste Erfindung für Tadshikistan, das Kino ist schon etwas Altes; die Filmfabrik „Tadshik-Kino“ hat moderne Operateure und erzeugt auch Filme für den Export. Aber nun kann sich jedermann – ohne daß er sich bewegt! – binnen drei Minuten abbilden lassen, ist das nicht der Gipfel des menschlichen Erfindungsgeistes? Ebenso tauchte hier das Grammophon auf, als das Radio längst alltäglich geworden war. Das erste Orchestrion, neulich aufgestellt im Park, läßt die Leute nicht zur Ruhe kommen. Was aber, Freunde, was aber soll erst werden, wenn hier aus unserer Großmutter Spieldose der Faustwalzer erklingen wird!

Seltsam verfitzt ist die Kurve der Entwicklung. Das Flugzeug, das mit den Regierungsmitgliedern in Djuschambe aus den Wolken herabschwebte, war das erste Fahrzeug in diesem Landstrich. Groß war das Staunen, aber schließlich, wenn Vögel fliegen, warum sollen es nicht auch Menschen können?

Das Auto war nicht dazu angetan, diese Sensation zu vergrößern. Im Gegenteil. Sind seine Räder aus unbekanntem Material, so ist es auch selbstverständlich, daß die Herstellung unverständlich ist. Hielt ein Auto im Dorf, brachte man ihm Heu und Wasser, wie man es von alters her dem Kamel, dem Esel oder dem Pferd jedes Gastes zu bringen gewohnt war. Es kam vor, daß die Bassmatschen aus ihren Flinten gegen die Scheinwerfer feuerten, sie glaubten, wenn sie dem Ungeheuer die Augen ausschießen, sei es blind und könne nicht mehr laufen.

Ungeheure Erregung, Fassungslosigkeit, Bewunderung erstand erst, als lange nach den Automobilen der erste Pferdewagen eintraf. Den Begriff kannte man aus dem Koran, und Pilger hatten erzählt, in Samarkand und in Buchara würden Sänften pfeilschnell von Pferden gezogen. Über das Gebirge waren sie aber nicht gekommen. Nun waren die Wagen da. Man umstand die hölzernen Räder, staunte diese Meisterwerke des Maschinenbaus an, fragte, wie so etwas erzeugt wird, ein rundes Holz aus einem Stück.

Inzwischen haben die Tadshiken chauffieren gelernt und müssen in den von Kanälen durchschnittenen Tälern und auf den Felsenstraßen Leistungen vollbringen, von denen sich zum Beispiel ein Berliner Chauffeur nichts träumen läßt, es gibt 1200 einheimische Traktorführer in diesem Lande, das das eiserne Pflugschar nie kennengelernt hat, wo noch heute auf den Privatfeldern mit dem hölzernen „Omatsch“ gepflügt wird. Mit der Eisenbahn fährt man von der Saisonarbeit in die Heimat, kurzum, man hat sich an alle diese Erfindungen gewöhnt, sie begriffen.

Da kam plötzlich eine neue, eine, die sich nicht fassen läßt. Das Fahrrad! Nicht vier, sondern nur zwei Räder, sie sind hintereinander angebracht, von selbst kann das Fahrzeug nicht stehen, wenn sich aber ein Mensch zwischen die Räder setzt, hoch oben, daß seine Füße den Boden nicht berühren, so steht es nicht nur, sondern es fährt sogar, und der Mensch fällt nicht herunter. „Scheitan Arba – Fahrzeug des Teufels!" Sie bringen ihm kein Heu und kein Wasser, mag es verhungern und verdursten!

„Sehen Sie dort die Frau im Hintergrund der Bühne . . ."

Wir sahen gar nichts, denn im selben Augenblick ward es finster im Theater. Daß das elektrische Licht manchmal ausgeht, nimmt niemand wunder, besteht doch das Wunder darin, daß es überhaupt elektrisches Licht gibt. Auf der Bühne des Nationaltheaters wurde einfach in dem Augenblick, da wir der Aufforderung, die Frau im Hintergrund zu sehen, aus technischen Gründen nicht Folge leisten konnten, eine Petroleumlampe angezündet. Dem Vortragenden, um den es dunkel wird in irgendeinem Versammlungssaal, leuchtet eine Kerze zum Manuskript, oder er spricht in der Finsternis weiter.

Nun soll bald der Warsob, ein Nebenfluß des Kafirnigan, das Licht liefern, nicht nur für Stalinabad, sondern weit über die Lande, nicht für dreißig, sondern für drei Kopeken die Kilowattstunde, und solcherart, daß nicht Störungen der Regel die Regel selbst sind.

Der Warsob-Stroi ist eine Hydrostation, siebzehn Kilometer nördlich der Stadt, auf einem Weg, auf dem uns der Chauffeur eine Vorstellung davon vermittelt, wie der vielberufene und nie gehörte Rohrspatz zu schimpfen vermag. Und doch war vor einem halben Jahr dieser Weg noch nicht einmal „ein Hundesohn", war nicht einmal wert der Aufforderung, seine Mutter zu notzüchtigen und dergleichen, er war nur ein Band aus Kot. Vor einem halben Jahr erhielt A. M. Gindin, 28 Jahre alt, parteilos, Absolvent der Timirjasew-Akademie in Moskau, den Auftrag des Taschkenter Hydro-Elektro-Stroi, nach Stalinabad zu fahren und ein Kraftwerk zu bauen. Der Ingenieur Gindin fand keine Wohnung in dem zur Hauptstadt Stalinabad aufgeschossenen Dorf Djuschambe, er schlief in der Kanzlei des Bauamtes, ritt ins Gelände, suchte, das Pferd an der Leine führend, den Fluß nach einer Stelle ab, wo sich gegebenenfalls 10 000 Pferdekräfte gewinnen ließen. Dann heuerte er zwei Arbeiter und warb die Bauern des nahen Dorfes Schafteh-Mitschgon zur Mitarbeit: „Ihr werdet auf einen Knopf drükken, und alles wird so hell sein wie in Djuschambe.“ Einige fanden sich bereit mitzumachen und verlangten – Elektrizitätsarbeiter in einem Land der Naturalwirtschaft! – Auszahlung des Lohnes in Waren; grünen Tee, Lutschtabak, geblümte Tücher, Seidenstoff für Mäntel. Nach und nach wurden andere Arbeiter angeworben, Kirgisen, Usbeken, Tadshiken und zwangsweise übersiedelte Kulaken aus Innerrußland, die sich die Qualifikation als Arbeiter erwerben wollten. Alle schliefen im gleichen Zelt, in Gindins Tasche war die Lohnkasse, draußen wieherte das angepflockte Verkehrsmittel, in den Bergen lauerten die Bassmatschen.

Eine Brücke wurde gebaut, eine Überschwemmung riß sie weg, der zweiten Brücke erging es nicht besser – aber wozu das alles erzählen? Jetzt sind Baracken da für tausend Arbeiter, Eisenmaterial, Steinmaterial, Holzmaterial und Maschinenmaterial, die Schleuse und der Damm von 180 Metern und der 1126 Meter lange, vier Meter tiefe Kanal erstehen durch Stoßbrigadenarbeit, und bald werden in der Elektrostation zwei Turbinen 7750 Kilowatt bei hohem Wasserstand, 4000 Kilowatt bei niedrigem Wasserstand erzeugen, billige Kraft für die Industrie, und in Stalinabad wird nicht mehr jede Weile das Licht verlöschen.

Was ist dabei? Wird nicht anderswo auch unter Schwierigkeiten gebaut, gab es nicht in Kalifornien auch Wegbereiter? Ist nicht der Panamakanal ein tausendmal größeres Meisterwerk der Technik gewesen?

Das schon. Aber überall lockte das Geld die Unternehmer, zwangen die hohen Löhne die Arbeiter. Wenn jemals jemand irgendwo Urbarmachung begann, so träumte er von Millionen. Dieser Gindin, parteilos, wird, wenn der Warsob-Stroi fertig ist, an das nördliche Eismeer fahren und dort ein anderes Kraftwerk bauen. Viele von denen, die uns jetzt umstehen und so stolz auf die Resultate ihrer Arbeit weisen – „Sehen Sie, sehen Sie!“ –, werden wohl mit ihm gehen, entweder aus Begeisterung am Aufbauwerk oder, wie die Exkulaken, um sich einen höheren „Stasch“, eine höhere Arbeitsqualifikation, zu verschaffen.

Eines Abends, da wir vor der Stadt spazierengehen, kommen wir mit den Arbeitern der Ziegelei ins Gespräch und erfahren, daß sie Bassmatschen sind, die sich freiwillig ergeben haben. Sie stammen aus Afghanistan und haben ihre Familien von drüben nachkommen lassen. Ihr Parteiführer ist ihr Unteroffizier von einst, ein schlanker Mann mit aufgezwirbeltem Schnurrbart und weißer Bluse, die meisten tragen als Knöpfe afghanische Silbermünzen. Die Männer sagen uns, sie hätten genug von den Kämpfereien, seien froh, arbeiten zu können.

„Wieviel verdient ihr?“

„Für je 1000 Ziegel 12 Rubel. Manche machen nur 500 im Tag, der Durchschnitt 980. Einer von uns macht 1500, er ist unser bester Stoßbrigadier.“

„Stoßbrigadier“, sagen sie! Sie haben, eine demobilisierte Militärabteilung, das militärische Wort aus dem Sprachschatz der produktiven Arbeit, des sozialistischen Aufbaus übernommen!

„Ihr habt eine Stoßbrigade?“

„Ja. Und wir sammeln, um dem Kolchos einen Traktor zu schenken. Wir haben schon fast 200 Rubel beisammen.“

Sie arbeiten am Aufbau, sie haben einen Stoßtrupp, sie spenden einen Traktor, sie machen neue Ziegel für neue Häuser für die neue Hauptstadt der neuen Republik.

„Sehen Sie dort das neue Theater? Das ist schon aus unseren Ziegeln erbaut. Und dort die Bank? Auch aus unseren Ziegeln.“

Sie weisen mit ausgestreckten Armen und drehen unsere Schultern bald hierhin, bald dorthin, sie zeigen die gleiche Begeisterung wie unsere Führer bei unserer Ankunft in Stalinabad, eine Begeisterung, die uns damals übertrieben vorkam.

REISE VON DER QUELLE BIS ZUR MÜNDUNG DER SEIDE

I. Ausgenütztes Liebesleben

Ab ovo, vom Ei an muß man bei der Seidenerzeugung beginnen.

Vom Ei an . . . oder soll man gar mit jener Tätigkeit anfangen, der das Ei seine Entstehung zu verdanken hat? Das ist die

Frage der griechischen Sophisten, ob das Ei früher da war als die Henne. In der Grenageanstalt von Taschkent wird jedenfalls nicht nur das Ei des Seidenwurms mit größerer Sorgfalt behandelt, als man sonst ein rohes Ei zu behandeln pflegt, sondern die Wissenschaft betätigt sich hier auch als Gelegenheitsmacherin für das Liebesleben der Seidenfalter, denen dieses rohe Ei entspringt.

Keineswegs bloß um der Wissenschaft willen sind all die Mikroskope und Wärmemesser und Apparate da, sie sind vor allem wegen der Industrie da, der Seidenindustrie, deren Quell dieses Institut darstellt. Aus diesem Quell holpert lang und langsam der Bach über Dorf und Berg, holpert im Zickzack durch ganz Mittelasien, bevor er zum großen Strom aus Seide wird.

Im April kommen die Leute hierher in den Grenashnyj-Sawod von Taschkent oder in die ihm unterstellten Kokonstellen in Usbekistan und in Tadshikistan und holen sich die Eier des Seidenwurms, Bombyx mori.

Erst wenige Jahre bestehen die Verteilungsstellen. Trotzdem läßt sich ihre Geschichte bereits in drei Zeitalter einteilen. Zunächst – sozusagen Altertum – waren es die Männer, die die Eier abholten und nach Monatsfrist die fertigen Kokons gegen Geld ablieferten; die Frauen hatten nur die Arbeit: Fütterung und Pflege der Raupen. Die zweite Phase – sozusagen Mittelalter –: der Muselman erhöhte das Arbeitspensum seiner angetrauten Sklavin und vereinfachte sein eigenes, indem er sie auch die Eier abholen schickte. Er selbst brachte nur die Kokons in die Fabrik und steckte den Preis ein. Aber hier erfolgte der dialektische Umschlag: in der Kokonanstalt wurden die Frauen darüber aufgeklärt, daß dem, der die Arbeit leistet, die Bezahlung gebührt. So kamen das nächste Mal – sozusagen Neuzeit – die Frauen selbst, um Kokons abzugeben und Geld zu erhalten. Nunmehr besteht fast die ganze Klientel aus Frauen, sie sind es, mit denen man die Verträge abschließt; auch mit Schulen schließen die Kokonstellen Verträge ab.

Wie der Fieberkranke das Thermometer, so klemmen die Frauen auf dem Heimweg das Schächtelchen mit den Eiern in die Achselhöhle, sie behaupten, das sei die richtige Temperatur, in freier Luft wäre es zu warm und der Wurm schlüpfe zu frühzeitig aus.

Das Schächtelchen ist so groß wie eines für 25 Zigaretten und wiegt auch nur 25 Gramm. Immerhin sind diese 25

Gramm nicht weniger als 35 000 bis 40 000 Eier, und wenn man sie aus der Achselhöhle und aus dem Schächtelchen nimmt, entwickeln sich bald in der warmen Stube ebenso viele winzige mehlweiße Raupen.

Mit feingeschnittenen Maulbeerblättern werden sie dreimal täglich gefüttert, auf daß das Würmchen ein Wurm werde. Es wird einer und frißt weiter. Bis es besagtem Wurm langweilig wird, immerfort zu fressen und sich zu häuten, und er sich Mitte Mai, also ungefähr dreißig Tage nachdem er aus dem Ei geschlüpft ist, dazu entschließt, wieder in ein Ei zu schlüpfen. Das muß freilich größer sein als das, dem er entsprossen. Und er muß es selber bauen, er legt es, einen sturmfreien Rundbau, mit Geduld und Spucke um sich herum. Binnen zwölf Tagen ist er fertig.

Während die Raupe nun darangeht, sich in ihrem Eigenheim zu verpuppen, wird dieses und die Eigenheime ihrer dem gleichen Schächtelchen entstammenden Mitbürger in die Grenageanstalt zurückgebracht.

Dazu genügt nicht mehr ein Schächtelchen, das man in die Achselhöhle pressen kann. Die Arba wird angespannt, der Wagen, dessen Räder zwei Meter hoch sind, aus dem gleichen Grunde, aus dem den Kamelen so lange Beine gegeben sind: damit der Wüstensand die Karosserie nicht spurlos verwehe; der Kutscher sitzt niemals auf dem Wagen, sondern auf dem Rücken des Pferdes, die Beine hochgezogen, die Füße auf die beiden Deichseln stützend. In Tadshikistan, wo sich der Gebrauch des Wagens noch immer nicht überall eingebürgert hat, bringen Maulesel die seidene Last.

Allein könnte ein Mensch die aus den Samen emporgeschossene Ernte nicht weit tragen. Des Schächtelchens Inhalt hat innerhalb von sechs Wochen sein Volumen beträchtlich erhöht, aus 25 Gramm sind 60 Kilogramm geworden, wobei zu bemerken ist, daß auf ein Kilogramm 540 Kokons gehen.

Im Hof laden die Züchterinnen, den Roßhaarschleier züchtig vor dem Gesicht, Säcke und Körbe aus dem Wagen. Für weiße Kokons, „Bagdada“, bekommen sie 1,75 Rubel per Kilogramm, für „Ascoli-piccio“, in deren Innern die Raupe angeklebt ist, 2,20 Rubel, für die chinesischen, die die italienischen Spezialisten „gialla-oro“ nennen, 2 Rubel; die einheimischen heißen „Tshoidari“, sie bringen nur 1,50 Rubel per Kilogramm.

Lieferantinnen, verschleierte und unverschleierte, umringen die Waage, sie tauschen auf dem Hof Produktionserfahrungen mit ihren Kolleginnen aus, die über andere Berge nach Taschkent gekommen sind. Schulkinder beteiligen sich an der Produktionsberatung.

Die gold- und silbergefüllten Säcke werden ins Innere der Hallen geschafft. Lang wie ein laufendes Band sind die Sortiermaschinen. Arbeiter überprüfen jeden Kokon, ob er auch schön eirund ist und keine Anomalie aufweist, ob er nicht etwa launisch in der Form eines Herzens gesponnen ist oder in der einer Kugel. Kalibriert werden die Kokons, indem man sie über drei Siebe rollen läßt, die kleinsten fallen durch die Löcher des ersten, die größten durch das letzte, die mittleren aber sind die beste Sorte.

Was nicht für gut befunden wird – oft zum Beispiel hat ein vorwitziger Schmetterling sein Kerkerchen bereits durchbrochen –, das geht nach Moskau, wo man Schappeseide daraus macht. Noch vor wenigen Jahren wurde solches Material zweiten Ranges nach Mailand verkauft, heute ist die Sowjetunion mit Hilfe italienischer Spezialisten imstande, alle Halbfabrikate und Fertigware selbst herzustellen und zu exportieren.

Diese schlechten Stücke und auch der überwiegende Teil der guten, der waggonweise in die Spinnereien geht, werden vorher in die Trocknungsöfen geschoben. 60 Grad Hitze. Sie dringt durch die seidenen Wände, und der hinter ihnen verborgene Bewohner stirbt.

23 Tonnen der besten Kokons bleiben in einem temperierten Saal zurück, in der Zuchtanstalt für Schmetterlinge. Dort geht es ja schön zu! Aus den grobmaschig vergitterten Rahmen, zwischen die man die Kokons gelegt, springen vom fünften Tage an Hunderttausende, ja Millionen von Faltern heraus. Sie flattern nicht weit.

Kaum daß sie das Licht der Welt erblickt haben, fangen sie an, sich auf den Gitterdrähten oder auf dem Tisch zu paaren. Die Weibchen verbreiten einen Geruch, der die Partner anlockt. Das Weibchen, ein dickes Geschöpf mit kurzen Flügeln, bleibt ziemlich unbeweglich, während das Männchen mit seinem Hinterteil sich ihrem Hinterteil vermählt. Dagegen der Mann – er hat einen aufgezwirbelten Schnurrbart – gibt reichlich an. Unausgesetzt macht er Wellen mit seinen Flügeln, umher wirbelt der Flügelstaub, so daß die Arbeiter ersticken müßten, wenn nicht energische Ventilatoren, Luftschächte an der Decke und im Fußboden den Puder davon- und Luft zuführen würden.

Nach zweistündiger pausenloser Kopulation hat das Weibchen genug, es weiß, was die Gelehrten der Raupenzucht erst durch langwierige Experimente herausgefunden haben: daß diese Zeitspanne zur Befruchtung eben die richtige ist. Aber glauben Sie, der Gatte krallt herunter? Er würde seine Tätigkeit mit staubaufwirbelndem Flügelschlag noch mehr als zwei Tage fortsetzen, Sperma hat er genug; erst nach fünfzigstündigem . . . sinkt er, erfüllt von Orgasmus und Euphorie zugleich, tot vom Venusberg. Das weiß man allerdings nur vom Experimentieren her; hier läßt man ihm nicht länger das Vergnügen, als es ersprießlich ist. Die rauhe Menschenhand reißt die Männchen nach zwei Stunden aus den Armen der Geliebten und wirft sie in einen Korb, der in den nächsten Geflügelkolchos wandert – Futter für die Hühner.

Infolge sorgfältiger Zuchtwahl ist die Zahl der männlichen und weiblichen Falter ungefähr gleich. Ist ein Männchen überzählig, so versucht es, einen glücklichen Nebenbuhler zu verdrängen, eine Prügelei entspinnt sich, der Stärkere hat den Genuß, der Schwächere hat das Nachsehen. Manchmal greift eine mitfühlende Arbeiterin in diesen Eifersuchtskampf ein und hilft dem Unterlegenen bei seinem Liebeswerben nach.

Ebenso muß man – hier ist es nicht mehr freundliche Gefälligkeit, sondern Pflicht der Arbeiter – dem allenfalls sitzengebliebenen Weibchen einen Partner verschaffen, der anderswo sein Werk bereits getan hat. Denn: zwar legt auch ein unbegattetes Weibchen Eier, aber diese sind nicht befruchtet, so wie es die der Henne nicht sind, die der Hahn liebevoll zu behüpfen tags zuvor nicht würdig befand.

Ist die Massenhochzeit vorbei, klopft eine Menschenhand auf die Gitterstäbchen oder auf den Tisch, und im Nu lösen sich die Ehepaare voneinander und beginnen gleichzeitig zu urinieren. Weiße milchige Flüssigkeit bedeckt den Boden. Würde man die Falter nicht auf diese Weise abhalten, so würden die Männchen nachher den Korb besudeln, was kein Malheur ist, aber die Weibchen ihr Wochenbett, und das muß rein bleiben.

Ihr Wochenbett – jedes Weibchen wird in ein Kuvert gepackt. Am Abend des Hochzeitstages, da die Schmetterlingin geboren, zur Frau gemacht und zugleich zur Witwe ward, wird sie auch Mutter. Sie beginnt Eier zu legen, binnen zwei Tagen 400 bis 700 schiefergrau-bläuliche Eier. Hierauf verliert sie alle innere Feuchtigkeit und stirbt.

Stirbt sie? Nach den Grundsätzen der Naturwissenschaft stirbt sie nicht, obwohl sie ohne Zweifel tot ist. Nach den Grundsätzen der Naturwissenschaft kann man nur auf drei Arten sterben: durch Krankheit, durch Alter oder auf gewaltsame Weise. Von keiner dieser drei Tatsachen kann hier die Rede sein, der Zustand des Weibchens ist normal, es ist jung, auch für einen Falter jung, und weder Liebesverkehr noch Mutterschaft läßt sich als gewaltsamer Tod bezeichnen. Das vermeintliche Hinscheiden ist also nichts anderes als eine Transfiguration des weiblichen Schmetterlings in seine Eier, so wie sich die Eier ihrerseits in Raupen, diese in Puppen und diese wiederum in Falter verwandeln.

Der Leichnam der gestorbenen oder transfigurierten Mutter liegt neben ihren Kindern in dem Kuvert. Doch ist ihr Leid noch nicht vorbei. Man zupft ihr die Flügel ab, zerstampft ihren Leib in einem Mörser und legt ihn unter das Mikroskop, das fünfhundertmal vergrößert. Leicht läßt sich solcherart erkennen, ob die Mutter Spuren von Pebrina aufweist, einer den Seidenwürmern erb- und eigentümlichen Art von Flecktyphus, die Pasteur entdeckt hat, oder ob sie an Fettsucht, Gelbsucht oder Schwindsucht litt. Stellt man eine solche Krankheit fest, dann wird auch der Nachwuchs im Keim vernichtet.

Jene Eier aber, deren Mutter sich bei der Obduktion als unverdächtig erwies, beläßt man bei gleichbleibender Temperatur hier, bis sie im nächsten April wieder in Schächtelchen zu 25 Gramm ausgegeben, in den Dörfern gefüttert und als Kokons zurückgebracht werden, um als Falter zu erstehen, sich zu begatten, zu befruchten, zu gebären und zu sterben im Dienst der Seidenindustrie.

II. Eine Frau an der Seidenfront

Die Anlage der Kokonsammelstellen ist überall gleich: am Rand der Bezirksstadt ein Flugdach, darunter Regale, etwas abseits Trocknungsöfen aus Lehm.

Wir kamen an vielen vorbei, in jeder war eine andere Manipulation im Gange. Während in Taschkent die ersten Kokons abgeliefert wurden, war im Süden Tadshikistans, in Sarai-Kamar, die Ablieferung längst beendet und die ganze Ausbeute schon in die Spinnereien gesandt, in manchen Berggebieten aber wurden erst die Eier ausgegeben.

Oft sahen wir, wie das eiserne Tablett mit dem schneeweißen oder goldgelben Konfekt in den Backofen geschoben wurde. Mit der steifen Schicht der allgemeinen Hitze mischte sich der Ofenrauch. Das verlockte nicht dazu, hier haltzumachen.

Erst in einem höheren, kühleren Bezirk, in den Vorbergen des Pamir – unter uns sprangen die Wasser des Wachsch blitzend über rotes Geröll, über uns versengte das Weiß der Zar-Peter-Berge unseren Blick –, stiegen wir vor einer Kokonanstalt vom Pferd.

Die Leiterin trug Breeches und hohe Stiefel, was sie uns im Laufe des Gesprächs damit erklärte, daß sie im Bürgerkrieg Uniform getragen habe und sich an Frauenkleidung nicht mehr gewöhnen könne.

„Das ist eine Schußverletzung, Genossin, auf Ihrer Wange?"

„Ja, das ist ein Schuß, am Halse habe ich auch einen Schuß und zwei am Bein."

„Da haben Sie viel durchgemacht, Genossin?"

„Was ein Mensch durchmachen kann, das können Sie gar nicht wissen . . . Mein Mann war Führer einer Partisanenabteilung. Schwer verwundet kam er nach Hause. Unser Dorf wurde von den Weißen genommen, das erste Haus, in das sie eine Abteilung schickten, war unseres – vielleicht hat ihn jemand verraten. Sie packten meinen Mann, fesselten ihn und schrien: ‚Jetzt wirst du keine Internationale mehr singen!' Darauf begann er die Internationale zu singen. ‚Wir werden dich gleich zum Schweigen bringen!' Sie warfen mich aufs Bett und riefen ihm höhnisch zu: ‚Willst du uns vielleicht auch dazu singen?' Er sang die Internationale, während sie mich schändeten. Er hörte nicht auf mit dem Singen. Sie brachten unsere beiden Kinder herein und brüllten, sie werden sie erschießen. Zuerst haben sie die Kleine erschossen, die war drei Jahre alt, dann legten sie auf den Buben an, er hieß Mischa, fünf Jahre war er alt. Mein Mann hörte mit dem Singen auf. Jetzt jubelten sie, und dann haben sie auch den Jungen totgeschossen und nachher meinen Mann. Das war in der Ukraine, 1918."

Sie hat recht gehabt, diese Frau, bei deren kurzer Lebensgeschichte es uns kalt überlief, sie hat recht gehabt, als sie unserer Phrase mit dem Satz begegnete: „Was ein Mensch durchmachen kann, das können Sie gar nicht wissen."

Was sollen wir ihr sagen, nachdem wir ihr Schicksal erfahren haben? Wir fragen, wie sie hierherkommt, aus der Ukraine auf den Pamir, vom Bürgerkrieg zu den Seidenraupen. Sie dreht sich eine Zigarette.

„Vierzehn Tage später meldete ich mich an die Front. Vier Schüsse habe ich abbekommen. Auch noch schwerere Wunden hätten mich nicht abhalten können, an der Front zu bleiben. Aber leider bekam ich epileptische Anfälle, sobald ich die Internationale hörte. Das hat bis heute nicht aufgehört – wenn jemand die Internationale singt oder nur pfeift, so bekomme ich schon die Krämpfe. Jede Arbeit wurde mir dadurch unmöglich gemacht. Die Partei hat mir angeboten, mir selbst eine Beschäftigung auszusuchen. Ich habe geantwortet, ich möchte irgendwohin, wo man die Internationale nicht singt. Darauf wurde mir gesagt, gut, ich könne nach Italien. Das wollte ich nicht ... ‚In der Sowjetunion gibt's aber keinen Platz, Genossin, wo man die Internationale nicht singt – höchstens vielleicht auf dem Pamir.' Da habe ich mich eben auf den Pamir schicken lassen. Hier oben gibt es keine Musikkapelle, die Bauern zupfen auf ihrem Du-Tar (tadshikische Gitarre) meist ihre Volkslieder. Jetzt hat es sich freilich schon geändert. Auch Radio ist da, wenn ich abends nach Hause gehe, muß ich mir Straßen aussuchen, wo der Lautsprecher nicht hindringt. Außerdem trage ich fast immer Watte in den Ohren. Ich bin schon zwei Jahre hier und habe erst vier Anfälle gehabt – in Rußland hatte ich jede Woche mindestens einen. Früher konnte ich von diesen Dingen nicht sprechen, aber man hat mir geraten, nicht alles so in mich hineinzufressen, und ich glaube, die Leute haben recht. Nun, genug von mir ... Sprechen wir davon, was hier gemacht wird."

Wir sprechen davon, was hier gemacht wird.

Aus der Taschkenter Grenageanstalt bekommt die Kokonstelle 4000 Schachteln mit Raupeneiern. „Am 1. Mai haben wir keinen Feiertag. Gerade an diesem Tag fangen wir an, die Schachteln auszugeben; in anderen Bezirken liefert man um diese Zeit schon die Kokons ab. Dort unten in den Tälern entwickeln sich die Raupen bei natürlicher Temperatur, unsere Züchter müssen ihre Stuben oft eigens heizen, um eine Wärme von 26 Grad zu erzielen. Bei uns spinnt sich der Wurm erst im Juni ein. Aus zehn Gramm Eiern werden ungefähr 24 Kilo Kokons, wir haben meist Bagdader Sorte. Die abgelieferten Kokons kommen hier in den Ofen und bleiben fünfzehn Minuten im Dampf, bis der Wurm ganz weiß und tot ist. Anderthalb bis zwei Monate liegen die Kokons zum

Trocknen auf unseren Regalen, dann gehen sie in die Garnfabrik.

Auch aus Afghanistan holten die Bauern Schachteln von uns und brachten uns die Kokons. Die waren sehr klein, weil sie drüben wenig Maulbeerbäume haben. In diesem Jahr haben sie überhaupt nichts abgeliefert. Jetzt sind die Grenzen gesperrt. Aber das macht nichts, unsere Produktion nimmt zu, wir erzielen schon fast viermal soviel Kokons wie vor drei Jahren."

„Sie sind also zufrieden, Genossin?"

„Wie man's nimmt. Die Seidenzucht von Tadshikistan hat sich seit dem vorigen Jahr um 1939 Zentner Kokons erhöht, das ist um 27 Prozent. Daran ist unser Bezirk am stärksten beteiligt – wir machen fast doppelt soviel Kokons wie das Wilajet Gissar, das Wilajet Kurgan-Tjube und das Wilajet Kuljab. In diesem Jahr haben wir 946 Zentner. Das ist aber viel zuwenig, das Wetter war schlecht, viele Wege ungangbar, die Maulbeerbäume blühten verspätet ... laut Fünfjahrplan hätten wir 1804 Zentner abliefern sollen, und dann hätte unser Bezirk nächstes Jahr eine eigene Spinnerei bekommen. Wir haben aber nur 52 Prozent des Plans erreicht. Machen wir im nächsten Jahr 2200 Zentner, so haben wir den Plan trotzdem erfüllt und bekommen die Fabrik. Es wird uns gelingen. Und wenn man die Fabrik zu bauen anfängt, lasse ich die Internationale spielen. – Dann ist die Vergangenheit vorbei."

III. Bei den Spinnerinnen von Samarkand

In Buchara, wo die Romantik rauh und despotisch war, hat man Teppiche gewebt von alters her, und Waffenschmiede standen am Blasebalg; in Samarkand, wo die Türmchen und Fassaden glitzern wie Spiegel, spann man Seide. In Europa ist eine solche geographisch-ästhetische Einteilung, sofern sie je bestand, längst verlorengegangen, man liest in den Zeitungen von „Schlachthausbrand in Saragossa" oder „Die Weimarer Polizistengreuel", ohne das als deplaciert zu empfinden. Vielleicht wird auch in Sowjetasien die sentimentale Geographie bald verschwunden sein, denn die moderne Industrie sucht sich ihre Wirkungsgebiete nach praktischeren Gesichtspunkten aus. Andererseits aber kann im Reich der Planwirtschaft ein traditionelles Gewerbe nicht durch willkürliche Konkurrenz brachgelegt werden, im Gegenteil, ein traditionelles Gewerbe kann neue Impulse durch den sozialistischen Staat erfahren.

Leider ist das mit der Buchareser Teppichweberei nicht geschehen. Dieses Handwerk hatte in den Hungerjahren, als die Reaktion das Reich des Emirs abschnitt von Sowjetturkestan und Sowjetturkestan abschnitt von Europa, zu existieren aufgehört; während des Bürgerkrieges wanderten die Meister mit ihren Webrahmen und Mustern nach Afghanistan aus, und später blieben die Versuche der Sowjets, die Teppichweberei wieder hochzubringen, vergeblich. Buchareser Teppiche sind in Buchara schwerer zu kaufen als in Berlin.

Anders steht es mit der Seidenspinnerei. Es ist geglückt, sie zu beleben, sie zu industrialisieren und sie gleichzeitig einzuordnen in den Prozeß zur Befreiung der Frau. „Chudschum", „Der Sturm", heißt die größte Spinnerei von Samarkand, sie hat 1100 Arbeiter und Arbeiterinnen, ebensoviel wie die Spinnerei „Zehnter Jahrestag der Oktoberrevolution" in Fergana, mit der sie in sozialistischem Wettbewerb steht. Wie bei den Fernpartien der Schachspieler werden die Züge herüber und hinüber telegrafiert, und groß angeschlagen ist in den Betriebsräumen des „Jahrestags" und des „Sturms" der bisherige Verlauf des interurbanen Wettkampfes.

Sosehr wir uns auch angesichts der Samarkander Sakralbauten an den Anblick von Gold und Weiß gewöhnt haben, blendet uns doch im Lager der Spinnerei das viele Gold und das viele Weiß der aufgestapelten Kokons, das viele Gold und das viele Weiß der Seide, die ein Wurm gesponnen hat und vom Menschen entsponnen werden muß, um wieder gesponnen zu werden.

Das ist die Aufgabe in der Fabrik. Sobald der Kokonbestand nach Farbe, Art, Größe und Qualität sortiert worden ist, rutscht er auf einer Schütte hinab zu den Spinnerinnen in der Werkhalle. Gründlich getrocknet waren die Kokons, bevor man sie hierher brachte, und nun ist der erste Arbeitsgang der, sie wieder zu befeuchten. Ein Dampfbad löst den Mörtelverputz des seidenen Häuschens, den Leim, und rotierende, zarte Bürstchen fahren die Fassade entlang. Das eirunde Stück glatten Goldes oder carrarischen Marmors hört auf, ein eirundes Stück glatten Goldes oder carrarischen Marmors zu sein, und ist nun das, was es ist: ein Gespinst. Die Struktur liegt bloß und bleibt bloßgelegt, auch wenn man die Stücke nach dem heißen Bad einem kalten aussetzt.

Aus dem fischt sie die Arbeiterin. Abgelöst wird die äußere Schicht des Kokons, ein bastartiges Zeug, nur gut für Schappegarn. Jetzt macht man den letzten Hauch der Raupe ausfindig, den Endpunkt des von ihr gesponnenen Fadens, erfaßt ihn und leitet ihn durch die Öse eines Achatsteins, der außerdem noch die Fäden fünf anderer Kokons aufnimmt.

Viele Samarkanderinnen tragen das roßhaarne Visier bei ihrem Turnier gegen Fergana, manche nehmen es nicht einmal ab, wenn sie den Faden durch den Achatstein stechen und von dort über die Haspel führen, das Rad, das, mathematisch genommen, ein Achteck ist, aber sich so schnell dreht, daß man seine Ecken übersieht. Es rollt die sechs Kokons ab und zwirnt die sechs Fäden zu einem einzigen Faden von 250 bis 500 Meter Länge.

Über die Köpfe der Arbeitenden hinweg laufen die sich umeinanderwindenden Fäden und schlingen sich um sausende Spulen. Netze zerschneiden den Raum, in dem man die Kokons weicht und bürstet und abwickelt, die Enden der Zwirne knüpft, die Spulen wechselt, die mattglänzenden Strähnen abhebt und zu Docken dreht.

Tausenden und aber Tausenden von verpuppten Würmern wird das Obdach geraubt. Schutzlos liegt der Wurm da, der das teure Material geliefert, kunstvoll das erste Halbprodukt verfertigt hat, hüllenlos und leblos liegt er da. Er heißt „Chrysolitha", alles hier hat italienische Bezeichnungen, denn vor drei Jahren wurde die Fabrik von Turiner Spezialisten eingerichtet. Jetzt arbeitet sie schon ohne fremde Hilfe und erfüllt den Fünfjahrplan; aus der Chrysolitha macht man Seife, aus dem Seidenleim Brennöl, und in die Seidenweberei nach Chodschent gehen die Rohgarne, die wir hier abrollen und aufrollen sehen.

Aus den Wasserbecken wallt Dampf empor, das Geäder der Fäden, das Kreisen der Haspeln und Spindeln verwirrt unseren Sinn . . .

Wo sind wir?

Ein enges Tal im Mondscheinglanz.

Auf Sträuchern flammt Schlehdorn und Goldregen, Spinnweben hängen im Gezweig.

Nebelschwaden steigen aus dem Wiesengrund.

Nymphen heben silberne und goldene Vogeleier aus Nestern, pflücken Löwenzahn, drehen sich im Reigen zum Schleiertanz.

Durch die Luft weht Altweibersommer.

130 Rubel beträgt der Durchschnittslohn der Arbeiterinnen. Am Abend besuchen sie Unterrichtskurse. Vor ein paar Jahren waren sie eingekerkerte, mittellose, analphabetische Sklavinnen ihres Gatten.

IV. Vom Fliegenwedel zum Großbetrieb

„Es gibt keine antiquarischen oder exotischen Andenken von der Seidenerzeugung . . ."

Das hat vor ein paar Monaten der Direktor des „Musée des tissus" in Lyon geantwortet, als wir erwähnten, diese Galerie unbeschreiblich schöner Gewebe aller Zeiten und Völker würde erst dann auch Nichtfachmänner interessieren, wenn veranschaulicht wäre, unter welchen ökonomischen und technischen Bedingungen diese Meisterwerke entstanden sind.

„Es gibt keine antiquarischen und keine exotischen Andenken von der Seidenerzeugung", antwortete er, „immer und überall vollzog sich die Herstellung in der gleichen Weise. Joseph Jacquard hat den Webstuhl nur vervollkommnet, der in der ganzen Welt in Gebrauch war. Im Treppenhaus sehen Sie die Modelle seines und des ursprünglichen Systems. Ein Original steht im Musée Gadagne. Mehr Andenken gibt es nicht."

Seit heute wissen wir, daß das nicht stimmt. Hier in Chodschent finden sich Geräte, um derentwillen man dem Lyoner Gewebemuseum eine technologische Abteilung angliedern könnte. Über die Rückständigkeit der Spulen, Spindeln und Haspeln, die man da zu sehen bekommt, würde selbst die älteste Spulerin auf der Croix-Rousse, dem Seidenviertel von Lyon, den Kopf schütteln, vor den Handwebstühlen verblaßt deren ehrwürdiger Vetter im Musée Gadagne. Aber der Vertreter des Lyoner Gewebemuseums muß sich beeilen, wenn er sehen will, wie mit diesem vorsintflutlichen Handwerkszeug gearbeitet wird.

Die letzten Handweber hausen in der Altstadt von Chodschent. Ihre langgestreckten Werkstätten aus Lehm durchläuft ein Draht. Unter dem Scherbaum und an der gegenüberliegenden Wand hängt je ein steinernes Gewicht an diesem Draht und spannt das gewebte Seidenstück. So alt wie die Arbeitsweise sieht der Weber aus, sein Bart: als wären Docken von

Schappeseide auf Kinn und Backen geklebt, sein Nacken: als drückten auch ihn die steinernen Gewichte nieder. Dennoch ist der Alte rüstig und gelenk. Mit den Füßen hebt er den Scherbaum, mit den Händen wirft er ein Weberschiffchen unter den Faden; dergestalt bewegt er die Kette mit dem Fuß, den Schuß mit der Hand, Tritt und Wurf, Tritt und Wurf ein Menschenleben lang, ein Greisenleben lang, Tritt und Wurf, das gleiche Gewebe aus grünem und blauem und violettem Garn, ein Greisenleben, zehn Greisenleben lang.

Noch bizarrer als der Webstuhl, diese Kombination von Kamm und Bürste, wirkt eine kleine Apparatur: in den Scherbaum ist eine Latte senkrecht eingerammt, und von ihr baumelt ein Fell, das bei jeder Bewegung des Pedals dem Weber sanft ins Gesicht schlägt.

Das ist, endlich begreifen wir's, eine Vorrichtung zum Verscheuchen der Fliegen, auf daß sie den Meister nicht stören, wenn er das Weberschiffchen schnellt. Fliegen sind genug da, der Dampf, der den Raum erfüllt, verjagt sie nicht. Der Dampf kommt aus zwei Töpfen, in denen ununterbrochen zwei Flüssigkeiten kochen, Stärke und grüner Tee.

Sechs Meter am Tag macht der Weber und verdient kaum die Hälfte von dem Lohn eines Fabrikarbeiters. Obwohl die handgewebte Ware teurer ist als die industriell erzeugte, läßt sie sich leicht an den Mann bringen, weil die Produktion der Großbetriebe den gesteigerten Bedarf noch nicht deckt. Nicht lange mehr werden Weber unter fellnem Fliegenwedel hocken. Schon weben die Fabriken den Hauswebern das Leichentuch.

Drüben rattern bereits die Webstühle im Vielklang, drüben arbeiten die jüngeren Kollegen der weißbärtigen Heimarbeiter – Überläufer vom Handwebstuhl zum halbmechanischen, vom Handwerk zur Fabrik. Die Seidenfabrik „Roter Weber" ist ein Artel, eine Produktionsgenossenschaft von 413 ehemaligen Heimwebern. Außer ihnen sind noch 116 Arbeiter und Arbeiterinnen in der Fabrik tätig.

Die Einnahmen der Mitglieder richten sich nach der Produktion, fallen aber niemals unter die Löhne der Kategorie, in der sie arbeiten: der Taglohn in der Weberei beträgt 6 Rubel, in der Hasplerei 6 Rubel 58 Kopeken und in der Fransennäherei 5 Rubel 50 Kopeken.

Grellglänzende, buntbemusterte Seiden werden gewebt, grün-blau-violett gestreifte Stoffe für die Chalate der Männer, bordeauxrot-golden geblümte Tücher für die Frauen. Tausendlöchrig sind die Kartonrollen zu Häupten der Arbeiter, durch die die verschiedenfarbigen Fäden in verschiedene Richtungen laufen, um sich in der Luft wiederzufinden, aneinanderzuschließen, als Fläche zu vereinigen und in der ihnen streng vorgezeichneten Weise eine Figur zu bilden.

132 Webstühle. Ein Zug an der Schnur, und das Weberschiffchen schnellt an das andere Ufer des seidenen Stromes, der ewig die gleichen Reflexe wirft und ewig dasselbe Bett durchrinnt, also ewig der gleiche ist und doch ewig ein anderer, da er aus immer neuen Rinnsalen immer neu ersteht. Auch der auf einem Wellenkreis schaukelnde Strauß, der sich allmählich glättende und wieder versinkende Blumenstrauß ist ein anderer Blumenstrauß als die gleichen Blumensträuße, die vor ihm und nach ihm schwimmen und im sachten Wasserfall versinken.

Tadshiken übertragen in der Zeichenkammer die Entwürfe für die Dessins auf winzig quadrierte Bogen und stanzen das Sujet in die Schablonenrollen. Das ist die Männerarbeit. Tadshikinnen sitzen auf der Erde. So saßen sie jahrhundertelang im Itschkari, dem Frauenhaus ihres Gebieters, auf der Erde. Und an den Geräten, mit denen sie die aus der Spinnerei von Samarkand ankommenden Garne aufspulen, mögen schon ihre Mütter und Großmütter gesessen haben: schwarze Spindeln, jede in anderer Manier gedrechselt und geschnitzt. Das Lyoner Gewebemuseum sei auf diese Stücke besonders hingewiesen, sowie auf die skulptierten Gestelle der quadratischen und achteckigen Riesenhaspeln.

Frauen mit starren Augen, des unvergitterten, ungesiebten Lichtes ungewohnt, Mädchen mit aneinandergeschminkten Augenbrauen, jung, ihrer Wirkung froh, singen bei der Arbeit. Text und Melodie sind fremd dem Fremden, er weiß nicht, ob da zum Gesurr und Geschnurr der Spindeln das warnende Lied der Atropos gesungen wird oder das zufriedene der Klotho oder das vorsichtig ordnende der Lachesis:

Fäden kommen, Fäden weifen,
Jeden lenk' ich seine Bahn,
Keinen lass' ich überschweifen,
Füg' er sich im Kreis heran.

Schließlich erweist sich, daß das Lied kein Parzengesang ist, die Worte „Lenin“ und „Fabrika“ lassen sich verstehen, und der Gesang nimmt den Rhythmus der Räder an, die zum Finale jubelnd zu sausen beginnen.

Die Fabrik, eingerichtet im ehemaligen Tuskulum eines Gendarmeriegewaltigen, liefert für 5 109 000 Rubel Seidenstoffe im Jahr. Doch wie die Hausweber der Nachbarschaft technisch rückständiger sind als ihre rückständigsten Kollegen von der Croix-Rousse, so kann diese Fabrik mit ihrem handbewegten Antriebsrad, ihren hockenden Spulerinnen und ihren stehend arbeitenden Webern keineswegs einen Vergleich mit den Lyoner Großbetrieben aushalten.

Wir müssen noch weitergehen, um in das dritte Zeitalter der Seidenweberei zu kommen. Es ist nicht fern. In einem Komplex mächtiger Bauten wird sich jener Werdegang der Seide vollziehen, den zu verfolgen wir ganz Mittelasien durchreisten, von der Raupenzuchtanstalt in Taschkent zu den Kokontrocknungsstellen an der afghanischen Grenze, von ihnen zur Spinnerei in Samarkand und schließlich zu den Handwebern und zu den halbmechanischen Webstühlen in Chodschent.

Alle diese Arbeitsgänge und noch neue werden nun vereinigt, auch die Verarbeitung der Nebenprodukte findet hier ihren Platz. Man nennt das bekanntlich „vertikale Gliederung“. Im Raum äußert sich eine solche Vertikalität horizontal. Nebeneinander angeordnet sind die Betriebe, zwei Hallen für die Spinnerei mit 384 Kokonbecken, die Zwirnfabrik mit 1800 Spindeln und die Weberei mit 400 Webstühlen.

Schon baulich ist das Kombinat als Fabrik des Arbeiters angelegt. Das Hauptportal dient als Eingang für die Belegschaft (die Verwaltungsräume liegen in einem anderen Block) und führt in einen kreisrunden Portikus von nicht weniger als 48 Meter Durchmesser; in einer Höhe von elf Metern schwebt die Kuppel darüber. Rings um diese Säulenhalle sind die Arbeiterinstitutionen untergebracht, der Betriebsrat, die Zellen der Partei, der Gewerkschaft und anderer Organisationen, die Inspektion für Arbeitsschutz, die Lohnkasse, die Garderoben mit 5000 verschließbaren Schränken und das Schwimmbassin mit den Duschen.

Fast in der Mitte der hellen, riesenfenstrigen Werkhallen, Achtung, eine senkrechte Schlucht, fünf Meter tief, unten ein Talkessel, zwanzig Meter lang, zwölf Meter breit. Das sind die Ventilationskammern, sie werden mit ihren elektrischen Anlagen einem ähnlichen Zweck dienen wie die Fliegenwedel der benachbarten Handweber.

Vier Millionen Rubel kostet der Bau des Seidenkombinats, das Hunderte von Tonnen Seide liefern wird. Mit Volldampf arbeitet die Zementmaschine, Stämme werden zu Pfosten gehackt (nicht gehobelt), es wird gewalzt, dachgedeckt und gezimmert. Die Spinnmaschinen sind schon da, amerikanischer, französischer und einheimischer Faktur, auf die Fabrikmarke „Grusinischer Metalltrust, Tiflis“ weist der alte Sekretär der Parteizelle besonders hin. Der Alte unterrichtet im Fabsawutsch, der Werkschule, die bereits 400 Schüler hat, darunter mehr als ein Drittel Mädchen aus Tadshikistan, wogegen er selbst nicht aus Tadshikistan ist, sondern aus dem Rheinland. Freilich ist schon viel Wasser den Rhein hinabgeflossen, seit er, Cäsar Storch, nach Turkestan kam, um in Taschkent die ersten Maschinen von Krupp zu montieren. Er ist hier geblieben und hat fünf Kinder, alle Kommunisten, wie er als braver Familienvater sofort hervorhebt. Ein Sohn ist Chefchemiker, ein anderer, Adolf Cäsarowitsch, ist roter Direktor des Öl- und Fettinstituts in Saka-Andischan. Ja, ja. Es sind schon vierunddreißig Jahre her, seitdem Genosse Cäsar die Maschinenfabrik Ackersdorf am Rhein verlassen hat. Sein Bruder ist zu Hause geblieben und arbeitet noch immer in dieser Fabrik. Genosse Cäsar bezweifelt, daß auch die Söhne seines Bruders inzwischen studierte Leute und Fabrikdirektoren geworden sind.

DIE BESIEGUNG DER RÄUBER

Dies ist der Bericht über Vorgänge am 23. Juni 1931. Ein raffinierter Schriftsteller würde die pointenhafte Begebenheit in der Nacht so darstellen, als ob sie sich einige Tage später abgespielt hätte. Sie würde dadurch ohne Zweifel an Wahrscheinlichkeit gewinnen. Aber da es nicht auf die Wahrscheinlichkeit, sondern auf die Wahrheit ankommt, seien hier die Vorgänge vom 23. Juni so wiedergegeben, wie wir sie erlebt haben.

Gegen Mittag fuhren wir auf einem Lastauto aus Stalinabad nach Süden ab. Die über den Fluß Kafirnigan (wörtlich: die ertränkte Ungetreue) führende Brücke war vom Hochwasser weggerissen worden, einen Kilometer flußabwärts lag ihr Bretterwerk am Ufer. Rotarmisten hielten den Verkehr aufrecht: sie hatten ein sechshundert Meter langes Seil gespannt, ein daranhängendes Brett wurde mit je einem Menschen hinübergezogen. Unter uns, während wir solcherart auf der „Lulka" über den Wassern schwebten, bewegten sich Einheimische auf dem „Burdjuk", einem Bündel aufgeblasener Därme, durch den reißenden Fluß; ihr Steuer, ein Mann im Lendenschurz, schwamm daneben, hielt sich an dem luftigen Floß fest und gab mit zappelnden Füßen die Richtung.

Wir kamen hinüber, und nun waren es nur noch zwei, drei Kilometer in das Dorf Koktasch. Das Wort „Kok-Tasch" konnten wir uns selbst übersetzen, denn vom „Kok-Tschai", dem grünen Tee, hatten wir in den letzten Wochen wahrlich Hektoliter getrunken, um den Durst zu löschen und den Staub hinabzuspülen, und die Bedeutung des Wortes „Taschkent" war uns als Steinsiedlung bekannt. Koktasch heißt also „Grüner Stein", aber es war rot, als wir hinkamen, die roten Wimpel wehten fröhlich, Triumphpforte und Rednerbühne waren rot drapiert.

Man feierte ein Fest, und wir wollten dabeisein, hatten unsere Rundfahrt durch Tadshikistan aufgeschoben bis zu dem Tag dieses Festes. Es war ein Fest der Roten Stöcke, der Verbände, die die Bauern zur Abwehr der Banden gegründet haben.

Die Roten Stöcke kämpfen im Vorterrain auf Sowjetboden, an der Grenze der Kolonien und Halbkolonien Englands kämpfen sie für die Sowjetunion gegen die Interventionisten, oder, wenn man will, sie kämpfen gegen die, die die Ernte ihrer Kollektivwirtschaft schädigen, ihre Konsumgenossenschaft plündern, ihre Herden auseinandertreiben, ihre Traktoren zerstören, ihnen alles Neue: Eisenbahn, Klubs, elektrisches Licht, Zeitungen, Bücher, wieder nehmen wollen.

60 000 Mitglieder zählen die Verbände der Roten Stöcke. Aber wir kamen zu denen von Koktasch, weil sie in mehr als einer Hinsicht wichtiger sind als die anderen.

Hier, unmittelbar südlich von Stalinabad, sind die Lokaizer zu Hause, ein unruhiges usbekisches halbnomadisches Volk, dessen Kriegerkaste „Sipo" und dessen Geistlichkeit der Emir zu seiner Zeit mit viel Privilegien bedachte und von denen er fast keine Steuer verlangte. Er brauchte diese usbekischen Keile im Körper der Tadshiken, auch er kannte das divide et impera. Einem der Lokaizenstämme war die Herrscherfamilie entsprossen, und dieser Stamm, die Mangiten, mag zweihundert Jahre lang stolz darauf gewesen sein, bis 1920 dieser Ruhm verdunkelt wurde von dem des Nachbarstammes Issan-

Chodscha, der den neuen Führer stellte. Hier, im Ort Koktasch, Kreis Fakrabat, Wilajet Gissar, stand die Wiege Ibrahim Begs, und hier war es, wo man ihn feierlich und nach altem Brauch auf einen weißen Teppich aus Filz setzte und zum Vater aller Banden von Mittelasien ausrief.

Die Lokaizen waren im Kampfe an der Seite von Ibrahim Beg, Sohn und Vater ihres Gebietes, der Vendée von Mittelasien. Und gerade jetzt, das Sommerfest der Roten Stöcke war schon angesetzt, da tauchte Ibrahim mit den letzten Bassmatschen wieder im Bezirk Fakrabat auf, bei denen, die ihn einst zur Führerschaft berufen. Welch eine Wiederkehr! Seine früheren Kurbaschi (Reiterführer) bekleiden Funktionen in der Staatsverwaltung, in den Bezirkssowjets, in den Dorfsowjets, in den Kollektivwirtschaften, auf den Sowjetgütern und in den Kooperativen, treten für die Entschleierung der Frauen ein, sind Mitglieder der Partei und ihre Söhne Komsomolzen geworden. Welch ein Empfang! Die Dechkane zogen ihm, der zur Befreiung der Dechkane aus den Klauen des Bolschewismus herankam, mit Knüppeln und Sensen und Waffen entgegen, sie lieferten ihm Gefecht auf Gefecht, verfolgten ihn, bis fast alle seine Kurbaschi und Dshigity davonschlichen, um sich zu ergeben.

Er selbst haust mit einer Handvoll seiner Mannen in den Bergen, traut sich bei Tag nicht hervor. Hofft er wirklich auf Verstärkung? Verkündet hat er, bald werde er sich furchtbar an den von ihm Abgefallenen rächen.

Die Stammesbrüder jedenfalls beunruhigt seine Anwesenheit nicht, seine Hoffnung ist nicht ihre Befürchtung, sie halten heute, am 23. Juni 1931, ihr Fest ab. Dreigegliedert – Szene, Kulisse, Hintergrund – ist der Festplatz. Fernster Raum: ein Massiv im Osten. Berg, Berg, Fels, Fels, Grat, Grat, und wie die Beistriche zwischen diesen schroffen Worten fallen Gletscher hinab.

Vorgelagert dem Gebirge mit weißen Kalmückenhelmen ist das Bergland zwischen den Flüssen Kafirnigan und Wachsch; dort oben weiden die Herden der Haustiere neben ihren wilden Geschwisterkindern, dort oben irgendwo halten sich versteckt die wilden Geschwisterkinder derer, die hier unten ihr Fest begehen. Vielleicht lugt auch aus einer Felsenspalte Ibrahim Beg durch einen englischen Feldstecher auf das Treiben herunter . . .

Viele hundert Pferde sind angepflockt, ihre Herren hocken

in einem weitgeschwungenen Kreis. In grellen Schärpen stekken Dolch und Terzerol, die Schulter ist mit der Hüfte durch den Patronengürtel verbunden. Als Eckpfeiler jeder Gruppe recken sich zwei Äste empor, vom rechten zum linken führt ein breites rotes Band über fünfzig, sechzig Köpfe.

Die Hauptbelustigung, im Innern des Kreises vollzieht sie sich stundenlang, sind Ringkämpfe, dem Jiu-Jitsu ähnlich, Kurasch heißen sie auf usbekisch, Goschten auf tadshikisch. Zunächst knien die Partner nebeneinander ins Gras, berühren die Erde und dann das Gesicht mit beiden Händen, was vielleicht eine religiöse Vorschrift, eher aber eine Kampfregel bedeutet, dann stehen sie auf und gehen langsam, wie gelangweilt, in kurzen Kurven hintereinander her, bis sie einander mit ausgespannten Armen und flatternden Händen umkreisen, jeder den Partner beim Revers des Rockes und beim leinenen Gurt zu packen versucht, jeder seinen Unterschenkel mit Fuß um den des Gegners schlingen und diesen umreißen will. Sausendes Handgemenge. Manchmal wirbelt der eine den andern horizontal in der Luft und liegt urplötzlich, von dem Rotierenden geschickt gepackt, selbst auf dem Boden.

Zum Zeichen seines Triumphes hüpft der Sieger abwechselnd auf einem Bein und bekommt ein geblümtes Tuch, wogegen der Niedergerungene nur eine Tasse grünen Tees empfängt.

Dem Europäer im Zuschauerkreis ist verschiedenes mehr als erstaunlich. Männer, ihre schwarzen Riesenbärte verbreiten eine Atmosphäre von hausväterlichem Ernst, treten ebenso in den Ring, streifen die Sandalen ab, streicheln, wie es sich geziemt, Erde und Antlitz und beginnen nun – Unfug zu treiben, wirbeln und zerren den würdigen, vollbärtigen Nachbar und stellen ihm ein Bein, lassen sich wirbeln und zerren und ein Bein stellen und hüpfen dann auf einem Bein umher, ist das eine Manier?

Noch verwunderlicher ist das Verhalten der Kleidung. Sie besteht aus einem rohseidenen Gehrock, unter dem sich statt einer Weste der Oberkörper nackt darbietet, einer halblangen Leinenhose und einer Schärpe. Daran wird gerissen, daran wird man gehoben, daran wird man erbarmungslos geschleudert, ohne daß das Zeug reißt, ohne daß die Hose tiefer als bis zum Nabel verrutscht, ja nicht einmal die Tjubetejka, das gestickte Käppchen, fällt vom Köpfchen. Geschieht es doch, so wird der Kampf unterbrochen, bis sie wieder aufgesetzt ist.

Dörfer nehmen Partei, Usbeken, die mongoloid und breitschädelig sind, treten an gegen Tadshiken, die arisch und langschädelig sind, schwarzhaarige Gesellen mit schwarzen Bärten. Ein bärtiger Golem wird immerfort, immerfort besiegt und wendet sich immerfort, immerfort protestierend an die Zuschauer ringsumher, die das mit dröhnendem Lachen aufnehmen. Wütend entschließt sich der Vierschrot, auf einem Bein zu hüpfen, als habe er gewonnen. Dadurch steigert sich das Gelächter noch mehr. Auch drei Russen, die die Kniffe und Regeln des „Goschten" während ihres Aufenthaltes in Zentralasien schon gelernt haben, wollen ein Tänzlein wagen.

Regen geht nieder. Nicht einen Augenblick stocken die Zweikämpfe, das Interesse an den Zweikämpfen. Frauen sind im Umkreis nicht zu sehen. Endlich hat der letzte Sieger das letzte Tuch als letzten Preis empfangen. Die Abteilungen formieren sich zum Abmarsch. Drüben, näher am Dorf, ist eine hölzerne Kanzel aufgebaut, um die man sich schart zur Festversammlung.

Haknasar Turdijar, obwohl er kein Wort russisch spricht, Vizepräsident der Republik, Obmann des Bezirkssowjets, führt den Vorsitz. Er ist im Jahr des Affen geboren, im siebenten der zehn Tierjahre, also 47 Jahre alt, stammt aus dem Dorf Dshaldirkapee, sechzehn Kilometer von hier gelegen, Landarbeiter. Von der russischen Revolution 1917 hatte weder er noch sonst jemand aus seiner Gegend drei Jahre lang etwas gehört. Erst 1920 verbreitete sich das Gerücht, ein Russe namens Lenin sei nach Buchara gekommen und der Emir flüchte vor ihm nach Djuschambe, der Russe Lenin hinter ihm her. Bald darauf wurden die Männer in allen Dörfern gesammelt und mit Stöcken zum Fluß Jinghikischke getrieben, weil der Emir sein Volk sehen wollte. Viele nahmen Bittschriften mit, doch wurde niemand vorgelassen, der Emir sprengte nur vorbei auf einem golden aufgezäumten Rappen mit seinem Gefolge und vier Elefanten. Nachher ward allen kundgetan, der Emir kämpfe gegen die Christen aus Moskau und jeder müsse ein Schaf bringen für diesen heiligen Krieg und wenn er einen Russen sehe, ihn erschießen. Dann floh der Emir nach Afghanistan, aber das Volk blieb Feind der Russen.

„Ich selbst", erzählt Haknasar Turdijar weiter, „ging mit allen Bewohnern meines Dorfes in die Berge, und wir lebten oben von Jagd und Kräutern. Nach zwei Jahren sagten uns Bauern, die wir trafen, es sei gar nicht so schlimm mit den Roten, sie wollten zwar, daß die Leute, insbesondere die Kinder, lesen lernen und zum Arzt gehen, wenn sie krank seien, aber im übrigen üben sie keinen Zwang aus, nehmen Frau und Vieh nicht weg, und wer in die Moschee gehen wolle, könne es tun. Die Roten bezahlen, was sie kaufen, bauen neue Häuser, und es sei viel besser als unter dem Emir. So sagten die Bauern.

Wir konnten das nicht glauben. Eine ganze Nacht lang saßen wir um das Feuer und dachten darüber nach. Waren die Bauern vielleicht dafür bezahlt, uns solches über die Mörder weiszumachen? Wollten sie uns in die Hände des Feindes lokken? Oder – hatten – sie – die Wahrheit gesagt? Im Morgengrauen kamen wir überein, fünf Leute zu wählen und in die Dörfer zu schicken, um zu erfahren, was los sei. Nach drei Tagen kamen die fünf zurück und sagten: Schlecht ist es nur für die Reichen, für die Armen ist es gut. Da lösten wir unsere Bande auf, ich zog nach Koktasch und arbeitete hier mit, alles wurde neugemacht, mich freute das, ich wurde Dorfältester, in den Kongreß gewählt, ich trat in die Partei ein."

Während Haknasar Turdijar uns das erzählt, haben sich die Roten Stöcke um die Rednertribüne gruppiert, und es beginnt die Versammlung, deren Vorsitz er führt. Unter denen, denen er das Wort erteilt, ist Abdurachim Chodschibajew, der junge Regierungschef der jungen Republik. Er spricht von der Finsternis des Zarismus und des Emirats, von der Sonne der Sowjets, die sie verdrängte, und spricht von den Wolken des Bassmatschentums, vertrieben von euch, ihr frohen Stürme mit den Roten Stöcken. Nach solchen blumenreich orientalischen Wendungen zeigt er die wirtschaftlichen und politischen Zusammenhänge der Räuberbewegung auf.

„Groß war der Zulauf zu den Bassmatschen, als die Lügen des Kapitalismus die einzige Informationsquelle über die Sowjets bildeten. Am Anfang reizten die Banden dazu auf, jeden Ungläubigen als Fremdling im tadshikischen, im usbekischen Lande zu erschlagen. Dann aber, wenn sie einen Russen trafen, fragten sie ihn: ‚Bist du seit Zar Nikolaus hier oder seit Lenin?' Wer ‚Lenin' antwortete, wurde erschossen, wer seit der Zarenzeit hier ansässig war, blieb unbehelligt. Denn es geht nicht mehr gegen die Ungläubigen, sondern es geht für die Ungläubigen, freilich nur für die, die im Ausland sitzen, die europäischen Besitzer der asiatischen Kolonien.

Am anderen Ufer des Pjandsch schmachten unsere Stammesbrüder unter dem Druck der Feudalherrschaft, der Geistlichkeit und der Kolonisatoren, sie sind arm, ungebildet, sie müssen ihre Mädchen den Mächtigen überlassen, sie müssen hohe Steuern zahlen, sie leben in Unwissenheit, sie müssen weiter mit hölzernen Pflügen ihr Land bebauen. Schon aber sind Nachrichten über das, was hier geschieht, zu ihnen gedrungen ... Alle Bewohner Mittelasiens sehen, daß die Sowjets einen ungeahnten Aufschwung gebracht haben; Ibrahim Beg, dem noch vor zehn Jahren direkt oder indirekt die Mehrzahl unserer Bauern anhing, hat keine Parteigänger mehr in seiner Heimat. Nicht um das Land militärisch zu besiegen, hat man ihn hereingeschickt, sondern er sollte den Aufbau stören. Wie vor zwei Jahren Fusail Maksum mit seinen Banden aus dem Gebiet Darvas nahe der indischen Grenze herüberkam, um die Aussaat durch Überfälle zu verzögern, so sollte Ibrahim Beg die Widerstände gegen die Kollektivierung vergrößern, die Kulaken mit Waffengewalt unterstützen und die Einbringung der Ernte verhindern.

Jetzt ist die Kollektivierung von Tadshikistan planmäßig erfüllt, 30 Prozent der ganzen Landwirtschaft, 60 Prozent der Baumwollkultur.

Hier in diesem Ort, in dem Ibrahim Beg geboren ist und gelebt hat, hier in diesem Ort sind neue Häuser, neue Straßen, Maschinen, Schulen, hier in diesem Ort, der Hauptstadt des Lokaizengebiets, wo er seinen stärksten Anhang hatte, seid ihr heute, die Roten Stöcke, zum Siegesfest zusammengetreten, ihr feiert die Besiegung des Bassmatschentums. Ibrahim Beg lebt zwar noch, er lebt in unserem Lande, in unserem Bezirk, kaum einen Tagesritt von unserem Felde des Festes entfernt, aber die Bauern versagen ihm den Unterschlupf, sie verfolgen ihn. Nur bei Nacht wagt er sich aus seinen Höhlen, um die Proklamationen an die Bäume zu heften, darin er die Sache des Emirs und der Kulaken vertritt und Lüge neben Lüge fügt.

Ibrahim Beg hat erklärt, er sei wie der Adler, der sich ins Felsennest zurückzieht, um mit neuer Kraft auf seine Gegner niederzustoßen und sich dann wieder in unerreichbare Höhen zu schwingen. Nun, heute gibt es keine unerreichbaren Höhen mehr, unsere Flugzeuge können sich bis zum Himmel erheben, sie ...“

In dieser Sekunde hört man das Rattern eines Motors zu unseren Häupten. Ein Aeroplan fliegt vom Süden her kaum zweihundert Meter hoch über den Festplatz, er beschreibt eine

Schlinge, als wollte er landen. Aller Augen starren empor, wie ein Zeichen des Himmels scheint es, daß in dem Augenblick, da der Begriff des Flugzeuges zur metaphorischen Widerlegung einer Metapher herangezogen ward, ein wirkliches Flugzeug herangezogen kommt.

Hat sich Abdurachim Chodschibajew, Vorsitzender der Volkskommissare von Tadshikistan, diesen Effekt bestellt, um den Vergleich zwischen Flugzeug und Adler zu verstärken? Diesen Vergleich, der uns nicht sehr glücklich gewählt dünkt, denn ein Flugzeug ist keine Waffe gegen einen Adler.

Nein, es scheint, daß dem Redner dieser Deus ex machina selbst überraschend kommt. Er unterbricht sich und schaut forschend auf das Flugzeug, das knapp über dem Kreis der Versammlung einen Kreis zieht und dann weiterfliegt, Richtung Stalinabad.

Abdurachim Chodschibajew nimmt die Rede wieder auf, um ihr einen Schluß zu geben. „Wir dürfen nicht ruhen, bis wir Ibrahim Beg für immer über die Grenze getrieben und fremde Mächte die letzte Hoffnung verloren haben, einen der Unsrigen für ihre Zwecke zu gewinnen. Unsere Zwecke verfolgen wir selbst, die Sozialistische Sowjetrepublik Tadshikistan und mit ihr die Kommunistische Internationale. Sinda bod, sinda bod Todshikistoni surch, sinda bod Komintern, sinda bod rafik Stalin."

Noch andere Redner sprechen, unterbrochen aus den Reihen des Auditoriums durch Bekräftigungen, durch Verwünschungen gegen den Emir und gegen die Banden, durch Hochrufe auf Stalin, Nasratullah Maksum und Abdurachim Chodschibajew. Am Schluß werden denen, die sich in den Kämpfen besonders hervorgetan, Ehrengaben überreicht, Gewehre und Uhren, auch Bibitschan Mamur wird beteilt, die Vorsitzende eines Bezirkssowjets, sie kommt unverschleiert heran mit ihrem Säugling am Busen und ist unter den Tausenden von Festteilnehmern fast die einzige Frau.

Es senkt sich der Abend über die fernen Beistriche aus Schnee, über die grauen Felsen des mittleren Kreises und über die grünen Hügel im Vordergrund, wo die Pferde geweidet hatten, während ihre Herren Ringkämpfe vollführten, Tee tranken, Musik machten, Reden hielten, auf ein kreisendes Flugzeug starrten und Prämien empfingen. Jetzt ist das Fest aus.

„Willst du sehen, wo das Stammhaus von Ibrahim stand?" fragt uns Haknasar Turdijar. „Gut." Wir jagen auf kleinen persischen Bergschimmeln über grünes Uferland, durch Schilf und Farnkraut. „Hier waren Hütten und Felder, aber der Fluß riß sie weg, viele Menschen kamen um, es war im Jahr des Panthers, zweimal kam seither das Jahr des Panthers.“

Am Ufer des Kafirnigan die Ruine eines Hauses, das heißt die Ruine einer Mauer eines Hauses. Eine Wand aus sonnengebackenem Lehm zerbrach zwar im Ansturm der Flut, aber sie blieb im Fundament. Aus zweieinhalb arabisch geschwungenen Fensterhöhlen starrt sie rachsüchtig und ohnmächtig auf den Fluß, der ihr das Leben nahm.

Sonst nichts. Wir wenden die Pferde. „Hier habe ich mit Ibrahim gesprochen“, sagt Haknasar Turdijar, „das ist schon zwanzig Jahre her. Ich habe Korn in die Wassermühle gefahren, die seinem Vater gehörte, und wir sprachen ein paar Worte miteinander, wie eben ein reicher Mann mit einem armen spricht. Sein Vater war der Freund und Berater eines gewissen Tuksaboj, der Steuern für die Beys eintrieb – an den Emir führte unser Bezirk keine Steuern ab. Ibrahims Vater verriet dem Tuksaboj, wieviel Getreide die Bauern vermahlen ließen, und Tuksaboj hob die Steuer an. Das meiste behielt er für sich und teilte es mit dem Vater von Ibrahim Beg. Der war ein reicher Mann, aber trotzdem betrieb Ibrahim Pferdediebstahl von Jugend an. Man fürchtete ihn als guten Schützen. Er ist um ein Jahr des Affen älter als ich (57 Jahre). Seit zwanzig Jahren habe ich ihn nicht mehr gesehen, obwohl in den letzten Jahren kein Tag verging, an dem man nicht von ihm redete.“

Unsere Schimmel jagen nach Koktasch zurück. Vor dem Haus der Konsumgenossenschaft hockt Abdurachim Chodschibajew auf der Schwelle, ringsum beraten Männer mit dem Regierungschef die Dinge der Felder und Ställe. Wir setzen uns zu ihnen.

Die beiden Söhne von Karschi Aksakal, dem Haupt des Stammes Karluk, erzählen uns stolz und finster die Geschichte ihres Vaters, der von Ibrahim Beg im Jahre 1921 die Aufforderung erhalten hatte, mit dem ganzen Stamm der Karluken zu den Bassmatschen zu stoßen. Karschi aber wollte zuerst die Ziele der Roten erfahren und ließ Nasratullah Maksum, dem Freund der Kommunisten, sagen, er wolle sich mit ihm treffen. So wurde es vereinbart: nachts, auf einer bestimmten Wiese bei Koktasch sollten sie zu Fuß, jeder von einer anderen Seite, mit vorgestreckten, waffenlosen Händen aneinander herankommen, denn damals konnte kein Führer dem anderen trauen. Nach der Unterredung wurde Karschi Aksakal ein Roter und kämpfte gegen die Bassmatschen. Den Kurbasch Baldakawkas riß er vom Pferd, überwältigte ihn mit den Armen und brachte ihn als Gefangenen nach Djuschambe.

Ibrahim Beg schwor, die grausamste aller Rachen müsse Karschi Aksakal treffen. Er besetzte den Umkreis von Pardschisaj, und Karschi flüchtete mit seiner Familie in die Berge. Seine Freunde wurden erschlagen, unter ihnen war Mullah Ali Mohammed. Drei Monate lang hielt sich Karschi mit seinen beiden Söhnen versteckt, dann gründete er eine Partisanenabteilung, tötete Bassmatschen, erbeutete 380 Gewehre, vier Maschinengewehre, viele Pistolen, Säbel und Handgranaten. Zweimal wurde ihm der Orden der Roten Fahne verliehen, 1926 wurde er zum Mitglied des Zentralexekutivkomitees gewählt und leitete ein Sowjetgut mit 12 000 Hammeln. 1931 kam Ibrahim Beg wieder aus Afghanistan herüber, und Karschi Aksakal mobilisierte seine Parteigänger. In einem Gefecht beim Dorfe Sangimusul, am 24. April 1931, mußten seine Leute zurückweichen. Als sie ihn nicht unter sich sahen, wandten sie sich von neuem gegen die Bassmatschen, die nun ihrerseits flohen. Aksakal fand man an einen Felsen gelehnt sitzend; eine Kugel war durch die Nase eingedrungen und durch den Nacken ausgetreten, auf seinem Kopf klafften drei Säbelhiebe. Er war tot und hielt das Gewehr in der Hand. „Wir brachten ihn ins Tal. An seinem Grabe schwuren wir Rache."

Diese dunkle Geschichte aus dunkler Vorzeit, die sich vor drei Monaten ereignet hat, erzählen uns die beiden Söhne Karschi Aksakals, dieweil wir auf der Schwelle der Kooperative sitzen und Reisfleisch essen.

Vor drei Monaten vollzog auch ein anderer unserer Tischnachbarn, Issai Buri, auf eine nicht minder urzeitliche Manier seinen Übertritt von den Bassmatschen. Um die Ehrlichkeit seines Gesinnungswechsels darzutun, erschlug er den Chef seiner Bande und brachte dessen Kopf in einem Sack nach Koktasch. Da kauert er nun, der auf diese bei uns ungewöhnliche Art seine Reue bewiesen hat, und fordert uns auf, mit beiden Händen zuzugreifen, solange das Reisfleisch dampft.

Von Zeit zu Zeit treten Männer und auch Frauen heran und überreichen Abdurachim Chodschibajew Zettel mit Bitten und Beschwerden. Manche wollen in höhere Schulen aufgenommen werden, manche beklagen sich über ihre Nichtzulassung zur Bedienung des Traktors. Eine Delegation überbringt feierlich ein Papier – sag an, ist das ein mittelalterlich Pergamant, auf das jeder Kurfürst des Heiligen Römischen Reiches Deutscher Nation sein Petschaft und sein Sigillum gesetzt hat? Mitnichten. Es ist das kollektive Gesuch eines Dorfes um Zuweisung von Kunstdünger, und die vermeintlichen Sigilla sind die Abdrücke von in violette Tinte getauchten Fingern. Ein ähnliches daktyloskopisches Dokument, von einer anderen Abordnung eindringlich überreicht, stellt die Anmeldung eines Bezirks zum Verband der Roten Stöcke dar.

Chodschibajew unterhält sich mit den Herankommenden und fordert sie auf, mitzuessen aus dem Kessel mit Hammelfleisch und Reis; die Zettel steckt er in seine hohe Mütze aus weißem Filz. Einen der Bogen reicht er uns, ein Exemplar der Proklamationen Ibrahim Begs, lateinisch gedruckt – die Gegner akzeptieren die revolutionären Neueinführungen.

„Lesen Sie", sagt Chodschibajew, „er identifiziert den Kulaken mit dem Mittelbauer und dem Kleinbauer, indem er nur von Dechkanen (Bauern) spricht, die man mit Abgaben belegt. Die Mitgliedsbeiträge an die Organisationen nennt er Steuern. Er zählt die Staaten auf, deren Bevollmächtigter zu sein er behauptet – nur England schließt er aus."

„Verfaßt er das selbst?"

„Schwerlich. Es ist zwar ein sehr fähiger Mann, kann aber nicht lesen und schreiben. Sein Propagandist ist ein hoher Mullah aus Kabul. Seine Informationen hinken der Zeit nach, er fußt auf längst vergangenen Tatsachen, soweit er nicht direkt lügt. Deshalb lachen die Leute über das Dokument."

Im Namen des Gnädigen und Barmherzigen

Appell an die Gläubigen der ganzen Welt

Nahe ist die Hilfe Gottes,
nahe ist der Sieg.

Ajat aus dem Koran

Den auf dem Territorium Rußlands lebenden Völkern Turkestans, Tataristans, Kasachstans, Kirgisistans, Turkmenistans, Usbekistans und Tadshikistans: Gruß von Diwan Begi und Totscham Baschi Muchamed, von Ibrahim Beg und Seiner Hoheit Emir Olim Chan.

Mit dem Nachstehenden betonen wir, daß zur Zeit des russischen Zaren Nikolaus und des Emirs von Buchara, Olim Chan, alle Nationen ruhig und glücklich in ihrer Heimat lebten und sich frei zu ihrer Religion bekennen durften. In den Jahren 1295 und 1298 wurden Zar Nikolaus und der Emir von Buchara entthront, infolge des Gewaltstreichs von Lenin, verflucht sei sein Name, welcher das Volk vom rechten Weg und von der Religion ablenkte und ihm die Revolution versprach, das heißt Freiheit und Gerechtigkeit, aber die Untertanen des Zaren Nikolaus und des Emirs von Buchara betrogen hat.

Später haben einige kluge Menschen, die sich dem Lenin, verflucht sei sein Name, nicht unterworfen haben, einen Kampf gegen die despotische neue Regierung begonnen. Da kamen die Vertreter der Regierung Lenins, verflucht sei sein Name, zu den oberwähnten klugen Kämpfern und erklärten, daß die Regierung Lenins, verflucht sei sein Name, sich gut und gerecht verhalten werde; sie machte ihnen den Vorschlag, sich entweder zu unterwerfen oder auszuwandern. Die klugen Kämpfer folgten diesem Rat; sie unterwarfen sich teils der Regierung, teils gingen sie ins Ausland. Was uns betrifft, so haben auch wir uns, den Bitten der Bevölkerung entsprechend, ins Ausland zurückgezogen.

In der ersten Zeit hat die neue Regierung dem Volk die Freiheit gegeben, seine Religion frei auszuüben, und jeder konnte sich seiner Abstammung, seinem Vermögen und seinen Fähigkeiten entsprechend beschäftigen. Die neue Regierung verhielt sich anfangs gerecht und barmherzig, aber nach zwei bis drei Jahren begann sie ihre Untertanen wie folgt zu unterdrücken:

1. Die Bolschewiken sind die Ursache, daß man im russischen Turkestan gegen die Ehre der Frauen auftrat, die Frauen entschleierte und so in Prostituierte verwandelte.

2. Die neue Regierung hat mit Gewalt den Boden und das Wasser der rechtmäßigen Besitzer enteignet, hat viele Dechkane gezwungen, Baumwolle anzubauen, und ihnen verboten, Korn anzubauen. Infolgedessen konnte man in verschiedenen Gebieten selbst für drei Rubel per Pfund kein Brot finden.

3. Die Regierung drängte den Dechkanen zwangsweise die wertlosen eisernen Pflüge auf und ließ sich dafür 100 Rubel pro Pflug bezahlen. Noch teurer und wertloser sind die Traktoren.

4. Die Regierung schickt auf die Bauernfelder Traktoren, die, wie sie euch verschweigt, in ausländischen Fabriken er-

zeugt wurden, und berechnet für die Beackerung eines batman (Flächenmaß) 40 Rubel; für dieses Geld kauft die Regierung dann bei ihren Untertanen zu billigen Preisen Pferde und Rinder für die Kooperativen.

5. Wenn durch irgendeinen Zufall die Ernte schlecht ausfiel und der Dechkan den Plan nicht erfüllen konnte, so wurde er unter dem Vorwand, daß er zuwenig Baumwolle abgeliefert habe, mit Steuern bis zu 2000 Rubel belegt und mit einer Erntesteuer von 100 bis 1000 Pud; diese Steuern wurden zwangsweise eingetrieben.

6. Die Regierung hebt nachfolgende Steuern ein: für die wechselseitige Hilfe, für die Rote-Hilfe-Organisation, für Erziehungswesen, für Spitäler, Anleihen, Kooperativsteuern und endlich für den Waisenfonds.

7. In der Zeit der früheren Zaren blühten die Märkte, und jeder Arme und Bedürftige konnte alles auf dem Basar in Gissar und Djuschambe finden, zahlte für die nötigen Waren 10 bis 15 Kopeken; und jetzt, seit die Unterdrücker am Regierungssteuer stehen, können die armen Dechkane nur dann Waren bekommen, wenn sie sich erniedrigen und beleidigen lassen, obwohl sie für einen Meter Stoff 80 Kopeken bezahlen müssen.

8. Die Regierung will die Dechkane vom rechten Weg ablenken, indem sie sie in den sogenannten Kolchosen vereinigt, sie ohne Pferde und Rinder läßt und auf diese Weise in eine ausweglose Situation bringt.

9. Zur Zeit ist die Regierung damit beschäftigt, mit Gewalt Gutshöfe zu enteignen, die ihren angesehensten Untertanen gehören, und diese Gutshöfe dann den Neuangesiedelten aus Fergana, Taschkent und Samarkand zu geben. In den nächsten Jahren beabsichtigt diese abtrünnige Regierung und ihre Partei, und hält es sogar für ihre Pflicht, euch in andere, weit entfernte Gebiete zu übersiedeln.

10. Geehrte Brüder, ihr sollt auch erfahren, was euch in der Zukunft erwartet: die Regierung plant, die Moscheen und die Gebethäuser zu liquidieren, an ihrer Stelle Klubs und andere Schulen zu gründen, verstorbene Dechkane ohne religiöse Zeremonien zu bestatten oder sie gar zu verbrennen, die junge Generation im Geiste Lenins, verflucht sei sein Name, zu erziehen und eure Frauen und Töchter auf die Straße zu schikken und sie zu Prostituierten zu machen; sie will die besten Produkte der Dechkane beschlagnahmen und den fremden

Dechkanen geben; sie will alle religiösen Bücher an einer Stelle sammeln und verbrennen und endlich alle diejenigen vernichten, die wagen, den Namen Gottes auszusprechen.

11. Brüder, seid nicht fahrlässig! Denn eure Frauen, für die ihr Tausende von Rubel oder Hunderte von Hammeln bezahlt habt, nimmt die Regierung und steckt sie in die Reihen der Komsomolzen (Jungkommunisten); dann zwingt sie euch, euren Frauen die Scheidung zu geben, und das Resultat ist, daß eure Frauen dann die Frauen der Fremdlinge werden. Die Prostitution unter den Frauen und Mädchen wird sich mehr und mehr ausbreiten.

12. Diese verräterische und scheußliche Regierung nimmt den Untertanen das Recht, die Herren ihrer Frauen, ihres Eigentums zu sein; der SAGS (Standesamt) zwingt die Frauen der Dechkane, diejenigen Körperteile (Gesicht und Hände) zu entblößen, die vor fremden Männern zu zeigen vom Schariat auf das allerstrengste verboten ist. Diese teuflische Regierung hat die Bevölkerung aller Hochzeitsbräuche und anderer traditionellen Vergnügungen beraubt. Sie verbietet die Salbungen und die Ausübung der religiösen Sitten.

In Anbetracht des Fortschreitens der obenerwähnten Erscheinungen hat die Konferenz des Völkerbundes, die am 8. Februar 1928 in Berlin stattfand und an der die Vertreter der Emigration des russischen Turkestan teilnahmen, und die Sitzung des Völkerbundes vom Dezember 1929, an der die Vertreter Amerikas, Frankreichs, Japans, Deutschlands, Persiens, der Türkei, Italiens, Afghanistans, Polens teilnahmen, beschlossen, in Übereinstimmung mit den Angaben der Vertreter der Emigration des russischen Turkestan und endlich auf Grund der politischen Informationen, die von den Genossen Trotzki und Sinowjew im Jahre 1930 gegeben wurden, die Parteiregierung in Rußland und Buchara zu liquidieren und statt dessen eine monarchistische Regierung zu bilden. Gegenwärtig hat der Staatsbevollmächtigte Seiner Hoheit Emir Olim Chan entschieden und uns kundgetan:

Wir sind bevollmächtigt von den obengenannten Staaten, an allen Grenzen Armeen im nötigen Ausmaß mit fliegenden Wagen und schießenden Waffen zu schaffen. Ihr aber, begebt euch auf das Territorium von Buchara und fordert die Rote Armee, die Miliz, die Arbeitertruppen und alle Untertanen ohne Ausnahme schriftlich auf, mit allen bei ihnen befindlichen Waffen uns zu helfen. Wisset, daß ich, wenn ich dorthin komme, im Namen Gottes und seines Propheten alle begnadigen werde, die zwar der Regierung der Bolschewiken gedient, aber es rechtzeitig bereut haben.

Unser Ziel ist völlig klar.

Unterdrückte Dechkane! Wir führen den Krieg im Namen eurer Befreiung von der Unterdrückung durch die Bolschewiken.

Stempel von Ibrahim Beg

Wir lesen diesen Appell zur Teilnahme am Bandenkrieg, darin angeführt ist, daß die Banden vom Völkerbund angeführt werden, womit sie selbst angeführt wurden und die Friedlichen anführen wollen. Im dreifachen Sinn des Wortes „anführen" ist hier die Tätigkeit des Völkerbundes dargetan. Und seine Gründungsidee, eine eigene Armee des Völkerbundes, hier ist sie verwirklicht: die Banden, die aus dem Hinterhalt morden und den Aufbau eines Landes stören, nennen sich seine Truppe.

Gehn wir schlafen; das Verkaufslokal der Konsumgenossenschaft ist ausgeräumt, und Teppiche sind auf den Boden gebreitet, darauf legen wir uns nieder, nahe beim Fenster wirft sich Chodschibajew aufs Lager. Fliegen, Flöhe und Völkerbund umschwirren uns. Dennoch schlafen wir ein.

Um halb ein Uhr nachts fahren wir empor, geweckt vom Knarren der Tür und einem Lichtschein. Zwei schwerbewaffnete Männer treten auf Abdurachim Chodschibajew zu. Wir greifen nach dem Revolver . . .

Die beiden wecken Chodschibajew und flüstern ihm etwas ins Ohr. Er springt auf. Stellt eine Frage. Sie reichen ihm einen Zettel.

„Auf! Auf!" ruft er. „Aufstehen. Ibrahim Beg ist gefangen!"

Wir lesen die Meldung:

Lokai-Tadshikischer Bezirk

Meldung

(Kopie an das Bezirkskomitee der Partei)

Am 23. Juni dieses Jahres um zwölf Uhr wurden von uns Ibrahim Beg und Sahib Kommandir sowie ein Dshigit gefangengenommen. In der Gegend rings um die Dörfer Ischkabad, Chodscha-Bulj-Bulon und Ak-Turpak erschien Ibrahim Beg mit diesen beiden Begleitern zu Fuß. Sie waren bewaffnet mit Gewehren, mit elf Patronen, einer Mauserpistole und einem Nagan (Revolver) und einem Browning. In Issanbey hat sich der Bandenführer Badandschan ergeben; eine Mauser wurde ihm abgenommen. Zur gegenwärtigen Stunde befinden sich alle gefangenen Bassmatschen unter der Aufsicht des Genossen Waleschew. Die Mauserpistole Ibrahim Begs befindet sich bei mir, ich habe sie noch niemandem abgegeben.

Kommandir der Freiwilligenabteilung:
Mukkum Sultanow

Am Morgen kommt ein Auto mit drei Männern, zwei eskortierten den Stabschef Ibrahim Begs, Sahib Kommandir. Er ist ungefesselt und springt aus dem Auto. Die Dörfler schreien ihm Flüche zu, aber er geht schweigend vorbei. Wahrhaftig, er sieht aus wie ein Räuberhauptmann aus dem Bilderbuch, riesenhafter Wuchs, muskulös, langer schwarzer Bart, schwarzes Gewand und hohe Stiefel. Man sieht geradezu den fehlenden Waffengurt mit Terzerol und Stilett.

Die Waffen sind ihm abgenommen worden, ihm und seinem gefangenen Führer Ibrahim Beg, den man im Aeroplan nach Stalinabad gebracht hat.

Das Flugzeug, das gestern in dem Augenblick am Himmel erschien, da es beschworen ward, trug den gefangenen „Adler“ . . .! Die Kurve zu unseren Häupten sollte aussagen, wer der Fahrgast sei. Aber wer konnte das dem Zeichen entnehmen, wer hätte das zu ahnen gewagt?

Ibrahims Pistole („Waffenfabrik Mauser, Oberndorf“) Nr. 22 802 trägt in einem hölzernen Futteral der Rotarmist Gutfeld im Gürtel. Der Rotarmist Gutfeld spricht usbekisch mit dem Gefangenen Sahib Kommandir, tadshikisch mit Abdurachim Chodschibajew, er kennt alle mittelasiatischen Sprachen, ist ein Deutscher aus Wolsk und bittet uns, seine Schwester zu grüßen, Olga Radmann, Berlin, Warschauer Straße 55. Sie hat in Rußland einen deutschen Kriegsgefangenen, Paul Radmann, geheiratet, der in Berlin 1922 als Kommunist erschossen wurde. „Es muß gefährlich sein in Berlin“, sagt Gutfeld, der heute zwischen dem Berg Barbatak und dem Ufer des Kafirnigan seinen sechshundertsten Banditen gefangennahm, den Häuptling aller, Ibrahim Beg.

Von diesem Floß mag schon manches Auto in die Fluten gerutscht sein, das weniger Anstalten dazu machte als das unsrige. Nun, wir kommen dennoch heil hinüber in den Bezirk Aral, der umschlossen wird von zwei Armen des Stromes Wachsch.

Hier endlich wird die Landschaft grün, aber neue Mühsal lauert auf unser schwergeprüftes „Amo"-Lastauto: alle hundert Meter ist ein Kanal, Zäsur in dem ohnehin holprigen Rhythmus der Straße. Kanäle. Nur Kanäle und Kamele begegnen uns.

Der Ort, in den wir einfahren, der Abend dämmert schon, präsentiert sich als ein übermäßig in die Breite gezogenes Dorf. Man kann nicht behaupten, daß der Marktplatz kreisrund ist oder rechteckig oder oval oder sonstwie. Man kann höchstens behaupten, daß er groß ist, so groß wie die Place de la Concorde. Dadurch wird er freilich keineswegs schöner, und die Häuser, die ihn umsäumen, gleichen auch nicht dem Marineministerium, dem Jockeyklub und dem Hotel Biron. Es sind häßliche Lehmhütten.

Dieses Tages Müh war groß, starker Staub und schwache Fähren, viel Kanäle und wenig durchquerbare. Man quartiert uns im neuen Hospital ein. Da wir den ortsansässigen Genossen unser Kompliment über den modernen Neubau machen, antworten sie: „Ihr werdet morgen mehr solcher Häuser sehen." Welchen Wunsch wir jetzt haben? Viel, viel, viel Wasser, um uns zu waschen. Und dann möchten wir, wenn's irgendwie geht, noch mit jemandem sprechen, der uns erklärt, was es hier von dem zu sehen gibt, um dessentwillen wir die heiße Wallfahrt hierher unternommen haben: von der Baumwolle.

Bald spülen wir in einem Schwimmbassin mit fließendem Wasser und unter sprudelnder Dusche all unseren Staub hinab. Nachdem wir wieder angekleidet sind, erfahren wir, der Ortssowjet trete um elf Uhr abends zusammen, sicherlich werde man uns dort die gewünschten Aufklärungen geben. Um diese Stunde ist die Place de la Concorde noch menschenleerer, als sie bei unserer Ankunft war, wenigstens leer von wachen Menschen. Schlafende gibt es genug, sie liegen in ihren Betten vor den Lehmhütten, die, wie erwähnt, anders aussehen als das Ministère de la Marine Française.

Im Hof des Sowjethauses sitzen die Mitglieder auf der Erde, nur die Referenten an einem langen Tisch, den der Mond grell bescheint. Grell bescheint der Mond das Papier, das wir vor uns hinlegen, um Notizen zu machen. Aber – das haben wir uns bestimmt vorgenommen – den ersten Satz mit seinen Ziffern über Zahl der Schulen und Gemeinwirtschaften werden wir auf keinen Fall notieren.

Chalmurad Imamberdi ergreift das Wort, der erste Satz, den auf keinen Fall zu notieren wir uns vorgenommen haben, lautet: „Im Jahre 1926 war in Aral eine zoologische Expedition aus Moskau und hat hier innerhalb von sechs Wochen neunzehn Tiger gefangen, acht Tiger und dreißig Wildschweine erlegt, außerdem viele Giftschlangen, Schakale . . ."

„Nicht so schnell, bitte . . . Wieviel Tiger erlegt, Genosse Imamberdi?"

„Acht Tiger außer den neunzehn gefangenen, aber die lebendigen waren ganz jung. Jetzt gibt es keine Tiger mehr."

„Überhaupt keine, Genosse Imamberdi?"

„Das kann man nicht sagen. Tiger gibt es natürlich überall. Ihr werdet sicherlich in Deutschland auch welche haben, nicht? Aber bei uns sind sie fast ganz verschwunden. Vor zwei Monaten haben Soldaten drei Tigerjunge in einer Falle gefangen und sie den Genossen Stalin, Woroschilow und Molotow geschickt. Und vorige Woche haben wir erfahren, daß es am Jawan-su einen Tränkeplatz von Tigern gibt; als wir uns anpirschen wollten, sind sie davon und seither nicht mehr wiedergekommen."

„Hat denn früher hier niemand gejagt?"

„Wer? Bei der großen, von den Bassmatschen organisierten Abwanderung nach Afghanistan, 1925, sind ja alle Bewohner unserer Insel fortgezogen, fünfhundert Familien. Nichts blieb hier als verfallene Hütten, Fasane im Steppengras, Schlangen im Gestein und Tiger im Dschungel. Wer sich hierher verirrte, wurde von Tigern oder Wildschweinen angefallen – wir haben viele zernagte Menschenschädel gefunden . . . Im Jahre 1926 begann die Rückwanderung, weil die Leute gehört hatten, man bekomme Kredite, Wasserzustrom, Arbeitsgeräte und Baumaterial. Die ehemaligen Bewohner brachten sogar Afghaner mit. Außerdem kamen, in den Bergbezirken Tadshikistans und in den Baumwollrayons von Usbekistan angeworben, landlose oder landarme Bauern hierher.

Jetzt sind 2652 Wirtschaften auf der Insel. Von den neuen

Siedlern sind 60 Prozent aus dem Rayon von Fergana, 35 Prozent aus Obigarm, Garm und anderen Gegenden am Pamir, der Rest Kirgisen und afghanische Staatsangehörige. 30 000 Hektar umfaßt die Insel Aral. 10 000 Hektar sind bebaut, davon 6533 von Baumwollkollektiven, 36 Hektar von privaten Baumwollbauern auf bewässertem und 180 Hektar von privaten Baumwollbauern auf unbewässertem Boden, das übrige sind Gemüsegärten. Innerhalb der nächsten zwei Jahre sollen weitere 14 000 Hektar bebaut werden, hauptsächlich mit Baumwolle, aber auch mit Reis, Tabak, Luzerne, Hafer und Maulbeerbäumen.

Die Kollektivierung stieß hier auf keine Schwierigkeiten – die meisten erkannten die Vorteile der Großwirtschaft und der Mechanisierung, unter den 77 Kolchosen werden 14 von den alten Bewohnern des Bezirkes gebildet.

Aus Afghanistan kommen Abordnungen zu uns: wir sollen bei ihnen Kolchose einrichten oder ihnen wenigstens einen Traktor hinüberschicken. Wir haben ihnen erklärt, daß das nicht geht. Was war die Wirkung? Sie machten ein Gesuch an ihren Bey in der Kreishauptstadt Masar-i-Scheriff, er möge bei ihnen auch das Sowjetregime einführen ...

Die Zahl der Wirtschaften, die zu einem Kolchos gehören, schwankt zwischen 25 und 350. Wir haben 8100 Hektar kontraktiert, aber nur 6533 angebaut, also 20 Prozent weniger, als wir uns in dem staatlich bevorschußten Vertrag verpflichtet hatten.

Warum? Ibrahim Beg kam mit seinen Bassmatschen wieder herüber und wandte sich gegen die, die er vor Jahr und Tag dazu veranlaßt hatte, ihr Vieh den Tigern zum Fraß hinzuwerfen und in Afghanistan als landfremde Arme zu leben.

Da die Araler Leute ausnahmslos zurückgekehrt waren, galt diesem Bezirk seine besondere Wut, er unternahm Überfälle, bei denen Mitglieder der Kolchose erschlagen, Pferde, Vieh und Inventar weggeführt, Stege zerstört und Baumwollanlagen niedergeritten wurden.

Die Kolchose rückten gegen die Bassmatschen aus und lieferten ihnen vier Gefechte, hüben und drüben kamen Menschen ums Leben. Am Berg Karatau wurden auf seiten der Bandenkämpfer ein Kurbasch und 15 Dshigiten getötet, bei Maksumabad der gefürchtete Häuptling Alek Kommandir und 53 seiner Bassmatschen; 4 Kurbaschi und 102 bewaffnete Reiter fielen in die Gefangenschaft der Bauern.

Der Karawanentransport von Getreide aus Kuljab wurde wiederholt durch Banden gestört, sie tauchten auf dem Kamm der Berge auf und schossen die Kamele nieder. Durch die Kämpfe gingen Arbeitstage verloren, durch die Wachen, die man aufstellen mußte, wurden Arbeitskräfte gebunden, durch das Militär, das man zum Schutz herbeirief, waren Transportmittel belegt.

Es rollte kein Maschinenöl an, und die Traktoren standen vierzehn Tage lang still, ebensolange verspäteten sich einmal zwei Waggons Harken. Von 360 Kolchosmitgliedern, die nach hier beendeter Arbeit in ihre Heimat fuhren, um dort ihre eigene Wirtschaft zu bestellen, blieben 100 zu Hause, weil sie vom Auftauchen der Bassmatschen in Aral hörten.

Damit erklärt es sich, daß wir um 20 Prozent hinter dem Plan zurückgeblieben sind. Ihr müßt zugeben, daß das wenig ist unter solchen Umständen."

Wir geben zu, daß das wenig ist unter solchen Umständen.

„Aber das waren noch nicht alle Schwierigkeiten. Unter denen, die 1925 ausgewandert waren, dann zurückkehrten und ihre alten Wirtschaften wieder in Besitz nahmen, befanden sich elf Beys und über zweihundert Großbauern mit ihren ‚Podkulaki' (unter dem Einfluß der Kulaken stehende Bauern). Sie traten nicht in die Kollektive ein oder nur zum Schein und durchkreuzten die Maßnahmen der Sowjets. Neun von den elf Beys haben wir ausgesiedelt, zwei haben sich der Gemeinschaft unterworfen. Von den Kulaken sind mehr als hundert nach Afghanistan ausgewandert und mit den Bassmatschen im Mai über den Amu-Darja gekommen. Diese, unsere ehemaligen Mitbürger, haben die Banden nach Aral geführt. Man fand zwei unter den Toten, einer wurde gefangengenommen, andere sind hier von den Bauern gesehen worden."

„Gibt es hier noch Kulaken?"

„Ja. Als Großbauer gilt, wer mehr als dreihundert Schafe oder mehr als sechs Hektar Baumwolle hat und fremde Arbeitskräfte beschäftigt; aber der Bauer, der Saisonarbeiter anheuert, ist natürlich kein Kulak. Der Dorfsowjet bestimmt, wieviel der Kulak anzubauen und wieviel er abzuliefern hat; am Privatmarkt darf er nicht verkaufen, die Kontrolle ist streng."

Grell bescheint der Mond das Papier, auf dem wir die Worte Chalmurad Imamberdis und einiges von dem notiert haben, womit die auf der Erde hockenden Genossen ihn unterbrachen und ergänzten. Wir hatten uns vorgenommen, keine Ziffern mitzuschreiben, aber er hat fast nur von Tigern, Banditen und Kulaken gesprochen, obwohl es doch wichtig ist, statistisch genau zu wissen, wie sich die Wirtschaft hier entwickelt hat, wo noch vor fünf Jahren die Tigerschaft, ungestört von den Bolschewiken, auf Raub ausging. „Könntet ihr uns nicht ein paar Ziffern angeben?"

„Was für Ziffern?"

„Na . . . über die Arbeit auf den Baumwollfeldern zum Beispiel."

„Ach, seht euch doch lieber die Kollektivgüter an, da seht ihr alles mit eigenen Augen."

„Das ist doch erst morgen, wir möchten schon heute etwas erfahren."

„Bitte."

So, jetzt werden die günstigen Ziffern kommen. Aber es fängt nicht sehr günstig an.

„Ein Hektar Land soll durchschnittlich 65 Pud (1065 Kilogramm) Baumwolle geben. Wir haben aber im vorigen Jahr nur 52 Pud hervorgebracht und werden auch in diesem Jahr noch nicht auf 65 Pud kommen, obwohl die Ernte besser sein wird."

„Wieso wißt ihr, daß die Ernte besser sein wird?"

„Voriges Jahr waren um diese Zeit 50 Prozent gehäufelt und gejätet, in diesem Jahr sind es 85 Prozent. Wenn nicht die Hilfe von den Kolchosen der Nachbarbezirke gewesen wäre, hätten wir nicht soviel vom Plan erfüllen können. Auch die Kolchose unseres Bezirkes haben einander geholfen, im ganzen wurden 15 620 Arbeitstage auf diese gegenseitige Hilfe verwendet. Bis vor sechs Monaten hatten wir keine Frauenarbeit. Jetzt arbeiten auf vierzehn Kolchosen 600 Frauen, das ist natürlich noch immer viel zuwenig.

Unter den Traktorführern gab es noch vor drei Jahren keine Einheimischen, im Vorjahre waren bereits von 250 Traktoristen 40 Tadshiken und Usbeken, von den neuen 180 Traktoristen, die wir in diesem Jahr eingestellt haben, sind 95 Nationale. Im Jahre 1929 war ein einziger Feldscher mit zwei Krankenpflegern da, heute haben wir fünf Ärzte mit 26 ausgebildeten Hilfskräften, ein Krankenhaus mit 25 Betten, vier ärztliche Stationen, ein Dispensaire.

1927 errichteten wir die erste Schule für 24 Kinder und einen Lik-Bes (Kurs zur Liquidierung des Analphabetentums), jetzt: 36 Schulen mit 1890 Kindern, 45 Antianalphabetenkurse – die Schulen kosten uns in diesem Jahr 290 000 Rubel – und

4 Krippen, 30 Telefonstationen, Radio, Kino, 15 Rote Teehäuser . . .

Ich komme morgen zu euch, und ihr werdet mir sagen, was ihr euch ansehen wollt, unsere Traktorschulen oder das landwirtschaftliche Technikum oder die Frauenberatungsstellen oder die Krippen. Aber das wichtigste sind unsere Kollektivgüter; 1932 wollen wir viele vereinigen und fünf Giganten aus ihnen machen, weil das die Bewässerung vereinfacht. Unsere größte Wirtschaft ist der Stalin-Kolchos, er umfaßt tausend Hektar, von denen 785 mit Baumwolle bebaut sind. Wenn heute Ibrahim Beg kommt, so kann er etwas erleben – er soll übrigens nicht weit von hier in den Bergen sein . . ."

„Gestern, Genossen, gestern hat man ihn gefangen."

Am Morgen kommen wir über den Marktplatz von Aral, der uns gestern abend so übertrieben groß und unförmig erschien. Jetzt erscheinen uns seine Ausmaße nicht mehr so übertrieben, und auch seine Unform hat sich verloren. Hat sich verloren im Geschaukel, im Geflimmer des sich entfaltenden Basars. Der Platz ward zur Bühne voll handelnder Personen, deren Spiel umringt ist von einer Komparserie der Kamele; sie [illegible] nele, kehren ihr Gesicht nach außen, bleiben ruhig bei all dem lärmenden Agieren innerhalb ihres Kreises. Sie verdecken die häßliche Kulisse, die Hütten.

In der Mitte des Platzes stehen drei Lehmwände, vor denen man Plow (Reisfleisch) essen kann, denn die Lehmwände sind ein Restaurant. Die tönernen Scheffel der Verkäufer bergen Gewürze oder Wassermelonen. Auch Sättel, Peitschen, Fliegenwedel und Fächer werden gemarktet.

Stark gefragt ist Nas-Vaj, ein grüner Kautabak, der nicht gekaut, sondern unter der Zunge gehalten und unausgesetzt bespeichelt wird. Der Händler hat eine Waage und Steinchen, die die Gewichte sind. Wer kaufen will, zeigt auf die Ware und auf jenen Stein, der das Maß seines Bedarfs sein soll. Ein während des Wachstums abgebundener polierter Kürbis ist der Tabakbehälter; er heißt Kadu, und man trägt ihn am Eselsattel oder am Gürtel.

Kamele werden nicht nach Gewicht verkauft, wir prüfen jedes mit Kennerblick, bevor wir seinen Besitzer nach dem Preis fragen und hören, daß es 350 Rubel kostet. Also stehen entweder alle Kamele gleich hoch im Preis, oder es sind gerade jene, die unserem Kamelgeschmack entsprechen, gleich gut oder gleich schlecht. Ein Esel ist ein Drittel eines Kamels wert, doch sind nur wenige am Markt – wer trennt sich so leicht von seinem Eselchen? –, Hammel können wir in Hülle und Fülle kaufen zu 75 Rubel per Stück, Hammel mit fettem, wabbelndem Steiß.

Pferde gibt's in allen Lebens- und Preislagen und in fast allen Couleurs. Ein Rappenhengst schien uns für 700 Rubel besonders preiswert, wir kauften ihn nicht, man wird uns schon ein Pferd borgen.

Man borgte uns ein Pferd, und wir ritten in die Baumwolle hinaus. Nach Tagen im Auto auf Straßen, die nicht dafür gebaut waren, freut man sich, auf dem Pferd zu sitzen. Auch dieses stoppt an den Kanälen, aber nur, um zu tanken; zwar macht braunes salzhaltiges Wasser noch durstiger als man war, dennoch lockt es, und kein Zerren am Zügel bringt das Pferdemaul davon los.

Am Rand eines Baumwollfeldes steht eine Statue aus Bronze und Silber: ein graubärtiger Usbeke, auf seine Harke gestützt. „Ist hier ein Kolchos?" fragen wir, und die Statue erwacht zum Leben. Ja, hier sei ein Kolchos. „Können wir ihn ansehen, wir sind aus Deutschland, aus Europa." – „Aus Europa?" Er erstarrt wieder zur Statue. Groß sehen uns seine Augen an. Es dauert lange, bevor er uns einlädt abzusteigen. Er ruft etwas nach hinten, wo die Hütten sind, eine Botschaft, die von den Frauen vermittels der Kinder an die Herolde und von diesen an die Männerschaft weitergeleitet wird.

Es kommen nämlich zwei Burschen mit drei Meter langen Trompeten aus getriebenem Metall herbei. Einst riefen diese Instrumente, „Karnaj" genannt, den Stamm zum Kampf zusammen, jetzt sind sie, o Dekadenz, das Signal zur Arbeit oder zur Beratung. Zwei gedehnte Tubatöne geben die Bläser von sich, dann folgt ein kurzer Stoß und schließlich ein langer, unheimlicher, wie Wiehern der Kamele.

Und zwischen den Stauden tauchen Männer auf mit verschiedenfarbigen Mänteln und verschiedenfarbigen Schärpen, aber alle mit gleichfarbigem, gleichgemustertem Käppi. An diesem, der Tjubetejka, erkennt man Bezirk und Stamm, und man erkennt auch den Grad der Liebe, mit der sie gewebt wurde. Es gibt teppichartig gewebte Mützen, es gibt im Bezirk von Kaschkadaria rote mit Goldstickerei, es gibt solche aus dunkelblauem Filz mit vier rot-gelb gestickten Kreisen, es gibt (in Taschkent) solche aus kirschrotem Samt mit Rosen, es gibt (in

Samarkand) brokatene, es gibt die turkmenischen (in Kerki) mit verschlungenen Ornamenten, es gibt schwarze, die tragen die Juden von Buchara. Die Mützchen derer, die jetzt zwischen den Stauden mit geschulterter Harke herbeiströmen, sind aus hellvioletter Seide; in die vier von Mäandern eingesäumten Segmente ist je eine stilisierte Frucht gestickt, oder vielleicht keine Frucht, sondern eine kurze Tabakspfeife, so genau läßt sich das nicht erkennen.

Die Männer sind also, die Mütze sagt es, aus dem Bezirk Fergana, der in Usbekistan liegt. Aber was ist Usbekistan für ein Ausland gegen das Ausland, dem wir entstammen, ein Besuch, exotisch vom Kopf bis zur Sohle, ohne Chalat (langer, bunter Mantel) und ohne Tjubetejka!

„Wir kommen aus Europa und möchten euren Kolchos anschauen.“ Offenbar fassen sie den Zusammenhang zwischen den beiden Teilen dieses Satzes kausal statt temporal auf und wundern sich (nicht ohne daß dieses Erstaunen mit Mißtrauen gemischt wäre), für Europa ein Reiseziel zu sein. Staunen und Mißtrauen verfliegen bald, man freundet sich immer rasch an mit den Tadshiken und Usbeken, je kriegerischer die Tradition eines Volkes, desto friedlicher ist es in seinem Gemüt.

Wir setzen uns unter ein Flugdach, das vor dem direkten Aufschlag der Sonne bewahrt, mitnichten aber ist es imstande, vor der Hitze zu schützen. Ebensowenig gibt die braune Pfütze am Rand der Laube irgendwelche Kühle her. Man schöpft Wasser daraus für den Tee. Blumen werden uns gebracht von Kindern, die die gleiche Tjubetejka tragen wie die Alten. Wassermelonen stillen unseren Durst, ehe der grüne Tee fertig ist und von uns allen getrunken wird aus einer einzigen henkellosen Schale, der Piala. Der lehmige Rest, der darin zurückbleibt, wird ausgeschüttet, bevor man dem nächsten Mann einschenkt.

Unsere Wirte sind aus Namangan, Wilajet Fergana, dort haben sie dreiviertel bis höchstens einen Hektar Land; das ist sehr wenig. Da kamen die Werber, sie suchten Baumwollbauern für Tadshikistan, um dort Kolchose zu gründen; sie versprachen, daß die Dorfbewohner beisammenbleiben könnten, daß auf jeden drei bis dreieinhalb Hektar Land entfallen, daß per Mann 600 Rubel unverzinslicher Kredit auf zehn Jahre gewährt und Traktoren zur Verfügung gestellt werden. Jeder behält sein Feld in der Heimat drei Jahre lang, er kann jährlich nach Abschluß der Ernte nach Hause fahren (unentgeltlich, nach Stalinabad mit dem Auto, von dort mit der Bahn) und nach drei Jahren ohne Rückgabe des Vorschusses endgültig zurückkehren, wenn es ihm nicht gefällt.

So sind sie hergefahren, nur den Bey, die Kulaken, den Mullah und die Müßiggänger zurücklassend. So sind sie, 190 Baumwollbauern aus dem Ferganaer Bezirk, mit Pferd und Wagen und Bratpfannen für den Plow über die Berge nach dem Süden gezogen. 15 sind nach der ersten Ernte von ihrem Heimaturlaub nicht zurückgekehrt, aus Angst vor den Bassmatschen oder weil es ihnen hier unten nicht gefiel. Die übrigen ließen Frauen und Kinder und Hühner und Hausrat nachkommen.

Die 190 Familien haben vier Kolchose gegründet, nach den Dörfern benannt, die sie in Fergana bewohnt haben; der, auf dem wir sind, heißt Ksyl-Juldus, und 28 Familien gehören ihm an.

Wenn man die Bauern fragt, ob es ihnen hier gut geht, so antworten sie so wie die Bauern in aller Welt, wenn man sie fragt, ob es ihnen gut geht. Das Leben sei schwer. Viel Arbeit, viel Arbeit. Etwas Schlimmeres, als Baumwolle anzubauen, gäbe es nicht. Und wenn es etwas Schlimmeres gäbe, so sei es dieses: ein *neues* Baumwollfeld anzubauen.

Nur in einem Punkt seien neue Baumwollfelder günstiger, nämlich darin, daß sich die Insekten noch nicht eingewöhnt haben. In der Umgebung alter Plantagen nisten sie oder zumindest ihre Eier, und bevor die Insekten von neuen ergiebigen Gebieten erfahren, vergeht geraume Zeit.

„Aber neue Baumwollanlagen zu bauen! Kanäle, Reihen, Isolierfelder ... Dazu die Feldarbeit, häufeln, jäten, ernten ... schwer, schwer ... und die Kolchosdisziplin, früher tat ja keiner etwas anderes, als wozu er eben Laune hatte ... Jetzt muß jeder seine Aufgabe erfüllen ...“

Der Vorsitzende des Kolchos, der Usbeke Halmat Bojmat, eilt davon, um die Buchführung zu holen. Ein dickes Heft mit Rubriken und Ziffern, die er selbst geschrieben hat, was er wiederholt hervorhebt. Das Heft ist in drei Kategorien eingeteilt. Schwere Arbeit: säen, häufeln, jäten, Kanalbau. Mittlere Arbeit: pflügen, ackern, eggen, zweite Jätung und zweites Häufeln. Leichte Arbeit: Pferde tränken, Vieh weiden, Brot holen, am Basar einkaufen, kochen.

Die Normen: ein Mann hat vier Kubikmeter Erde für den Kanal auszugraben, ein Mann mit zwei Pferden und zwei Eggen hat zwei Hektar zu bearbeiten, ein Mann, zwei Pferde und ein Pflug mit zwei Pflugscharen haben dreiviertel Hektar zu ackern, zwei Männer mit einem Pferd oder ein Mann mit der Saatmaschine „Banner" haben einen Hektar innerhalb von zehn Stunden auszusäen. „Bis zum Juni hat nur die Hälfte der Mitglieder die Leistung eines Normalarbeitstages täglich erzielt, aber von da an stiegen die Leistungsziffern bis zu drei Arbeitstagen pro Mann und Tag."

„Wenn jemand mehr als die Norm macht, Halmat Bojmat?" Wir fragen das, weil die „urawnilowka", die „radikale" Gleichmacherei der Löhne, als ein großes Hindernis für die Wirtschaftsentwicklung gegeißelt wird.

„Hm", antwortet Halmat Bojmat und sieht sich im Kreise um. „Du fragst, ob jemand mehr bekommt, wenn er mehr als die Norm macht? Hm. Wenn jemand doppelte Norm macht, so bekommt er doppeltes Geld. Natürlich. Aber wir verdienen lieber alle gleich. Wenn wir bei der Ablieferung der Ernte mehr Erlös haben, so teilen wir es zu gleichen Teilen auf . . ."

„Das ist aber nicht richtig. Da bekommt doch der Faule soviel wie der Fleißige?"

„Nicht ganz. Denn wer faul ist, erfüllt ja sein Pensum nicht. Aber immerhin, es ließe sich besser abstufen. Nur ist die Berechnung für mich sehr schwer, ich kann nur Ziffern schreiben und weiß, in welche Rubriken sie gehören. Meine Eintragungen stimmen auch immer mit denen überein, die sich jedes Mitglied notiert. Mehr kann ich nicht machen. Im Winter soll ich in einen Kurs gehen, wo man lernt, wie auf dem Kolchos gerechnet werden muß. So richtig werde ich das wohl niemals können. Unsere Burschen, die eher. Die lernen ja jetzt die vertracktesten Sachen. Aber die jungen Leute genießen keine Autorität. Viele sind auch Hitzköpfe."

Wir erfahren, daß am Kurban-Beiram die Kolchosmitglieder vertraglich frei haben. Früher hat niemals ein Mohammedaner an diesen heiligen Tagen gearbeitet. Nun, und was geschieht hier? Die Jugend geht aufs Feld und fordert einander – ostentativ – zum sozialistischen Wettbewerb heraus.

Im vorigen Jahr arbeitete der Kolchos am 1. Mai, in diesem Jahr zogen alle mit einem Banner, den beiden Monstretrompeten und zwei Trommeln nach Aral zur Versammlung. Bei der letzten Ernte halfen zum erstenmal Frauen mit.

Zur Zeit des Häufelns werden Saisonarbeiter aufgenommen, es fanden sich kaum fünfhundert, obwohl man anderthalbtausend gebraucht hätte. Der Grundlohn dieser Hilfskräfte beträgt

2 Rubel 40 Kopeken für acht Stunden, aber da sie fast immer länger arbeiten, verdienen sie durchschnittlich 4 Rubel; sie bekommen ein Pud (16,38 kg) Mehl im Monat zum Preis von 1,50 Rubel oder täglich 800 Gramm Brot für 12 Kopeken und nach Abschluß der Arbeit fünf Meter Stoff.

Jedem Mitglied des Kolchos werden täglich zwei Pfund Brot geliefert, die man nach der Ernte verrechnet. Für ein Pud Baumwolle zahlt die Einkaufsstelle 4 Rubel 50 Kopeken. Manufaktur (40 Kopeken per Meter) und verschiedene Industriewaren, wie Stiefel und Mäntel, werden der Kooperative zugewiesen. Wer krank wird, erhält Normalarbeitslohn, gleichgültig, ob er im Spital liegt oder zu Hause.

Das erzählen die Bauern und trinken Tee dabei, aber dann stehen sie auf, sie müssen – kein Besuch aus Europa kann sie daran hindern – auf das Feld hinaus. Wir gehen mit, so angenehm es war unter dem Flugdach, das wie ein Schutzschild über uns lag, uns vor den Flammenwerfern der Sonne barg. Wir gehen mit, denn wir wollen endlich die Baumwolle in natura sehen.

Voll sind in diesen Breiten die Zeitungen mit Berichten von der Baumwollfront, mit Telegrammen von Siegen und Niederlagen, mit Leitartikeln über Insektenbekämpfung, mit Feuilletons über Baumwollkreuzungen, mit Sportmeldungen über Wettbewerbe, mit Personalnachrichten über Stoßbrigadiere, die versetzt oder prämiiert werden, mit Gerichtssaalberichten über jene Komplizen des Schädlings Ramsin, die sich im Abschnitt Baumwolle betätigten.

Für unseren Besuch der Baumwollbezirke haben wir uns in Taschkent vorbereitet, indem wir das NICHI besuchten, das großzügige Forschungs- und Versuchsinstitut für Baumwollkultur. Hunderte von Wasserbauingenieuren, Studenten und Praktikern nehmen dort Materialprüfungen vor, setzen Steine dem Druck aus, behandeln Sand und Löß chemisch, führen Holzmodelle von Kanälen durch die Laboratoriumssäle. An einem 115 Meter langen Probekanal und an einem Rundbassin von 14 Meter Durchmesser wird im Hof mit Wasserkreisel und Sekundometer das Gefälle gemessen. Pumpen und Regulatoren werden konstruiert, Pläne gezeichnet für mächtige Hydrostationen und Bewässerung der Felder, Fabriken in Philadelphia, Pa., in Schaffhausen und in Berlin haben die Materialprüfungsmaschinen geliefert, Zement wird unter Druck von 30 Atmosphären gesetzt, Stein dreht sich gegen Stein, Preßluft wird durch Kupferröhren in das zu prüfende Material eingelassen.

Solches sahen wir in einem einzigen Gebäude des Baumwollforschungsinstituts. Aber wir sahen noch andere Abteilungen. In der agronomischen wird durch Experimente der Bewässerungsbedarf der Pflanze und der Einfluß der unterschiedlichen Feldarbeiten und Düngemittel festgestellt, man versucht auch unterirdische Bewässerung und künstlichen Regen – Wolken lenkbar zu machen und an gewünschter Stelle zu verflüssigen. Welch ein Problem! Was wäre damit alles gelöst, insbesondere unter diesem Himmelsstrich, wo Wüste und Steppe, Gebiete so groß wie Europa, zu urbarem Land würden. Noch ist's nicht soweit.

Inzwischen werden in der Selektionsanstalt ägyptische Sorten mit amerikanischen gekreuzt, schnellreifende mit langfaserigen, starkkapslige mit Trockenheit ertragenden, da paaren sich die pflanzlichen Kinder Afrikas mit denen Amerikas, und die Folgen dieser Rassenvermischung wachsen heran, übertreffen die Eltern an Kraft und Fruchtbarkeit, bald wird es Stauden geben, die nicht mehr dreißig Früchte tragen, sondern vierhundert.

Die um die Autarkie der Sowjetunion kämpfende Wirtschaftsarmee stürzt die Baumwollbörsen von Washington, Liverpool und Bremen und den Federal Farm Board of USA aus einer Panik in die andere. In Taschkent haben wir das Generalstabsquartier dieser Armee besucht. Wie aber sieht es an der Front aus? Nun sind wir an der Front . . .

Die Eisenharke, den „Kitmin", geschultert, zieht die Kolonne aus dem Unterstand in die Schützengräben. Entlang der rosagelben Blüten, Pflanzen, die nicht anders aussehen als Kartoffelstauden. Entlang der Kanäle; in ihnen staut sich braunes Wasser, das den Boden, aber leider keineswegs die Luft befeuchtet. Und die Maulbeerbäume, jung, geben noch keinen Schatten.

Jüngere Mitglieder des Kollektivs marschieren dicht neben uns; sie haben in der Schule gelernt, daß es ein Deutschland gibt, und schmiegen sich nun an uns, diesen leibhaftigen Beweis von der Richtigkeit der Theorie . . . Sie möchten etwas über dieses Land, überhaupt etwas über den Kapitalismus hören, wir hingegen möchten etwas über die Baumwolle hören.

Aber gerade die Jungen haben wenig Zeit, sie sind Stoßbrigadiere, und die Arbeit harrt ihrer. Sie ziehen die Sandalen aus, krempeln die Hosen auf, stellen sich in die Kanäle (im Hauptkanal reicht ihnen das Wasser bis an die Knie, in den Maschen des Wassernetzes nur bis an die Knöchel) und schaufeln den Schlamm heraus und klatschen den Damm fest. Andere entfernen das Unkraut von den Stauden. All das geschieht mit dem gleichen Instrument, der Harke.

Wahrlich, hätten wir die chemischen und physikalischen und agronomischen Laboratorien nicht gesehen, so würden wir die Schaffung von Baumwolle für eine zwar mühselige, aber dennoch primitive Sache halten. Die Bauern wissen wohl auch noch nicht viel davon, daß sich die Gelehrten in Taschkent über ihre Arbeit die Köpfe zerbrechen, und noch weniger ahnen sie, daß ihre Arbeit den Herren vom Federal Farm Board in Washington und von den Börsen in Liverpool und Bremen Leibschmerzen verursacht. Sie schwingen die Harke.

Wir werden fröhlich aufgefordert mitzuarbeiten. In den Arik steigen wir nicht hinab, so angenehm es vielleicht wäre, bis zu den Knien im Schlamm, bis zum Nabel im Wasser zu stehen. Wir beteiligen uns nur am Werk des Jätens, was uns leichter erscheint, aber es bilden sich Blasen auf unserer Handfläche. Das erweckt ein Bedauern der Bauern, das ohne Zweifel mit Genugtuung gemischt ist: nicht jeder kann so schwere Arbeit tun . . .

Sieh dich um, Fremdling, das alles haben wir geschaffen. Diesen großen Garten von rosagelben Blüten . . .

Und weißt du, daß hier vor ein paar Jahren noch Tiger wohnten? Jetzt wohnen wir hier, wir!

Aber wir wohnen noch nicht gut, das sollst du wissen. Die Wohnhäuser sollen im Winter fertig sein, aber sie werden nicht für alle Familien ausreichen. Und man bewilligt keine neuen Baukredite, solange die alten nicht abgezahlt sind! Die neuen Traktoren und das Bauholz sind noch nicht eingetroffen. Mit dem Tee und dem Zucker kommt man nicht aus, auch mehr Kautabak müßte geliefert werden, denn oft genug gibt es keinen auf dem Basar in Aral zu kaufen.

„Und die Zeitung kommt unregelmäßig", ruft ein Bursche aus dem Wasser des Kanals heraus.

„War es im vorigen Jahr besser?" fragen wir den Usbeken Halmat Bojmat.

„O nein. Im vorigen Jahr hatten wir zuwenig Brot und Fleisch, jetzt haben wir genug. Es gibt viele neue Straßen und neue Kanäle, und wir können jetzt auch mit den Maschinen umgehen. Im nächsten Jahr soll es noch besser werden, die

Straßen führen schon bis zur Insel, die Fähren sind da, die Waren werden rascher eintreffen. Aber jetzt haben wir zuwenig Tee, Zucker und Tabak. Die Bolschewiken haben die Traktoren erfunden und die Kolchose – das ist gut, aber die Bolschewiken geben uns zuwenig Waren und zuwenig Maschinen – das ist schlecht."

„Die Bolschewiken? Sind denn unter euch keine Bolschewiken?"

„Nur die jungen Leute."

EIN BEZIRK AM PAMIR

Es gab keine Eisenbahn im Gebiet der Sowjetrepublik Tadshikistan, bevor es eine Sowjetrepublik Tadshikistan gab.

Von Garm, einem wirtschaftlich, politisch und strategisch wichtigen Bergbezirk, mußte man acht oder zehn Tage reiten, um zur Eisenbahnstation zu kommen, und dann einen Begleiter mit dem Pferd warten lassen, bis zu dem Tage, da man mit der Eisenbahn wieder nach Fergana oder Termes zurückkehrte. Die Reise nach Buchara, der Hauptstadt, erforderte einen Monat. Das alles bedeutet: man fuhr überhaupt nicht, man war abgeschlossen von der Welt.

Jetzt fliegt täglich zweimal der Aeroplan in fünfzig Minuten nach Stalinabad, der neuen Hauptstadt (vom Autobusverkehr ganz abgesehen), und von dort kann man überallhin fahren, wohin man Lust, Geld und Paß hat. Liquidierung ewiger Einöde auf ewige Zeit.

Wir flogen von Stalinabad nach Garm, aufrichtig gesagt, nicht wegen der wirtschaftlichen, politischen oder strategischen Wichtigkeit dieses Bergbezirks, sondern weil die Juliglut in den tadshikischen Tälern immer zudringlicher wurde, sogar bei Nacht warf sie sich zu uns ins Bett, riß uns das Hemd vom Leib und umschlang uns brünstig. Fort in die Berge, hinauf in den Schatten des Pamir!

Über den Flug ist das zu sagen, was die verflossene Fürstin von Monaco, geborene Heine aus Hamburg (ach, ihr Onkel Heinrich hat ihre Ehe nicht mehr erlebt), mit einem Blick zum Himmel gesagt hat: „Klein ist mein Land, aber hoch!" Die Flugstrecke Stalinabad – Garm ist kaum 200 Kilometer lang, aber hoch, 3000 Meter hoch.

Zuerst bewegt sich der Aeroplan in normalen Sphären über den Fluß Kafirnigan und die Autobusstrecke, immer nordöstlich, über Dörfer und Hügel, auf denen Herden weiden – das Land der Baumwolle ist gleichzeitig das der Schafwolle. Wo wir auch saßen, lagen, gingen oder fuhren, weideten und schnupperten Hammel und Schafe, oft spitznäsige mit gewundenen Hörnern, oft schwarze, oft gelbe, oft schneeweiße, oft schwarze mit weißen Ohren, oft weiße mit schwarzen Ohren, oft solche, die Spitzbärte hatten wie ihre kirgisischen Hirten, alle voneinander verschieden, aber alle, alle mit dem wabbelnden, wackelnden Riesensteiß, der noch grotesker wirkt, wenn der Körper geschoren ist. In viel Schafdreck haben wir uns gelegt, viel Geblök hat uns aus endlichem Schlaf geweckt, aber wir haben uns auch gerächt: viel Plow haben wir gegessen und viel Schaschlik.

Hinter der Stadt Obigarm, die die Hälfte des Weges markiert, zeigt sich der Wachsch, nicht als Strom, sondern als ein schmaler Streifen Stanniol. Hier müssen wir uns schon dem Plafond der Erde nähern, wir schweben über den Wolken, sonst würden wir die Berge anrennen.

Der Zeiger des Höhenmessers rückt schneller vor als ein Sekundenzeiger. Wir fliegen einen Hang hinauf, immerfort in einem Winkel von 45 Grad, immerfort parallel zur Böschung, immerfort schief, graues Geklüft unter uns, dahinein niemand schaute, bevor Flugzeuge hier ihren Weg nahmen; Schichtung und Faser des Felsens sind aber auch das einzige, was zu sehen ist. In den Oasen des Gesteins drängen sich Häuschen, sie sind überhängend gebaut, eines balanciert auf den Schultern des anderen, ein gewölbter Steg führt über den Abgrund; vom schrägen Flugzeug aus wirken die Überschneidungen noch bizarrer.

Die Orgien, zu denen uns die Hitze zwang – Aufspringen – Trinken – Kompressen auf den Kopf – Duschen – Niederlegen – Schwitzen – Schwitzen – ununterbrochene Ejakulation des Schweißes –, das alles fühlen wir noch in unseren Gliedern, dieweil wir Schnee sehen, Eisgletscher nah vor uns, so hoch wie wir.

Wir kommen nicht zu ihnen, auf dem Flugplatz von Garm gehen wir nieder. Passagiere warten schon, um einzusteigen und dorthin zu fliegen, woher wir kommen. Wie anderswo Omnibusse vor den Bahnhöfen stehen, warten hier Pferde auf die Ankommenden. Die Uferböschung des Wachsch ist ein senkrechter Felsen mit einem willkürlichen Strich dazwischen:

dem Weg. Vom Pferderücken aus ist der Wachsch kein schmaler Stanniolstreifen mehr, er ist ein reißendes Tier, das gierig nach Beute brüllt, nach uns. Wohl sind wir hoch, aber der Fels ist steil, und der Weg ist schmal, und Hummeln umschwirren die Pferde, die deshalb um sich schlagen, Sprünge machen, welch ein sicheres Verkehrsmittel ist doch das Flugzeug!

Nun, da ist Garm. Kühl ist es und schön im Juli am Abhang des Pamir, unter dem Dach der Welt. Wir suchen die jungen Tadshiken auf, die wir in Stalinabad kennengelernt und die uns geraten hatten, vor der Hitze zu ihnen zu flüchten. Vor kaum zwei Stunden sind wir im Aeroplan aufgestiegen und hart an die Stratosphäre geraten, sind dann auf tänzelndem, insektenumschwärmtem Roß einen reißend durchströmten Abgrund entlanggeritten, jetzt fluchen wir der Stellung, in der wir vor einem Haus auf dem Marktplatz von Garm nach Landessitte unseren Tee trinken müssen: untergeschlagene Beine sind unbequem für Menschen, deren Embonpoint selbst in den schwülen Sommernächten Mittelasiens nicht ganz verschwand.

„Alles, was du hier an neuen Gebäuden siehst, Genosse, haben die Sowjets gebaut. Und das Sowjetregime besteht hier eigentlich erst seit zwei Jahren."

„Seit zwei Jahren? Ich dächte, der Emir ist vor elf Jahren geflüchtet – wer regierte hier in der Zwischenzeit?"

„Stehe nicht, Genosse, sondern füge dich der Landessitte. Setze dich zu uns auf die Erde und höre die Geschichte eines Bezirks am Pamir, bevor du dir ihn ansiehst."

Die ersten Sowjets wurden hier viel später als anderswo gewählt, und sie leiteten alle Angelegenheiten des Bezirks. Wer aber waren die Gewählten und ihre Hilfskräfte? Es waren die ehemaligen Beamten des Emirs und die ehemaligen Tschinowniki des Zaren – vom heutigen Bezirk Garm gehörte nämlich der größte Teil zum Emirat und wurde von zwei Beys regiert. Sie saßen in Karai-Tagan und Darvas. Ein Teil des Garmer Bezirkes gehörte zu Rußland, zum Pamirgebiet.

Noch nach der Revolution hatten die Machthaber von einst Einfluß genug, um sich oder ihre Vertrauensleute wählen zu lassen. Sie ließen die Großgrundbesitzer schalten und walten, sie übten die Gerichtsbarkeit nicht nach den Sowjetgesetzen aus, sondern nach dem Schariat, sie unterdrückten die arbeitenden Klassen wie früher.

Im Frühling des Jahres 1929 kamen von Afghanistan Bassmatschen herüber unter Führung von Fusail Maksum. Sie besetzten alle Orte des Bezirks. Die Kulaken sympathisierten mit ihnen, denn die Kollektivierungsvorschriften, die ihrer Macht ein Ende bereiten sollten, waren bereits verlautbart. Auch die Mullahs machten mit den Räubern gemeinsame Sache. Nichts konnten die Mittelbauern, die Kleinbauern und die Landarbeiter gegen die Usurpatoren unternehmen, da die Behörden sich „neutral" verhielten und es die „Roten Stöcke" noch nicht gab, die Bauernverbände zur Abwehr des Bassmatschentums. Im Gegenteil, Fusail Maksum hob ungehindert Rekruten aus und verzehnfachte seine Schar.

Erst als er nordwärts über die Grenzen von Garm hinaus gegen Fergana vorrücken wollte, stieß er auf bewaffnete Gegnerschaft, und seine Armee wurde vernichtet. Er selbst flüchtete zunächst nach Chas-Tau, einem in den Bergen gelegenen Dschamagat (Kreis); dort hielt er sich einige Tage auf, reichlich bewirtet, und seine Verfolger wurden von den Gebirgsbewohnern irregeführt. Schließlich floh er nach Afghanistan zurück – er ist jetzt Besitzer eines Gasthofs mit Karawanserei in einer Vorstadt von Kabul.

Nach Abzug der Bassmatschen wurde nun in Garm Ordnung geschaffen, die alten Machthaber abgesetzt, wirkliche Sowjets gewählt, Partei und Jugendverband reorganisiert.

Anfangs April kamen einige Banden Ibrahim Begs in unsere Gegend. Ihr Führer war Mullah Scherif. Sie waren stärker als Fusail Maksums Banden und viel besser bewaffnet, sogar Handgranaten hatten sie. Zu ihrer Basis machten sie Chas-Tau, das sie aus Fusail Maksums Tagen als bassmatschenfreundlich kannten. Sie brachen die Brücken ab, um vor sowjetischen Gegnern gesichert zu sein. Aber die Situation hatte sich seit zwei Jahren geändert. Die Bauern schlossen sich zusammen, griffen die Banden an und warfen sie über den Pjandsch zurück, wobei die Hälfte der Bassmatschen ertrank, darunter der Bruder Fusail Maksums und wahrscheinlich auch ihr Führer Mullah Scherif.

Die letzte Bande kam vor drei Wochen hier vorbei, schon nach der Verhaftung Ibrahim Begs, nicht mehr, um zu rauben, nicht mehr, um zu sengen, nicht mehr, um zu stören ... sie waren auf der Flucht. Acht Tage irrten sie in unserem Bezirk umher, niemand gab ihnen Speise oder Trank, ihre Pferde hatten kein Futter. Sie wagten sich gar nicht ins Kischlak (Dorf), nur wenn sie einen Bauer trafen, befahlen sie, man möge ihnen Nahrungsmittel auf den Berg bringen. Aber statt dessen kamen die „Roten Stöcke", und die Bassmatschen verschwanden. Das ist die Geschichte von Garm.

„Wodurch hat sich die Stimmung der Bevölkerung so geändert?"

„Stehe nicht, Genosse, sondern füge dich der Landessitte, setze dich zu uns auf die Erde und höre über die Wirtschaftslage eines Bezirks am Pamir, bevor du dir ihn ansiehst."

Vor der Revolution war ein Viertel des Bodens in den Händen des Großgrundbesitzes, fast 5000 Wirtschaften gehörten den Mullahs und den Beamten. Der Emir zahlte ihnen kein Gehalt, im Gegenteil, sie entrichteten Abgaben an ihn. Es bestand eine Art von halber Leibeigenschaft: der Bey oder der Mullah bestimmte eine Reihe von Bauern, die sein Feld bestellen oder in seinem Haus dienen mußten.

Jetzt ist der Boden aufgeteilt, 107 000 Hektar angebaut gegen 40 000 in der vorrevolutionären Zeit. Wohl gibt es noch Kulaken, aber keiner von ihnen hat mehr Land als doppelt soviel wie ein Mittelbauer. Der Viehbestand ist um 40 bis 50 Prozent erhöht und gehört den Bauern, während früher die ganzen Herden den Beys gehörten.

Zur Zeit des Emirs waren jährlich etwa 15 000 Menschen genötigt, aus dem Bezirk auszuwandern, sie gingen nach Fergana, nach Buchara oder Taschkent, wo sie bei den Webern oder auf den Baumwollfeldern arbeiteten. Viele kamen nach einigen Jahren wieder und hatten revolutionäre Ideen kennengelernt. Auch Nasratullah Maksum, der Vorsitzende des ZIK (Präsident der Republik), stammt aus unserem Bezirk.

Industriewaren gab es damals wenig, fast nur das, was diese Rückwanderer mitbrachten. In Fergana wurde von allen Waren, die zu uns nach Süden gingen, ein Zoll eingehoben. Wir besitzen diese Zollbücher; man kann daraus entnehmen, daß die jährliche Einfuhr an Industriewaren pro Kopf der Bevölkerung einen Rubel bis einen Rubel zehn Kopeken ausmachte. Die während des Sowjetregimes in den Konsumgenossenschaften verkauften Industriewaren entsprechen einem Wert von 65 Rubel auf jeden Bewohner. In diesem Jahr soll die Industrieware pro Kopf auf 100 Rubel Wert erhöht werden – nur die Transportverhältnisse hindern uns, noch mehr Waren ins Land zu bringen. Früher gab es im ganzen Bezirk zwei Basare, wo man einkaufen konnte, einen in Kalai-Chum, einen hier in Garm. Jetzt haben wir siebzig Verkaufsläden, anderthalb per Dorf. Das gesamte Privatvermögen der Bauern beträgt heute fünf Millionen

Rubel. Seife und Petroleum kannte man früher nicht, Tee tranken nur drei Prozent der Bevölkerung. Die Mullahs predigten gegen den Gebrauch des Zuckers, weil man zu seiner Raffinade Mehl verwende, das aus Schweineknochen gewonnen wird.

Schirting war in den Ländern am Pamir so selten wie im 16. Jahrhundert in Europa. In Kalai-Chum gab es Hausweberei. Die ist nun vernichtet, sie konnte der Konkurrenz der Textilfabriken nicht standhalten.

Wenn der Bauer Baumwolle anbaute, so tat er es, um mit der Faser seine Kissen zu füllen, seinen Chalat zu füttern und seine Decken zu wattieren.

Durchschnittlich besitzt heute jeder Bauer zwei Chalate, seine Frau gleichfalls, zwei Steppdecken und 100 bis 200 Meter Manufaktur, also viel mehr, als man brauchen kann, aber die Leute lieben es, ihr Geld in Waren anzulegen.

Wo vor knapper Vergangenheit der Kienspan brannte, brennt die Petroleumlampe in einer nur knappen Gegenwart, denn in der knappen Zukunft wird hier elektrisches Licht leuchten.

Man trug Sandalen oder ging barfuß. 10 000 Paar Galoschen und 10 000 Paar Stiefel wurden in diesem Jahr ausgegeben, viel zuwenig, viel zuwenig!

Für einen Hammel bekam man 20 Pfund Tee, für ein Pud Getreide ein Pfund Tee. Pferde besaßen nur die Reichen. Der Omatsch, der hölzerne Pflug, wurde von Ochsen gezogen. Nun hat fast die Hälfte der Bauern je ein Pferd; als die Grenze offen war, haben sie es in Afghanistan erstanden, indem sie dafür Manufaktur gaben.

Nur 20 Prozent der Bevölkerung zahlen Steuern, die Kleinbauern und die Landarbeiter sind von Steuern befreit.

Unter dem Emir wurde prinzipiell von allen Untertanen Steuer eingehoben; sie machte oft 35 Prozent des Vermögens aus. Ein Zehntel der Ernte mußte als „Uschar" abgeliefert werden, ein Vierzigstel vom Viehbestand jedes Bauern ging als „Zaket" jährlich an den Emir; Schafkäse, Holz und Milch waren abgabepflichtig. Den Tadshiken, die in Fergana arbeiteten, nahm man bei ihrer Rückkehr die Hälfte des Lohnes ab. An den Brücken erhob man Maut für die Herden, die Bewässerungskanäle waren Mittel zur Ausbeutung, zur Erpressung, zur Bestechung.

Eine Tanga, das sind 20 Kopeken, mußte jeder Verheiratete für jeden Donnerstag des Jahres als Lustbarkeitssteuer bezahlen; denn an diesem Tage hat der Muselman mit einer seiner Frauen zu schlafen; in Afghanistan wird diese religiöse Abgabe, Kurpa Dschumbani genannt, noch heute erhoben.

Wir sind ein Zuschußland der Sowjetunion. Nur 12 Prozent unseres Ausgabenbudgets können von den Steuern gedeckt werden, 88 Prozent gibt die Unionsregierung zur Herstellung des Gleichgewichts zwischen den Nationen her.

Während zur Zeit des Emirs jährlich 15000 Männer abwandern mußten, weil sie zu Hause hungerten, können wir heute trotz aller Mühe und Agitation kaum 6000 Leute für die Arbeit in den südlichen Baumwollgebieten anwerben. Für Straßenbau finden wir überhaupt keine Arbeitskräfte, früher zwangen Hunger und Arbeitslosigkeit dazu, jetzt zwingt nichts mehr dazu.

„Können viele Leute lesen?"

„Stehe nicht, Genosse, sondern füge dich der Landessitte, setze dich zu uns auf die Erde und höre über die kulturelle Lage eines Bezirks am Pamir, bevor du dir ihn ansiehst."

5 Prozent der Kinder besuchten die Koranschulen, selbstverständlich kein Mädchen. Jetzt werden von den 5800 schulpflichtigen Kindern in 160 Schulen 80 Prozent der Knaben erfaßt, von den Mädchen erst 15 Prozent. Die allgemeine Schulpflicht ist beschlossen. Allerdings stehen viele Wirtschaften einzeln auf den Bergen des Pamir, und selbst in größeren Dörfern gibt es noch Eltern, die erklären, ihr Töchterchen lieber zu töten als es zur Schule zu schicken. In 70 Analphabetenschulen unterrichten wir 3500 Männer und 1000 Frauen. Die Zahl der Anmeldungen ist viel höher, da fast alle Mitglieder der Kollektivwirtschaften und der Gewerkschaften lesen und schreiben lernen wollen. Aber wir haben weder Räume noch geschulte Lehrkräfte, noch Verkehrsmittel genug, um in jedem Bergdorf einen Kurs für Analphabeten einzurichten.

Wir haben einen Lehrerbildungskurs mit 105 Hörern, davon ein Viertel Frauen, eine Schule für Sowjet- und Parteiarbeiter, eine landwirtschaftliche Schule für Mitglieder der Kollektivwirtschaften, einen Traktorführerkurs und eine Bauarbeiterschule.

Die religiösen Schulen sind nicht verboten, und auch der Mullah ist da, bereit, Schüler aufzunehmen, aber es kommen keine. Viele Mullahs haben sich bei der Volkszählung als Analphabeten bezeichnet, sie können nur die Suren des Korans auswendig, nach denen sie ihren Schülern das „Lesen" beibrachten.

Die Rolle der Moschee hat sich gewandelt. Im Sommer sitzen, an die Holzsäulen vor der Moschee gelehnt, die Greise beisammen, und es ist sicher, daß sie die politische Entwicklung nicht eben mit Wohlwollen glossieren. Im Winter dient nur einer von den beiden Räumen der Moschee als Gebetraum, der andere aber als Versammlungslokal. Dieses wird geheizt und heißt Olla-u-Chana, Haus des Feuers. Dort sitzt man im Rauch unter berußtem Balkenwerk, die Zeitung wird vorgelesen, abwechselnd legt man Holzscheite auf, die Jungkommunisten kommen hin und diskutieren mit den Verfechtern des Islams, die Kolchose halten dort Versammlungen ab, Deputationen und Agronomen, die aus der Stadt kommen, schlafen dort. Dieser Teil der Moschee ist also Klub, Gasthof und Teehaus zugleich.

Der Gebetraum ist so geblieben, wie er immer war. Nein, doch nicht ganz. Als sich die Kulaken gegen die Kollektivierung auflehnten, zogen die Mitglieder der Kollektivwirtschaften ihren Feinden den Gebetteppich vom privilegierten Platz nahe der Gebetnische weg und legten ihn an die Hinterwand, wo bisher nur die Armen gekniet hatten. Das war für die frommen Reichen ein schwerer Schlag, als es die Entziehung der Bürgerrechte, die Aufteilung ihres Bodens sein konnte. Es kam zu turbulenten Szenen. Der gedemütigte Bey rief Allah um Hilfe und Rache an, und da sie ihm nicht wurde, betrat er die Moschee nie wieder und wurde „Atheist".

Viele Moscheen sind liquidiert, insbesondere in jenen Dörfern, wo es keine Einzelwirtschaften mehr gibt, alle Bewohner im Kolchos organisiert sind. Im Michrob, der heiligen Nische an der heiligen Wand, die nach Mekka (hier: nach Südwest) gerichtet ist, werden Benzin und Öl für den Traktor, Seile, Maschinenteile und Sicheln aufbewahrt, und dort, wo die Gebetteppiche lagen, stapelt man Getreide auf. Das Olla-u-Chana ist zur Bibliothek und Lenin-Ecke geworden.

„Steh auf, Genosse, und sieh dir an, wie es geworden ist in unserem Bezirk am Pamir."

BESICHTIGUNG DER STADT GARM

Gut. Sehen wir uns diesen Bezirk am Pamir an. Von den „Zar-Peter"-Bergen blinkt Schnee, die Wasserstrudel des Wachsch ventilieren die Luft. Absolut genommen, mag das Wetter frühlingshaft warm sein, aber was ist „absolut?" – uns fröstelt, denn wir haben uns seit Wochen an eine Luft gewöhnt, die über 40 Grad im Schatten zeigt.

Zwischen den europäischen Bauten klaffen Lücken. Menschenansammlung auf dem Marktplatz vor einem weißen Häuschen, dem Rundfunkgebäude. Ein Zimmer, dessen Fenster geöffnet sind, ist nichts Geringeres als der Senderaum. Wer in seiner Hütte keinen Empfangsapparat hat, geht hierher und hört die Radiovorträge nicht nur, sondern sieht sie auch. Eben spritzt ein tadshikischer Volkssänger Witze in den Äther, und die Horcher draußen bedenken ihn mit Zwischenrufen; selbst wenn drinnen eine transparent aufleuchtende Tafel „Ruhe! Vorführung!!" hinge, was kümmerte das die Außenstehenden, Schwarzhörer und Schwarzseher?

Der junge tadshikische Rundfunkleiter sieht uns aus Europa heranschlendern, er bittet uns eindringlich, laut und unbekümmert um die diskretesten Pointen, die der Volkssänger eben dem Mikrophon zuraunt, wir möchten doch „Gegenwart und Zukunft Europas" in einem Radiovortrag behandeln.

„Wann?"

„Sofort. Komm herein. Macht Platz, rafikon." (Genossen.)

Uns bleibt die Spucke weg. Wir sind von anderen Weltteilen her gewöhnt, unsere Radiovorträge, selbst unpolitische, Wochen vorher der Zensur vorzulegen. Und so aus dem Stegreif zu sprechen? Wir wenden ein, daß unsere Kenntnis des Tadshikischen ungenügend ist.

„Macht nichts", ruft der braune Funkleiter, „macht nichts. Du sprichst russisch, und wir übersetzen es."

Er läßt einen Pfiff ertönen, den man – was „Ruhe im Senderaum!", was „Vorführung!" – jetzt in den Berghütten der Pamirschen Hochebene, drüben jenseits der Grenze in den Kasernen des indischen Grenzkorridors, in den Wachstuben Persiens, Chinas und Afghanistans hören wird, und der rafik Fedja kommt aus seinem Haus, gern bereit zu übersetzen.

„Achtung! Achtung! Achtung! Ein garantiert echter Europäer spricht jetzt persönlich über die politische und wirtschaftliche Lage Europas und ihre zukünftige Gestaltung!" Das ist zum Glück ein Thema, das man in zwanzig Minuten bequem erschöpfen kann, und während unsere Worte noch in den Antennen auf dem Dach der Welt nachschwingen, während ganz Asien der Übersetzung unserer Ausführungen lauscht, sind wir schon fort aus dem Rundfunk und wieder auf unserem Rundgang.

Was uns zunächst auffällt, sind dunkle Scheiben an den Wänden der Lehmhütten, nebeneinander, übereinander aufgepappt. Soll das ornamentalen Zwecken dienen? Erst im weiteren Verlauf unseres Spaziergangs erkennen wir die Tätigkeit einiger Frauen als den Produktionsprozeß dieser Rundkuchen. Wir agnoszieren (mit unserer Nase) das Rohmaterial und erfahren, welchem Zweck das Fertigprodukt dient. Vor dem Haus wird Hammelmist mit Wasser und Häcksel angemacht, auf dem Vorbau mit der tierisch stinkenden Masse „backe, backe Kuchen" gespielt. Keusch verschleiert sind die Frauen bei dieser Arbeit, duldet doch der liebende Gatte mitnichten, daß durch Blicke fremder Männer die Blume seines Harems geschändet werde, während sie Mist zu Scheiben knetet. Der Fladen, der einer war und einer ist, wird auf die Lehmwand geklatscht, damit er trockne und im Winter als Heizmaterial diene.

Beileibe nicht alle Frauen von Garm tragen den Schleier, mehr als ein Drittel hat ihn bereits abgelegt, beileibe nicht aller Frauen Tätigkeit beschränkt sich darauf, aus nassen Hammelmist „Topak" zu backen. Wir sehen ins Fenster eines großen Hauses. Eine Frau kommt heraus und fragt uns, ob wir etwas suchen. „Oh, nichts, wir gehen zufällig hier vorbei, wollten sehen, was drinnen für Maschinen klappern." – „Wir sind ein Artel (Produktionsgenossenschaft) von Näherinnen. Bitte, treten Sie ein."

So geraten wir in die Kooperative der Weißnäherinnen. Vierzig Frauen, alle unverschleiert, einige sitzen sogar auf Stühlen, denn sie arbeiten an der Nähmaschine, andere hocken nähend auf dem Teppich, Kinder spielen neben ihnen, das Haar der kleinen Mädchen ist in fünfzehn dünne Zöpfe geflochten, an deren Enden Bändchen baumeln.

Laken, Polsterbezüge, Leibwäsche werden hier genäht und gleichzeitig Vorträge gehalten, Konzerte gegeben, am Abend finden Kurse statt, hauptsächlich Lesen, Schreiben und Rechnen.

„Was sagen eure Männer dazu?"

„Anfangs waren sie dagegen, daß wir hierhergehen, jetzt sind sie zufrieden, weil wir Geld verdienen. Wir konnten uns zu Hause Radio einrichten, und statt mit Topak heizen wir mit Holz, das Leben ist besser geworden, auch für unsere Männer."

„Wieviel verdient ihr?“

„Die Leiterin bekommt 285 Rubel monatlich festes Gehalt, die Mitglieder teilen den Gewinn auf, eine Weißnäherin verdient etwa 125 Rubel, eine Fertigmacherin 100 Rubel.“

Porträts von Rosa Luxemburg, Krupskaja und Clara Zetkin dominieren an der Wand. Von Männerbildnissen die des Staatspräsidenten von Tadshikistan Nasratullah Maksum, Lenins und Stalins.

„Wissen Sie, wer Lenin war?“

„Ja“, sagt die Befragte, eine Frau von fünfzig, „er war ein Russe und hat uns Frauen vom Schleier befreit. Sein Name sei gelobt.“

In der Ecke raucht der Samowar, Tassen mit Tee werden umhergetragen. Mehrere Doiri (Tamburine) lehnen an den Holzsäulen, die die Decke tragen. Die Leiterin richtet an die Frauen die Frage, ob sie dem Fremden einen Tanz zeigen wollen. Einige kichern. Tanzen vor einem Mann, der nicht der Gatte ist? Da tritt eine kleine schmale Greisin vor und beginnt zu trippeln, und ihre Hände beginnen zu flattern, und die Tamburine beginnen zu schwingen, und die Alte wird immer jünger und lebhafter, ohne daß durch die Beschleunigung der Bewegungen etwas von dem verlorenginge, was der Tanz versinnbildlichen will: Zurückhaltung, Entgleiten, Sich-Versagen, Sich-Hingeben. Manchmal schlagen die Spielerinnen staccato mit dem Handgelenk auf das von kleinen Schellen umringte Trommelfell, dann läßt die Tänzerin den Hals vor- und rückwärts schnellen; auch die Oulednails in Afrika haben diese Tanzfigur, sie scheint die Bewegungen eines Vogels nachzuahmen.

Noch hat die Alte nicht geendet, als schon Junge antreten, um sich tanzend Bewunderung zu erwerben. Die Etagen der Ohrgehänge klirren aneinander. Hände, die sonst der lange Ärmel des grellseidenen Parandsha solcherart verhüllt, daß sich auch kein Fingerspitzchen offenbart, Hände entblößen sich bis zum Knöchel. Fuß vor Fuß setzen die Tanzenden, schweben in koketter Flucht vor einem imaginären Partner davon, schaukeln sich im Kreis, der Alten aber tut es an Grazie keine gleich.

Aus der Nachbarschaft sind Frauen gekommen, wir mögen auch ihre Betriebsgenossenschaft mit unserem Besuch erfreuen. Nun, wir erfreuen das Wäschereiartel mit unserem Besuch.

„Vor einem Monat kam eine Abteilung Rotarmisten hierher, um die Schäden zu beseitigen, die der Lehmsturz aus den Bergen verursacht hat. Wir haben Stoßbrigaden organisiert, acht Tage und acht Nächte für sie gewaschen und geflickt, Leibwäsche, Schlafsäcke und Laken. Weil wir von ihnen selbstverständlich keine Bezahlung nehmen wollten, haben sie uns 600 Rubel für die Anschaffung einer Dampfwaschmaschine gestiftet."

Wir ziehen weiter. Im Frauenambulatorium amtiert eine robuste russische Ärztin und zeigt uns ihr Ordinationsbuch. Achtzehn bis zwanzig Fälle im Tag, meist gynäkologische. „Ab.-Kom." ist neben dem Befund eingetragen, ohne Beschluß der Abortuskommission, die nach medizinischen und sozialen Gründen entscheidet, darf keine Schwangerschaftsunterbrechung vorgenommen werden. Anfangs gab es fast 40 Prozent Fehlgeburten, weil die Mütter zu jung waren, jetzt noch immer 5 Prozent. Ekzeme kamen häufig vor infolge mangelnder Hygiene, aber durch die Aufklärungsarbeit vermindert sich ihre Zahl. Medikamente kriegt man unentgeltlich in der Apotheke gegen Vorweisung des Rezepts.

„Sie sehen, ich ordiniere täglich", sagt Anna Michailowna Orlowa. „Gesetzlich habe ich jeden fünften Tag frei, aber da die Patientinnen von weit her kommen und mich auch in meiner Wohnung aufsuchen, hab ich darauf verzichtet."

„Da werden Sie wohl froh sein, Anna Michailowna, wenn Sie von hier abgelöst werden!"

„Wissen Sie, bis zur Revolution war ich gewöhnliche Krankenpflegerin im Marienspital in Moskau – Sie kennen es wahrscheinlich, das Haus, wo Dostojewskij geboren wurde. Nach der Revolution bot man mir die Möglichkeit zu studieren. Ich war so froh über dieses große, niemals erträumte Glück, daß ich aus Dankbarkeit im entlegensten Winkel der Sowjetunion arbeiten wollte. So habe ich mich verpflichtet, auf drei Jahre hierherzugehen."

„Nun, Anna Michailowna, drei Jahre gehen schnell vorbei."

„Sind schon vorbei. Aber wissen Sie, es hat sich herausgestellt, daß mein Opfer gar kein Opfer war, meine Arbeit ist erfolgreich, jetzt habe ich mir meine medizinischen Bücher aus Moskau schicken lassen, fünfzehn Pud, ich gehe nicht mehr fort von hier."

Wenn man die Russen hier fragt, wieso sie in diesen Winkel Asiens geraten sind, so bekommt man oft die Antwort: Ich habe mich hierher gemeldet, um für den Sozialismus im tiefsten Dickicht des Sowjetlandes eine Zeitlang zu arbeiten. Nicht immer schenke man dieser Angabe Glauben! Gar mancher, der sich zu Hause durch Schädlingsarbeit unmöglich gemacht, und gar mancher enteignete Großbauer wanderte nach Asien aus (wo schon vor drei Jahren die Arbeitskräfte nicht ausreichten), um sich die Qualifikation eines Arbeiters, die Mitgliedschaft der Gewerkschaft und vielleicht sogar eine öffentliche Funktion zu erwerben.

Andere pirschten sich aus trüberen Motiven heran, insbesondere damals, als die NEP in ihrer Sünden Maienblüte stand, versuchten sie, Kolonialgeschäfte zu betreiben, handelten mit Karakul, Schafwolle, Reis, Schmuggel und Spionage.

Neben diesen, deren Zeit längst um ist, gingen viele hierher, um aus politischer Überzeugung wirtschaftliche Arbeit zu leisten, jener Typ neuer Menschen, die Stoßbrigadiere heißen.

Fast alle diese neuen Menschen kamen mit der Absicht, nur kurze Zeit zu bleiben, und fast alle sind geblieben oder wiedergekehrt. An die heroischen Landschaften Mittelasiens ist man gekettet wie eine Mutter an ihre Kinder.

Die frühere Krankenpflegerin und jetzige Ärztin Anna Michailowna Orlowa ist keine Ausnahme, sondern der Typus der aus Innerrußland eingetroffenen Sowjetarbeiter. Jedermann fühlt sich hier als Bringer der Kultur, wenn nicht gar als Städtegründer. Jedermann zeigt dir, was er geschaffen, erzählt dir, wie entsetzt er war, als er ankam, wie glücklich er ist, daß er bleiben kann. Sie erzählen dir ihr Leben, in dem ihr Eintreffen in Tadshikistan die Peripetie bedeutet hat.

Anders ist es, wenn man mit Einheimischen spricht. Sie waren Partei in dem Prozeß, der in anderen Ländern tausend Jahre währte und hier innerhalb von zehn Jahren entschieden wurde. Sie sind im schwersten Sklavenkerker und in düsterer Bigotterie aufgewachsen, viele haben sich gegen die neue Zeit gestemmt und haben ihr Damaskus erlebt, nicht alle in der gleichen Stunde.

Hier in Garm erzählt uns Chassjad Mirkulan, eine junge Tadshikin in europäischer Kleidung, ihre Lebensgeschichte. Von Zeit zu Zeit kommt Rafi Aman in die Stube, ihr junger, bronzefarbener Mann, um lächelnd zu fragen, ob er noch immer nicht bleiben dürfe. Auch sie lächelt ihm freundlich zu, „nein, ich bin noch nicht zu Ende“. Sie schämt sich, vor ihm das alles zu erzählen.

Uns aber erzählt Chassjad Mirkulan, wie aus einem Stück Ware eine freie Frau wurde, eine der tausendundeinen wahren Geschichten aus der Sowjetrepublik Tadshikistan.

„ICH, CHASSJAD MIRKULAN,

bin 1904 in Tschustpap, im Tal von Fergana, geboren. Als ich acht Jahre alt war, wurde ich verschleiert. Mein Vater war Weber, meine Mutter und ich stickten Mützen, meine kleine Schwester half uns beim Aufspulen, mein Bruder arbeitete bei einem Bäcker. Wir waren sehr arm, und deshalb war ich noch ledig. Erst als ich vierzehn Jahre alt war, verheiratete man mich.

Wie es war? Meinen zukünftigen Mann kannte ich natürlich nicht, ja ich hatte überhaupt keine Ahnung davon, daß ich Braut sei. Erst später habe ich erfahren, daß der Onkel meines Bräutigams (er hatte keinen Vater mehr) mit dem Imam (Priester) bei meinem Vater war, um zu fragen, ob er mich schon jemandem versprochen habe. Mein Vater verneinte, und sie gingen weg.

Am nächsten Tag kamen sie wieder, meine Mutter buk Flachbrot, kochte Reisfleisch und Tee und übergab den Gästen eine silbergestickte Mütze für den Bräutigam. Ich wurde zur Nachbarin geschickt und blieb dort von morgens bis Sonnenuntergang. Kein Mädchen darf zu Hause sein, solange die Verwandten ihres zukünftigen Mannes da sind – das ist eine religiöse Vorschrift, aber ich kannte sie nicht und erriet nicht, warum man mich wegschickte. Nachdem die Gäste gegangen waren, holte man mich, wir aßen den Rest vom Plow, den die Gäste übriggelassen hatten, und wuschen das Geschirr.

Als Kaufpreis für mich hatte man ausgemacht: zwei Hammel, vier Pud Weizen, zwei Pferdelasten Holz, drei Pud Reis und eine Kuh, drei Kamelhaardecken, einen Chalat und zwei Kleider. Diese Sachen bekamen wir nie, nur die Decken und die Kleidungsstücke brachte sein Onkel. Meiner Mutter gefielen sie nicht: ‚Schäbig! Nicht einmal Seide', sagte sie, und sein Onkel antwortete: ‚Wir sind arme Leute.'

Ein paar Tage später erfuhr ich von meiner Mutter, daß ich heiraten werde. Ich war sehr unglücklich, von zu Hause fort zu müssen und meine Freundinnen zwei Jahre lang nicht zu sehen. In den beiden ersten Jahren der Ehe darf eine Frau keine Besuche machen und keine Besuche empfangen. Auch wußte ich nicht, ob mein Bräutigam alt oder jung war und wieviel Frauen er schon hatte. Fragen durfte ich nicht.

Wie die Hochzeit vor sich ging? Drei Wochen nach der Werbung bereiteten wir ein großes Essen vor, die Verwandten kamen, dann der Mullah mit dem Bräutigam. Die Kinder liefen zu mir ins Itschkari, wo ich mit den beiden Töchtern unserer Nachbarin saß.

‚Chassjad, wir haben deinen Mann gesehen.'

Meine Freundinnen fragten (ich hätte so etwas nie gewagt): ‚Ist er alt?'

‚Nein, nicht alt, und er hat einen seidenen Mantel.'

‚Wie alt ist er denn?' fragten meine Freundinnen. Mir war, als müßte ich mich vor Scham in den Brunnen verkriechen.

‚Er ist so alt wie Chassjads Bruder.'

Diese Antwort machte meine Augen froh, denn ich war überzeugt gewesen, man werde mich einem Greis geben, weil wir so arm waren.

Meine Mutter, die bisher beim Herd im Hofe gestanden hatte, befahl mir, die Nägel mit Ch'na (Henna) zu röten, die Augenbrauen mit Usmah-Gras einzureiben und mein gutes Kleid anzuziehen. Nach einer oder zwei Stunden kam sein Onkel zu uns nach hinten und rief: ‚Jetzt!'

Ich legte den Schleier an und ging zur Tür, die geschlossen war. Draußen stand der Mullah, betete und fragte durch die Tür, ob ich einverstanden sei zu heiraten. Meine Mutter gab mir ein Zeichen zu schweigen. Dreimal wiederholte der Mullah die Frage, erst beim viertenmal hatte ich zu antworten: ‚Ha' (Ja).

Zwei Verwandte meines Mannes traten ein, breiteten einen Teppich aus und stellten Tee und Gebäck darauf. Hierauf führten sie meinen Mann herein, und er setzte sich auf den Tschapan (Teppich). Zum erstenmal waren fremde Männer im Frauengemach, meine Mutter, meine Freundinnen und ich standen verschleiert in der Ecke, das Gesicht der Wand zugekehrt, und weinten.

Dann verließen alle die Stube, und ich blieb mit meinem Mann allein. Er rief ‚Chassjad', und ich setzte mich neben ihn, abgewendet, so daß ich ihn nicht sehen konnte. Er goß Tee in die Piala und reichte sie mir. Ich schüttelte nur den Kopf, ich konnte nicht trinken, ich zitterte wie eine Saite. Nun trank er den Tee selbst aus und bot mir Gebäck an, aber ich nahm auch kein Gebäck. Wir sprachen kein Wort miteinander. Nach einer Weile klatschte er in die Hände, meine Mutter kam herein, trug Kanne und Tasse fort und verriegelte die Tür von außen.

Er näherte sich mir und nahm mir den Schleier ab. Mein Herz schlug wie eine Trommel. Ich schämte mich, mich vor einem fremden Mann zu entblößen, ich fürchtete, daß ich ihm nicht gefallen werde.

In dieser Sekunde sahen wir einander zum erstenmal.

Er nickte mir freundlich zu, breitete die Kissen auf dem Teppich zum Schlafen aus, wir lagen bis zum Morgen wie Bruder und Schwester. Nicht einmal geküßt hat er mich.

Drei Tage wohnte er in meinem Vaterhaus, so verlangt es die Sitte, dann zog ich zu ihm. Hier erst erfuhr ich, daß ich seine einzige Frau sei, ihn danach zu fragen, hatte ich nicht gewagt.

Wir lebten anderthalb Monate zusammen, ohne daß er mich berührt hätte. Da sagte eines Tages seine Schwester zu ihm: ‚Schämst du dich nicht? Du bist schon achtzehn Jahre alt und benimmst dich wie ein Batscha (Lustknabe der Homosexuellen).' – ‚Sie tut mir leid', antwortete mein Mann, ‚sie fürchtet sich so davor.' Die Schwester kochte eine Fleischpastete und gab Nascha hinein, eine betäubende Wurzel. Das mußte ich essen und wurde davon besinnungslos. Ich wußte nicht, was mit mir geschah. Am nächsten Tag hatte ich hohes Fieber, fünf Wochen lang lag ich schwer krank und phantasierte.

Mein Mann war Baumwollarbeiter, aber 1919 wurde selbst im Tal von Fergana keine Baumwolle angebaut, deshalb ging er, sechs Monate nachdem wir geheiratet hatten, nach Taschkent, um Arbeit zu suchen. Dort ist er an Lungenentzündung gestorben. Da er keinen Bruder hatte, dem ich als Erbe zufallen konnte, kehrte ich wieder in mein Vaterhaus zurück, saß anderthalb Jahre zu Hause und stickte Mützen.

Eines Abends kam der Bruder meiner Mutter sehr aufgeregt zu uns; er hatte gehört, daß die Bassmatschen im Nachbarort alle Frauen und Mädchen geraubt hatten und heute nacht unser Dorf überfallen wollen. Ich und meine beiden Kusinen, Obidabi und Sobira, verkleideten uns als alte Frauen und flüchteten in Begleitung meines Onkels zu Fuß über die Berge.

Nach zwei Tagen waren wir in Kokand. Dort übergab uns der Onkel einem Ischan, einem Wunderpriester, mit den Worten: ‚Das Fleisch ist euer, die Knochen sind unser.' Das sollte bedeuten: Tu mit ihnen, was du willst, wenn sie tot sind, werden wir sie begraben.

Der Onkel verabschiedete sich von uns, und wir blieben als Dienerinnen im Hause des Rachmatullah Ischan. Der hatte vier Frauen und eine alte Dienerin, die uns herumhetzten. Den ganzen Tag saßen die Muridi im Hause, die Hilfspriester, oder es kamen Gäste, um von Rachmatullah Ratschläge zu erbitten, und sie brachten ihm Geschenke mit. Immerfort mußten wir Zwiebeln schneiden für das Reisfleisch, Tee kochen oder am Arik das Geschirr waschen. Wir arbeiteten und schliefen fünf Monate lang in den Altfrauenkleidern, in denen wir gekommen waren, bekamen keinen Lohn, nur Überbleibsel der Mahlzeiten, oft nur Tee und Brot.

Täglich kam der Murid Hakim-Said, ein verwachsener Greis, den wir nicht leiden konnten. Diesem Gespenst gab der Ischan die Obidabi, die ältere meiner beiden Kusinen, zur Frau, obwohl Hakim-Said schon zwei andere Frauen zu Hause hatte.

Zur Hochzeit traf mein Onkel ein. Er brachte mir die Nachricht, daß mein Vater tot sei. Die Bassmatschen hatten ihn erschlagen, weil sie glaubten, daß er mich vor ihnen versteckt halte. Vor den Augen meiner Mutter haben sie ihm den Kopf mit einem Säbel gespalten.

Der Onkel sagte zu mir: ‚Sollte jemand zu uns kommen, um dich zur Frau zu verlangen, so werden wir dich wieder verheiraten, wenn er dich vom heiligen Ischan loskaufen kann.' Ich weinte, ich wollte mit ihm nach Hause, aber er lehnte das ab, ich gehöre nicht mehr meiner Mutter, sondern dem Ischan. Zu Hause gäbe es auch nicht viel zu essen. So bat ich ihn, er möge mir wenigstens mein Kleid schicken, und das versprach er.

Einige Tage nach der Hochzeit von Obidabi erkrankte die jüngste Frau von Rachmatullah Ischan, sie spuckte Blut. Man rief den Tabib, den Arztpriester, und der verordnete der Kranken, eine Woche lang täglich Froschsuppe zu essen.

Die alte Dienerin nahm eine Zange und ein Säckchen und ging mit mir zu einem Sumpf, um Frösche zu fangen. Mehrere Male versuchte sie, einen Frosch zu packen, aber er hüpfte immer davon. Erst als sie mir die Zange reichte, konnten wir zwei Frösche erwischen und brachten sie im Säckchen nach Hause.

Am nächsten Tag schickte man mich allein. Ich hatte schon einen Frosch gefangen, da hörte ich plötzlich Musik. Ich lief zur Hauptstraße und sah etwas, was ich nie in meinem Leben für möglich gehalten hätte: einen langen Zug von Frauen, die hinter einer Musikkapelle marschierten und sangen. Viele waren unverschleiert! Auf offener Straße! Zwei Frauen trugen Stangen, zwischen denen war ein rotes Tuch mit einer Aufschrift. Einige riefen immerfort etwas, ich ging mit, um zu hören, was sie rufen. Endlich verstand ich es: Jaschasun chotunlar osodleri – es lebe die Befreiung der Frau.

Ich ging mit, den Sack mit dem Frosch und die Zange in der Hand. Wir kamen in einen Hof, wo Tische mit Tee, Kuchen und Äpfeln standen. Ich wagte es nicht, mich hinzusetzen. Eine Frau – wie ich später erfuhr, hieß sie Ibrahimowa – trat auf die Rednertribüne und hielt eine Ansprache, sie erzählte von unserem Leben, aber sie sagte, es sei ein Unrecht, daß der Mann die Frau schlagen dürfe, daß die Frauen nichts lernen dürfen und verschleiert gehen müssen ihr Leben lang. ‚Heute ist der 8. März, das ist der Tag der Frauen. An diesem Tage sollen alle Frauen darauf aufmerksam gemacht werden, daß sie ebensolche Menschen sind wie die Männer.'

Ich stand da wie ein Turm. Es wäre ja sehr schön, wenn die Frauen so frei wären wie die Männer, aber hatte das Allah nicht verboten? Das war ja alles Sünde, was diese Frau redete! Nichts als Sünde! Sicherlich wird diese Frau gesteinigt werden, wenn sie zu Ende gesprochen hat. Aber alle riefen nur ‚Jaschasun chotunlar osodleri', und einige warfen den Schleier von sich.

Noch immer stand ich erstarrt da. Die Ibrahimowa forderte mich auf, mich zu setzen. ‚Ich fürchte mich', sagte ich, ‚ich wohne bei einem Ischan. Wenn der erfährt, was ich hier angehört habe, wird er mich töten.'

‚Ist der Ischan dein Mann?'

‚Nein, ich bin Dienerin bei ihm.'

Die Ibrahimowa fragte mich, ob ich einen Mann habe und wo mein Vater sei, und ich antwortete, daß ich Witwe bin und mein Vater nicht mehr lebt.

‚Möchtest du gerne lernen?'

‚Lernen? Ich bin doch eine Frau!'

Und nun erklärte sie mir, es herrsche nicht mehr der Emir, kein Mensch darf jetzt vor den andern ein Vorrecht haben, auch der Bey nicht, alle Menschen sollen lernen, auch die Frauen.

So etwas hatte ich noch nie gehört, und ich sagte: ‚Ich möchte gerne etwas lernen. Nehmt mich zu euch, ich kehre nicht mehr zum Ischan zurück, wenn ihr mich aufnehmt.'

‚Gut. Aber trinke zuerst deinen Tee.' Ich nahm den Schleier ab und legte ihn links neben mich, rechts die Zange und das Säckchen, in dem der Frosch zuckte. Ich hatte Angst, man könnte mir den Schleier wegnehmen, oder daß der Frosch davonhüpft und alle mich auslachen. Ich schämte mich so sehr wegen des Frosches.

Nachdem ich Tee getrunken hatte, zog ich den Schleier wieder an, nahm meine Sachen und ging mit der Ibrahimowa; unterwegs warf ich Frosch und Zange weg.

Wir kamen in ein großes Haus – es war das Gemeinschaftshaus der Schülerinnen –, die Ibrahimowa stellte mich dort einer Frau vor und verabschiedete sich von mir. Ich bekam endlich, endlich ein neues Kleid, und die Frau führte mich ins Badezimmer. Vorher hatte ich niemals eine Wanne gesehen. Zuerst fürchtete ich mich hineinzusteigen, aber dann wäre ich am liebsten darin geblieben. Nachher duschte ich. Im Schlafsaal wohnten elf junge Frauen. Zum erstenmal im Leben legte ich mich in ein Bett, ich glaubte im Djamat-Bihischi zu sein, im Paradies.

Am nächsten Morgen kam ich in den Schulsaal und begann das Alphabet zu lernen. Die anderen kannten schon viele Buchstaben und Ziffern, ich bewunderte sie sehr, aber ziemlich schnell lernte auch ich Lesen, Schreiben und Rechnen.

Wenn ich ausging, trug ich den Schleier. Meine Mitschülerinnen redeten mir zu, doch den Tschadschwan zu Hause zu lassen, aber ich antwortete, jemand aus dem Hause des Ischan könnte mich erkennen, und dann würde man mich wieder holen.

Als ich neun Monate in der Schule war, fragte mich der Wirtschaftsleiter, ob meine Mutter weiß, daß ich hier bin. ‚Ich glaube, sie weiß es', antwortete ich, denn ich war überzeugt, daß sich der Ischan meine Flucht mit der Demonstration am Frauentag erklärte. Der Rachmatullah Ischan galt ja als der weiseste Mann des ganzen Kokander Bezirks.

‚Ich werde deiner Mutter schreiben, daß du hier bist.'

Ich fürchtete, meine Mutter würde mich wieder zum Ischan bringen, der Onkel hatte doch gesagt: Das Fleisch ist euer, die Knochen sind unser. Deshalb bat ich den Wirtschaftsleiter, nicht zu schreiben. Er sagte nur: ‚Ohne Grund werde ich es nicht tun.'

Einige Tage später, ich war gerade Diensthabende und machte Ordnung im Schlafsaal, da sah ich eine verschleierte Frau an der Tür stehen und hereinlugen.

‚Keine Angst, keine Angst', rief ich lachend, ‚Sie können hereinkommen, hier sind keine Männer.'

Die Fremde kam ganz steif auf mich zu, so daß mir angst und bange wurde. Der schwarze Schleier berührte schon mein Gesicht, da schrie die Frau auf: ‚Chassjad!'

Es war meine Mutter. Sie konnte zuerst gar nicht sprechen, sondern betastete mich nur. Dann riß sie mich an sich, küßte mich und weinte und weinte. Inzwischen war auch der Onkel heraufgekommen und starrte mich ebenso fassungslos an.

Nach und nach hörte ich, warum sie so aufgeregt waren: der Onkel war kurz nach der Hochzeit seiner Tochter wieder nach Kokand gekommen, um mir, wie er versprochen, mein Kleid zu bringen. Im Haus des Ischan erfuhr er, daß ich ermordet worden sei. Als ich nämlich von der Froschjagd nicht nach Hause kam, ließ der Ischan eine Wahrsagerin rufen, sie sollte aufklären, wo ich geblieben bin. Die Alte warf eine Baumwollkapsel in heißes Wasser und begann zu erzählen, was sie sah: am Ufer eines Kanals packt mich ein Bassmatsch – er reißt mich aufs Pferd – er reitet mit mir davon. Dann sah sie, wie er mich in ein Gebüsch schleppt. Plötzlich schrie die Wahrsagerin: ‚Jetzt brennt ihr Licht nicht mehr.' Mit dieser Nachricht von meinem Tode war der Onkel zurückgekehrt, und die Mutter hatte mich lange betrauert . . .

Vor drei Tagen war von der Schule eine Mitteilung eingetroffen, daß ich hier sei und die Mutter möge nach Kokand kommen. In höchster Aufregung hatte sie sich mit ihrem Bruder aufgemacht, um zu erfahren, was diese Mitteilung bedeutet. Trotz aller Freude, daß ich am Leben war, machte sie mir Vorwürfe: ‚Wieso bist du ohne Tschadschwan? Wer hat dich dazu gebracht, eine so schreckliche Sünde zu begehen? Schlechte Menschen haben Einfluß auf dich!'

Ich schwor, daß ich nur zu Hause und in der Schule unverschleiert bin und niemals auf der Straße, aber sie hielt auch das für sündhaft und schamlos, denn wie leicht kann ein Mann hereinkommen und mich so sehen!

Für den Abend hatte uns der Wirtschaftsleiter eingeladen, ich war verschleiert, obwohl er mich sonst immer ohne Schleier gesehen und auch seine Frau und seine Schwester unverschleiert dasaßen. Er sprach leise mit meinem Onkel und mit meiner Mutter, dann riefen sie mich, und ich erfuhr, warum er nach Hause geschrieben hatte. Ein Lehrer wollte bei meiner Mutter um meine Hand anhalten. ‚Nein', sagte ich, ‚ich will hierbleiben und weiterlernen.' Man ließ den Lehrer holen, er kam und war einverstanden, daß ich auch als seine Frau weiter die Schule besuche.

So haben wir geheiratet. Das war eine andere Hochzeit als meine erste. Wir gingen einfach zum ‚Sags', dem Sowjetstandesamt, und ließen uns als Mann und Frau eintragen. Die Beamtin war keine andere als die Ibrahimowa. Sie war glücklich, daß ich in der Schule geblieben war, und noch mehr, als ich erzählte, wie gern ich lerne.

Bis 1922 blieb ich in der Schule, dann bekamen wir, mein Mann und ich, die Erlaubnis, in den Rabfak (Arbeiterfakultät – Vorbereitungsschule für die Universität) von Taschkent einzutreten.

Als Studentin und Frau eines Jungkommunisten konnte ich unmöglich mit dem Tschadschwan ausgehen. Ach, das kann ich gar nicht schildern, wie es war, als ich die ersten Male unverschleiert über die Straße ging; ich hielt mich knapp hinter meinem Mann, so daß mein Gesicht fast an seinen Rücken gedrückt war, dann schielte ich, ob die Vorbeigehenden nicht stehenbleiben und lachen.

Sie müssen bedenken, daß eine Frau nur vor dem Vater und dem Sohn Hände und Gesicht entblößen durfte, das Gesicht konnte man auch vor den eigenen Brüdern und den älteren Brüdern der Mutter zeigen. Ich erinnere mich, daß eines Tages, ich war acht Jahre alt und eben unter den Schleier gekommen, meine Mutter zu mir sagte: ‚Mirismon ist heute beschnitten worden.' Mirismon war ein Nachbarjunge, ich habe ihn gehen gelehrt, als ich selbst erst drei oder vier Jahre alt war, fast von seiner Geburt an spielte ich täglich mit ihm. Die Mitteilung meiner Mutter bedeutete, daß er von nun an mein Gesicht nicht mehr sehen durfte.

‚Wenn eine Frau hustet, so daß ein Mann es hört, oder wenn ein fremder Mann die Hand einer Frau sieht, so ist das Schmach und Sünde für die ganze Familie.' So predigte der Priester sehr oft, das weiß ich, denn jedesmal kam der Vater nach dem Moscheebesuch zu uns ins Itschkari und wiederholte diesen Spruch, den der Mullah aus dem Ktab vorgelesen hatte. Ein Mädchen, das sich nach einem Mann umdreht, galt als Prostituierte.

Ich erzähle das nur, damit Sie verstehen, was das für mich bedeutete, daß ich ohne Schleier durch die Taschkenter Straßen ging und mich umsah, ob nicht jeder stehenbleibt und mich verhöhnt. Bald bemerkte ich, daß niemand stehenblieb und niemand mich verhöhnte.

Im Jahre 1923 trat ich in den Jugendverband ein. Nachdem ich den Rabfak absolviert hatte, besuchte ich die Universität, ich studierte politische Ökonomie, Revolutionsgeschichte und einige Nebenfächer. Die russische Sprache hatte ich schon auf der Arbeiterfakultät gelernt.

Fünf Jahre blieb ich in Taschkent, wurde Parteimitglied und beendete mein Universitätsstudium. Mein Mann hat ein Jahr vor mir absolviert und war in Kagan bei Buchara tätig, wohin ich nun auch fuhr. Ich wurde dort politische Leiterin des Frauenverbandes, dessen Mitglieder meist Seidenarbeiterinnen waren. Von Kagan kam ich zur Frauensektion nach Stalinabad, das damals noch Djuschambe hieß, und wurde nach einiger Zeit zur stellvertretenden Vorsitzenden des Stadtsowjets (Vizebürgermeisterin) gewählt. Es war die Zeit des Aufbaus. Hunderte neuer Häuser wurden gebaut, die erste Eisenbahn, alles mußte organisiert werden. Ich kam oft tagelang nicht nach Hause.

Mit meinem Mann im gleichen Amt arbeitete eine Russin, und die beiden verliebten sich ineinander; von einer Dienstreise nach Taschkent schrieb er mir, daß er dort auf dem ‚Sags' war und seinen Austritt aus unserer Ehe eintragen ließ. Er schrieb, er habe nicht den Mut gehabt, mir seinen Entschluß vorher mitzuteilen, ich möge ihm verzeihen. Mir tat die Scheidung sehr weh, aber meine Arbeit ließ mir keine Zeit, mich mit meinem Schmerz zu beschäftigen.

1929 kam ich hierher nach Garm, um einen Bezirksdelegiertentag der Frauen zu organisieren; die Frauen waren hier politisch und wirtschaftlich sehr rückständig. Hammeldreck zu ‚Topak' zu backen war ihre einzige Tätigkeit, es gab noch Kinderehen und dadurch häufig Fehlgeburten, Vielweiberei war die Regel, Mangel an Hygiene, Mangel an Aufklärung, fast hundertprozentiger Analphabetismus. Ich machte der Partei den Vorschlag, mich hier zu belassen, bis diese Mißstände beseitigt sind, und so bin ich geblieben.

Das ist alles, was ich von meinem Leben zu sagen habe. Ja, richtig, vor einem halben Jahr kam Rafi Aman als Sekretär des Bezirkskomitees nach Garm – dieser Kerl, der da schon wieder hereinkommt, um mich zu fragen, ob ich mit meiner Geschichte noch nicht fertig bin. Dich hätte ich beinahe vergessen! Nun, wir haben geheiratet, und ich hab ihn auch ganz gern, obwohl er es nicht verdient . . .

Sie wollen noch wissen, was aus den anderen Personen geworden ist, von denen ich gesprochen habe? Der Ischan Rachmatullah ist in Kokand geblieben, zwei seiner Frauen sind gestorben, aber die, der ich die Frösche nicht gebracht habe, lebt immer noch. Es geht ihm schlecht, wenig Leute kommen zu ihm, um von ihm Wunder zu erbitten. Sein Murid Hakim Said, der verwachsene Greis, den wir nicht leiden konnten und der meine Kusine Obidabi geheiratet hat, ist schon vor einigen Jahren gestorben, und Obidabi hat wieder geheiratet. Die andere Kusine, Sobira, kehrte nach Tschustpap zurück, sie ist Traktorführerin, und ihr Mann ist auch Traktorführer. Mein Bruder ist roter Direktor der Brotfabrik in Fergana, meine Schwester arbeitet in der Samarkander Spinnerei.

Meine Mutter ist Vorsitzende einer Gemüsekollektivwirtschaft von 40 Mitgliedern. Sie hat Lesen und Schreiben gelernt und schreibt mir lange Briefe – die sind aber nicht leicht zu lesen.

Ob sie noch Schleier trägt? Seit sechs Jahren nicht mehr."

VERGANGENHEIT, GEGENWART UND ZUKUNFT

155 Tage nach der Aussaat beginnt die Baumwollernte (normalerweise). Mitte April wird auszusäen und Mitte September zu ernten begonnen.

Und die Kamelkarawanen
und die Pferdewagen
und die Lastautos,

die sich jahraus, jahrein, tagaus, tagein über die felsigen Riegel von Nord nach Süd begeben, bringen auf dem Rückweg die Säcke mit der weißen, flockigen, noch kernreichen Last. Ihr Ziel sind die Baumwollreinigungsanstalten von Mittelasien. 67 gibt es jetzt mit 43 327 Kreissägen. Im vorigen Jahr gingen 247 700 Tonnen reiner Faser in die Textilfabriken, in diesem Jahr werden es 527 800 sein, also eine Erhöhung um 113,1 Prozent!

Sehen wir uns eine solche Fabrik an, Gelegenheit gibt es genug dazu auf den Sowchosen und in den Städten. Überall sind Arbeiter dabei, die Maschinerie für die Septemberernte vorzubereiten.

Wir unterhalten uns mit Genossen Galejew, der schon in der Zarenzeit an der hydraulischen Presse arbeitete.

„Vier oder fünf Entkernungsbetriebe", so erzählt er, „gab es damals. Die Belegschaft bestand aus Russen, Tataren und ‚Sarten', das war ein wegwerfendes Wort für Usbeken und Tadshiken.

An der Waage und am Motor arbeiteten die Russen. Die an der Waage machten ein gutes Geschäft. Sie legten die zu übernehmende Ware auf, verschoben das Zünglein mit dem Bleistift und arretierten es. Zumeist war das gar nicht nötig, die Skala war dem Waagemeister zugekehrt. Die Bauern standen abseits und warteten auf den Schein. Bei jedem Sack von etwa 112 Kilo wurden sie um zwei bis drei Kilo betrogen.

An der Presse und am Gin bekamen wir einen Rubel Taglohn bei vierzehnstündiger Arbeitszeit. Alle Tataren arbeiteten dort, aber nicht alle, die dort arbeiteten, waren Tataren. Im Pressekasten mußte immer einer von uns die aus dem Gin kommende Baumwolle feststampfen, weil es damals noch keine Trambowka gab, keinen maschinellen Stampfer. Mehr und mehr Wolle kam in den Kasten, und schließlich tanzte der Arbeiter oben. Dann trat er zur Seite, der Kasten wurde geschlossen, und der Boden hob sich hydraulisch gegen den Deckel, alles, was dazwischen war, zusammenpressend zu Baumwollballen.

Eines Tages stampfte der Arbeiter noch ganz unten, als in einem Gin Feuer ausbrach. Die Baumwolle fiel brennend in die Presse, der Mann stand in einem Flammenmeer, konnte aber den oberen Rand nicht fassen, um sich hinaufzuziehen. Er schrie wie wahnsinnig. Endlich zerrten wir ihn heraus – er war schon halb verbrannt und starb gleich. Er hinterließ eine Frau und zwei Kinder, aber die bekamen keine Entschädigung, weil er ein Perser war. Wir mußten sammeln, damit die Familie nach Persien zurückfahren konnte.

Einem anderen Arbeitskollegen wurde von einem zufallenden Deckel der Kreissägen der Arm weggerissen. Das Gericht sprach ihm eine Unfallrente von drei Rubel im Monat zu.

Sieh meine Hand an – mir wurden zwei Finger abgerissen. Ich habe mich erst gar nicht auf Schadenersatzansprüche eingelassen.

Die Usbeken und Tadshiken hatten es noch schwerer als wir, achtzehn Stunden am Tag für 60 bis 80 Kopeken. Sie trugen die ankommenden Säcke zur Waage, von der Waage zum Ambar, dem Magazin, und vom Ambar zum Gin, in den sie die Kapseln schütteten.

Unter diesen Schleppern waren viele gewesene Baumwollbauern, ehemals vermögende Leute. Du weißt, wie das bei uns üblich war, nicht? Der Bey bevorschußte die Ernte der Bauern. Er borgte sich das Geld zu 12 Prozent von der russischen Bank und lieh es mit 100 Prozent weiter. Aber Mohammed hatte doch verboten, Zinsen zu nehmen ... Deshalb gab der Bey das Geld ohne Zinsen – aber der Bauer mußte bei ihm für einen gleich hohen Betrag irgend etwas ‚kaufen', einen Hammel zum Beispiel, der in Wirklichkeit sieben Rubel wert war, oder ein Pfund Tee. Dafür unterschrieb der Schuldner, der 100 Rubel erhalten hatte, einen Wechsel auf 200 Rubel ‚für geliehenes Geld und gekaufte Ware'. Konnte er nicht bezahlen, wurden die Wechsel protestiert, Haus und Boden gepfändet.

Nun blieb der Bauer gewöhnlich als ‚Tascharakar', als eine Art Leibeigener auf seinem ehemaligen Besitz. Vom Bey bezog er unentgeltlich Baumwollsamen, bestellte die Pflanzung und lieferte ihm drei Viertel der Ernte ab; ein Viertel durfte er für sich behalten. Die Kerne zermahlte er in einer Ölmühle zu Fett und Talg – damit konnte er das Brot bestreichen, das er sich für den Erlös der Ernte kaufte oder für den Verkauf der Ölkuchen, mit denen er kein eigenes Vieh mehr zu füttern vermochte, er hatte ja kein Vieh mehr.

Wer nicht als Sklave auf seiner Scholle blieb, nahm seinen Kitmin, die Baumwollharke, auf die Schulter und zog auf den Markt, um sich als Plantagenarbeiter zu vermieten. Die Jüngeren und Kräftigen wurden in der Zeit der Kampagne (von September bis Februar) von einem Partieführer für die Baumwollfabrik geheuert. Der Partieführer bekam für die Arbeit aller im Akkord bezahlt, gab aber seiner Mannschaft nur Taglohn, du kannst dir vorstellen, wie er antrieb.

Man ging kaputt dabei. Bedenke, achtzehn Stunden lang mit mehr als hundert Kilo auf dem Buckel. Die Arbeiter hatten Geschwüre auf dem Rücken und gingen ganz krumm, auch wenn sie nicht beladen waren.

Nu, eto bylo!"

Das heißt: Nun, das ist gewesen.

Jetzt ist es besser und wird noch besser werden. Die vom Wachsch-Stroi erzeugte Elektrizität wird die Maschinen treiben, vorläufig besorgen das die Flugzeugmotoren.

Riesenröhren saugen die Bestände aus dem Lagerraum in den Fabrikraum, aber den Staub lassen diese seltsamen Staubsauger auf der staubigen Wolle. Erst in den Separatoren wird alles Zeug fortgewirbelt, das nicht gesponnen werden kann, die Reste von Erde, Blättern und Kapseln, der Schmutz und Staub. Nur die Kerne mit der Faser fallen nicht in ihre Kompetenz, sie fallen in die Kompetenz der Egreniermaschinen, der Gins, deren Erzeugung wir in der neuen Taschkenter Fabrik zugesehen haben.

Distributoren, Zufuhrtische, führen der Maschine die gelokkerte und entschmutzte Fasermasse zu. Schon fletscht Mister Gin seine spitzen, schräggestellten Zähne, sein nimmermüdes, nimmersattes Gebiß, das sich unausgesetzt nach Fraß umdreht, vierhundertundfünfzigmal in der Minute.

Du zitterst, du weicher, weißer Flaum, du zitterst auf dem Tisch, der dich dem gezahnten, gesägten, rasend kreisenden Rachen entgegentreibt, du fürchtest, zerfleischt zu werden mit Haar und Kern.

Zittere nicht, der Mensch, der nur dein Bestes will (für sich), hat zwischen dich und jenes Gefletsch ein engmaschiges Gitter geschoben, durch das die Zähne zwar deine Fasern erfassen und an sich zerren, aber sie nicht zerbeißen und zerreißen dürfen. Eine Zahnbürste, bewegt mit der gleichen Geschwindigkeit wie der Kiefer, der seine Zähne nach dir spitzte, putzt sie ihm weg.

Mit heiler Haut davongekommen, mußt du noch eine Bedrückung erleiden: in der Hydropresse unter 300 Atmosphären gesetzt, wirst du eine jener Einheiten, mit denen man auf den Börsen von Washington, Liverpool und Bremen Ballen spielt. Du aber wirst nicht nach Libres gewogen und nicht in Washington und Liverpool und Bremen gehandelt, sondern wirst nach Pud gewogen und überhaupt nicht gehandelt, sondern behandelt in den Spinnereien der Sowjetunion.

Vergessen wir über der wichtigen Faser nicht des wichtigen Kerns, der zwischen Kreissäge und engmaschigem Rost niederfiel, gelöst von dem mit ihm so verwachsen gewesenen Büschel langer Wolle. Auf laufendem Band fährt er zur Lintermaschine, die zupft ihm den Rest des Flaums vom Leibe. Und noch immer ist der Kern nicht minder kostbar als die Faser. Man braucht ihn zur Herstellung von Margarine, künstlichem Olivenöl, Brennöl und Seife.

Der große elektrische Staubsauger macht die Arbeit, die einst der verachtete „Sarte“ tat, er trägt die Kapseln zum Gin. Der Deckel über jeder Welle mit den sechzig Kreissägen ist gesichert, auch dem Unbedachtesten kann der Arm nicht mehr abgerissen werden.

In die Kammer der hydraulischen Presse paßt der Mörser – kein Arbeiter steigt jetzt hinab, um die Wolle festzustampfen und tanzend, stanzend mit ihr zu verbrennen. Nicht mehr gehört die Fabrik dem Bey, sie gehört der Allgemeinheit, sie zahlt Vorschüsse an die Bauern und nimmt keine Zinsen, obwohl die Verbote Mohammeds außer Kraft gesetzt sind. Schon im Kolchos wurde die Ware gewogen, die Übernahmebeamte hat das Gewicht nur zu kontrollieren. Der Vertreter des Glaw-Chlop-Kom, des Baumwollkomitees, schreibt Gewicht und Sorte der gepreßten Ballen in sein Buch und die Nummer auf jedes Stück, das auf den Bahnhof geht, zur Fahrt nach den Garnspinnereien von Iwanowo-Wosnessensk oder Orechowo-Sujewo.

Die Usbeken und Tadshiken, einst Tragtiere, sind Monteure, Mechaniker und Maschinenschlosser geworden, sie arbeiten nicht mehr achtzehn Stunden, sondern acht, bekommen nicht 80 Kopeken, sondern mindestens fünfmal soviel Taglohn. Sie besuchen Elementarkurse, manche auch das Technikum, um Ingenieur zu werden.

„Ist es besser als früher?" Gefragt wird ein Alter, der die Klappen der Saugröhren ölt.

„Nu, eto jest", lächelt er.

Das heißt: es ist.

Nur die Kerne der Ersten Sorte, der untersten Früchte der Staude, die bereits im September weiß und geöffnet sind und bei der ersten Ernte gepflückt werden, taugen zur Ölfabrikation. Was bei der zweiten Ernte eingebracht wird, die sogenannte Minussorte, bei der dritten Ernte das sogenannte Meschumok, bei der vierten Ernte die „Zweite Sorte" und gar bei der Nachlese im Dezember und Januar (geschlossene Kapseln, „Dritte Sorte"), hat Kerne, die nur zur Heizung und zur Verfütterung verwendet werden können.

Hier im Hof der Entkernungsanstalt erheben sich ganze Gebirge von Kernen. Unter ihnen erkennen wir solche Erster Sorte. Sollten sie nicht längst in der Ölmühle sein, in Andischan oder Buchara? Wir haben auch in den Mahlzeitenfabriken der Sowchose und in den Küchen der Speisehallen kleine Ausläufer dieser Gebirge Erster Sorte gesehen – man heizt mit den kostbarsten der Baumwollkerne! Warum verbrennt man das unerzeugte Öl?

Die Befragten zucken die Achseln. „Der Transport." Eine

Eisenbahn ist geschaffen worden, Wege mit Kosten von Millionen Rubel erbaut, Autos fahren vom Fuß des Pamir bis zu den Minaretts von Samarkand, von der chinesischen, afghanischen, indischen und persischen Grenze bis in die Herzgrube Mittelasiens, bis nach Taschkent. Aber das reicht alles nicht aus. Die neuen Republiken geben neue Güter und bedürfen neuer Güter – Maschinen und Manufakturwaren rollen nach Süd, Baumwolle und Seide rollen nach Nord – Menschen, die früher kaum ins nächste Kischlak ritten, reisen mit Bahn und Auto zu Kongressen und Kursen, nach Moskau und Leningrad – Saatgut und Ingenieure, Chemiker und Lebensmittel, Agronomen und Baumaterial haben in Tadshikistan zu tun – ganze Dörfer übersiedeln in neubewässertes Land – Brigaden fahren in die Betriebe, Bauern auf Urlaub, Arbeiter in Sanatorien – kann jemals auch ein verhundertfachter Transport dem immer stärker pulsierenden Leben von Millionen genügen? Wieder und wieder stellt man sich diese Frage, auch jetzt, da man sieht, wie herrlich Baumwolle aus dem Boden gestampft und wie schändlich der Baumwollkern in den Boden gestampft wird.

„Der Transport . . .", antworten die Befragten. Solange die neue Bahn in die Grenzlande nicht ein zweites Gleis bekommt, ist die Vereinigung Asiens mit Europa nicht vollendet. Man muß die Bahnen über Stalinabad hinaus bis an die afghanische Grenze führen; eine Strecke von Termes nach Kurgan-Tjube, eine Strecke von Stalinabad nach Sarai-Kamar – kein Bezirk darf weiterhin ohne Verbindung mit der Welt bleiben.

Warum aber muß das alles erst jetzt geschaffen werden? Warum gab es nicht schon längst eine Eisenbahn, die von London nach Paris direkt nach Indien fährt? Warum braucht man, hundert Jahre nach der Erfindung der Eisenbahn, viele Wochen Schiffahrt zu einer Reise nach Indien, das man auf dem Landweg erreichen kann?

Warum? England wollte den Weg in seine Kolonie nicht durch das Reich seines Rivalen führen, des Zaren. England wollte seinen indischen Sklaven nicht die Möglichkeit geben, sich einfach in den Zug zu setzen und davonzufahren. Ist es nicht ganz klar, warum die Welt zerschnitten und abgeschnitten ist?

Der Transport reicht nicht aus. Die Post kommt spät, die Waren und das Werkzeug kommen spät, die Arbeiter kämpfen mit Schwierigkeiten.

Wir schauen auf die Berge von gutem Material, das verdirbt, weil alle neuen Bahnen noch nicht ausreichen.

„Nu, eto budet", sagen die Arbeiter, da sie uns mißgelaunt sehen.

Das heißt: es wird sein.

WAS HAT SICH GEÄNDERT IN CHODSCHENT?

Vor dem Kriege hat die Bevölkerung von Chodschent 50 000 Rubel aufgebracht, damit ihre Stadt von der im Bau befindlichen Eisenbahn Taschkent – Kokand nicht berührt werde.

Damit ist folgendes ausgesagt:

I. Daß Chodschent keineswegs wie die übrigen Gebiete des heutigen Tadshikistan fern von allem Verkehr gelegen,

II. daß Chodschent eine sehr reiche Stadt und

III. daß Chodschent eine sehr reaktionäre Stadt war.

Ad I. Das Gebiet ist beinahe eine Enklave der Sowjetrepublik Tadshikistan innerhalb der Sowjetrepublik Usbekistan, der ersteren zugesprochen, weil die Bevölkerung nicht mongolischen Stammes ist und nicht türkisch-usbekisch spricht, sondern iranischen Stammes ist und persisch-tadshikisch spricht.

Ad II. Das Gebiet besaß eine Seidenindustrie, die von armen Hauswebern getätigt und von reichen Händlern glänzend ausgenützt wurde, sowie umfangreiche Obstgärten und Baumwollfelder, die von Knechten bestellt und von einem Dutzend Beys in Besitz gehalten wurden.

Ad III. Das Gebiet war gesegnet mit Mullahs und Medressen und Moscheen und Minaretts; auf je 400 Einwohner der Stadt kam eine Moschee. Alle Frauen waren verschleiert, der reiche Mann hatte bis zu sechs Ehegattinnen, der arme Mann sah die Möglichkeit, sich eine Frau zu kaufen, nicht vor sich, aber die Sicherheit, der Homosexualität zu verfallen, hinter sich.

Reste solcher Vergangenheit sind zu spüren. Die Eisenbahn sucht nach wie vor ihren Weg durch die Hungersteppe und läßt die Stadt Chodschent zwölf Kilometer weit links liegen. Von den 110 Moscheen sind noch genug in Betrieb. Mehr verschleierte Frauen als in anderen Städten sieht man hier. Viele Seidenweber haben ihre Heimwerkstätten geschlossen, und die, die es nicht getan, verdienen wohl nicht mehr daran als zur Zeit, da sie der Händler ausbeutete.

Was also hat sich geändert?

„Was also hat sich geändert?" Wie oft hat man diese Frage zu hören bekommen, wenn man in den letzten vierzehn Jahren über die Sowjetunion sprach! Wie oft wurde einem diese Frage entgegengehalten, wenn eine ungünstige Meldung, eine wahre oder eine erlogene, durch die Blätter ging! „Was also hat sich geändert?"

„Was also hat sich geändert, wenn es im Wolgagebiet Hungersnot gibt?" (1920.)

„Was also hat sich geändert, wenn man die NEP, den freien Handel, wieder eingeführt hat?" (1921.)

„Was also hat sich geändert, wenn die Sowjets das Erbübel der verwahrlosten Kinder nicht aus der Welt schaffen können?" (1922.)

„Was also hat sich geändert, wenn der Arbeiterstaat nicht imstande ist, die Arbeitslosigkeit zu liquidieren . . .?" (1924).

„. . . wenn man Trotzki verbietet, ins Ausland zu reisen . . .?" „. . . wenn man Trotzki zwingt, ins Ausland zu reisen . . .?"

„. . . wenn man die angeklagten Ingenieure aus rein politischen Gründen erschießen will . . .?" – „. . . wenn man die angeklagten Ingenieure aus rein politischen Gründen nicht erschießen will . . .?"

„. . . wenn der Fünfjahrplan nicht gelingt, weil er nicht gelingen kann . . .?" – „. . . wenn der Fünfjahrplan gelingt, weil er gelingen muß . . .?"

„. . . wenn man nicht imstande ist, Waren zu erzeugen . . .?" „. . . wenn man mit den erzeugten Waren in der ganzen Welt Dumping treibt . . .?"

„. . . wenn ohne Unternehmerinitiative, ohne Macht der Vorgesetzten und ohne Angst vor Entlassung und Arbeitslosigkeit die Menschen selbstverständlich nicht zur Arbeit gezwungen werden können . . ." – „. . . wenn ohne Unternehmerinitiative, ohne Macht der Vorgesetzten, ohne Angst vor Entlassung und Arbeitslosigkeit selbstverständlich Zwangsarbeit herrscht . . .?"

„. . . wenn gleicher Lohn für alle gilt . . ." – „. . . wenn nicht gleicher Lohn für alle gilt . . ."

Was also hat sich geändert?

Wenn sich nichts geändert hätte auf diesem Sechstel der Erdoberfläche, als daß die Ausbeutung weggefegt worden ist – auch ohne die Abschaffung der Arbeitslosigkeit, des Kinderelends, des Analphabetismus, der Religionsverdummung, der Korruption, auch ohne die Erfüllung von hundert Millionen Menschen mit werktätiger Begeisterung, mit Wissen und Kultur, auch ohne all dies, nur um dieser Beseitigung der Ausbeutung willen verlohnte es sich, Zeitgenosse unserer Zeit zu sein.

Aber wer begreift das? Der in kapitalistische Verhältnisse hineingeborene und von ihrer Ideologie benebelte Mensch findet das furchtbarste Unheil nicht furchtbar; er hat sich an die soziale Ungleichheit gewöhnt, die lange vor der Geburt des Menschen beginnt und mit seiner Grablegung noch lange nicht endet. Er empfindet es nicht als grausam, er empfindet es bestenfalls als unabwendbar, daß Hunderttausende Menschen für einen roboten müssen; wer durchschaut die Mittel der Massenverdummung, die diese Verhältnisse künstlich und künstlerisch aufrechterhalten?

Der Leser hat obige Abweichung ins Leitartikelhafte mit Unwillen gelesen. Diese ausnahmsweise Überschreitung ist jedoch notwendig, weil hier unerfreuliche Details nicht nur nicht verschwiegen, sondern oft kraß skizziert wurden und daher auch angegeben werden muß, daß die verschiedenen Skizzen verschiedene Maßstäbe haben: die Originalgröße der unerfreulichen Details ist verschwindend klein im Verhältnis zum erfreulichen Gesamtbild.

Gewiß, es ist noch vieles von dem unrühmlich Alten da, vieles hat sich wirklich noch nicht geändert, wie zum Beispiel hier in Chodschent und . . . da wären wir glücklich zurück von unserem kurzen Ausflug, wieder in Chodschent, wo die Bahn die Stadt vermeidet, Frauen Schleier tragen, viele Moscheen Moscheen blieben, ja sogar eine Strafanstalt besteht.

Was also hat sich geändert?

Spätnachts kamen wir mit der Eisenbahn an, unser Wagen wurde abgehängt, wir legten uns schlafen und wollten am Morgen mit dem Autobus in die Stadt fahren. Es kam anders. Ein Chodschenter Freund unserer Stalinabader Freunde erschien mit einem Auto. Abendbrot und Zimmer seien vorbereitet, unseren Rucksack könnten wir am Morgen holen. Gut. Wir fuhren in leinenen Breeches, Pantoffeln und Nachthemd zum Abendbrot. Der Wagen hielt vor einem neuen Hotel, wir betraten einen Speisesaal mit weißgedeckten, blumengeschmückten Tischen – ein Restaurant, in das bei uns keinem Arbeiter im besten Sonntagsanzug Einlaß gewährt werden würde. Die Gäste: Tadshiken, die vor einigen Jahren lieber gleich in den tiefsten Höllenpfuhl gesprungen wären, als mit einem Giaur am gleichen Tisch zu essen; russische Arbeiter, vor einigen Jahren wäre hier jeder Russe lieber Hungers gestorben, als mit einem „Sarte" am gleichen Tisch zu essen. Nun saßen sie beisammen und starrten auf den eintretenden Repräsentanten der kapitalistischen Welt: eine mangelhaft bekleidete Figur.

Wir waren bereit, lange auf das Essen zu warten, den Plow, der uns in den letzten zwei Monaten sechzigmal als Zeichen besonderer Gastfreundschaft vorgesetzt worden war. Aber was war es, das uns – ohne Warten – vorgesetzt wurde? Suppe mit Leberknödeln.

Wir staunten und schwiegen.

Zweiter Gang: Selchfleisch mit Semmelknödeln und Kraut.

Wir staunten und schwiegen.

Dritter Gang: Kaiserschmarren.

Wir staunten und äußerten unser Staunen. Da kam auch schon der Koch herbei, er hatte im Türrahmen gelehnt, um sich an unserem Appetit und unserer Verwunderung zu weiden: „Nun, verstehe ich mich auf deutsche Küche . . .?"

„Das war doch österreichische!"

„Jessas, saan Sö 'leicht aa an Österreicher wie i?" Ja, mir saan aa so an Österreicher wie er, er war ein erbeingesessener, geborener Ur-Wiener aus Brünn, und angesichts des Landsmannes aus Berlin, Wien und Prag brach er in Gelächter aus; unser tadshikischer Gastfreund, der georgische Hotelverwalter und die russischen und tadshikischen Gäste lachten mit, denn sie ahnten etwas vor[illegible]hlichkeitsbildenden Fluiden der Semmelknödel und des Selchfleisches.

Am nächsten Tag gingen wir, einen Verband zu erneuern, hinüber ins Krankenhaus. Der Arzt, wie jedermann, der hier einen Fremden als Fremden erkennt, wollte uns das Spital zeigen, wenigstens die neuen Apparate. Es ist ein Institut für physikalische Methoden der Heilung, keine anderen Medikamente werden angewandt als Elektrizität, Wärme, Wasser und Luft. Wir besahen Quarzlampen, Schwitzkästen mit 48 Lampen, Pantostat, die Franklinsche Elektrische Dusche, die Heydenschen Röntgenröhren, einen Hochleistungsapparat Heliopan, 300 000 Volt, der allein 21 000 Mark ab Berlin gekostet hat, und ähnliche Kombinationen aus Ebonit, Silber und Quarz, gleich uns vom fernen Ausland gekommen, während andere diathermische Apparate schon die Herkunftsbezeichnung „Schwachstrom-Trust, Leningrad" trugen.

Überall, unter den Duschen und in den Galvanisationswannen und unter den Höhensonnen, saß die Patientenschaft, Tadshiken und Usbeken. Man behandelt solcherart Lähmungen, Ekzeme, Rheumatismus und andere Krankheiten, und jede Heilung ist mehr als nur ein ärztlicher Erfolg, sie ist Verdrängung der Religion durch die Wissenschaft, ein Sieg, der sich in den Hirnen der primitiven Völker unter Zaubereffekten, blauem Licht und knatternden Funken für immer vollzieht.

Patienten sitzen zeitunglesend, bücherlesend auf ihren Betten, sie spielen im Erholungsraum Schach, sie schreiben. Einige humpeln im Park des Physio-Therapeutischen Instituts, der sich zum Ufer des Syr-Darja hinabzieht, auf den Kieswegen. In einem Bassin blüht, o Traum, die Victoria Regia.

Chodschent hat ganze Bezirke von Gärten, man durchwandelt sie, betäubt von Farbe und Duft, hier reift der Granatapfel, dort sprοßt die Tuberose; es sind Jasmin, Reseda, Salbei, Lavendel, Muskat, Geranium, vor allem aber Gräser und Kräuter um unsere Narkose bemüht.

Ausgenützt wird diese Orgie der Gerüche. Vor zwei Jahren begann die Fabrik ätherischer Öle, eingerichtet in einem ehemaligen Serail, mit einem einzigen Destillationsapparat und einem Transportauto ihre Tätigkeit, jetzt wird Tag und Nacht ununterbrochen gearbeitet, im analytischen und im synthetischen Laboratorium, in der Extraktion, in der Rektifikation, in der Enfleurage, in der Elektrozentrale, in den Plantagen. Die jährliche Kapazität stellt sich folgendermaßen dar: ätherische Öle 31 Tonnen, Parfüm 540 000 Flakons, Eau de Cologne 1 620 000 Flakons, Toilettewasser 1 080 000 Flakons. Die Fläche, unter der wissenschaftlichen Leitung des Chodschenter Botanischen Instituts mit Pflanzen bebaut, deren Blüten ätherische Öle geben, beträgt 1200 Hektar und soll eine Ernte von 32 301 Tonnen bringen.

Tadshiken und Tadshikinnen (unverschleiert; wenn die Sirene Feierabend schrillt, werden sie sich verhüllen) hantieren fachkundig am Refraktometer aus Jena und an den Mischapparaten aus Taschkent, als hätten sie nicht noch vor wenigen Jahren „Stiergefechte" mit Ziegenböcken ausgefochten oder Briketts aus Hammelmist gebacken.

In Stoßbrigadenarbeit machen sie Quelques fleurs und Beauté-de-nuit und Chypre, ohne zu ahnen, wieviel Sorgen es der fernen mondänen Welt bereitet, ob sie sich mit Chypre oder mit Quelques fleurs besprengen soll.

Im sozialistischen Wettbewerb miteinander stellen sie ganz genau den Duft von Maiglöckchen und Veilchen her, von Blumen also, die sie nie gesehen und nie gerochen haben.

Sie füllen am laufenden Band das Eau de Cologne ein, viertausend Fläschchen am Tag, es ist nicht viel geringer als 4711; am Ufer des Syr-Darja geschieht also das gleiche wie am Ufer des Rheins, gegenüber der Moschee von Chodschent das gleiche wie gegenüber dem Dom von Köln.

Sie mischen Amylalkohol mit Phenyläthylalkohol, Amylacetat mit Hydroxydcitronellal, Vanillin mit Amylvalerianat, ohne diese unaussprechbaren Benennungen, geschweige denn die zugehörigen Formeln in der Schule gelernt zu haben.

Ja, aber ist es mit den Arbeitern des Herrn Farina oder des Monsieur Coty nicht ebenso? Was hat sich geändert?

Schon öffnet sich uns ein Saal mit Stühlen und Tafel und Podium und Retorten: das Technikum, eine Station des ehemaligen Kräutersammlers und jetzigen Parfümeriarbeiters auf seinem Wege zum Beruf eines Chemikers.

Es ist gerade keine Unterrichtsstunde, nur drei Hörer sind im Lehrsaal, Tadshiken natürlich, einer, der nicht einmal russisch kann, ist mit verzweifelter Anstrengung bemüht, die Geheimnisse der „Deutschen Parfümerie-Zeitung" zu enträtseln. Die beiden anderen kontrollieren – Eprouvetten gegen das Licht und an die Nasenlöcher haltend – die Experimente, die sie gestern gemacht haben. Mit dem einen unterhalten wir uns.

Name: Usman Dschon Gajbow.

Alter: 32 Jahre.

Besuchte die Schule: nein.

Religion: konfessionslos.

Beruf: früher Ziegelarbeiter, jetzt Gerber.

Mitglied der Partei: Ja, seit 1928.

Mitglied der Gewerkschaft: Ja.

Funktionen: Vorsitzender der Leder-Gewerkschaft, Gau Chodschent.

Beruf des Vaters: Gerber.

Aber diesen Vater hat Usman Dschon Gajbow schon als Kind verloren, und deshalb war's, daß er sich als Ziegelarbeiter auf einem Bau verdingen mußte. Dabei fand er, der mit ganzem Herzen am Beruf seines Vaters und seiner Ahnen hing, noch immer Zeit, Wurzeln zu sammeln und mit ihnen Gerbversuche zu machen. Jetzt studiert er hier Chemie, um seine

Erfindungen allen Gerbern der Sowjetunion zur Kenntnis bringen zu können.

Nicht alle sind soweit. Packträger und Kameltreiber beleben den Hof des ausgedienten Serails. (So stürzen Umstürzler um: aus ehemaligen Herrensitzen und Frauenhäusern machen sie Fabriken und Schulen.)

Auf dem Hof entfaltet sich ein Krippenspiel, durch das Tor ziehen Männer und Kamele und Eselchen schwerbepackt herein, wandeln zur Waage, zum Warenlager und ziehen durch das Tor hinaus, Männer und Kamele und Eselchen.

Sie ziehen hinaus, um auf wilden Wiesen wiederum wohlriechende Korbblütler, hierorts Burgan genannt, zu pflücken, sie in Bündel zu schnüren, den Menschenrücken, den Kamelrükken, den Eselsrücken aufzupacken und damit von neuem durchs Fabriktor einzuziehen, zur Waage und zum Magazin zu wandeln und durchs Fabriktor hinauszuziehen. Solange, bis die Plantagen der Parfümerie genügend Rohmaterial, veredeltes Rohmaterial geben werden oder gar – Wunschtraum der Chemiker – alles synthetisch hergestellt, die Natur entbehrt werden kann.

Kisten mit Flakons treffen von fernher ein, aus Moskau, jedoch die Glasfabrik im nahen Degmay geht ihrer Fertigstellung entgegen.

Stolz zeigt man uns die Etiketten: sie sind schon hier gedruckt! In drei Farben! „Schön, nicht wahr?!“ Na. In den Schaukästen der Rue de la Paix würden sie nicht viel Käufer anlocken. Aber das ist ja Exportware, geht aus Tadshikistan nach primitiven Ländern, nach Westchina und nach Afghanistan, und dort würden die Frauen angesichts einer Aufmachung von Chanel und Worth nur „na“ sagen.

Aufgeladen auf Lastautos wird die Fertigware, Toilettewässer, Haarwässer, Pomaden. „An die Friseur-Kooperative in Leningrad“, „An die Friseur-Kooperative in Kiew“, „An die . . .“ (Nebenbei bemerkt: Wissen Sie schon, daß Friseur auf russisch „Parickmacher“ heißt?)

Aus der Parfümfabrik auf die Straße tretend, schöpfen wir mit geblähten Nasenflügeln Luft, zauberhaft aromatische Luft. Welch eine Wohltat nach dem Aufenthalt in den Fabrikräumen! Denn nirgendwo stinkt es so bestialisch wie in einer Parfümfabrik.

Wir denken an den tadshikischen Arbeiter, der die „Deutsche Parfümerie-Zeitung“ zu entziffern bemüht war. Er will erkunden, wie man im fernen Westen Wohlgerüche erzeugt, und es kommt doch von hier, aus dem Nahen Osten, dieses Gewerbe. Hier salbte man sich mit Ambra und Balsam, hier besprengte man sich einst mit Rosenöl, hier räucherte man die Gemächer mit Myrrhenduft. Der Ferne Westen hat den Nahen Osten gründlich plagiiert.

Sahen wir nicht im Physio-Therapeutischen Institut die einheimischen Patienten beim Schach, beim Spiel ihrer Urväter oder ihrer persischen Vettern? Die heutige Generation hat das Spiel erst jetzt von den Russen wiedergelernt, so wie sie die Kunst, Balsame herzustellen, von ihnen wiedererfahren hat. Vielleicht hat sich unendlich viel geändert gegen gestern, aber nichts geändert gegen vorgestern?

Das Volk der Tadshiken, Iraner, Väter der arischen Völker Europas, wird aus Dumpfheit und Sklaverei gerissen und lernt, es erfindet sogar. Nicht mehr nur für den Westen, aber auch nicht mehr für sich allein, sondern für Ost und West.

Obstgärten: mit lässiger Hand kann man Granatäpfel pflücken. Weingärten: mit lässiger Hand kann man langgestreckte Weinbeeren pflücken, die im Reich der Bolschewiken, wo es den Begriff der „Dame" nicht gibt, „Damenfinger" heißen.

Eine Stickstoff-Fabrik, Kostenpunkt 600 000 Rubel. Eine dreistöckige Garage für 400 Autos. Ein Stadion. Das Seidenkombinat. Fabriken für Obstkonserven. Feuerwehrzentrale. Pädagogium. Alles eben vollendet oder noch im Bau.

Durch ein offenes Tor schauen wir in einen alten Park, beschließen einzutreten. Alte Parks! Die Sträucher, einst von des pedantischen Gärtners Schere beschnitten, atmen auf und wachsen nun nach Herzenslust. Die Beete brauchen keine Rücksicht mehr zu nehmen auf den ornamentalen Sinn und den Symmetriewahnsinn ihres Herrn und sprengen ihre Konturen. Die Wege, ehedem Schnittwunden in den Rasenplätzen, sind verharscht durch Blumen und Gras. Der befreite Park, er blüht viel blühender, als er je in seinem goldenen Käfig geblüht haben kann.

Der blätterbesäte Weg mündet in ein Rondeau. In dessen Mitte ein großer offener Pavillon, in dem Feldbetten aufgestellt sind. Auf der Treppenstufe sitzt ein Mann, andere hokken zu seinen Füßen. Sie beachten den sich nähernden Fremden kaum, erst da dieser sich vorstellt, tut Genosse Azimow ein Gleiches, er ist Rektor der Mittelasiatischen Universität in

Taschkent und hält hier einen Kurs ab für Leiter und Funktionäre wirtschaftlicher Unternehmungen.

Ein Hörer arbeitet im Obst-Trust, der andere in der örtlichen Arbeiter- und Bauerninspektion, ein dritter in der Filiale des Gos-Torg (Staatshandel), ein vierter ist Mitglied des Baumwoll-Komitees, ein fünfter Vorsitzender eines Hausweber-Artels, die meisten anderen Leiter von Konsumgenossenschaften und Kolchosen.

In dem Kursus, in den wir spazierend hineingeraten sind, wird Geschäftsführung der Kollektivwirtschaften sowie die Grundbegriffe der Parteigeschichte und des Leninismus gelehrt – Fächer, die auf Europas hohen und niederen Schulen unbekannt sind. Im nächsten Kursus werden die Teilnehmer auch Histmat lernen – so kürzt man in der Sowjetunion den Gebrauchsbegriff „Historischer Materialismus" ab, ähnlich wie man im Berliner Westen schlicht „Miko" statt „Minderwertigkeitskomplex" sagt.

Die Schüler sind rote Wirtschaftskapitäne oder werden es bald sein. Sie leiten Unternehmungen, die ökonomische Lage ganzer Bezirke ist ihnen anvertraut, sie müssen organisieren, sie bauen, sie verwalten Millionen von Rubel, sie bewilligen Ausgaben, sie führen Beschlüsse durch.

Bi-Dodo-Chudo, das heißt „Nicht-von-Gott-Geschenkter" – früher hieß er „Dodo-Chudo", der „Von-Gott-Geschenkte" – lernt erst jetzt die Künste des Lesens und Schreibens, obwohl er schon seit zwei Jahren Leiter eines Gemüsekolchos von 40 Wirtschaften mit 140 Hektar ist.

„Wie kannst du ein solches Amt ausfüllen, wenn du nicht lesen und schreiben kannst, Bi-Dodo-Chudo?"

Er lächelt: „Meine Methode habe ich an dieser Stelle gelernt."

„Du warst schon früher hier in einem Kurs?"

Er lächelt wieder: „Ich habe vor der Revolution als Gärtner in diesem Park gearbeitet, zehn Jahre lang. Er hat dem Distriktverwalter der Stadt Chodschent gehört. Mirza Bogadir Mujinow war allmächtig, er hatte sechs Frauen, und trotzdem hatte ihm jeder seiner Arbeiter, der heiraten wollte, die Braut zuerst zu bringen. Die verheirateten mußten ihm ihre Töchter zuführen, wenn sie elf Jahre alt waren. Auch die Frauen der in Haft befindlichen Männer und ihre Töchter ließ er sich kommen. Von den Verwandten der reichen Verbrecher nahm er Geld. So wurde er der reichste Mann des Bezirks."

„Ist es das?“ rufen lachend die anderen, „ist es das, Bi-Dodo-Chudo, was du von ihm gelernt hast?“

„Nein, nicht das ist es, was ich von ihm gelernt habe. Etwas anderes. Er war schlau, und weil er nicht lesen und schreiben konnte, ließ er sich alles, was er einem Schreiber diktiert hatte, von einem anderen Schreiber vorlesen. So verhinderte er, daß eine Eigenmächtigkeit oder ein Fehler vorfalle oder gar ein Versuch, ihn zu hintergehen. So mache ich es auch – genau wie Mirza Bogadir Mujinow.“

„Was also hat sich geändert?“ äußern wir, gleichsam im Scherz. Da Rektor Azimow sogar diese Bemerkung einer Übersetzung ins Tadshikische für würdig hält, antwortet der Nicht-von-Gott-Geschenkte, indem er uns zwei beschriebene Schulhefte reicht: „Mirza Bogadir Mujinow starb als Analphabet, und ich werde nicht als Analphabet sterben. Das also hat sich geändert.“

SCHWIERIGKEITEN BEI DER DURCHFÜHRUNG EINES BEWÄSSERUNGSPROJEKTS

Dieweil wir, es ist fünf Uhr morgens, zum Bau der Hydrostation am Strom Wachsch hinausfahren, ist die Temperatur noch angenehm. Vor einigen Wochen, als wir Mitteleuropäer waren, wären uns 40 Grad Hitze zuviel gewesen.

Auf den Telegrafendrähten sitzen blau-gelbe Vögel – wo saßen sie, bevor es Telegrafen gab? Sie nehmen sich zwischen den fünf Linien wie Musiknoten aus, man könnte sie vom Blatt spielen. Der elektrisch durchzitterte Draht ist ihnen ein gewohnter Aufenthalt geworden.

Der einheimische Chauffeur nimmt, wenn er den Kühler aufschraubt, sein unablegbares Käppi in die Hand, um den öligen Deckel besser fassen zu können. Der einheimische Chauffeur muß mehr können als chauffieren, sein Handwerkszeug heißt Schaufel und Harke, sein Feind heißt: Arik.

Gestern war der Arik noch nicht da, morgen wird er nicht mehr da sein, aber heute durchschneidet er die Autostraße mindestens einen Meter breit, einen halben Meter tief. Tausend solcher Kanäle bewässern Reisfelder und Baumwollfelder und werden nach getaner Arbeit über andere Plantagen geleitet, ohne Rücksicht auf die Autos, die dieses Hindernis nicht überspringen können. Wir tragen eine Brücke mit (so wie wir alle Tankstellen mit uns tragen), aber nicht immer reicht sie.

Ein Arik! Wir steigen vom Wagen, wir leiten das Wasser ab, flachen die Böschung ab, der Chauffeur versucht durchzufahren, er gibt Gas, gibt Gas, das Rad greift im Lehmboden nicht ein, obwohl wir anschieben, hej-rup. Wir müssen hacken, schaufeln, graben, der Chauffeur gibt Gas, wir schieben wieder an, hej-rup, der Chauffeur gibt Gas, und schließlich geht es vorwärts, bis . . . bis wohin? Bis zum nächsten Arik.

Mittelasiens Ströme lieben es, auch wenn sie nur 100 Meter breit sind, sich in einem Bett zu wälzen, das 1000 Meter breit ist. Von Monat zu Monat wechseln sie darin den Platz. Jedesmal Brücken über neue Flüsse zu bauen ist unmöglich, es gibt nur die Fähre, ein Floß über zwei Holzkähnen. Schwere Sachen, ein Lastauto so darauf zu bugsieren, daß die Unterlage nicht allzu bedenklich schaukelt. Wenn die schwanke Fähre endlich drüben anlegt, das halbe Auto an Land gefahren ist, senkt sich das Floß vorn, und die Hinterräder liegen einen halben Meter tiefer als der Strand. Zum Glück haben Chauffeur und Fährmann schon Übung, alle Passagiere müssen sich an den Bug stellen, bis die Fähre sich hinten senkt und das halbe Auto steigt.

Tierskelette liegen auf dem Weg, Pferde und Kamele, erschossen von den Banden, deren Arbeit es war, die Arbeit zu stören. Auch Kadaver neueren Datums, Opfer von Staub, Hitze, Durst und Last. Durch die geplatzte Haut scheint die Sonne und läßt die Eingeweide irisieren. Geier, fast einen Meter hoch, sind in das Aas vertieft und schenken dem Wagen kaum Beachtung.

Unser Auto überholt Passionsspiele. Da ziehet einer mit zwölf Jüngern über Land, da schaukelt eine tief verschleiert auf prachtvoll gesatteltem Kamel, da weidet ein Knabe aus dem Stamme Ur die Eselinnen seines Vaters, da jagt ein bärtiger Hauptmann von Kapernaum auf stolzem Roß vorbei, da reiten die drei Könige aus dem Morgenland dem Stalle zu, über dem ein roter fünffach gezackter Stern leuchtet; so klein sind ihre Eselchen, daß die Reiter die Füße hochziehen müssen, damit sie nicht im Sand schleifen.

Adler kreisen in den Lüften, manche nach der Mahlzeit (also ganz königlich und hoch oben), mit ausgebreiteten Fittichen, entschiedene Sinnbilder von Ruhe und Ordnung, manche machen tief unten Jagd auf kleine Vögel. Die versuchen ängstlich zu entfleuchen, es nützt nichts: der Adler nimmt die Flugrichtung eines Vögelchens an, saust über dieses hinweg, und schon hält er es in seinen Fängen. „Klassenkampf in der Natur“, sagt einer von uns, worauf der andere das Gewehr von der Schulter nimmt und schießt. Mit lädiertem Flügel flattert der Adler davon, gar nicht königlich mehr, das Opfer hat er losgelassen, es taumelt, es kann noch nicht fassen, daß sich aus der These seiner Gefangennahme und der Antithese des noch erschrecklicheren Schusses die Synthese seiner Freiheit ergibt.

Staub, Staub. Die braunen Wolken am Weg sind die materialisierten Tritte von Pferdehufen. Hinter uns Kielwasser aus Staub. Vor uns Wogen aus Staub. Sturzwellen aus Staub brechen über Deck. Wir sehen aus wie unsere Totenmasken. Zunge, Hals und Magen sind voll vom lehmigen Mehl. Man müßte Gasmasken vorschnallen. Der „Afghanez“, der Südwind, bringt neue Staubmassen durch die Lüfte und über den Strom, der Lehmsand der afghanischen Steppen verdunkelt die Sonne. Staub, Staub füllet seit den Tagen der Bibel und seit den Tagen Mohammeds diese Ebene. Warum bewässert man sie nicht? Jetzt wird man sie bewässern, im Jahre 5691 nach Erschaffung der Welt, im Jahre 1931 nach Christi Geburt, im Jahre 1309 nach der Hedschra, im Jahre 2 der Sowjetrepublik Tadshikistan.

Durch Staubmauern hindurch fahren wir in das Camp der Arbeiter. Baracken für Menschen, Schuppen für Material, Garagen für Autos, Halden für Kohle, ein typisch umwalltes Lager von Sprengstoffen. Kooperative. Ingenieurbüro. Klub. Gerüste.

Vom Strom sehen wir nichts, spüren wir nichts, er gibt keinen Tropfen seines Wassers, keinen Hauch seiner Kühle ab. Er kommt von den Vorbergen des Pamir her, aus einer Höhe von 3360 Metern, er durchfließt die ganze Tadshikenrepublik. Nicht weit von dem Arbeitsplatz, auf dem wir stehen, vereinigt er sich mit dem Pjandsch, dem „Fünfstrom“, der die Sowjetwelt von der Welt der Kolonien und Halbkolonien trennt, und wird nun zum Amu-Darja.

Wir fahren zu der Stelle, wo der Wachsch in die Ebene tritt. Die Berge, die ihm nachschauen, sind steil und felsig; ihre fernen Gipfel, zackig und prismenförmig aneinandergeschoben, sehen wie Dörfer aus. Der Wind der Wüste hat in die sandigen Bergwände Inschriften gegraben, verschnörkelte Zeichen.

Die Gesamtfläche des Tals, das sich vor uns entfaltet, beträgt 2000 Quadratkilometer, ackerbaulich gesprochen, was hier wichtig ist, 200 000 Hektar; davon können 50 000 Hektar, Sand, Stein, Geröll, nicht urbar gemacht werden. 120 000 Hektar soll der Wachsch-Stroi bewässern. Ein Reis-Sowchos von 6000 Hektar und ein Gemüse-Sowchos von 2000 werden erstehen. 80 Prozent des Gebietes sind der ägyptischen Baumwolle gewidmet, dem Anbau, den Treibhäusern, den Baumwollfabriken, den Ölfabriken. Dreieinhalb Millionen Pud ägyptischer Baumwolle, 57 000 Tonnen, betrug der Import der Sowjetunion im Jahre 1926. Das vom Wachsch-Stroi bewässerte Gebiet wird den Import überflüssig machen und außerdem Licht und Kraft für das Grenzland liefern.

Anfangs schien es, als ob ägyptische Baumwolle in Tadshikistan nicht gedeihen könne. Bald aber stellte sich heraus, daß die aus dem Ausland gekommenen Samensorten vor der Absendung nicht desinsektiert und auch sonst minderwertig waren; durch dieses Manöver wurde eine Saatfläche von 2000 Hektar im Jahre 1930 beinahe vernichtet. Dieser Mißerfolg stärkte den Konservatismus der Bauern, „da sieht man, was bei all dem Neuen herauskommt", und selbst die Spezialisten wurden skeptisch. In einem Massenaufgebot erschienen aber die Jungkommunisten von ganz Mittelasien auf dem Plan, sie rodeten die aus dem Feindesland eingeschmuggelten Pflanzen aus, neue Sorten konnten eingesetzt und 50 Prozent der Ernte gerettet werden.

Vier Kilometer von der Stelle, an der wir stehen, vier Kilometer von der Stelle, die den Eintritt des Stromes in die Ebene bedeutet, fängt man ihn auf, bevor er sich in Arme zu teilen vermag. Hier beginnt der 45 Kilometer lange Hauptkanal. Noch ist er ein trockener, steiniger Hohlweg, wir durchwandern ihn. Rechts eine 18 Meter hohe Wand, die bald rechtes Ufer heißen wird, links eine 18 Meter hohe Wand, die bald linkes Ufer heißen wird. Das Netz der kleinen Kanäle wird Tausende von Quadratkilometern baumwollträchtigen Gebietes umfassen.

Dort, wo der Magistralkanal vom Strom abzweigt, ist eine Schleuse mit neun Pfeilern im Bau. Sie hat dem einlaufenden Wasser das Gefälle zu nehmen und es mit einer Geschwindigkeit von 154 Kubikmetern in der Sekunde weiterzuleiten, am 25. Kilometer wird eine Hydrostation von 42 000 PS errichtet.

Vor uns, auf Schienen fährt der Bagger, der unseren Weg geschaffen hat und ihn unausgesetzt verlängert. Sein Maul ist riesengroß, er beißt sich mit seinem einzigen Zahn bis zum Oberkiefer ins steinige Erdreich, und wenn sich der stählerne Drache zur Seite dreht, um den Bissen auszukotzen, so stieben seine Nüstern und fauchen Wasserdampf. Innerhalb von acht Stunden frißt und speit er 500 Kubikmeter, 25 Meter ringelt er sich täglich vorwärts, dann muß man seine Schienen nach vorne legen.

Er ist ein Dragline-Exkavator „Bucyrus", wir kennen ihn, sahen ihn vor zwei Jahren in Kalifornien an der Arbeit. Dort hat er das Unterste zuoberst gekehrt, fette Felder und blühende Obstgärten zerkaut, sie in ewig unfruchtbare Wüste verwandelt. Dort hat er den Fraß nicht ausgespien, dort hat er ihn verdaut, dort ist kein Klümpchen des Exkrements undurchsiebt geblieben, dort sucht man nach Gold und vernichtet die Landwirtschaft. Hier aber frißt der Bagger ein unverdauliches Gestein, damit die Erde fruchtbar werde ...

Freilich, die Aufgabe hier ist schwer zu lösen, sie sei undurchführbar, haben die Skeptiker gesagt. Welcher Arbeiter ginge so leicht hinunter an die afghanische Grenze, dorthin, wo Banden schießen, Tiger hausen, Skorpione beißen, Hitze sengt, Schlangen züngeln, die Malariamücke sticht, welcher Arbeiter ginge – auch bei einer um 40 Prozent erhöhten Lohnskala – so leicht hinunter? Er geht hinunter. Begeisterung für den Kampf an der Wirtschaftsfront ist einer der Hauptgründe. Man muß die Zeitungen der Sowjetunion lesen, sie sind voll von ökonomischen Kriegsberichten.

Kohlenbecken Donbass telegrafiert: Gestrige Förderung 139 068 Tonnen gegen 138 802 vorgestern! – Stalingrad hat 141 Traktoren vom Band gelassen, also um zwei mehr als vorgestern! – „Amo" meldet: „Plan zu 100 Prozent erfüllt, in der letzten Dekade 200 Lastautos fertiggestellt!" – Das Leningrader Torfgebiet ist um 12 Prozent hinter dem Plan zurück! – Erster Hochofen in Magnitogorsk angeblasen! – Große Bresche in der Getreideaufbringung an der Mittelwolga!! – Dnepro-Stroi – Wolchow-Stroi ... Das steht an der Spitze des Blattes, die Produktionsziffern kennt jeder Sowjetbürger. (Wer im Ausland weiß mehr von der Wirtschaft seines Landes, als was seinen Tagesgebrauch berührt?)

In der Sowjetunion ist die Arbeit die große Sensation, keine Detektivgeschichten und keine Mordberichte erscheinen, keine Artikel über Mode, Liebe, Verbrechen, Filmstars, Nacktänze und pikante Zwischenfälle, nur Berichte von den Frontabschnitten der Wirtschaft, der Sozialpolitik und der Kultur.

Auch vom Wachsch-Stroi, der helfen soll, die Sowjetunion unabhängig zu machen von der Baumwolle der Kapitalisten im Ausland steht täglich etwas in den Blättern, und – um es geradeheraus zu sagen – diese Nachrichten rufen beim Zeitungsleser mißbilligendes Kopfschütteln hervor. Wenn man den Arbeitsplatz hier sieht, versteht man, weshalb die Depeschen so schmerzliche Fakten enthalten. Diese Steinwüste soll in 10 000 Rechtecke mit flüssigen Konturen verwandelt werden, und innerhalb dieser Wasserzeichnung soll Baumwollstaude an Baumwollstaude wachsen. Zu einem solchen Werk braucht man Menschen und Material.

Die nächste Siedlung, Kurgan-Tjube, liegt 20 Kilometer und der nächste Hafen 125 Kilometer entfernt, aber auch dieser Hafen ist noch nicht da, nur ein Platz, wo Wassertransporte am Unterlauf des Pjandsch anlegen können.

Man baut also Lagerhäuser, Bassins, Anlegestellen und baut gleichzeitig eine schmalspurige Eisenbahn vom zukünftigen Hafen zum zukünftigen Werk. Man baut überhaupt alles gleichzeitig.

Keine Zeit ist zu verlieren. Wenn binnen drei Jahren nicht 120 000 Hektar neuen Baumwollgebietes geschaffen sind, müßten die bis dahin fertiggestellten Baumwollölmühlen, Baumwollreinigungsfabriken, Textilfabriken stillstehen. Im Lande der Planwirtschaft hängen alle Betriebe von einem Betrieb ab, ein Betrieb von allen Betrieben und alle Menschen von allen Betrieben.

Die Automobilfabriken von Nishnij Nowgorod und Moskau haben dem Wachsch-Stroi bisher nur 41 Wagen geliefert, die Putilow-Werke in Leningrad 66 Fordson-Traktoren und die Fabrik Tscheljabinsk 7 Cley-Tracks. Damit muß der größte Teil des Transports, Menschen und Lasten, bewerkstelligt werden, täglich 200 Kilometer zur Bahnstation oder 125 Kilometer zum Strom Pjandsch!

7000 Erdarbeiter, Zimmerleute, Metallarbeiter, Maurer, Tischler, Schlosser, Betonarbeiter, Bohrer, Traktorführer, Baggerer, Chauffeure sind notwendig. An Holz braucht man 40 000 Kubikmeter, an Zement 10 000 Tonnen, 30 000 Kubikmeter Kies, 1 500 000 Kubikmeter Sand, 2 200 000 Ziegel. Enorm ist der Bedarf an Treibstoffen; 16 000 Tonnen Masut, 3500 Tonnen Motoröl, 5000 Tonnen Ligroin, 5000 Tonnen Petroleum, 4000 Tonnen Benzin und ungefähr 500 Tonnen verschiedener Schmieröle.

Bevor die Schmalspurbahn fertig wird, müßten zur Bewältigung solcher Transporte außer den vorhandenen Autos 8270 Pferde und 5000 Kamele herangezogen werden – ein Tierbestand, der sich hier unmöglich ernähren läßt. Man drängt also die Autofabriken des Inlands noch heftiger, als man die Exkavatorfabriken im Auslande drängt.

Rote Direktoren diskutieren mit Spezialisten erregt und lange darüber, ob ein Auto hierhin oder dorthin dirigiert und wie seine Rückfahrt organisiert werden soll, damit es möglichst viel Fracht mitnehmen könne. Ähnlich handeln auf der Baltic Shipping Exchange die Reeder und Makler über die Route und Frachten der auf hoher See befindlichen Schiffe.

Einzeln und auf verschiedenen Transportwegen kommen die Maschinenteile an, die Kompressoren und die Ölpumpen trafen vier Wochen vor den Armaturen ein, die Reparaturwerkstätten harren der Ersatzteile, eine Autopanne, eine Beschädigung des Traktors haben katastrophale Wirkungen, wenn das Masut ausbleibt, müssen die Exkavatoren feiern.

Zwischen dem 19. und 47. Kilometer des Hauptkanals liegt Abschnitt Nr. 2 des Wachsch-Stroi. Hier, wo eine Elektrostation mit gigantischem Konsolengefälle erbaut wird, wo eine Baumwollstadt erstehen soll mit konzentrischen Straßen, ein Bezirk für Fabriken, ein Wohnbezirk, ein Bezirk für Garagen und Lager und ein Bezirk für Klub, Theater, Kinos und Schulen, hier wohnt man in Zelten. Das Betriebsbüro ist ein langgestrecktes Zelt mit Tischen, an denen die Zeichner stehend arbeiten, Stühle gibt es nicht.

Man rüstet immer noch zum ersten Schritt. Wenn der getan ist, wenn die Verbindung mit der Welt fertiggestellt sein wird, dann kommt alles schneller, Materialien, Reservematerialien und Arbeitskräfte, dann kommt Wasser ans Wasserwerk, viel leichter sind die anderen Schritte als der erste Schritt.

„Im nächsten Jahr übergeben wir die ersten 28 000 Hektar der Baumwollaussaat."

Der das sagt, kann es ruhig sagen. Sollten sich Verzögerungen ergeben, so wird Alarm geblasen. „Bresche im Wachsch-Stroi" schrillt es durch die Sowjetunion, die Baumwollfabriken nehmen das Werk in „Bugsier", das heißt, sie bugsieren es vorwärts, indem ein Teil ihrer Arbeiter hinunterfährt, Jungkommunisten und Schulen melden sich freiwillig zur Hilfe, das Zentralkomitee schickt Spezialisten, die Zeitungen Berichterstatter, welche täglich Bulletins telegrafieren, Stoßbrigadiere springen ein, die einzelnen Werkstätten fordern einander zum sozialistischen Wettbewerb heraus, und der Wachsch-Stroi wird fertiggestellt, die Milliarden, für die die Sowjetunion bei den Exploiteuren der Fellachen und der Neger Baumwolle eingekauft hat, bleiben im Lande.

IM AFGHANISCHEN DSCHUNGEL

Alle lachen, wenn man den Wunsch äußert, Tiger jagen zu wollen.

„Es gibt keine mehr. Traktorenwirtschaft und Tiger vertragen sich nicht. Ja, vor fünf Jahren! Aber jetzt . . ."

„So? Und das Fell hier an der Wand? Und die Tigerjungen, die man im vorigen Monat nach Moskau geschickt hat? Und der Esel, der in Sarai-Kamar zerfleischt worden ist? Und die Tränke am Wachsch . . .?"

„Bestreitet niemand. Kommt vor. Vor vier Jahren ist in Sokolniki ein Rudel Wölfe aufgetaucht – kann man deshalb sagen, in Moskau gibt es Wölfe? Wie würden die Moskauer lachen, wenn dort jemand auf die Wolfsjagd gehen wollte! Dabei war's doch dort ein ganzes Rudel, und bei uns sind es nur einzelne Tiere, zufällig hierher verirrt, vielleicht sind sie über den Fluß herübergekommen, weiß der Teufel wieso, drüben gibt es freilich Tiger."

„Wo?"

„Am anderen Ufer des Amu-Daria, das ist aber schon afghanischer Boden. Dort im Dschungel könntest du Tiger treffen, am ehesten bei Nacht."

„Gut, dann geh ich hinüber!"

„Das ist noch unmöglicher, als hier auf die Tigerjagd zu gehen."

„Warum?"

„Es gibt keine Brücke, und es gibt kein Boot. Unsere Wachposten passen auf, daß niemand hinübergeht oder herüberkommt, kein Spion, kein Schmuggler, kein Bassmatsche, kein Verbrecher."

„Ihr wollt mir doch nicht erzählen, daß überhaupt kein Mensch über die Grenze geht?"

„Früher war der Verkehr sogar ziemlich stark. Die Leute schwammen auf dem Burdjuk hin und her. Jetzt ist das eingestellt. Natürlich gelingt es einem oder dem anderen; die Grenze ist zu lang, der Amu-Darja allein fließt fast tausend Kilometer zwischen Sowjetunion und Afghanistan. Wenn der Posten jemanden hinüberschwimmen sieht, gibt er Feuer, und der afghanische erst recht."

„Der afghanische? Wozu der? Der kann doch den Hinüberkommenden einfach gefangennehmen."

„Glaubst du denn, alle zehn Schritte steht ein Posten? Die Wache kann auch nicht wissen, an welcher Stelle die Strömung den Schwimmenden absetzt. Und im Augenblick der Landung kann jeder im Dschungel spurlos verschwinden. Deshalb schießt der Posten schon vorher."

„Das muß man eben riskieren . . ."

„Mach keine Dummheiten, ein Ausländer in Afghanistan, im Grenzwald, mit russischem Gewehr . . ."

„Aber Tiger gibt's drüben?"

„Ja, und noch mehr Giftschlangen und Skorpione."

Zunächst war für solches Unterfangen kein Dolmetsch aufzutreiben, nicht einmal jemand, der einem gesagt hätte, wo die Burdjuk-Fährmänner zu finden seien. Als ich sie endlich ausfindig machte, verhielten sie sich ablehnend, sie hätten kein Pferd (wozu ein Pferd? Ich bringe meines mit), die Nächte seien jetzt zu hell . . . Ich bot vierzig Rubel. Bei sechzig erklärten sie sich bereit.

Niemand wußte, weshalb ich um sieben Uhr abends allein fortritt, hinaus vor das Dorf. Von dort brachen wir im Abenddämmer auf, fünf Männer, fellbehängt, mit großen Stöcken bewehrt, und ich, das Pferd am Halfter führend. Wir kamen an Tadshiken vorüber, die Kanäle bearbeiteten. Am Flußufer machten wir hinter einem Gestrüpp halt. Drei von den fünf zogen den Chalat vom Leib und die Schnabelschuhe von den Füßen, krempelten die Hosen hoch hinauf, zum Schluß nahmen sie sogar die Tjubetejka vom Kopf. Ich wollte mich auch auskleiden, jedoch sie bedeuteten mir, das sei unnötig.

Man tauchte die mitgebrachten Felle ins Wasser, worin sie, mit Steinen beschwert, fünf Minuten blieben. Die Männer, jeder mit einem Holzröhrchen im Mund, hauchten dem Vlies Odem ein, und dieses begann ein Körper zu werden, begann zu atmen, begann sich zu bewegen. Stümpfe der Beine, mit Strick und Stäbchen abgeschnürt wie Leberwürste, schaukelten ungeduldig, als sie zum Leben erwachten, sogar der Hodensack straffte sich.

Je atemloser die Bläser, desto körperlicher wurden die Häute. Naß glänzten sie im Mondschein. Der Abend war verteufelt hell. Ich legte mein Gewehr auf den Boden, kletterte die Böschung hinauf und hielt, hinter einem Baumstamm verborgen, Umschau.

Hellviolett beblüht lag das Tal da. Bis hart zu meinen Füßen liefen die mathematisch geraden, mathematisch parallelen Furchen der Baumwollfelder. Vor kurzem hat hier das Raubtier in wildem Dickicht gehaust, Baumwolle gab es nicht, jetzt wendet der Traktor erst knapp am Fluß um. Unendlich das zartbunte Gefild; an seinem fernen Rand zog die Silhouette einer Karawane hafenein.

Über den Hang des Chodscha-tau, des Heiligen Berges, schlangen sich gelb die Windungen der neuen Autostraße, die diese Winkel mit der Welt verbindet. Keine Patrouille zu sehen. Moskitos umschwirrten mich, aber ich steckte, alter Feldsoldat, die mechanisch hervorgeholte Zigarette nicht an, sondern wieder in die Tasche.

Eben wurde mein Pferd losgepflockt und abgesattelt, es muß mitschwimmen. „Mein Pferd" – es gehörte selbstverständlich meinem Gastfreund. Ich hätte es nicht so leichtsinnig zur Verfügung stellen sollen; wenn uns etwas zustößt, wer bezahlt ihm das Pferd? Sollte ich nicht ein Testament zurücklassen, daß ihm der Schaden vergütet werde? Unsinn.

Die aufgeblasenen Häute wurden mit Pfropfen verschlossen und im Wasser zu einem Viereck angeordnet. Sie bildeten ein Floß von einem Meter im Geviert. In der Mitte bestand es freilich aus Wasser, soll das etwa der Sitzplatz sein? Warte nur, wozu hat man die Äste mitgebracht? – man legte sie überquer auf das wässerige Quadrat. „So, darauf setze dich nun, Genosse."

Unter mir und neben mir schaukelte und schwabberte es, man sitzt keineswegs bequem auf Diagonalen aus Baumstökken. Eines der Felle hatte etwas Untierisches: es war geflickt, wie eine Fußballseele sah es aus.

Ich war zwar schon auf dem Strom, aber noch war ich am Uferrand. Jener (der Strom) versuchte mich mitzureißen, auf diesem (dem Uferrand) hielten fünf Männer das Floß an zwei Seilen fest, die sie um das Pferd banden. Einer schwang sich auf den sattellosen Pferderücken und trieb das unwillige Tier in die Flut, gleichzeitig sprangen zwei Männer hinein.

Die Wellen faßten uns. Ich hatte geglaubt, wir würden schnurstracks auf den gegenüberliegenden Punkt zufahren – ein Blick auf die beiden am Ufer zurückgebliebenen Tadshiken belehrte mich, daß wir stromabwärts jagten. Wir machten 35 Kilometer die Stunde, so schätzte ich (einen Kilometerzähler hat der Burdjuk nicht).

Das Pferd war dem vierblättrigen Fahrzeug vorgespannt und selbst in drei größere Schwimmgürtel aus Ziegenhaut eingebettet. Den Kopf aus den ungestümen Wellen angstvoll emporreißend, strebte das Pferd direkten Wegs dem anderen Ufer zu, dorthin trieb es auch sein Reiter mit Stockschlägen. Aus dieser beabsichtigten Geraden und aus der Strömung ergab sich eine Resultante, die uns fernab führte.

Als Steuerruder lagen die beiden Männer backbord im Wasser, hielten sich mit den Händen an meinem Sitzplatz fest, und nur mit den Füßen machten sie froschartige Bewegungen.

Der eine hatte einen gewölbten Rücken, der sich bei jedem Tempo über den Kopf hob, wobei seine hellblauen Augen hervorquollen. Er erinnerte mich an jemanden, ich wußte nicht, an wen.

Vorbei flitzten die Ufer. Ein Strich in der Dämmerung war einer der aus Latten gezimmerten Auslugtürme der Wachposten, schon sprang zwischen uns und den Wachturm ein langes Gestrüpp. Am afghanischen Ufer nichts als hohes Röhricht. Unter dem Mond flammte blau der ewige Schnee von Pamir und Hindukusch ... Das Gewehr war meine Balancierstange. Half nichts. Die Stöcke unter mir verrutschten, und ich saß im Wasser.

Drei Schüsse, scharf hintereinander, knallten. Galten sie uns, kamen sie von hüben oder von drüben? Wir sahen weder noch hörten wir einen Aufschlag, das Wasser riß uns rasend weg.

Der jüngere der Schwimmer schrie immerfort, der Reiter schrie auch, ich wußte nicht, ob es Schreie des Schreckens über die Schüsse waren, ob man das Pferd anfeuerte, ob man wegen der Fahrtrichtung stritt oder ob irgendeine Gefahr drohe. Aber mit beruhigender Gleichmäßigkeit tauchten der runde Rücken und die blauen Augen meines Nachbarn auf. An wen erinnerte er mich ... an Neuerl! Natürlich! Plötzlich war es mir eingefallen! Dem Neuerl sah er ähnlich!

Neuerl und ich haben einander vor etwa dreißig Jahren kennengelernt. Damals sollte ich Bankbeamter werden. Ich wurde einem Disponenten in der Provinz empfohlen; versagte ich im Bankfach, so konnte ich wieder zu meinem Studium zurückkehren, ohne daß jemand von dem Scheitern meines Versuches erfuhr. Außer mir trat noch ein anderer junger Mann zur Probe ein. Wer von uns beiden sich besser bewährte, sollte die Anstellung bekommen.

Der andere war der Neuerl, und gleich als wir uns kennenlernten, richtete er seine hellblauen Augen mit unverhohlener Angst auf mich, den Rivalen. Wir hatten Prima-Nota zu addieren und Depotauszüge zu machen. Neuerl notierte mit feingespitztem Bleistift dünn die Summen, rechnete von links nach rechts und von oben nach unten und von rechts nach links und von unten nach oben, bevor er seine Erkenntnis einer Eintragung mit Tinte würdig befand oder auch nur ein Häkchen – den Richtigkeitsvermerk – auf den Bogen setzte.

Wir saßen an einen Schreibtisch einander gegenüber, und ich sehe noch Neuerls Kopf über dem Journal auftauchen und hinter dem Kopf, wie einen konzentrischen Kreis, seinen gewölbten Rücken. Dann versanken, eins nach dem anderen, Kinn und Rücken wieder in den Papieren, genauso wie jetzt neben mir Kinn und Rücken des Schwimmers nach jedem Tempo in den Wogen versanken.

Die fellenen Säcke schnauften und schnaubten, Pferd und Mensch desgleichen, neben mir schwamm Neuerl, seine Beine machten froschartige Bewegungen, seine Augen waren wasserblauer als das Wasser des Amu-Darja, das sonst nicht blau ist, sondern bräunlich. Blau aber war der Mond, eine Brosche aus Amaryll, dem Wolkenbusen angesteckt.

Ich hatte es mir damals vor dreißig Jahren wesentlich leichter gemacht als mein Kollege Neuerl. Ich verließ mich auf die Verläßlichkeit des Herrn Primanotisten, wenn es ihn nachzurechnen galt. Gut ist's gegangen. Ich zweifelte nicht, daß mir der Sieg zufallen würde, freute mich darüber, denn die Arbeit gefiel mir.

Fräulein Freihöfer, die Saldokontistin, die mit uns das Büro teilte, begann mich zu protegieren, vielleicht schien ich, der Fröhlichere, ihr ein wünschenswerterer Arbeitskollege als der befangene Neuerl. Der wurde immer befangener. Einerseits sah er meinen Vorsprung, andererseits bemerkte er erschreckt, daß ich außerdem noch einen Schrittmacher besaß. Ungeschickt bemühte er sich um die Gunst von Fräulein Freihöfer. Wenn sie das Saldokonto aufs Regal zurückstellen wollte, sprang er hinzu, wenn sie ihr Frühstück auspackte, ergriff er das Stullenpapier, um es in den Korb zu werfen. Aber auf Fräulein Freihöfer machte das wenig Eindruck, mir gab sie solide Depots, die aus lauter März-Rente bestanden, während sie Neuerl die Spekulanten-Depots mit Poldihütte und Skoda und Kosmanos und Juli-Süd anhängte, so daß er bei der Berechnung der Depotgebühren ununterbrochen in die Kurszettel tauchen mußte und stoßweise aus ihnen emporstieß, wie jetzt aus dem mondlich beglänzten Fluß.

Der Kampf gegen ihn war mir ungleich erschienen, und deshalb begann ich zu „largieren“: hatte ich anfangs bei der März-Rente die (eigentlich überflüssige) Bemerkung „mit Coupon vom 1. März“ unabsichtlich weggelassen, so tat ich es – obwohl der Disponent mir die Auszüge zurückgab – nun absichtlich. Ein paarmal kam ich auch zu spät ins Büro. Nach vierzehn Tagen bekam Neuerl die Stellung, und ich habe mich eine Zeitlang wegen des Mangels an Ausdauer verflucht, den ich im Bankfach erwiesen hatte.

Während ich jetzt, dreißig Jahre später, unbefugt und beschossen, in einem Fahrzeug aus geflickten Ziegenhäuten aus der Sowjetrepublik Tadshikistan in das Königreich Nadir Chans, aus der rationellen Kollektivwirtschaft in den finsteren Urwald zur Tigerjagd schwamm, kam mir der Neuerl in den Sinn, fiel mir seine Ähnlichkeit mit dem an meiner Seite auf und nieder tauchenden blauäugigen Rücken auf.

Noch immer schrien Reiter und Schwimmer einander zu. Ich merkte, daß sich das Schreien auf das Pferd bezog oder genauer gesagt: auf einen der geblähten Ziegenbäuche, die das Pferd trugen. Er schrumpfte ein, der Reiter versuchte, den Pfropfen fester zu schließen, der Brüller schwamm zu Hilfe und brüllte dabei.

Bis zum Nabel im Wasser, hielt ich das Gewehr hoch, der Verschluß sollte vor Nässe geschützt sein. Neuerl spreizte die Beine, um sie wieder zu strecken. Wir waren dem Ufer schon ganz nah. Der Reiter schlug auf das Pferd ein, das doch ohnehin möglichst schnell an Land wollte, aber der Strom, der Strom bot alle Kraft auf, das fette Opfer drohte ihm ja zu entrinnen. Er warf uns nach links, wir wollten geradeaus. Wohin sausen wir? Sausen wir in den Aralsee?

Endlich hatte der Reiter ein Schilfrohr erfaßt. Zwar mußte er es wieder fahrenlassen, denn die Strömung stieß uns weiter.

Immerhin hatten wir einen Ruck nach vorn gemacht, bald waren es zwei von uns, die das Schilfrohr packen konnten. Wütend zerrte der Amu-Darja. Zu spät. Das Pferd hatte Grund, und so hatten auch wir Grund zu glauben, daß wir in der nächsten Sekunde landen werden.

Neuerl stand schon, wohl nur auf den Zehenspitzen, aber der Kopf mit den hellen Augen und der gerundete Oberkörper waren oberhalb des Wasserspiegels. Wir wateten ans Ufer.

Das Pferd wurde an einen Strauch gebunden, die Ziegenfelle ans Land gezogen, die Schwimmer schüttelten sich, daß das Wasser spritzte, ich winkte Neuerl zu, mit mir zu gehen, er nahm einen der Äste auf die Schulter, wir gingen auf die Tigerjagd.

Anfangs mußten wir Pfützen und Sümpfe durchwaten, gleichsam die Fortsetzung des Stromes auf dem Festland. Als wir festen Boden unter den Füßen hatten, sah ich abwechselnd nach oben und nach unten, suchte nach dem Schlangenvolk und dem Affenvolk des Dschungels. Ich sah nichts von ihnen.

Wohl aber sah ich, die Amaryll-Brosche leuchtete hell, wohl aber sah ich Tausende, Zehntausende, Hunderttausende von Vogelnestern. Zwischen jeder Gabelung der Zweige eines, in jedem Strauch zahllose Nester. Waren wir an der Riviera der Zugvögel, waren wir am Ziel oder in einer Zwischenstation ihrer jährlichen Reise? Oder sind es Vögel aus hiesigen Himmelsstrichen, die hier nisten und brüten? Wahrlich, eine ungestörtere Gegend ließe sich kaum finden. Mücken gibt es genug als Futter, kein Mensch streift vorbei. Nur Tiger schleichen abends durch Gestrüpp, aber das stört die Bewohner der Vogelnester nicht, Tiger können weder schießen noch fliegen. In dem Kampf, der jetzt zwischen dem Menschen und dem Tiger entbrennen wird, kann ich demnach auf die Sympathie der Vögel nicht rechnen.

Dunkel erinnerte ich mich, gelesen zu haben, daß zu nächtlicher Tigerjagd (oder ist es Löwenjagd?) eingeborene Treiber mit Fackeln ausrücken und daß man besonderer Projektile bedarf. Quatsch! Wenn ich der Bestie einen Schuß zwischen die Lichter brenne, also mitten in die Stirn, mitten in das Hirn, was kann sie da noch anderes tun als tot zu meinen Füßen zu sinken, ein auszuweidender Bettvorleger? Außerdem werde ich nicht bloß *einen* Schuß abgeben, ich werde mehrere abgeben, zur Sicherheit!

Funkelte nicht etwas im Gezweig? Nichts funkelte im Gezweig, nicht einmal ein Glühwürmchen. Das Gewehr, das ich schon fest gefaßt hatte, konnte ich wieder lockerer fassen. Knackte da nicht etwas im Gezweig? Nichts knackte da im Gezweig, nicht einmal eine Heuschrecke.

Ich war stehengeblieben, Neuerl mit mir, ich ging weiter, Neuerl mit mir. Nein, nicht er, sondern sein asiatisches Gegenstück. Die Ähnlichkeit (falls sie nicht überhaupt nur eine vermeintliche war) war ein grotesker Witz der Natur.

Der Tadshike, der mich, einen fremden Mann, in fremdes Land begleitete, dieser Tadshike, der um der Laune eines anderen willen nächtlicherweise in den Dschungel drang, mit einem Stock auf der Schulter ins Tigergebiet, was mag er schon alles erlebt haben – Sturz des Emirs, Revolution, Bandenüberfälle, Schmuggel, Flüchtlinge aus Afghanistan, Flüchtlinge nach Afghanistan, die Maschine tauchte auf, man lernte lesen und verstehen, die Kollektivierung kam, die Lehren Marx' und Lenins – die Bewohner dieses Sowjetgebietes an den Grenzen der englischen Kolonie haben mehr erfahren und gelernt als ihre Vorfahren in tausend Jahren.

Und der andere, der richtige Neuerl? Der sitzt mit seinem feingespitzten Bleistift in Böhmisch-Leipa, addiert Pfandbriefe oder Poldi-Aktien von rechts nach links, von oben nach unten, von links nach rechts, von unten nach oben, vielleicht ist er inzwischen Disponent geworden, hat Fräulein Freihöfer geheiratet und ist davon überzeugt, daß sie ihn damals protegiert hat, weil sie ihn schon damals liebte.

Gewiß ist er Disponent geworden. Ich stelle mir vor, daß ich bei ihm als Volontär arbeite. Wieder habe ich bei der März-Rente die Anmerkung „mit Coupon vom 1. März" weggelassen, und er läßt mich rufen. Er sieht mich vorwurfsvoll an, er drückt den Bleistift auf die Tischplatte, gleich wird die feine Spitze abbrechen, knacks, er hockt da, geduckt, den Rücken hochgezogen, sprungbereit, wie ein . . .

Knackte da nicht etwas? Etwas knackte, aber die funkelnden Lichter einer Raubkatze, so scharf ich auch nach ihnen ausspähte, funkelten nirgends. Ja, ja, ein afghanischer Königstiger tut einem nicht den Gefallen, sich sprungbereit, das heißt, schußempfangsbereit zu ducken. Man muß sich anschleichen. Ich schlich nicht. Ich trat fest auf, ich wollte Spuren hinterlassen, um den Rückweg zum Burdjuk zu finden; zwar ging ich nach meinem Kompaß genau südlich, jedoch wenn es zu regnen anfinge, könnte ich die Nadel nicht mehr erkennen und müßte hier nächtigen.

War es die Sehnsucht nach Neuerls Seßhaftigkeit, was mich immerfort an ihn denken ließ? Oder war es das Gegenteil? War ich froh darüber, während der Bürostunden den Dschungel durchstreifen zu können? Das kann der Neuerl freilich nicht. Aber andererseits: was ist mein Abenteuer gegen all das, was der andere Neuerl, der an meiner Seite, hier im umkämpften Mittelasien an Abenteuer und Schicksal erlebt haben muß!

Nichts fauchte oder krauchte im Gestrüpp. Kein Raubtier ließ sich abknallen. Wir wandten uns zum Gehen. Es war überflüssig, auf den Kompaß zu schauen, überflüssig, unseren Spuren zu folgen – vor uns in der Richtung unserer Landungsstelle brannte es lichterloh. Wir eilten hin.

Was sahen wir? Was hörten wir? Die braven Fährleute hatten ein Lagerfeuer angefacht und sangen aus Leibeskräften – um die Tiger zu verscheuchen. Das war ihnen gelungen!

Die Burdjuks lagen schon aufgeblasen und aneinandergefügt in den Schachtelhalmen, die Stangen waren wieder diagonal darübergebreitet. Man spannte das Pferd vor, trieb es ins Wasser, stieß ab. Nicht dorthin, woher wir herangeschwommen waren, kehrten wir zurück. Noch weiter stromabwärts riß uns der Amu-Darja, noch drei Kilometer mußten wir rudern, reiten und balancieren, bevor wir ans Sowjetufer kamen.

Ich übergab einem meiner Begleiter die sechzig Rubel, er reichte sie dem Neuerl. Der schien also der Führer zu sein. Ich kletterte auf das Pferd. (Den Sattel morgen zu bringen hatte ein Tadshike übernommen, der nicht mitgeschwommen war.)

„Todi-dana – auf Wiedersehen!" grüßte ich, und sie erwiderten den Gruß im Chor. Nur Neuerl brummte etwas für sich, während sich mein Pferd in Trab setzte.

Zweimal wurde ich von Posten angehalten, denen der Reiter am Amu-Darja verdächtig vorkam, selbst nachdem er sich legitimiert hatte: ein Mann mit Gewehr auf sattellosem Pferd. Durchnäßt war mein Hinterteil und klebte am Rücken des Pferdes. Die argwöhnischen Patrouillen argwöhnten nicht, daß ich eine unbefugte Grenzüberschreitung begangen hatte, drüben in Afghanistan auf der Tigerjagd war.

Doch nicht von diesem Erlebnis war ich bewegt, sondern von dem Zweifel darüber, ob das, was der bucklige Tadshike eben zum Abschied gebrummt hatte, wirklich die Worte „Servus, Kisch" waren oder ob sie nur so klangen . . .?

Wir fragen ein junges Mädchen, warum außer ihr niemand zu sehen ist.

„Jetzt ist fast alles zu Hause und schläft. Erst abends arbeiten wir weiter, dann ist es etwas kühler."

Das junge Mädchen ist eine Armenierin, Absolventin der Timirjasew-Akademie in Moskau, hier als Agronomin tätig.

Vor uns eine seltsame Anhöhe. Wenn sie künstlich aufgerichtet ist, ward sie der Natur gut angepaßt, andernfalls hat die Natur einen Festungsbau kopiert. Genossin Kasanian erzählt uns, daß die Bauern den Hügel für eine Festung Alexanders des Großen halten. Das sei aber Unsinn.

„Warum Unsinn?"

„Es gibt ja hier keine Tradition, keine alten Siedler, denen eine solche Mitteilung überliefert wäre. Bevor unser Sowchos bestand, war die ganze Gegend unbewohnt. In Tadshikistan behauptet man von allen alten Festungen, daß sie entweder von Iskander oder von Tamerlan stammen. Das ist so wie bei uns im Kaukasus, wo jede Ruine einmal ein Schloß der Zarin Tamara gewesen sein soll. Und dabei gehört die Tamara eigentlich hierher."

Ja, die Tamara stammt von hier, wenn sie auch eine mythische Gestalt ist. Sie soll eine Kaiserin der iranischen Nomaden gewesen sein, den großen Cyrus besiegt, jede Nacht einen anderen Liebhaber gehabt und selbigen am Morgen ermordet haben. Der Islam rottete diese Sage aus, da es schmählich schien, daß sich die Ahnen von einer Frau beherrschen ließen, und die Nachbarvölker übernahmen die Tradition von der nymphomanen Kaiserin und schrieben ihr alle Bauten der Vorzeit zu.

Über dem Festungshügel, ob er nun einer ist oder nicht, ob er von der Zarin Tamara oder vom zweigehörnten Alexander stammt, schwebt eine Antenne, und ein Gong baumelt auf des Hügels Gipfel, allzeit bereit, die Leute zur Arbeit oder zur Versammlung zusammenzurufen.

Eine Schar von Kindern läuft herbei, bringt der Agronomin einen toten Skorpion von zehn Zentimeter Länge. Die Kleinen haben ihn im Feld aufgespürt und ein Feuerchen ringsherum angezündet, worauf sich das Tier durch einen Stich in den Kopf getötet hat.

„Das machen die Skorpione immer, sobald sie in Gefahr geraten – Selbstmord aus Furcht vor dem Tod."

„Gibt es viele Skorpione hier?"

„Genug, aber sie sind nicht sehr gefährlich, gefährlicher sind die Falangen. Sie fressen Aas, und wenn sie hinterher einen Menschen stechen, so stirbt er, falls er nicht sofort behandelt wird. Wir haben einen Arzt hier und ein Krankenhaus. Heute ist eine Frau eingeliefert worden, sie wurde von einer Kupferschlange gebissen."

Zu dem Mädchen, mit dem wir über Giftschlangen und todbringendes Ungeziefer flirten, gesellt sich ihre Freundin. Auch sie Agronomin, auch sie kaum zwanzig Jahre alt, auch sie hübsch, aber während die Armenierin schwarzlockig ist, ist die Russin rotblond, und während die Armenierin die Baumwollschädlinge im Referat hat, hat die Russin die Probepflanzungen unter sich.

„Sie müssen sich meine Selektionsanlage ansehen. Nachher trinken Sie bei uns einen Tee. Bei uns ist es kühl."

Kühl! Dickflüssiger Schweiß sickert uns in die Augen und in den Mund, der bis zum Gaumen voll ist von Salz und Staub. „Könnten wir nicht jetzt zu Ihnen gehen und erst später aufs Feld hinaus?"

„Ach, kommen Sie lieber gleich, es ist kaum ein Werstchen weit."

Ein Werstchen! Noch ein Werstchen in mittelasiatischer Mittagsglut? Das rotblondgescheitelte Mädchen schaut uns geradezu flehentlich an. Da wir einwilligen, ist sie glücklich: „Wissen Sie, jetzt sind alle in den Hütten, weil es zu heiß ist zum Jäten, nur der Aeroplan arbeitet. In einer Stunde wird Ihnen jeder seine Arbeit zeigen wollen, und es bliebe keine Zeit für meine Plantage. Dabei ist sie doch das Wichtigste."

„Mein Laboratorium ist auch wichtig", wirft die Armenierin scharf ein, und in der Furcht, daß in diesem Augenblick eine Mädchenfreundschaft und Arbeitsgemeinschaft in die Brüche gehen könnte, versprechen wir, uns später auch das Laboratorium ansehen zu wollen. Und wenn es zehn Werstchen weit wäre!

Eine Werst ist einen Kilometer plus 66 Meter lang, an der afghanischen Grenze, im Juni, um zwölf Uhr mittags hat sie astronomische Ausmaße. Die Sonne wälzt sich im Staub. Über den Feldern, kaum dreißig Meter hoch, kreist das Flugzeug, ununterbrochen arsenhaltige Gase fahrenlassend. Hier vernichtet das Giftgas die Schädlinge und kommt der Ernte zugute, während das Giftgas der Rüstungsindustriellen umgekehrten Zwecken dient.

Wir schreiten ein endloses Werstchen lang Baumwollfelder ab, Furchen und Kanäle, Stauden und Blüten. „Hier fängt mein Gebiet an."

Marusja zeigt auf die mit Stacheldraht eingezäunte meteorologische Station, Thermometer, Barometer, Regenmesser, Windmesser. Dahinter das Versuchsfeld. Triumphierend sieht sie uns an: Nun?

Nun, wir sehen ein Baumwollfeld, das sich von seinen Anrainern dadurch unterscheidet, daß jede Staude ein Holztäfelchen trägt.

„Sie sehen, daß jede Staude eine andersfarbige Blüte treibt, manche Staude noch keine Blüte, manche schon keine Blüte mehr hat, Sie sehen, daß alle verschiedenartiges Blätterwerk haben."

„Ja", bestätigen wir, denn wir sehen das jetzt wirklich.

„In unserem Sowchos wird amerikanische und ägyptische Baumwolle, Sea-Island, gepflanzt. Aber Sie würden sich sehr irren, wenn Sie glauben, das seien nur zwei Sorten! Ich habe fünfzig Sorten ausgesät mit 285 Varietäten. Ägyptische und nordamerikanische Firmen liefern uns die Samen, und auf jedem Sack steht eine Nummer. Wir stellen fest, welche Sorte für uns die beste ist. Ich glaube, ich habe es schon heraus: 38 F Sakellaridis wird die beste ägyptische sein. Ihre Faserlänge ist 43 Millimeter, bedenken Sie, was das bedeutet. Wir werden im nächsten Jahr hauptsächlich diese Sorte anbauen."

Die rotblonde Marusja kennt jede Pflanze persönlich, springt über Furchen und Raine, um zu zeigen, daß eine Staude, die zu den dunkelblühenden Amerikanern gehört, die gleiche Faserlänge hat wie eine Staude, die zu den hellblühenden Ägyptern gehört, daß diese „Pillion" ebensolche Blüten treibt wie jene „Nowitzki" . . . Wir werden ganz warm, obwohl uns wahrlich auch ohne dieses Interesse ganz warm war.

Dann gehen wir wieder das Werstchen zurück. Eine der Kolonnen kommt uns entgegen, die man hier unten, zwischen Syr-Darja und Amu-Darja, oft genug marschieren sieht: die Bauern einer Wirtschaft haben ihre Arbeit vollendet und ziehen nun geschlossen mit Fahne und Losungsbanner und Musik, um das weniger erfolgreiche Nachbargut zu „bugsieren"; an der Tête tanzt ein Jüngling, die anderen klatschen den Rhythmus und singen den Refrain mit.

Drüben wartet die kleine Kasanian: „Kommen Sie in mein Laboratorium, Genosse Petrow, der Direktor unseres Sowchos ist auch dort."

Das Laboratorium ist ein Seitenflügel des großen Verwaltungszeltes. An den leinenen Wänden hängen Glaskästen mit Schmetterlingen, Käfern, Spinnen, Heuschrecken und Raupen, die die Baumwollsamen und die Kapseln und die Blätter aufzufressen lieben und deshalb hier zur Bekanntgabe an alle Baumwollarbeiter festgesteckt sind – Steckbriefe also. Aus Spiritusgläsern glotzen ohnmächtig-wütend Skorpione und Falangen, Eprouvetten sind der gläserne Sarg von Larven und Puppen.

Die kleine Kasanian erzählt uns von allen diesen gefräßigen Feinden, für die sie entschieden eine Haßliebe hegt, von der Laus namens Gophis gossipii, vom Falter namens Chloridea obsoleta und dessen grünem Wurm, von einer Spinne Epithetranicus altea und von der Pectinophera gossipera. Das Mädchen beklagt sich, die schwarzen Locken schüttelnd, über die Hartnäckigkeit der Parasiten und berichtet, wie energisch und listig man gegen sie vorgehen muß, auf dem Landweg, auf dem Wasserweg, auf dem Luftweg. Wir denken an die Ballade vom Zuchthaus in Reading: Ein jeder tötet, was er liebt.

„Direkt bestechen müssen wir diese Tiere, damit sie uns den Fünfjahrplan nicht verderben, ja, ja. Mitten in unsere Baumwollfelder säen wir eine Erbsenart, Cicer orientum, die den Schädlingen schmackhafter erscheint als die Baumwolle. Nicht weniger als zwölf Hektar bauen wir davon an. Aber glauben Sie, das genügt diesem Gesindel?!" Dabei schaut sie ihre Feinde liebevoll an, wehe ihnen!

Gar zu gern möchte sie uns noch andere Präparate vorführen und Plakate und Aufklärungsschriften und Chemikalien gegen die Schädlinge, aber Petrow, Direktor des Gutes, sitzt im Mittelpunkt des Zeltes und ist sichtlich ungeduldig; wir wenden uns ihm zu. Nicht nur um seinetwillen. Schließlich sind wir weder wegen der jungen russischen Züchterin noch wegen der jungen armenischen Schädlingsvertilgerin hierhergekommen, sondern wir waren gestern auf der großen Hydrostation am Wachsch und möchten nun hören, wie sich dessen Irrigationsanlage in der Praxis auswirkt, diese Phantasmagorie – aus einer jahrtausendelang ausgedörrten Steinwüste einen Baumwollgarten zu machen.

„. . . und noch dazu soll es schnell gehen", ergänzt Petrow unseren Gedankengang, „vor drei Jahren hat der Sowchos nur aus einem einzigen Dorf bestanden mit 312 Hektar Anbaufläche. Jetzt aus sieben Chutors (Abschnitten) mit 11 000 baumwollbebauten Hektar. Aber 70 000 soll er umfassen nach Fertigstellung des Wachsch-Stroi, dann wird er ein agro-industrielles Baumwollkombinat sein. Wir müssen hier unbedingt . . ."

Er erklärt uns alles haargenau, alles, was sie hier unbedingt müssen. Wir strengen uns an, aber seine Worte klingen wie von fernher in unser Ohr, sosehr wir uns auch bemühen, aufmerksam zu sein.

Seien Sie nicht böse, Genosse Petrow, wir sind aus nördlicheren Breiten, und so herumzugondeln in den Tropen ist für uns kein Kinderspiel. Zeitig aufstehen, Pferderitt, Kamelritt, Autoritt im Samum, ein Werstchen zu wagen mit einer rotblonden Agronomin, ägyptische Sorten von amerikanischen unterscheiden zu lernen auf unsere alten Tage, ein Lektiönchen über Schädlingskunde – wahrlich, das ist mehr, als man an einem Tag von einem Westeuropäer verlangen kann. Andererseits strengt sich Petrow sehr an, um uns alles klarzumachen. „Wir müssen hier unbedingt . . ."

Was müssen die hier nicht unbedingt! Sie müssen hier unbedingt aus Selektionsgründen ein Viertel der Anbaufläche mit der Hand bearbeiten, „zweiundzwanzig Sorten von den fünfzig, die Ihnen Genossin Marusia sicherlich gezeigt hat, nicht wahr?"

„Ja, hat sie uns gezeigt . . ."

„Wir müssen unbedingt an die ägyptische Baumwolle – aus der macht man Batist, das wissen Sie . . .?"

„Wissen wir, wissen wir! Was müssen Sie an die ägyptische Baumwolle?"

„. . . höhere Ansprüche stellen als in Ägypten, wir müssen unbedingt . . ."

„Was müssen Sie unbedingt?"

„Wir müssen unbedingt längerfaserig sein als die ägyptische Baumwolle in Ägypten oder in Amerika."

„Warum müssen Sie das unbedingt?"

„Unsere Textilfabriken sind noch lange nicht so gut wie die amerikanischen, deshalb müssen wir unbedingt viel besseres Rohmaterial erzielen als Amerika."

Amerika, du hast es besser als der Kontinent, der alte. Ja, dein vielbe-songener Cotton Belt braucht fast nirgends künstliche Bewässerung, keinen Wachsch-Stroi. In South-Virginia regnet der Regen regelmäßig, was kein kleiner Vorteil ist – auf Plantagen ohne Kanäle läßt sich die Bearbeitung viel leichter mechanisieren.

„Bei uns besteht immer die Gefahr, daß der Traktor die mühselig erbauten Rinnsale zerreißt. Man muß immerfort aufpassen . . ."

Amerika, du hast es besser, du hast soviel Baumwolle, daß du ein Drittel vernichtest. Wir haben die Meldungen des Washingtoner Ackerbauamtes gelesen, tragen die Zeitungsausschnitte in der Tasche.

„Da der unverkaufte Übertrag aus der Vorsaison 9,1 Millionen Ballen und der Jahresverbrauch der Welt nur 20 Millionen Ballen beträgt, so kann es nicht anders als eine beispiellose Katastrophe genannt werden, daß die Plantagen voll mit guten Kapseln stehen, die Ernte laut Schätzung des Washingtoner Ackerbauamtes den Rekordertrag von 17 Millionen Ballen ergeben dürfte."

Beispiellose Katastrophe! Was soll man anfangen mit einer so reichen Ernte, mit siebzehn Millionen Ballen von je 500 lbs., was soll man anfangen mit 3 855 600 Tonnen Baumwolle, wenn schon im Vorjahr 2 063 880 Tonnen unverkauft geblieben sind?

Beispiellose Katastrophe! Auch Ägypten hat 1682 Feddans mit Baumwolle angebaut, ein Viertel weniger als im Vorjahr, aber doch um vier Viertel zuviel für eine solche Marktlage.

„Selbst der Bollweevil, der Kapselkäfer, der sonst gefürchtetste Schädling, auf den diesmal alle Hoffnungen gesetzt waren, hat wie zum Hohn die Plantagen verschont. Zwar hat sich der Kapselkäfer beachtlich ausgebreitet, aber wenn es in den nächsten Wochen Wärme und Trockenheit gibt, so ist damit zu rechnen, daß die Ernte zur Reife kommt, ehe die dritte und verderblichste Generation des Käfers in Tätigkeit tritt . . ." (New York Cotton-Exchange Service.)

Verstehen Sie das, Genossin Kasanian? In Amerika müßten Sie sich einen anderen Beruf suchen als den einer Insektenvertilgerin. Zwar gibt es diesen Beruf dort auch, und er bringt dort sicherlich viel Geld ein, aber Sie wären wohl kaum imstande, Ihre Insekten nach den jeweiligen Wünschen der Hausse- oder Baisse-Spekulanten zu behandeln.

Und Sie, Genosse Petrow, Sie erzählen mir da, wie Sie das Riesengut unbedingt erfolgreich gestalten müssen. Wissen Sie denn nicht, daß es eine beispiellose Katastrophe ist, wenn die

Baumwollernte gut ist? Krise in Amerika! Krise in England! Indischer Textilboykott! Pleite des Nordwolle-Konzerns!

„Es fragt sich nun, was der Federal Farm Board in Washington mit den Beständen beginnen will. Wie bekannt, wurde auf dem letzten Internationalen Baumwollkongreß zu Paris der Farm Board dringlich aufgefordert, in Bälde ein definitives Programm für die Liquidierung der Vorräte vorzulegen; jetzt wird man wohl oder übel in den sauren Apfel beißen und endgültig Klarheit über die Beseitigung dieser Mengen schaffen müssen. Texas hat bekanntlich beschlossen, die Baumwollanbaufläche für das kommende Jahr um 70 Prozent einzuschränken. Diesem Plan hat sich Mississippi (in diesem Jahr bebaute Fläche: 4 033 000 acres) angeschlossen. Außerdem hat Süd-Carolina (1 950 000 acres) das völlige Verbot des Baumwollanbaus beschlossen; der Gouverneur von Louisiana hat sich ebenfalls für das Verbot des Baumwollanbaus entschieden." (Bericht der Bremer Baumwollbörse.)

Und das alles genügt noch nicht. Jede dritte Furche ist durch Umpflügen zu zerstören. Wo diese Anordnung nicht befolgt wird, soll ein Drittel der Ernte unnachsichtlich verbrannt werden. Da der Plan, den deutschen Spinnereien langfristige Kredite von amerikanischer Flocke zu gewähren, gescheitert ist, wird ohnedies ein Großteil der amerikanischen Vorräte verbrannt werden müssen, um den Markt zu retten. Ist doch schon jetzt der Kurs für das englische Pfund (0,45 kg) Baumwolle von 19,39 Cent auf 7 Cent hinuntergesaust. Die Gestehungskosten betragen 11 Cent, so daß der Farmer pro Pfund 4 Cent verliert.

„Alles Entgegenkommen, das wir bei den Pariser Modenhäusern gefunden haben und das sich in der Lancierung von Stoffkleidern bereits zu äußern beginnt, vermag die Baumwollkrise nicht aufzuhalten. Obwohl die Seidenhemden aus der Mode gebracht werden, wirkt dies nur wie ein Tropfen auf den heißen Stein." („Cotton Weekly".)

Geht euch denn das alles nichts an, Genossen? Nein, euch geht das nichts an. Wenn ihr hier in der Wüste Baumwolle macht, Baumwolle für Wäsche, Kleider, Tischtücher, Handtücher, Leintücher, so gehen euch der Federal Farm Board und die Beschlüsse der Pariser Modenhäuser nichts an; anderthalbhundert Menschenmillionen warten darauf, daß ihr Erfolg habt.

„Wir würden neuntausend Arbeiter brauchen – wir haben

kaum ein Drittel, zweitausend ständige Arbeiter und tausend Saisonarbeiter, die im September, Oktober, November kommen, nachdem sie daheim ihr Getreide eingebracht haben. Die Tadshiken aus der unmittelbaren Umgebung bringen ihre Familien mit, die Frauen der Usbeken und Kirgisen bleiben zu Hause. Erfahren im Baumwollanbau sind nur die Arbeiter aus Fergana."

„Was veranlaßt die Leute, hierher auszuwandern und diese schwere Arbeit zu tun, gegen die Sonne, gegen die Schlangen und Skorpione?"

„Ach, die Skorpione", ruft die kleine Kasanian beleidigt dazwischen, „die Skorpione sind gar nicht gefährlich. Übrigens haben die Leute zu Hause auch Skor . . ."

„Das Einkommen ist gut. 3 Rubel 40 ist der Grundlohn pro Tag (in den Sowchosen wird Lohn ausgezahlt, in den Kolchosen Anteil vom Ertrag), aber mit Stückarbeit kann man 5 bis 6 Rubel verdienen. Für das Reinigen der Kanäle von Schilf und Gras bekommt man drei Kopeken pro fünf Meter Breite und ein Meter Länge; mit den großen Sensen mähen manche Arbeiter mehr als einen halben Kilometer am Tag, verdienen also 15 Rubel. Schlafgelegenheit, heißes Teewasser, Licht und Arbeitsgeräte sind unentgeltlich, zwei der einheimischen Flachbrote, Lepjoschka, kosten 15 Kopeken, das Kilo russischen Brotes auch 15 Kopeken und das Mittagessen 50. Alle fünf Tage bekommen wir ein achtes Pfund grünen Tee, was allerdings für uns viel zuwenig ist, und nach der Ernte 20 Meter Manufaktur – Hauptanreiz für das Hierherkommen der Saisonarbeiter. Nächstes Jahr werden die Bahnverhältnisse besser sein, und wir werden auch mehr Tee und mehr Tabak haben."

In Amerika, das es besser hat als der Kontinent, der alte, ist die Lage der Baumwollbauern ganz anders. Ein langer Artikel „Die Baumwoll-Peons" in „The New Republic" (New York) ist unter unserem Material:

„Hunderte und Tausende von Baumwollbauern sahen sich 1930 nach einigen Wochen Trockenheit dem Hunger preisgegeben, überfielen Geschäfte oder begnügten sich mit den kläglich kleinen Almosen vom ‚Roten Kreuz'. Die Elendsschilderungen, welche diese Organisation aussandte, beschreiben die verfallenen Wohnhütten, die Schlafstätten aus Stroh, das zerbrochene Geschirr, die zerfetzten Kleider, das elende Essen und die analphabetischen Farmer. So waren die Dinge immer, aber das ‚Rote Kreuz' wußte es vorher nicht. Wenn ein Bauer vom Bodenbesitzer eine Abrechnung über die erhaltenen Vorschüsse verlangt, wird er als ‚Vagabund' und ‚elender Nigger' beschimpft und den bewaffneten Hütern des Gesetzes zur Beute hingeworfen. Obwohl wir in der Zeit der Arbeitslosigkeit leben, werden viele Arbeiter zu Zwangsarbeit gepreßt. Auf Wunsch des Bodenbesitzers treibt die Stadtpolizei Wanderburschen zusammen und stellt sie vor die Wahl, sich sofort auf ein Baumwollgut abtransportieren zu lassen oder sich die spazierenden Leute vom Innern des Kerkers aus anzusehen. Der Durchschnittslandarbeiter ist Analphabet, hat nie eine Reise gemacht und weiß nichts von der Außenwelt. Er hat kein Geld, keine Kleider, keine Möglichkeit wegzufahren, kennt keine andere Arbeit. Der Übergang von einer Farm zur anderen ist praktisch unmöglich; Agenten, welche versuchen, die Bauern für andere Gegenden anzuwerben, werden erschossen oder gelyncht. Während einer Untersuchung über das Sklavenwesen im Staat Georgia wurden auf der Farm von John S. Williams elf Bauern getötet, weil sie zu alt zur Arbeit waren oder zuviel wußten. Vor kurzem wurde ein in der Negerkirche von Camp-Hill abgehaltenes Meeting der Baumwollpflücker von bewaffneten Männern umzingelt, die Kirche angezündet (sie brannte bis zum letzten Rest nieder), Neger kalten Blutes getötet oder ‚ausgeschickt, um Ofenholz zu holen', wie der euphemistische Ausdruck für ‚lynchen' lautet."

Amerika zetert über Zwangsarbeit in der Sowjetunion! Mit amerikanischen Methoden könnte man hier die zu schwache Belegschaft leicht auf die notwendige Kopfzahl bringen. Nun, die Arbeit geht auch so vorwärts.

Petrow fährt fort: „Wir haben 7000 Hektar mit ägyptischer und 4000 mit Upland-Baumwolle angebaut, fast 3000 Hektar mit Gemüse und Futtermitteln, hauptsächlich mit Luzerne, die das Land für die nächstjährige Ernte urbar macht. Etwa 800 000 Pud dürfte unsere Ernte betragen. Baumwolle ist das einzige Agrarprodukt, das Rußland immer importieren mußte. In der Vorkriegszeit ergab die Ernte, einschließlich Buchara, vierzehn Millionen Pud, das sind 229 320 Tonnen, reiner Faser. Vor dem Fünfjahrplan war der Baumwollanbau gegenüber der Zarenzeit zurückgegangen, hier tobte ja noch lange der Räuberkrieg, geführt von Emir Olim, von Enver Pascha und Ibrahim Beg. Seit zwei Jahren geht die Baumwollproduktion der Sowjetunion aufwärts:

	Anbaufläche (in Hektar)	Rohbaumwolle (in Tonnen)	Reine Faser (in Tonnen)
1929	1 055 500	823 500	264 000
1930	1 528 000	1 076 000	327 000
1931	2 137 000	1 279 000	409 500

Die Ernteziffern von 1931 sind natürlich nur Schätzung*, aber sicher ist, daß wir nach kaum drei Jahren fast doppelt soviel erzielt haben wie Zarismus und Emirat nach dreißig Jahren Baumwollzucht, ganz abgesehen davon, daß man sich an ägyptische Baumwolle nicht herangetraut hat. Für das nächste Jahr schreibt der Plan 504 000 Tonnen reiner Faser vor. Unsere Anbaufläche ist dreimal so groß wie die der Zarenzeit, leider halten die Hektarerträge damit noch nicht gleichen Schritt. Die Befreiung der Sowjetunion von der Abhängigkeit des kapitalistischen Baumwollmarktes ist vollzogen. Wir führen zwar noch ein, aber wir führen auch schon aus, und der Ausfuhrwert für Baumwolle überstieg in diesem Jahre den Einfuhrwert um dreißig Prozent. Das ist einfach ein Sorten- und Saisonausgleich auf dem Weltmarkt."

Ganze Textilbezirke der UdSSR warten auf Rohmaterial, die Termine müssen eingehalten werden. An der Wand des Leinenzelts hängt ein Jahreskalender, Monate und Tage sind mit Buntstiften eingerahmt, rechtwinklige, unregelmäßige Flächen in verschiedenen Farben fügen sich aneinander.

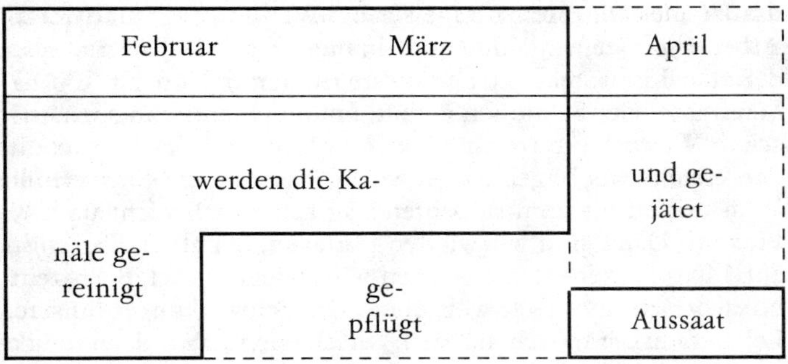

In der Zeit von Mai bis August wird dreimal die „Okutschka" vorgenommen, das Jäten und Häufeln, vom Juni bis Anfang September werden die Stauden begossen, Mitte

* Hier nach beendeter Ernte ergänzt.

September erste Ernte, im Oktober und November Herbstreinigung der Kanäle, im Dezember zweite Ernte. Ununterbrochene Tätigkeit also.

„Mit unserer reduzierten Belegschaft könnten wir das niemals leisten“, sagt Petrow, „ohne das Bugsier der Nachbarkolchose, ohne den sozialistischen Wettbewerb und ohne die Stoßbrigaden.“

Stoßbrigaden – ein Stichwort. Während unserer Unterhaltung hat sich das Zelt mit Mongolen und Iranern gefüllt, die den westeuropäischen Besuch sehen wollen. Ein etwa dreißigjähriger Schmächtiger mit Brille, Typ eines Kanzleibeamten, hakt beim Wort „Stoßbrigaden“ ein; im Namen seiner Gruppe möchte er uns deren Tätigkeit erklären, er habe es eilig, müsse gleich zurück.

„Nu wot (nun, also)“, beginnt er stockend, und wir sind überzeugt, daß er nun ausführen wird, seine Gruppe mache hier Schreibe- und Rechnungsdienst. Fehlgeraten. Das schmale Männchen ist ein Soldat und spricht namens seiner Truppe, „wir sind die Vierte Kompanie des Arbeiterregiments zur besonderen Verwendung. Unser Regiment hat sich vor drei Monaten im Chodschenter Wilajet aus Arbeitern und Angestellten gebildet, nu wot. Wir haben uns die Aufgabe gestellt, gegen die Räuberbanden zu kämpfen. Als der Bandenkrieg liquidiert war, haben wir beschlossen, uns in die Breschen zu werfen, die bei der Durchführung des Fünfjahrplanes entstehen. Nu wot, das ist alles, was ich zu sagen habe. Wir sind sechsundvierzig Arbeitersoldaten, Männer und Frauen, fast alle Parteimitglieder oder Komsomolzen, der älteste ist vierzig Jahre alt. Wir haben uns in vier Sektionen geteilt, um miteinander in sozialistischen Wettbewerb treten zu können, nu wot, das ist alles. In den ersten zwei Tagen haben wir 91 Prozent der Norm erfüllt. Vom dritten bis zum siebenten Tag kamen wir nicht über 82 Prozent. Dann sind wir wieder gestiegen, am elften Tag sogar auf 140,8 Prozent. Jetzt machen wir täglich etwa 128 Prozent. Nu wot, ich muß jetzt weggehen. Die Schwankungen unserer Leistung erklären sich aus den Verschiedenheiten der Produktionsmittel, der Boden ist ungleich, und es gibt auch andere objektive Schwierigkeiten. Auf Wiedersehen.“

„Einen Augenblick, bitte. Bleibt ihr definitiv hier?“

„Nein, wir müssen nach Chodschent zu unseren Arbeitsplätzen zurück, wir sind ja nur beurlaubt. Aber als Formation bleiben wir bestehen, und wenn man uns brauchen wird, rücken wir wieder gemeinsam aus. Wir haben beschlossen, das nächste Mal womöglich auf Reisfeldern zu arbeiten, nu wot."

„Warum auf Reisfeldern, Genosse?"

„Weil das die schwerste Arbeit sein soll. Auf Wiedersehen."

Wie sähe die Welt aus, wenn die Begeisterung und Opferfreudigkeit, die man August 1914 für den Krieg zu entfachen vermocht hat, überall für produktive Arbeit zum Nutzen der Allgemeinheit entfacht würde.

Wie sähe die Welt aus voll solcher Arbeiterkompanien wie die, die aus Enthusiasmus in die Wüste zieht und sie aus Enthusiasmus umgestaltet. Und wie sieht die Welt wirklich aus:

„Im Jahre 1927 überflutete der Mississippi ein weites Gebiet, einschließlich der Baumwollgegend. Einige hunderttausend weiße und schwarze Kleinpächter wurden von der Hilfe des ‚Roten Kreuzes' abhängig. Die Bodenbesitzer lehnten es zuerst ab, ihre Pächter retten zu lassen, als deren Leben bedroht war. Das ‚Rote Kreuz' mußte sich den Bodenbesitzern gegenüber verpflichten, die Bauern, allenfalls auch gegen deren Willen, nach Beseitigung der Gefahr zu den Plantagen zurückzubringen. Die geretteten Bauern wurden dementsprechend in einem Lager gehalten, das von der staatlichen Polizei bewacht war. Niemand durfte das Lager ohne Erlaubnis verlassen. Mehrere Bauern flüchteten, einige wurden erschossen. Als die Flut zurückging, schlossen die Beamten des ‚Roten Kreuzes', die Polizei und die Aufseher der einzelnen Plantagen einen Ring um die Baumwollarbeiter und ihre Familien und transportierten sie wieder zu ihren Herren." („The New Republic".)

Allerdings, diese Sklaven sind zumeist „Farbige". Die zwölf Millionen Neger in Amerika haben keinen Vertreter im Senat oder im Abgeordnetenhaus von Washington und auch sonst keine Staatsbürgerrechte, obwohl sie Staatsbürger sind, keine Menschenrechte, obwohl sie Menschen sind.

Eine Gruppe von tadshikischen Burschen und Mädchen drängt sich ins Zelt, ihr Sprecher bittet uns, den Jugendgenossen des Auslandes zu berichten, daß die Komsomolzen auf dem Sowjetgut Wachsch ihren Teil des Fünfjahrplanes seit Jahr und Tag zu 110 Prozent erfüllen und weiter erfüllen werden. „Und jetzt möchte ich noch etwas sagen. Wir machen natürlich auch kulturelle Arbeit, sowohl bei den Parteilosen als auch unter uns. Auch deutsche Bücher lesen wir, die ins Russische übersetzt sind, und sie interessieren uns sehr. ‚Paradies Amerika‘ hat uns gefallen, bis auf zwei oder drei Kapitel. Wir freuen uns, daß Sie gekommen sind, Sie sind der erste ausländische Schriftsteller, den wir sehen. Wir haben eben beschlossen, unserer Gruppe Ihren Namen zu geben."

Draußen müssen wir uns mit den neuen Patenkindern photographieren lassen, Adressen werden ausgetauscht, dann wollen wir zurück in das Leinwandhaus. Aber ein Tadshike, 1 Meter 90 hoch und mit entsprechendem Vollbart, besteht darauf, daß wir uns den Maschinenpark ansehen. Wir werden uns hüten, ihm etwas abzuschlagen. 142 Traktoren, amerikanische und einheimische, „Fordson" und „International". „Welche sind besser?" fragen wir zu ihm hinauf, „die amerikanischen oder die sowjetrussischen?"

„Oh, im Mechanismus sind beide gleichwertig", sagt der Tadshike zu uns hinab, „aber das Material der unsrigen ist bei weitem nicht so dauerhaft. Bevor die Sowjetunion Pittsburghstahl erzeugen kann, werden noch mindestens drei Jahre vergehen. Wir borgen auch den Nachbarkolchosen unsere Maschinen und haben 600 Hektar für sie gepflügt, und in den MTS (Maschinen-und-Traktoren-Stationen) helfen wir ihnen mit unseren Werkzeugen und unseren Mechanikern aus."

Triumphierend zeigt er die fahrbaren Vakuumtürme, die die Baumwolle durch sechs zweiköpfige Schläuche von den Stauden saugen. „Solche Maschinen können wir noch nicht herstellen, aber in zwei oder drei Jahren . . .", sagt der Tadshike.

Und nun kommen andere herbei. Den Entkernungsbetrieb sollen wir ansehen, dort sei ein ganz neuer Gin. Die Schulwerkstätte des Maschinenparks, weil dort Baumwoll-Combiner montiert werden. Die Kinderkrippe, die sei besonders wichtig, weil man durch sie endlich weibliche Pflückerinnen zu bekommen hofft. Das Krankenhaus, dort ist die Frau mit dem Schlangenbiß. Die Anti-Analphabeten-Stelle, dort ist ein sechzigjähriger Schüler. Die Roten Ecken, dort sei ein deutsches Plakat. Das Rote Teehaus, dorthin muß man sich den Tee mitbringen. Die Bibliothek mit tadshikischen und usbekischen Büchern. Den Klub mit der Bühne. Alles will man uns zeigen, und auf alles ist man stolz, und alles will man noch besser machen, und . . .

. . . und wir denken an Dixie, den Baumwollgürtel Amerikas, das Land, wo die Sklaverei herrscht wie vor Lincolns Zeit.

In Dixieland, the land of cotton
Old times there are not forgotten,

wir denken an dieses Land, wo wir zerlumpte, schlotternde, ausgehungerte, ausgebeutete Gestalten sahen, wo wir von torkelnden Säufern angerempelt, auf Schritt und Tritt von Kindern angebettelt wurden, wo weißgelockte Neger die weißgelockte Ware schleppten, die hier wie dort gedeiht.

CHINA GEHEIM

Der kleine, sehr elegante Japaner kritzelt etwas in sein Notizbuch, vielleicht die Abfahrtsstunde, vielleicht die Taxispesen. Das Notizbuch ist in rotes Maroquin gebunden und trägt in der Ecke des Einbands ein goldgepreßtes „S", über dem sich harmlos zwei goldene Zylinder kreuzen. Sieh mal an.

Wieviel wir für die Rubel bezahlt haben, fragt ein deutscher Herr. Er habe sie billig bekommen, bei einem Bankier in Spandau. In Spandau? Sieh mal an

Auf dem Moskauer Bahnhof stürmte ein junger Mann heran, schwang sich mit dem Koffer auf das bereits fahrende Trittbrett und stieß erleichtert und siegreich ein „Porco di bacco" aus. Er habe sich verspätet, weil er zwischen der Ankunft auf dem Weißrussischen Bahnhof und der Abfahrt vom Nordbahnhof einem Herrn Grüße von seiner Tochter in Rom bestellen wollte, erzählte er uns. Er stellte sich vor: Corrado Sofia, Kriegsberichterstatter der „Gazetta di Popolo", Turin. Sieh mal an.

Übrigens bedarf es bald keiner Indizien und keiner Zufälle mehr, um zu erfahren, welcher Art die Fremden sind, die der Transsibirische Expreß zusammenrattert. Lang ist die Fahrt, tagelang, wochenlang, kaum gibt es auf dem Erdball einen Schnellzug von so langer Fahrt wie diesen. Aus dem Fenster zu schauen ist unmöglich, denn undurchdringliches Farnkraut aus Frost wuchert auf den Scheiben. Wo der Zug Station macht, kann man zwar aussteigen, um die Gliedmaßen zu strecken, jedoch die Kälte zupft und zwickt und zerrt an den Ohrläppchen, im Nu laufen sie blau an. Der Atem glasiert Schnurrbart und Vollbart; auf jedem Bahnsteig bestaunt man eine andere Kollektion kandierter Bärte.

Was sonst zu sehen ist, erscheint den Herren Transitreisenden mitnichten interessant. Noch ein Zug mit Traktoren, noch ein Zug mit Turbinenbestandteilen, noch ein Zug mit Erntemaschinen. Nur eins scheint den Herren Transitreisenden interessant: der Krieg. Der ist ihr Traktor, ihre Turbine, ihre Erntemaschine. Darüber spricht man auch offen, hockt man doch wochenlang immerfort zusammen . . .

Der kleine, elegante Japaner, der ein „S" mit den gekreuzten

Kanonenrohren, das Wappen der Waffenfabrik Schneider-Creuzot, goldgepreßt auf seinem Notizbuch und das Bändchen der französischen Ehrenlegion in seinem Knopfloch trägt, fährt selbstverständlich erster Klasse. Den ganzen Tag tippt er auf der Schreibmaschine und läßt dazu sein Grammophon spielen. Im Speisewagen kommt man mit ihm ins Gespräch. Er ist ein richtiger Japaner, das heißt, er war während des Weltkrieges Offizier in der amerikanischen Armee, ist japanischer Generalvertreter eines großen französischen Industriekonzerns (er nennt ihn zwar nicht, aber wir haben das Notizbuch gesehen), seine Frau, eine Deutsche, ist mit den Kindern in Deutschland. Jetzt kommt er direkt vom Völkerbund.

Nachdem er sich vergewissert hat, daß kein Deutscher am Tisch sitzt – ist keiner dabei, ist keiner dabei! –, erzählt er eine Episode: Nach der Rheinlandräumung kam zur Feier des deutschen Jubels auch Minister Dr. Curtius nach Heidelberg. Ein Schulkind sprach das Freudengedicht – die Tochter unseres japanisch-französisch-amerikanischen Mitpassagiers. „Brav, brav", belobte sie Herr Curtius, „ich hoffe, du wirst immer eine gute Deutsche bleiben." – „Ich bin keine Deutsche, ich bin eine Japanerin." – „So, so", räusperte sich Curtius verlegen, „kannst du mir etwas auf japanisch sagen?" Die Kleine besann sich nicht lange und sagte das Wort, das sie am häufigsten aus dem Munde ihres Papas gehört, das Wort, das sie auch schon allen ihren Mitschülerinnen beigebracht hatte: „Du bist ein Trottel." – „Brav, brav", sagte der Außenminister befriedigt und schritt unter dem Gelächter der Schulkinder weiter.

Mit dieser Geschichte hat unser Mitpassagier sicherlich die Völkerbundsdelegierten in Genf sehr gut unterhalten, aber er bringt auch Auffassungen von dort mit, die er, nachdem er sich vergewissert, daß kein Russe und kein Russenfreund am Tisch sitzt – ist keiner dabei, ist keiner dabei! –, uns darlegt. Der Fünfjahrplan der Sowjetunion sie nichts weiter als ein militärischer Aufrüstungsplan, so angelegt wie zweifarbige Vexierbilder: setzt man eine grüne Brille auf, so werden alle grünen Striche unsichtbar, und man sieht nur die roten. Die roten Striche aber seien der Sinn des Bildes: Kriegsvorbereitung. Kollektivwirtschaften? Nur dazu da, damit der Bauer nicht auf seiner Scholle bleibe, wenn der Feind anrückt! Industrialisierung? Nur dazu da, um auf Kriegsbedarf umgestellt zu werden! Säuglingspflege? Besserung der Verpflegung? Arbeitersanatorien?

Nur dazu da, um gesündere Rekruten zu haben! Schulen? Nur dazu da, um Offiziers- und Unteroffiziersmaterial heranzubilden!

Wie Schuppen fällt es uns von den Augen, über die wir die grüne Brille gelegt haben. Das also ist der wahre Sinn des Sozialismus, so also haben es Marx und Engels ausgeheckt, nichts als Kanonen und Giftgase und Massenmord schwebten ihnen vor, als sie vor neunzig Jahren die Prinzipien einer neuen Gesellschaft formulierten! Brot und Arbeit für alle Werktätigen, freie Entfaltung der Kräfte – alles nur dazu, um geeigneteres Kanonenfutter zu erzielen!

Zum Glück helfe das den Russen nichts. Sie haben nämlich einen Fehler begangen. Sie enteigneten die Putilow-Werke, die der Firma Schneider-Creuzot gehörten. Deshalb liefert Schneider-Creuzot ihnen nichts. Und ohne Schneider-Creuzot kann man keinen Krieg gewinnen. Selbst England weiß das. Schneider-Creuzot macht Kanonen, die mehr als doppelt so weit tragen wie die „Dicke Berta". Die Franzosen können von Frankreich aus London zusammenschießen und brauchen ihre Geschütze nicht einmal am Ärmelkanal aufzustellen. Es genügt die Linie bei Marquise.

Das alles erfährt man während einer Mahlzeit im Zug, dessen Waggons die Aufschrift „Riga–Moscow–Manchouria" tragen und unaufhörlich fernostwärts rollen.

Eben überschreiten wir den Ural, ohne daß wir es merken, die Bahn steigt gar nicht an, obwohl sie eine höhere Region erklimmt – das hat sicherlich mit dem Unterschied zwischen relativer und absoluter Höhe etwas zu tun, den wir schon in der Schule nicht verstanden haben.

Vor Swerdlowsk führt uns der junge Schaffner auf die Plattform des Waggons hinaus, um uns das Gestein zu zeigen, das grün aus dem Schnee blinzelt, Chromeisenstein, einziges Lager der alten Welt; ohne den Betrieb von Chrompik könnte man außerhalb Amerikas kein Chromleder erzeugen. Unter uns im Tal von Omsk sehen wir Riesentürme im Bau. Hochöfen? Bohrtürme? Nein. Das Tal ist kein Tal, es ist der Fluß, er ist gefroren, und die gerüstumkleideten Türme sind die Pfeiler einer neuen, mächtigen Brücke. Dort drüben ein Andenken aus der Zeit der Zaren, die das Volk nur deshalb knechteten, weil sie eben – anders als die Sowjets! – friedliche Absichten hegten. Die Festung von Omsk, darin Dostojewskij gefangen saß. Wie fern von Europa dachten wir sie uns, als wir die „Memoiren aus einem Totenhaus" lasen, und nun sehen wir sie, obwohl wir doch erst am Anfang unserer Reise sind.

Die Strecke entlang fahren Autos auf schneeiger Landstraße, versuchen mit unserem Zug um die Wette zu fahren. Hier schleppten sich die Kolonnen der Verbannten kettenrasselnd des Weges, heulten die hungrigen Wölfe, das war einst Asien ... Jetzt stehen und erstehen allerorts Betriebe wie in Moskau oder Leningrad, jetzt warten Autobusse am Bahnhof, die Speicher von „Sojus-Chleb" bilden längs der Strecke, in Europa wie in Asien, ein ununterbrochenes Spalier.

Nur der Frost erinnert daran, daß wir in Sibirien sind. Die Uhr mußten wir bereits um vier Stunden zurückdrehen, weil wir ostwärts fahren; das Thermometer geht noch stärker vor, es zeigt Dezember, sibirischen Dezember, obwohl wir erst März haben. Auf jeder Station wird das dichte Gebilde zitronengelber Eiszapfen abgehackt, das sich unterhalb der Toiletten immer wieder bildet. 42 Grad unter Null. 42 Grad über Null war vor ein paar Monaten die ständige Temperatur, unter der wir uns im Baumwolland der Sowjets befanden, in Tadshikistan. Damals schworen wir schwitzend, nie mehr über Kälte klagen zu wollen, jetzt schreit man auf vor Schmerz, wenn man handschuhlos die Eisenstange der Plattform berührt.

Läuft man auf den Stationen ein paar Schritte umher, so pflegt man jeden entgegenkommenden Passagier in die Höhe zu heben, aus Übermut und um sich zu erwärmen. Chinesen und Japaner heben einander nicht in die Höhe, sie gehen stumm und feind aneinander vorbei. Unter den Chinesen sind Studenten der Charlottenburger Technischen Hochschule; sie kehren zurück, weil man ihnen von zu Haus kein Geld zum Studium mehr schicken kann. Ein junger Chinese sitzt still im Abteil, er spricht während der ganzen Fahrt kein Wort.

Der Deutsche, der uns nach dem Kaufpreis unserer Rubel fragte, ist ein kleiner Kollege des japanischen Waffenspekulanten. Er fährt dritter Klasse, obwohl er Drehbänke eingekauft hat, an denen man während des Weltkriegs in Spandau Granaten drehte. Ausgediente Instrumente, 180 Mark das Stück, zuzüglich 56 Mark Fracht pro Kubikmeter ab Nordhafen Berlin.

Zu unseren Füßen brandet ein Häusermeer: Nowosibirsk. „Sib-Chikago", das sibirische Chikago, nennen es die Russen, stolz auf sein rapides Wachstum. Ach, sie würden diesen Vergleich nicht anwenden, wenn sie das amerikanische Chikago näher kennen würden, mit den morschen Pfahlbauten auf

Sümpfen der Peripherie, der stickigen, stinkenden Luft hinter den Schlachthöfen, den grauenhaften Elendsquartieren der mexikanischen Arbeiterfamilien, mit den Court-Restaurants, wo feine Leute sich den Nervenkitzel leisten, zur gleichen Stunde mit einem Hinzurichtenden im gleichen Haus das gleiche Abendbrot zu verzehren. Wie können die Leute hierzulande sich die Korruption vorstellen, die das reiche Chikago in den Bankrott getrieben hat. Seit anderthalb Jahrzehnten Kämpfe zwischen den Verbrecherbanden, Alkoholschmuggler im Bunde mit der Polizei und den Behörden. Das sind wohl keine „inneren Wirren", das gefährdet nicht Ruhe und Ordnung und Zivilisation, das ist wohl nicht so schlimm wie die Zustände in China, die Japan veranlaßt haben, mit Bombenflugzeugen, Giftgas, Kanonen, Okkupation und Annexion dreinzufahren. Auch der Völkerbund gäbe freilich nicht sein bedächtiges Kopfnicken zu einer Intervention gegen Chikago. Chikago ist nicht China.

Weiter rollt unser Zug, an Krasnojarsk vorbei, über den Jenissej, die verschneit daliegende Taiga entlang, an Irkutsk und seinen neuen Häuserbezirken vorbei, am Baikalsee vorbei und an Werchne-Udinsk, wo die Reisenden umsteigen, die in die Äußere Mongolei wollen.

Auf jeder Station kauft man Zeitungen, die Transitpassagiere lassen sich die Charbiner und Schanghaier Telegramme vorlesen und freuen sich, daß der Krieg vorwärtsgeht, daß das Geschäft vorwärtsgeht, daß der Zug vorwärtsgeht.

Je weiter der Transsibirische Expreß ostwärts vordringt, desto mehr drehen sich die Gespräche der Passagiere um die Grenzkontrolle in den neuen Staats- und Kriegsgebieten. Es sei nicht schlimm, versichern die japanischen Praktiker, man sei sehr höflich jenseits der Grenze, nur wer irgendwie des Kommunismus verdächtig sei, mit dem mache man allerdings keine Umstände, man übergibt ihn den Weißgardisten und – bumm.

Wieso man einer solchen Sache verdächtig werde? Ach, Gott, das merken die schon. Wenn jemand mehrere Sowjetvisa im Paß hat oder wenn zwischen der Einreise in die Sowjetunion und der Ausreise eine längere Frist verstrichen sei, wenn einer Russe ist oder russische Bücher bei sich hat – oh, man erkenne schon am Anzug, am Hut, an der Wäsche, am Koffer, ob jemand geraume Zeit unter den Sowjets gelebt habe, die Weißgardisten haben darin Praxis. Ein chinesisches

Visum, das in der Sowjetunion ausgestellt sei, mache schon stutzig. Warum hat es sich der Reisende nicht in seiner Heimat besorgt, he?

Sieben Tage nach der Abfahrt aus Moskau stiegen wir in Tschita aus, wir erzählten unseren Reisegefährten, eine Bärenjagd in Transbaikalien sei unser Reisezweck. Das glaubte allerdings niemand von denen, die zu edlerer Treibjagd nach dem Fernen Osten fuhren. Noch mißtrauischer aber waren die Russen im Zug gegen uns: Was ist das für einer, der da immerfort mit den Waffenschiebern beisammensteckt, selbst Ausländer ist und Russisch versteht, wozu fährt er jetzt nach Tschita, unserer Grenzstadt an der Mandschurei?

Wozu? Jetzt können wir's schon sagen, Freunde. Nicht um Bären zu jagen, sondern um das chinesische Visum zu bekommen. In Moskau gibt es nämlich keine Vertretung Chinas mehr, da die diplomatischen Beziehungen seit 1929 abgebrochen sind. Nur in Tschita funktioniert noch das Konsulat.

So kam es, daß wir am 13. März 1932 um acht Uhr abends vor dem Bahnhof von Tschita standen. Wir heuerten einen Iswostschik, der uns ins Hotel Delowoi führte, Zimmer mit fließendem Wasser, sehr angenehm, man wäscht den Dreck einer siebentägigen Eisenbahnfahrt vom Leibe. Aber um halb neun ist man fertig, steht da mit gewaschenem Hals. Was fängt man in Tschita an zu einer Abendstunde, da das chinesische Konsulat ohne Zweifel geschlossen ist? Im Theater spielt man „Chleb" (Getreide) von Kirschon, aber das haben wir schon bei Stanislawskij gesehen. Wir gehen in den Zirkus.

Zirkus ist überall gleich, nur das Publikum ist überall verschieden, weshalb auch der Wanderzirkus die logische Form des Zirkus darstellt und der seßhafte dazu verurteilt ist, früher oder später als Ruine in Rom oder als Großes Schauspielhaus in Berlin zu enden.

Gehen wir heim; mit dem Gedanken an die verschiedenen Todesarten, die die Weißgardisten den Verdächtigen zu bereiten pflegen, und mit dem Entschluß, einige überflüssige Stempelvermerke verschwinden zu lassen, schlafen wir ein, wachen wir morgens auf mit ähnlichen Gedanken.

Tschita hat kein Straßenpflaster, aber neue Gebäude, Verwaltungsgebäude der Transbaikalischen Eisenbahn, Sowjetpalast, Schulen, Klubs; eine Lokomotivfabrik wird gebaut.

Mit Ausnahme der Zeit, die wir auf dem chinesischen Konsulat verbrachten, um den von China visierten Paß endlich in der Hand zu wiegen, haben wir unsere Zeit im Gebietsmuseum namens Kusnetzow verbracht.

Flucht und Verbannung, das ist die russische Geschichte dieses Bezirks. Jawohl, zuerst die Flucht und dann erst die Verbannung. Die ersten russischen Siedler auf dieser Steppe der Mongolen und Tungusen waren die Starowerzen, die sich den Kirchenreformen des Patriarchen Nikon nicht unterwerfen wollten und deshalb in die fernste Einöde flohen, um hier unbehelligt ihrem Ritus zu dienen. „Eine gute Idee", sagte Peter der Große, als in dem unwirtlichen Gebiet von Nertschinsk Erzlager entdeckt wurden, „eine gute Idee! Wir schicken einfach die Verbrecher hin."

An den Museumswänden hängen Bilder der Dekabristen, der Petraschewzen, der Narodowolzen, der Sozialrevolutionäre und der Bolschewiki, die hier ihren Freiheitstraum mit Kerker und Ketten büßten; man sieht Bakunin, Tschernyschewskij, Sofja Perowskaja.

Wir sehen auch ein vergilbtes Photo des Journalisten George Kennan. Kennan war nicht Amerikaner genug, um sich davon abhalten zu lassen, die Leiden der politischen Gefangenen Rußlands zu schildern, aber er war noch Amerikaner genug, um 1917 darüber entsetzt zu sein, daß diese ehemaligen Sträflinge die Regierung Rußlands übernahmen.

Andenken füllen die Vitrinen, nicht nur an politische, sondern auch an kriminielle Gefangene. Eine Kollektion von gefärbten Brotplastiken; Gruppenszenen aus dem Leben der Flüchtlinge lassen an blutiger Realistik und künstlerischer Gestaltungskraft alles verblassen, was an Bildnerei der Gefangenen in den Polizeimuseen und in den Kabinetten der Strafanstalten vorhanden ist, Photographien von Hinrichtungsszenen und anderen Greueln aus der Zeit des Ataman Semjonow und des Generals Gajda sind die Gegenstücke dazu.

Und damit wir auch hier, im Schreckenskabinett an der chinesischen Grenze, dem hundertsten Todestag Goethes nicht entrinnen, blickt uns steif und würdig eine Goethebüste an, geknetet in den sechziger Jahren vom Falschmünzer Zeisig aus Berditschew.

Nun können wir abreisen. Eine Stunde hinter Tschita, Station Karymskaja, teilt sich die Bahnstrecke: ostwärts läuft die Linie nach Wladiwostok, unsere geht nach Südost, um Anschluß an die Ost-Chinesische Eisenbahn zu suchen. Bei Mazijewskaja, Halbstation 86, ist Zugkontrolle, Sowjetbeamte überprüfen das Ausreisevisum, forschen, ob man keine Valuta ausführt.

Über das Geleise spannt sich ein großer Bogen mit Sichel, Hammer und rotem Stern – ferner Bruder jenes Bogens in Negoreloje, durch den man, aus dem Kapitalismus des Westens kommend, in die Sowjetunion einfährt. Dort stimmt man die Internationale an und winkt mit beiden Armen den Rotarmisten zu, den ersten Rotarmisten! Hier fährt man still aus dem Land hinaus.

Mandschuria, alles umsteigen.

Die Paßkontrolle nehmen Chinesen vor, wahrscheinlich schon Beamte des neuen japanischen Freistaats Mandschukuo oder solche, die es bald sein werden. Schnuppernd und gierig durchwühlen Weißgardisten jeden Koffer. Ganz unverschämt fragen sie, ob man Russisch spreche, als wäre das ein Verbrechen. „Nitschewo ruski", antworten wir in einem Tonfall, der beweist, daß wir weniger als nitschewo Russisch verstehen.

Wir sind nämlich, seit wir in Tschita einen neuen Zug bestiegen haben, ein ganz anderer geworden, ein ruhiger, sauber rasierter Ausländer mit Hut und Glacéhandschuhen und gebügelten Hosen, der im Speisewagen mit Dollar bezahlte und sich die in kyrillischen Buchstaben gemalten Namen der Stationen von freundlichen Passagieren vorlesen ließ.

Der weißgardistische Grenzhelfer der Japano-Chinesen verlangt den Transitschein über unsere Barschaft, den wir, als wir aus Deutschland in die Sowjetunion einreisten, erhalten haben müssen. O weh, daran hatten wir nicht gedacht. Der Russe besteht auf den Schein, mit dem vielleicht Valutageschäfte getätigt wurden. Nun, wir haben ihn nicht, wir versichern dem Herrn, daß wir den Zettel soeben, nach Passieren der russischen Grenzstation, weggeworfen haben, mitsamt allen Bestätigungen, und daß wir im Speisewagen einen Dollar und wieder einen Dollar wechselten. Der Weißgardist schüttelt den Kopf und begibt sich zu dem dicken chinesischen Offizier, der tief in die Pässe vertieft ist.

Fünf Passagiere pochen an die offene Tür, deren Politik zu verfolgen der ehemalige Kaiser und neue Präsident der Mandschus öffentlich versprochen hat. Da ist der Sekretär der chinesischen Gesandtschaft in Helsingfors mit seiner zierlichen Chinesenfrau, da ist ein geheimnisvoller Polizeibeamter aus China, der beim Völkerbund über Opium referieren sollte und Agnes Smedley zu kennen vorgibt, da ist ein italienischer Militärattaché für Flugzeugwesen. Sie alle sind mit mächtigen, auseinanderzufaltenden Wunderpapieren versehen, während der fünfte, meine Wenigkeit, nur ein scheußliches Büchel sein eigen nennt, aus dem der dicke Chinese irgendwelche Geheimnisse herauslesen will. Endlich gibt er den Paß zurück mit einem Gesicht, als ob er sagen wollte, was geht's mich an, bald kommst du an eine andere Front, dort werden dich die Japaner kalibrieren – ihre Sache, ob du ihnen gefällst.

Jetzt können wir weiterfahren. Weiterfahren? Ja, Pustekuchen! Der Zug fährt heute nicht ab, erst nach dreißig Stunden. Unser Gepäck lassen wir in den Waggon tragen, dort dürfen wir auch übernachten. Wir wechseln unser Geld, ein Dollar ist gleich vier Chinesendollar und siebzig Cent.

Über dem Bahnhof weht die Fahne der Ost-Chinesischen Eisenbahn, oben die Sonne Chinas, darunter der Stern der Sowjets mit Hammer und Sichel. Wir überqueren das Bahngeleise, um uns die Stadt Mandschuria (Manchouli) anzusehen.

Zwei fremde Herren, jeder für sich, gehen hundert Schritte hinter uns. Sie haben zufällig den gleichen Weg wie wir.

In der Hauptstraße dominieren russische Firmentafeln, man könnte glauben, in einer Sowjetstadt zu sein, wenn der Eigentümer „Mosselprom" hieße oder „Teshe" oder wie sonst ein staatlicher Trust, aber hier heißt der Eigentümer Aismann, Tuliatos, Lung Fi-du. Privater Handel. Einen Kilometer weiter westlich würde der Besitzer dieser Branntweinbrennerei schwerlich seinen Namen so großmächtig aufs Firmenschild setzen. Ach, drüben gibt es manches nicht einmal staatlich, was es hier privat gibt; drüben gibt es kein „Gos-Bordell", während hier mindestens *ein* Bordell besteht, wie wir dem Schaukasten des Photographen entnehmen. Die Straßen heißen Doktorskaja Uliza (Doktorstraße), Petrowskij Pereulok (Petrowskij-Gäßchen), das sind Namen russischen Ursprungs.

Wir gehen an ebenerdigen Lehmhäusern vorbei, ein ganzer Block ist niedergebrannt. Vor den Geschäften sind verschiedene Gegenstände auf Galgen ausgehängt, Reklame für Analphabeten. Nur für chinesische Analphabeten, wir zum Beispiel wissen durchaus nicht, was die Holzscheiben, Tierschädel, Käfige mit lebenden Vögeln bedeuten, welche Waren sie anzeigen. Eine Trommel aus Pappe, buntbeklebt und buntbebändert und mit Papierblumen geschmückt, erkennen wir als Wirtshausschild.

Marktbuden halten Burennüsse feil, kleine Fische, Tee, Melonenkerne, Sonnenblumenkerne, schadhaftes Konfekt und Sojustabak-Zigaretten in vergilbten Schachteln; freier Handel, der seine Ware aus der Konsumgenossenschaft bezieht. Vor den Häusern flicken Spezialisten zerbrochene Porzellantassen, indem sie in die Scherben je einen Nagel einschlagen und Draht darumschlingen. Alle Waren, alle Menschen sehen ausgemergelt, verstaubt aus. Man darf Mandschuria nicht mit seiner Sowjetnachbarstadt vergleichen. Tschita ist viel größer. Ach doch – dort traten Schulen in Erscheinung, die neuen Gebäude, das Museum des Verbannungswesens.

Die beiden Herren, hundert Schritte hinter uns, haben noch immer den gleichen Weg. Eine Frau trägt Zeitungen aus, weißgardistische Blätter aus Charbin: „Ruskoje Slowo", „Rupor"; gerne möchten wir wissen, wie vorgestern die Präsidentenwahl in Deutschland ausgefallen ist, ob die Japaner Schanghai genommen haben, ob der Krieg weitergeht, was in der Mandschurei los ist, aber wir werfen keinen Blick auf die Zeitungen, die wir ja doch nicht lesen können.

Am Abend verspüren die beiden Herren hinter uns zufällig Lust, ins Bahnhofsrestaurant einzukehren. Ein naheliegender Einfall, hundert Schritte vor ihnen ist er uns auch gekommen, und hundert Schritte vor ihnen haben wir ihn verwirklicht. Wie wohl das tut, wenn endlich wieder einmal Kellner katzbuckelnd und schweifwedelnd um uns scharwenzeln! Sie legen russische Emigrantenzeitungen vor uns hin, sowjetische gibt es nicht in diesem Bahnhof, auf dessen halber Flagge Hammer und Sichel sich kreuzen. Eine russische Bilderzeitung durchblättern wir, die Zeitungen schreien uns vergeblich ihre Titel zu, wir hören nichts, denn am Nebentisch sitzen die beiden zufälligen Herren. Wirt und Gäste sind dicke, glatzköpfige Herren mit Knebelbärten. Sie sehen wie Zaren aus.

Da wir aus dem Restaurant auf den dunklen Bahnhof treten – lohnt es denn, für fünf schäbige Passagiere einen weitläufigen Grenzbahnhof zu beleuchten? –, erhebt sich am anderen Ende des Korridors ein Huronengebrüll, und eine unsichtbare Horde jagt auf uns zu. Unser Herz steht still. Kleine Gestalten umzingeln uns bedrohlich. Ein Stein fällt uns vom Herzen, als uns ihr Schlachtruf verständlich wird: „Daite kopejetschku! – Schenken Sie ein Kopekchen!"

Hier also haben die Besprisorni, die zerlumpten Bettel- und Verbrecherkinder, die man noch vor einigen Jahren in Sowjetrußland auf Schritt und Tritt traf, ihr letztes Refugium gefunden. Die hartnäckigsten von ihnen setzten den Weg ins bisherige Leben fort, indem sie über die Grenze gingen, wo es keine Kinderheime, keine Arbeitskommunen, keine Kinderstädte gibt, wo man nicht von den Erwachsenen und Altersgenossen statt Almosen Moralpauken bekommt, wo man Tabak und Alkohol und Opium nach Herzenslust kaufen kann.

Sie laufen hinter uns her auf den Bahnsteig hinaus, wir besteigen den lokomotivlos dastehenden Zug, sie schimpfen wütend hinter uns her: „Bolschewik! Bolschewik!" Die beiden Herren, die zufällig auch auf den Bahnsteig getreten sind, lächeln ... Aus dem Fenster unseres Abteils, in dem wir heute als Hotelgäste, nicht als Passagiere nächtigen werden, sehen wir die beiden Herren am Bahnsteig stehen.

„Ost-Chinesische Eisenbahn." Dieser Name hat nichts mit Ostchina zu tun, er bedeutet, daß die Bahn von Westen nach dem Osten durch China geht, direktenwegs nach Wladiwostok. Die erste Station auf chinesischem Boden ist Mandschuria, nach anderthalbtausend Kilometern chinesischer (oder mandschurischer) Fahrt betritt man in Pogranitschnaja neuerlich Sowjetboden. Wir aber wollen diese anderthalbtausend Kilometer nicht durchmachen, sondern auf halbem Weg in Charbin umsteigen.

Es ist eine elegante Eisenbahn, gar kein Vergleich mit der Sowjetbahn, aus der wir heute umgestiegen sind. Die Sowjetbahn war ein Arbeitszug, die Ost-Chinesische ist ein Politikum. Viel Geld und viel Blut hat sie schon gekostet. Das Zarenreich wollte sich den geraden Schienenweg nach seinem pazifischen Hafen Wladiwostok 378 Millionen Rubel kosten lassen, aber dieses Budget wurde schon 1899 um 180 Millionen Rubel überschritten; die Zweigstrecke Charbin–Tschangtschun (250 Kilometer), die den Anschluß an die Südmandschurische Eisenbahn herstellt, kam auf weitere 82 Millionen Rubel zu stehen. Im Vertrag von Mukden, 21. März 1924, wurde die chinesische und die sowjetrussische Parität an der Bahn anerkannt, Juli 1929 haben die Chinesen den Vertrag gebrochen, die russischen Beamten verhaftet und verjagt. Sie wollten die Bahn für sich allein haben, so wie es jetzt die Japaner wollen, doch kam es zu einer Einigung.

Vor dem Schlafengehen plaudern wir mit den Passagieren auf dem Korridor des Waggons. Die chinesischen Grenzbeamten haben unseren chinesischen Mitreisenden erzählt, daß vorgestern die chinesische Garnison gemeutert hat, weil ihr Kommandant die Fahne des neuen mandschurischen Staates, dieser Republik mit dem Kaiser an der Spitze, gehißt hat. Sie blieben China treu, obwohl sie bereits seit fünf Monaten keine Löhnung erhalten haben. Es gab Todesopfer.

Warum ist die „mandschurische" Armee nicht ausgerückt gegen die Meuterer, warum steht überhaupt die von ihrer Heimat abgeschnittene Beamten- und Soldatenschaft an der Westgrenze, warum haben die Japaner noch nicht das ganze Land besetzt?

Der Grund wird uns bei der Weiterfahrt klar: das Land, das wir fünfzehn Schnellzugstunden lang passieren, ist der sibirische Norden der Provinz Heilunkiang, ist nichts als Steppenboden, der Rand der Wüste Gobi. Nichts, nichts. Hier und da eine Lehmhütte, hier und da eine Kamelkarawane. Wirtschaftliche Gründe sind nicht vorhanden, diese Zone zu besetzen, politische und militärische Gründe für den japanischen Aufmarsch sind da, aber das ist nicht so eilig.

Der Krieg kommt ja nicht schon heute. Erst morgen.

Selbst die Stationsgebäude dieser eleganten Bahn sind mehr als armselig. Zwei Aufschriften bilden an jeder Haltestelle ein Kreuz: senkrecht angeordnet sind die chinesischen Charaktere, waagerecht die russischen Buchstaben. Daneben strömt der Kipjatok, der heiße Sprudel unentgeltlichen Teewassers. In Hailar dominiert eine Reklametafel der tschechoslowakischen Schuhfabrik Bata, überall in der Welt sieht man sie, mit Ausnahme der Sowjetunion.

Nachts um vier nennt das Kreuz auf der Station einen Namen, der in den letzten Wochen jedem Zeitungsleser bekanntgeworden ist, den Namen Tsitsikar. Alles wird geweckt. Japanische Offiziere und weißgardistische Zivilisten untersuchen Paß, Koffer, Herz und Nieren. Die Soldaten, längs des Zuges aufgestellt, tragen chinesische Uniform. Da kennt sich der Teufel aus, aber nur der gelbe. Trotz Gewehr mit übertrieben langem Bajonett sehen die Soldaten friedlich drein. Um so martialischer benehmen sich die Beamten und Zivilisten, die die Zugkontrolle vornehmen. In ein Abteil, dessen Passagiere ihrer Durchsuchung bereits standgehalten hatten, kehren sie zurück, um einen jungen chinesischen Studenten brutal aus dem Zug zu stoßen; er wird ins Bahnhofsgebäude abgeführt, einer seiner Mitreisenden hat ihn einer antijapanischen Äußerung beschuldigt.

Plötzlich überflutet ein Menschenstrom unseren Waggon – Passagiere eines Zuges, der gestern in der Nähe von Tsitsikar von Banditen angehalten wurde und die daraufhin in das Bahnhofsgebäude geflüchtet sind. Nun wollen sie weiterfahren, die Prüfungszeremonien dauern ihnen zu lange, sie durchbrechen den Kordon, steigen ein und verjagen die Grenzhüter.

Aus ist's mit der Schlafstelle, für die man eine Platzkarte gelöst hat, aus mit der Ruhe. Die Neuangekommenen erzählen. Der eine, ein Amerikaner, richtet in den Städten des neuen Staates Spielsalons ein und beklagt sich, daß die neuen Minister so hohe Bestechungsgelder verlangen, als ob sie schon ganz fest säßen, und dabei sei die Selbständigkeit der Mandschurei von den Großmächten noch gar nicht anerkannt. Ein Tschechoslowake hat die Verhandlungen zwischen dem Ex-Legionär Vřetenář in Charbin und dem Ex-General Gajda in Prag geführt, der die militärische Führung der Weißgardisten übernehmen soll, weil der Ataman Semjonow schon allzu alt ist. Die Verbindung mit deutschen Faschisten hat der Ex-Schwager des Ex-Kaisers Wilhelm, Herr Zubkow ... alles Ex.

Der Morgen graut, Felder mit Sojabohnen fahren vorbei. Um zehn Uhr, also zwanzig Stunden seit unserem Start von der mandschurischen Grenze, sind wir in Charbin. Variatio delectat: wieder Paßuntersuchung. Charbin ist der Punkt, an dem sich der horizontale und der vertikale Strich des T treffen. Wir steigen um in den vertikalen. Er ist voll mit russischen Emigranten, die sich anderswo umsehen wollen, in Charbin ist nichts mehr los ... Kein Mensch in Europa kauft Sojabohnen. Haupt- und Residenzstadt der Mandschurei wird jetzt Tschangtschun, niemand benutzt mehr die Ost-China-Bahn; wozu durch Kriegsgebiet reisen, wenn man mit dem Transsibirien-Expreß direkt nach Wladiwostok kann.

„Und Sie?" – „Wir kommen aus Berlin." – „Durch Rußland?" – „Ja, durch Rußland." – „Erählen Sie, erzählen Sie!" – „Was gibt's da zu erzählen, wir sitzen doch immerfort im Zug." – „Hat man Ihnen gute Dollars für schlechtes Essen im Speisewagen abgenommen, was? Und der Kellner hat sich zu Ihnen an den Tisch gesetzt und hat mit Ihnen aus dem gleichen Glas getrunken, chachacha!" Die Kellner saßen wirklich im Speisewagen, wenn auch an einem eigenen Tisch, aber erst jetzt fällt uns ein, daß in feinen Gegenden der Kellner nicht im gleichen Lokal wie der Gast sitzen darf.

„Erzählen Sie, erzählen Sie von Moskau." Wir haben nichts zu erzählen, wir sind in Moskau nur von einem Bahnhof zum andern gefahren und wieder in den Zug gestiegen. „Womit?"

Im Taxi. „Im Taxi? Chacha! Da stellt man also jetzt in Moskau für die Fremden ein Taxi vor den Bahnhof. Sie müssen nämlich wissen: es gibt kein einziges Taxi in Moskau. Schade, daß Sie nicht eine Nacht dort geblieben sind. Da hätten Sie etwas erlebt, die Leute sterben auf der Straße vor Hunger." Schade, daß wir das nicht erlebt haben. Ein russischer Herr gibt uns seine Geschäftskarte, Artistenagentur. Wenn wir junge Damen wissen, die etwas singen und tanzen können . . . Gerne, gerne.

Fünf Uhr Tschangtschun, ein Bahnhof wie der Leipziger Hauptbahnhof, wenn auch kleiner; Asphalt, Unterführungen, Büfetts, Vestibül; Aufschriften nur japanisch. Warum? In Leipzig sind sie auch nicht nur sächsisch! Was uns auffällt: fast alle Menschen, Zivilisten und Soldaten, tragen einen Verband um Nase und Mund. Sind das alles Kriegsverletzte? Oder sind das Gegner der neuen Regierung, die auf solche Weise zum Schweigen verurteilt sind? Nein, die Bandage trägt der Japaner im Winter, um sich vor Erkältung, und im Sommer, um sich vor Staub und Bazillen zu schützen, fürwahr ein vorsorgliches Volk.

Für 25 Yen lösen wir ein Billett nach Dairen und steigen um. Südmandschurische Eisenbahn. Koffer, Aktentaschen dürfen nicht ins Abteil, dafür ist ein eigener Raum da. Im Schlafwagen gibt es Vorhänge vor jeder Schlafstelle, Hosenspanner, eigene Lampe. Eine Bibliothek für die Passagiere.

Auch diese Bahn ist von den Russen gebaut worden, Ende des vorigen Jahrhunderts, als sich die europäischen Großmächte in China festsetzten. Nach dem Russisch-Japanischen Krieg fiel die Südmandschurische Bahn den Japanern zu, mit allen Unternehmungen längs der Strecke, Kohlengruben, Erzlagern, Elektrizitätswerken. Japan hält seinen Brückenkopf auf dem Kontinent wohlweislich gut instand.

China baut Parallelbahnen, das durchkreuzt Japans imperialistische Pläne, aber da es den Chinesen auf friedlichem Weg nicht verbieten kann, Verkehrsstraßen auf chinesischem Territorium zu bauen, so tut es das eben auf kriegerischem Weg.

Drei junge Japanerinnen setzen sich im Speisewagen an unseren Tisch. Das ist sehr schön. Sie sind voll kostümiert; der Haarschmuck besteht aus drei flockigen Kugeln und silbernen Kämmen, die hellen Seidenmäntel sind mit Vögeln und Blumen bestickt, um die Brust spannt sich eine farbige Saffianschärpe, an den Füßen tragen sie hölzerne Sandalen, zwischen den Zehen festgeschnallt.

Frühmorgens sind wir in Dairen. Wolkenkratzer, asphaltierte Avenuen, Straßenbahnen, Autos, europäische Schaufenster, amerikanische Kinoplakate. Im Telegrafenamt, umgeben von pneumatischen Röhren und elektrischen Signalapparaten, berechnet der Beamte unsere Telegrammspesen auf einer Rechentafel, einer kleinen, zierlicheren Schwester der russischen Stschoty. Das und die Rikschas, die zweirädrigen, von einem Menschen gezogenen Droschken, sind das einzige, was uns in der Stadt sagt, daß wir in Ostasien sind.

Im Hafen freilich sagt uns alles, daß wir in Ostasien sind. Unter drohend antreibendem Knallen der Peitsche ziehen die Kulis ihre Bahn vom Kai zum Schiff, vom Schiff zum Kai, schwankend unter der Last die ganze Schar, Gänsemarsch, die Peitsche knallt.

Widerlich und erschütternd die verkrüppelten Füße der Frauen. Vom Säuglingsalter an abgeschnürt, sind sie wie Zapfen an dem Bein. Auf solchen Füßen kann man nicht gehen; mit den Fersen auftretend, wackeln die Frauen immer.

Dairen (aus dem Wort „Dalnij", „fern", entstanden, mit dem die Russen ihren fernöstlichen Hafen bei Port Arthur bezeichneten) ist Umschlagplatz für alle Waren, die auf dem Landweg aus Europa kommen und auf dem Schiffsweg nach den Häfen des Fernen Ostens weitergehen.

Auch wir müssen auf dem Gelben Meer weiter, nachdem wir vierzehn Tage im Zug gesessen. Am nächsten Tag ankert das Schiff in Tsingtau, am zweiten fährt es in den Jangtsekiang ein und von dort in den Hwangho, um im Hafen von Schanghai die Landungsbrücke auszuwerfen.

AUF DEN RUINEN VON WUSUNG

Das Gelbe Meer ist hier bereits der Jangtsekiang, aber man merkt es nicht. Meerhaft ist der Strom wie die Elbe bei Cuxhaven; vorläufig haben die Wellen nicht aufgehört, das Gehirnzentrum der Passagiere zu schaukeln, vorläufig sind die Ufer keine Ufer, sondern ferne Küste.

Erst wenn die Dampfer in die Seitenstraße einbiegen, stürzen die Passagiere auf Deck und richten Arme, Hände und Finger, Augen, Kamera und Trieder steuerbords.

Ecke Jangtsekiang und Hwangho steht das Eingangstor zum großen Warenmarkt, dem Tal des Jangtsekiang.

Seit Ende Januar lief das Wort Wusung, das Fort Wusung, wie das dunkle Summen einer Brisanzgranate durch Äther und Kabel; Völkerbund und Stammtisch und Leitartikel schmissen gleichermaßen ersprießlich damit herum.

Nun beugt man sich über die Reling, stellt Blick oder Linse auf Wusung ein. Da liegt es in natura, unbestritten. Die japanischen Herren und Damen auf dem Promenadendeck zeigen einander die Häuserleichen, in denen es Menschenleichen gab, machen einander lachend auf die groteskesten Stücke des Trümmerwerks aufmerksam. Vor ein paar Tagen noch boten sich die Küstengeschütze keineswegs so offen dar; sie trugen eine Maske aus Zement und Beton.

Nicht lange hält sich das Passagierschiff bei Wusung auf; lange nicht so lange, wie sich Belagerer und Belagerte hier aufhalten mußten. Kaum acht Knoten machen die Dampfer, denn der Fluß ist gestopft voll; ein Schutzmann mit Ampel sollte in der Mitte des Wassers stehen, um den Verkehr zu regeln, diesen Verkehr der Kontraste. Da begegnen einander die größten Dreadnoughts der Welt und die kleinsten Fischerboote der Welt. 10 000 Tonnen faßt das amerikanische Flaggschiff „Houston", jedes seiner Geschosse ist größer als jeder der Sampans, die es umschwärmen, tabakfarbige Flicken zwischen Bambusgeflecht sind ihre Segel. Die Dschunken wahren die Form eines schwangeren Drachens seit Jahrtausenden; ihre auf den Bug gemalten Augen starren entsetzt auf den Signore „Trento"; er droht, mit seiner Bügelfalte der Dschunke den Bauch aufzuschlitzen. „Cornwall", der Brite, spannt einen gigantischen Katapult, dessen Geschoß ein Flugzeug ist. Dottergelbe Fähren schwimmen von Ufer zu Ufer, fünfstöckige zitronengelbe Schiffe, eher Häuser als Schiffe, streben jangtsekiangaufwärts. Ihre Passagiere sind obdachlos geworden durch die Kanonen der japanischen Panzerkreuzer, deren Hecks sie streifen.

Von den Gebäuden am Ufer sind nur die unversehrt, über denen sich fremde Fahnen bauschten. Nicht zerschossen die silbernen Tanks von Shell, von Standard Oil, von Texas Oil, nicht zerschossen der rote Backsteinbau der Nordisk Telegraph Co., auf deren Giebel der Danebrog fürsorglich sein Kreuz schlägt, nicht zerschossen das Kraftwerk, auf dessen Turmfahne ein blauer Kegel in das rotweiße Band sticht, weil es von den tschechoslowakischen Škodawerken erbaut ist. Sonst ist nichts ganz geblieben ringsumher. Nichts.

Langsam fahren die Schiffe an all der Verwüstung vorbei.

Sie bleiben weit zurück hinter den eleganten Autos, die am Ufer hafenein jagen. In den eleganten Autos sitzt die Delegation des Völkerbundes. Die Herren haben sich vormittags das frisch erzeugte Pompeji angeschaut und möchten rechtzeitig zum Diner kommen.

Wie bekannt, haben die Japaner in ihrem Ultimatum gefordert, der Bürgermeister von Groß-Schanghai möge den Boykott japanischer Waren verbieten, den Nationalen Rettungsverband auflösen, die Boykott-Führer verhaften und Buße für die Tötung eines japanischen Mönches gewährleisten. Das Ultimatum wurde rechtzeitig angenommen, am 28. Januar 1932. Trotzdem begannen die japanischen Marinetruppen um halb elf Uhr nachts eine Reihe von Straßen zu besetzen, die, von der Internationalen Niederlassung ausgehend, durch chinesisches Gebiet führen und von der Polizei der fremden Mächte kontrolliert werden.

Die Japaner hofften, am selben Tag nicht nur Tschapei zu besetzen, das benachbarte dichtbevölkerte chinesische Fabrikviertel, sondern auch das ganze Ufer des Hwangho bis zu seiner Mündung in den Jangtsekiang. Bereits am nächsten Morgen meldeten die Tokioter Telegrafenagenturen die Eroberung von Wusung. Jedoch zu Unrecht. Die in Tschapei eingedrungenen Truppen (angeblich wollten sie dort nur den Himmelstempel zerstören, wo das Boykott-Komitee seinen Sitz hatte) waren nicht weit gekommen. Sehr bald hatte die chinesische 19. Armee den Vormarsch der Japaner gestoppt. Die Schlacht entwickelte sich in einer Frontlänge von fünfundzwanzig Kilometern und dauerte sechs Wochen. Zehntausende von Toten, Zehntausende von Verwundeten, Zehntausende von Häusern forderten diese Kämpfe. Gefangene wurden nicht gemacht. Pardon wurde nicht gegeben.

Erst am 4. März wurde Wusung genommen.

Aus den Häusern des Internationalen Settlements konnte man dem Krieg zugucken wie aus einer Proszeniumsloge. Nach dem Abendbrot legte man die Serviette zusammen und ging ans Fenster. In bunter Abwechslung entfaltete sich das Feuerwerk, es zischte aus den Panzerkreuzern, senkte sich aus den Flugzeugen und schwang sich aus den Mörsern. Feuer und Material spritzten aus der Luft abwärts, und in der gleichen Sekunde spritzten Feuer und Material in die Luft aufwärts. Spiel einer Sekunde, einer Sekunde, in der Menschenleben und Menschenbezirke vernichtet wurden.

Weil es verboten war, zwischen Mitternacht und fünf Uhr morgens in den Straßen zu sein, mußte man schon um halb zwölf an den Spieltisch oder in die Tanzgesellschaft eilen, wo man eben bis fünf Uhr blieb.

Am Tage merkte man im Settlement fast nichts davon, daß nebenan Greuel auf Greuel sich begab. Schiffe, Straßenbahnen, Rikschas fuhren ihre Bahn, Kinos spielten, Firmen handelten, Zollbehörden amtierten, Zeitungen erschienen, dieweil am Firmament Granaten einander kreuzten, dieweil Straßenzüge brannten, dieweil Kinder von zusammenkrachenden Häusern begraben wurden, dieweil Familien flüchteten und dieweil immer wieder, immer wieder Menschen getroffen zu Boden sanken.

Die Völkerbundskommission hatte sich mit der Besichtigung der Schlachtfelder Zeit gelassen, und so räumten die Japaner den Kriegsschauplatz ein wenig auf. Wie Nestroys Holofernes: „Schafft's dö Leichen weg, i kann dö Schlamperei net leiden." Es hätte wirklich nicht gut ausgesehen, Gruppen hingerichteter Chinesen und Chinesinnen, Leichen mit Knebeln im Mund, mit abgehackten Gliedmaßen. Solcher Anblick hätte den Herren vom Völkerbund, die mit Empfängen, Tees, Diners und Soupers belastet sind, den Appetit verderben können. Unmittelbar nach der Besichtigung von Tschapei und Wusung aßen sie im Cathay-Hotel, das Festmahl war von den Veranstaltern des Krieges veranstaltet, obwohl Schanghai eigentlich in China und nicht in Japan liegt. Es gab sechzehnerlei Weine und Sekte, Upman-Zigarren (Ladenpreis 1 Dollar 60, in eingeschliffenen Rundgläsern aus Havanna importiert) und eine ausreichende Speisenfolge:

Diner given by The Japanese Minister to China
in honour of The Commission of Inquiry
of The League of Nations

Menu:

Œufs de Beluga gris perlés
Consommé double en tasse
Paillettes d'or
Turbotin Ambassade
Cœur de filet Armenonville

Pommes jetée Promenade
Petits pois fins
Asperges froides Sauce Vincent
Dindonneau au Parfum des Gourmets
Salade Gauloise
Mousse Glacés Cathay
Corbeilles de Mignardises
Café filtre

In den sechs Wochen, da die Pferde, Jockeis, Totalisatoren und Buchmacher des Rennplatzes von Kiangwan feierten, sah der Rasen Kämpfe, große, aufregende, aber Kämpfe ohne Start und ohne Finish und ohne Gewinne, wie dieser ganze Krieg. Allzusehr ist die Rennbahn nicht beschädigt. Ihre Vernichtung war den japanischen Kriegsherren nicht so wichtig.

Wichtig war ihnen zum Beispiel die Labour University, überhaupt alle chinesischen Schulen, Bibliotheken, Druckereien. Von denen sollte nichts übrigbleiben. Von der Arbeiteruniversität in Kiangwan blieb wirklich ebensowenig etwas übrig wie etwa von der Commercial Press und deren Unikaten alter Drucke. Das Denkmal des Universitätsgründers setzten sich die japanischen Schützen aus Langerweile zum Ziel, bis der steinerne Kopf in den Sand rollte. Bevor die Völkerbundskommission kam, hatte man den Torso vom Sockel gestürzt und zerstampft, damit sie dieses Denkmal des überflüssigen Vandalismus nicht zu sehen bekomme. Nur wenn man zu Fuß die Schlachtfelder durchstreift, findet man auf dem Müll die Gliedmaßen des steinernen Gelehrten unter zerrissenen Universitätsmatrikeln und Kollegienheften.

Auch die deutsche Universität von Tungchi ist zerschossen. Sie steht abseits, ringsumher, kilometerweit, ist freies Gelände, von Zufallstreffern konnte sie nicht berührt werden. Japan zielte hierher, Japan nahm auf die schwarzrotgoldene Flagge keine Rücksicht, da die Hörer dieser Hochschule Chinesen sind. Eine Fliegerbombe wurde in die Maschinenhalle geworfen, aus Schiffsgeschützen ins Physiologische Institut gepfeffert, ins Auditorium maximum, in die Klinik und in die Dozentengebäude. In der Mitte des Fußballplatzes sind jetzt zum Scherz und dennoch mit deutscher Gründlichkeit alle Granathülsen aufgestellt wie Kegel.

Je näher man an das Fort herankommt, desto restloser sind Natur und Siedlung ausgemerzt. Nicht Bretter sind Überbleibsel der Holzhäuser, sondern Splitter, nicht Steine sind Überbleibsel der Steinhäuser, sondern Staub. Die Felder entlang des Wusung Creek (Kanal), wo die Japaner Brücken zu schlagen versuchten, sind Kratergebiet geworden; kein Quadratmeter blieb unzerfetzt, selbst die ummauerten Särge, die vor den Häusern und in den Gärten am Rand der Reisfelder stehen, barsten im Bombardement.

Wusung war Ton und Ziel der Schiffsgeschütze. Vom Fluß her, aus unmittelbarer Nähe, feuerten die Torpedobootzerstörer und die leichten Kreuzer Japans auf die Drehtürme und die Besatzung. China wollte die Schiffahrt seines Hafens nicht beeinträchtigen, sich nicht durch Gefährdung irgendeines europäischen Dampfers die offene Feindschaft Europas zuziehen.

So schoß Wusung nicht auf die Schiffe, die auf Wusung schossen, wie die Chinesen ja auch aus Tschapei keinen Ausfall auf die japanische Angriffsbasis Hongkew machten, weil sie an den Grenzen des Internationalen Settlements gelegen war. Wusung mußte sich ohne richtige Gegenwehr erschlagen lassen.

Japans Flagge mit der roten Sonne und den roten Sonnenstrahlen flattert über dem Leichnam Wusung. Bevor die Chinesen abzogen, bohrten sie Dynamitpatronen in die Panzergewölbe, in die Kanonenläufe, in die Schienenlafetten. Druck auf den Knopf, und ein Erdbeben begrub die Feste. Verkrümmt und verkrüppelt und verstümmelt bieten sich die Stahlrohre der Geschütze dar.

Die Sonne auf dem Fahnentuch ist wie eine runde Wunde, aus der nach allen Seiten Blut trieft.

ES GILT, EINEN VERBRECHER ZU BESTATTEN

Es starb Chang Tsi-kuei. Chang Tsi-kuei war Führer der Za-Bao-Tong, der „Schutzgewährenden Gesellschaft". Gegen seinen Magenkrebs konnte ihm diese Gesellschaft keinen Schutz gewähren. Wissend, daß er dem Tode verfallen, erschien er vor wenigen Wochen in dem besonders heiligen buddhistischen Kloster von Putu und bot dem Oberpriester eine Summe von 25 000 Tael als Spende an, Sühne oder Ablaßgeld. Der heilige Laodah zeigte ihm die kalte Schulter: „Tsien bu tsching tsang –

es ist kein klares Geld." Chang Tsi-kuei mußte, den Krebs im Magen, die Todesangst im Herzen, das Geld in der Tasche, wieder aus dem Kloster ziehen.

Kein anderer als der heilige Laodah, der Abt von Putu, durfte dem Chang Tsi-kuei solchen Schimpf bieten. Aber andererseits hätte ja auch Chang Tsi-kuei keinem andern als dem Abt von Putu Geld geboten, er war kein Geber, er war ein Nehmer – der Schanghaier Bezirk Hongkew kannte und fürchtete Chang Tsi-kuei und wird seiner niemals vergessen.

Wenn in einem Bezirk das Oberhaupt der Geheimgesellschaften zu Grabe getragen wird, so ist das die seltene Stunde, in der sich ein Vorhang lüftet. Gestalten der Finsternis wandeln durch das Sonnenlicht. Mancher Fremde, der die Erzählungen von Chinas unterirdischen Verbrechergilden für puren Mythos hält, wird in dieser Stunde eines Besseren belehrt.

Welch eine Beerdigung! Der ganze Stadtteil, soweit er nicht mitwirkte, stand Spalier. Voran, hoch zu Roß, drei Sikhs, beturbant und bebärtet, Lanzen in der Hand, ja sogar ein europäischer Polizeisergeant ritt mit ihnen. Für die Beistellung der drei indischen Paradefiguren zahlten die Veranstalter je zehn Silberdollar, für den Weißen fünfzehn.

Einen europäischen Zivilisten aus Hongkew, der als Leidtragender hinter dem Sarg einherginge, hatte man nicht bekommen.

Unter den vielen, die man gegen ein Honorar von hundert Dollar für diese Rolle zu gewinnen versuchte, war auch der mir gut bekannte Amerikaner M. Mister M. ist immer geneigt, für drei Glas Brandy oder eine Unze Opium jede gewünschte Schandtat zu begehen, hat mit Gericht und Polizei und Gefängnis reichlich zu tun, kein anständiger Mensch verkehrt mit ihm.

Dennoch hat er das Angebot, durch einfaches Hinter-dem-Sarg-Gehen die Totenfeier des Chinesen zu verschönen, mit Verachtung zurückgewiesen.

Auch ohne Mister M. gestaltete sich die Beerdigung pompös genug. Nach den indischen Hellebardieren und dem europäischen Sergeanten kamen chinesische Reiter in Mongolentracht mit spitzen Hüten, dann folgte wie üblich, aber weit über das Übliche hinaus, der Zug der Bildsäulen: überlebensgroße, drei, vier Meter hohe Figuren aus buntem Papiermaché, darstellend Götter, Drachen, Hunde, Sänften mit schönen Frauen darin, Diener, Pferde – nun, um eine lange Sache kurz zu sagen, all diejenigen Wesen, die den Toten ins Jenseits begleiten mögen. Vierzehn Musikkapellen marschierten spielend hinter dem Mummenschanz.

- -

- -

Den Sarg trugen 32 Kulis, wie es für ein Begräbnis Erster Klasse Vorschrift ist. (Zweiter Klasse: 16 Kulis, Dritter Klasse: 8 Kulis, Vierter Klasse: 4 Kulis, gar keine Klasse: man schmeißt die Leiche aufs Feld, wo Hunde und Katzen sie beknabbern, oder vor die Tür eines Europäers, der sie eingraben lassen muß.)

Hinter dem Sarg schreitet immer der älteste Sohn des Toten. Im Falle Chang Tsi-kuei schritt der älteste Sohn nicht, sondern ließ sich tragen.

Weiße Kittel, schäbigsten Zwillich, hatten zum Zeichen der Trauer die Angehörigen angelegt. Die endlose Kolonne ihrer Wagen beschloß den Zug. Er ging vom Trauerhaus in der Yaloo Road bis zum Haus der Jangtschou-Gilde, Sinza Road. Dort beteten Priester (keineswegs so streng in puncto „klaren Geldes", wie es zu sein der reiche Oberpriester von Putu sich leisten darf), sie rührten die Trommeln und bliesen die Flöten und sangen die Gebete. Rauchopfer stiegen himmelwärts.

Die Leiche bleibt im Schanghaier Haus der Landsleute aus Jangtschou bis zu dem Tag, den die Geomanten nach langen Überlegungen und Gestirnuntersuchungen als den für die Beerdigung vorteilhaftesten feststellen werden. An diesem authentisch günstigsten Tag wird man den toten Chang Tsi-kuei, der einst in Jangtschou zur Welt gekommen war, nach Jangtschou zurückbringen.

So prächtig, wie ein Fürst der Schanghaier Unterwelt zu Grabe fährt, könnte auch ein anderer reicher Mann von Schanghai zu Grabe fahren. Aber der Unterschied zwischen dem Fürsten der Unterwelt und einem andern reichen Mann von Schanghai liegt dort, wo wir – ihr erinnert euch? – zwischen den vierzehn Musikkapellen und den zweiunddreißig Sargträgern zwei Reihen Gedankenstriche gemacht haben. Diese zwei Zeilen bedeuten zwei mal tausend Gangster, zweitausend Mitglieder der Za-Bao-Tong, der „Schutzgewährenden Gesellschaft", zweitausend immertreue Mitglieder vom Ringverein. Diese Immertreu-Solidarität veranschaulichten sie heute, nur heute coram publico, indem sie wirklich einen Ring bildeten, einen langgezogenen, sich vorwärts bewegenden weißen Ring. Sie, alle zweitausend, trugen gemeinsam ein einziges weißes, in sich zurückkehrendes Band.

Im Schritt würdiger Bürger, als die sie sich fühlten, bewegten sich die würdigen Gauner von Hongkew, die Mannen des würdigen Obergauners Chang Tsi-kuei, miteinander durch die Trauer und das weiße Band verbunden, am profanen Volk vorbei.

Der Vater zeigt sie seinem Kind: Sieh hin. Die da, die im Innern des weißen Bandes einhergehen, die da sind es! Sie saugen unser Blut, sie heben von uns Tribute ein, sie sind eine schutzgewährende Gesellschaft für die Mächtigen, die zu ihnen gehören oder ihnen Schutz gewähren. Da gehen sie, präge sie dir ein und hüte dich vor ihnen, sie sind das Messer im Nacken.

Nichts ändert sich dadurch, daß Chang Tsi-kuei starb. Ein neuer Führer kommt. Sein ältester Sohn kann es diesmal nicht sein, er ist erst sechs Monate alt. Deshalb kann er auch nicht hinter dem Sarg gehen, sondern wird getragen. Der neue Führer ist schon gewählt, ein Verwandter des Toten, er heißt Tschao Mo-lun. Fürs erste wird er den Besitz Chang Tsi-kueis verwalten, seine Schlösser und seine Konkubinen, und für uns wird unter Tschao Mo-lun alles so bleiben, wie es unter Chang Tsi-kuei war.

Zum Mitte-Herbst-Fest, am fünfzehnten Tage des achtzehnten Mondes, zum Ching Ming, dem Frühlingsfest am fünften Tage des fünften Mondes, und zum Neujahrsfest kommt die Bande und präsentiert dir ihre Rechnung. Gegen die Höhe der Abgabe, die dir vorgeschrieben wird, gibt es keinen Rekurs. Der Bote sagt dir, was du zu zahlen hast, und gibt dir keine Quittung, aber du bezahlst, was verlangt wird, und er liefert ab, was du ihm bezahlst, sonst ginge es euch beiden schlecht. Denk an das Messer im Nacken.

Zahle regelmäßig, ordentlich deine Lösegelder; die unregelmäßigen, außerordentlichen werden dir von Fall zu Fall vorgeschrieben. Gewinnst du im Spielsaal, macht das Pony, auf das du gesetzt hast, das Sweepstake-Rennen, wird dir ein Los gezogen, beerbst du einen Verwandten – glaube ja nicht, daß es geheim bleibt. Der Gewinnsteuer an die „Schutzgewährende Gesellschaft“ entgehst du nicht. Sie hat ihre Informationsquellen in jedermanns Nähe. Eine eifersüchtige Geliebte wird dich früher oder später anzeigen, sei es, um sich an dir zu rächen, sei es, um ihre Rivalin zu schädigen. Vor dem Geheimbund bleibt nichts geheim.

Nicht von diesen direkten Abgaben allein leben die zweitausend ihr gutes Leben, nicht davon allein bezahlen Chang Tsikuei und seine Getreuen ihre Schlösser und ihre Nebenfrauen und ihre Autos. Einträglicher als die Einhebung von Tributen (wenn auch noch immer nicht das Einträglichste, das kommt erst) ist die Volksvergiftung. Die privaten Lotterien, die unbefugten Spielhöllen, der geheime Kinderverkauf bringen großes Geld. Vor allem aber die Opium-Kombinate, die Konzerne von Mohnpflanzern, Opiumeinkäufern, Großhändlern und Einzelverschleißern.

Angefangen vom Mohnfeld in der fernen Provinz Szetschuan bis zur Opiumpfeife in der nahen Yohang Road ist der Weg mit Abgaben an die „Schutzgewährende Gesellschaft" gepflastert, die freilich Schutz gewähren kann, da die Polizei – Hongkew gehört zum Internationalen Settlement – ihr Werkzeug ist.

Ebenso die Justiz. Ob wohl innerhalb des weißen Bandes jene Richter mitgehen, die Mitglieder der Za-Bao-Tong sind? Ich kenne einen gut, Kwang Hwa-hsien, heute habe ich ihn nicht gesehen. Kwang Hwa-hsien war schon in der Kaiserzeit ein Mandarin vierten Grades, in der Republik ward er noch mehr: Mitglied des inneren Kreises der „Schutzgewährenden Gesellschaft" und gleichzeitig Richter bei allen großen Prozessen. Jetzt hat er sich von seinem Amt als Diener der Gerechtigkeit mit einigen Millionen zurückgezogen.

Reichlich und sicher fließen diese Quellen seit Jahrhunderten.

Mehr aber, als das Volk zu schröpfen und zu vergiften, trägt das moderne Geschäft ein: das Volk niederzuhalten, jeden Versuch einer Auflehnung, ja, jeden Ansatz zur Organisation in Blut zu ertränken und jeden eines radikalen Gedankens Verdächtigen um die Ecke zu bringen.

Als Tschiang Kai-schek, um die Bundesgenossenschaft Englands zu erwerben, den Befehl zur Ausrottung der Revolutionäre gab, war schnell die „Schutzgewährende Gesellschaft" zum Henkerswerk bereit. Zwar konnte der konkurrierende Geheimbund, die „Blaurote Gesellschaft", die unter der Regierung Du Yu-sens in der Französischen Konzession die Franzosen besticht und die Chinesen aussaugt, weit mehr Arbeiter und Studenten in Nantao und im Erholungspark (Recreation

Ground) schlachten, als die Za-Bao-Tong in den Straßen von Hongkew und im angrenzenden Tschapei zu schlachten vermochte, aber immerhin gab es auch in Tschapei und Hongkew Tausende von roten Toten.

Durch solche Taten erwirbt man sich gleichermaßen das Vertrauen der chinesischen Regierung wie der ausländischen Herren, durch solche Taten erweisen sich die Verbrecherbanden als Stützen der Gesellschaft. Nimmermehr wird der Staat so brauchbare Bürger in ihren geheimen Bundesangelegenheiten stören. Sie können sich mit Stolz mit Reitern und Musikkapellen öffentlich zeigen, wenn es einen der Ihren zu bestatten gilt.

SPEKULATIONEN MIT DEM GELD

I. Gold

Der Schrei nach dem Gold dringt aus der Kiukiang Road, der Wallstreet Chinas, weit über die Nachbarschaft hinaus.

So gellend brüllt kein Ertrinkender, so gierig stöhnt kein Hungriger, so verzweifelt schreit kein Überfallener, so herzzerreißend tobt kein Gefolterter.

Das Gekreisch der Börsianer in andern Großstädten ist eine stille Andacht dagegen, alle Börsensäle sind lauschige Plätzchen gegen den von Schanghai. Sollten wir je etwas anderes behauptet, zum Beispiel der Chikagoer Weizenbörse ein Primat des Radaus zugesprochen haben, so nehmen wir dies hiermit vor dem versammelten Börsenrat der Schanghaier Gold-Bar-Exchange mit dem Ausdruck tiefgefühlten Bedauerns zurück. Und glauben nicht, es jemals zurücknehmen zu müssen, wenn wir der Schanghaier Goldbörse den Lärm-Weltpreis zuerkennen.

Einst wurde das Gold hier nicht wegen seines Fetischwertes erhandelt, sondern als Produktionsmittel: die Gilde der chinesischen Goldschmiede kam hier täglich zusammen, um nach Angebot und Nachfrage den Preis ihres Rohmaterials festzusetzen.

Den Fremden haben Chinas Goldschmiede die Lehre zu verdanken, daß Gold durch Arbeit nicht viel gewinnen kann, wohl aber durch Spekulation und Arbitrage. Das Gold, das heutzutage den Goldrausch auf der Börse hervorruft, ist schon deshalb zur Verarbeitung ungeeignet, weil es größtenteils gar nicht existiert. Soweit es existiert, hat es eine andere Feinheit (0,978) als die, mit der der chinesische Goldschmied arbeitet (0,992), und demnach auch einen andern Preis. Nein, Börsengold ist nicht Arbeitsgold.

Nichtsdestoweniger hat sich diese Börse gewisse Charaktereigenschaften aus jenen Tagen gerettet, in denen das Handwerk noch nicht mit seinem goldenen Boden zu spekulieren angefangen hatte. Ihre Stammgäste sind keine dicken Bonzengesichter, wie man sie auf europäischen Börsen und oft auch auf chinesischen Straßen trifft. Schmale, fahle junge Leute vollführen den Krawall. Andernorts und andernumstands würde man sie für die chinesische Ausgabe von fanatischen Mönchen vor dem Holzstoß eines Ketzers halten.

Wir sind in der einzigen Goldbörse der Welt – der Raum entspricht einer so würdigen Stätte kaum: Latten statt Parketten, Bretterbuden statt Telefonzellen, barfüßige Kulis statt livrierter Grooms. Besen und Eimer stehen im Börsensaal umher.

Die Angestellten der Makler und Bankiers hängen, Telefon in der Hand, an Bambusleitern, oder hocken, Telefon in der Hand, auf dem Gitter.

Finger schreien gekrümmt, gestreckt, gekreuzt, Stimmen spreizen sich. So schnell vollzieht sich das unausgesetzte Steigen und Fallen des Goldes um je zehn Cent, daß oben auf der Transparenttafel die Dezimalzahl nimmer zur Ruhe kommt: 728,2 – nein, 728,3 steht jetzt dort – nein, 728,4 – nein, 728,3; beständig unbeständig schwingen die Zehntel wie eine Kompaßnadel hin und her.

Gold ist der Gewinn, Silber ist der Einsatz. Auf allen andern Börsen ist Gold stabil, nur in China, wo die Währung Silberbasis hat, bleibt das Silber (in lokalem Sinn) immer stabil, während der Wert des Goldes schwankt. Für die Welt außerhalb dieses Börsenraumes ist allerdings der Goldpreis, der hier entsteht, der Silberpreis.

Was auf der Glastafel in beleuchteten Ziffern bebt und torkelt, auf und nieder taucht, ist der jeweilige Kurs goldener Barren in silbernen Taels. In Gold ist ein Schanghaier Barren 238 amerikanische Dollar wert. „Wieviel ist er in Silber wert?" Wann? Als du fragtest oder jetzt, da ich antworte? Sekündlich ändert sich der Preis, er wird hier in Kiukiang Road durch Fingersprache und Gebrüll gezeugt und in transparenten Ziffern geboren.

In China wird wenig Gold gefördert, man muß es aus dem Ausland holen. Wenn die Parität es erlaubt, werden Goldmünzen fremder gültiger Währung importiert, um in Goldbarren-Spielmarken verwandelt zu werden; bewegt sich aber das Glücksrad der Valuta in entgegengesetzter Richtung – hast du nicht gesehen, schon rollen die Barren, von der chinesischen Staatsbank verfrachtet, ins Ausland zurück und nehmen die Gestalt von Münzen wieder an. (Im vorigen Jahr ging aus China Gold im Wert von 19 Millionen Dollar nach Amerika.)

Mag auch Chinas Währung Silber sein, am Golde hängt, nach Golde drängt doch alles, nicht bloß die Kulis der Kulisse, die sich bedrohlich an das Börseninnere heranwälzt, sondern auch Bürger und Kleinbürger, weitab von diesem schwankenden Boden.

Der Schmuck, den Bürger und Kleinbürger samt ihren Familien besitzen, schmückt nur innerhalb zweier Phasen der Spekulation. Primitiv ist in diesem sonst bildnerisch so traditionsreichen Lande die Juwelierarbeit, kein Edelstein wird verwendet. Um so feiner, um so reiner ist das Material. Steigt in Kiukiang Road der Goldwert, so verkauft der Reiche im fernen Kiukiang seinen Ring, das Armband seiner Konkubine Nummer eins und den Haarschmuck seiner Gattin und freut sich diebisch mit jedem Silberstück, das er beim Verkauf mehr bekommt, als er seinerzeit bezahlt hat. Steigt auf dem Weltmarkt das Silber, so kauft er für sich, seine neue Konkubine Nummer eins, seine Konkubine Nummer zwei und gegebenenfalls sogar für seine Gattin wieder Schmuck, und zwar neugemachten, denn der alte ist eingeschmolzen worden an jenem goldbedürftigen Termin.

Wer hätte den Chinesen so viel gewalttätiges, martialisches Temperament zugetraut! Hei, welch eine Schlacht! Sturm und Nahkampf wogt kreuz und quer tohuwabohu durcheinander, so daß man nicht versteht, wer Freund, wer Feind ist, wie die Front verläuft. Erst nach langem Schauen und Forschen vermag man diese vertrackte Ordre de bataille zu enträtseln.

Hier: Gefechtsabschnitt „Reine Spekulation". Jeder Soldat der angreifenden Kampfgruppe hat den rechten Arm ausgestreckt, ein erhobener Revolver ist die Hand des Revolvers Doppellauf – Mittelfinger und Zeigefinger – ist auf des Gegners Brust gerichtet.

Die Börse oder das Leben!

Beteuernder Einzelschrei: Ich nehme!

Drohender Einzelschrei: Du gibst!
Fingertelegramm zur Telefonzelle: Er gibt!
Beteuernder Massenschrei: Wir nehmen!
Drohender Massenschrei: Ihr gebt!
Massenfingertelegramm: Sie geben!
Ein einfaches, ruhiges, normales Termingeschäft. Wir kaufen, um zu dem Zeitpunkt, da die Dezimalzahl auf der Glastafel einen Punkt hinaufschnellt, wieder zu verkaufen. Ihr verkauft, um zu dem Zeitpunkt, da die Dezimalzahl auf der Glastafel einen Punkt hinabsaust, wieder zu kaufen.

Frontabschnitt zwei ist schmal. Rechts verläuft das Gold, links das Silber, dazwischen versuchen die Parteien, einander aus der Deckung, der Silberdeckung zu werfen. Nicht fern von hier, in der Effektenbörse steht vielleicht in diesem Augenblick der Tael ungünstiger als das entsprechende Goldbarrenquantum. Schnell, schnell, erwirb es, um es wieder zu verkaufen.

Noch enger als das Gelände Nummer zwei ist Nummer drei. Zwischen Gold und Gold machen sich die Kämpfenden jeden Fußbreit Bodens streitig; Gold ist Gold, und doch gibt's Unterschiede, wert, um sie zu kämpfen, sofern man ein Börsianer ist. Kaufe mit der rechten Hand und mit rechtsgewandtem Stimmenaufwand Goldbarren (gegen englische Pfunde), als ob dein Leben davon abhinge, daß du sie bekommst, und verkaufe sie gleichzeitig mit der linken Hand und mit linksgewandtem Stimmenaufwand (gegen englische Pfunde), als ob dein Leben davon abhinge, daß du sie loswirst.

Dein Leben hängt ja auch davon ab, ob der Wert des Pfund Sterling, die cross-rate fallen oder steigen wird, wenn du deine Transaktion reversierst. Dein Leben, das Leben aller hier, dieser Erregten, Schreienden, Tobenden, Ringenden, Gellenden, Vorwärtsstoßenden, Zurückweichenden, Signalisierenden, ihr Leben und das Leben der mit ihnen durch Telefon und Ticker verbundenen Partner hängt ab von den Zehnteln an der Glastafel.

Die Energie aller ist dran und drauf, diese Ziffer hinter dem Dezimalpünktchen zu bewegen, ohne daß ein Dezimalpünktchen produktiven Wertes geschaffen wird.

Die Goldbarren, die die Börse von Ekstase zu Ekstase treiben, die Silbertaels, die in den Abrechnungen figurieren, sie sind beinahe abstrakte Werte. Weder mit Goldbarren noch mit Taels wird gezahlt.

In keiner Tasche klappert, an keinem Schalter klingt der Tael. Tausende von Herren rechnen täglich mit Tausenden von Taels, und doch haben sie noch niemals einen Tael in der Hand gehalten. Anderseits halten Hunderte von Arbeitern täglich Hunderte von Taels in der Hand, und doch haben sie niemals mit Taels gerechnet.

Der Arbeiter, dessen Währungseinheit die Kupfermünze ist, macht die Taels, der Herr, dessen Währungseinheit der Tael ist, schmeißt die Kupfermünzen weg. Kupfermünzen sind nämlich sehr schwer, zerreißen die Taschen und sind kaum einen halben Pfennig wert. Taels sind noch schwerer, einunddreißig Gramm per Stück, sie würden erst recht die Taschen zerreißen, aber man hat sie gar nicht bei sich, es sei denn, daß man der Keller einer Bank ist. Schließlich würde man sie auch nicht wegwerfen, wenn man sie bei sich tragen müßte, sind sie doch per Stück einen chinesischen Dollar und vierzig Cent wert.

Jetzt wissen wir also schon allerhand über den konkreten Tael, wissen, woraus er besteht, wo er sich befindet, wieviel er wiegt und wieviel Dollar er kostet. Und nun kommt die Überraschung: es gibt überhaupt keinen einzelnen Tael.

Das, was von Arbeitern mühselig erzeugt wird, um in Tresors zu lagern, sind Vielheiten von Taels. Jede solche Vielheit wird zwar im Betrieb der Fabrik und von den Angestellten des Bankgewölbes ein Tael genannt, aber sie ist das Zweiundfünfzigfache eines Taels, sie ist ein Silberding, das zweiundfünfzigmal einunddreißig Gramm wiegt und zweiundfünfzigmal einen Dollar vierzig wert ist.

Diesen Komplex, in den die Teiltaels aufgegangen sind, stellt man in Fabriken her. In Münzereien? Nein, da der Tael (wie oft sollen wir das noch sagen?) keine Münze ist, so ist auch die Fabrik keine Münzprägerei. Also in staatlichen Gießereien? Wieder falsch. Solche höchst staatlichen und höchst kostbaren Werte wird man doch nicht staatlichen Unternehmungen und staatlichen Beamten anvertrauen! Solche höchst staatlichen und höchst kostbaren Werte gibt man hierzulande ausschließlich privaten Unternehmern in Arbeit. Geld machen zu lassen ist Vertrauenssache.

Gegenwärtig wird in China der Dollar modern, und in gleichem Maße nimmt die Erzeugung der Taels ab. Zwei Milliarden Silberdollar gibt es im Lande und kaum hundert Millionen Tael. Die Lufang, die Taelfabriken gehen ein, und man muß sich beeilen, wenn man noch eine in vollem Betrieb sehen will.

Aus England und Amerika kommt das Rohmaterial, Silberbarren von zweiunddreißig Kilogramm, in den chinesischen Produktionsprozeß. Zunächst in die Schmelze. Tonofen neben Tonofen, jeder mit Erde bedeckt, so daß nur ein Loch zum Einführen des Materials und zum Schüren offenbleibt; Holzkohle schwelt darunter.

Ein primitiver Blasebalg, von einem Kuli primitiv bewegt, besorgt durch Bambusrohre die Luftzufuhr. Haben Holzkohle, Heizer und Blasebalgbeweger den Barren zur Weißglühhitze getrieben, dann spalten ihn auf dem Amboß achtzehn Beilhiebe achtzehnmal. Jedes Stück, ungefähr so groß wie ein Tael (ein zweiundfünfzigfacher Tael selbstverständlich), wird nun eine Viertelstunde lang geschmolzen, Kupfer (sechzehn Promille) beigemischt und die Legierung in eine Form gegossen.

Zwei Hammerschläge lassen zwei Stempel als Spur zurück: den Namen der Fabrik und die Nummer des Ofens. Beanstandet der Besteller etwas, so muß der Fabrikant Bestechung zahlen. Beanstandet der Fabrikant etwas, so werden die Arbeiter des betreffenden Ofens entlassen. Das ist der Sinn der beiden Stempel . . .

In einem mächtigen Wasserbottich befeuchten die Arbeiter die Handtücher, die sie auf ihr Gesicht und ihren Hals legen, um von der Glut nicht versengt zu werden. Nicht deshalb aber steht der Bottich in der Mitte der Gießerei. Er steht da, auf daß das fertige Gußstück darin eingetaucht und gekühlt werde. Sooft das geschieht, scheint es, als schlügen über einem brennenden Boot Wellen zischend zusammen.

Rauch stößt hoch bei diesem Treffen von Feuer und Wasser, abrinnt die Welle, das Feuer erlischt, der Rauch verpufft.

Und glutrot, mit mattem Glanz, als hätte es im Mondenschein gebadet, taucht das Boot von neuem aus dem Wasser empor. Langsam, langsam weicht der Purpur, der schwere Rumpf des Schiffchens ist pures Silber. Leicht gewellt ist das

Deck, wie Seide. „Si-Sci“ heißt feine Seide auf kantonesisch, Sycee nennen die Chinesen den Tael.

Da stehen die silberseidenen Schiffe nebeneinander auf dem Trockendock. Das Büro überprüft und übernimmt sie. „Aha, die Staatsbehörde, die fiskalische Kontrolle über den privaten Erzeuger!“ Keineswegs, ihr Europäer! Die Übernahmestelle ist privat, Organ eines Handelsgremiums. Ohne Chemie wird die Feinheit geprüft, ein geübter Chinesenblick genügt, um nach der Farbe den Silbergehalt auf ein Tausendstel genau festzustellen. Resultat dieses Augenscheins und Gewicht werden mit Tusche auf der Kielwand des Boots vermerkt. Jetzt darf es auf die große Fahrt: vom Keller einer Bank zum Keller einer andern Bank.

III. Kupfer

Gold und Silber lieb ich sehr . . .
Deutsches Studentenlied

. . . aber ich habe nur Kupfer.
Chinesische Tatsache

An jeder Ecke jeder Straße haben Wechsler ihren gut vergitterten Stand. Sie sind – wie übrigens alle chinesischen Kaufleute in ihren Läden – von Söhnen, Enkeln, Großneffen und Schwiegersöhnen umgeben.

Die Inhaber dieser Geldkäfige behaupten auf ihren Firmentafeln, daß sie amerikanische Dollars, japanische Yen, englische Pfunde einwechseln, sie schreiben Tageskurse an, und während der Boykottbewegung haben sie die japanische Währung auf der Tafel ostentativ durchgestrichen.

Trotz dieser Kurstabelle befassen sich die Schanghaier Wechsler ebensowenig mit Devisengeschäften wie ihre Kollegen, die der Knabe Jesus Christus aus dem Tempel jagte. Die Wechsler von Jerusalem tauschten Großgeld in Kleingeld um, das man für den Markt und Almosen brauchte, die von Schanghai tauschen Taler in Cents und Kupfer um.

Ein Chinesendollar ist gegenwärtig ungefähr einer deutschen Mark gleich. Aber es besteht keineswegs bloß aus hundert pfenniggleichen Münzen, vielmehr aus viel mehr, aus 290, in Worten: zweihundertneunzig talergroßen, talerschweren Kupferstücken.

In der Mandschurei gibt es sogar halbe Kupfer – wer's nicht glaubt, zahlt einen Taler für fünfhundertachtzig von ihnen. Dagegen kursieren in Peking durchlochte Doppelkupfer, die jedoch nicht das Doppelte, sondern nur die Hälfte des einfachen wert sind. Unter so schweren Verhältnissen ist es leicht begreiflich, daß man eintauscht, wenn man gerade Kleingeld braucht oder wenn man kein Kleingeld braucht und die ganze Tasche voll davon hat. Wer wird sich einerseits den ganzen Tag mit Kupfergewicht schleppen wollen, wer kann andererseits vom Schaffner, vom Zeitungshändler oder vom Rikschakuli verlangen, soviel Münzen bei sich zu haben, wie er auf eine chinesische Mark herausgeben müßte? Befürchte nicht, der Wechsler werde dir für deinen Dollar den ganzen Gegenwert in Kupfern durch die Gitterstäbe schieben, ein Schwergewicht, das dich schnell erledigen würde. Nein, die Wechsler nehmen Rücksicht auf die menschliche Tragkraft, geben dir fünf Zwanzig- oder zehn Zehncentstücke. Nur den Rest bekommst du in Kupfern – etwa zwanzig bis dreißig –, das hängt von Devisenschwankungen und Kupferpreisen ab, von geheimnisvollen unverständlichen Dingen, bei denen der Kupfer verdienende Kuli täglich draufzahlt.

Es gibt Big Money und Small Money, Großgeld und Kleingeld, das aber beides Kleingeld sein kann. Big Money sind sowohl Bruchteile als auch Vielfache des chinesischen Dollars. Immer gehen bei Big Money zehn Zehncentscheine auf einen Dollar oder ein Zehndollarschein auf zehn Dollar. Nicht so einfach ist es bei Small Money, den silbernen Zehn- und Zwanzigcentstücken – die schaukeln längs der Wertskala unausgesetzt auf und nieder.

Zweitausendfünfhundert Jahre lang war Chinas Münze der Kwei, von den Europäern Käsch genannt. Tausend Käsch gingen auf einen Tael, sie waren durchlöcherte Bronzestücke und galten vom frühesten Altertum bis zum Weltkrieg. 1915 kauften die Japaner schiffsladungsweise den Kwei auf – die Kanonenindustrie verschmähte Kupfer und Zinn auch in der kleinsten Form nicht. Japan bezog die Käsch von den chinesischen Provinzgeneralen, die sie ihrerseits dem chinesischen Volk entzogen. Jetzt sieht man keine Käsch mehr, obwohl auf jedem Kupfer großmächtig steht, daß er zehn Käsch wert ist.

Fast jede Provinz Chinas prägt ihre Münzen selbst, in jeder Stadt hat der Cent einen andern Wert, überall blüht und wuchert die Gilde der Wechsler. Der Kuli bekommt seinen

Lohn in Kupfer, die Straßenbahn läßt sich die Fahrkarte in Kupfer bezahlen, der Schaffner preßt die Münzenmassen in Säcke und die Säcke unter die Sitze der Passagiere, der Chinese entlohnt den Rikschakuli in Kupfer, der Arbeiter, der mit Frau und kleinen und kleinsten Kindern auf dem Einradkarren aus der Fabrik heimfährt, entrichtet den Fahrpreis in Kupfer, der Straßenhändler, der Straßenschauspieler, der Straßenbettler erzielt nur Kupfer – es ist das schwerste und das am schwersten verdiente Geld.

Da fiel es der Liebe ein, Papierscheine auf Kupfer auszustellen. Die Liebe vermochte das, denn nur aus der Hand der Liebe nimmt man Papier für bare Münze. Vor mir liegt ein Paket solchen Liebesgeldes, lautend auf die Wechselstube Kai-Tai, die Wechselstube Wan Fong-tai usw. usw.

Diese Zehn-, Zwanzig- oder Vierzig-Kupfer-Scheine überreicht das Mädchen in den chinesischen Liebeshäusern dem Gast zum Abschied, um sich für seinen Besuch dankbar zu zeigen und um ihm, der müde ward an ihrer Seite, die Strapazen des Zufußgehens zu ersparen. Sie setzt von seiner Galanterie voraus, daß er ihr seine ganze Barschaft geschenkt und nichts mehr bei sich behalten habe.

Jeder Rikschakuli nimmt diese Scheine an, als wären sie öffentliche Währung, jeder kennt dieses Papiergeld und . . .

„Papiergeld! Schreiben Sie doch keinen Unsinn, Kisch", unterbricht der Währungsfachmann. „Das ist doch kein Papiergeld. Das sind doch Schatzscheine!"

Schatz-Scheine? Schön!

DER INDER AUF DEM VERKEHRSTURM

schaltet abwechselnd rotes, gelbes und grünes Licht ein. Er hat einen roten, gelben oder grünen Turban um den Kopf gewikkelt. Die Analogie mit den Lichtern der Verkehrsampel hört auf, wenn der Turban andersfarbig ist. An allen wichtigen Straßenkreuzungen des Internationalen Settlements regeln Inder den Verkehr.

Andere bewachen tagsüber und nachtsüber Banken, Warenhäuser und Bürohäuser. Beide Gruppen, Polizei und Wächter, stecken im hochgeschlossenen Uniformrock, der englisch ist, und haben einen Kamm unter dem Turban, ein Messer am

Gurt, einen Reifen am Arm und kurze Leinenhosen – vier Vorschriften ihrer Religion, zu denen sich als fünfte gesellt, daß niemand und nichts, kein Messer und kein Barbier, nicht Gattin noch Kind den wildwachsenden Bart berühren darf.

Manche der privaten Wächter tragen einen schwarzen Turban, was ihren höher gestellten Kollegen von der Straßenecke verwehrt bleibt. Eigentlich ist der schwarze Turban auch den privaten Wächtern verboten, aber sie behaupten, er sei nicht schwarz, sondern (allerdings sehr!) dunkelblau. England läßt das gelten. England läßt Schwarz Blau sein. England hat seine Erfahrungen mit dem schwarzen Turban.

Ob nun die indischen Wächter, die Sikhs, hell oder dunkel beturbant sind, mit Karabinern sind sie ausgerüstet. Ernst sind die Zeiten für die internationale Siedlung, jeden Augenblick können sich die Ausgebeuteten in Asien gegen die Ausbeuter aus Europa auflehnen, Wächter allein genügen nicht, selbst wenn sie hünenhafte, bärtige Inder sind, sie müssen auch Feuergewehre haben.

Ohne Zweifel wirken die Sikhs höchst imposant. Weder der hagere Annamite mit dem Lampenschirm als Hut, der in der Franzosenstadt den Polizisten macht, noch der Chinese, der in der „Chinesischen Konzession" mit einem Stück Zuckerrohr den Verkehr regelt, läßt sich mit ihnen vergleichen. Wenn ein Sikh auf dem Turm steht, wagen es die Rikschakulis mitnichten, die Lichtbefehle zu mißachten. Wenn ein Sikh auf dem Fußsteig vor dem Zollamt patrouilliert, so macht jedermann einen Bogen – niemand will in Verdacht geraten, einen Überfall zu beabsichtigen.

So hüten die braunen Titanen die Ordnung und das Geld ihrer Kolonialherren, walten rücksichtslos und brutal ihres Amtes, und deshalb haßt das Chinesenvolk Schanghais seine indischen Wächter.

Das Chinesenvolk Schanghais haßt sie auch aus einem andern Grund. Manche der Sikhs, infiziert vom Geist Schanghais, dem Geist der hemmungslosesten Ausbeutung, infiziert vom Geist der Gebäude, als deren Karyatiden sie hingestellt sind, entsagen eines Tages dem Wachberuf und widmen sich den Geschäften. Sie borgen den Chinesen Geld zu hohen Zinsen. Schuldscheine in der Hand, bevölkern sie alltäglich den Gerichtssaal. Kettenhunde des Kolonialkapitals, Halsabschneider des Kolonialvolks.

Früher einmal haben auch diese Sikhs eine andere Rolle gespielt. Das war nicht hier, das war im nordwestlichen Indien, im Pandschab. Dort leben sie, seitdem sie sich im 15. Jahrhundert gegen die Mohammedaner zusammengeschlossen haben, rings um den Goldenen Tempel von Amritsar in demokratischer Gemeinschaft, glauben an einen einzigen Gott, lehnen Kastenwesen und Seelenwanderung und Bilderverehrung und Witwenverbrennung ab. Jedem Ansturm der Feinde, die ihre Selbständigkeit brechen wollten, haben sie sich kühn widersetzt.

Einst wurde einer der Gurus, ihrer Lehrer, gefangengenommen und vor den mohammedanischen König geführt. Außer dem Verbrechen, Führer der Ungläubigen zu sein, legte man ihm zur Last, sich bei seiner Eskortierung nach dem Harem seines Besiegers umgedreht zu haben. „Ich wandte mich um", erwiderte der Guru dem feindlichen König, „nach dem Westen, woher die Weißen kommen werden über das Meer, um Euch und uns zu Sklaven zu machen, wenn wir nicht einig sind."

Er hatte richtig prophezeit. Die Engländer kamen über das Meer, um die Sikhs und die Hindus und die Mohammedaner zu Sklaven zu machen. Blut strömte durch den Pandschab. Dreitausend Tote brachten die Sikhs den Engländern bei Ferosschahr bei, achttausend bei Feros-pur. Damals standen die Posten der Sikhs nicht auf Türmen und konnten das Dunkel des Dschungels nicht mit den elektrischen Scheinwerfern durchdringen, die sie heute im Leuchtturm in der Nanking Road aufblitzen lassen, sie hantierten nicht mit den Sechs-Schuß-Karabinern, mit denen sie heute die englischen Banken vor Asien beschützen.

Die Sikhs wurden besiegt, wurden unterworfen, wurden Krieger Englands. Bald feuerten englische Sikh-Bataillone auf ihre aufständischen Landsleute, sie feuerten auf die Völker des Irak, Ägyptens und Birmas, und im Weltkrieg feuerten sie auf die europäischen Feinde ihrer Herren.

Noch aber glimmte der Unabhängigkeitsgedanke in den alten Siedlungen der Sikhs. Man mußte sie unter schärfere Kontrolle stellen, ihnen den letzten Rest der Selbständigkeit nehmen.

Die Gurdwaras, ihre Tempel, waren bisher von der Gemeinschaft verwaltet worden, jetzt ernannte die indische Regierung die ihr genehmen Priester zu Tempelhütern, und diese schalteten alsbald selbstherrlich und korrupt in den Tempelgütern. Da standen 1919 die Sikhs von neuem auf. Sie kämpften um die Rückgabe der Gurdwaras an die Gemeinschaft, um die

Wiederherstellung ihrer alten Demokratie – um etwas, was man in den Kolonien keinesfalls dulden kann. Englische Maschinengewehre massakrierten bei Nankhana-Sahib und im Jallianwala Bagh, dem Park von Amritsar, Hunderte von Männern, Frauen und Kindern.

Der Intelligence Service, Englands weltumfassender Spitzeldienst, hatte herausgefunden, daß die Akali, eine Gruppe mit schwarzen Turbanen, der fanatische Stoßtrupp der Sikhs sei, und das Tragen des schwarzen Turbans wurde bei Prügelstrafe verboten. 1922 kam es zu den Szenen von Guru-ka-Bagh, ein Epos von passiver Hingabe und von aktiver Brutalität, wie es die Weltliteratur noch nicht geschrieben hat: täglich zogen Tausende von Sikhs mit eigens angelegtem schwarzem Turban, Greise, Männer, medaillengeschmückte Veteranen des Weltkriegs und Knaben, freiwillig aus Amritsar und andern Gemeinden des Pandschab nach Guru-ka-Bagh, um sich prügeln zu lassen. Sie saßen in einer Reihe auf dem Boden und sangen, während sich die englische Soldateska auf sie warf, ihr Lied:

Wahiguru, Wahiguru, Wahiguru Ji
Satnam, Satnam, Satnam Ji ...

Sie sangen, während die Hiebe auf sie niedersausten, sie sangen, während die Soldatenstiefel auf ihnen herumtraten, sie sangen, bis sie leblos umsanken.

Den Prügelszenen wohnten bei der Inspector General, der Deputy Inspector General, der Deputy Commissioner und etliche Superintendents of Police. Die Behörden Seiner Britischen Majestät des Kaisers von Indien befahlen noch größere Strenge, sie hofften, dadurch die Rebellen einzuschüchtern.

Man schlug die Sikhs auf die Augen und auf das Gesäß, man riß sie an den Ohren und an dem unberührbaren Bart, trat sie in die Geschlechtsteile. Ohnmächtig oder tot lagen die Sikhs umher, die Prügelsoldaten hatten geschwollene Arme und ihre Stöcke waren zerbrochen, aber immer noch marschierten Prozessionen der Opferbereiten von allen Seiten heran:

Wahiguru, Wahiguru, Wahiguru Ji
Satnam, Satnam, Satnam Ji ...

Die Offiziere ließen trommeln, und weißen Schaum vor dem Munde, dem Wahnsinn nahe, stürzten Englands Büttel auf die neuankommenden, mit keiner Bewegung sich wehrenden Sikhs.

Krumm und eng sind die Straßen Schanghais, die Straßenbahn hat keine Schienen, die Autos flitzen an den Rikschas vorbei, ein Vorspann von zwölf Kulis zerrt einen Lastwagen, der eben die Autobuslinie kreuzt – verdammt aufpassen muß der Verkehrspolizist. Ernst und kriegerisch sind die Zeiten, die Japaner zerschießen die Stadt, der Völkerbund höhnt die Chinesen, Not und Erregung sind groß – verdammt aufpassen muß der Wächter. Gehen ihm manchmal der Trommelwirbel und die Stockschläge und das Lied:

Wahiguru, Wahiguru, Wahiguru Ji
Satnam, Satnam, Satnam Ji . . .

durch den Kopf, indes die Wellen des Verkehrs zu seinen Füßen branden, indes er steif und fest dasteht, ganz Felseninsel, ganz England?

Man hört mancherlei von den Sikhs, sobald man sie außerhalb ihres Wachbezirks trifft, in Woochang Road, wo die Sikhs wohnen und die Firmentafeln in sanskritischen Buchstaben geschrieben sind. Dort erzählen sie dir zum Beispiel von einem Inspektor, der wirklich ganz Amt, ganz Polizei, ganz England war und von den andern Sikhs deshalb als Verräter seines Volkes gehaßt wurde. Eines schönen Renntages 1929 wurde er auf dem Turfplatz erschossen. Den Täter nahm man fest. Mit allen möglichen Folterungen versuchte man, etwas über allfällige Freunde oder Auftraggeber herauszubringen. Man erfuhr nichts und hängte ihn. In einem philippinischen Revolutionär vermutete man den intellektuellen Urheber des Attentats, aber da man genau wußte, man werde vor Gericht nichts beweisen können, überfielen ihn englische Detektive nachts in seinem Haus und schlugen ihm in Keswick Road den Kopf ab. Tags darauf verhafteten die beamteten Mörder acht revolutionäre Sikhs „unter dem Verdacht, den Mord in Keswick Road begangen zu haben". Durch eine Zeitungskampagne wurde das Manöver enthüllt, und so mußte die Hinrichtung der Unbequemen unterbleiben.

Manchmal ist das mächtige England machtlos gegen die Völker, die es unterdrückt. Die Gedanken unter dem Turban, mag er nun schwarz oder dunkelblau oder andersfarbig sein, kann das mächtige England nicht unterdrücken.

England kann nur Kolonialpolitik machen. Es läßt im Malaiischen Staatenbund Zehntausende von chinesischen Kulis die Löhne drücken, wodurch Zehntausende von Malaien und Indern aus den Zinnminen, Teakholzsägereien und Reisplantagen in Arbeitslosigkeit und Hungertod getrieben werden. In den britischen Kronkolonien und Schutzgebieten gibt es auch etwas, was es in China fast nicht gibt: große chinesische Unternehmer. Sie sind Reeder, Reismühlenbesitzer, Hoteliers, Inhaber von Bordellen und beuten die einheimische Bevölkerung genauso aus, wie drüben in China die Europäer die einheimische Bevölkerung ausbeuten.

Deshalb hassen Inder und Malaien die Chinesen als Gelbe Teufel, und die Chinesen in China hassen ihrerseits die Inder, die in Schanghai den Chinesen beaufsichtigen, prügeln und bewuchern.

Das ist die Kolonialpolitik. Man hält sie aufrecht, indem man mit Spitzeln und Henkern jede internationale Verbindung zu verhindern sucht. Das panpazifische Sekretariat der Gewerkschaften ist verboten, seine Funktionäre wurden hingerichtet oder zum Tode durch lebenslängliches Zuchthaus verurteilt.

Es besteht illegal.

YOSHIWARA AM KRIEGERGRAB

Nach der Totenfeier blieben wir im Hongkew-Bezirk, nahmen dort unser Abendbrot ein und besuchten einige Lokale. Auf diesem verwirrenden Kriegsschauplatz, ringsumher schwelt Trümmerwerk, lädt hellblaues Röhrenlicht in ein Kabarett; draußen spüren wir noch süßlich die Auflösung der Leichen, drinnen schmiegt sich ein gutparfümiertes Japanerinnenköpfchen an den Tanzpartner; nachmittags ehrt man die Toten, abends freut man sich der Lebenden, und schon am nächsten Tag, wenn wir die Eindrücke überdenken wollen, vermischen sie sich zu einem einzigen.

Unter den Toten, denen es nachmittags galt, waren als besondere Helden die „Lebenden Bomben“, eine Gruppe von Soldaten, die, Granaten umgeschnallt, beim Sturm auf die chinesischen Stellungen in die Luft flogen. In einem Telegramm nach Tokio hatte das Armeeoberkommando erklärt, der Unglücksfall sei durch einen Fehler in der Tempierung der Bomben verursacht und die strengste Untersuchung gegen die Schuldigen eingeleitet worden; aber als ein Kriegsberichterstatter meldete, hier liege ein freiwilliger Opfertod vor, machte man das zur offiziellen Version.

Der Trauerfeier wohnten Offiziere bei, und auch in den Häusern der Freude sahen wir solche, wenngleich nicht so hohe wie am Nachmittag; der Generalissimus Shirakawa, der Admiralissimus Nomura, Marschall Ono, General Ujematu waren nur bei der Totenmesse anwesend, feierlichen Gesichtes saßen sie da, wie ergriffen.

Eisenplatten bedeckten die Asche der Leichen, enzianblaue, weiß beschriftete Fahnen umgaben den Totenplatz, vorne ein Altar, dekoriert mit Chrysanthemen. Keine Schleifen trugen die Kränze, sondern ein Brett mit Text.

Schauplatz der Veranstaltung war, seltsam genug, der Garten eines japanischen Teehauses, das mit Pavillons, Lauben und Beeten vor drei Jahren niedergebrannt ist – eine zufällige alte Brandstätte in der Nachbarschaft beabsichtigter neuer Brandstätten. Damals, bei jener friedlichen Feuersbrunst, blieben Mauern und Tor unbeschädigt, und durch diese Geschlossenheit des Areals eignet es sich für eine Feier.

Der Hongkew-Bezirk war vor den kriegerischen Ereignissen mit japanischen Restaurants, Teehäusern, Dancings und andern Nachtlokalen gut bestückt; am 28. Januar 1932 schlossen sich diese Etablissements, nunmehr aber schießen sie um so dichter wieder empor, neues Nachtleben blüht aus den Ruinen.

Ein orangerotes, geblümtes Ornat umhüllt den Priester, über sein glattrasiertes, breitknochiges Gesicht hebt sich golden die Mitra. Drei Männer ministrieren; wie er sind sie in krasser Seide, sie helfen ihm, auf dem Opferaltar rosarote süße Brote aufzuschichten und Schalen mit Reis.

Speise für die Toten. Die Lebenden sahen wir am gleichen Tage im gleichen Bezirk – er ist die Nordgrenze des Internationalen Settlements von Schanghai – andere Speisen essen. Sukijaki, sprich: Skjaki, ist ein mongolisches Gericht, das die New-Yorker zum japanischen Nationalgericht erklärt haben, ebenso wie man „Chop-Sui“ in den amerikanischen Restaurants als chinesische Nationalspeise annonciert. Seither essen die Japaner mit besonderer Feierlichkeit Sukijaki. Fleischstücke, Zwiebeln und Gemüse dämpfen sich in Sojabohnensauce auf einer Pfanne vor dem Gast, der tapfer zugreift, während der Rest weiterschmort und prasselt. Männer hocken auf der Matte, die Kellnerinnen an ihrer Seite füllen immer wieder die kleinen Gläser mit Reiswein und legen immer wieder neue Fleischstücke in die Pfanne.

Niemals nimmt der Japaner, wenn er abends ausgeht, seine Frau mit; zu der Trauerfeier, auf deren Beschreibung wir uns scharf beschränken, sind Frauen zugelassen. Sie stehen am Eingang und verbeugen sich vor jedem Eintretenden dreimal bis zur Erde, litaneien im Chor und drehen wehklagend ihre Rosenkränze, deren einzige Glaskugel wie die Perle eines Ringes über dem Mittelfinger liegt. Sogar Geishas sind da, in grellem Kimono und rotgeblümter Schärpe, ihre Frisur ist zu einem Rittersporn gefettet und gehärtet, Silberkugeln und Flitter glitzern im schwarzen Haar.

Die buntgefiederten, zwitschernden Geishas servieren den zur Trauer befohlenen Offizieren Tee, die andern Frauen, die im braungrauen Kimono, könnten es nicht mit solcher Grazie. Geishas und Nicht-Geishas tragen weiße zweigeteilte Strümpfe, drei Zehen sind in einer, zwei Zehen in der andern Hälfte – sozusagen Fäustlinge für die Füße –, und hölzerne Kothurne, „Geta" genannt.

Mit Opferspeisen, mit Gebet, mit Musik und wohlriechendem Rauch werden die als Opfer gefallenen Soldaten geehrt. Priester und Mesner umschreiten gemessenen Schritts das Karree, rufen sakrale Worte, die keiner aus der profanen Menge versteht, und werfen buntes Papier auf jedes Grab.

Da sie zum Altar zurückkehren, zelebriert der Oberpriester die Messe weiter, und seine Gehilfen machen mit Gong, Pauke und Glöcklein Musik dazu. Ein eigenartiges Instrument sind die Tschinellen, man kann sie nicht nur aneinanderschlagen, sie schwirren auch, wahrscheinlich infolge einer Feder, ineinander ab, und das klingt und dröhnt, als wirbele der Generalmarsch. Warum hält sich die Jazzkapelle in den japanischen Tanzlokalen so sklavisch an die üblichen Negerinstrumente, an Banjo, Saxophon und dergleichen, warum bereichert sie das Instrumentarium nicht um die rotierenden Tschinellen? Das bewunderungswürdig aktuelle Repertoire der Jazzkapellen würde durch diese Neuerung nur gewinnen: nach jeder Zeile des Liedes „Ich bin von Kopf bis Fuß auf Liebe eingestellt" der silberne Wirbel.

Die Tanzmädchen singen das obige Lied nicht im deutschen Urtext und nicht in japanischer Übertragung, vielmehr singen sie „Falling in love again . . ." Sie können alle ganz gut Englisch, sie können Rumba tanzen (Blues, drittes Stadium, haben sie schon hinter sich). Zumeist tragen sie europäische Kleider, aber wie uns eine Partnerin erzählt, erst seit vorigem Jahr. Hier hat Japan länger als sonst gebraucht, sich dem Westen anzupassen, die Mode der kurzen Röcke kam für Japans Mädchenbeine nicht in Betracht. Die Beine sind die schwächste Seite von Japans Mädchen, zu viele Jahrhunderte lang saßen ihre Ahnen und Ahninnen mit untergeschlagenen Beinen auf der Matte.

Zu Ende der Gottesdienst. Mit ernster Miene begibt sich der Höchstkommandierende zur Opferung. Wohlgemerkt: er opfert nicht sich, sondern er opfert. Die ernste Miene legt er an, weil er an seine armen gefallenen Soldaten denkt und weil sein Gesicht vom Kinoapparat fast gestreift wird. Vergaßen wir zu erwähnen, daß der Trauerfeier eine Filmkolonne assistiert, auf einem Lastauto rechtzeitig gekommen? Buddha plus Militärfilm.

Angesichts des Films vertiefen sich die Falten jedes Angesichts. Trauer muß bildhaft gemacht werden, wie ein unerwarteter Schicksalsschlag scheint den Generalen die Erkenntnis zu kommen, daß im Krieg Menschen fallen. Admiral Nomura sieht drein wie ein beleibter, müder Regimentsarzt; das Japanerschwert – der Griff nimmt ein Drittel der Schwertlänge ein – macht den Kommandanten der japanischen Streitkräfte in den Chinagewässern mitnichten martialischer aussehend. General Ono ist eine Quitte mit Spitzbart.

Einer nach dem andern tritt heran, greift in eine hölzerne Dose, die auf dem Altartisch steht, hebt das geweihte Gewürz, alldieweil die Kurbel des Operateurs kreist, inbrünstig zur Stirn und legt es in die Opferschale, Dampf wallt auf. Hinter den Generalen die Stabsoffiziere, hinter den Stabsoffizieren die Oberoffiziere, hinter den Oberoffizieren die Unteroffiziere, alle „in zwangloser Reihenfolge streng nach dem Rang“. Sie erweisen den in China gefallenen Verteidigern des japanischen Vaterlands die letzte Ehre, getreu jenem überall typischen Regimentskommandobefehl: „Sämtliche Offiziere und weiterdienende Unteroffiziere der dritten Kompanie, die das Herzensbedürfnis fühlen, dem verstorbenen Herrn Major des Ruhestandes N. N. das letzte Geleit zu geben, haben morgen um vier Uhr nachmittags vor dem Stabsgebäude gestellt zu sein. Fernbleiben wird strengstens bestraft.“

Obwohl die dii minores militiarum gentium bei ihrer Opferungstätigkeit keiner Kurbeldrehung des Filmoperateurs würdig befunden werden, machen auch sie ernste Antlitze, denn das geziemt sich für eine Trauerfeier, es sind Gäste da, sogar ein fremder Journalist, der sie freilich, zu ihrer unangenehmen Überraschung, noch heute mit weniger ernsten Antlitzen im benachbarten Nachtleben wiedersehen wird. Auch die Militärs beherrschen die neuesten Tänze, und es ist ein ungetrübtes Vergnügen zuzusehen, wie die nachmittags rauhen Kriegsmänner am Abend, von Kopf bis Fuß auf Liebe eingestellt, die Elegie Marlenchen Dietrichs zu tanzen wissen.

Kundig gemixt sind die Cocktails, der Rauch aus den geweihten Schalen über den Toten steigt steil empor, ein Zeichen, daß der Himmel das Opfer gnädig entgegennimmt, die heiligen Papierchen flattern im milden Märzwind von Grab zu Grab, in den Alleyways, den Seitengäßchen von Hongkew, ist das Yoshiwara des Schlachtfelds etabliert, billige japanische Lampions und billige japanische Mädchen stehen davor. Sie locken die lebenden Soldaten, die Kameraden der toten, ins Bordell.

DIE HINRICHTUNG

Da starb einer von des Henkers Hand, Blut stieß in langem und breitem Strahl aus seinem Nacken, das Leben spritzte hoch aus einem, der tot gewesen schien vorher.

Unwirklich, blaß im gelben Gesicht, huschte er morgens aus dem Raum des Polizeiautos, seine Hände staken in Nickelspangen, sein fadendünner, fadenlanger Körper im grauen Chinesenmantel. Er wiegte sich in den Hüften, er schwebte dahin wie ein Gespenst im Kirchhofswind.

Ich hatte mir seine Physiognomie und seine Gestalt, während ich wartete, nicht vorgestellt, ich weiß, daß Mörder im allgemeinen keinen Stiernacken, kein vorgeschobenes Kinn, keine fliehende Stirn haben. Dieser aber sah doch allzusehr nach Nicht-Mörder aus, sah eher wie ein Ermordeter aus, nicht wie einer, der noch vom Leben zum Tode zu befördern ist.

Tsang Kja-ying schlenkerte mit den Schultern, mit den Beinen und sogar mit den aneinandergefesselten Händen, als man ihn in die Zelle des Bagatellgerichts abführte zu den dreißig, vierzig Leuten, die heute zur Verhandlung kommen sollten und ungewiß ihres Schicksals harrten. Er allerdings, er brauchte nicht ungewiß seines Schicksals zu harren, er war tot und konnte dem Totsein nicht entfliehen. Seine beiden polizistischen Begleiter waren draußen vor der ohnedies hinreichend bewächterten Eisentür geblieben. So konnte er sich als Gleicher unter Gleichen in die Schar der ihm Ungleichen dukken. Sie merkten nicht, daß einer von ihnen nur mehr ein Schemen war.

Plötzlich öffnete sich die Eisentür respektvoll weit. Großmächtig, breitspurig trat das Leben ein: eine Polizeifigur. Sie bewegte sich schlüsselklirrend auf Tsang Kja-ying zu. Jetzt erst erfuhren die andern . . .

Behaupten die Europäer nicht, dem Chinesen bedeute der Tod nichts oder wenigstens weniger als uns? „Die Kerle lachen bei ihrer Hinrichtung“, hat mir draußen der Inspektor erzählt.

Hm, Tsang Kja-ying, aus dessen Leichnam Leben verspritzen sollte, hatte einen halb geöffneten Mund mit hochgezogenen Mundwinkeln, was im Verein mit stoßweiser Sprache und fortwährender Schwingung des ganzen Körpers so wirkte, als wäre er belustigt. Aber war Tsang Kja-ying wahrhaftig belustigt? Oder bewegte die Angst seinen Mund und seinen Leib? – Wozu die Fragen, allzubald sollten wir sehen, ob er freudvoll oder leidvoll den Weg zwischen Tod und Leben beschritt.

Was seinen Zellengenossen der Tod bedeutet, sahen wir bereits: ihre Augen hatten sich wie Mündungen von Gewehrläufen aus allen Winkeln nach dem Gerichteten gerichtet, als das Leben, verkörpert in einer Polizeifigur, schlüsselklirrend auf ihn zutrat. Der Inspektor, ein Schotte, steht schon lange genug im Schanghaier Gerichtsdienst, um einen Häftling chinesisch fragen zu können, was er vor dem Tode zu essen wünsche. Tsang Kja-ying wünscht warme Pasteten mit gehacktem Fleisch, kalten Fisch, Reis und Suppe. Und Zigaretten.

Im Saal nimmt der Bagatellgerichtshof Platz. An sich ist eine Hinrichtung zwar keine Bagatellsache, aber dieses Gericht hat mit der Hinrichtung nichts anderes zu tun, als den Hinzurichtenden zu fragen, ob er noch eine Bekundung machen, eine Mitteilung an Verwandte oder Freunde durch das Gericht zustellen lassen wolle.

Tsang Kja-ying wird zur Wand der Angeklagten geführt, er hat den Vortritt vor seinen Zellengenossen, er ist kein Angeklagter, er ist mehr als ein Angeklagter, mehr als ein Verurteilter, er ist ein Vollstreckter. Sein Oberkörper irrlichtert über der Holzwand. Auf der Bank der Detektive sieht Tsang Kja-ying einen Bekannten sitzen und wendet sich mit stoßenden Worten bald an ihn, bald an den Richter.

Begrüßt er den Bekannten? Beschimpft er ihn? Bekennt er

seine Schuld? Beteuert er seine Unschuld? Ich weiß es nicht. Die hochgezogenen Mundwinkel, die Schwingungen und Drehungen der Schulter sagen nichts aus, und der Assessor der Internationalen Niederlassung, der sonst mit Hilfe eines Übersetzers jedes Wort eines Angeklagten oder Zeugen, Polizisten oder Detektivs für die Akten der ausländischen Polizei niederschreibt, läßt sich diesmal nichts übersetzen. Tsang Kja-ying interessiert nicht mehr. Ist erledigt.

Letztwillige Bekundungen hat Tsang Ka-ying bei Gericht nicht zu deponieren und kann daher abgeführt werden in den Hof, wo ihm ein ungedeckter Tisch gedeckt ist. Ein Päckchen billiger Zigaretten wird ihm hingeworfen, er reißt den Karton auf, bevor noch seine Hände entfesselt sind, und zündet sich eine an. Seit seiner Tat – Einbruch mit tödlichem Revolverschuß gegen den ihn überraschenden Wächter – hat er wohl nicht geraucht.

Und sich wohl nicht satt gegessen. Mundwärts fliegen die Holzstäbchen mit den Fisch- und Fleischstücken, mit dem Reis, über den er die Suppe gegossen. Ein chinesischer Aberglaube weiß, daß Pasteten den Weg ins Jenseits erleichtern. Noch eine Zigarette. Er streckt die Schachtel mit den übrigen einem Polizisten zu. Willst du sie? Du willst sie nicht? Achselzuckend wirft Tsang Kja-ying sie auf den Tisch, eine Zigarette fällt hinunter. Während er sich nach ihr bückt, erinnert er sich: es ist sinnlos, sie aufzuheben. Fünf Minuten vorher, wie gierig hätte er sie ergriffen – rasch wandelt sich alles, wenn das Leben dem Ende zurast.

Man übergibt ihm in einem Säckchen die Habe, die man ihm bei seiner Verhaftung abgenommen hatte, 44 Kupfer, einen Pfandschein, einen Schlüssel. Tsang Kja-ying zählt sein Geld, wie Chinesen zählen, je fünf Kupfer aus einer Hand in die andere schleudernd. Lange starrt er mit eingekniffenen Augen den Pfandschein an, dann zerreißt er ihn sorgfältig und legt das Geld auf den Tisch.

„Gehen wir!“ Mit einem Ruck steht Tsang Kja-ying auf, schiebt die Ärmel hoch und streckt dem Polizisten die Hände gekreuzt hin, um sich wieder fesseln zu lassen. Der dünne Mann steigt in das große Polizeiauto. Ein zweites folgt, Maschinengewehr neben dem Führersitz. „Das ist Vorschrift“, erklärt mir mit Bezug auf das Maschinengewehr der Sergeant, der neben mir im zweiten Wagen sitzt, „eigentlich hat es nur einen Sinn, wenn wir Politische befördern.“

„Werden oft Politische hingerichtet?"

„Oh, my goodness – du meine Güte, fast jede Woche! Nur Kommunisten natürlich. Vielleicht kommt bald ein Europäer dran, dieser Noulens, Sie wissen?"

„Ja, ich hörte von diesem Noulens. Ruegg heißt er in den europäischen Zeitungen. Wann, glauben Sie, wird er hingerichtet?"

„Der Teufel weiß es. Sollte schon ein halbes Jahr erledigt sein. Weil der Krieg gekommen ist und die Zeitungen soviel Krakeel gemacht haben, schieben es die verdammten Gelben immerfort hinaus. Jetzt machen sie sogar eine öffentliche Verhandlung."

Ärgerlich gießt sich der Sergeant einen Whisky in den Mund. Sein Ärger ist verständlich. Das Internationale Polizeikorps verhaftet und händigt die Verhafteten den Chinesen aus, damit diese das Todesurteil fällen; das Internationale Polizeikorps hält nachher den zum Tode Verurteilten in Gewahrsam und übergibt ihn schließlich wieder den Chinesen zwecks Hinrichtung. Wie können sich die verdammten Gelben erlauben, den Vollzug ihres Auftrags zu verzögern!

Unsere Wagen fahren durch die Franzosenstadt, am Canidrom, dem Hunderennplatz, vorbei, über den Soochowkanal. Vor einem Neubau, vor dem, wie bei Staatsgebäuden obligatorisch, zwei Steinlöwen Posten stehen, hält der Wagen. Der Sergeant geht hinein, um einen chinesischen Beamten zu holen, der die Amtshandlung leiten soll. Ist es doch eine „rein chinesische Hinrichtung".

Da fährt ein toter Mann zum Tode, aber niemand weiß es, die Rikschakulis nicht, die unserer eiligen Autokolonne ausweichen, die Straßenhändler nicht, die mit langgezogenen Kehllauten ihre Waren anbieten, die Arbeiter nicht, die mit einem halb gestöhnten, halb gesungenen Duett Lasten auf Bambusstangen tragen, nicht die, die in den Garküchen hokken, nicht die, die vor dem Käfig des Geldwechslers stehen, nicht die, die sich vom Straßenbarbier den Kopf rasieren und die Ohren kitzeln lassen. Der Mann im Wagen vor uns schaut nicht aus dem Wagen. Für den, der tot zum Tode fährt, gibt es nichts mehr zu sehen.

Der Sergeant genehmigt wieder einen Schluck Whisky.

„Dauert so eine Hinrichtung lange?" frage ich ihn.

„Haben Sie denn noch keine gesehen?" Er setzt die Taschenflasche vom Mund, erstaunt über meine Frage, denn er hat schon viele hundert Hinrichtungen mitgemacht: „Noch nicht eine einzige?“

Ich bekenne: „Noch nicht eine einzige.“

„Nun, es kostet nicht viel Zeit. Im allgemeinen wenigstens. Wenn sich der Delinquent gleich taufen läßt, geht es schnell, aber . . .“

„Was sagen Sie da? Ich verstehe Sie nicht . . . Sagten Sie ‚taufen‘?“

„Gewiß. Zu jeder Hinrichtung kommt ein katholischer Missionar. Manche Delinquenten wollen zuerst nichts davon hören, sich bekehren zu lassen, aber der Priester läßt nicht ab, und so werden sie nervös (wörtlich: then they become vervous) und fügen sich drein. Nur die Politischen bleiben halsstarrig. Die andern lassen sich alle taufen.“

Unmöglich! Und warum gerade ein katholischer Geistlicher? In China machen alle Arten von Religionen und Sekten einander wütendste Konkurrenz. Adventisten und Christian Scientisten, Quaker und United Free Church of Scotland, Wesleyanische Methodisten und Heilsarmee kaufen Seelen, Grundstücke und militärische Geheimnisse, sie bauen Kirchen und Tankstellen, sie versprechen himmlische Seligkeit dem, der sich von ihnen taufen, und Unfallrenten dem, der sich von ihnen versichern läßt, sie vertreten das Reich Jesu Christi und dasjenige Henry Fords auf chinesischem Boden.

Sogar buddhistische Missionare kommen in diesen jahrtausendealten Religionsbezirk Buddhas – japanische; Japan will sie die Rolle spielen lassen, die die christlichen Missionen für die europäisch-amerikanischen Staats- und Handelsinteressen spielen.

So viele Kirchen gibt es also, und jede führt den garantiert einzigen Weg ins Paradies, warum müssen die zum Tode Verurteilten gerade den katholischen gehen?

„Sagen Sie, Sergeant, warum gerade ein katholischer Missionar?“ – „Weiß nicht.“

Unsinn, denke ich mir, aus dem Sergeanten spricht der Whisky. Hat die Kirche ein Interesse daran, chinesische Verbrecher zwei Minuten vor der Hinrichtung für sich zu gewinnen? Unsinn.

Weiter die Fahrt, die Läden der Händler und Handwerker entlang. An einer Straßenkreuzung drehe ich mich nach rechts und lege wie zufällig die Hand vors Gesicht, ich möchte nicht erkannt werden. Links ist nämlich ein Antiquariat. Der Buchhändler weiß nicht – oder weiß er es? –, was für Broschüren ihm seine chinesischen Stammkunden antiquarisch verkaufen. Englische, deutsche, russische. Er weiß aber, daß er jede dieser Schriften noch am selben Tag an einen andern chinesischen Stammkunden weiterverkauft, der sie, nachdem er sie gelesen, wieder in diesem Buchladen veräußern wird. Neben der illegalen revolutionären Literatur hat er, wie alle Antiquare, chinesisch-englische und chinesisch-deutsche Wörterbücher, Lehrbücher und Grammatiken auf Lager.

Was würden meine Freunde im Buchladen sagen, wenn sie mich an der Seite eines uniformierten Sergeanten hinter einem Gefangenenwagen dahinfahren sehen? Was würde gar die Folge für sie sein, wenn der uniformierte Sergeant an meiner Seite merken würde, daß bücherlesende, bücherkaufende Chinesen mit einem Europäer befreundet sind? Bald würden sie dann den Weg fahren, den das Polizeiauto vor uns nimmt. Es ist wahr, Bücherlesen führt zum Schafott, aber keine Bücher zu lesen ist auch noch keine Rettung, der Tote, den wir mit uns führen, geht nicht als Bücherleser auf den Richtplatz.

Wir schlängeln uns zwischen sumpfigen Reisfeldern durch, vorbei an Särgen aus Stein. Auf dem Hwanghofluß blähen sich die Segel der Dschunken im Maienwind. Ein breitgebogenes Tor öffnet sich. Nicht zum erstenmal öffnet es sich einem Toten, es führt zum Gefängnis und zum Richtplatz. Mein Begleiter zeigt mir ein Rasenbeet: hier werde es geschehen. Hier wird der Tote sterben.

Vorläufig ist er noch im Polizeiwagen. Ein Tisch wird herausgebracht, Kinder spielen auf Sandkästen und klettern auf Bäume, sie haben, als unser Wagen nahte, andere Kinder herangewinkt. Umständlich und ungeschickt schiebt ein Amtsphotograph sein Stativ auseinander und stellt es auf. „Jetzt muß jeder vor und nach dem Tod photographiert werden“, wird mir erklärt, „früher haben die Chinesen einfach einen Stellvertreter zur Hinrichtung geschickt, den Bruder oder den Sohn, oder auch nur einen Kuli, den sie dafür bezahlten, daß er sich umbringen ließ.“

Am Richtertisch hat der chinesische Beamte Platz genommen, Polizisten stehen umher, der Henker ist todsicher darunter. Auf dem Kiesweg zwischen den grünen, angenehm duftenden Rasenbeeten hält ein geschlossener Polizeiwagen, und darin wartet ein Toter auf seinen Tod. Warum fängt man nicht an?

„Der Missionar ist noch nicht da."

Der Sergeant, der Schnaps gefrühstückt hat, setzt also seinen Spaß mit mir fort, will mir, weil ich noch keine chinesische Hinrichtung mitgemacht habe, weismachen, es werde ein Missionar kommen.

Und da, bei Gott, rollt wirklich einer ein. Zu gleicher Zeit öffnet ein Mesner dem faßdicken Priester das Kleinauto und ein Polizist dem spindeldürren Toten das Großauto, zu gleicher Zeit steigen der Priester und der Tote aus. Auf daß er sich frei fühle, wenn er das Christentum vernimmt, schnallt man Tsang Kja-ying die Handschellen ab.

Der Pfarrer ist ein Chinese. Er spricht Chinesisch. Ich weiß nicht, wie er es anstellt, einem Neuling so schnell das Alte und das Neue Testament faßlich zu machen, ihn so schnell von Buddha zu Christum zu bekehren. Tsang Kja-ying ist zuerst erstaunt, dann unwillig, dann wütend, will nichts davon hören. Unbeirrt spricht der dicke Lebende auf den mageren Toten ein, bis dieser schließlich achselzuckend sich ein Medaillon mit der Jungfrau Maria umhängen und taufen läßt. Nun soll er ein Kreuz schlagen, aber er schüttelt den Kopf, und so schlägt der Pater über dem Neophyten das große Kreuz. Inzwischen hat der Mesner die Salbenbüchse geöffnet, der Pfarrer nimmt eine Dosis, wiederum macht der Tote eine energisch abwehrende Geste, er will die Letzte Ölung nicht empfangen. Na, gut. Auf Geheiß kniet er nieder und wiederholt hastig (he becomes nervous) ein Gebet, das ihm der Missionar vorspricht. Dann soll er aufstehen. Er steht nicht auf.

Er steht nicht auf, er schlägt den Kopf auf den Boden, als ob er ihn zertrümmern wollte, und brüllt.

„Er schreit, man solle ihn nicht so lange quälen", übersetzt mir der Sergeant spontan, „er schreit: Erschießt mich doch endlich."

Gleich, gleich, mein Sohn, fasse dich in christlicher Geduld, alles ist bereit.

Siehe, da sitzen der Exekutionsleiter und seine Beamten unter freiem Himmel und warten schon.

Der Photograph, wenngleich ungeschickt, knipst dich, man führt dich zu dem Platz, wo das Gras besonders heil und besonders dicht wächst, die Kinder drängen sich ganz nah heran, vierjährige, sechsjährige, sie haben sicherlich oft zugeguckt, doch bleibt eine Erschießung für Kinderchen immer interessant, man heißt dich niederknien.

Der Mann neben dir knallt mit dem Revolver in deinen Hinterkopf, und springt zurück, damit ihn das Blut nicht bespritze, das minutenlang in fingerdickem Strahl aus dir emporschießt, während du, Tsang Kja-ying, wie urplötzlich vom Leben erfaßt, dich zuckend aufbäumst und dich dann niederschleuderst, als wolltest du den Boden erwürgen. Fest hältst du deinen Widersacher, auf den du dich geworfen.

Du wehrst dich dagegen, daß man dich von ihm loszureißen versucht, dich umwendet, einen Stein unter deinen Kopf legt, um dich zu photographieren, zum letztenmal. Fürchterliche Augen, ein lebendiges, blutiges, unvergeßliches Gesicht gibst du der Linse.

So ist das also. Ich fahre nach Hause, das Ufer des Hwangho entlang und durch den Stadtteil Nantao, an Dschunken mit geblähten Segeln, an den Kunden der revolutionären Buchhandlung vorüber, an Händlern und Handwerkern, an Rikschakulis und Bettlern vorüber, alle sehen tot aus. So wie sie sah Tsang Kja-ying aus, als er noch tot war, sich wie ein Irrlicht bewegte, seine letzte Mahlzeit aß, vor Gericht redete und auf dem Richtplatz kniete, ein christliches Gebet nachsprach und in den Kopf geschossen wurde.

Jetzt fährt er lebendig vor mir her, läuft an mir vorbei, sitzt, immer der einzige Lebendige, an der Straßenecke, sein Blut steigt hoch, sein Körper ringt, seine Augen sind aufgerissen, sein Gesicht gerötet.

„RIKSCHA!“ – „RIKSCHA!“

Im Hinblick auf die kriegerischen Ereignisse darf man die Straßen der beiden ausländischen Hoheitsbezirke von Schanghai nach Mitternacht nicht mehr betreten. Jeder verspätete Passant wird unnachsichtlich festgenommen, wenn er nicht ein Europäer ist und seinen polizeilichen Erlaubnisschein bei sich hat.

Allnächtlich werden die verhafteten chinesischen Arbeiter und Arbeiterinnen, Straßenhändler und Markthelfer von Polizisten zu Zügen formiert, die sich aus allen Richtungen zum Sammelgefängnis bewegen. Train dieser Eskorten sind Hunderte von Rikschas, mitgefangen – Krieg und Polizeistunde durften die zweibeinigen, zweirädrigen Droschken nicht bekümmern, sie gingen ihrem Geschäft nach, wie sie es vor dem Kriege taten.

Nacht und Tag, kreuz und quer, Schritt und Trab, kreuz und quer, in Tropenglut und Regen fahren und laufen sie vom Settlement in die Konzession, von Hongkew nach Nantao, fahren und laufen sie, wohin es der Fahrgast verlangt, sie müssen überall und immerdar auf den Kunden lauern, auch nachts, auch während des Krieges, trotz des Standrechts, trotz des Verbots, sonst könnten sie nicht einmal so leben, wie sie leben.

Du trittst aus irgendeinem Haus, im gleichen Augenblick stoßen sie von allen Seiten auf dich zu, im Augenblick bist du umzingelt von einer Wagenburg, umtost von einladenden, flehenden Rufen:

Rikscha
Rikscha Rikscha
Rikscha du Rikscha
Rikscha Rikscha
Rikscha

Wo du, Europäer, schreitest, stets umgiert dich eine Kohorte von Rikschas und bröckelt erst ab, wenn du energisch „Bu-Jao – ich will nicht“ zischst, aber schon wird deine Parallele von einer neuen abgelöst, die das Wort „Bu-Jao“ noch nicht energisch genug von dir gehört hat.

Zu Beginn deines Aufenthalts in China, insbesondere in Peking oder Tsingtao, vermeidest du es, auf die Straße zu gehen, sofern du nicht unbedingt mußt. Es ist beklemmend, plötzlich die Hoffnungen so vieler auf sich gerichtet zu sehen, umgeben zu sein von Menschgenossen, die dir ihre Arbeit anbieten, alle flehend und winkend und sich gegenseitig beiseite schiebend. Noch kleiner als der Lohn, den der Kuli für die Fahrt bekäme, ist die Chance, daß gerade er von dir ausersehen wird ... Was nützt es, er muß um diese Chance kämpfen.

Jin-li-che heißt Menschenkraft-Fahrzeug, der Japaner sagt Jinrikscha, das „l“ gilt ihm als „r“. (Ich hörte in Yokohama einen Redner von Renin, Ruxemburg und Riebknecht sprechen. Dagegen ist in China das „r“ ein „l“, und ein Lehrer beteuerte mir höflich, er habe den „Lasenden Lepoltel“ deutsch gelesen.)

Die Jinrikscha kommt aus Japan, wenn auch ihr Erfinder –

na, was denn! – ein Europäer war. Der Mann, der als erster den Einfall hatte, einem Handwagen einen Stuhl aufzusetzen und diesen Fahrstuhl als öffentliches Verkehrsmittel zu verwenden, war der anglikanische Geistliche Reverend M. B. Bailey, o Segnungen des Westens und der Kirche. Das geschah Anfang der siebziger Jahre in Tokio.

Ein Franzose namens Ménard eilte nach China, nach Schanghai, um in der Konzession eine Konzession für den Rikschaverkehr zu erlangen. Aber die Stadträte der amerikanischen und englischen (später internationalen) sowie der französischen Gemeinde wußten, daß Ersetzung von Tier oder Maschine durch Menschenkraft hierzulande das sicherste Geschäft ist, und dachten gar nicht daran, dem flinken Importeur ein so einträgliches Monopol zu schenken. Sie beschlossen, gegen ansehnliche Steuern zwanzig Lizenzen für je zwanzig Rikschas auszugeben.

Monsieur Ménard hätte über den Umstand, eine dieser Lizenzen zu bekommen, recht froh sein können, wenn, ja wenn er Geld genug gehabt hätte, die zwanzig Karren herstellen zu lassen. Er hatte es nicht, und so mußte er sich mit zwölfen begnügen. Das mißfiel den beiden Stadtverwaltungen, sie wollten jede Lizenz im Interesse ihrer Steuerkasse zwanzigfach ausgenützt sehen. Am 31. März 1875 entzogen sie ihm die Lizenz, ihm, dem Pionier der Rikschas, die noch heute, im Zeitalter von Taxi, Privatauto, Autobus, Motorrad und Straßenbahn, der Französischen Konzession jährlich 267 966 Tael und dem Internationalen Settlement 337 030 Tael einbringen!

Mehr Glück als Ménard hatte einer seiner Landsleute in Peking. Mit dem Plan, den Rädern des Menschwagens einen Schutz aus französischem Gummi überzuziehen, erwarb er ein Riesenvermögen, und das war doch nur ein kleiner Prozentsatz vom Verdienst der Pneumatikfabrikanten.

Es gibt Unternehmer, die haben ein paar hundert Rikschas zu laufen, jede bringt täglich 1 Dollar 70, der Wagen braucht keine Remise, und das Pferd braucht keinen Hafer und keinen Stall und nicht einmal einen Hufschmied. Barfuß jagen die Kulis durch die Straßen, kreuz und quer, auf und ab, hin und her, Schritt und Trab, Nacht und Tag, ganz junge und ganz alte, solche, die mit dem ganzen Fuß auftreten, solche, die nur Zehen und Ballen aufsetzen, und solche, denen man die Tuberkulose gar nicht ansieht. Eine Taxameteruhr dem Menschen an

Lunge und Herz anzuschnallen, hat noch kein Missionar erfunden.

Der Unternehmer kauft die ganze Arbeitszeit des Kulis, indem er sich vom Kuli bezahlen läßt. Fünfundachtzig Cents täglich entrichtet der arbeitsuchende, arbeitleistende Kuli seinem „Arbeitgeber" dafür, daß er ihm die beiden Räder borgt. Nur für vierzehn Stunden, von drei Uhr nachmittags bis fünf Uhr morgens. Für die Zeit von fünf Uhr morgens bis drei Uhr nachmittags zahlt ein anderer seinem Besitzer auch fünfundachtzig Cent, darf aber dafür am nächsten Tag vier Stunden länger laufen. Viele Karren haben bloß einen Fahrer – seine Arbeitszeit ist unbeschränkt.

In Schanghai sind 24 378 Kulis den öffentlichen Rikschas vorgespannt, die Zahl der Familienmitglieder, die sie ernähren, übersteigt 100 000. Das Durchschnittseinkommen des Rikschakulis beträgt zwölf mexikanische Dollar im Monat, sein Durchschnittsleben in diesem Beruf dauert fünfeinhalb Jahre. Dann stirbt er.

Zwölf Mark dafür, daß er dreißigmal im Monat, wochentags und sonntags, vom frühen Nachmittag bis zum frühen Morgen, tagaus, tagein, hafenaus, hafenein, von Nantao bis Tschapei, von Siccawei nach dem Broadway, kreuz und quer, hin und her, auf und ab, Schritt und Trab, federnd und zerrend, durchschnittlich hundertdreißig Meter in der Minute macht, bis zu zehn Kilometer in der Stunde. Die Lunge wird vernichtet durch diesen Lauf, sie muß auch noch als Hupe dienen; die Autos erkennen dieses Signal nicht an. Fast täglich sieht man, daß Rikschas angefahren werden, und bei jedem Zusammenstoß steigt der Chauffeur vom Auto und verprügelt den Kuli. Überanstrengung, Herzkrankheit, Lungenschwindsucht, Gefahr und Mißhandlung sind des Rikschakulis Los. Fünfeinhalb Jahre lang. Dann stirbt er.

Den Fahrpreis kann er nicht erhöhen, so muß er mit den Beinen der Straßenbahn und dem Omnibus den Rang ablaufen, muß billiger sein als beide. Einfach die Straßenbahnwagen umzuwerfen, wie es die Rikschakulis während ihres großen Novemberstreiks 1929 in Peking getan, das geht nicht an, dafür wurden zweihundertzehn Kulis geköpft. Sie starben mit dem ergreifend naiven Ruf: „Nieder mit dem Kapitalismus, nieder mit den Straßenbahnwagen, es lebe die Solidarität!"

Zwanzig Kupfer (sechs Pfennig) will der chinesische Fahrgast für eine ziemlich lange Strecke bezahlen, für die der Kuli dreißig verlangt; es wird gefeilscht, indem das Angebot auf Rädern neben der zu Fuß gehenden Nachfrage dahinläuft; schließlich muß der Kuli nachgeben, denn auf Schritt und Tritt, hüben und drüben lauert die Konkurrenz. Ein besserer Kunde ist der Europäer, er gibt zehn bis zwanzig Cent. Jetzt, da die Quartiere der Chinesen unter dem Donner der japanischen Schiffsgeschütze in Rauch und Trümmer aufgehen, ist das Europäergeschäft lebhaft: die fremden Mächte kamen herbei, um bei der allfälligen Aufteilung Chinas nichts zu verabsäumen, und ihre Matrosen und Marinesoldaten fahren aus den Bars zu den Barkassen am Hafen. Sie fühlen sich in ihrer Menschdroschke, als säßen sie in einem Rolls Royce, sie lassen die höchste Geschwindigkeit einschalten, obwohl dem strapazierten Motor abends alles Gas ausgegangen ist, und sie winken leutselig den russischen Emigrantendamen zu, die ohne Räder, ohne Gummi, kreuz und quer, auf und ab, Tag und Nacht das Trottoir der Avenue Joffre bilden, auf jeden Mann zustoßen und ihn umringen, wenn er aus einem Haus tritt.

Fährt man mit Bekannten, so laufen die Kulis in gleichem Schritt und Tritt nebeneinander her, damit man die Unterhaltung fortsetzen kann. Oft sind die menschlichen Pferdekräfte ungleich.

„Warum haben Sie diesen alten Krampen genommen? Sehen Sie, wie gut mein Kuli die Beine aus den Hüften wirft." – „Ich schaue immer nur auf die Knöchel, wenn ich eine Rikscha nehme. Die mit dünnen Fesseln laufen am besten, auch wenn sie alt sind."

Selten sagen die Fahrgäste, wohin sie wollen, der Kuli kennt ja die europäischen Namen der Straßen nicht. Man zeigt ihm, wo er einbiegen soll, wo er halten soll; für die Fahrgäste ist er ein Gaul, und nur in ihren Hirnen konnte der Plan reifen, ein öffentliches Trabrennen der Rikschakulis zu veranstalten.

Für die Polizei ist der Kuli nichts Besseres. Sausen bloß ihre Gummiknüppel auf ihn nieder, weil er des Stoppsignals nicht geachtet hat, so kann er noch froh sein. Schlimmer, wenn der strenge Schutzmann ihm strafweise das Sitzkissen aus dem Karren nimmt; eh der strenge Schutzmann nicht mit dreißig Cent bestochen wird, gibt er es nicht heraus. Geht der Hüter des Gesetzes gesetzlich vor, dann schraubt er die an der Rikscha befestigte Plakette ab. Da muß denn der arme Kuli seinen Wagen geradenwegs nach Hause ziehen, er hat heute nicht mehr die Möglichkeit, seine Schale Reis zu verdienen, indem er die Stadt im Trab oder im Galopp, erst frisch, dann müd, bald „Go", bald „Stop", von Nord nach Süd durchrast; erst morgen darf er sich seine Wagennummer im Polizeipräsidium holen.

Der Zeuge dieser Straßenszenen kommt zu der Auffassung, daß sich die Kulis mit ihrer Rolle abgefunden haben: Wir sind Zugtiere, man peitscht uns, man gibt uns wenig Futter – sie sind die Herren, wir ziehen und zerren – wir laufen dorthin, wohin es der Herr verlangt, der uns am Rücken sitzt. Nach fünfeinhalb Jahren ist es ohnehin vorbei, und wir sind bei unseren Ahnen. Wir sind an die Deichsel gefesselt wie Pferde, sollen wir deshalb auch mit den Beinen ausschlagen oder unwillig wiehern wie Pferde? In fünfeinhalb Jahren ist ja alles vorbei.

Irre dich nicht, Gedankenleser! Mancher Rikschakuli denkt vielleicht so, wie du vermutest. Doch viele gibt es, die sich abends in einem Haus treffen, Horchposten sind aufgestellt, damit die Polizei nicht überraschend eindringe, die Karren sind bei Freunden, eine Wagenburg ohne Kulis wäre verdächtig. Man lernt, diskutiert und beschließt . . .

Diese Stunden zahlen die Rikschakulis mit ihrer Arbeitszeit, und wenn sie ertappt werden, mit ihrem Kopf. Wenn sie ertappt werden, haben sie nicht einmal mehr die fünfeinhalb Jahre Ablaufzeit vor sich, dann müssen sie morgen aufs Schafott. Sie sterben, wie ihre Pekinger Genossen starben, aber ihrem letzten Ausruf fehlt das Pereat auf die Straßenbahnwagen.

KAPITALISTISCHE ROMANZE VON DEN BAGDAD-JUDEN

Das Territorium, auf dem die Exterritorialen wohnen, gehört keiner der neun chinabeherrschenden Großmächte, es gehört den Juden und den Jesuiten.

Heute soll von den Juden die Rede sein, denen wie jeder andern Völkerschaft eine Rolle im imperialistischen Ausbeutungsstück um Schanghai zugewiesen ist.

Wer den Theaterzettel dieser Vorstellung nicht kennt, kann die große Revue nicht verstehen.

Zwangszölle Zwangsanleihen Zwangseinfuhr		England
Nachtwächter der vorigen		Indien
Leibgarde der vorvorigen		Russische Weißgardisten
Korruption Opiumspelunken Kuppelei		Frankreich
Wächter der vorigen		Annam
Spitzel Huren	Personal der vorvorigen	Russische Emigranten
Militär. Exekutive durch Krieg und Provokationen		Japan
Kinderarbeit Standard Oil Tobacco Comp. Entnationalisierung durch Missionen und Colleges		Amerika
Milit. Ratgeberei Waffenhandel		Deutschland
Grundstückspekulation:		Juden
Schuldeneintreibung:		Portugiesen
Spiel (Hai-Alai):		Basken
Einheimische Helfers- helfer der Fremden		Kuomintang

Man darf das nicht zu schematisch nehmen. Nicht selten springt einer aus seinem Rollenfach in ein anderes über.

Wir wollen uns, wie erwähnt, heute mit den Juden befassen, genauer gesagt, mit den Bagdad-Juden, dem indischen Opium und der Schanghaier Bodenspekulation. Ihr Stammgeschlecht ist die Familie Ibn Schoschon, die zu Anfang des 16. Jahrhunderts aus Spanien geflüchtet ist, um den Schrecken der Inquisition und der Zwangstaufe zu entgehen, und sich in Bagdad niederließ. Dort rüsteten die Ibn Schoschon Karawanen aus und handelten mit Gewürzen. Aber flüchten zu müssen, schien Familienschicksal zu sein, ein Pogrom vertrieb sie aus Bagdad. 1832 kamen sie über die persische Hafenstadt Abuschir nach Indien und wurden dort unter dem Namen Sassoon bald so reich, wie sobald kein Nabob war.

Das könnte man als Beweis für jüdische Tüchtigkeit und für Jehovas Protektion ansehen, wenn nicht gleichzeitig die gleichzeitig mit ihnen aus Persien gekommene Familie Tata, Religion: Feueranbeter, ein ebenso märchenhaftes Vermögen erworben hätte. Abdullah David Sassoon machte viel in Baumwolle, Dirabji Jamsetji Tata mehr in Erzgruben, sonst aber haben ihre Schicksale sehr viel Ähnlichkeit miteinander. Sowohl die Tatas wie die Sassoons gründeten Banken und schoben Opium nach China. Beide erhielten auch die erbliche Würde eines englischen Baronets, jedoch das geschah erst zwei Menschenalter später, und nicht wegen der Sassoonschen Baumwollplantagen oder wegen der Tataschen Erzgruben, vielmehr wegen des Opiums, das heißt auch nicht wegen des Opiums, vielmehr wegen des Geldes, das beide mit dem Opium verdient hatten – wie ihr wißt, wird man nur für Verdienste geadelt. Weder Gott Jehova noch Gott Feuer verschaffte den Herren Tata und Sassoon die unermeßlichen Reichtümer und den englischen Adelsbrief, sondern Gott Wirtschaft.

Eben hatte die Ostindische Kompanie ihr Monopol des Exports nach China an den Privathandel abgeben müssen, und die englischen Kaufleute verlangten nun, daß alle Tore zu dem ihnen zugesprochenen Markt gewaltsam und weit geöffnet würden. Englische Baumwoll- und Wollwaren und vor allem indisches Opium sollten dem reichen Reich der Mitte mit energischen Mitteln aufgezwungen werden.

„Bis 1830“, charakterisiert Karl Marx die Situation beim Eintreffen von Tata und Sassoon, „bis zu welcher Zeit die Handelsbilanz für China ununterbrochen günstig war, gab es eine ständige Silberzufuhr aus Indien, England und den Vereinigten Staaten nach China. Seit 1833, namentlich seit 1840, nahm die Silberausfuhr aus China nach Indien einen das Reich des Himmels fast erschöpfenden Umfang an. Daher die strengen Erlasse des Kaisers gegen den Opiumhandel, die mit noch heftigerem Widerstand gegen seine Maßnahmen beantwortet wurden. Außer dieser unmittelbaren wirtschaftlichen Folge hat das mit dem Opiumschmuggel verbundene Bestechungswesen die chinesischen Staatsbeamten in den südlichen Provinzen völlig demoralisiert. Wie man im Kaiser gewöhnlich den Vater ganz Chinas sah, so betrachtete man seine Beamten als Väter der ihnen unterstellten Distrikte. Diese patriarchalische Autorität, das einzige moralische Band, das die ungeheure Staatsmaschine zusammenhielt, wurde durch die Korruption der Beamten, die durch die Unterstützung des Opiumschmuggels erhebliche Gewinne einheimsten, allmählich untergraben. Das geschah in der Hauptsache in denselben südlichen Provinzen, in denen die Rebellion einsetzte. Es erübrigt sich wohl zu bemerken, daß in demselben Maße, in dem das Opium die Herrschaft über die Chinesen erlangte, der Kaiser und sein Stab pedantischer Mandarine ihrer Herrschaft verlustig gingen. Es hat den Anschein, als mußte die Geschichte dieses ganze Volk erst betrunken machen, bevor sie es aus seinem traditionellen Stumpfsinn aufzurütteln begann."

Das Mittel, dessen sich die Geschichte bediente, um dieses ganze Volk betrunken zu machen, war das Opium, drei Sorten indischen Opiums: das kaffeebraune Patna, das hellere und teurere Malwa und das noch hellere und noch teurere Benares.

Und die Tat, mit der das endlich aus seinem traditionellen Stumpfsinn aufgerüttelte Volk sich aufzulehnen begann, war die Verbrennung von 20 291 Kisten indischen Opiums im Hafen von Kanton, 16. Juni 1836.

Noch heute behaupten die Engländer, diese Vernichtung sei – ähnlich der Versenkung von englischem Tee im Bostoner Hafen, die die amerikanische Revolution startete – ein Konkurrenzmanöver der chinesischen Mohnpflanzer gewesen, nichts weiter. Und die Chinesen behaupten noch heute, der Anbau von Opium in China sei damals minimal, die Verbrennung der Kisten nichts als eine Maßnahme gegen die Vergiftung des Volkes gewesen.

Vergiftung des Volkes? Soll man vielleicht ein einträgliches Geschäft aufgeben, weil es zur Vergiftung eines Volkes führt? Bedeutet etwa die Schädigung der englischen Handelsbilanz weniger als die Vergiftung von einigen Millionen Chinesen? Zuerst der Profit, dann die Humanität.

Karl Marx stellte fest, warum den Kolonialherren dieser Gifthandel aus zwei Gründen wichtig sein mußte:

„Gleichzeitig ist im Hinblick auf Indien zu bemerken, daß die englische Regierung dieses Landes ein Siebentel ihrer Einkünfte aus dem Verkauf von Opium an Chinesen bezieht, während ein bedeutender Teil der indischen Nachfrage nach britischen Waren gerade von der Produktion dieses Opiums in Indien abhängt."

Unter solchen Umständen konnte sich England die Verbrennung des Opiums nicht gefallen lassen. England begann den Opiumkrieg, der mit der Niederwerfung Chinas, mit der Schaffung von Vertragshäfen, mit der ungehinderten Einfuhr von kaffeebraunem Patna, hellem Malwa und ganz hellem, ganz teurem Benares endete.

Elias David Sassoon, einer von den acht Söhnen des Firmengründers, kam 1850 nach Schanghai, um sich zu etablieren; nicht er allein freilich, englische Firmen wie Jardine, Matheson & Co. und Amerikaner wie Russel & Co. hatten schon längst am Kai des neuen Vertragshafens ihre Hulks vertäut, in die das Opium von den Segelschiffen abgeladen und unter Zollverschluß gelagert wurde, bis es der chinesische Zwischenhändler übernahm.

Die Importeure verdienten Multimillionen. So lange, bis eintraf, was Karl Marx in einem Artikel der „New York Daily Tribune" vorausgesagt hatte:

„Gewiß ist es richtig, daß ein Verzicht der Chinesen auf den Opiumgenuß nicht wahrscheinlicher ist als ein Verzicht der Deutschen auf Tabak. Da aber, wie verlautet, der neue Kaiser für die Mohnkultur und die Herstellung des Opiums in China selbst eintritt, ist es klar, daß der Herstellung des Opiums in Indien, den indischen Staatseinkünften und den kommerziellen Quellen Hindostans in nächster Zukunft ein tödlicher Schlag droht."

Als der tödliche Schlag gefallen, der indische Export der Konkurrenz des chinesischen Opiums fast erlegen war, wurde dem englischen Gewissen erlaubt, sich im Unterhaus zu regen. In Vollzug dieser verspäteten, also rechtzeitigen Anwandlung trat die Schanghaier Opiumkonferenz unter dem Vorsitz von Sir Alexander Hosie zusammen und beschloß, die Einfuhr fremden Opiums jährlich um 20 Prozent zu drosseln, so daß sie nach fünf Jahren ganz eingestellt sein sollte.

Dieser Beschluß und die Tatsache, daß China in puncto Opiumherstellung Autarkie erlangt hatte, veranlaßte die Firma Sassoon, sich vom Opiumimport ab- und der Grundstücksspekulation zuzuwenden, die auch nicht von Pappe ist. Heute noch blüht dieses Sassoongeschäft, die Straßenbahnen und Omnibusse Schanghais, die Banken und Chinas wolkenkratzendster Wolkenkratzer, das Cathay-Hotel, gehören dazu, und dem Sohn Elias David Sassoons, Sir Victor, ward das größte Glück zuteil, das einem Juden in Ost und West zuteil werden kann: er heiratete eine leibhaftige Rothschild.

Und doch wird die Karriere der Familie Sassoon in den Schatten gestellt von der eines jungen Mannes ihrer Firma: Silos Aron Hardoon. Dieser junge Mann, im vorigen Jahr hochbetagt gestorben, war als Bagdader Jude geboren, begraben aber ist er als chinesischer Buddhist mitten im einstigen Vergnügungspark von Chang-Hsu-Ho.

1862 war Silos Aron Hardoon, wie viele seiner Bagdader Glaubensgenossen, wie Eli Cadoori (heute auch schon Sir), wie Shahmoon (auch schon Filmmagnat), wie Edward Ezra (auch schon Hotelbesitzer), Angestellter der Firma Sassoon geworden. Fünf Jahre lang blieb er in Hongkong, dann kam er in die Zentrale nach Schanghai, und hier machte er sich als Opiumhändler und Grundstücksspekulant selbständig. Er kaufte die halbe Nanking Road, kaufte die Szechuen Road bis zum Soochowkanal, kaufte die halbe Bubbling Well Road mitsamt jenem Vergnügungspark, in dem er sich allein vergnügen wollte.

Im Jahre 1911, als im dreitausendjährigen Kaiserreich Revolution und Republik Platz gegriffen hatten, begann Hardoon mit çi-devants, mit Machthabern von gestern, zu spekulieren. Auf seinem ummauerten Besitz in der Bubbling Well Road nahm er den ehemaligen Vizekönig von Kanton, Chen Hsuanluang, den Räubergeneral Chang-Shun von Nanking und andere Entthronte auf – die blutigen Begleiter der großen Tsu-Hsi auf ihrem Weg von einer kaiserlichen Konkubine zur Kaiserinwitwe (mit Überspringung der Etappe: Gattin) und zur sechzigjährigen Alleinherrschaft über das Reich der Mitte. Mit-Konkubinen, Mit-Witwen, Prinzen und kaiserliche Mündel hatten aus diesem Wege geräumt werden müssen, und Tsu-Hsi, genannt der Alte Buddha, zeigte sich denen dankbar, die die höfischen Mordgeschäfte besorgten. Als sie bei Ausbruch der Revolution auf das exterritoriale Territorium Hardoons flüchteten, wurden eine Zeitlang allabendlich Bomben über Hardoons Gartenmauer geschleudert, Bomben, die Chang-Shun, Chen Hsuan-luang und den andern Provinztyrannen galten.

Den Hausherrn störte das keineswegs. Hardoon kümmerte sich nicht um die politische Beliebtheit oder Unbeliebtheit seiner Gäste, er hatte sie ja nicht aus Menschenfreundlichkeit aufgenommen, sondern in der Absicht, ihnen ihre Schlösser und Latifundien billig abzukaufen.

Die Wohltätigkeit, mit der er den Gott seiner Väter seinen Geschäften geneigt machen wollte, entfaltete er dementsprechend nur unter seinen Glaubensgenossen. Er erbaute die prunkvolle Ohel-Moses-Synagoge in Schanghai, adoptierte zwölf Kinder, fünf europäische und sieben chinesische, und ließ sie in jüdischem Glauben erziehen. Hardoon ging oft unerkannt aus, um sich die Objekte seiner Wohltätigkeit selbst auszusuchen, man nannte ihn deshalb den Kalifen Hardoon al Raschid. Am 15. Juni 1931 starb er, und nun erfuhr man, daß er sich in den letzten Jahren seines Lebens vom Judentum abgewandt. Zwar bestattete ihn die israelische Beerdigungsbrüderschaft, doch fiel auf, daß das Gartentor blau drapiert und mit den weißen chinesischen Zeichen der Trauer beschrieben war.

Zwanzig Tage später lud Frau Eliza, die Tochter eines Sampanschiffers, mit der Hardoon fünfzig Jahre lang gelebt hatte, öffentlich zu einer buddhistischen Totenfeier für Hardoon ein. Sechs hohe Bonzen rührten die Trommeln, bliesen die Pfeifen, schlugen den Gong und brachten Rauchopfer dar, und die gottesdienstlichen Geräte wurden aus einem Buddhatempel herbeigetragen, der im Garten der Villa stand und von dessen Existenz bisher niemand etwas gewußt hatte.

Mit Bestürzung vernahmen dieses die sephardischen und aschkenasischen Juden, und ihre Bestürzung steigerte sich zu Schmerz und Entsetzen, als das Testament bekannt wurde. Wehe, wehe! Der verblichene Glaubensgenosse hinterließ seiner Synagoge und seinen jüdischen Kindern und den wohltätigen Vereinen und den Schnorrern von Schanghai keinen roten Kupfer! Silos Aron Hardoon, der reichste Mann östlich von Suez, hatte ausdrücklich sein ganzes Vermögen, zweihundert Millionen Dollar bar und den Grund und Boden von Schanghai, seiner Gattin vermacht.

Herr Trebitsch-Lincoln, der die Hochstapelei liebt, sich als Hochstapler auszugeben (und behauptet, das Leben eines buddhistischen Mönchs zu führen, dieweilen er in der deutschen Pension Pasche wohnt und philippinische Revolutionäre gegen Bargeld an den Galgen liefert), verbreitete eilig das

Gerücht, *er* habe Hardoon zu Buddha bekehrt. Doch ergab sich bald, daß Herr Trebitsch-Lincoln mit Herrn Hardoon nicht mehr zu tun gehabt hat, als er mit Gautama Buddha zu tun hat.

Keine Phantasie hingegen war Hardoons Testament, keine Phantasie war das Zeter und Mordio, das die übergangenen Verwandten anstimmten: Eliza war gar nicht Hardoons Gattin ... sie hat nur mit ihm gelebt ... er ist als Bagdader Jude Untertan des Königs von Irak geblieben ... nach mesopotamischen Gesetzen hat er gar nicht das Recht, einer Frau, die nicht vom gleichen Stamm und vom gleichen Glauben ist, sein Vermögen zu vermachen ...

Ein armer Vetter des Toten, namens Ezra Hardoon, klagte auf Erbauflassung. Die berühmtesten Rechtsanwälte kamen aus London herbei, aber als sie die Akten Silos Aron Hardoons einsahen, erklärten sie, es sei nichts zu machen, der Jude sei als Buddhist gestorben und habe die Absicht kundgetan, sein Vermögen, das er von den Chinesen erworben, wieder den Chinesen zurückzuerstatten. Es wäre unfair, eine Sache zu vertreten, die so ausdrücklich dem Willen des Toten zuwiderlaufe.

Jawohl, einen so edlen Standpunkt vertraten die Rechtsanwälte und fügten nur ganz nebenbei hinzu, sie könnten den Prozeß auch deshalb nicht führen, weil Herr Ezra Hardoon nicht in der Lage sei, ihnen einen Vorschuß zu bezahlen.

ZUFÄLLIGER BESUCH BEI EUNUCHEN

Es war einer jener sommerlichen Spaziergänge in der Umgebung von Peking, die nichts mehr mit Peking und seiner Umgebung zu tun haben. Unser Hirn war übersättigt von Eindrükken, unser Auge überbelichtet. Hier stand eine Pagode, vierzehnstöckig, als vierzehn malachitgrüne, parallele Wellen mit goldenen Kämmen schwammen die Dächer im Äther, dort überwölbte eine bunt bemalte Ehrenpforte den Weg. Wir streiften Pagode und Bogen kaum mit einem Blick, waren es müde, immerfort entzückt zu sein.

Auf solchen Spaziergängen pflegt sich die Laune in einem Gespräch über die chinesische Landschaft zu entladen.

Es gäbe keine chinesische Landschaft, behauptet der eine. Die Westberge hier, sie sind Berge, weiter nichts. Ebensogut könnten sie Berge in der Schweiz sein oder in der Eifel. Die Äcker? Äcker sind überall korngelb, Wiesen überall grün.

Der Gesprächsgegner – morgen können die Rollen vertauscht sein – kehrt Spezifisches hervor: die Form der Pappelweiden, die silberglitzernden Streifen der Reisfelder. Und diesen Zug von nickenden Kamelen, findest du den auch in der Schweiz oder in der Eifel?

Nein, aber in der Türkei oder in Afrika!

Du mußt doch zugeben, daß es solche Porzellanzäune und die Katafalke auf den Feldern nur in China gibt!

Sie haben nichts mit der Landschaft zu tun. Sie sind Architektur – willst du vielleicht auch die Tigerbrücke oder Minggräber in die Natur einbeziehen?

So redeten wir, um zu reden; dabei gingen wir vorwärts, immer in gleicher Richtung, einen Tempelhügel hinan und auf der andern Seite hinab. Im Tal stellte sich eine Mauer quer.

Wir, von der Hartnäckigkeit der Ziellosen besessen, wollten unsere Richtung beibehalten und schritten die Mauer ab, um dorthin zu kommen, wo sie uns den Weg wieder freigeben würde.

Nach hundert Schritten öffnete sie sich breit, es war das Portal eines Meierhofes, durch das wir – unsere Richtung, unsere Richtung! – hindurch mußten. Hunde umsprangen uns kläffend, feig und aggressiv jagten sie um uns her, drei Schritte Distanz, sie blieben lauernd stehen, wenn wir stehenblieben, drei Schritte Distanz. Ein solches Gefolge war nicht eben angenehm. „Man sollte immer einen Stock mitnehmen“, sagten wir.

Dennoch vergaßen wir die Hunde bald. Die Menschen, die uns entgegenkamen, sahen einander in befremdlicher Weise ähnlich. Mit jeder neuen Begegnung wirkte diese Gemeinsamkeit stärker, und schließlich wurde sie unheimlich.

Es waren durchweg alte Frauen, offenbar Arbeiterinnen des Gutshofs, die einen führten Vieh an der Leine, die andern trugen Säcke huckepack oder kamen mit Rechen und Heugabel vorbei. Sie hatten dunkelblaue Hosen an, wie es bei den arbeitenden Frauen hierzulande Sitte ist, jedoch waren, allem Gebrauch zuwider, ihre Oberkörper nackt, die Brüste hingen schamlos herab.

Die Matronen sprachen miteinander, und obwohl sie nicht schrien, klang ihre Stimme schrill, genauer gesagt: ein schrilles Nebengeräusch begleitete jeden Laut.

Auf einem strohbeladenen Wagen stand stämmig eine Frau,

ihr Gesicht war von zahllosen Runzelchen schraffiert. Unten bearbeitete man Getreide nach der altbiblischen und noch immer neuchinesischen Art: das in der Tretmühle gemahlene Korn wird mit einer Holzschaufel emporgeworfen, die Körner fallen kraft ihrer Schwere senkrecht zur Tenne hinab, die leichte Spreu, wie eine Staubwolke fortgeweht, findet ein paar Schritte abseits ihren Boden.

Alle Arbeit leisteten die alten Frauen. Locker wackelte ihr Kinn im Kiefergelenk. Kahlgeschoren der Kopf, nur auf dem Scheitel ein „Dutt", ein so dünnes, so graues Büschel Haare, daß es das vorgeschrittene Alter der Trägerin verriet. Von Gebrechlichkeit war nichts zu bemerken, alle packten ihre Arbeit wacker an.

Plötzlich überraschte und verwirrte uns eine Kleinigkeit und brachte uns dennoch im gleichen Moment die Spur einer Aufklärung: eine der Frauen, uns abgekehrt, verrichtete stehend ihre Notdurft, stehend, wie es Männer tun.

„Wem gehört dieses Gut?" fragten wir eine andere Alte, die mit den jappenden Hunden bereits eine geraume Weile um uns herumschlich. Sie trat näher: „Wir sind kaiserliche Hofbeamte, und das ist unser Kloster."

Nun begriffen wir vollends. Ohne zu wissen oder zu wollen, waren wir in das Altersheim der Eunuchen geraten.

Korn und Spreu wurden emporgeworfen, Eselchen im Kreise getrieben, um Getreide zu mahlen, Garben auf Wagen geladen – wir starrten die Leute an. Vor fünf Minuten hatten wir sie als Frauen angesehen, dann schienen sie uns Männer zu sein, jetzt wußten wir, was sie waren.

Diese und ihresgleichen hatten im kaiserlichen China von eh und je die tragende Rolle als Günstlinge und Begünstiger gespielt, waren Staatsmänner, Ratgeber, Drahtzieher, Intriganten gewesen, Kuppler für die Paläste und Henker für die Hütten. Die Eunuchen schraubten das Maß der Tribute an ungemünztem Gold, gegossenen Taels, gestickten Drachengewändern und bemalter Tributseide so hoch hinauf, daß sich die Provinzen auflehnten. Die Eunuchen führten durch Staatsstreich oder Giftmord des Ende von Dynastien herbei, um besser zahlenden Herren auf den Thron zu helfen. Die Eunuchen verwendeten das für den Bau der Kriegsflotte bestimmte Geld für den Bau des Pekinger Sommerpalastes, und der Krieg gegen Japan wurde 1895 verloren.

Fünf Jahre später bedrohten Reformbestrebungen die Stellung der kastrierten Schranzen. Rasch bemächtigten sie sich der Boxersekte und nährten planmäßig den Glauben des Kaiserhofs, daß die Boxer kugelfest und überhaupt unverwundbar seien. Unter diesem Einfluß unterstützte die Kaiserin den aussichtslosen Aufstand gegen die Fremden. Aber als die Bewegung zusammenbrach, war kein Eunuch auf der langen Liste derjenigen, deren öffentliche Hinrichtung die europäischen Großmächte racheschnaubend-blutrünstig forderten – die gelben Höflinge und die weißen Diplomaten hatten sich zu verständigen gewußt.

Einmütig war der Haß des Volkes gegen die Palast-Eunuchen, die einander innerlich und äußerlich glichen wie ein Ei dem andern, sofern dieser Vergleich hier am Platz ist. Man haßte sie mehr als Kaiser und Prinzen, als Konkubinen und Mandarine, und viele Denkschriften der „Zensoren", der im Land verteilten beamteten Horchposten, verlangten die Beseitigung der höfischen Eunuchen, wörtlich: „der verschnittenen Kerzen im Schatten des Thrones".

Wirklich wurde auch nach mißglückten Unternehmungen mancher Eunuch als Sündenbock in die Wüste geschickt, obwohl ihm organisch mehr zu Sünden und zum Bock fehlte als den andern höfischen Herren. Allerdings nicht jedem. An Tehai zum Beispiel trug den Titel eines Obereunuchen, aber er war es nicht, denn er zeugte mit der Kaiserinwitwe Tsu-Hsi einen Sohn, der noch heute in China lebt. Die andere Kaiserinwitwe Tsu-An, eifersüchtig auf An Te-hai, ließ ihn hinrichten und mußte diesen Befehl mit dem Tod durch Gift büßen. An Te-hais Nachfolger wurde Li Lien-jen, er bekleidete das Obereunuchat bis zum Jahre 1911, bis zum Sturz des Kaisertums.

An der Institution selbst konnte nichts geändert werden, man bedurfte erprobt fähiger, beweisbar unfähiger Hüter des Serails, sonst hätten sich angesichts des Erbfolgeprinzips Kaiserinnen und Konkubinen zwecks Kinderkriegens aller erreichbaren Mannspersonen bedient. Kastraten standen Wache vor dem kaiserlichen Frauenzimmer und hüteten ihrer Herren eheliche Ehre. Wenn aber ein Haremswächter einem fremden Schlüssel zu öffnen erlaubte, dann war die daraufhin entstehende Kaiserinmutter mitsamt ihrem Sprößling in seiner gierigen Macht.

Vor uns wird Garbe auf Garbe geladen, Spreu vom Weizen gesondert und Korn gemahlen von den einst Mächtigen ... Der Alte fragt uns, ob wir den Tempel besichtigen wollen. Mitten durch ein Wohngebäude des Stifts führt der Weg zum Tempel; die Hunde, züngelnd, begleiten uns. Wir passieren die Diele, nur durch die halbgeöffnete Tür empfängt sie ihr Licht, ein mehr als spärliches Licht. Über dem Teetisch schaukeln Köpfe von Greisinnen mit hochgestecktem Zopf. Ein Keifen, das vielleicht keines ist, zersägt die Atmosphäre.

Sehr reich sei das Kloster gewesen, erklärt der Führer, und da er unserm Verständnis nicht traut, zeigt er, wie sehr reich das Kloster gewesen, zeigt es, indem er so tut, als hole er immer wieder Geld aus der Tasche hervor. Aber jetzt, jetzt müsse man schwer arbeiten. Er veranschaulicht: Lasten tragen, Getreide dreschen, kutschieren.

Wir begreifen. In der Kaiserzeit hatten die beinahe omnipotenten Obereunuchen nicht mit Stiftungen für das Stift gespart, in das sie jederzeit von der Höhe der kaiserlichen Huld hinabstürzen konnten. Solange ein Eunuch aktiv im Hofdienst stand, den Verkehr im Harem regelte und im Staatsrat eine hohe Stimme geltend machte, vermochte er leicht für seine im Kloster befindlichen Geschlechtsgenossen zu sorgen und damit allenfalls für sein eigenes Alter.

Mit der Dynastie sank auch die politische Zeugungsfähigkeit der Eunuchen dahin. Der Kaiser ging, die Generale blieben. Sie teilen sich mit den fremden Kolonialherren und den Schanghaier Bankiers in die Herrschaft. Ihre Geschäfte besorgt ein bleicher Börsenschieber mit seiner Bonzenschar, die das ist, was die Eunuchen waren.

Die Palasteunuchen von einst bearbeiten ihr Gut. Garbe wird auf Garbe geladen, Spreu vom Weizen gesondert, Korn gemahlen. Sie arbeiten gut, obwohl sie weder für Frauen noch für Kinder zu sorgen haben, sie arbeiten gut, obwohl sie mit dem Erlös der Arbeit ihren Zustand nicht verändern können. Hallo, ist das nicht ein Argument für Reaktionäre? Die wettern doch stets dagegen, daß man dem Menschen seine Klassenlage zum Bewußtsein bringt. Dadurch mache man ihn erst unzufrieden. Sie wollen den Armen in Unwissenheit, Aberglauben und Schmutz erhalten, weil er sich darin wohl fühle. Sollte man nicht noch weiter gehen – konsequent wär's! –, sollte man nicht durch Kastration ihn vor Emotionen, Gefühlen, Ideen bewahren, die ihn von der Arbeit ablenken? Freilich erst dann, wenn jedermann die erforderliche Zahl von proles, Nachkommen, in die Welt geschafft hat. Geht nicht aus dem vorliegenden Bericht hervor, wie tüchtig Eunuchen arbeiten?

Doch genug von diesem politischen Zukunftsprogramm für Reaktionäre. Da ist der Tempel, ein Buddhatempel wie andere auch. Im Schrein eine historische Hellebarde, so großmächtig, daß man glaubt, es gehöre ein ganzer Mann dazu, sie zu schwingen. Aber im Gegenteil, ein Eunuch hat sie geschwungen, Kang-Kung hieß er und hat in den Schlachten viele Feinde getötet. Deshalb ist sein Andenken allen Eunuchen heilig. An seinem Grab erstand „Hu-Kuo-Szü" – „Der den Staat beschützende Tempel" samt Kloster und Friedhof.

Der Friedhof ist merkwürdig, weil er ein Friedhof ist. Im allgemeinen läßt sich der Chinese auf freiem Feld begraben, mit Vorliebe in jenem Ort, wo er geboren ist, wo die Mitglieder seiner Familie wohnen. Eunuchen tun das also nicht, sie haben keine Familie, sie haben kein Geschlecht, selbst dann nicht, wenn sie Fürsten sind.

Ja, ein Fürst ist auch hier bestattet, jener obenerwähnte Li Lien-jen, der vierzig Jahre lang an der Seite der Kaiserinwitwe Tsu-Hsi geschaltet und gewaltet, in ihrem Namen und zu beider Nutzen das Chinesenvolk heillos gebrandschatzt hat.

Wir äußern (in Frageform) zu unserm Führer das Gerücht, Fürst Li Lien-jen sei kein richtiger Eunuch gewesen. Grenzenlose Verachtung ist die Antwort. Gilt das unserm kläglichen Chinesisch, gilt das der Tatsache, daß wir einem Eunuchen durch unsere Bemerkung die Ehre abschneiden?

Die fünfzig Cent Führerlohn versöhnen den Alten – vielleicht ein ehemaliger Oberkämmerer oder Hofmarschall – keineswegs. Auch die Hunde geben ihr Mißtrauen gegen uns nicht auf, sie begleiten uns lauernd, sie züngeln und äugen so lange, bis wir wieder aus der Mauer hinaustreten, in deren Bereich wir unversehens geraten waren.

KURZER PROZESS

Aufgerufen, tritt der Angeklagte auf eine Stufe, und nun werden Kopf und Oberkörper über der hölzernen Wand sichtbar, manchmal stehen vier, fünf lebende Büsten nebeneinander.

Die Vorstellung rollt ohne Anfang und ohne Ende ab, wie ein Puppenspiel auf dem Jahrmarkt. Nichts sieht das Publikum als den Rücken der Figuren, es könnte allenfalls die Worte verstehen, aber niemand interessiert sich für die Gesamthandlung des Stücks, jeder nur für einen einzigen Akt, eine einzige Rolle, eine einzige Episode, für die, an der er durch Verwandtschaft oder Freundschaft beteiligt ist.

Drei Richter sitzen auf der Empore, rechts und links unter ihnen sind Bänke für die Zeugen, für die Kläger, für den Berichterstatter der Munizipalität und für die Presse, die fast niemals vertreten ist. Werden doch nur Bagatellsachen verhandelt, Maximalstrafe: ein Jahr – Alltag, Delikte um kleiner Beträge willen, tagaus, tagein, jahraus, jahrein sich wiederholende, also wohl in keiner Weise wichtige Fälle.

Um so mehr Detektive sind da. So viele, daß der ihnen zugewiesene Raum die Meute nicht fassen kann, weshalb die Acht-Copper-Jungen plaudernd, spaßend im Saal herumlungern. Bei der Einvernahme stellen sie sich laut vor: „C. D. S. Nummer Soundso“. Einen andern Namen führen sie nicht als „Chinese Detective Sergeant Nummer Soundso“.

Auch Europäer schmücken das Spitzelparkett, die Engländer haben alle – konventionelle Regie! – rotes Haar, wie Judas auf den Abendmahlbildern des Cinquecento. Aus London oder Edinburgh kamen sie nach dem Fernen Osten, um aus dem Erwischen armer Verbrecherchen einen Lebensberuf zu machen. Sie treten an die Barre und legen Zeugnis ab wider ihr Opfer. Auf englisch.

Die gelbgeschnitzte Bühnenfigur schaut schief und groß das Wort an, das fremde Wort des Fremden. Die gelbgeschnitzte Bühnenfigur kann diesem verhängnisvollen Wort nicht begegnen, kann es nicht widerlegen und nicht unterbrechen. Die gelbgeschnitzte Bühnenfigur muß sich von diesem fremden Wort des Fremden ohne Gegenwehr ergreifen und ins Gefängnis werfen lassen.

Ein Dolmetsch übersetzt, wenn es chinesisch zugeht, dem internationalen Assessor jedes Wort ins Englische, die Spitzelaussage übersetzt er für den Richtertisch ins Chinesische. Der Schriftführer schreibt mit dem Pinsel von oben nach unten mit, was der berufsmäßige Belastungszeuge zu berichten weiß, das Protokoll dient gleich als Urteilsbegründung, die Richtigkeit der Aussage kann nicht bezweifelt werden, denn andere werden sie bestätigen; jeder Verhaftung eines Taschendiebs wohnen ein paar Nummern C. D. S. als Zeugen bei. („In Schanghai kommen auf jeden Bewohner fünf Spitzel“, pflegt einer von ihnen zu sagen, seufzend über soviel Konkurrenz.)

Außerdem liegen die furchtbaren Corpora delicti unwiderleglich, unwiderleglich auf dem Tisch des Hauses: die zerschlissene Geldbörse, eine Reisschale mit zwei Würfeln und einigen Kupfermünzen.

Zu jeder Causa nimmt ein junger glattgescheitelter Chinese (schwarze Anwaltsrobe mit Silberborte über europäischem Anzug) als erster das Wort. Wir stellen mit Befriedigung fest, daß er die Sachverhalte nicht erst während der Verteidigung kennenlernt, wie dies anderswo bei Offizialverteidigern der Fall ist, und daß er sich der Sache mit Leidenschaft annimmt, wie dies anderswo bei Offizialverteidigern nicht der Fall ist.

Aber unsere Befriedigung ist nur von kurzer Dauer. Bald merken wir, er ist kein Offizialverteidiger, vielmehr das Gegenteil eines Offizialverteidigers: ein Offizialankläger, kein Armenanwalt, vielmehr das Gegenteil eines Armenanwalts: ein Polizeianwalt, vom Stadtrat des Internationalen Settlements dazu bestimmt, gegen Chinesen öffentlich Anklage zu erheben.

Er, der die Polizei verteidigt, sitzt vor der Bühnenwand, zu seinen Häupten agieren die, die niemand verteidigt. Immer neue.

Eine Kammer in der Ecke des Saals, eisentürverschlossen, stahlriegelgesichert, gucklochversehen, doppelpostenbewacht, läßt über ihre Bestimmung keinen Zweifel aufkommen. Dorthin wird jeder aus dem Ensemble des tragischen Puppentheaters geschmissen, bevor sein Auftritt kommt, geschmissen, nachdem sein Auftritt vorbei ist. Im Zwischenakt schnürt man die Figuren zu Bündeln und transportiert sie ab.

Hof – Treppenhaus – Korridore – Straße – alles voll von Eskorten. Fünf, sechs Gefangene, aneinandergebunden, zerrt man von der Zelle zur Verhandlung, von der Verhandlung zur Zelle, vom Richter zum Nachrichter, geradeaus und um die Ecke. Wird nur ein einzelner geführt, so ist's die Art, ihn am Genick zu halten und nach vorn zu kicken. Gilt es, einem Herrn Beamten oder einer andern Eskorte auszuweichen, gibt der Polizist dem Gefangenen mit dem Fuß die richtige Richtung und geschwindere Geschwindigkeit.

Auf ähnliche Art wird auch im Verhandlungssaal der Angeklagte vor seinen Richter getreten. Er stolpert, vom Stoß beschleunigt, die Stufe hinauf, und schon ist er aus der Versenkung emporgetaucht, eine Bühnenfigur.

Kurzer Prozeß. Sung-Tsang und Wan Bi-lu, aneinandergefesselt. C. D. S. 184 macht die Aussage: die beiden waren gestern in der Werkstätte eines Beinschnitzers; während Wan Bi-lu nach dem Preis eines Petschafts fragte, versuchte Sung-Tsang ein Mahjongspiel zu stehlen. Wan Bi-lu wird freigesprochen, Sung-Tsang zu zwanzig Dollar Strafe verurteilt, das heißt: zu zwanzig Tagen Haft, denn hier hat kein Angeklagter Dollars übrig. Verurteilter und Freigesprochener werden voneinander losgekoppelt, Sung-Tsang ins eisern verschlossene Eckzimmer gestoßen.

Ein hohläugiger Kopf im fahlem Haarkranz und ebensolchem Spitzbart hat den Passanten von Tsepu Road Gelegenheit zum Glücksspiel geboten. Ach, die Passanten von Tsepu Road brauchen *ihn* dazu! Ach, das Glücksspiel um halbe Pfennige! Was tut's, der Alte, zumal er rückfällig ist, kriegt zehn Tage aufgedonnert. Man schiebt ihn in den Kotter.

Sechs auf einmal, sechs Gesichter aneinandergepreßt, sechs Körper aneinandergefesselt, eine Partie. Was kostet sie? Steht noch nicht fest, deshalb starren die sechs, alle unter zwanzig Jahre alt, aber sonst alle verschieden, mit aufgerissenen Schrägaugen nach vorn, wo ihr Schicksal entschieden wird.

Sie haben aus einem zerschossenen Haus in Tschapei die Waren eines Pfandleihers davongetragen. Das ist schon zwei Monate her. Der C. D. S. Nr. 76 fand bei einer Haussuchung einen Teil der gestohlenen Ware, und der Verhaftete gestand seine Komplicen ein. Einer leugnet ganz, einer leugnet halb, einer leugnet ein viertel, einer beschuldigt zwei, und alle sind sie aneinandergekettet, Verratene und Verräter, Geständige und Leugnende, Komplicen und Feinde.

C. D. S. Nr. 76 nennt sie eine „Gang", eine Verbrecherbande, die Mitglieder nennt er „Gangster". Das ist, als ob jemand in Europa von „Großindustrie" sprechen und einen Klempnerladen meinen würde. Gangs sind in China eine ebenso große Macht wie die Großindustrie in Europa, Gangster beherrschen die Regierung, beherrschen die Polizei, beherrschen den Opiumhandel, halten die Organisation des Menschenraubs und des Sklavenhandels in Händen, heben Lösegeld ein und legen Steuern auf.

Jedoch die sechs Köpfe über der Wand fühlen sich nicht geschmeichelt dadurch, daß man sie eine Gang nennt, und die drei Köpfe der Richter fühlen sich nicht geängstigt dadurch, daß man ihr Gegenüber eine Gang nennt. Die kleinen Gangster hängt man, oder wenn sie nur ganz, ganz klein sind, so werden sie – wie die sechs da – auf einige Monate ins Loch gesteckt.

Der nächste! Der nächste hat falsches Geld ausgegeben. Dazu muß man wissen, daß in China von je fünf Talerstücken mindestens eines falsch ist; alle Wechsler lösen es mit einem Abzug von zwanzig Cent anstandslos ein. Jeder bessere General, jeder Ortsgewaltige macht sich sein Geld selber. Wer die Stanze hat, schlägt die Münze, nur der arme Verschleißer muß es büßen.

Der nächste ist ein schreiender Stotterer mit flachem Schädel, einäugig; er bewegt die Finger, als wollte er ihrem Schatten die Kontur von Tieren geben, hört nicht zu, wenn er angesprochen wird, offensichtlich ein Irrer. Deshalb ist auch die Angeklagtenwand, das „Dock", von zwei Polizisten flankiert. Angeklagter ist Fischer, hat gestern einen Reishändler, von dem er sich betrogen glaubte, überfallen und durch Messerstiche schwer verletzt. Der Fall wird auf nächste Woche vertagt, da der Überfallene in Lebensgefahr schwebt. Stirbt er, so erspart der Richter das Urteil, Totschlag und Mord sind seiner Kompetenz entzogen.

Der nächste, der nächste ... Mit jedem tauchen Sergeanten und Konstabler der Zivilpolizei auf, sie belasten jeden, ebenso wie der Polizeianwalt jeden belastet und überdies Belastungszeugen führt. Entlastungszeugen und Verteidiger gibt es in der Halle der Bagatellen nicht.

Die Polizei schnappt den armen Sünder nicht nur, sie erhebt auch beredt Klage gegen ihn und schleppt ihre Detektiv-Konstabler und ihre Detektiv-Sergeanten und sonstigen Belastungszeugen heran, sie nimmt den schließlich Verknackten am Wickel, und selbst im chinesischen Kerker gehört er noch der Settlementspolizei, denn sie hat die Aufsicht über das Männergefängnis im Special District Court.

Statt für soviel Fürsorge dankbar zu sein, verlangen die Chinesen, die Ausländer sollen sich damit zufriedengeben, daß sie weder als Angeklagte noch als Beklagte vor dieses Gericht zitiert werden dürfen. Die Chinesen wollen ihr im Settlement gelegenes Gericht der fremden Oberhoheit entzogen sehen. Das wäre ja noch schöner! Das wäre ja noch schöner, wenn man es diesem Kuligericht kontrollos überließe, die von englischen Polizisten ausgeforschten Diebe und Bettler nach Gutdünken zu verdonnern oder laufen zu lassen. Morgen würden die Gelben fordern, daß auch englische, französische oder amerikanische Verbrecher sich vor einem gelben Richter verantworten, so wie sich jetzt außer den Chinesen nur Deutsche, Österreicher, Tschechoslowaken, Türken, Russen und so weiter zu verantworten haben.

In den höheren Stockwerken des Gerichtsgebäudes geht es um Delikte, die den Ausländern wichtiger sind. Vor dem Zivil- und vor dem Vollstreckungsgericht streitet der fremde Gläubiger mit dem chinesischen Schuldner. Hier fungieren Rechtsanwälte, europäische, deren Worte dem Gerichtshof übersetzt werden, und chinesische. Hier bringt sowohl der Kläger als auch der Beklagte Zeugen mit. Die Zeugen schwören nicht, weshalb (auf nach China!) Meineidsprozesse nicht das Repertoire der Gerichte bilden, und ebensowenig werden Verwandte oder Angestellte der Parteien als Zeugen zugelassen, weil das Gericht von vornherein annimmt, daß sie zugunsten ihres Chefs oder Verwandten aussagen.

Wenn es ums Geld geht, kämpfen die Parteien wilder, als wenn es bloß ums Leben geht. Wenn es ums Geld geht, sind nicht sie allein beteiligt, auch der Richter ist es. Und jetzt, jetzt ist es hoch an der Zeit, das Wort zu nennen, das nicht im Baedeker steht und doch eine große Verbreitung und eine große Bedeutung in China hat. Das Wort: squeeze.

Squeeze ist das, was der Minister von der Rüstungsindustrie und den Banken bekommt.

Squeeze ist das, was der Compradore dafür bekommt, daß er die Geschäftsgeheimnisse an die Konkurrenz verrät.

Squeeze bekommt der Portier vom Taxivermieter, der Koch vom Gemüsehändler, der „Boy Nummer 1" vom Kohlenhändler, die Hauskulis von allen Läden in der Nachbarschaft, der Zolleinnehmer vom Chauffeur, der Chauffeur vom Zolleinnehmer, die Frau des Beamten vom Lieferanten.

Squeeze bekommt und bezahlt die Kuomintang.

Squeeze bekommt der General von seinem Gegner.

Squeeze bekommt der Detektiv von den wohlhabenden Verbrechern, squeeze bekommt . . . nun, jeder bekommt oder bezahlt squeeze.

Squeeze, die Bestechung, europäisch-euphemistisch gesagt: die Provision, ist eines der politischen Argumente für die Aufrechterhaltung der Kolonialherrschaft: die Chinesen können sich nicht selbst verwalten, denn sie seien korrupt, jeder nehme squeeze.

Aber das Wort ist ein englisches Wort, und der amerikanische Rechtsanwalt, der einem Fremden mit Entrüstung schilderte, in welchem Maß die chinesischen Richter bestechlich seien, erfuhr die Zwischenfrage:

„Da ist es also wie in Chikago?"

In diesem Zusammenhang sei erwähnt, daß ein Diehard, ein englischer Stockkonservativer, eine ähnliche Antwort erhielt, als er die rassenmäßige Minderwertigkeit der Chinesen mit ihrem Mangel an Wohnkultur beweisen wollte.

„Haben Sie schon irgendwo derart grauenvolle Wohnverhältnisse angetroffen", fragte er rhetorisch, „wie in der Chinesenstadt von Schanghai?"

„Yes, Sir", antwortete ihm jemand, „in Whitechapel."

Man sieht, andere antichinesische Argumente sind um nichts stichhaltiger als das Argument, daß der Chinese squeeze nimmt. Jedenfalls hat kaum ein Chinese oder eine chinesische Körperschaft jemals soviel squeeze bekommen wie die Behörden der französischen Konzession von den Opiumschmugglern, den Spielkasinos, den Opiumhöhlen, den Bordellen, den Gangs.

Ohne Zweifel ist China von squeeze zerfressen, die Gerichtsbarkeit mit. Wir wissen das, aber wir können während unserer Studiengänge im Special District Court nicht feststellen, welches Urteil unentgeltlich und welches gegen Bezahlung gefällt wird. Da müßte man schon sehr schlau sein und eingeweiht dazu. Wir denken uns nur, daß das Amt eines bestochenen Richters ein ganz vertracktes ist. So ein Gauner im Talar braucht mehr Ortskenntnis in den Winkelzügen der Paragraphen und mehr Verschlagenheit als ein simpler, unbestochener Richter, der urteilen kann, wie er lustig ist. Die Jurisprudenz der Bestechlichkeit hat keinerlei Lehrbücher und keine gedruckte Kasuistik, der Richter muß das Unrecht „schöpfen", so zwar, daß eine allenfalls unbestochene höhere Instanz diesem Unrecht Recht zu geben nicht umhin kann. Auch hat er dabei das Gesicht zu wahren, das Publikum des Tribunals soll glauben, die Waage der Themis neige sich ganz von selbst nach der Seite, auf deren Schale die Bestechungssumme gelegt ward.

Bloß ein einziger Senat nimmt keine Rücksicht auf höhere Instanzen und auf das Publikum. Der Saal, in dem dieser Senat tagt, ist groß, damit die Öffentlichkeit hereinströmen könne, aber die Öffentlichkeit hütet sich, hereinzuströmen. Als wir eintreten wollen, flüstert uns unser Begleiter zu: „Kommen

Sie, kommen Sie weg, sonst geraten Sie in den Verdacht, sich für solche Dinge zu interessieren."

Hier werden die Staatsverbrecher verhandelt, die Kommunisten. Der Senat gehört zum Oberlandesgericht, er fällt das Urteil und ist gleichzeitig die höhere Instanz, die es bestätigt. Wer des Marxismus verdächtig ist, wird nicht nach Gesetz und squeeze behandelt. Zwanzig Jahre Kerker oder Tod durch Erschießen oder Enthaupten sind sein Los. In letzterem Fall wird an einer besonders frequentierten Straßenecke der Kopf des Chinesen ausgehängt, mit dem man solcherart kurzen Prozeß gemacht hat.

KINDER ALS TEXTILARBEITER

I

„Eine genügt", sagt der Arzt.

Wir haben um die Erlaubnis gebeten, einige Krankheitsgeschichten abschreiben zu dürfen.

„Wozu einige? Die Fälle sind im Grunde alle gleich." Er deutet ringsumher auf die Betten in der Schanghaier Tuberkuloseklinik. Aus unentwickelten Kinderkörpern dringt roter Husten.

„Alle sind Fabrikarbeiterinnen, sie haben die gleiche Anamnese und den gleichen Befund. Wozu brauchen Sie einige Krankheitsgeschichten? Eine genügt."

Sie genügt wirklich:

Tsai-Bi, Mädchen, achtzehn Jahre alt, aus der Provinz Tschekiang stammend, kam vor sieben Jahren mit ihren Eltern nach Schanghai. Arbeitet in Textilfabriken seit ihrem elften Lebensjahr. Erste Menses vor zehn Monaten (im Alter von siebzehn Jahren), die nächste drei Monate später, beide Male geringe Mengen hellen, dünnen Blutes. Später hat sich die Periode nicht wiederholt. In der Fabrik arbeitet Patientin dreizehn Stunden täglich, abwechselnd einmal Nachtschicht, einmal Tagschicht, außer einer Urlaubswoche im Winter. Vater starb vor fünf Jahren an schleimig-blutigem Durchfall (wahrscheinlich Dysenterie). Mutter lebt und war bisher gesund, leidet in letzter Zeit aber an Husten mit Auswurf. Auch eine Schwester leidet an Husten. Keine sicher festgestellte Tuberkulose in der Familie.

Patientin klagt derzeit über starken Husten mit grünlichem

Auswurf seit mehr als einem Monat. Die Erkrankung begann mit Schüttelfrost, Fieber und Schwindelanfällen. Hatte schon etwa zwei Monate vorher leichten Husten, seit Beginn der Erkrankung starke Vermehrung des Auswurfs, der in der letzten Zeit übelriechend ist. Patientin klagt weiter über allgemeines Schwächegefühl und starke Nachtschweiße. Patientin hat bis zu ihrer Einlieferung trotz der obigen Beschwerden gearbeitet, obwohl der Husten sie wesentlich behinderte.

An früheren Erkrankungen gibt Patientin eine Attacke von Dysenterie vor drei Jahren an, ferner vor einem Jahr Schwellung der Halsdrüsen.

Aus dem Status praesens: Unterernährte und unterentwickelte Patientin. Scham- und Achselhaare fehlen. Die Brüste entsprechen in ihrer Entwicklung denen eines dreizehnjährigen Mädchens. Uhrglasnägel. Leichte Cyanose des Gesichts und der abhängigen Teile.

Diagnose (auf Grund der physikalischen und der Röntgenuntersuchung): Pubertätsphthisis der rechten Lunge mit mittelgroßem Cavum des Oberlappens.

„Gibt es Hilfe?" fragen wir den Arzt.

„In China? Nein."

II

Chinas Industrie ist eigentlich den Kinderschuhen bereits entwachsen, ihre Arbeiterschaft noch nicht. Physisch nicht: sie besteht zu vierzig Prozent aus Kindern, die, wie wir aus dem Krankenbefund ersehen, aus dem Kindesalter auch dann nicht herauskommen, wenn sie aus dem Kindesalter bereits heraus sind.

Schreiten wir die Spinnereisäle einer großen Fabrik ab. Kleine Mädchen hantieren an den Spinnmaschinen, an den Verzwirnungsmaschinen, an den Vorspinnspindeln. Keines der Kinder sieht älter aus als sechs Jahre. Aber wir wissen von der Klinik her, daß der Schein täuscht. Dort sahen die Zwanzigjährigen wie Dreizehnjährige aus, also sind die, die hier in Gestalt von kaum Sechsjährigen an den Maschinen arbeiten, allenfalls schon elf oder dreizehn Jahre alt.

Sie können mit ihren Händchen jeden Faden manipulieren, der es nötig hat, sie können leere Spindeln aufstecken und volle Spindeln abnehmen, ohne sich auf die Fußspitzen oder gar auf einen Schemel stellen zu müssen – die Apparatur ist ihrer Größe angemessen.

Es sind Maschinen aus England. Dieses Triumphes der Technik rühmt man sich wenig, wir haben über Kinder-Spinnmaschinen noch nie etwas gelesen, auf den kleinen Maschinen prangt auch nicht die Plakette der Herstellungsfirma, während auf jeder großen eindringlich der Name „Asa Lees, Oldham" oder der einer andern englischen Fabrik steht.

„Wurden diese Miniaturmaschinen eigens für China erfunden?" forschen wir bei nächster Gelegenheit einen englischen Fabrikvertreter aus.

Er beeilt sich, uns zu versichern, daß das nicht der Fall sei. „Im Gegenteil, die Child-Size-Machinery war jahrzehntelang im ganzen Textilgebiet von Lancashire in Gebrauch. Als man die Kinderarbeit in Großbritannien verbot, wurden die Maschinen nach Amerika geliefert, nach New England und in die Negerstaaten des Südens. Erst jetzt gehen sie in die Kolonien und nach China."

Wir bitten höflich um Entschuldigung, England ungerechterweise verdächtigt zu haben.

III

Zweihundert Meter lang sind die Spinnereisäle. Die vielen Maschinen werden durchweg von Mädchen bedient.

Knaben sind nur für die Reinigungsarbeiten da. In Schwaden wirbeln Faserflug und Staub ununterbrochen empor, und ununterbrochen muß gefegt werden. Jeder Junge schiebt zwei Besen auf dem Boden gegeneinander, was solcherart zusammengekehrt ist, lädt ein anderer Junge auf seinen Bauchladen und trägt es davon. Dreimal so lang wie die Auskehrknaben ist die Besenstange, mit der sie ins Vertikale wirken: hoch oben auf dem Deckel des Transmissionsrades und auf den Treibriemen setzt sich Faserwerk an, das heruntergefegt wird, um neuem Anflug Platz machen zu können.

Männer arbeiten in den Verpackungsräumen und in der Elektrizitätswerkstätte. Auch im Fabrikkontor kriegt man keine Frau zu sehen, nicht einmal in den englischen Fabriken Schanghais; die Korrespondenz mit dem Stammland wird im Stadtbüro, in der City besorgt, fern von den Chinesen.

Zu dem männlichen Personal gehört die uniformierte und

bis an die Zähne bewaffnete Wache am Fabrikeingang; ihre Alarmvorrichtung in den Schilderhäuschen ist wohl die modernste Apparatur der Fabrikanlage.

Die Belegschaft der Websäle: Frauen. Alte, jüngere, schwangere. Zwar gibt es auch in der Weberei Kinder, die aber arbeiten nicht. Sie sind nur Säuglinge und liegen in Körben unter der Zettelmaschine oder dem Webstuhl; wenn sie der Mutterbrust bedürfen, werden sie hervorgeholt.

Entschieden ist der Aufenthalt in Fabrikräumen den Säuglingen nicht zuträglich. Aus diesem Grunde ward ein Verbot erlassen, sie mitzunehmen. Vielleicht aber waren für das Verbot die Vermutungen maßgebend, daß Säuglinge erstens nicht arbeiten und zweitens die Mütter bei der Arbeit stören.

Vermutung Nummer zwei hat sich als unbegründet erwiesen, Fabriksäuglinge stellen keine Betriebsstörung dar. Im Gegenteil, die junge Mutter bedient den Scherbaum und das Weberschiffchen mit doppelter Achtsamkeit, weil eine Maßregelung oder gar Entlassung nicht nur sie, sondern auch ihr Kind dem Hungertod preisgeben würde.

So braucht kein Fabrikherr auf die Einhaltung des Aufenthaltsverbotes für Säuglinge zu achten. Mit dieser Benevolenz kommt er sich nun besonders human vor, ebenso wie er die Einstellung von Kinderarbeitern als Wohltat an den Proletarierfamilien auffaßt, die sonst nicht genug zum Leben hätten.

IV

Vierzig Prozent der Textilarbeiter von Schanghai und Wuhan sind kleine Mädchen, vierzig Prozent Frauen und nur zwanzig Prozent Männer. Geschäftstüchtig wie sie ist, hat sich die Industrie eines religiösen Vorurteils zu bemächtigen gewußt. Einen Sohn zu haben ist in China der Sinn des Lebens und auch der des Todes, denn was hätte das Sterben für einen Sinn, verbliebe nicht ein männlicher Leibeserbe auf Erden, auf daß er das Ahnenopfer darbringe?

Die Tochter dagegen, sie ist nichts. In Hungergebieten wirft man die Neugeborene den Hunden zum Fraß vor. Kann man ein Mädchen als Sklavin verkaufen, so war es doch zu etwas wert. Der Sklavenhandel blüht. Am lebhaftesten in Hongkong, der britischen Kronkolonie, und wann immer der Kolonialminister wegen des Handels mit „Mui-Tsai" interpelliert wird, so antwortet er dem Unterhaus, die kleinen Sklavinnen würden ausschließlich gekauft, um in den Haushalten zu dienen.

Offener Kinderkauf zu Prostitutionszwecken ist überall im Schwange. Auf den Strichstraßen der großen Städte tauchen mit dem abendlichen Lampenlicht seltsame Gruppen auf: eine Matrone mit blauen Hosen und neben ihr, der Größe nach aufgestellt, in hellblauen Atlaskitteln ihre Sklavinnen, große und kleine. Dieweil die Besitzerin jeden Passanten anspricht und lobpreisend auf ihre Ware hinweist, steht diese teilnahmslos da. Am linken Flügel sind die Kinder postiert; auch sie lassen sich, ohne eine Miene zu verziehen, von den Mietswilligen prüfen, und wird eines von ihnen ausgewählt, dann trippelt die Kleine ernst ihrem Gast voran über Hinterhöfe und Hintertreppen in die Liebeslaube.

Eine Kategorie von Mädchenkäufern arbeitet für die Industrie. Sie erstehen eine Partie Kinder, geben ihnen einen Raum zum Schlafen und eine Schale Reis auf den Weg in die Fabrik. Vor Beginn der Arbeitszeit fährt ein Kuli vor und bringt zwölf Kinder, sechs rechts und sechs links, auf seinem Wheel-Barrow, dem einrädrigen Karren, in eine Spinnerei von Jangtsepoo. Der Lohn der Kinder gehört ihren Besitzern.

Fast niemals verkaufen die Großstadtkulis ihre kleinen Töchter, weil diese mitverdienen müssen. Bei voller Beschäftigung in der Fabrik, am Hafen oder vor der Rikscha erzielt der Kuli 10 bis 16 Silberdollar monatlich, während nach kommissionellen Erhebungen (Shangh. Labour Comm.) das Existenzminimum eines Ehepaars 18, das einer Familie mit drei Kindern 21,30 Silberdollar beträgt. Also muß nicht nur die Frau, sondern müssen auch die Kinder mitarbeiten, daß wenigstens dieser Elendsstandard erreicht werde.

Der niedrige Lohn der Erwachsenen ist Ursache und Wirkung der Kinderarbeit zugleich.

V

1919 besaßen in China die chinesischen Fabrikanten 889 000 und die japanischen 333 000 Spindeln, heute drehen sich in Schanghai und Wuhan 2 499 000 chinesische, 1 821 000 japanische und 178 000 englische Spindeln.

Der antijapanische Boykott richtet sich vielfach gegen Waren, die aus chinesischer Baumwolle auf chinesischem Boden von chinesischen Arbeitskräften gesponnen und gewebt worden sind. Nur die Aktionäre und die Dividenden sind japanisch.

VI

Viereinhalb Millionen Spindeln. Kinder schleppen die leeren herbei und die vollen davon und passen unausgesetzt auf, daß der Faden sich nicht verheddere oder gar breche, in welchem Fall sie ihn mit ihren Fingerchen zurechtzwirnen. Die englische Kinderspinnmaschine, brav, brav, erleichtert ihnen die Arbeit.

Stolz tragen einige Mädchen gelbe Schärpen, das Abzeichen der Diensthabenden. Kinder lassen es als Aufsichtspersonen an Strenge nicht fehlen, sie freuen sich ihrer Macht und zeigen unnachsichtlich ihre Altersgenossinnen an, teils um sich wichtig zu machen, teils um sich an einer kleinen Kameradin zu rächen, die gestern als Diensthabende die heute Diensthabende verpetzt hat.

Wohl auszunützen wissen die Erwachsenen dieses kindische Spiel. Nicht nur in den Fabriken. Vor Schanghais Bars und Matrosenkneipen stehen die ganze Nacht hindurch bunt livrierte Chinesenknaben. Ihrem Ehrgeiz genügt es nicht, eine Reklamefigur oder ein Türaufreißer zu sein, und so helfen sie den Polizisten bei der Mißhandlung der Rikschakulis. Verläßt ein Gast die Bar, dann stößt die längst auf diesen Augenblick harrende Herde der Mensch-Pferde mit ihren Karren schreiend, einladend, flehend auf ihn zu, gilt es doch, eine Arbeit zu finden, zehn Pfennig zu verdienen. Was schiert den armen Kuli das Verbot, den Bürgersteig zu befahren, was schiert es ihn, daß der Polizist mit dem Knüppel auf ihn losdrischt? Jubelnd nützen die kleinen Portierjungen die Gelegenheit, dem Büttel Hilfsdienste zu leisten, sie schlagen die Rikschakulis mit Stöcken auf den Kopf, treten sie in den Bauch, werfen den Karren um und zerren am Rad, um es abzubrechen, bis – entwürdigende Szene – der chinesische Erwachsene im Arbeitskittel vor dem chinesischen Kind in der Affenjacke die Knie beugt und mit flatternden Händen um „holesche“, Barmherzigkeit, zu betteln beginnt.

Aber wir sind doch in der Textilfabrik, bei den Lebenslänglichen. Der Begriff der Lebenslänglichkeit ist hier wörtlicher gefaßt als in Strafgesetzbüchern: das Neugeborene liegt unter dem Webstuhl, Schwesterchen steht an der Spinnmaschine, Mutter arbeitet am Scherbaum, Großmutter näht die Ballen zusammen. So soll dein Leben ablaufen, Baby, nach dem Gesetz, nach dem du angetreten.

Hier sollen deine Wangen bleichen, deine Augen trüb und deine Beine schwach werden, in diesem Saal, in dem die Spindeln schnurren, die Webstühle klappern und die Luft geschwängert ist von Flocken und Zupfen und Werg. Der Handgriff, dir am ersten Tag beigebracht, soll dein Handgriff sein am letzten Tag, sonst sollst du nichts erlernen und erleben. Schule und Spielplatz leben weder dir, Kind, das du kein Kind sein darfst, noch deinen Mitschülern, die keine Mitschüler sein dürfen, noch deinen Spielkameraden, die keine Spielkameraden sein dürfen.

VII

Zwölf bis vierzehn Stunden täglich arbeiten die Kinder ohne Mittagspause. Keinen Augenblick lang stoppt die Rotation der Spindeln, auch wenn eine Partie der Kinder eilig zum Heizraum trippelt, um für sich und ihre Kameradinnen die Körbchen mit dem mitgebrachten Reis zu holen. Gegessen wird, während man darauf achten muß, wie sich die Kurbel weiterdreht und die Ringbank weiterhebt und der Faden weiterstreckt. Faserflug und Staub schwingen sich auf die Eßstäbchen und setzen sich zwischen den Reiskörnern fest.

Vormittags und mittags haben die Kinder noch nicht die resignierten Mienen der Erwachsenen, sie schneiden lustige Grimassen, und die Arbeit geht ihnen spielerisch vonstatten. Seht sie aber am Abend: da fallen ihnen die geschlitzten Äuglein zu, die Beinchen wanken. Nicht etwa spielen möchten die Kinder, nur ein wenig ausruhen. Ausruhen? Die Fabrik zahlt den Lohn nicht, damit der große oder kleine „Belohnte“ innerhalb der Arbeitszeit ausruhe.

Dieser Lohn beträgt für Kinder bis zum Alter von fünfzehn Jahren in den großen Schanghaier Textilfabriken 22 (in Worten: zweiundzwanzig) Pfennig; in den Seidenspinnereien 6 (in Worten: sechs) Pfennig täglich.

VIII

In den Seidenspinnereien Schanghais gehen Aufseher mit Stöcken in der Hand durch den Saal, um auf der Stelle jeden Fehler durch Züchtigung zu bestrafen.

Entlang der Wände sitzen die Frauen auf eisernen Bänken, ihnen gegenüber stehen die Kinder, oft kaum fünfjährige.

Die Kleinen weichen die Kokons in Becken mit siedendem Wasser; ihre Händchen sind verbrüht, denn sie haben weder Gummihandschuhe noch Löffel zum Baden der Kokons. Im heißen Dampf, der ihnen in die Augen und Lunge dringt, suchen sie das Fadenende und reichen die Kokons den Frauen hinüber, die je sechs Fäden zusammenzwirnen und über eine der von ihren Füßen bewegten Haspeln leiten. Ein Kind bedient je zwei Frauen, eine Frau spult gleichzeitig dreißig Kokons ab, fünf Haspeln à sechs Fäden.

Dampf und Hitze und Schweißgeruch. Keine Ventilatoren. Der Mann mit dem Stock durchwandert den Saal, damit keine Stockung eintrete.

IX

Unbegrenzt und unentgeltlich arbeiten Kinder in den Heimwerkstätten ihrer Eltern, doch schreibt ihnen hier keine Maschine und kein fremder Mann mit dem Stock das Tempo vor. Aus diesen patriarchalischen Arbeitsverhältnissen ist die Verwendung von Kinderarbeit für die Großindustrie hervorgegangen.

Nun, da die Periode der ursprünglichen Kapitalsakkumulation vorbei ist, könnte die Einstellung ihrer Mordmethoden erzielt werden, wenn – wenn nicht seit dem Tode Sun Yat-sens die revolutionären Gewerkschaften mit Henkerbeil und Revolver in Leichenhaufen verwandelt worden wären.

Initiative von oben? Hören wir! Die Shanghai Child Labour Commission empfahl in ihrem Bericht vom 9. Juli 1924 dem Municipal Council, dem Stadtrat des Internationalen Settlements, ein Verbot der Fabrikarbeit für Kinder unter zehn Jahren zu erlassen. Weiter beantragte sie, die Verwendung von Kindern unter vierzehn Jahren auf zwölf Stunden innerhalb eines vierundzwanzigstündigen Arbeitstages einzuschränken, ihnen alle vierzehn Tage einen Ruhetag zu gewähren und sie nicht an gefährlichen, gesundheitsschädlichen, ungeschützten Maschinen zu beschäftigen.

Weiß Gott, eine recht bescheidene Anregung. Aber selbst die wurde von der sauberen Schanghaier Fremdenherrschaft zu Fall gebracht. Zu der außerordentlichen Bürgerschaftsversammlung, die darüber beschließen sollte, ob die Reform zum Gesetz zu erheben sei, erschienen um 302 Gemeindemitglieder weniger, als zur Beschlußfähigkeit erforderlich waren. Die englischen Zeitungen vom nächsten Tage fügten der Nachricht von dem nicht zustande gekommenen Meeting of rate-payers ganz offen den Kommentar hinzu, die meisten Steuerzahler hätten ihr Fernbleiben für das einfachste Mittel gehalten, um eine Beschlußfassung über den Bericht der Kommission für Kinderarbeit zu vereiteln.

So endet ein Bericht über soziale Verhältnisse in Schanghai.

PYRENÄISCHES ZWISCHENSPIEL

I. Die kleinen Riesen: die Portugiesen

Auch sie kommen herein, um – ist's doch nun mal Ehrensache der Seeleute – an der Bar einen Brandy zu trinken. Auch ihr Schiff hat – ist's doch nun mal Ehrensache der Seemächte – vor dem Bund von Schanghai Anker geworfen.

Aber sie fallen nicht ins Gewicht. Es sind ihrer wenige, und sie sind so klein von Statur, daß jeder amerikanische Matrose sie auf den Arm nehmen könnte, wenn sie sich in irgendeiner Weise mit ihm messen wollten. Ihr Schiff ist unmodern und unbeträchtlich, kaum 1 700 Tonnen, was ist das gegen seine englischen und amerikanischen Nachbarn, die „Houston" oder die „Kent" oder die französische „Waldeck-Rousseau" oder die italienische „Espero"? Portugal ist nur ein stummer Gast an der internationalen Bar, die Schanghai heißt.

Auf den Mützenschildern und auf der Fassade ihres schwimmenden Hauses steht „N. R. P. Adamastor". Wer lächelt da?

Der lächelt da, der in seiner Jugendzeit die „Lusiaden" des Camões gelesen, die ferne Welt und das Abenteuer miterlebt hat. Damals, als Knaben, waren wir kühne Seefahrer, unser Führer war der große Vasco da Gama, und wir suchten den Weg nach Indien. Damals sahen wir Knaben an der Südspitze

Afrikas, dem Kap der Guten Hoffnung, das wir im übrigen wegen der dreieckigen Briefmarken liebten, den tückischen Adamastor hocken, halb Berg, halb Riese. Damals haßliebten wir den Adamastor. Er sandte die ihm ringsumher untertanen Elemente gegen alle los, die seinen Machtbezirk zu betreten sich vermaßen. Wir, die Mannschaft Vasco da Gamas, wir kämpften damals einen furchtbaren Kampf gegen die Stürme und Wogen Adamastors, aber wir blieben Sieger.

Da steht nun der Name unseres Feindes von einst auf dem Bug des Schiffchens und auf dem Mützenschild der Männchen. Schiff und Matrosen sind in Schanghai nur zu Gaste. Sonst schaukelt der „N. R. P. Adamastor" an der Reede von Macao. Diese kleine Insel mit Opiummonopol ist alles, was den Portugiesen von der Macht und Herrlichkeit geblieben ist, die sie sich errungen durch wagemutiges Konquistadorentum und christkatholisches Gottvertrauen im Kampf gegen den Riesen Adamastor und später gegen die aufständischen Hak-Kar-Leute, die „Piraten" von der Bias-Bucht. England hat den Portugiesen alles weggenommen. England ist reich und ein gefährlicherer Feind als Adamastor und Piraten unter Anführungsstrichen, Geld ist stärker als Konquistadorentum und Christus zusammen.

Es gibt noch heute ungefähr so viel Portugiesen in Schanghai wie Engländer, aber die Engländer beherrschen die Banken und die Großfirmen, die Portugiesen hingegen führen nur die Bücher, insbesondere die Schuldkonten. Sie sind unangenehme Mahner und werden deshalb nicht gern gesehen, obgleich sie hochtönende Adelsnamen tragen und allwöchentlich zur Beichte gehen und in ihrem Club de Recreo mindestens so exklusiv sind wie die Anglosachsen im Schanghai-Klub.

Ihre Töchter sind Verkäuferinnen bei „Withaway, Laidlaw & Co." oder Büromädchen in den Hotels und Restaurants, und durch ihre Beziehungen untereinander finden sie die Adresse jedes Gastes heraus, der, statt bar zu zahlen, nur „chits" auszustellen pflegte und sie einzulösen vergaß.

Ist dir dieser Beruf der Portugiesinnen bekannt, so kann dir das üble Erfahrungen ersparen. Du sitzt zum Beispiel mit einem neuen Bekannten, der liebenswürdig und gefällig ist und offenkundig in geordneten Verhältnissen lebt, in einem Restaurant beisammen. Das Geschäft, von dem er dir erzählt, ist eine todsichere Sache, und du bist durchaus geneigt . . . Da erscheint ein Mädchen an der Theke, und obwohl sie ausgesprochen hübsch ist, wendet sich dein Freund mit einem jähen Ruck zur Seite.

Hättest du mein Buch nicht gelesen, würdest du dieser Gebärde keine Bedeutung beilegen oder eine Liebessache vermuten. So aber weißt du, warum der scheinbar so solide Herr das Licht der Portugiesinnen scheut und was es mit seinen geordneten Verhältnissen und seinen Geschäften auf sich hat.

Nach dem Kriege versuchten die auf das Debet beschränkten Portugiesen sich mit den im Kredit stehenden Deutschen zu verbünden. Aber alle deutsch-portugiesischen Firmen lösten sich bald auf wegen eines Skandals, der sich an eines dieser Geschäfte knüpfte. Es war ein Skandal, der mit Gerichtsverhandlungen und Verurteilungen in China und Deutschland endete, wiewohl sich gerade diesmal der Schanghaiportugiese einen besonders dicken Schanghaideutschen und eine hamburgische Firma als Partner ausgesucht hatte.

Importgeschäfte werden hierzulande mit Hilfe von Bankvorschüssen getätigt. Die europäische Bank des Lieferanten schickt die Faktura an eine Bank in Schanghai zum Inkasso, und die Schanghaier Bank teilt dem Besteller mit, „daß die Konnossements (Frachtbrief, Faktura, Versicherung usw.) auf soundso viel Stücke dieser und dieser Ware in solchem und solchem Wert, gesendet auf dem Schiff X an Ihre Adresse, in unserem Inward Bill Department eingetroffen sind". Nach Erhalt dieses Briefes läßt sich der Besteller den Kaufpreis von der Bank bevorschussen, die den Vorschuß selbst an den Lieferanten im Ausland überweist und weiter kein Risiko hat, denn sie behält die Ware so lange in ihrem Speicher, bis der Empfänger sie verkauft und den Vorschuß zurückbezahlt. Findet sich kein Käufer, so wird die Ware verauktioniert.

Bei diesen Versteigerungen kommt der Vorschuß immer herein – wenn die Ware richtig deklariert war. Nun, bei jenem deutsch-portugiesischen Einführungsgeschäft war das eben nicht der Fall; der Hamburger Absender hatte mit dem Schanghaier Adressaten unter einer Decke gesteckt und Kunstseide als Inhalt der Kisten angegeben, in denen sich hernach nur billige Gläser, Spucknäpfe und andere Emailtöpfe fanden. Die Partner dieses Unternehmens wurden eingesperrt, die Portugiesen kehrten von ihrem Ausflug in den Großhandel zur Buchhaltung und Schuldeneintreibung zurück.

Strenggenommen sind sie gar keine Portugiesen. Portugal

haben sie zuletzt im 13. Jahrhundert gesehen und würden es, wenn sie heute hinkämen, schwerlich wiedererkennen. Ihre Heimat ist seit langem nicht mehr die Pyrenäenhalbinsel, ihre Heimat ist die Macaohalbinsel, die früher eine Insel war, aber jetzt durch einen Damm mit dem Festland verbunden ist – Macao, das Monte Carlo des Stillen Ozeans, die Insel, wo Spiel und Opium fließen. Nicht Portugiesen sind sie, sie sind Makanesen.

„Makanesen“ – eine Kombination der Worte „Macao“ und „Chinesen“. So stimmt es auch. Von alters her heiraten die Portugiesen aus Macao Chinesenmädchen und zeugen wunderschöne Töchter in diesen Ehen. (Keine Eurasierin hört es gern, wenn man sie „halfcast“, Halbblut nennt; in China nennt sie sich Portugiesin.) Eine Makanesentochter heiratet nur einen Portugiesen, niemals einen Chinesen, einen Landsmann der Mutter. Solche liefe dem Stolz der Ex-Portugiesen durchaus zuwider, ihrem Ahnenstolz, ihrem Adelsstolz, ihrem Glaubensstolz.

Der kleine, betont chinesisch aussehende Herr in der Bank sagt mir, er werde sich um meine Geldüberweisung kümmern, ich möge morgen wiederkommen und ihn rufen lassen. Zu diesem Behufe überreicht er mir seine Visitenkarte:

JESUS-MARIA MARQUÈS DE SILVA-PEREIRA

Lisboa Shanghai

Ich lese den heiligen und markgräflichen Namen über der Stadt Lissabon und verneige mich respektvoll, er aber dankt mit kühler Grandezza, als hätte er persönlich den Riesen Adamastor besiegt.

Es ist merkwürdig, die Basken und ihr Spiel ausgerechnet in China kennenzulernen. Sie sind Vettern der Etrusker, die einzigen übriggebliebenen Urbewohner Europas; als unsere Ahnen noch auf Bäumen kletterten und einander mit Tannenzapfen bewarfen, saßen die Basken schon in Biarritz. Ein altes Volk, hohe Gestalten mit scharfgeschnittenen, dunklen Gesichtern und edlen Bewegungen.

Ihr Nationalspiel heißt Hai-Alai, hell und hoch schleudert man den Ball, Hai-Alai, hell und hoch fängt man ihn auf, Hai-Alai, um ihn von neuem hell und hoch zu schleudern. Die Spieler führen Namen wie: Tiburcio Irigoyen, Jacinthe Erdoza, Leocardo Urquidi, Rafael Arancibia und so weiter.

Wenn sie daheim, in den Pyrenäen, den Ball an die Steinwand schmettern, so umstehen ihre Väter und Söhne den Spielplatz, Fachmänner allesamt, Spieler allesamt, sie kennen und können Hai-Alai.

Hier liegen aber zwischen Spieler und Tradition viele tausend Kilometer, die Strecke Barcelona–Schanghai. Chinesen füllen die Tribüne und rufen anfeuernd die Namen Iligoyen, Eldoza, Ulquidi und Alancibia – was ist den Chinesen der Buchstabe „r", was ist ihnen Hai-Alai, was ist ihnen ein Meisterschlag?

Der allabendliche Wettkampf geht in einem Prisma vor sich. Sechzig Meter lang, zehn Meter breit, zehn Meter hoch sind die Betonwände, nur gegen den Zuschauerraum ist die Wand ein sechzig Meter langes und zehn Meter hohes Drahtnetz. Im Käfig produzieren sich die Europäer, vor dem Käfig sitzen die Asiaten, auf das lebhafteste angeregt. Die Spieler haben die Cistera, einen hellgelben, einem großen Maiskolben gleichenden Korb, über die rechte Hand gezogen und am Handgelenk festgeschnallt. Er stellt eine Vergrößerung der hohlen Hand dar, so etwa wie ein Boxhandschuh die Vergrößerung der Faust, ein Tennisschläger die Vergrößerung der flachen Hand oder ein Florett die Verlängerung des Armes ist.

Aus der Korbschaufel schlägt der Spieler den Ball an das Frontone, die vierzig, fünfzig Meter entfernte Querwand, daß er abprallt, vierzig, fünfzig Meter, ja sechzig Meter, also an die gegenüberliegende Wand schnellt und nochmals zurücksaust. Nicht größer als ein Tennisball ist die Pelota, aber sie ist aus massivem Kautschuk, lederumhüllt und wiegt 125 Gramm. Abwechselnd fangen sie die Spieler in dem engen Korb ein und hauen sie in der gleichen Sekunde wuchtig an die Wand. Welche Schnelligkeit des Blicks, welche Sicherheit des Auges und welche Kraft des Armes Fang und Wurf erfordern – an der Bucht von Biskaya vermag man das zu ermessen. An der Bucht von Biskaya versteht jedermann dieses Spiel, und nicht jeder wettet. Am Gelben Meer versteht nicht jedermann dieses Spiel, und jeder wettet. Die Totalisatoren haben alle Hände voll zu tun, Einsätze anzunehmen und Gewinne auszuzahlen.

Sung Tsu-wen hat auf Mauricio Ichaso Sieg und Platz gewettet. Wang Hai-ting bekommt achtfaches Geld für Miquel Escarzaga. Li Hu-chi hat zum fünftenmal je zwei silberne Dollar auf Leocardo Urquidi gesetzt, jetzt hat Li Hu-chi kein Geld mehr und geht aus der Französischen Konzession nach Hause in die Chinesenstadt. Wenn er noch einen Sachwert besitzt, für den ihm einer der hundert Pfandleiher in seiner Straße zehn silberne Dollar gibt, dann wird Li Hu-chi morgen abend wiederkommen, um auf Leocardo Urquidi fünfmal zwei silberne Dollar zu setzen, Hai-Alai.

In der Chinesenstadt kann man nicht auf ballspielende Enkel der Iberer setzen und nicht auf Windhunde, die einem elektrisch bewegten Hasen nachjagen, in der Chinesenstadt rennen keine Pferde, wandern keine Bakkarat-Schlitten, sausen keine Roulettes. In der Chinesenstadt kann man bei Mahjong sein Glück durch Überlegung lenken, sonst gibt es höchstens Hasardspiele, die klägliche Kopien der europäischen sind und bei denen man nicht so raffiniert-restlos um sein Geld kommt.

In der Chinesenstadt ist das Opium verboten, in der Franzosenstadt zählt man dreihundert Opiumhöhlen und mindestens ebenso viele Spielklubs wie im Internationalen Settlement. Spielklubs für alle Gesellschaftsklassen. Geldmänner und Hintermänner sind Ausländer. Bei Ausübung von Hehlerei und Kuppelei und Gelegenheitsmacherei und Handel mit Rauschgiften und Verleitung zum Hasardspiel unterstehen sie der Gerichtsbarkeit ihrer Rasse und Klasse. Nach deren Rechts- und Moralbegriffen gelten diese Verbrechen, sofern sie in China begangen werden, nicht als Verbrechen, sie sind Kolonialgeschäfte, es kommt nur darauf an, wieviel man verdient.

Leichengeruch schwelt in Tschapei und Wusung, die Trümmer der mit Bomben belegten oder in Brand gesteckten Wohnhäuser, Universitäten, Bibliotheken und Druckereien rauchen, Verwundete stöhnen in den Spitälern von Schanghai, japanische Offiziere schlagen dem Chinesen, der ihnen auf den Straßen nicht ehrerbietig Platz macht, mit der Reitpeitsche ins Gesicht, neue Schützengräben werden aufgeworfen – aber nach wie vor locken die Ausländer mit täglich neuen, großmächtigen Plakaten zum Spiel der baskischen Männer und rufen zum Rennen der australischen Windspiele im Canidrom. Chinesen, geht vor die Hunde!

SCHLAMM, FORTGESCHWEMMT DURCH EINE REVOLUTION

„Poluski gels?"

?

Was will der Chinesenjunge, der sich herandrängt, wenn man zu abendlicher Stunde das Haus verläßt? Poluski gels? Er merkt, daß man ihn nicht versteht, also noch nicht lange in Schanghai ist. Mit Handbewegungen veranschaulicht er: Frauen.

Er will „Porusski-Girls" sagen, was weder richtig englisch noch richtig russisch ist und „russische Mädchen" bedeuten soll.

Mach, daß du weiterkommst, Junge! Wer braucht einen Führer, einen Kuppler, einen Schlepper, um zu „Porusski-Girls" hinzufinden! Sie inserieren, sie plakatieren, sie agitieren. „Harbin Bath and Massage", „Merry House: Turkish Bath and Russian Massage", „Bar", „Cabaret" flammt es in türkisblauem Neonlicht auf. In der Route Vallon trägt buchstäblich jedes Haus Reklameschilder von Massagesalons; nur eines nicht, das ist die Betstube der Adventistensekte; dort verkehren die russischen „Masseusen", sie hoffen, mit einem Amerikaner anbändeln zu können. Einen amerikanischen Kaufmann zu erobern, davon träumt jede Schanghaier Russin, wenn sie bei Tag schläft, um bei Nacht recht munter zu sein.

Die Kleinen Anzeigen in Schanghais russischen Blättern zerfallen in drei Rubriken.

Ärzte: Venerische Erkrankungen, Infektionen aller Art heilt Dr. med . . .; kais. Generalarzt, M. U. Dr. . . . Den Ärzten kommen Feldschere zu Hilfe: „Ehemaliger Ordinator des Militärhospitals heilt infektiöse Frauenkrankheiten binnen zehn Tagen . . ."

Zu vermieten: „Geschäftslokal in belebter Gegend, für Tanzbar oder dergleichen geeignet." – „Gut eingeführter Massagesalon mit vornehmer Herrenkundschaft." – „Zimmer für alleinstehende Damen, ungestört, auch nachts."

Dritte Rubrik: Trud. „Trud" heißt Arbeit, in der Sowjetunion etwas, was man fast getragen ausspricht, Wort der Erfüllung. Aber hier, im Rußland außerhalb der russischen Grenzen, ist „Trud": „Tanzpartnerinnen gesucht für neues Kabarett; gute Figur, Abendkleid erforderlich . . ." – „Bardame, 22 Jahre alt, blond . . ."

Die Porusski-Girls sind Frauen und Töchter von Weißgardisten oder von Flüchtlingen aus der Sowjetunion, die keine politischen Gründe für ihre Flucht vorspiegeln und offen zugeben, daß sie – allerdings „immer unberechtigt" – wegen Verdacht des Schmuggels, der Bestechung, der Korruption oder der Spekulation verfolgt worden sind. Viele Frauen stammen aus Charbin und Mukden, andere aus sibirischen Städten.

Schaufenster eines russischen Photographen: Männerbildnisse in Uniform und in Zivil, mit und ohne Georgskreuz, die Führer. „Das ist Doktor . . .itsch, Vorsitzender der . . . Kongregation", sagt der Schanghailänder, der uns begleitet. „Hat drei Töchter." Oder: „Kennen Sie Gräfin . . .owa, eine fesche Person, wollen Sie die Telefonnummer?" Charakteristisch genug: die ausländische „gute Gesellschaft" von Schanghai, die die Emigration als antibolschewistischen Vortrupp fördert, verkehrt niemals mit einer Russin, auch wenn sie noch so bürgerlich verheiratet ist. Bei ihren politischen Protektoren sind die Russen moralisch verfemt. Das würde wahrlich weniger gegen sie als für sie sprechen. Aber ihnen kann keine Fürsprache mehr helfen.

Nur ganz wenige der Porusski-Girls sind in Modesalons oder als Kellnerinnen in Cafés und Konditoreien tätig, alle andern (und ein Teil der vorgenannten) im Nachtleben, ob sie nun verheiratet, verhältnist oder ledig sind.

Das Nachtgeschäft hat vielerlei Abstufungen. In jedem Dancing eröffnet jedes Mädchen jedem Gast sofort, sie werde hier nicht mehr lange arbeiten, vom nächsten Monat an sei sie im „Casanova", in der „Taverne" oder zumindest im „Delmonte". Möglicherweise wird sie wirklich in diesen ersehnten Stätten Station machen auf ihrem Weg, aber unvermeidlich führt ihr Weg durch die Venerische Abteilung des St.-Vincent-Hospitals. Nobel ist ein Lokal erst dann, wenn Angestellte dort nicht verkehren dürfen, weil die Herren Firmenchefs unter sich sein wollen. Am allerfeinsten ist's in der „Taverne"; im Drawingroom mit den gepolsterten Möbeln fühlt sich der Herr Firmenchef zu Hause, was er sich zu Hause nicht fühlt, und die russische Animiererin kommt sich vor, als säße sie im Salon eines Schlosses, und der Herr, der an ihr herumfingert, sei ein Freund vom Nachbarschloß.

Dazu paßt es freilich nicht, daß sie nach jedem Tanz von ihrem Partner bezahlt wird mit einem am Schalter gelösten Billett. Drei Tänze kosten einen chinesischen Dollar, von dem zwanzig Cent der Tänzerin zufallen und dreißig Cent vom Zwei-Dollar-Getränk, das ihr der Gast bestellt. Spendiert er Sekt, so kann sie nachher einen Silberdollar beheben; aber sie muß schon besonders ungeschickt sein, um von einem Champagnergast nichts als die Prozente heimzubringen.

Zur Sommerszeit, wenn die Hitzewellen gelb und schwer über Schanghai und die Ehefrauen am fernen Badestrand liegen, schwingt das Einkommen der Porusski-Girls aufwärts. Krieg ist ebenfalls kein schlechtes Geschäft: englische, amerikanische, französische und japanische Offiziere bringen ihre Feldzulage im Nachtleben an.

Allerdings, in eleganten Lokalen ist das Ausgaben-Budget einer Bardame hoch. Was eine richtige Edelnutte ist, muß vom Friseur frisiert sein, braucht zwei Abendkleider und regelmäßige ärztliche Untersuchung. Was bleibt da für den Haushalt?

Unter solchen Umständen müssen Gatten und Väter der Bardamen, Taxi-Tänzerinnen und Masseusen wohl oder übel etwas dazuverdienen: indem sie der französischen Polizei Spitzeldienste leisten, indem sie Streikbrecherarbeit machen, indem sie ihre Ehefrauen oder Töchter bei Chefs vorfühlen lassen, ob eine Anstellung zu haben oder irgendwo eine Provision zu holen ist, sei es im Handel mit Fellen, mit Mädchen oder mit Kaviar.

Die Alkoholschmuggler, die von Schanghai aus nach Los Angeles segeln, weil die pazifische Küste Amerikas weniger bewacht ist als die atlantische, werden von russischen Emigrés mit „schottischem" Whisky, „französischem" Kognak und „bayrischem" Bier beliefert.

An tausend Weißgardisten bilden das Volunteer Corps, die Leibgarde der Schanghaier internationalen Stadträte, und beziehen einen Monatssold von hundert Silberdollar. Bei der Parade auf dem Rennplatz defilieren sie vor ihren englischen, amerikanischen, japanischen Firmenchefs, die ihre militärischen Chefs und die Gäste ihrer Gattinnen sind. Stramm und scharf ausgerichtet defiliert das Regiment der Russen vor den Fremden und ruft dabei im Sprechchor: „Doloi Bolschewikow – Nieder mit den Bolschewiken."

Sie sind nämlich Antibolschewiken und außerdem Antichinesen, obwohl nach Abschluß des Vertrages von Peking (1924) die eine Hälfte der bei der Ost-China-Bahn angestellten Charbiner Russen für die Sowjetunion, die andere Hälfte für China optiert hat. Freilich hat fast keiner einen chinesischen oder sowjetrussischen Paß, sondern nur eine Registrierkarte, die Quittung darüber, daß sie sich um die Staatsbürgerschaft beworben haben.

So einig sie in ihrer Gegnerschaft zu den Chinesen und den Bolschewiken sind, so uneinig sind sie im übrigen untereinander. Die Legitimisten schwören auf den „Zaren" Kyrill, als den rechtmäßigen Chef der Dynastie Romanow. Den andern Monarchisten wäre jeder Zar recht, mit Ausnahme gerade des Großfürsten Kyrill, der sich bei der Oktoberrevolution in Petrograd mit seiner Marineabteilung den Bolschewiki zur Verfügung gestellt habe und von ihnen abgelehnt worden sei.

Mit den Republikanern ist es auch ein Kreuz. Die einen sind Faschisten, die andern Demokraten, die dritten Sozialrevolutionäre, die vierten Menschewiki. Die einen schwören auf die Kirche, die andern sind Freimaurer, die dritten Antisemiten, die vierten Juden. Die einen wollen den Kosakenataman Semjonow als militärischen Führer, die andern den ehemaligen Leiter der Ost-China-Bahn, General Horwatz, die dritten den tschechoslowakischen Faschisten Gajda, die vierten, fünften und sechsten die Generale Diedrichs, Isakow oder Glebow.

10 000 weißgardistische Russen gibt es in Schanghai, in ganz China einschließlich Mandschurei 72 000; sie sind in mehreren hundert Vereinen organisiert, die sich bis aufs Messer bekämpfen. Sogar in den englischen Zeitungen von Schanghai beschuldigen sie sich gegenseitig der Korruption. Vor uns liegt ein Ausschnitt aus der „Shanghai Times", darin ein Komitee von 23 Vereinen dagegen protestiert, daß ein anderes Komitee Gelder für die russischen Emigranten sammelt. Gespenstisch die Namen der unterschriebenen Vereine:

Kaiserlich Russ. Adelsklub
Gräfliche Gesellschaft
Verband ehem. Angehöriger des Jäger-Regiments*
Verband ehem. Angehöriger des Ural-Regiments
Verband ehem. Angehöriger des Mandschurischen Detachements
Verband ehemaliger Angehöriger des Regiments General Annenkow
Verband der Kreuz-Träger**
Nationales Religiöses Komitee
Russ. Orthodoxe Confraternität
Russ. Nationale Gesellschaft „Glaube, Zar und Volk"
Und so fort.

Gespalten in Schichten und Kasten ist diese Emigration. Die reaktionäre Gesinnung und ihr Haß gegen die, die ihnen ihre Vorrechte nahmen, vermag sie nicht zu einigen. Ebensowenig vermag das ihre gemeinsame falsche Spekulation von Anno dazumal: daß dem Sowjetregime nur eine kurze Dauer beschieden sei, weshalb es ihnen vorteilhafter schien, sich rechtzeitig auf die Seite seiner Gegner zu stellen. Einer verachtet den andern, der Offizier den Zivilisten, der Adlige den Bürger, der Antisemit den Juden, der Inhaber des Georgskreuzes den Ordenslosen, der Fromme den Ungläubigen, der etwas besser Gestellte den etwas schlechter Gestellten; sie verachten einander und bemühen sich, durch Dünkel und Großtuerei einander zu übertreffen, während ihre Frauen im gleichen Nachtlokal die gleiche Tätigkeit ausüben.

„Wie gefällt es Ihnen hier, wie geht das Geschäft?" fragen wir eine Tanzdame.

„Ach, wir müssen bis zur Sperrstunde im Lokal bleiben, und so lange wartet selten ein Herr auf uns."

„Verabreden sich die Gäste nicht für den nächsten Tag mit Ihnen?"

„Mein Gott, die Konkurrenz ist zu groß in Schanghai ... Zahlen Sie mir einen Cocktail, Herr? Hallo, du, Mensch, einen Cocktail!"

„Herr", das sind wir. „Mensch", das ist der russische Kellner.

* „... of Eger Regiment" steht in der Annonce, als ob ein Engländer wissen könnte, daß im Russischen das „E" als „je" gelesen wird. Und wüßte er das, was könnte er mit dem Wort „Jeger" beginnen, dem deutschen Wort „Jäger", das in die russische Militärsprache übernommen war.

** Union of Cross Bearers. Sind das die Inhaber der Georgskreuzes? Weiß nicht.

Vor sieben Jahren haben wir in Moskau ein Drama gesehen, das den Lockspitzel Asew zum Helden hatte. Ein Akt spielte in einem Restaurant. Asew rief den Kellner nach vorrevolutionärer Art: „Du, Mensch." Das Publikum kreischte vor Lachen. Hier kreischt niemand vor Lachen, weder Kellner noch wir können als Genosse angesprochen werden; der Kellner wird verächtlich „Mensch" gerufen, und wir sind „Herr", und eine Gigola zu sein ist „Trud".

Fünfzehn russische Mädchen „arbeiten" in einem Lokal, „Tumble-Inn" geheißen. Dieser Name hat uns gelockt hinzugehen. Tumble ist ein altenglisches Verbum und kommt in einem Lied aus dem elisabethanischen Seekrieg vor, aus der Zeit, da man mit Strömung oder Wind eine harmlos aufgetakelte Fregatte voll von glimmendem Werg und Teer und Öl dem feindlichen Geschwader entgegensandte, um es in Brand zu stecken. Mit einem solchen Feuerschiff vergleicht der Sänger des Matrosenliedes seine lockige Geliebte, die ihm so nett und keusch erschienen war, bevor er sie getumbled hat, und die sich nach ein paar Tagen als Feuerschiff erwies.

She'd a dark and rolling eye
And her hair hung down in ringlets
A nice girl, a decent girl
But built on a rakish line.

I handled her
I dandled her
I fondled her
I tumbled her

And found to my surprise
She was nothing but a fire-ship
Dressed up in a disguise.

Klage und Anklage zugleich ist dieses Lied, und sein Held, der Seemann, offenbart mit seinen Vergleichen zweifellos „die Shakespearesche Eigenschaft, daß sie nicht aus der Sphäre seines Berufs hinausgehen". (Genauer können wir hier in Schanghai unsern Kleist nicht zitieren.)

Wir zitieren heute überhaupt zuviel. Da liegt denn schon nichts mehr daran, wenn wir auch die Geschäftskarte des Tumble-Inn abdrucken. Sie richtet sich gegen die Moral des Liedes, das jedem britischen Matrosen beim Wort „tumble" unfehlbar in den Sinn kommt. Nein, sagt die Geschäftskarte, meine Girls gleichen nicht jenem, das den Herzallerliebsten so angesteckt hat wie ein Feuerschiff die feindliche Fregatte.

Überall sind Emigrantinnen erhältlich, auf den breiten Avenuen, in den schmalen Privatgassen. Vollgestopft ist die kleine Straße Chao-Pao-San mit Lichtreklamen, Matrosen, Musik, Prügeleien, Rikschakulis, Lärm, Blumenverkäuferinnen, Bettelkindern. Matrosen sind die Gäste der zwanzig Tanzspelunken, amerikanische, französische, britische, italienische und portugiesische Matrosen, es schwabbern die Hosen, es schwankt ihr alkoholdurchtränkter Inhalt, und die weißrussischen Mädchen sitzen im Kreis umher und warten darauf, daß einer sie zum Tanz küre. Im „Victoria" sind sie als Ballerinen, Fußballspieler, Nixen, Schwimmerinnen verkleidet ... Romantik des Faschings. Bei „Stenka Rasin" verschleißt man Räuberromantik, bei „Merle blanc" Montmartreromantik, bei „Tkatschenko" Wolgaromantik, bei „Tschornyje glasa" Zigeunerromantik. Romantik und Kostüm sollen aufgeilen. Wirkt das nicht, dann richten sich die Mädchen die Strumpfbänder, um das Interesse eines amerikanischen Gummikauboys zu erregen.

Ältere Jahrgänge von Porusski-Girls tanzender Region – sind sie vielleicht schon bei der 1905er Revolution geflüchtet? – bevölkern die Kneipen am Broadway. Ist der Wirt ein Deutscher, so führt sein Lokal einen harmlosen Namen, „Grill Room" zum Beispiel, damit er in der Heimat den Glauben erwecken kann, er sei in Ostasien ein solider Restaurateur geworden. Der russische Wirt hat Firmenschilder in allen Sprachen, auch Chinesisch; jenseits des Soochowkanals verschmäht man gelbe Gäste nicht.

Jenseits des Soochowkanals sind die Tänze und die Frauen billiger, die Getränke keine Cocktails mehr, sondern nur Bier. Schau die Frauen an – oder schau sie lieber nicht an, sie fangen jeden Blick wie eine ihnen zugeworfene Leine.

Doch! Schau sie an! Sprich mit ihnen! Sprache und Tonfall sind die ihrer fernen Schwestern, unter dem steifen Tangoschritt steckt die Bewegung ihrer Heimat, unter Schminke, Abendpuder und Tanzkleid verbirgt sich etwas, was wir ihre vergangene Zukunft nennen möchten. Auch aus ihnen wäre etwas geworden, wenn sie daheim geblieben wären. Könnte wohl noch heute, wenn sie zurückkehrten, etwas aus ihnen werden? „Werden?" Vorbei . . . vergangene Zukunft.

Die zukünftige Zukunft ist nahe, man kann die Etappen in ein paar Nächten durchlaufen, wenn man sie nicht durchleben muß. Bald hört die Reihe der Dancings und der Bars auf, eine andere Kategorie von Arbeitsstätten für Porusski-Girls säumt den Etappenweg. Eindeutige Häuser, aber in ebensoviel Rangstufen eingeteilt wie die Dancings und die Bars. In den Nobelpuffs des Internationalen Settlements zahlt man zwanzig Dollar Taxe, in der Französischen Konzession gibt es erheblich mäßigere Preise. Ecke Avenue Foch und Avenue Joffre – fürwahr, schöner Ehrungen erfreuen sich Frankreichs Marschälle – wimmelt es von Kaschemmen, die von der Nachbarschaft der vornehmen Dielen leben. Tritt nämlich in einem „besseren" Lokal ein Gast allzu laut und allzu betrunken auf, so flüstert ihm eine Tanzdame zu, er möge drüben im „Allaverdi" auf sie warten. Drüben im „Allaverdi" nehmen ihn Huren in Empfang, in deren Armen er einschläft.

Finster und stinkig ist's abends bei den Werften am Hongkew-Creek, die Gäßchen münden auf die Landungsbrücken oder ins Wasser, Fässer verengen die Enge, und blatternarbige Porusski-Girls, alte, schwammige Gestalten, stellen sich jedem quer, der vorbeikommt, auch jedem Kuli, sie heben ihre Röcke hoch und rufen heiser: „Come in my house . . ." Sie sprechen das letzte Wort wie „chaus" aus. Ihr „chaus" ist ein Bretterverschlag. Von hüben und drüben segeln sie auf uns zu, Feuerschiffe . . . Wracks von Feuerschiffen.

Wir geben der einen ein paar Papirossy. Sie ist glücklich, ein paar Papirossy zu bekommen, glücklich, Russisch sprechen zu können. Aus Blagoweschtschensk, einer Stadt im Amurgebiet der Sowjetunion, stammt sie. „Vor acht Jahren sind wir geflohen. Es war im Winter. Wir gingen über den zugefrorenen Amur, mein Mann und ich. Tausende Dollar hatte er bei sich. Schreckliche Angst haben wir gehabt, daß man uns erwischt. Aber", sie hüstelt sieghaft, „wir sind doch herübergekommen."

SCHATTENSPIEL

(natürlich in Peking, in der Kolonialhauptstadt Schanghai gibt's nichts dergleichen)

Die für heute abend engagierten Künstler haben im Hof ihre Einflächenbühne aufgerichtet und warten, bis die Sonne untergeht. Dann beginnt das Spiel.

Man sitzt und schaut und ist von Entzücken umrieselt. Der chinesische Teil des Publikums besteht aus einem blassen Mond, den Polizisten des ganzen Umkreises, die ihren Dienstplatz verlassen haben, um der Vorstellung beizuwohnen, den Kulis des Hauses, dem Hausherrn und der Hausfrau. Sie klatschen dieser oder jener Dialogstelle Beifall, sie lachen über diese oder jene Bemerkung, während der des Chinesischen unkundige Europäer sich darauf beschränken muß, zu schauen und darüber nachzudenken, warum der Westen diesem zauberhaften Spiel der bunten Schatten nichts gleichzusetzen hat, es nicht wenigstens nachzuahmen versuchte.

Zeit genug war dazu, seitdem es . . . nun, so genau wissen wir natürlich nicht, wann die chinesischen Bühnensilhouetten auftauchten. Darüber gibt es nur Sagen, die so kindlich phantasievoll sind wie die Erfindung selbst. Die erste Überlieferung besagt, ein sicherer Jen-Schi, Silberschmied seines Zeichens, habe dieses Zaubertheater am Hofe des Kaisers Wu (1001–947 v. Chr.) erstmalig vorgeführt. Von der zarten Gestalt und dem ritterlichen Gehaben des Helden entflammt, verlangen die Damen des Harems immer und immer wieder sein Auftreten, bis schließlich der Kaiser Wu, von Eifersucht befallen, mit zornfunkelnden Augen aufsprang und befahl, den Helden zu köpfen. Da führte Jen-Schi den Herrscher hinter die Bühne und zeigte ihm, daß sein vermeintlicher Nebenbuhler kein Mensch von Fleisch und Blut, sondern ein bemalter Scherenschnitt aus Eselshaut sei. Staunend sah es der Kaiser, und er beruhigte sich. Aber das Wort, das kaiserliche, konnte nicht mehr zurückgenommen werden. So trat einige Minuten später der Held wieder auf die Bühne, der Henker folgte ihm und schlug ihm das Haupt ab, wie es der Kaiser befohlen. Die Damen im Publikum verfielen in Schreikrämpfe und weinten noch viele, viele Tage und viele, viele Nächte über des zarten Ritters grausames Ende.

Einer andern Sage nach hat ein taoistischer Mönch mit Namen Schao-Weng diesen Farbentonfilm erfunden. Als der Kaiser Wu-Ti (140–86 v. Chr.) über den Tod seiner Lieblingskonkubine fast von Sinnen geraten und des Lebens überdrüssig war, machte sich Schao-Weng erbötig, die Verlorene sichtbar werden zu lassen. Und wirklich führte er die Schöne dem Kaiser vor, der vergehen wollte vor Glück, sie wieder zu sehen und zu hören. Allabendlich ließ Kaiser Wu-Ti die tote Freundin vor sich erscheinen, und sie sprach Worte der Liebe und der zärtlichen Erinnerung an genossene Liebesstunden. (Die an Leben und Laune ihres Herrn interessierten Hofschranzen lieferten dem Puppenspieler das Material für sein Libretto.)

In einer Mondscheinnacht steigerte Schao-Weng das Spiel seiner Darstellerin zu besonderer Liebesglut. Wu-Ti, voll unstillbarer Sehnsucht, die Herzallerliebste wieder zu umfangen, stürzte hinter die Zauberwand, die niemals zu betreten die Sterndeuter ihm strikt aufgetragen hatten, und sah – und sah –, daß alles fauler Zauber sei. Wütend zerriß er das Konterfei der Geliebten in viele Stücke, und Schao-Weng, der Regisseur, Bühnenbildner, Darstellerin und Operateur in einem gewesen war, mußte diese vierfache Tätigkeit mit schmählichem Henkertode bezahlen.

„... weil er dem Publikumsgeschmack gehuldigt hat", bemerkt der nach China übergesiedelte Lyriker, als wir diese historische Reminiszenz hervorholen.

„... weil er seinem künstlerischen Temperament die Zügel schießen ließ", wendet trocken der Kunsthistoriker ein, der statt einer mageren Privatdozentur in Deutschland ein fettes Geschäft mit falschen Curios in China gefunden hat.

Wir aber, wir wollen uns keineswegs in diesen Streit der Weltanschauungen mischen, sondern auch die dritte Sage erzählen, die die Entstehung des vor unseren Blicken sich entfaltenden Spieles zum Gegenstand hat.

Es war in der Zeit der Han-Dynastie, die Hauptstadt Ping-Tscheng wurde durch den Mongolenfürsten Mao-Fin belagert. Der Belagerer hatte seine herrschsüchtige, kriegerische und eifersüchtige Gattin mit sich. Drinnen in der eingeschlossenen Stadt herrschte Hunger, alle Pfeile und Brandfackeln waren verschossen, binnen kurzem mußte Ping-Tscheng fallen, und das bedeutete Martertod der Belagerten und insbesondere des Kaiserpaares.

Da fiel der chinesischen Kaiserin ein – sie kannte den Charakter ihrer Widersacherin da unten –, auf der Stadtmauer, gerade dem Zelt des Mongolenfürsten gegenüber, ein Schattenspiel aufzuführen. Nur liebreizende, liebebedürftige, liebessehnsüchtige Mädchengestalten ließ sie auf der Leinwand erscheinen und um die Liebe rauher Kriegsmänner werben.

Sie hatte sich in der Wirkung keineswegs verrechnet: die Mongolenfürstin sah die schönen Buhlerinnen buhlen ... sah ihren Gatten neben sich ... wußte, daß er sich an solcher Beute weidlich vergnügen und sein ehelich angetrautes Gemahl links liegenlassen würde ... und flugs befahl sie, die Belagerung abzubrechen ... An der Spitze der Armee zog sie von dannen, ihr Gatte zottelte mit eingezogenem Wunschtraum hinterdrein.

Die drei Sagen kommen einem gar nicht einfältig vor, nachdem man die chinesischen Schattenspiele erlebt hat. Die transparenten Stücke Tierhaut gehaben sich mit unglaublicher Ausdrucksfähigkeit, jedes Körperglied scheint seine eigenen Gelenke und Muskeln zu besitzen, jedes gesprochene, jedes gesungene Wort ist der Bewegung von Mund, Kopf und Leib so organisch zugehörig, daß man wahrhaftig kein eifersuchtstoller Kaiser Wu, kein trauertoller Kaiser Wu-Ti und keine gleichfalls eifersuchtsvolle Mongolenfürstin sein muß, um der Illusion zu verfallen, lebende Menschen vor sich agieren zu sehen.

Wenn uns etwas davor behütet, uns so foppen zu lassen wie Wu, Wu-Ti und die Mongolin, so ist es nicht etwa irgendein Minus der Darsteller, sondern ihr Plus. Will sagen: diese Fetzen aus Tierhaut können nicht weniger, als ein Mensch kann, vielmehr können sie viel mehr, als ein Mensch kann, und das ist das einzige, was in dem Zuschauer Zweifel an ihrem realen Vorhandensein hervorruft: Wir sehen zum Exempel, wie sich ein Mensch in einen Drachen verwandelt. Gut, das mag vorkommen im wirklichen Leben. Aber sagt selbst, wird im wirklichen Leben ein eben in einen Drachen verwandelter Mensch die Künste des Feuerspeiens, des Sich-durch-die-Lüfte-Schwingens und des Menschenverschlingens augenblicklich so meisterlich handhaben wie sein Konterfei auf der Schattenbühne?

Solange die Schattenfigur auf solche Ausflüge ins Überirdische verzichtet, solange sie als Mensch auftritt, so lange läßt sich an ihr weder eine verdächtige Fähigkeit noch sonst eine Unnatürlichkeit entdecken. So und nicht anders schreiten zwei Nonnen eine Anhöhe hinan. So und nicht anders beugt sich der redliche Diener des Alten vom Berge vor den beiden Besucherinnen. So und nicht anders pflegen sich die Gespräche zwischen einem frommen Einsiedler und zwei Nonnen zu vollziehen, die in Wirklichkeit gar keine Nonnen sind, sondern Furien in Menschengestalt, und alsbald diese verlassen, um als jene den Alten anzugehen.

Naturwahr sind nicht nur die Menschen auf Erden und die Geister in der Höh', naturwahr sind auch die Dinge. Diese Kulissen! Auf der chinesischen Bühne der lebenden Schauspieler gibt es nichts dergleichen, dort ist Wald gleich Stadt, Kerker gleich Thronsaal, nur aus Wort und Geste erfährt der Beschauer, wohin er sich versetzt zu fühlen hat.

Anders hier. Am Anfang, bevor die mit der Schere geschnittenen Personen auftraten, war die Welt, die diese Blätter bedeuten, schon erschaffen. Rechts stand ein Haus, unten rollten gleichmäßig die blauen Wellen eines Stromes dahin, links ragte ein brauner Fels in die Höhe, und auf seinem Gipfel ließ sich en miniature das schwarz-rote Haus des Eremiten erkennen, das wir haargenau, aber sozusagen in natürlicher Größe im zweiten Akt vor uns gestellt sehen sollten. Die flatternden Ärmel, die wippende Feder, das geschwungene Schwert des Prinzen, Blumen im Haar, die Ornamente am Kleid, die Kothurne der Mandschuprinzessin, der wallende Bart, der edelsteingeschmückte Gürtel und die grünen Pumphosen des Mandarins, die Bäume im Gefild, die Vögel im Gezweig, die Schlangen im Gestein, besser kann das keine Natur gestalten.

Nicht nur die Erde ist belebt, auch die zweite Dimension ist dicht besetzt, der Himmel verdunkelt von fliegenden Muschelwagen und andern allegorischen Bewohnern der Lüfte. Alles bewegt sich in harmonischer Konstellation, und die Meinung der drei Sagenfürsten, die Puppen seien Lebewesen oder überirdische Erscheinungen, hatte weit eher Berechtigung als das nüchterne Faktum: ein einziger Mann läßt dieses ganze bevölkerte Planetarium leben und sprechen.

Daß dem so sei, erfuhren wir mitten im Getümmel einer

Schlacht. Mit Schwertern drangen die Heere aufeinander ein, Speere durchschwirrten die Luft, Feuer schlug hoch, der Führer der Barbaren sank mit gespaltenem Leib zu Boden, sein Pferd desgleichen – alles vollzog sich gleichzeitig. Wie weiland Kaiser Wu-Ti sprangen wir von unserem Stuhl auf und eilten hinter die Bühne, wollten sehen, durch welche raffinierte Apparatur all das betrieben werde.

Wir sahen einen einzigen Mann, einen armselig gekleideten Chinesen hinter einer Öllampe. In jeder Hand hielt er ein Bambusstäbchen, das durch drei Drähte mit der jeweils handelnden Person verbunden war. Ungefähr eine Spanne groß waren die Figuren, ihre Substanz eine bis zur Durchsichtigkeit präparierte Eselshaut, durch Schnitte durchbrochen, auf beiden Seiten zart bemalt und gefirnißt. Oberarm, Unterarm, Oberschenkel, Unterschenkel, Rumpf und Kopf: separate, mit Scharnieren aneinandergehaltene Stücke, zu selbständigem Baumeln oder Nicken allzeit bereit.

Die drei Drähte mündeten am Hals (genauer gesagt: am vorderen Kragenknöpfchen) und an den beiden Händen der Figur. Manche, wie zum Beispiel der gespaltene Heerführer, waren besonders gegliedert, manche, wie zum Beispiel Tiere, in anderer Weise am Draht befestigt.

Alle diese Geschöpfe erweckte Poppenspäler zu temperamentvollem Leben, indem er mit unheimlicher Fingerfertigkeit bald einen der Drähte, bald einen, bald beide Bambusstäbe auf und ab schnellen ließ. Sollte eine Figur eine Drehung machen, wandte er sie einfach mit der Hand um, diese in Höhe der Lichtquelle haltend, so daß die Hand dem Beschauer niemals sichtbar werden konnte.

Die vermeintliche Gleichzeitigkeit der Handlung von vier bis fünf Personen, ja, der Armeen ist der Schnelligkeit des Spielers zu danken. Noch hat sich die Bewegung, die ein Kriegsmann zwecks Speerwurfs vollführte, nicht zu Ende bewegt, noch vibriert sein Muskelwerk, da wird er schon von der unglaublich flinken Hand seines Meisters an die Leinwand geklatscht und an seiner Stelle ein neuer Mann ergriffen.

Dabei ist die Drahtzieherei nicht alles, was der Künstler zu besorgen hat, er spricht für alle Mitglieder seines Ensembles, er singt für die von ihm vorgeschobenen Figuren, und nur bei Massenszenen helfen ihm die drei an seiner Seite sitzenden und das Stück seit Generationen auswendig kennenden Musikanten mit Ausrufen. Dieses Orchester ist verhältnismäßig groß, wenn man bedenkt, daß ein einziger Mann die Rollen von hundert Personen, ihren Auftritt und Abgang bestreitet. Aber auch die drei haben zu tun, der kreischende Klang der Chinesengeige, das grelle Zupfen der kreisrunden Laute und der harte Schlag des Gongs füllen die Handlung aus, und selbst dort, wo die beiden Hände des Bühnenmeisters mit einer neuen Gestalt beschäftigt sind, entsteht keine tote Stelle.

Im zweiten Stück des Abends hat ein Bambushain in Flammen aufzugehen. Der Waldbrand ist großartig, zu großartig sogar, denn der Bogen Papier, der als Projektionsfläche dient (wenn wir früher von Leinwand gesprochen haben, so geschah es aus der Kino-Terminologie heraus), fing Feuer. Ohne daß das Spiel eine nennenswerte Unterbrechung erlitten hätte, ohne daß er die Handlung stocken ließ, verklebte der Puppenspieler das Loch mit einem Stück Papier.

Er heißt Bai Ji-cho. Nachdem er das Zauberstück, das Kriegerstück und eine Burleske vom Jahrmarkt gespielt hatte, die Abendvorstellung zu Ende war, sprachen wir mit ihm. Das Orchester packte die Instrumente ein und brach die Bühne ab. Bai Ji-cho legte jedes seiner 200 pergamentenen Bühnenmitglieder einzeln in einen Kartonumschlag und jeden Umschlag in das entsprechende Fach einer großen Kiste, die wie ein Schrankkoffer eingerichtet war. Der blasse Mond leuchtet ihm zu dieser Arbeit.

Bai Ji-cho übt das Gewerbe seiner Ahnen aus. Seit urdenklichen Zeiten hat sich seine Familie vom Yin-Chi, dem Schattentheater, ernährt. Er selbst lernte die Stücke von seinem Vater, sie sind nicht aufgeschrieben, aber fast alle Schattentheater bestreiten ihr Repertoire mit den gleichen Dramen, den gleichen Figuren, dem gleichen Wortlaut der Dialoge.

Ob es noch viele solcher Schattentheater gibt? Vor einigen Jahren waren noch über 120 in Peking, sie besaßen ihre ständigen Plätze in belebten Straßen. Jetzt hat Bai Ji-cho nicht mehr als zwei Konkurrenten, und öffentlich wird überhaupt nicht gespielt. Man gibt die Vorstellungen nur in Privathäusern, wenn man bestellt wird.

Nach seinem Tode werde es mit seiner Bühne zu Ende sein, fügt Bai Ji-cho hinzu, denn sein Sohn sei Laufbursche in einem internationalen Hotel und lerne die Stücke nicht. Bei den andern beiden Schattentheatern sei es ähnlich.

Wieso das komme, daß von 200 Theaterchen nur noch drei übriggeblieben sind? Die amerikanischen Touristen und die

Curio-Händler kauften die Figuren in Bausch und Bogen zusammen. Die Puppenspieler waren froh, auf einmal einen Haufen Dollars zu sehen . . . jetzt sitzen sie an der Straßenecke als Märchenerzähler und sagen die alten Stücke auf – ohne Musik und ohne Figuren. Vor vielen hundert Jahren haben die öffentlichen Märchenerzähler ihr Gewerbe dadurch ausgebaut, daß sie hinter eine Wand traten und Scherenschnitte bewegten. Heute ist es umgekehrt.

Damit hat Bai Ji-cho den letzten seiner Truppe verstaut, schließt den Koffer, er und die Musikanten packen an und ziehen mit dem Zauberspiel von dannen, von dem bald keine Spur übrig sein wird.

Uns wäre während des ganzen Abends nicht eingefallen, diese heitere Spielerei könnte mit der Feststellung enden, daß auch hierher Geld und Snobismus der fremden Kolonialherren ihren Schatten werfen, daß sie China, dem gelben Peter Schlemihl, sogar seinen Schatten abgekauft haben. Seinen schönen, bunten, beweglichen Schatten.

WAFFEN SIND DAS GROSSE GESCHÄFT

„Hören Sie mir nur auf mit Völkerbund und Politik und Staatsrecht und so, damit kann mich keiner doof machen. Und die ganze Geographie, die ist auch nichts weiter als ein großer Quatsch!“

„Nanu, Herr Zunder?“

„Sagen Sie mal ehrlich, was heißt denn das: England, Amerika, Frankreich und Deutschland und so? Das sind doch alles nur leere Versprechungen! In Wirklichkeit ist die Welt eingeteilt in die Interessengebiete der Waffenfabriken. Man müßte auf der Landkarte sehen: das gehört Schneider-Creuzot, das gehört Krupp-Essen – will sagen Bofors-Schweden, das gehört Dupont-Nemours, das gehört Vickers-Armstrong. Dann würde jeder verstehen, was überall gespielt wird.“

„Und Schanghai, Herr Zunder? Wohin gehört Schanghai nach Ihrer Erdkunde?“

„Schanghai ist ein Sauhaufen. Wenn hier nur *eine* Waffenfabrik vertreten wäre statt hundert, dann wäre es kein Sauhaufen.“

„Welche Fabrik würden Sie vorschlagen, Herr Zunder?“

„Na, erlauben Sie mal – selbstverständlich den Konzern, für den ich arbeite. Ein anderer kommt ja hier gar nicht in Frage."

Wundert man sich darüber, daß Herr Zunder für einen Rüstungskonzern arbeitet? In Schanghai ist jeder Ex- und Importeur mit Waffenhandel beschäftigt, oder – um nicht zu übertreiben – jeder möchte im Waffenhandel beschäftigt sein. Waffenhandel ist politisch und wirtschaftlich die entscheidende Angelegenheit, wenngleich man vergeblich die ganze China-Literatur durchstöbern würde, um auch nur ein einziges Wörtchen darüber zu finden. Ebensowenig wird darüber gesprochen, außer wenn die Beteiligten ganz unter sich oder mit jemandem beisammen sind, von dem sie voraussetzen, er habe Lieferungen zu vergeben.

Diejenigen, die sich als die Erbeingesessenen, als „Old Chinahands" aufspielen, seufzen über die unbestreitbare Tatsache, daß die vergangenen Zeiten vergangen sind. Außerdem beschweren sie sich über die unseriösen Außenseiter: „Sehen Sie, früher hat der Exporteur seine Transporte schön selbst begleitet bis zur Übernahme. Da konnte er natürlich den Inspektionen, den Zollbeamten und den Behörden ganz anders gegenübertreten als irgendein Schiffsangestellter. Erinnern Sie sich zum Beispiel an den alten Holfeld? Der ist während des Russisch-Japanischen Krieges durch jede Blockade durchgekommen. Einmal haben sie ihm die Fracht doch weggenommen, da ist er bis zum Schiedsgerichtshof im Haag gegangen und hat seine Sache gewonnen. Aber heute? Was hat denn das Schiffspersonal für ein Interesse daran, mit der Ware durchzurutschen?"

Manche tun so, als würde heutzutage nicht genug verdient, obwohl wahrhaftig noch genug verdient wird; sie tun so, als ob sich die Usancen gegen ehedem geändert hätten, obwohl sich die Usancen wahrhaftig gar nicht geändert haben.

„Ja damals, damals wurde die Bestellung im voraus bezahlt, und dann ließ man das Schiff an einer vereinbarten Stelle notlanden, wo es vom Feind des Käufers ‚überfallen' werden konnte. Der Feind nahm die Waffen an sich und bezahlte sie – so wie es vorher ausgemacht war. Heute wollen die Chinesen alles cif geliefert haben, die Kerle sind ganz verdorben, es ist höchste Eisenbahn, daß hier Ordnung gemacht wird."

Herr Zunder behauptet, die „fremden Agitatoren" hätten

den Kantonesen Waffen gegeben. „Das haben sie nur gemacht, um die Revolution zu stärken, glauben Sie mir. Niemanden haben sie daran verdienen lassen und selbst nichts daran verdient. Hat das schon jemand gehört, daß man Waffen hergibt, ohne was zu verdienen . . .?"

Nee, das hat noch niemand gehört.

Wie gesagt, Waffen sind auf dem Schanghaier Markt seit langem ein ausgesprochen gängiger Artikel. Schon die seligen Portugiesen kamen eigentlich her, um Silber zu verkaufen, jedoch die Chinesen wollten lieber Pulver und Blei, weil man sich mit Pulver und Blei immer wieder alles Silber zurückholen kann. Die frommkatholischen Portugiesen verlangten für einen guten Mörser außer den entsprechenden Quanten von Tee, Seide und Porzellan nicht weniger als 1200 Stück Heiden zwecks Taufe. Im Kriegsmuseum, auf dem Hügel Kudan in Tokio, sieht man die alten christlichen Kanonen mit Kruzifixen und frommem lateinischem Spruch und Datierung „fecit A. D. 1550" – von den Japanern und Chinesen, die dafür zum Christentum übergetreten wurden, gibt es heute in keinem Museum eine Spur mehr. Dennoch blieb Taufe als Zahlungsmittel für Waffen jahrhundertelang wertbeständig. Während des Taiping-Aufstandes trat der Marschall Lin A-fu mit 3000 Mann gegen Lieferung von Kanonen zum Katholizismus über, und zwei andere Führer der Aufständischen, Li Je-u und Tsen A-lin, proklamierten eine Art von christlichem Glauben, wofür ihnen die Missionare Gewehre verschafften. Später allerdings wurden diese Neuchristen von den Europäern verraten und durch eine Bande englischer und amerikanischer Sträflinge („the ever victorious army") zugunsten der heidnischen Mandschudynastie niedergerungen.

Die Anwälte der Fremdherrschaft über China weisen auf Schanghai hin: Wir sind es, die einen sumpfigen Winkel am Hwangho zur stolzen Großstadt gemacht haben, und es beweist die Minderwertigkeit der Chinesen, daß sie diese Tatsache nicht dankbar anerkennen.

Als ob ohne die Diktatur der Fremden die Erfindung des Dampfschiffs und der Eisenbahn nicht nach China gedrungen wäre! Als ob sich nur in China keine Industrie entfaltet hätte! Als ob der Imperialismus von seinen Segnungen nur den chinesischen Markt ausgeschlossen hätte! Als ob sich nur die japanischen Küstenstädte ohne fremde Mächte zu Emporen des Handels entwickeln konnten, nicht aber die des Weltreichs China! Als ob der einst angeblich sumpfige Winkel nicht das Mündungsgebiet des „Kaisers der Ströme" wäre, des 1000 Meilen lang schiffbaren einzigen Weges zu einem Zehntel der Menschheit! Als ob hier nicht in der Zeit der Dampfschiffahrt unter allen Umständen ein Welthafen entstehen mußte!

Soll etwa das Chinesenvolk für die Wolkenkratzer und Villen dankbar sein, die sich die Fremden von seinem Geld und mit seinem Blut erbaut haben und in deren Schatten Chinesen Hungers leben und Hungers sterben? Sollen sie die Bankgebäude preisen, in denen sie die Boxerindemnität und die andern Tribute abliefern? Verlangt von einem Deliquenten, daß er die Solidität des Galgens lobe, an den er geknüpft wird. Führt den letzten Manhattan-Indianer, den Letzten seines von den Fremden gejagten, getöteten, ausgerotteten Volkes, vor die Stadt New York und heischt seine bewundernde Anerkennung für das, was die Mörder seiner Heimat aus seiner Heimat gemacht haben.

Die amerikanischen Yankees haben die Urbevölkerung Amerikas nur gejagt, getötet und ausgerottet. Die asiatischen Yankees haben die Urbevölkerung Chinas am Leben gelassen, um aus ihr Konzessionen und Kontributionen, Indemnitäten und Realitäten herauszupressen, aus ihr einträgliche Objekte für Opium und Morphium, Korruption und Prostitution zu formen, aus ihr Zugtiere und Haustiere und Arbeitstiere zu machen, ihre Kinder an Kinder-Spinnmaschinen zu stellen und ihren Boden zu besetzen.

In den inneren Kämpfen, den Bürgerkriegen, haben die Fremden stets die Partei der einheimischen Unterdrücker genommen, nachdem sie beiden Seiten für gutes Geld Waffen geliefert hatten.

Mit den Waffen und an den Waffen wurde verdient. Die Muse Klio hat, wenn sie die Geschichte der Schanghaier Fremdenbezirke schreibt, nur Ordres zu buchen.

Am ersten Tag seines Aufenthaltes im neuen Vertragshafen Schanghai erledigt der Erste Konsul Frankreichs sein erstes Konsulargeschäft: Der französische Kaufmann J. Aroné in Firma „Bac, Aroné et Cie." wollte im Dezember 1848 seine Ware in einem Hotel Schanghais deponieren – 200 Kisten mit Gewehrpatronen und Pulver für Kriegszwecke, und da der Hotelier das nicht zuließ, wurde die Intervention des eben eingetroffenen Monsieur de Montigny, Konsuls von Frankreich, notwendig.

Dieses ereignete sich noch im Britischen Settlement, aber bald wurde durch einen Grundstückskauf des Franzosen D. Rémi die Französische Konzession geschaffen. Monsieur Rémi, solchermaßen der Gründer der Französischen Konzession, schob Waffen und konnte dieses Geschäft um so großzügiger fortsetzen, als er Schwiegersohn des Konsuls wurde und sich de Rémi-Montigny nannte. In der gleichen Branche waren die amerikanischen Konsuln tätig. Mister Griswold, Konsul Amerikas, betreibe Waffenschmuggel, klagt der Schwiegervater des Waffenschmugglers Rémi in heftigen Worten am Quai d'Orsay. Daraufhin wendet sich Frankreich an Amerika, Griswold muß gehen, sein Nachfolger wird Mister Cunningham, der in seiner Eigenschaft als amerikanischer Konsul in den Taiping-Kriegen dem Vertreter des Kaisers mit Rat und Tat beisteht, jedoch in seiner Eigenschaft als Chef des Handelshauses „Russel & Cie." den Aufständischen Waffen und ganze Kriegsschiffe verkauft.

Ein solches Doppelspiel sei unerhört, sagt Monsieur Edan, Stellvertreter von Montigny, in seinem Bericht nach Paris, indes nebenan Monsieur Rémi-Montigny Kanonen in Partien zu 500 Stück sowohl an den kaiserlichen Tao-Tai als auch an die Rebellenführer liefert.

Überhaupt sind die Taiping-Kriege die Zeit, da sich die Weißen vom Opiumexport nach China auf den Waffenexport nach China umstellen.

Als Schanghai belagert wird (September 1853), sausen die von Monsieur Rémi-Montigny den Taipings verkauften Geschosse in den Garten des Monsieur Rémi-Montigny, platzen vor dem Portal des Konsulats und beschädigen die Kathedrale. Ebenso reell werden die Belagerten von den Waffenhändlern bedient – besser ist's, mit zwei Gegnern ein Geschäft zu machen als mit gar keinem.

An der Reede von Schanghai ankern Schiffe mit vier Sorten von Ladung: „Bibelkassetten", „Pianos", „Regenschirme" und „Glaswaren". Die Bibelkassetten sind Revolver, die Pianos Kanonen, die Regenschirme Gewehre und die Glaswaren Patronen.

Conte de Salaberry hat ein merkwürdiges Unternehmen gegründet: er rüstet Konvois, bewaffnete Begleitschiffe für Flußtransporte chinesischer Kaufleute, aus. Er selbst fährt mit Waffenladungen für die Taipings nach Ningpo und nimmt so viel Geld ein, daß er eines schönen Junitages 1861 von seinen beiden italienischen Matrosen an Bord ermordet und beraubt wird.

Ein Jahr später, als sich die Fremden daran beteiligen, dem Kaiser von China Stadt und Festung Ningpo wiederzugewinnen, werden sie in Massen niedergemetzelt, und General Staveley macht hierbei die Feststellung, die man im Weltkrieg gemacht hat und noch in manchem Krieg machen wird: „Wenn die europäischen Verbündeten so empfindliche Verluste erlitten haben, so ist dies darauf zurückzuführen, daß die Taipings mit europäischen Waffen glänzend ausgerüstet waren."

„Die Leute müssen damals ganz schön verdient haben."

Das glaub ich auch, Herr Zunder.

Die Staaten, in die Herr Zunder den Globus.eingeteilt wissen will, haben ihre Vertretungen in Schanghai, in Peking, in Nanking, überall. Denn überall sind Generalskriege im Gange, überall Waffen vonnöten.

Vickers-Armstrong hat die Führung, weil England überhaupt die Führung hat. Es hat sie mit den Opiumkriegen errungen und dadurch befestigt, daß es seinerzeit die Leitung des Zollamts übernahm, die Landungsbewilligung „to pass" für englische Waren leichter erhältlich war als für andere.

Aber der Großstaat Schneider-Creuzot (auf seinem Täfelchen im Gebäude der Great Northern fehlt das verräterische Wort „Creuzot") macht den Engländern Konkurrenz; sein Gesandter, Monsieur Marchand, lenkt den Gesandten des Vasallenstaates Škoda, Pan Hora, der auf Schanghais Kaistraße, dem Bund, amtiert und seinerseits den in Peking residierenden Konsul der Brünner Waffenfabrik, Herrn Laurent, dirigiert. Diese Rüstungsvertreter sind mit der offiziellen Diplomatie eng verbunden.

Als Graf Martel – Nachfahr Karls des Großen! – noch Gesandter Frankreichs in Peking war, ließ er die Waffenlieferungen für die ihm genehmen Chinesengenerale von seinem gegenüber, also gleichfalls im Gesandtschaftsviertel amtierenden Schwager Bardacque, Direktor der Banque de l'Industrie, bevorschussen. Am Tag nach dem Waffenstillstand von 1918 plünderte Comtesse de Martel, die Gattin des Gesandten und Schwester des Bankdirektors, an der Spitze einer Abteilung betrunkener französischer Matrosen das Gebäude der Deutsch-

Asiatischen Bank, die ihrem Bruder schon lange unangenehme Konkurrenz gemacht hatte. So viehisch, erzählen unparteiische Zeugen, so viehisch, wie sich Ihre Exzellenz damals benommen hat, soll man selten Frauen sich benehmen gesehen haben. Graf Martel ist jetzt Botschafter in Tokio, sein Schwager noch immer Waffengeschäftsträger im Pekinger Gesandtschaftsviertel.

Sooft auch China ausländische Anleihen aufgenommen hat, so selten hat es dabei Geld bekommen. Man kann doch den Chinesen kein Geld in die Hand geben, nicht wahr? Wenn sie statt dessen zum Beispiel Waffen haben wollen – bitte. Zwei Wiener Großbanken, die Niederösterreichische Escompte-Gesellschaft und die Österreichische Boden-Kreditanstalt, schlossen vor dem Weltkrieg drei Anleihen mit China ab unter der Bedingung, daß vom Anleihebetrag bei der Cantiere Navala Triestino Schlachtkreuzer bestellt und bei den Škodawerken in Pilsen armiert werden.

Englische Exportfirmen in Schanghai liefern Tanks und Panzerplatten, französische liefern Geschütze, tschechoslowakische liefern Maschinengewehre, norwegische liefern Sprengstoffe, belgische liefern Revolver, schwedische liefern Scheinwerfer, deutsche liefern Giftgase, amerikanische liefern Schießbaumwolle und Nitrate – all das offiziell.

Das inoffizielle Geschäft ist mindestens ebenso groß, es hat nicht zu unterschätzende Vorteile. Man kann billiger einkaufen, insbesondere alte Heeresbestände, in die keine Herstellungskosten einkalkuliert werden müssen, und die Käufer bleiben geheim.

„Mehr oder minder natürlich."

Ich verstehe, Herr Zunder.

Nach dem Weltkrieg wurde dessen Inventar auf den Markt geworfen, die Angebote unterboten einander, die Vertreter der Rüstungskonzerne waren in ihrer geschäftlichen Existenz bedroht, politische und kaufmännische Konflikte häuften sich. Und da jede Waffenfracht, ob sie nun einem nordchinesischen oder einem südchinesischen Kriegsherrn geliefert wurde, schließlich doch immer wieder bei den Revolutionären landete, zu denen die Soldaten überliefen, begannen sich die Vertretungen der Mächte unbehaglich zu fühlen. Wer konnte gewährleisten, daß die Kantonesen sich damit begnügen würden, gegen die konnationale Bourgeoisie, gegen die Armeen der chinesischen Bankiers und Generale zu kämpfen, wer konnte gewährleisten, daß der Bürgerkrieg nicht eines Tages auch die Fremdherrschaft bedrohen werde mitsamt ihren selbstgeschaffenen heiligen Rechten der Unantastbarkeit ...? Jedes Gewehr, jede Patrone in Chinesenhand vergrößerte die Gefahr.

1919 unterzeichneten auf Anregung des amerikanischen Gesandten in Peking die Großstaaten eine Vereinbarung, derzufolge ihren Staatsbürgern „bis zur Einsetzung einer stabilen Regierung für ganz China die Einfuhr von Waffen, Munition und Herstellungsmaterial in dieses Land verboten wird". Dem „Arms-Embargo-Agreement" wurden später Italien, die Niederlande, Dänemark und Belgien beigezogen – ausgeschlossen blieb Deutschland, das damals noch als Vaterland der Hunnen galt und deshalb nicht vertragsberechtigt sein durfte. Aber die verschobenen und unverschobenen Restbestände des Weltkrieges konnten nirgends fröhlichere Auferstehung feiern als auf dem großen Bürgerkriegsschauplatz China. War eine solche günstige Verwendung durch diese Vereinbarung über den Nichtwaffenhandel nicht gestört? Gestört? Wieso? Gentlemen wissen ein Gentlemen-Agreement auszulegen. So zum Beispiel: Als die Truppen von Wu Pei-fu mit britischen Stahlhelmen ausgerüstet wurden, erklärten die Engländer seelenruhig, diese Helme seien den Chinesen nur zu dekorativen Zwecken, nur für die Parade verkauft worden.

Vickers-Armstrong lieferte 140 Flugzeuge nach Peking, er lieferte sie zu Zivilzwecken, was konnte die ahnungsloe Firma Vickers-Armstrong dafür, daß die Armee die Aeroplane übernahm?

Die Japaner versorgten Tschang Tso-lin mit Schützengrabenkanonen, Mörsern und Artilleriemunition. Bei einem Prozeß in Schanghai wurde festgestellt, daß der höchste Funktionär des Internationalen Settlements, der Amerikaner Fessenden, als Agent für die Waffenkäufe Tschang Tso-lins tätig gewesen war.

Natürlich war es nicht angenehm, wenn Sachen ruchbar wurden, die der Laie, das heißt der Nicht-Waffenhändler, für einen Bruch der Vereinbarung halten konnte. Um solche Mißverständnisse zu vermeiden, schob man die Deutschen vor. Hatten sie doch an dem Waffenverweigerungsvertrag nicht teilgehabt. Sie lieferten zumeist über Tsingtao und verkauften in Tsinanfu. Die Zollausweise für 1924 zeigen, daß 32 Prozent des offiziellen Waffenhandels durch deutsche Staatsangehörige getätigt wurden, über den inoffiziellen gibt es keine Statistik.

„Sie verstehen? Die, die man von der Vereinbarung über den Waffenhandel ausgeschlossen hat, übernehmen die Führung des Waffenhandels."

Sehen Sie, Herr Zunder, so ist es doch gut, daß Schanghai ein Sauhaufen ist.

„Na ja, pröstchen!"

Es wäre ein Irrtum zu glauben, daß sich die ausgeschalteten Händler anderer Nationen die deutsche Konkurrenz ohne weiteres gefallen lassen. Deutschland ist ja das Recht zur Erzeugung und zum Verkauf von Waffen in Spaa und Genf abgesprochen worden.

Man geht also gegen Deutschland vor. Zuerst mit leichter Waffe. Eine leichte Waffe ist zum Beispiel die amerikanische Telegrafenagentur United Press. Sie meldet am 3. Januar 1928, in Tsingtao seien Eisenbahnwagen requiriert worden, um die von Deutschland für General Sun Tschuan-fang gelieferten Waffen auf dem Landweg weiterzuleiten. Dazu erfolgt in Deutschland der Kommentar:

„Eine derartige Nachricht einer ernstzunehmenden Agentur muß befremden. Die Vereinigung der deutschen Chinafirmen in Hamburg hat bekanntlich unmißverständlich erklärt, daß ihre den ganzen deutschen Chinahandel umfassenden Mitglieder sich nicht mit Waffenhandel in China beschäftigen. Es ist auch ausgeschlossen, daß die gleichen Firmen, die auf das Ende der Unruhen für die weitere Entwicklung des Handels angewiesen sind, ihre Fortdauer durch Lieferung von Waffen unterstützen."

Acht Tage später wird der zweite Schuß abgegeben, schon aus schwererem Kaliber. Reuter, die offiziöse britische Telegrafenagentur, berichtet aus Tsingtao, dort sei ein norwegischer Dampfer aus Hamburg eingetroffen mit 7000 deutschen Gewehren, 10 Thompson-Maschinengewehren und der entsprechenden Munition an Bord; außerdem habe kurz vorher ein deutscher Dampfer Maschinengewehre und Grabengeschütze in Tsingtao gelöscht. Beide Schiffsladungen seien für die Nordarmee bestimmt. Antwort Deutschlands:

„Diese Meldung ist mit größter Vorsicht aufzunehmen, zumal angesichts der bekannten Erklärung der deutschen Reeder, daß sie keine Waffen an Bord ihrer Schiffe nach China befördern."

Nun schießt eine ganz große Kanone, der Außenminister der Nankingregierung, Dr. Wu. Er fordert die Beschlagnahme des norwegischen Dampfers „Skule", der einen der letzten deutschen Waffentransporte nach China brachte, und kündigt an, daß er, nachdem die Untersuchung die Richtigkeit der Angaben über die deutschen Waffensendungen an Tschang Tso-lin und andere Generale bestätigt hat, alle beteiligten deutschen Firmen in China bestrafen werde. Die Nankingregierung habe in Erfahrung gebracht, daß die Pekinger Regierung mehreren deutschen Firmen in Tientsin, Tsinanfu und Tsingtao den Auftrag erteile, in Deutschland für fünf Millionen Dollar Waffen und Munition anzukaufen und nach Nordchina zu schaffen. Die Ladung des norwegischen Dampfers „Skule" sei bereits infolge dieses Auftrags durch eine der deutschen Chinesenfirmen vermittelt und durch ihre Agenten den Vertretern Tschang Tso-lins zugeführt worden.

Im Reichstagsausschuß für den Reichshaushalt verliest am 24. Januar 1928 im Laufe einer Rede der kommunistische Abgeordnete Stöcker die Kundgebung Dr. Wus. Reichsminister des Auswärtigen Dr. Stresemann beantwortet einen Teil der Stöckerschen Ausführungen, auf die den deutschen Ostasienhandel berührende Erklärung seines chinesischen Amtsbruders reagiert Stresemann mit keinem Wort. Er glaubt einfach den Vorfall nicht, liegt doch die ausdrückliche Erklärung des Ostasiatischen Vereins in Hamburg vor, daß dessen Mitgliedsfirmen keinen wie immer gearteten Handel mit Waffen betreiben. Wäre es möglich, Millionengeschäfte glatt in Abrede zu stellen?

„Hat der eine Ahnung, was hier alles möglich ist!"

Nee, der hat keine Ahnung, Herr Zunder.

„Na, zum Wohle."

Im selben Monat, jenem Januar 1928, haben sich auf dem Gebiet der deutsch-chinesischen Waffenkunde weitere Vorfälle begeben, die nach und nach sogar den Glauben des deutschen Außenministeriums an die Glaubwürdigkeit der Ostasienfirmen erschüttern. Mit einem Zeitungstelegramm beginnt es:

„Kiel, 11. Januar. Im Freihafen von Holtenau hat der norwegische Dampfer „Aker" festgemacht, um Teilladung zu nehmen, eine weitere Teilladung mit Sprengstoffen für Bergbau war nach Wladiwostok bestimmt. Vorgestern trafen aus Halle als Zwischenstation 17 Güterwagen ein, deren Fracht als

Maschinen und Maschinenteile deklariert war und vom Dampfer übernommen werden sollte. Als etwa die Hälfte der Ladung an Bord genommen war, wurde bei einer Stichprobe Gewehrmunition festgestellt, worauf die Zollbehörde die weitere Verladung untersagte und den Inhalt der Eisenbahnwaggons beschlagnahmte. Die Munitionskisten waren nach Oslo deklariert, doch ohne Zweifel für China bestimmt. Der Ursprungsort der Munition ist unbekannt, man kann aber wohl annehmen, daß es sich um ausländische Munition handelt – etwa aus der Tschechoslowakei – und daß Halle nur als Übergangsort in Frage kommt. Der norwegische Dampfer hat den Kieler Hafen wieder verlassen. Die beschlagnahmte Munition soll in Kiel vernichtet werden."

Anlaß zur Vornahme der Stichprobe war eine Anzeige. Der Mann hatte die offiziellen Dementis über die Waffensendungen in Tsingtao gelesen und schreibt den Behörden: „Ihr irrt euch, meine Herren, wenn ihr glaubt, aus Deutschland gehen keine Waffen nach China. Schaut zum Beispiel nach, was für Maschinen das sind, die der ‚Aker' ladet." Daraufhin müssen die Behörden nachsehen und finden, daß es Maschinen zur Erzeugung von Leichen aus lebendigen Menschen sind. Aber selbstverständlich: ausländische!

Offiziös wird ausgegeben:

„Die deutschen Zollbehörden sind offenbar bei der Einfuhr durch falsche Deklaration getäuscht worden. Munition darf nur dann durch Deutschland durchgeführt werden, wenn sie als solche deklariert ist. Wie wir hören, hält man es für ausgeschlossen, daß deutsche Kaufleute an der Angelegenheit interessiert sein könnten. Denn die deutsche Reichsregierung hat mit dem Verband der deutschen Reedereien und dem Ostasiatischen Verein in Hamburg ein Abkommen geschlossen, das den Mitgliedern dieser beiden dominierenden Vereine die Verpflichtung auferlegt, keine Kriegswaffen und Kriegsmunition in deutschen Häfen zu verschiffen oder auf deutschen Schiffen zu verfrachten. Diese Verpflichtungen sind bisher beobachtet worden, so daß nur ein Außenseiter oder ein Ausländer sich über sie hinweggesetzt haben könnte."

Ob es nun die Zollbehörde ist, die wegen des Vorwurfs, getäuscht worden zu sein, bekanntgibt, daß die Ware nicht ausländischen, sondern deutschen Ursprungs ist und von einer Verschrottungsfirma in Sübtitz bei Torgau stammt, oder ob ein Konkurrent hinter der Veröffentlichung steht, wer weiß das?

Jedenfalls rückt das Wolffsche Telegrafenbureau schnell mit der Dementierspritze heran:

„Kiel, 17. Januar 1928 (W. T. B.). In Sachen der Munitionsbeschlagnahme im Kieler Hafen führt, dem Vernehmen nach, die Staatsanwaltschaft in Verbindung mit der Kriminalpolizei in Halle gegenwärtig die Untersuchung in Halle und Torgau. Absender und Empfänger der Sendung waren bis jetzt nicht in Erfahrung zu bringen."

Wie? Staatsanwaltschaft und Kriminalpolizei sollen nicht imstande sein, Absender und Empfänger eines siebzehnwaggonigen Eisenbahnzugs und einer Schiffsladung von 300 Tonnen festzustellen? Die Presse hilft den Behörden, sie teilt mit, daß die Firma Daug & Co., Berlin, Potsdamer Straße, Absenderin und die Speditionsfirma Schenker & Co. Versenderin ist, die Lieferung unter dem Namen der Metall- und Schrottfirma Max Heymann, Berlin, Budapester Straße, ging. „Diese Firma soll mit der Abwicklung solcher Geschäfte vertraut sein und in einflußreichen Kreisen die in Betracht kommenden Beziehungen haben." Gemeint sind, wie das „Berliner Tageblatt" am 20. Januar sagt, gewisse Stellen der Seetransportabteilung in der Marineleitung, die kurz vorher durch einen Korruptionsskandal, die Phöbus-Affäre, die Öffentlichkeit beschäftigt hat; beteiligt an der Kieler Waffenschiebung seien Oberregierungsrat Beuster von der Seetransportabteilung und Leutnant Protze.

Reichsaußenminister Dr. Stresemann erwidert auf Anfrage des Abgeordneten Stöcker, er habe eine vom Admiral Zenker unterfertigte Erklärung erhalten, daß keine Reichsmarinestelle etwas mit der Waffenlieferung an China zu tun habe.

Abgeordneter Stöcker (KP): „Wenn der Reichsaußenminister glaubt, mit dieser Erklärung die Sache aus der Welt geschafft zu haben, dann ist er im Irrtum. Die Erklärung ist nur die Bestätigung dessen, was ich vorher erklärt hatte. Niemand hat behauptet, daß eine Marinestelle als solche dabei beteiligt sei, vielmehr ist gesagt worden, daß führende Herren der Marine daran beteiligt seien. Zu dieser Behauptung aber schweigt der Admiral Zenker. Das ist die Bestätigung meiner Anklage. Weshalb schweigt Zenker zu der konkreten Behauptung, daß führende Herren der Marineleitung beteiligt seien?"

Reichsminister des Auswärtigen Dr. Stresemann: „Ich muß doch erklären, wenn mir als Minister gesagt würde, Mitglieder meines Amtes seien in einer solchen Weise tätig gewesen, und ich gebe die Erklärung ab, daß keine meiner Abteilungen beteiligt sei, dann bezieht sich das auch auf die betreffenden Persönlichkeiten. Ich halte es für ausgeschlossen, die Erklärung des Admirals Zenker so zu interpretieren, daß hier nur die Abteilungen gemeint seien."

So gläubig wie Dr. Stresemann würde kein Außenminister sein, der aus dem Diplomatischen Korps hervorgegangen ist. Er glaubt der Erklärung des Admirals, wie er den Redereien der Reedereien glaubt. Der Reichswehrminister ist auch nicht viel schlauer.

„Wenn gegen das ‚Berliner Tageblatt' von der Marineleitung Strafantrag gestellt worden ist", erklärt der Wehrminister Gröner am 10. Februar, „so billige ich das vollkommen, weil das die einzige Möglichkeit zur schnellen Aufklärung ist, um die beiden beschuldigten Offiziere, die versichern, nicht daran beteiligt zu sein, vor dem Gericht zum Eid zu bringen. Das Verfahren vor dem Staatsanwalt dauert zu lange."

Fünf Tage später sagt Gröner, er habe nach der von ihm persönlich angestellten Untersuchung den Eindruck, „daß eine der beteiligten Firmen unter Bruch ihrer Verpflichtungen die ihr zur Verschrottung übergebene Munition nach dem Ausland verschieben wollte. Diese Firma hat einer durchaus vertrauenswürdigen Speditionsfirma vorgetäuscht, daß alles in Ordnung ginge. Die Herren Oberregierungsrat Beuster und Leutnant Protze haben eidesstattlich erklärt, daß sie daran nicht beteiligt seien."

Eine sehr merkwürdige Untersuchung muß das gewesen sein, diese vom Herrn Reichswehrminister persönlich angestellte Untersuchung. Weder war jemals Verschrottung beabsichtigt, noch kann von einem Bruch der Verpflichtungen die Rede sein, noch ist die Speditionsfirma von der Absenderfirma getäuscht worden. Die beteiligten Firmen antworten öffentlich, sie haben im Reichswehrministerium, Marineleitung, wegen des Transportes angefragt und von Major Danneel die Auskunft erhalten, im Wehrministerium sei von dem Transport nichts bekannt. Leutnant Protze, der mit dem Vertreter der Käuferfirma in Kiel gewesen war, um dort alles für den Transport vorzubereiten, wurde bei seiner Rückkehr nach Berlin von dieser Auskunft in Kenntnis gesetzt. Protze rief bei dem Oberregierungsrat Beuster von der Seetransportabteilung an, und dieser erklärte den beteiligten Firmen, die negative Auskunft sei von einer nicht informierten Stelle gegeben worden. In einem weiteren Telefongespräch zwischen der Firma

Schenker & Co. und dem Oberregierungsrat Beuster wurde der Speditionsfirma von Beuster bestätigt, daß der Transport in Ordnung gehe.

Aus einer Interpellation im Reichstag wird bekannt, daß es sich um Reichswehrmunition handelt. Die gerichtliche Untersuchung geht weiter. Sie dauert anderthalb Jahre. Vom 12. bis 18. Dezember 1929 stehen wegen Vergehens gegen das Kriegsrüstungsgesetz der Major a. D. Seemann, Leutnant Protze von der Spionageabwehrstelle der Marine und die Berliner Kaufleute Schwarz, Taub, Daug, Veltjens und Liening vor dem Erweiterten Schöffengericht in Kiel. Selbstverständlich wird der Prozeß im geheimen Verfahren durchgeführt. Selbstverständlich werden sämtliche Angeklagten freigesprochen. Selbstverständlich werden die Kosten des Verfahrens der Staatskasse auferlegt. Selbstverständlich bleiben sogar bei der Urteilsbegründung Öffentlichkeit und Presse ausgeschlossen.

Der Staatsanwalt legt Berufung ein, und am 12. Juni 1930 beginnt in Kiel die Berufungsverhandlung. Auch diesmal Freispruch sämtlicher Angeklagten nach streng geheimer Verhandlung.

„Na, was haben Sie denn geglaubt?"

Ich hab gar nichts geglaubt, Herr Zunder.

Gleichzeitig mit dem norwegischen Schiff und seinen deutschen Waffen in Tsingtao und gleichzeitig mit dem norwegischen Dampfer und seinen deutschen Waffen in Kiel segelt ein drittes Waffenschiff in die Öffentlichkeit, eine weit romantischere Fahrt.

Held der Geschichte ist die ganze tschechoslowakische Hochseeflotte, denn wohl läßt Shakespeare in seinem „Wintermärchen" Böhmen am Meer liegen, aber da die gegenwärtige Geographie hierin mit Shakespeare nicht übereinstimmt, hat bisher noch kein anderes tschechoslowakisches Schiff so kriegerische Gefahren auf hoher See bestanden.

In Manila begann es, nicht im Prager Moldauhafen Manina, sondern im Hafen Manila auf der Philippineninsel Luzon. Dort ankerte Anfang Januar 1928 ein 2000-Tonnen-Dampfer, auf dessen Bug in funkelnagelneuen Goldlettern der Name „Praga" prangte und auf dessen Topp eine weißrote Flagge mit blauer Gösch wehte. Er hatte deutsche Besatzung, einen deutschen Kapitän, 90 000 Gewehre mitsamt entsprechender Munition und ein Panzerauto an Bord. In Manila wollte er weiter nichts als Kohle nehmen und dann friedlich nach China weiterfahren.

Aber wie das schon so geht im Hafenleben, zwei Mann der Besatzung betranken sich in einer Seemannskneipe und erzählten, was für eine interessante Fracht in ihren Ladeluken geborgen sei.

Dieses Gespräch, so ist das nun einmal mit den Gesprächen in den Hafenkneipen, erfuhr der politische Agent der Nankinger Regierung und verlangte vom philippinischen Zollkontrolleur und vom Gouverneur, man möge diese für Tschang Tso-lin bestimmten Waffen mit Beschlag belegen. Das wurde verweigert, und so depeschierte er seiner Regierung, die ein Kanonenboot, den „Tiger", entsandte, um die „Praga" auf hoher See zu kapern. Tschang Tso-lin, von dem Pekinger Gesandten der Brünner Waffenfabrik, Herrn Laurent, benachrichtigt, schickte seinerseits ein Schlachtschiff zur Sicherung des Transportes aus, und eine Seeschlacht im Pazifik stand unmittelbar bevor.

Ehe das Schutzschiff herangekommen war, lichtete die „Praga" bei Nacht und Nebel Anker. Sie jagte davon, der „Tiger" zähnefletschend hinter ihr her. 600 Meilen vor Schantung erhielt die „Praga" von ihrem Verfolger durch Funkspruch die Aufforderung, sofort zu stoppen, widrigenfalls sie beschossen werde. Die „Praga" stoppte nicht, und der Feuerüberfall begann. Mit knapper Not, heiler Haut und ohne Atem lief die „Praga" in Tsingtao ein.

Die englischen Blätter, schon damals auf seiten Tschiang Kai-scheks, sowie die Kuomintangpresse entfesselten eine antideutsche Kampagne. Die „Praga" sei ein deutsches Schiff namens „Hedwig", deutsch sei die Bemannung, in Hamburg sei es verladen worden und in Hamburg ausgelaufen. Nur durch eine Erklärung der tschechoslowakischen Waffenwerke in Brünn wurden die deutschen Geschäfte in China vor der angedrohten Schließung bewahrt. Denn aus dieser Erklärung ergab sich, daß wenigstens die Ladung kein deutsches Fabrikat war. Ende September waren die Gewehre in dreißig Waggons aus Brünn nach Hamburg befördert, mit einer Million Dollar versichert und von der Reederei Schröder, Hoelten & Fischer übernommen worden, der Weitertransport wurde von der Firma Petz in Hamburg besorgt. Da das Bestimmungsschiff noch nicht eingetroffen war, blieb die Waffensendung länger als vierzehn Tage in Hamburg eingelagert. „Um Unfälle zu vermeiden", wurden die Waffen von einem Polizeiaufgebot überwacht. Nach Einlaufen des Schiffes „Hedwig", das der Reederei Schröder, Hoelten & Fischer gehörte, wurde die Waffensendung verladen, und der Dampfer ging in den Besitz eines Prager Kaufmanns, Ing. Vestak, über; unter dem Namen „Praga" wurde er in das tschechoslowakische Schiffsregister eingetragen, so daß er vom Hamburger Hafen bereits mit tschechoslowakischer Flagge ausfahren konnte.

Es kam noch zu einem kurzen Nachspiel zwischen Großbritannien und der Tschechoslowakei. In Beantwortung einer Anfrage erklärte Sir Austen Chamberlain im Unterhaus, der britische Gesandte in Prag habe bei der tschechoslowakischen Regierung Vorstellungen erhoben, sie möge keine Bewilligung für Waffenausfuhr nach China erteilen. Minister Dr. Benesch habe daraufhin mitgeteilt, die Tschechoslowakei könne keiner Vereinbarung, die die Waffenausfuhr nach China verbietet, beitreten, es sei denn, daß ein solches Abkommen für alle Staaten in gleicher Weise verbindlich sei.

So können die Tschechoslowaken antworten, sie sind außerhalb des Gentlemen-Agreements geblieben, nicht weil man ihnen etwa absprach, Gentlemen zu sein, sondern weil man ihnen absprach, eine seefahrende Nation zu sein.

Gut, sie kaufen von den Deutschen, die umgekehrt eingeschätzt wurden, ein Schiff zum Transport der aus ihren von Frankreich kontrollierten Rüstungsfabriken stammenden Ware. Und wenn sie England zur Rede stellt, so können sie antworten, wie sie lustig sind. Das kann Deutschland nicht, es ist vertraglich verpflichtet, entwaffnet zu sein.

Aber sein Auswärtiges Amt kann langsam zu ahnen beginnen, daß die deutschen Firmen doch nicht so ganz unbeteiligt am chinesischen Waffengeschäft sind, wie sie vorgeben. Deshalb schreibt Dr. Schubert, Staatssekretär des Auswärtigen Amtes, einen Brief an den Ostasiatischen Verein in Hamburg, darin er wörtlich sagt, er „erkenne an, daß die Mitgliedsfirmen des Ostasiatischen Vereines in Erfüllung ihrer im April vorigen Jahres dem Auswärtigen Amt gegenüber übernommenen Verpflichtung Verschiffungen von Kriegswaffen nach China von deutschen Häfen aus und auf deutschen Schiffen unterlassen haben. Im Hinblick auf die politischen Verhältnisse in China sehe ich mich aber veranlaßt, die deutschen Chinafirmen vor der Beteiligung an Waffenlieferungen nach China, auch auf andern Wegen, nachdrücklich zu warnen."

Und damit war wohl der deutsche Waffenhandel in China zu Ende, Herr Zunder, nicht wahr?

„Hahaha, hahaha, hahaha, ha ..."

Hausse! Hausse! Krieg in der Mandschurei, Krieg in Schanghai! Hausse! Vor hundert Jahren haben sich in Europa immerhin Stimmen erhoben, um aus Gründen der Menschlichkeit zu protestieren gegen die von den Europäern erzwungene Einfuhr von Opium nach China. Gegen den Waffenhandel wird, wie wir eben gelernt haben, teils aus Konkurrenzgründen, teils deshalb eingeschritten, weil man handelspolitische Folgen unliebsamer Art befürchtet. Wo sich aber ein entsprechender Profit ohne politischen Schaden erwarten läßt, wird die zur Verschrottung der Mitmenschen bestimmte Sendung der Verschrottungsfirmen zu einem ordnungsgemäßen Geschäft, wird die norwegisch-tschechoslowakisch getarnte Schiebung zu einer deutschen patriotischen Tat, werden die Organe des Kriegsministeriums zu Handelsagenten, wird die Gesetzesverletzung mit feierlichem Freispruch quittiert.

Nur der Freispruch wird öffentlich verkündet, sonst ist bei diesem Geschäft alles geheim, alles getarnt, vernebelt, vergast, falsche Erklärungen werden abgegeben, mit falscher Deklarierung, mit falscher Angabe des Absenders, mit falscher Angabe des Bestimmungsortes und unter falscher Flagge wird das Handwerkszeug des Mordens auf seinen Platz geschickt.

Alles geht zu den Feinden des chinesischen Volkes. Haben wir nicht die 19. Armee in Nanking wiedergesehen, sechs Wochen nach ihrem Abzug aus Schanghai, und sie nicht wiedererkannt?! Waren sie zu Schanghai mit vorsintflutlichen Stockflinten nach Wildererart und in Lumpen gehüllt dem japanischen Imperialismus gegenübergestanden, so marschierten sie jetzt in der schönen, in der neuen, in der grauen Felduniform mit Thermosflaschen, Lederkoppel und funkelnagelneuen Gewehren und Revolvern und Kanonen gegen – gegen wen? Gegen den inneren Feind.

Wir verdanken den Arbeiterkorrespondenten die Mitteilung, wohin die Ware geht: nach Hongkong, in die britische Kronkolonie, nach Tsingtao, wo die Nordgenerale hausen, nach Dairen, wo Japans Flottenbasis ist, und nach Schanghai, wo am Ufer und auf dem Fluß alles bis auf die Zähne bewaffnet ist, mit Ausnahme des chinesischen Volkes.

„Sagen Sie, Herr Zunder, werden denn an die chinesischen Sowjetgebiete keine Waffen aus Europa geliefert?"

„Nein, das geht ja gar nicht. Die Roten haben keinen einzigen Hafen. Sie sind vollständig zerniert."

„Wenn sie einen Hafen hätten, dann wären sie wohl sehr im Vorteil?"

„Im Gegenteil. Wo die europäischen und amerikanischen Kanonenboote hinkommen könnten, würden sie Truppen landen oder die Roten mit Schiffsgeschützen zusammenschießen."

„Aber woher nehmen die Roten Waffen?"

„Sehn Sie, das ist so. Wenn einer von den Regierungstruppen überläuft, so machen das die Roten ganz schlau mit ihm. Sie stecken ihn mit ihren Soldaten zusammen, und die reden auf ihn ein, von Kapitalismus und so – na, man kann sich schon denken, was sie ihm da vorerzählen. Dann kriegt der Mann fünf Dollar für das Gewehr und wird zurückgeschickt."

„Zurückgeschickt?"

„Das es ist ja. Am nächsten Tag kommt der Kerl natürlich wieder zu ihnen und schleppt so viele Gewehre mit, wie er tragen kann. Außerdem bringt er womöglich einige Kameraden mit."

„Traurige Verhältnisse, Herr Zunder, traurige Verhältnisse!"

„Wie man's nimmt. Je mehr Gewehre die Weißen so verlieren, desto mehr können wir nachliefern."

Die amerikanischen Arbeiterkorrespondenten haben im New-Yorker „Daily Worker" (Juni bis August 1932) geschildert, wem und wie die auf Rüstungsindustrie umgestellte Nähmaschinenfabrik Singer-Plant in New Jersey liefert, wie im New-Yorker Hafen japanische „Zivilisten" die Einlagerung der für hundert Millionen Dollar „für China" gekauften Bombenaeroplane überwachen.

Was an der Unterelbe, im Pulverhafen bei Brunshausen, verladen wird, schreiben die Arbeiterkorrespondenten der „Hamburger Volkszeitung": Jeder nach China segelnde Dampfer nimmt 400 bis 700 Tonnen hochwertiger Sprengstoffe, Sprenggelatine, Sprengkapseln, Nitroglyzerin, Schwarzpulver, rauchloses Pulver, Gewehr-, Revolver- und MG-Patronen.

Die Dynamitfabrik Krümmel bei Geesthacht (ehemals Besitz Alfred Nobels, jetzt I. G. Farben) bringt die Fracht mit Kähnen und Leichterschuten an die Ostasiendampfer heran. Aus England kommt Sprengstoff auf Dampfern, die an den deutschen Überseeschiffen längsseits gehen und überladen.

Auf der Wasserumschlagstelle Hamburg-Hamm werden Waffen und Munitionskisten von Škoda aus plombierten tschechoslowakischen Waggons auf Mietschuten abgesetzt und zu den Ostasiendampfern geschafft; auf den Begleitzetteln der Munitionskisten steht: „Für die Kommission durchgeführt von der Wirtschaftsliquidation R. L. in Prag II., Am Florenz 5.“ (R. L. bedeutet Ruské Legie, das heißt die tschechoslowakischen Legionen, die in Rußland unter Koltschak gekämpft haben.)

Zoll- und Polizeibehörden sind dauernd an Bord, unter ihrer Aufsicht werden die Dampfer der Rickmerslinie Tag und Nacht mit Munition beladen, in solcher Hast, daß die Schauerleute sieben Schichten hintereinander machen müssen, je vier Stunden Arbeitszeit und eine halbe Stunde Pause, und oft mit der Munitionskiste in der Hand vor Müdigkeit umsinken.

Werden nun diese „legalen Handelswaren“, diese „lediglich für ostasiatische Bergwerke bestimmten Sprengstofflieferungen“ in China auch legal gelöscht? Nach der Schilderung eines Rickmersmatrosen spielt sich der Vorgang auf dem Pazifischen, aber gar nicht pazifistischen Ozean so ab:

„Von der See aus unsichtbar zwischen unbewohnten Inseln wurde vor Anker gegangen. Wir alle waren erstaunt, wußten nicht, was dieses zu bedeuten habe. Ein Flaggensignal wurde gesetzt und stand ungefähr fünf Minuten, dann wurde es wieder eingezogen. Es war totenstill um uns her. Nach ungefähr einer Stunde kam ein in ein Kriegsschiff umgewandeltes Kauffahrteischiff mit der Kriegsflagge Chinas in Sicht, dieses machte nach längerem Manövrieren längsseits von der ‚R. C. Rickmers‘ fest. Ein europäisch gekleideter Chinese, begleitet von Matrosen, kam bei uns an Bord und unterhandelte mit dem Kapitän. Wir sollten nun auch bald erfahren, was gespielt wurde. Der zweite Steuermann Böhmer kam zu den Matrosen, wir sollen die Kisten von Luke I löschen, wir bekämen von dem europäischen Chinesen pro Mann sieben mexikanische Dollar. Die Arbeit dauerte ungefähr drei Stunden. Mit diesem Teil der Ladung waren die Waffen und Munition noch nicht alle. Bevor wir Schanghai anliefen, wurde der Rest der Konterbande in der Nähe von Wusung in Leichter gelöscht.“

Es war eine große Zeit des Waffenschmuggels, dieser Winter 1931/32, in dem in der Mandschurei und in Schanghai der unerklärte Krieg vonstatten ging. Da brach, nachdem die

19. chinesische Armee wider den Willen der Nankingregierung dem japanischen Vorstoß Halt geboten hatte und es zum Waffenstillstand gekommen war, die Völkerbundspolitik aus: Japan und China mögen sich vertragen und wenigstens formal ein Abkommen über die Mandschurei treffen, damit der Völkerbund nicht das Gesicht verliere und Japan bald den Vorstoß gegen die Sowjetunion führen könne.

Alles schön und gut, aber was fängt man mit den Waffen an, die bestellt wurden und über den Pazifik nach China rollen? Wer schafft den Waffensegen vom Hals?

In einer Ecke des Cathay-Hotels sitzt Monsieur Marchand, der bei Tag den großen französischen Waffenkonzern vertritt und bei Nacht im „Casanova" Champagner trinkt, mit Herrn Kornwalzer, der bei Tag den großen deutschen Maschinenkonzern vertritt und bei Nacht für sich Waffengeschäfte macht. Viel haben die beiden Erbfeinde miteinander zu flüstern und zu rechnen.

Am Abend desselben Tages trifft sich Herr Kornwalzer im oberen Zimmer des deutschen Restaurants in Bubbling Well Road mit deutschen Exporteuren und dem trinkfesten und seetüchtigen Kapitän Moser.

Die kleinen Schwertfische bekommen Lieferungsaufträge, deren Besteller sie nicht kennen. „Verfrachtet die Ware und führt sie aus, oder wenn sie noch nicht da ist, dirigiert sie unterwegs um."

„Wohin?"

„Nach Wladiwostok."

„Wie? Den Sowjetrussen?"

„Fragt nicht soviel!"

Das geht nur die großen Schanghaifische etwas an. Die Waffen, die China gekauft hat, gehen „nach Wladiwostok". Gingen sie nach Japan, dann würden die radikalen Zeitungen Zeter und Mordio schreien, daß man Kriegsmaterial aus dem Lande ziehe und dem Feind liefere. Also schwimmt es eben „nach Wladiwostok". Kapitän Moser weiß schon. Niemand kann dafür, wenn unterwegs in einem japanischen Hafen eine plötzliche Notlandung vorgenommen werden muß, niemand kann dafür, wenn die Japaner Schiff und Ladung kapern. Krieg ist Krieg, was wollt ihr denn? Glaubt ihr, wir tun das den Japanern zu Gefallen? Braucht Japan unsere Waffen? Wißt ihr denn nicht, daß die japanische Firma Mitsui (49, Szechuen Road) noch vor Jahresfrist Waffen an China verkauft hat? Nun also!

(Daß Japan jetzt ein Interesse daran hat, Waffen aus China herauszuziehen, braucht man doch nicht jedem Kuli auf die Nase zu binden.)

So kommt es wieder zu Ehren, das alte, ehrliche Prinzip der Schanghaier Waffenschieber: niemals hat der Adressat die Ware zu erhalten, sondern immer sein Gegner.

Ist doch alles allright, Herr Zunder, ich weiß gar nicht, warum Sie eigentlich Schanghai einen Sauhaufen nennen?

„Na, zum Wohle."

DAS IRRENHAUS

Freunde, knallt mich nieder, wenn's mit mir soweit ist! Freunde, knallt mich nieder, wenn's mit mir soweit ist, und sollte man euch zur Verantwortung ziehen, so weist auf diesen Bericht und diese ausdrückliche Bitte hin, durch die sich eure Tat nur als mein Selbstmord von fremder Hand darstellt. Freunde, wenn's mit mir soweit ist, knallt mich nieder wie einen tollen Hund. „Wie einen tollen Hunde . . .?" Ein toller Hund stellt noch eher ein Porträt seines früheren Selbst, seiner früheren Natur dar als ein toll gewordener Mensch!

Dem, der europäische Irrenanstalten kennt mit ihren Korridoren der Tobsüchtigen, mit ihren Gummizellen, mag es unvorstellbar sein, daß es unter andern Himmelsstrichen schlimmer sein kann.

Wer je ein Irrenhaus in China sah, weiß es anders. Wenn ihr nicht wollt, müßt ihr nicht weiterlesen, dieses Buch hat Kapitel genug.

Wir waren im „Haus der Dämonen". So nannten es die Leute, die wir in der Nähe des Pekinger Nordwesttors nach der Irrenanstalt fragten. Offiziell heißt sie Fong-Jen-Ju-Jüan und ist eine polizeiliche Gründung, ein Gewahrsam für gemeingefährliche Irre, der Anlage nach vom Pekinger Polizeigefängnis nicht unterschieden. Ein Yamen, ein geschlossener Komplex ebenerdiger, nach innen gerichteter Wohnhäuser, umgibt die Höfe.

Ehemals war dieser Yamen an der Stadtmauer ein buddhistisches Kloster. Längst zerstört sind die holzgeschnitzten Zierate, herausgebrochen die Fensterläden, weder Gitter noch Eisentore oder andere Schutzmaßnahmen wurden angebracht. Gegen Irrenhausflucht schützt man sich durch Wachen. In China ist der Mensch Auto und Kran und Maschine und Brücke und Telegrafendraht, warum sollte er nicht auch Schloß und Gitter und Tor und Alarmglocke sein? Menschen gibt es massenhaft in einem Reich, das überbevölkert ist, weil es unterbewirtschaftet ist. Wachen postieren das Tor und die Türen des wie ein Riegel querstehenden Verwaltungshauses.

Ein Regierungsarzt aus Europa darf eintreten und durch die Sperre der uniformierten Mensch-Schlösser und uniformierten Mensch-Tore und uniformierten Mensch-Gitter. Mit den einem Regierungsarzt geziemenden Verbeugungen führt uns der Anstaltsleiter in sein Zimmer. Er ist kein Arzt, doch versteht er von der Psychiatrie ebensowenig wie ein Psychiater.

Über die Dämonen, nach denen wir zuvörderst fragen, fühlt er sich zu lächeln bemüßigt. Gewiß, die Patienten und ihre Angehörigen bilden sich ein, ein böser Geist, gewöhnlich ein chuli, ein Fuchs, sei in sie gefahren und hause nun in ihrem Leib, aber die heutigen Ärzte Chinas seien sich mit ihren europäischen Kollegen (höfliche Verbeugung) darin einig, daß solche Annahmen wissenschaftlich nicht beweisbar sind.

So weit allerdings (Verbeugung mit bedauerndem Ausbreiten der Arme), so weit können die chinesischen Ärzte nicht gehen, sich der europäischen Hypothese anzuschließen, Geisteskrankheiten hätten etwas mit dem Gehirn zu tun. Geisteskrankheiten sind von manchen Organen des menschlichen Körpers verursacht, insbesondere vom Magen, der Schleim- und Speichelabsonderung, vom inneren und äußeren Feuer (?), jedoch gerade der Kopf stehe keineswegs in irgendeiner Beziehung zum Irresein.

Vielleicht (leichtes Lächeln, Verbeugung) sei dies bei europäischen Patienten der Fall, chinesische Geisteskrankheiten stehen niemals mit dem Gehirn in Zusammenhang.

„Hauptsächlich kommt die Krankheit davon, daß die Atmung in umgekehrter Richtung erfolgt, nicht von oben nach unten, sondern von unten nach oben. Demgemäß behandeln wir die Patienten vor allem durch Stechen."

(Hier schalten wir eine Erklärung des Stechens ein, das wir in der Ordinationsstunde einer chinesischen Ärztin in Schanghai zu sehen Gelegenheit hatten. Ihr Instrumentarium bestand aus einer Reihe von stricknadellangen Nadeln, deren jede – Suggestionsmedizin – in ein besonderes, farbiges Stück Seide eingepackt war. Wir sahen die Behandlung eines achtjährigen Mädchens, das an Erbrechen litt, und die eines jungen Mannes, der über das Schwinden seiner Sehkraft klagte. Die Ärztin starrte die Patienten fünf Minuten lang unverwandt an, dann wählte sie sorgsam die zugeeignete Nadel aus. Ohne sie zu sterilisieren oder überhaupt zu reinigen, stach sie mit sicherer Hand das Kind in den Nabel, den Mann in die Wange. Mindestens drei Zentimeter tief waren die Stiche, das Blut spritzte hervor.)

Diese Art der „Akkupunktion" ist also auch das Um und Auf der chinesischen Psychiatrie. „Außerdem", fährt der Anstaltsleiter in seiner Erklärung fort, „versuchen wir durch Pillen und Salben die Atmung von oben nach unten zu leiten, wie es sich für eine richtige Atmung gehört."

Und der Erfolg? Der Anstaltsdirektor zwinkert uns – sind wir doch ein Regierungsarzt – ein Augurenlächeln zu, ein schmerzlich umflortes „Erfolg gibt es bei uns ebensowenig wie bei euch".

Wer weist die Kranken ein?

„Gewöhnlich sind sie von der Polizei aufgegriffen. Manchmal schickt sie das Gericht, oder die Familie bringt uns einen Angehörigen, weil sie ihn zu Hause nicht mehr zu überwältigen vermag. Wir haben meist arme Leute, die für ihre Verpflegung nicht aufkommen können."

Wie hoch ist das Budget der Anstalt?

„Oh, es ist sehr klein. Wir bekommen 700 Silberdollar (Mark) monatlich für die ganze Anstalt mit 150 Patienten, 90 männlichen, 60 weiblichen."

150 Kranke sollen mit 700 Dollar einen Monat lang verpflegt werden?

„Nein, Sie haben mich mißverstanden. Die 700 Dollar sind unser ganzes Budget. Gehälter für mich, die Ärzte und die Pfleger. Was übrigbleibt, ist für die Verpflegung der Kranken."

Das macht für den Patienten ungefähr?

„Das macht für den Patienten ungefähr sechs Cent (Pfennig) pro Tag."

Sechs Cent! Und die Beamten?

„Wir sind sehr schlecht bezahlt und werden in der Anstalt verpflegt."

Man kann sich denken, daß das Essen der armen Angestellten auf Kosten der armen Patienten geht, ihrer Sechs-Pfennig-Kost abgezwackt wird. Was bekommen die Patienten zu essen?

„Brot und Gemüse."

Wir sehen später das „Brot" und das „Gemüse": ein zitronengelbes, zitronenförmiges Stück gegorenen Maismehls und einen ungesalzenen Pflanzenstengel, wie ihn der Straßenhändler in den Abfall wirft.

„Was wollen Sie", sagt der Chinese zu seinem stirnrunzelnden Kollegen aus Europa, während wir den Rundgang beginnen, „die Patienten sollen hier geheilt werden oder sterben. Aber sie werden weder geheilt, noch sterben sie. Ist es bei euch anders?"

Damit haben wir bereits den Hof des Männerpavillons betreten. Gestalten, erbarmungswürdige Mißgestalten . . . Freunde, knallt mich nieder, wenn's mit mir soweit ist!

Es ist hier, wer würde das für möglich halten, grauenhafter als in den Irrenanstalten Europas.

Schäumend und lallend und nackt und gefesselt liegt ein Kranker rücklings auf dem Steinboden, seine Arme sind unter den Schenkeln durchgezogen, so daß die Beine in die Höhe gestreckt sind. Vielleicht fesselt man in Europa mit milderer Methode, vielleicht auch ist die gleiche vonnöten, doch wird sie dann in camera caritatis angewendet, nicht im freien Hof vor den übrigen Patienten.

Allerdings: wenn hier die andern Kranken durch den Anblick des Fesselungsaktes in Erregung geraten, so ist dennoch kein Massenwutausbruch zu befürchten. Alle an manischen Erregungszuständen Leidenden sind ja gleichfalls festgekettet, entweder mit dem Handgelenk an den Fußknöchel oder mit zwei Spangenpaaren, von denen das eine die Füße, das andere die Hände zusammenhält.

Als wüßten die Mücken, wer ihnen nicht zu Leibe kann, schmatzen sie in dichter Schar auf den wehrlos gemachten Gliedern.

Zwei oder drei Gefesselte vollbringen es, ihren Fächer zu schwingen; mit welchen Schmerzen das bißchen Kühlung erreicht wird, sieht man an den blutunterlaufenen Gelenken, an denen sich die Handschellen bei jeder Fächerschwingung scheuern. Aus zahnlosem Mund gellt das Lachen eines Mannes, der sich selbst befriedigt.

Wer im Stupor dasitzt, den wecken keine Moskitos und kein eintretender Fremder aus dem Zustand regungsloser Verlorenheit, er fächelt sich nicht und kratzt sich nicht und schreit dem

Besucher keine Schimpfworte entgegen und spuckt nicht nach ihm. Freunde, knallt mich nieder!

Nur durch ein Tor von der Männerabteilung getrennt sind die Frauen. Was drüben beinahe wie zugehörig schien, Zerlumptheit der Kleidung oder völlige Nacktheit der Patientenschaft (Anstaltskleidung gibt es nicht), hier bei den Frauen wirkt es wie die Kostümierung einer Hexenwelt.

Eine Frau macht auf dem Hof unausgesetzt Kotau, ihre Stirn ist wund vom Auf-den-Boden-Schlagen, sie beklagt ihr Schicksal, ihr Mann habe eine Konkubine ins Haus genommen und lasse sie, die rechtmäßige Gattin, hungern, weil sie ihm keinen Erben geschenkt. Sie fleht um einen Sohn.

Mit wirrem Haar liegt ein Mädchen gefesselt auf der Steinbank der offenen Massenzelle. Hier wird ein Genrebild aus dem vorigen Jahrhundert zur Wirklichkeit: so zornfunkelnd blickte die schwarzlockige Jungfrau drein, die man in der eroberten Stadt erbeutet hatte und nun auf öffentlichem Basar als Sklavin feilbot.

Eine euphorische Kranke lädt uns in ihre Zelle ein, um uns Süßigkeiten zu verkaufen. Sie zeigt ihr Warenlager, das nicht da ist. Nachdem sie solcherart ihre dramatische Begabung bekundet hat, will sie uns auch beweisen, daß sie lesen und schreiben kann. Aus einem nicht vorhandenen Buch liest sie vor, mit einem nicht vorhandenen Bleistift macht sie Notizen, immer auf zierliche Haltung bedacht.

Andere umdrängen uns bedrohlich, sie schreien von ihrem Dämon, der eine grausame Wahnvorstellung, und von ihrem Hunger, der eine grausame Wirklichkeit ist.

Hunger brachte die meisten aus dem Häuschen in das Haus, nichts nützte die Flucht in den Wahnsinn, auch in seinem Haus müssen sie hungern.

Hinter der Zahl der von der materiellen Not hierher Eingewiesenen bleibt Kategorie zwei, die hereditär Belasteten, Kategorie drei, die von Rauschgift, insbesondere Heroin, Zerrütteten, stark zurück.

Auch die seelischen Motive sind in der materiellen Not verwurzelt. Das ewige Bemühen des Chinesen, sein Dekorum, das „Gesicht", zu wahren und eine Rolle in der Familie zu spielen, wird ihm durch die Armut unmöglich gemacht. Wird einem Rikschakuli der Wagen gestohlen, so fühlt er sich erniedrigt, wagt sich nicht mehr nach Hause und flüchtet in den Wahnsinn, wenn er nicht imstande ist, einen neuen Wagen zu kaufen. Hat eine Frau durch eine Fehlgeburt die Hoffnung der Familie auf einen männlichen Erben betrogen, so ist sie um so verzweifelter, je geschwächter ihr Körper von schwerer Arbeit ist. Sie wird verrückt bei dem Gedanken an ihre Zukunft, als eine unnütze Gattin verachtet zu sein und deshalb der Konkubine ihres Mannes dienen zu müssen. Ehre verloren, alles verloren, und der Arme verliert eben seine Ehre leichter als der Reiche. Das ist in China wie anderswo.

Wer durch sein Irresein Familie und Passanten nicht allzusehr behelligt, der kann ungestört durch Haus und Straße schlenkern. Wer aber einverleibt wird diesem infernalischen Orchester . . .

Freunde, knallt mich nieder, wenn's mit mir soweit ist, auch nur so weit wie mit dem gutartigsten der Fälle, die wir heute gesehen.

ANGLOSÄCHSISCHE MINIATUREN

I. Die Stadtväter

„Mein verehrter Vorredner, mit dem ich seit vielen Jahren besonders befreundet bin, Mister . . . Mister . . ."

Der Redner stockte, schnipste mit dem Finger, und die Versammlung begann zu lachen. Es ist ja komisch, wenn sich jemand auf einen alten, verehrten Freund beruft und nicht weiß, wie er heißt.

Dem Gelächter entnahm der Redner, daß er verdächtigt werde, sich mit der Freundschaft eines Mannes zu brüsten, den er gar nicht kenne. Deshalb erklärte er die Stockung: „Ich spreche den Gentleman seit fünfzehn Jahren täglich im Klub, kenne ihn aber nur als APC."

Dadurch war der Zwischenfall beigelegt, und Redner konnte weitersprechen. Niemand lachte mehr. Denn die andern Teilnehmer der Versammlung kannten den Gentleman, von dem die Rede war, gleichfalls nur als APC, was Ej-Pi-Ssi gesprochen wird und Asiatic Petroleum Company bedeutet.

Dagegen bedeutet das Wort „Taipan": Leiter einer ausländischen Handelsfirma. Fern vom europäischen oder amerikanischen Stammhaus über große Summen verfügend, mächtig durch die Zahl ihrer Angestellten, Agenten und Debitoren, halten die Taipans seit eh und je die Sitze im Municipal Council von Schanghai besetzt, obwohl sich schon vor einem halben Jahrhundert Stimmen gegen die Taipan-Oligarchie erhoben haben.

Der Gentleman, dessen Name das Fingerschnipsen eines andern Gentleman war, ist ebender Taipan der APC. Wir sprechen ihn zwar nicht seit fünfzehn Jahren täglich im Klub, aber wir wissen, daß er seit vierzig Jahren im chinesischen Ölimport tätig ist und seiner allmählichenVorrückung zum Direktor der APC nichts im Wege stand. Damit wurde er auch Stadtrat. Sicherlich hat er weder besondere Neigung noch besonderen Ehrgeiz zu öffentlicher Tätigkeit, sicherlich weder eine politische Gesinnung noch Veranlagung zur Kommunalverwaltung, aber da ihm Macht und Ehre automatisch zufallen, warum sollte er sie nicht übernehmen? Er übt seine öffentliche Funktion so aus, wie es das private Amt verlangt, dem er sie verdankt, und wie es auch seine acht Stadtratkollegen, die Taipans der größten Banken, Schiffahrtskompanien und Exportfirmen, tun.

Da sehen wir die Herren beieinander. Sie sitzen auf der Bühne, die sonst von der Filmleinwand verdeckt ist. Heute ist die Filmleinwand hochgezogen, damit die Steuerzahler des Internationalen Settlements ihre Landesherren in persona vor sich sehen können.

Acht Herren sitzen um einen Eichentisch, einen würdigen, den man wohl eigens aus dem Rathaus herbeigeschafft hat, und auf dito Eichenstühlen. Hinter ihnen, auf einem Thron, thront der Chairman, der Vorsitzende.

Die neun Herren verharren in neunfacher Unbeweglichkeit, sie haben neun graue Salonhosen, neun Gehröcke und neun Vatermörder an, in neun Krawatten stecken neun Nadeln mit neun Perlen, neun Köpfe weisen gepflegt silbergraues, zumeist stark gelichtetes Haar auf, sieben Augen tragen sieben Monokel und zweimal zwei Augen je eine Brille. (Die mit der Brille sind Japaner.)

Alle neune mit dem König bilden den Stadtrat des Internationalen Settlements. Herr APC (siehe oben) und die andern Taipans, die einander mehr oder minder nur mit dem Namen ihrer Firmen kennen, sind oben zu sehen.

Siehe unten: das Gremium der ausländischen Steuerzahler. Sie dürfen sich einmal im Jahr versammeln; wer mindestens 500 Tael jährlich Steuer bezahlt, darf wählen, wer mindestens 1200 Tael Steuer bezahlt, darf gewählt werden.

Solchermaßen besitzen dreitausend Ausländer das Recht,

die neun Herren zu wählen, welche unumschränkt über eine Weltstadt herrschen, über ein stehendes Heer und eine schwimmende Flotte verfügen, sich über internationale Verträge hinwegsetzen, einer Million Chinesen Gesetze und Steuern vorschreiben und erbarmungslos mit Maschinengewehren hineinschießen lassen, wenn eine Arbeiter- oder Studentendemonstration sich bis zur Nanking Road vorwagt. Muß sogar das Diplomatische Korps gegen solche Bestialitäten Stellung nehmen (wie es nach dem Blutbad vom 30. Mai 1925 geschah), so legt der selbstherrliche Stadtrat die Entscheidung der Gesandten mit zynischem Lächeln beiseite und führt ihre Beschlüsse nicht durch.

Im Nachbarreich geht's ähnlich zu. Das Nachbarreich ist die Französische Konzession, bewohnt von nicht weniger als 289 262 Chinesen und nicht mehr als 7810 Ausländern. Von dieser Handvoll Ausländer (kaum 3 Prozent) sind wiederum nur 892 Stück Franzosen, durchweg Stadtbeamte und Stadtbedienstete. Und die Franzosen, Generalkonsul und Munizipalität, führen unbesorgt und selbstzufrieden die Alleinherrschaft.

Dieses französische Regime ist korrupt im einzelnen, der einzelne bereichert sich nach Strich und Faden, besonders am ersteren.

Das britische Regime ist korrupt als Ganzes, korrupt auf legalem Weg.

Das britische Regime? Wir sprachen doch vom Internationalen Settlement? Ist dessen Verwaltung nicht international? Doch, doch. Sie ist streng international, alle dreißig im Internationalen Settlement ansässigen Nationalitäten sind durchaus gleichberechtigt, abgesehen davon, daß alle Rechte in den Händen der Engländer und keine Rechte in den Händen der Chinesen sind.

Die neun auf der Bühne üben die Rechte nicht selbst aus; erstens sind sie gar nicht alle Engländer, sondern nur fünf von ihnen, zweitens haben sie gar nicht soviel Zeit dazu, weil sie teils als Taipans ihre Unternehmungen leiten, teils im Shanghai-Club Whisky trinken und Würfel werfen müssen.

Sie brauchen sich auch nicht zu bemühen. Sind doch die leitenden Munizipalbeamten allesamt Briten und machen die britische Politik, wie alle britischen Beamten, sozusagen als Reflexbewegung. Die Armee des Settlements (genannt: Freiwilligen-Korps), die Flotte des Settlements (genannt: Strom- und Uferpolizei), die politische und die kriminelle Polizei, die Verkehrspolizei, die Feuerwehr, das Gefängnispersonal, das Gesundheits-, das Finanz-, das Kanalisations-, das Elektrizitäts-, das Verkehrs- und das Schuldepartement sind von Engländern befehligt. Um aber nichts zu verschweigen: der Dirigent der Stadtkapelle ist ein Italiener, und städtischer Amtsdirektor ist ein in Waffenschmuggel und Opiumprozessen vielgenannter amerikanischer Rechtsanwalt.

Mehr als achtzig Jahre lang dauert die britische Diktatur über die Chinesen; das Recht, Grundbesitz zu haben, sogar das Recht, öffentliche Parks zu betreten, war ihnen achtzig Jahre lang verwehrt, und jeder Vorschlag, ihnen im Stadtrat eine Vertretung zu geben, wurde mit Ironie abgelehnt. Nach dem Gemetzel auf Nanking Road drohte die Erregung im Volke den ganzen Municipal Council mit Sack und Pack, also mit allem, wegzufegen, und deshalb schuf man ein fünfgliedriges beratendes Chinesenkomitee. So wie sich an Englands Alleinherrschaft nichts dadurch änderte, daß es vor dem Weltkrieg den Deutschen und den Amerikanern Mandate eingeräumt und sie nach dem Krieg den Deutschen weggenommen und den Japanern gegeben hatte, so änderte sich auch nichts, als es sich 1928 mit fünf reichen Chinesen an den Regierungstisch setzte. Längst hatte sich herausgestellt, daß diese Komiteemitglieder an der hundertprozentig britischen Verwaltung der chinesischen Stadt nicht zu rütteln versuchten, weshalb sie auch schließlich zu Stadträten werden durften.

Außerdem arbeiten die fremden Stadträte, insbesondere Mister Fessenden, geheim und öffentlich an dem Plan, die Stadt Schanghai zu einem Freistaat zu erklären, und wenn das gelingt, würden die Chinesen ohnehin in weitem Bogen aus der Regierung fliegen. Ein schöner Plan fürwahr, ungefähr so, wie wenn die englische Handelskammer in Paris den Beschluß fassen würde, die Stadt Paris der französischen Republik auszuverleiben und zu einer Freistadt zu erklären.

Vorläufig ist es noch nicht soweit, und fünf Chinesen dürfen an den Beratungen des Stadtrats teilnehmen. Warum aber sitzen sie heute nicht da oben auf der Bühne?

Ihre Mandate haben sie von ihren steuerzahlenden Landsleuten; bei der ausländischen Bürgerschaftsversammlung, von der hier die Rede ist, haben weder die chinesischen Stadträte noch die chinesischen Wähler etwas zu tun.

Die neun Stadträte der Ausländersiedlung werden auf höchst patriarchalische Weise gewählt. Wer kandidiert wird, kandidiert. Er tut das, indem er in der Zeitung sein höchst individuelles Programm darlegt, das immer folgendermaßen aussieht: Er sei für ein gutes Einvernehmen mit den chinesischen Mitbürgern, werde sich aber dafür einsetzen, daß die ohnehin stark beschränkten Rechte der Ausländer gewahrt bleiben. Schluß. Wer von den Wählern Zeit und Lust hat, zur Urne zu schreiten, streicht auf der gedruckten Liste der Kandidaten so viele Namen durch, als über die Zahl neun hinausgehen. Die am seltensten durchgestrichenen neun Namen sind die der Gewählten.

In diesem Jahr haben die Japaner – die einzigen, die geschlossen zur Wahl gehen – wegen der Haltung Amerikas im gegenwärtigen Krieg einen der beiden amerikanischen Kandidaten zu Fall gebracht. Diese Tatsache hat in der amerikanischen Kolonie Schanghais, ja unter allen Fremden Aufsehen und Diskussion hervorgerufen. Amerika selbst aber, das seinerzeit die Erreichung zweier Stadtratsmandate in Schanghai als großen Erfolg gebucht hatte, nahm von der japanischen Herausforderung keine Notiz.

Die amerikanischen Berichterstatter in Schanghai beziehen von der japanischen Heeresleitung ihre Informationen und haben kein Interesse daran, sich diese Quelle zu verstopfen.

Nur wenige Wähler machen von dem Recht Gebrauch, sich einmal im Jahr die Gewählten ansehen zu dürfen. Wenn das „Carlton-Theatre“ abends so leer wäre, wie es am alljährlichen Nachmittag der Bürgerschaftsversammlung ist, wäre es längst pleite. Kaum achtzig Leute, stolze Steuerzahler, sitzen im Parkett, etwa zwanzig oder dreißig, misera plebs, auf der Galerie.

Es wird auch nichts geboten. Ein britischer Ex-General, jetzt Stadtrat, liest Resolutionen und Begrüßung vor. Mir, einem Pressevertreter – wie ich am nächsten Tag in der Zeitung las, bin ich für den Vertreter des Berliner Lokalanzeigers gehalten worden, ɸ Hugenberg! –, wird ein Bürstenabzug überreicht. Darin ist schon alles gedruckt, was gesprochen wurde und gesprochen werden wird.

Meldet sich jemand zu Wort? Da sich niemand zu Wort meldet, schreite ich zur Abstimmung. Wer dafür ist, den bitte ich die Hand zu erheben. Danke. Der Antrag ist angenommen.

Selbst diese Sätze sind lange vorher dem Setzer übergeben worden. Ein Zwischenfall wird nicht erwartet, und es ergibt sich auch keiner. Heute hat sich nur ein Redner zur Debatte gemeldet. Er bemängelte, daß sein verehrter Vorredner, mit dem er seit vielen Jahren befreundet sei, Mister – Mister – kurzum, daß zwei chinesische Mitglieder für die Bodenkommission vorgeschlagen wurden. Einer genüge vollauf.

Die Japaner applaudieren ostentativ, auch einige Weiße. Eigentlich sind alle Anwesenden chinesenfeindlich, aber der Antrag des Präsidiums geht durch, weil jedermann versteht, daß die Kommissionsmandate den Chinesen nicht um ihrer schönen schrägen Augen willen gegeben werden . . .

Vielleicht war der Protest des Oppositionsredners bestellt, um den Chinesen vor Augen zu führen, daß ihnen nicht ohne Widerspruch das große Geschenk gemacht werde, sie in ihrem Lande, auf ihrem Boden zur Mitverwaltung zuzulassen. Vielleicht hat der Gentleman, auf dessen Namen sich sein Nachredner nicht besinnen konnte, mit dem Nachredner diese Interpellation vereinbart. Jedenfalls können beide, heute wie täglich seit fünfzehn Jahren, an der Bar des Shanghai-Clubs würfeln und Whisky trinken, denn nach einstündigem, ruhigem Verlauf ist die diesjährige Session des Parlaments von Schanghai zu Ende.

II. Pidgin-Englisch, die Sprache der Kolonien

Pidgin-Englisch ist eine simple Sprache, hat keine Grammatik und einen kläglich primitiven Wortschatz. Obwohl sie nicht gerade eine Kunstsprache genannt werden kann, ist sie doch niemandes Muttersprache.

In einer fast tausendmillionenköpfigen Welt bildet sie das Verständigungsmittel zwischen den weißen Herren und den fast tausend Millionen bunter Sklaven. Pidgin-Englisch ist geradebrechtes Englisch, in jenem Grade geradebrecht, den der Europäer der Zunge und dem Gehirn des Farbigen für angepaßt hält. (Ebenso glauben die klugen Erwachsenen mit Kindern Papperlapapp quatschen zu müssen.) Die Farbigen haben dieses zurechtgeradebrechte Englisch fließend sprechen gelernt, während der fremde Händler noch nach lebenslänglichem Aufenthalt im Fernen Osten von Chinesisch oder Hindostanisch keine blasse Ahnung zu haben pflegt, nicht einmal Pidgin-Chinesisch zu sprechen imstande ist. Allerdings, er braucht keine Sprache der Einheimischen zu verstehen, ist er doch der Europäer, Erwachsener und Gebieter zugleich, und die andern sind nur Kinder und Kulis, Angehörige rückständiger Rassen. Daß heute bereits Millionen von ihnen fließend europäische Sprachen beherrschen, fremde Bücher und Zeitschriften lesen, das gibt dem weißen Mann nicht zu denken; papperlapapp, denkt er, und weiterhin bleibt Pidgin-Englisch die Wissenschaft, die er dem Wirtsvolk vermittelt.

Noch manchem wird das geschehen, was dem Herrn geschah, der seinem neuen Boy befahl, das Fenster zu öffnen, natürlich in Pidgin, etwa so: „Aufi Fenster, versteh?“

„Jawohl, mein Herr“, antwortete der Chinese und fügte in vollendetem Englisch hinzu: „Es wäre wirklich schade, die schöne Frühlingsluft nicht zu genießen.“ Daraufhin entließ der Kaufmann den Diener. Man wünscht nicht, mit einem Kuli in der gleichen Sprache zu verkehren, in der man mit Gentlemen verkehrt.

Was bedeutet das Wort „Pidgin“? Es ist die Verstümmelung des Wortes „business“ (Geschäft), der einzigen Lebensform, in der der Fremde mit dem Einheimischen in Verbindung tritt. „Pidgin“ ist im Pidgin-Englischen eine wichtige Vokabel. Aber auch die andern wichtigen Vokabeln sind dem Pidgin-Leben entnommen, und man kann sich aus den Begriffen dieser Sprache einen Begriff vom Geist ihrer Erfinder und Lehrer machen.

So gibt es zum Beispiel kein Geben. „Ich gebe“ ist nur ein Börsenausdruck, ich schenke nichts, wer schenkt denn mir etwas! Die Übersetzung des Wortes „geben“ ins Pidgin-Englische lautet: pay, bezahlen. „Bezahle der Missy einen Tee“, befiehlt der Hausherr seinem Boy. Die Miß verstehe das nicht miß. Auf diese Aufforderung hin wird sie der Kuli keineswegs in ein Teehaus einladen, sondern er wird ihr sogleich eine Tasse Tee reichen. – „Zahl mir einen Kuß“, sagt der Clerk, der Angestellte, zu dem Mädchen von der „Majestic Bar“, da er es nach Hause begleitet. Die Sprache hat recht: er hat im Lauf des Abends soviel Geld für Tanzkarten ausgegeben, daß jetzt das Mädchen zu zahlen hat.

Was ist das Sein? Es gibt keines im Handelsleben. *Ist* der Kuli? *Ist* eine Ware? Nein, sie gehört. „Ich bin – du bist – er ist“ – das heißt im Pidgin-Englischen: „Ich gehöre – du gehörst – er gehört.“ Nichts ist dein Sein, o Mensch, als der Besitz eines andern. Der Satz: „Ich bin traurig“ ist so zu übersetzen: „My belong sorry – ich gehöre traurig, oder ich gehöre der Traurigkeit." Und man hat Ursach', so zu sprechen. Nichts *ist* in diesem Land, alles *gehört.*

An den Ziffern ist aber wohl nichts zu ändern? Ziffern sind doch geschäftsmäßig genug, nicht wahr? Nein. Auf Pidgin heißt es nicht „eins, zwei, drei" und so weiter, sondern „ein Stück, zwei Stück, drei Stück" usw., obwohl der Weiße dem geistigen Fassungsvermögen des „Eingeborenen" wenigstens zutrauen könnte, daß er das Wort „Stück" wegzulassen vermag. Er soll es sprechen, selbst der unbestimmte Artikel lautet „ein Stück". „One piecy girly – ein Stück Mädchen", meldet der Diener. Oder: „Zwei Stück Herren waren hier." Richtig so! Auch der Mensch ist Ware und werde demnach stückweise gezählt!

Geschmückt sind die Tempel von alters her mit Statuen und Räuchergeräten, geschmückt die Häuser mit bemalter Seide und Lampions, geschmückt die Frauen mit elfenbeinernen Kämmen und silbernen Broschen. Soll das Schmuck sein, nur zum Schmücken dienen, wenn hierzulande alles Ware geworden ist, auch der Mensch? Soll der Schmuck am Ahnenhügel und im Haus profitlos verbleiben, wenn er doch auf dem Markt feilgeboten werden kann, die Fremden gerade nach ihm ihre Hände ausstrecken, einen der wichtigsten Handelsartikel aus ihm gemacht haben? Soll das weiterhin eine selbstverständliche Sache bleiben, was für die Vorfahren eine selbstverständliche Sache war, wenn es für die Fremden eine Kuriosität ist? Jeder Schmuck heißt und ist im Pidgin: Curio.

Vor allem aber präge dir das Wort „Kumscha – Trinkgeld" ein. Den Begriff gibt es auch anderswo, hier aber stammt das Wort aus dem Geschäftsleben, von dem Wort „commission" oder – was weniger wahrscheinlich ist – vom Zuruf „come ashore" (komm ans Ufer), mit dem die Hafenagenten die vorbeifahrenden Sampans ans Ufer beorderten, um sich zum Ozeandampfer rudern zu lassen.

„Kumscha" heischt der Bote, und „Kumscha" heischt der Bettler, wogegen sich die Kaufleute und Beamten schon des unkorrumpierten, rein englischen Ausdrucks „squeeze" bedienen.

Zwei Wörter stammen noch aus der Portugiesenzeit: „savy", was „verstehen", „wissen", „verstehst du" bedeutet, und „masky". Masky ist im fernöstlichen Umkreis der Engländer und Pidgin-Engländer ein häufiges Wort, es deckt sich etwa mit dem urenglischen „never mind", mit dem urrussischen „nitschewo" oder dem urdeutschen „scheißegal". Ist der Sinn damit noch nicht erschöpft? Masky!

Alles, was klein ist, ist „pony“: „pony“ ist das Schnapsglas, „pony“ ein Kind, denn ein Pony ist das kleine mongolische Pferd des Herrn, auf dem er morgens ausreitet, um etwas Bewegung zu machen, während sonst der seiner Rikscha vorgespannte Kuli die Bewegung macht.

„Topside“ heißt „oben“, „bottomside“ heißt „unten“, „chopchop“ – eine kantonische Vokabel – bedeutet „schnell“ und „olo“ (old) „alt“.

Nachdem wir hiermit das Diktionär des Pidgin-Englisch veröffentlicht haben, können wir nunmehr auch sein Sprachdenkmal wiedergeben, ein Lied namens „Lo-Le-Ley“. Um dem Leser das Verständnis zu erleichtern, lassen wir im Text des Liedes den Buchstaben „r“ stehen, den der Chinese, wirklich wie ein Kind, als „l“ ausspricht, weil er keinen Unterschied zwischen „r“ und „l“ hört, ihm beides masky ist.

Wir singen also:

Oh my belong too muchy sorry
And then my no savy what kind
Have got one olo piecy story
No wantchy go outside my mind.
That night belong dark and coolo
Rhinewater maky flow allright,
Topside plenty stars very coolo
Looksy down in that evening light.
One nice piecy girly is sitting
Too muchy curio topside
Her golden hair she is fitting
He that curio belong very bright.
Fishing-pidgin-man pony piecy sampan
Belong very curio inside
He only looksy topside girly
He never looksy waterside.
Masky that pony piecy sampan
Go bottomside very chopchop
For Loreley maky too muchy singsong
And anytime never can stop.

Savy? Wenn nicht, kannst du dir in jeder Buchhandlung die deutsche Übersetzung dieses Pidgin-Liedes kaufen, sie stammt von Heinrich Heine.

Auf jeden, der sich auch nur ein wenig mit Sprachgeschichte oder Sprachphilosophie befaßt hat, wirkt die Bekanntschaft mit dem Pidgin-Englischen äußerst aufschlußreich. Eine solche Selbstentlarvung, wie sie der Imperialismus in seiner Sprachschöpfung vollzieht, hätte man sich nicht träumen lassen.

Man möchte wissen, ob schon eine soziologische Analyse dieser Zwecksprache existiert. Nichts. Eine Grammatik, ein Wörterbuch? Nichts. Die ganze Literatur besteht aus einem Gedichtband „Pidgin Inglis Tales", vor mehr als einem Vierteljahrhundert in Kanton erschienen. Ein ei wie humorvoller „Dichter". Er macht sich in pidginischer Sprache über einen Rikschakuli lustig, der einen Reklamezettel für einen Dollar ansieht, über einen Schneider, der einem britischen Matrosen einen Riß in der Bluse zugenäht hat und sich deshalb auf seinem Firmenschild „Lieferant des Kriegsdepartements und der Admiralität" nennt, kurzum, über die „Dummheit" der Chinesen. Er macht sich lustig über die Chinesen, obwohl selbst die dümmsten unter ihnen in ihrem Hintern mehr Weisheit haben als der Dichter und seinesgleichen im Gehirn – ich bitte um Entschuldigung, daß mir in der Erregung der unpassende Ausdruck „Gehirn" entfuhr.

III. „Dort ist das Ufer!"

Den amerikanischen Matrosen und Marinesoldaten, genannt Gobs und Leathernecks, gehört der Hafen am Abend. Niemand wagt es, ihn ihnen streitig zu machen, wären auch andere Seemächte im Lokal und in der Mehrheit. Denn die Matrosen der andern Marinen leisten ihre Dienstpflicht aus Dienstpflicht und kriegen nur den schäbigen Tageslohn, während sich die Amerikaner freiwillig anwerben ließen und Sold bekommen, einen entsprechend hohen und in güldnen Dollars natürlich. „Learn while you earn – Lerne, dieweil du verdienst", steht auf den Werbeplakaten.

Wer mehr Geld hat, wird von den Mädchen mehr geliebt, das ist nun einmal in China nicht anders als im Rheinland, am Wasser wie auf dem Festland. Die Wirte ziehen den Gob und den Leatherneck auch aus einem andern Grund dem nichtamerikanischen Matrosen vor: wegen der Prohibition. An Bord gibt es keinen Alkohol, im Port gibt es reinen Alkohol. An Bord gibt es keinen betrunkenen Mann der US-Navy, im Port gibt es keinen nüchternen Mann der US-Navy.

Gleichfalls Amerikaner und Matrosen sind die Wirte, obwohl sie keinen amerikanischen Paß und keine Marineuniform mehr ihr eigen nennen, als gerade die beiden Dinge, die einen Amerikaner zum Amerikaner und einen Matrosen zum Matrosen machen. Wodurch haben sie Paß und Uniform verloren? Dadurch, daß sie Deserteure sind. Eigentlich sind sie auch keine Deserteure, denn zum Begriff des Deserteurs gehört, daß er sich ohne Vorwissen seiner Vorgesetzten von seinem Truppenkörper entfernt hat und von der Militärgerichtsbarkeit gesucht wird. Unsere Wirte haben sich aber seinerzeit nicht bloß mit Vorwissen, sondern sogar auf unmißverständlichen Befehl ihrer Vorgesetzten von ihrem Truppenkörper entfernt und werden keineswegs von der Militärgerichtsbarkeit gesucht. Sie sind legale Deserteure, etwas, was es in den Marinen und in der Kriminalistik anderer Völker nicht gibt.

Es ist nämlich so mit ihnen: sie waren Matrosen auf einem USA-Schiff, und zwar keine wünschenswerten. Sie verleiteten ihre Kameraden entweder zum Hasardspiel oder zur Homosexualität oder verborgten Geld gegen Zinsen. Bis eines Tages die Sache solche Formen annahm, daß der Captain den Schuldigen zu sich befahl und über die Reling deutete, dorthin, wo sich der nächste Landungshafen des Schiffes erkennen oder ahnen ließ.

„There is the beach", sagte der Captain. Nicht mehr und nicht weniger sagte er als: „There ist the beach – dort ist das Ufer."

Da stieg denn der, dem solcherart das Ufer gewiesen worden war, an Land, um nie wieder auf Deck zurückzukehren. Statt dessen nahm er Kurs auf einen Kneipenwirt. Ihm stellte er seine kollegialen, finanziellen oder warm freundschaftlichen Beziehungen zur US-Navy und seine Kenntnisse von Spiel und Widerspiel zur Verfügung, all das, was er „gelernt, dieweil er verdient" hatte, wie es so schön auf den Werbeaufrufen heißt.

Welcher Wirt würde einen Mitarbeiter nicht aufnehmen, der ihm neue Kunden bringt und dem er kein Gehalt, sondern nur Prozente zu zahlen braucht? Wenn der Stellungsuchende geflunkert hat, so verdient er nichts. Er hat aber nicht geflunkert, seine Prozente machen hübsches Geld aus, außerdem gewinnt er im Spiel und am Borgen, und bald ist der Ex-Matrose selbst der Boß. Womöglich in Schanghai. Schanghai ist der beste Platz am Pazifik, besser als Hongkong, Saigon, Manila und Singapur zusammen, immer gibt es da kriegerische Verwicklungen, und immer wimmelt es von Seestreitkräften, die unser Freund hochzunehmen weiß.

Die Blaujacken in ihren weißen Jacken und mit ihren Matrosenmützen, windschief auf dem Kopf gehißten Küchenjungenmützen, werfen bei ihm Anker. Und er lehrt die Leichtmatrosen, die Heizer und die Kanoniere III. Klasse neue Sorten gemischter Schnäpse zu trinken und ihren Monatssold von 32 Golddollar den schießenden Krebsen (shooting crabs) anzuvertrauen, zwei Würfeln, die mehr Variationen ergeben, als sich jemals von zwei Würfeln erwarten ließe, solang man ein Neuling ist. Man lernt es aber, nicht nur dieweil man verdient, sondern auch dieweil man verliert.

Es segeln auch ältere Jahrgänge in die Bar. Die wissen längst, wie die Krebse schießen, und sie dokumentieren es, indem sie den Würfelbecher so energisch umstülpen, daß die Theke entzweizugehen droht. Sie haben weit mehr als 32 Golddollar im Monat hinzulegen. Jedem ist von seinem Anzug abzulesen, wieviel er verspielen oder verschwulen oder vertrinken kann. Der weiße Adler schwingt auf den Ärmeln aller gleichermaßen seine Fittiche, aber was darunter genäht ist, ist verschieden und zeigt genau an, welche Barschaft jeder in die Bar schafft. Wer einen roten Winkel und eine Schiffsschraube trägt, ist Maschinistenmaat und bezieht 42 Golddollar, der Boßmanmaat hat das Steuerrad und 47 Dollar, der Geschützmeister mit den zwei gekreuzten Kanonenrohren und drei Winkeln kann 98 Dollar im Monat auf die schießenden Krebse setzen, der Chef-Kupferschmied und der Chef-Elektriker 110 Golddollar und der Chef-Deckoffizier – Achtung, Achtung! – sogar 156 Dollar.

Am willkommensten von allen Gästen sind die, die ihre vier Jahre abdienten und von neuem anheuern. Sie haben jetzt sechs Wochen Urlaub und für vier Monate Sold in der Tasche. Und das Reisegeld. Das Reisegeld, das sind nur fünf Cent pro Meile, aber es läppert sich zusammen, denn der Weg von Schanghai nach Baltimore ist etliche tausend Meilen weit, und dieser Weg wird gar nicht gefahren, das Reisegeld braucht nur von Schanghai nach Schanghai zu reichen, hurra! Der Urlauber kauft sich einen Zivilanzug und spielt den Zivilisten, indem er mit Matrosen in der Matrosenkneipe Matrosengespräche führt und Matrosengeld verwürfelt. Nur ist ein Unterschied da: ihm geht die shoreliberty, der Landurlaub, nicht zu einer bestimmten Stunde zu Ende, er kann trinken und würfeln, solange er mag, er geht – alle Kameraden beneiden ihn – überhaupt nicht an Bord, er schläft privat, hurra!

Wie ist das aber mit der Erziehung zur Sparsamkeit, die von der amerikanischen Marineverwaltung versucht und als pädagogisches Meisterwerk ausposaunt wird? Mit der ist das folgendermaßen: fast jeder Matrose wird verpflichtet, einen Teil seiner Löhnung unbehoben zu lassen. Wer einen solchen Revers unterschrieb, dem wird die betreffende Summe, das Allotment, allmonatlich vom Zahlmeister an eine Bank überwiesen, gewöhnlich an die Bank of Italy in San Francisco. Hat der Matrose einmal besondere Auslagen gehabt, sogar Schulden gemacht – der Zahlmeister kennt seine Weisungen und kennt kein Erbarmen: das Allotment wird abgezogen und nach San Francisco überwiesen.

Dem Schanghaier Wirt ist solche Strenge des Zahlmeisters gegenüber seinen Kunden gar nicht unangenehm. Wollen nämlich zahlungsfähige Seeleute ihre Zeche mit einem Scheck auf ihre Ersparnisse begleichen, dann zuckt er mit den Achseln und brummt, er mache solche Geschäfte nicht, es dauere wochenlang, bevor er das Geld aus Frisco bekomme, und der Teufel wisse, wie tief der Dollar nächsten Monat stehen werde. (Als ob der amerikanische Dollar eine Inflationsmark wäre, oder als ob der Chinesendollar unerhörte Aufstiegsmöglichkeiten besäße.) Schließlich läßt er sich doch herbei, den Scheck mit 50 Prozent zu belehnen, und bekommt bei jeder Bank 100 Prozent ausgezahlt.

Für den Matrosen sind 50 Prozent genug, wenn er sich dafür bei St. George so viele Tickets kaufen kann, um den Rest des Abends zu vertanzen oder im leuchtenden und lärmenden Gäßchen Chao-Pao-San eine russische Emigrantin zu erstehen, von der er sich für sein erspartes Geld einen Denkzettel aus Schanghai nach Hause bringt; earn while you learn.

Der Rikschakuli, der, von Fußtritten dirigiert, die Matrosen allabendlich im Galopp zur Barkasse zieht, bekommt zweieinhalb bis fünf amerikanische Cent für die Fuhre. Millionen opfert Amerika für seine Stellung in China. Wie man sieht, hat China in Gestalt des Rikschakulis auch etwas von diesem Geld.

Peking, 15. Juni 1932

Mein lieber Sohn!

Hiermit möchte ich Dich eindringlich dazu auffordern, immerdar das Laster zu meiden.

Sicherlich wirst Du Dich wundern, plötzlich diesen engherzigen Rat zu vernehmen von mir, Deinem Vater, dessen Lebensweise, schon soweit sie Dir bekannt ist, keineswegs mit einer solchen moralischen Aufforderung in Einklang steht.

Wohl, mein Sohn, ich weiß seit heute, welch fürchterliche Strafen meiner harren. Es ist für mich zu spät, ihnen zu entgehen, vielleicht wäre es nicht zu spät zur Reue – zum Abgewöhnen mir liebgewordener Sünden *ist's* zu spät . . .

Du jedoch, mein lieber Sohn, Du sei gewarnt. Erfahre, was ich heute erfuhr: jede Sünde, die Du begangen, jeder Frevel, dem Du gefrönt, jedes Laster, dem Du gehuldigt, jede Schuld, die Du auf Dich geladen, jedes Gebot, das Du verletzt, jede Unzucht, die Du getrieben, findet ihre reichliche Vergeltung.

Ich erfuhr es heute durch bewegte Gruppen farbiger Skulpturen. Es waren keine Kunstwerke – im Reiche der Mitte, wohin gierig die Fremden kommen, um unserer Kunstgegenstände willen, in unserem Land China, wo jeder Leuchter, jede Vase, jedes Spielzeug, kurzum, alles, die Tradition der Ahnen und die Laune des Meisters atmet, sind gerade die Statuen, die ich heute starren Auges erblickte, ganz ohne Geschmack geformt. In vielen, vielen Tempeln bin ich zeit meines Lebens gewesen, um die Mönche und Diener zu bewegen, mir heilige Bildsäulen und Geräte zu überlassen – bei meinem heutigen Besuch im Tempel Schö-Ba-Jü fand ich zum erstenmal kein für den Weiterverkauf geeignetes Stück.

Das, was die fremden Curio-Händler, zumeist wenn sie vor einem ungefälschten Kunstwerk stehen, als Kitsch bezeichnen, das sind die Statuen dieses Tempels wirklich. Nun hat in unserem vieltausendjährigen, besonderen Reich alles seine vieltausendjährige, besondere Bedeutung. Auch der Kitsch. Hier will er sagen: die Gruppen sind keines Künstlers Eigenwillen entsprungen, sie stellen die krasse, plumpe, unverschönte, ungemilderte Wahrheit dar.

Ja, mein Sohn, die Wahrheit. Noch pocht mein Herz, noch bebt meine Hand, noch schlottern meine Knie angesichts dessen, was ich heute geschaut, schon pocht mein Herz, schon schlottern meine Knie angesichts dessen, was mich morgen erwartet.

Ich bitte Dich, mein Sohn, meide die Sünde. Meide sie. Folge meinem ausnahmsweise väterlichen Rat, damit Du nicht jeden fehlen Tritt bezahlen mußt mit Zinsen und Zinseszinsen.

Wahr ist allerdings: es wird Dir einstmals in einer schwachen Stunde leid tun, daß Du meinen heutigen Rat befolgt hast. Du wirst dann vielleicht mit Bedauern an Schulden zurückdenken, die Du überflüssigerweise beglichen hast, an Mädchen, die Du edlerweise unverführt ließest. „Ach, warum habe ich Genüsse ungenossen gelassen", wirst Du unwillig ausrufen, „als das nur wegen jenes moralpaukenden Briefes, den mir mein Vater am 15. Juni 1932 schrieb! Hätte ich diesem Rat doch nimmermehr gefolgt!"

In jener Stunde, mein lieber Sohn, in jener künftigen Stunde, in der Du mich verfluchen wirst, mache Dich auf und gehe nach Peking und überzeuge Dich, daß ich Dich in meinem Schreiben de dato 15. Juni 1932 mit Recht gewarnt habe, und empfinde auch Mitleid mit Deinem Vater, dessen postumes Schicksal Dir dort plastisch vor Augen geführt wird.

Für diese Deine späte Wallfahrt nach Peking muß ich Dir den Weg zum Tempel beschreiben, von dem ich eben – noch klappern meine Zähne wie ein Gong in der Hand eines Rasenden – zurückgekehrt bin.

Nicht gerne bringt Dich der Rikschakuli hin, er fürchtet die Tummelstätte der Höllengeister. Wohl zieht er Dich ostwärts durch das Tor Tschi-Dschö-Men, aber er macht auf der linken Straßenseite halt vor dem Tempel Tung-Juch-Miao.

Das ist nicht der richtige Tempel – es sei denn, du littest, was der Himmel verhüten möge, an einem Gebrechen. Nur wenn dem so wäre, dränge Dich durch die Menge im Schildkrötenhof, berühre das Bronzepferd an jener Stelle, an der Dein Leib krankt, und bete und opfere vor jener Nische, in der Deine Leidensgenossen, überlebensgroß aus Holz geschnitzt, beisammenhocken. Ist's nur ein Furunkel, der Dich peinigt, so klebe ein Pflaster auf die entsprechende Stelle der entsprechenden Figur, Du erkennst die richtige sofort, sie ist ohnehin in ausgiebiger Weise auf Nase, Achselhöhlen, Nakken, Popo und Beinen mit Pflastern beklebt. Wenn Du Dir unterwegs Schnupfen oder Kolik geholt haben solltest oder eine

Augenentzündung oder ein galantes Leiden (nein, das letztere kann nicht sein, denn Du kommst, obwohl Du nicht aus Holz bist, gerade wegen versäumter Freuden hierher), so begib Dich zur Gruppe Deiner Mitpatienten, die aus Holz sind. Berühre die Figuren dort, wo es Dich schmerzt, Auge um Auge, Zahn um Zahn, Glied um Glied, es wird Dir besser werden.

Dann aber wandere von dannen. Wandere hundert Schritte östlich und kehre auf der rechten, der gegenüberliegenden Straßenseite ein. Den triefäugigen, aussätzigen Bettler mit der ausgestreckten Knochenhand, der Dir den Eintritt durch das enge Tor zu verkaufen sucht, schiebe beiseite, und Du bist im Tempel „Schö-Ba-Jü", der achtzehn Teufelsprovinzen. Schon umringen sie Dich, umringeln sie Dich, umzingeln sie Dich, die Bezirks- und Unterbezirksfunktionäre des Höllenreichs.

Ein quadratischer Hof. Seine Kontur ist ein Häuserkarree, vier langgestreckte, ebenerdige Gebäude mit achtzehn nach dem Hof zu offenen Räumlichkeiten. Bestien sind in den achtzehn Zwingern, und die Menge der Besucher staut sich vor ihnen. Doch sind die Bestien nicht lebendig, sondern aus geschnitztem, bemaltem Holz und die Besucher nicht betrachtende Besucher einer Menagerie, sondern schaudernde Büßer. Du kannst erkennen, welcher Schuld sie sich schuldig fühlen, denn jeder steht vor jenem Kotter, in dem die Strafe für sein Delikt veranschaulicht ist.

Er befürchtet nicht, sich durch seinen Platz zu verraten, und streift seine Nachbarn, die doch dadurch, daß sie als seine Mitbeter und Mitopferer dastehen, sich auch als seine engeren Verbrecherkollegen, als Mitmörder, als Mitdiebe oder als Schlimmeres offenbaren, mit keinem Blick. Sein Blick ist auf sein Schicksal im Jenseits gerichtet, ein entsetzter Blick.

Dein Blick aber, mein Sohn, braucht nicht entsetzt zu sein. Keines der Schicksale vor Dir harrt Deiner im Jenseits. Du bist ihnen entronnen durch die väterliche Warnung. Ich, Dein Vater, bin ihnen nicht entronnen, weil mich kein Vater auf diesen Tempel der abschreckenden Anschauung aufmerksam gemacht hat. Bedauerst Du noch immer, die Sünde vermieden zu haben?

Oder glaubst Du vielleicht, Du hättest sie unbemerkt begehen können? Jeder der achtzehn Statthalter hat zahllose Augen im Kopf, nicht die waagerechten, herausquellenden, also nichts sehenden Augen der fremden Teufel, sondern schiefe, geschlitzte, also scharf sehende Augen, er hat Augen auf den

Hörnern, Augen im Haar und im Pelzkragen, den er um den Nacken geschwungen, ja, ich möchte wetten, er hat auch Augen auf der dem Beschauer abgekehrten Seite. Dieser Augenvielheit wäre nichts, was Du begangen, entgangen. Und alles ist notiert im großen Kontobuch an des Oberteufels Seite. Was sich nie und nirgends hat begeben, ist: daß je ein Debet einzutragen vergessen ward. Die Schuldner müssen zahlen mit ihren Qualen.

Höllenknechte, Scheusale mit Hundeschnauzen und Krötenmäulern (wahrscheinlich ärmere Verwandte des höllischen Vizekönigs) vollstrecken die Exekution. Einem schneiden sie das Herz heraus, weil er, ein schlechter Diener, seinem Herrn entfloh, einem andern die Zunge, eine lügnerische, heuchlerische Zunge, was daran erkennbar ist, daß sie sich lang und schlangengleich in der Folterknechte Hände windet. Sieh den da! Sie zerren ihn an den Haaren zum Schafott, wo zwei andere knien; an ihnen hat der Henker sein Werk schon vollbracht, ihre Köpfe liegen zu ihren Füßen. Vielleicht waren es Weltverbesserer und Aufrührer? Dann geschieht ihnen recht!

Was aber, um aller achtzehn Teufel willen, was kann dieses kleine Kind begangen haben, das der hundeschnäuzige, krötenmäulige Büttel zwischen einer hölzernen Klammer zerquetscht? Nichts hat das Kind begangen, seine Zerquetschung ist nur eine Strafe für die Eltern – hoffentlich wirst nicht auch Du, mein Sohn, für meine Schuld solch bestialische Marter erleiden. Ich würde das lebhaft bedauern. Besser aber ist es doch, im Kindesalter zu sterben, als sich – nächste Gruppe – die Haut vom Leibe schinden zu lassen, so zwar, daß das Antlitz mit Augen und Nase und Mund und Ohr vom gleichfalls bereits halbentblößten Arm herabhängt.

Pomadisiere dein Haar nicht! Diesen Burschen hat man kopfabwärts an die Decke gehängt, damit all die Öle und Salben, mit denen er sich zeit seines Lebens gepflegt hat, herabrinnen. Wer nicht mit richtigem Maß verkauft, den biegen die Unterweltlümmel nach hinten, bis sich sein Hals an die Knöchel binden läßt, worauf er, an ein vom Plafond herabhängendes Seil geknüpft, baumelt wie ein Turner, der auf den Ringen das Nest macht. Dabei ist er beschwert mit einem Gewicht; um soviel Taels er betrogen hat, soviel wiegt es, wehe mir!

Drei sind in und an eine glühende Röhre geschmiedet, die drinnen ist die Frau, die draußen die beiden Männer, mit denen sie es trieb, so und nicht anders ergeht es der Unzucht, wehe mir, wehe mir!

Hier steckt einer mit dem Kopf im Höllenkessel, dort wird einer, den man in einen klaffenden Baumstamm geklemmt hat, mitsamt dem Baumstamm zersägt. Hier müssen zwei ungetreue Frauen, eine blaugekleidete Gattin und eine rotgekleidete Konkubine, ihren Geliebten auffressen; ob solches für sie oder für ihn die Strafe sein soll, ist nicht ersichtlich, jedenfalls blicken die Frauen ausgesprochen unangenehm berührt drein, wogegen das Gesicht des Mannes schon verschlungen ist und sein Ausdruck sich daher der Beurteilung des Beschauers entzieht. Wucherer und Meineidige werden Berge hinabgekollert, auf deren Hängen überall spitze, scharfe Messer klaffen, wehe mir, wehe mir!

Wer seine Rechnungen bei Lebzeiten nicht bezahlt, der glaube nur ja nicht, sich durch den Tod seinen Verpflichtungen zu entziehen. Jeder Pfennig gilt ein Körperglied, das ist die Valuta der Hölle. Und reichen die Gliedmaßen nicht aus, um die Schuldscheine einzulösen, dann muß man das Defizit beim nächsten Lebenswandel begleichen, indem man als Krüppel auf die Welt kommt. Hier knien zwei Schuldenmacher, neben ihnen präsentiert der Gläubiger dem Teufelsrichter die längst fälligen, doch nicht verfallenen Wechsel, und gierig strecken die Höllenhunde – Gerichtsvollzieher in ihrer wahren Gestalt! – die Zangen nach sämtlichen pfändbaren Körperteilen aus.

Ein frevelndes Paar. Es liegt im Bett, wie es oft gelegen. Doch ist es diesmal kein weicher Pfühl, kein „Kang“ mit schwellenden Steppdecken, vielmehr eine Eisenplatte, auf der die zwei geschmort, gesotten und paniert werden, daß ihnen Hören und Sehen und auch Fühlen vergeht.

Fürchterliches, Lähmendes, Greuliches ist in Nummer achtzehn los, der Hölle aller Höllen. Dort thront der Teufelsoberste, Zepter und Saldokonto in Händen, und mißt jedem der Vorgeführten die Rolle zu, die er auf der nächsten Station seiner Seelenwanderung zu spielen haben wird.

Infernalisch grinsend, hohnfletschend händigen die Büttel einem Sünder sein Urteil ein, einen Fetzen zottiger Kamelhaut, das bedeutet, daß er das nächste Mal als Kamel auf Erden wandeln muß.

Über den andern wird die anstrengende und nicht ungefährliche Existenz eines Tigers verhängt. Einem dritten überreicht man ein Stück Fischhaut als Muster seines Anzugs für die kommende Saison.

Auch in der Haut des vierten möchtest Du nicht stecken, es ist die eines Hasen.

An der äußersten Linken aber steht einer, dem wird das Fell einer räudigen Ratte – nein, kein Fell, die kahle, haarlose, mit Geschwüren bedeckte Haut einer großen Ratte wird ihm schadenfroh entgegengestreckt, denn er hat sich aufgelehnt gegen Herrscher und Obrigkeit und Priesterschaft.

Du siehst, die Strafen, die man im Diesseits Chinas dafür erleidet, wenn man gegen das Regime kämpft – neulich wurden fünf zwanzigjährige Dichter bei lebendigem Leibe begraben –, sind noch human gegen die, die im Jenseits Chinas für dieses Delikt gang und gäbe sind.

Um aller Götter und aller Teufel willen, mein Sohn, gehorche dem Herrscher und gehorche der Obrigkeit und gehorche den Priestern, mucke niemals auf gegen sie, auf daß Du wieder als Bürger und Steuerzahler zur Erde zurückkehren kannst, nachdem Du tot warst.

Dann kannst Du Dich, wenn irgendwo, irgendwann eine räudige, ratzekahle Ratte über Deinen Weg huscht, mit ruhigem Gewissen daran beteiligen, dieses Gezücht zu hetzen und zu schlagen, denn Du bist stets ein frommer Diener der jeweils Herrschenden gewesen, folgend dem Rate Deines

Dich herzlich grüßenden Vaters

Pa Lo-jü,
Compradore in Schanghai.

NB.: Solltest Du als Folge der von Dir lebenslänglich unterlassenen Genüsse beim Anblick der Greuel Wollust empfinden (wie einige junge Leute, die heute gleichzeitig mit mir diesen Tempel der Strafen besuchten), so braucht Dich das nicht zu bekümmern. Sadismus scheint kein strafbares Delikt zu sein, im Gegenteil: offen frönen ihm alle Teufel, und vielleicht behandeln sie gerade die so veranlagten Klienten wohlwollender.

Der Obige.

GODOWN

Zu sehr wirbelt alles durcheinander, was man da sieht, hört und vor allem riecht.

Rampen und flache Treppengänge verbinden die einzelnen

Lagerhäuser zu einem Komplex. Kulis wanken schwerbeladen den Rampenweg herab. „Ley-la, hui-la“, singen die vorne Gehenden, „ich komme, tritt zur Seite.“ – „Hui-la, hang-la“, fallen die hinten Gehenden ein, „tritt zur Seite, laß mich vorbei.“

Ley-la, hui-la,
hui-la, hang-la.

Diese Aufforderung gilt nicht etwa uns oder sonst wem, sie singen auch, wenn sie niemanden darauf aufmerksam machen wollen, daß sie kommen, niemanden auffordern wollen, beiseite zu treten, sie vorbeizulassen. Immer stöhnen sie diese Melodie, ob sie nun mit trippelndem, schaukelndem Schritt Lasten tragen oder ob sie – charakteristisches Straßenbild Schanghais –, beladenen Karren vorgespannt, zu fünfen oder zehnen, windschief, ja horizontal die Last zerren. Immer die gleichen sechs Silben senken sich die Rampe herab.

Ley-la
hui-la
hang-la.

Alle fünf Minuten wird dieses Kulilied vom Schrillen einer Schiffssirene verschluckt, und gleichzeitig verschwinden die Träger in der aus dem Schiffskamin hervorstoßenden Rauchwolke, so zwar, daß man die Warnung gerade in jenem Augenblick nicht hört, wenn sie vonnöten wäre. Dorthin, woher der Rauchstoß kommt, auf das Schiff, ziehen die Kulis. Schiff und Speicher liegen Seite an Seite, am Broadway, in Jangtsepoo Road und in Pootung, auf der andern Seite des Hwangho, wo die Grundstücke billiger sind als im Internationalen Settlement.

Der Speicher wird hier „Godown“ genannt, das erweckt die Vorstellung von einem backenbärtigen Londoner Kaufmann aus der Dickenszeit, der seinen Lehrling in den Keller schickt, einen Ballen Schirting zu holen: „Go down – geh hinunter.“

Aber der Schanghaier „Godown“ hat mit den englischen Worten „go down“ nichts zu tun, der Name stammt vom malaiischen Wort „gadong“, man geht auch nicht hinunter in den Godown, sondern steigt ihn hinauf, er ist kein patriarchalisches Kellermagazin, sondern ein moderner Betonbau. Wenn etwas an die Dickenszeit erinnert, so sind es die Arbeitsverhältnisse; der Londoner Kaufmann in Schanghai hält die Arbeitsbedingungen aus der Dickenszeit aufrecht und sorgt dafür, daß sie sich nicht einmal so weit ändern, wie sie sich in England geändert haben.

Während über die Fabriken von Schanghai Statistiken und soziale Untersuchungen veröffentlicht worden sind, gibt es keinerlei Literatur über die Speicher, obwohl in China weit weniger fabriziert als für den Handel manipuliert wird und alle diese Manipulationen in den Speicheranlagen vor sich gehen.

Manche Exportfirmen haben eigene Godowns, manche Godowns gehören den Grundstücks- und Schiffahrtsgesellschaften, die die Räume an Firmen der verschiedenen Branchen vermieten, so daß man bei einem Rundgang durch einen Speicherkomplex die Struktur fast des ganzen Außenhandels und viele Arbeitsmethoden kennenlernt.

Die Türen stehen offen, Ware kommt herein, baumelnd an Bambusstäben und Kulischultern. Mit Ballen von Baumwollkernen keuchen Kulis die Rampe aufwärts.

hang-la.
hui-la
Ley-la

Sie haben schwer zu schaffen, doch die Arbeiter, denen sie die Ware bringen, nicht minder. Ununterbrochen treten sie die Lintermaschine, ununterbrochen schlagen die Baumwollkerne an Räder und fallen heraus. Zurück bleiben kleine Härchen, die bisher an den Samenkernen hafteten, das mindestwertige Baumwollmaterial und doch noch zur Verarbeitung geeignet. Härchen und Staub wirbeln durch die Luft. Schmutzige Stapel von Baumwolle, aus der die Kerne erst gelintert werden müssen, sind entlang der Wände hochgeschichtet und liegen auch sonst überall umher; auf diesen grauen Hügeln essen die Arbeiter und spielen die Kinder, die so klein sind, daß sie noch nicht einmal arbeiten können.

Benachbart: die Baumwollkrempelei. Abfälle und Reste aus Webereien und Spinnereien, Wolle und Baumwolle, werden von Frauen und Kindern nach Farbe und Material geordnet, auseinandergerissen und in die Urbestandteile zerlegt, ähnlich den Lumpen in Papierfabriken.

Kulis steigen herauf mit den Ballen unsortierten Abfalls.

hang-la.
hui-la
Ley-la

Kulis steigen hinab mit sortiertem Material.

Ley-la
hui-la
hang-la.

Aus langen Hallen, darin man Felle von Ziegen, Rehen, Wieseln und Kaninchen verpackt, dringen die Gerüche von Aas und Naphthalin in alle Räume und alle Galerien aller Stockwerke, lagern auf den Rampen, mischen sich mit dem Staub der Baumwollabfälle und der Bettfedern, mit dem Geruch der Därme und der Ölpfützen im Hof und mit dem Rauch der vor dem Haus anlegenden Dampfer.

Auf Körben vor Körben sitzen Frauen und Kinder, sie klauben aus dem Abfall der Seidenspinnereien die Kokonreste heraus und zupfen sie für die Schappefabriken zurecht.

Bettfedern sind ein großer Exportartikel. Hunderttausende von Enten des Jangtsetales werden im Frühjahr geschlachtet; man rupft sie nicht, sondern zieht sie durch siedend heißes Wasser, so daß das Federwerk von selbst abgeht, oft werden allerdings auch Teile der Haut, der Schwimmhäutchen und des Schnabels abgestreift. Man trocknet die Federn an der Luft, wobei man sie unausgesetzt umwenden muß, damit sie in der Glut der chinesischen Sonne nicht verschmoren oder gar durch Selbsterhitzung Feuer fangen. Auf ihnen herumtrampelnd, stampft man sie fest und verpackt sie zu Ballen von anderthalb bis zwei Piculs (90 bis 120 Kilogramm), die Native Bales. Viele Enten gedeihen im tümpelreichen China, viele Händler, weiße und gelbe, lauern auf ihr Gefieder. Die Bank bevorschußt den Exporteur, der Exporteur den Agenten, der Agent den Einkäufer und der Einkäufer den Züchter. So läuft das Geld, in umgekehrter Richtung läuft die Ware.

Nun ist sie hier im Speicher. Flügel- und Schwanzfedern, die nur als Düngemittel gut sind, werden abgesondert; der Rest wird von Ballast und unabsichtlichen Unreinlichkeiten, Kalk, gemahlenen Muscheln und Sand, befreit, indem man die Federn auf geflochtenen Sieben reibt. Staub- und Federwolken steigen in kompakten Schwaden hoch, alle in der Schleißerei arbeitenden Männer, Frauen und Kinder tragen ein Tuch um den Mund, sonst müßten sie ersticken – das moderne Betonhaus kennt keine Ventilatoren und keine Entstaubungsmaschinen.

Daunen und Federn werden hydraulisch zu Ballen von drei

Piculs (180 Kilogramm – Wert etwa 350 Dollar) gepreßt; während sich die Platten der Presse gegeneinander bewegen, zieht die Maschine dem Gefieder einen enganliegenden Mantel über, Gürtel aus nassem Reisstroh und Eisenbänder schnüren es fest.

Und die Schar der Kulis hebt die schweren Federballen auf ihre Bambusstangen und bewegt sich in gebückten Kolonnen vom Speicher herab zur Landungsbrücke der Seedampfer, indes aus den Flußdampfern die plump vernähten Beutel mit den ungereinigten Federn den Godown hinaufgetragen werden. Auf der Rampe kreuzen sich die Wechselgesänge der Kulis.

Ley-la hang-la
hui-la
Ley-la hang-la.

Auch das Darmgeschäft wohnt im Godown und beteiligt sich mit einigen Oktaven an der Klaviatur der unerträglichen Gerüche. In China werden keine Würste erzeugt, und so können alle Därme nach Europa geliefert werden. Aus dem Innern des Landes und des Borstenviehs kommen sie hierher und werden unter Wasserhähnen mit Wasser gefüllt, bis sie prall sind. An der Stelle, an der sich der Darm verdickt, wird er abgeschnitten, damit man Stücke von einheitlichem Kaliber hat. Die Arbeiter stehen in Holzpantinen auf Holzrosten, manchmal auch bis zu den Knien im Wasser, während sie die Därme messen, schneiden und in abgedichtete Fässer verstauen. Geschwängert ist die Luft vom Geruch tierischer Verwesung und dem des ursprünglichen Darminhalts. Hier arbeiten keine Kinder, wird doch selbst den Erwachsenen speiübel von dem Gestank. Wir wissen nicht, ob das Schrillen der Schiffssirenen uns der Ohnmacht nahe bringt oder vor der Ohnmacht bewahrt.

Gerüche, in den Londoner Dockbezirken auf ganze Straßenzüge verteilt, hier sind sie in einem Gebäude vereinigt. Dieses Gebäude ist moderner als die Dockyards in London, so glatt aufwärtsgeführte, granitgrau glänzende Fassaden gibt es nicht an den Hafenbecken der Themse und ebensowenig die gut zementierten Rampen. Dagegen bewegen sich überall in den Londoner Docks große, schwergezimmerte Lastenaufzüge, elektrische Hebekrane mit klirrenden Ketten, bis in die Magazinhallen fahrende Betriebsbahnen und ganze Züge von Lastautos. Nichts dergleichen am Ufer des Hwangho. Selbst der Stützbalken für die Aufzugswinde, der in europäischen Häfen schon vor fünfhundert Jahren aus dem Giebel der Fachwerkhäuser ragte, ist für die Großstadt Schanghai noch nicht erfunden.

Wohlfeiler als die wohlfeilste Maschine ist der chinesische Mensch, seine Hände sind der Elevator, seine Arme die Ketten, seine Schultern das Lastauto, seine Beine die Betriebsbahn – diese Maschinen brauchen keinen Mechaniker, kein Treiböl, und ein Defekt kostet dem Unternehmer nichts, wenn seine Maschine ein Mensch ist.

Raubbau statt Wirtschaft, Waffen statt Arbeitsmaschinen, Opium statt Nahrung, Missionare statt Lehrer, Polizei statt Gewerkschaften, das sind Europens Brautgeschenke an China.

Sehet, höret, riechet und fühlet das Leben in den Godowns, sehet die Kinder im Baumwollstaub und Federflug, höret den stöhnenden Gesang der Träger, riechet die Därme und die Felle und fühlet, was die Zivilisation des Westens hier getan und was sie unterlassen hat.

Nur wo es sich um Nahrungsmittel handelt, sind die Godowns sauber. 100 Millionen Tassen Tee trinkt täglich England allein, alles Exportware aus China und Ceylon. Mit Sorgfalt wird in den Teespeichern, porösen Bauten mit Holzböden, die nicht schwitzen wie die aus Eisenbeton, hantiert. Mögen die Pflücker auf dem Feld – sie pflücken 15 Pfund Teeblätter im Tag für einen Lohn von 6 bis 8 Cent (Pfennig) – noch so rücksichtslos gegen die englischen Teetrinker gewesen sein, im Teespeicher sind feine Siebe und gewaschene Hände am Werk, um kein Sandkörnchen und kein Erdkrümelchen auf den zu verschiffenden Blättern zu lassen.

Ebenso schwingt in den Eieranlagen, hellen Prachtbauten amerikanischer Firmen, im Interesse der Ware, im Interesse ihres Kunden, im Interesse seines Magens die Hygiene ihr Zepter. Die Arbeiter tragen weiße Kittel, blitzblank sind die Tische, auf denen die Eier aufgeschlagen werden, und die Trockenräume, in denen man Eiweiß und Dotter sondert, um sie zu verschiffen für die Nudel-, Makkaroni- und Mayonnaisefabriken.

Aus den Gefrierräumen tragen die Kulis die gewichtigen Kisten mit dem zerbrechlichen Inhalt durch die Sommerglut des Kais in die eisigen Kühlräume des Schiffes hinab.

Ley-la
hui-la
hang-la.

Jeder Träger bekommt, wenn er das Landungsbrett passiert, ein Bambusstäbchen, das er dem Partieführer abgibt; soviel Stöcke er abgegeben hat, soviel Kupfer zahlt ihm der Partieführer aus, der festen Lohn bezieht. In den Manipulationsräumen der Godowns ist das Bambusstöckchen mit dem Firmenstempel die Lohnmarke für einen Tag, gewöhnlich 70 Kupfer (etwa 25 Pfennig) für zwölf Stunden Arbeit.

Kantine ist der Chow-Shop, der Gasthof, der im gegenüberliegenden Hausflur oder auf den Schultern eines Straßenhändlers seinen Platz hat. Von dort wird das Mittagessen geholt: ein Schlag Reis in den Napf, ein paar Tropfen grüner und roter Sauce und ein Stück Mehlgebäck. Kostet zwölf Kupfer. Dazu trinkt man heißes Wasser, für das man im Chow-Shop einen Kupfer bezahlt, oder Ziegeltee, billigsten, zu einer Pille gepreßten Abfall von Tee.

Exemplare der indogermanisch-kaukasischen Menschenrasse, von der wir in der Schule gelernt haben, daß sie Europa bevölkert, weiße Hautfarbe, offene waagerechte Augen, eine starke Nase und größeren Körperwuchs hat, kommen in den Godowns nur sehr selten vor, und zwar als Rechnungs- und Kontrollbeamte; sie machen zwei Schichten innerhalb der Zeit, die für die Angehörigen der mongolisch-chinesischen Menschenrasse eine Schicht ist.

Wir sehen einen Kuli, Kameraden umstehen ihn, nach ihren Ratschlägen verbindet er sich zwei Finger, die ihm eben zerquetscht wurden, mit Baumwolle und einem Stück Jute.

Verbandkästen oder gar eine Unfallstation gibt es nicht, wohl aber Feuerlöschvorkehrungen, sogar Sprinkler-Anlagen, Wasserleitungen mit Weichblei verlötet, das bei einer Feuersbrunst von selbst schmilzt und die Räume automatisch unter Wasser setzt.

Unten parken die einrädrigen Wheel-Barrows und warten darauf, daß zwei bis vier Erwachsene oder sechs bis acht Kinder rechts und links vom Rad Platz nehmen und von einem einzigen Mann sich nach Hause ziehen lassen.

Die Köpfe dieser Erwachsenen und kindlichen Passagiere schaukeln kraftlos über der Brust, kraftlos hängen die Arme herab, die Chinas Waren für Europa und Amerika versandbereit gemacht haben, Daunen für Kissen, Eidotter für Mayonnaisen, Därme für Würste, Seide für Kleider, Felle für Pelzmäntel.

Wie? Nanking sei eine langweilige Stadt?

Das kann ich aber *gar* nicht finden, im Gegenteil, sie ist aufschlußreich und aufregend. Da sehen wir zum Beispiel heute, am 1. Juni 1932, feldmäßig ausgerüstete Truppen stundenlang durch die Straße Tschungschan marschieren.

Was da dabei sei? Die Straße diene dem (Truppen-) Verkehr, das sei eine alte Tatsche, und Tschungschan sei eben eine Straße?

Tschungschan ist eben nicht nur eine Straße, Tschungschan ist auch der Kampfname, den Sun Yat-sen im Ausland führte, ihm zu Ehren ist die Straße benannt.

Warum eine nach Sun Yat-sen benannte Straße keine Truppentransporte passieren sollen? Sei denn Sun Yat-sen ein Pazifist gewesen? Habe er nicht Bürgerkriege befehligt? Würde er nicht selbst an der Spitze von Truppen durch diese Straße ziehen, wenn er noch lebte?

Gewiß, gegen Truppen in seiner Straße ist an sich nichts einzuwenden, Sun Yat-sen war kein Pazifist, er hat Bürgerkriege befehligt und würde selbst an der Spitze von Truppen durch diese Straße ziehen, wenn er noch lebte. Aber nicht an der Spitze dieser Truppen.

Nicht an der Spitze dieser Truppen? Das sei doch die 19. Armee? Die 19. Armee, die sich vor einem halben Jahr den Japanern in Schanghai entgegengestellt und ihnen Halt geboten hat? Gegen ausländische Imperialisten. Sei das nicht im Geist Sun Yat-sens gewesen?

Ja, das war im Geist Sun Yat-sens. Aber jetzt ziehen sie gegen die roten Provinzen, und ihr Weg führt durch die Straße Tschungschan, die Straße Sun Yat-sens. Ist auch da nichts dabei? Sun Yat-sen hat das Wort gesprochen, daß jeder Gegner der Kommunisten damit auch Gegner der Kuomintang ist und den Ausschluß verdient. Wie lautet sein Bekenntnis, das ihm den Haß der chinesischen Bourgeoisie, ihren bewaffneten Widerstand mit englischen Waffen eintrug? „Mit dem Gelingen der russischen Revolution hat das neue Leben Chinas begonnen. Daher: laßt uns heute diese Revolution feiern, und dann laßt uns die Russen nachahmen."

Und nicht nur politisch möge sich China einzig und allein die Sowjetrussen zum Vorbild nehmen, denen China seine Konstituierung als Nation und die Aufhebung der Tributverträge verdanke, nein, auch militärisch: „Die Rote Armee Rußlands muß euer Muster sein!" rief Sun Yat-sen den an ihm vorbeidefilierenden Truppen der Kanton-Regierung zu.

Heute marschieren nun die Truppen gegen die Rote Armee Chinas. Vor Monatsfrist hat man sie aus dem Umkreis von Schanghai herausgezogen und nach Nanking dirigiert. Zwecks Retablierung. Man prüfte jeden auf Herz und Nieren, was natürlich nicht medizinisch gemeint ist. Und der, bei dem sich etwas verriet, wodurch er ungeeignet schien, als dumpfes Werkzeug der Reaktion zu dienen, der bekam einen sehr schlichten Abschied. An die Stelle der Ausgeschiedenen traten verläßliche Elemente anderer Abteilungen. Der populäre Firmenname blieb: 19. Armee. Alles ist botmäßig gemacht und einexerziert worden, streng nach den Weisungen der militärischen Ratgeber, der „advisers", der deutschen Offiziere. Dreißig deutsche kaiserlich-republikanische Offiziere. Sie kamen mit Oberst Bauer herüber und erfreuen sich des Vertrauens von Tschiang Kai-schek. Zuerst hatte die Entente gefürchtet, die Deutschen würden ihren konnationalen Rüstungsindustriellen allzuviel Heereslieferungen zuschanzen. Ob das geschieht oder nicht, ist heute den Mädchen nicht so wichtig, denn die Deutschen leiten die Ausrüstung und die Ausbildung der chinesischen Truppen so, wie es sich der internationale Imperialismus nur wünschen kann. Jedenfalls ist es angenehmer für England, als wenn amerikanische, angenehmer für Amerika, als wenn französische Militarisierungsfachleute am Werk wären.

Ausrüstung und Ausbildung der 19. Armee, die ohne Ausrüstung und ohne Ausbildung den Japanern getrotzt hat, sind jetzt so weit beendet, daß man sie gegen China werfen kann, gegen die Sowjetgebiete, die friedlich ihren Aufbau vollziehen, ohne Imperialismus, ohne Kapitalismus, ohne Feudalherrschaft, ohne Fremde, ohne Opium, ohne Privatbanken, ohne Kinderarbeit, ohne Kinderverkauf, ohne Missionare, ohne Binnenzölle, ohne Banditengenerale, ohne Gangster, ohne Bestechungswesen.

Manche von den hier vorbeimarschierenden Burschen haben wir in ihren Unterständen von Tschapei gesprochen, aber wir erkennen sie nicht wieder. Wie fein die gemacht worden sind!

Nein, nein, Nanking ist durchaus keine langweilige Stadt! Es gibt vielerlei zu sehen, allein auf der Straße Tschungschan.

Hechtgraue Leinenuniformen, Wickelgamaschen, lederne

Koppel und hohe Kappen, wie sie die k. u. k. Armee Österreichs hatte; nur ist anstatt der Kokarde mit F. J. I., den Initialen des Kaisers Franz Joseph, eine Kappenrose mit der blauen Sonne, der Sonne der Kuomintang, aufgesteckt. Man könnte die Kolonnen für europäisches Militär halten, baumelte nicht auf jedem Rücken ein Sonnendach, ein Sonnenschirm, ein Sonnenhut, welch mächtiges Geflecht. Und stäke nicht in jedem Leibriemen ein Frottierhandtuch, das man in einen kalten Bach oder in heißes Teewasser taucht, um sich das Gesicht zu kühlen. Die Chargen tragen elektrische Lampen, große, es sind schon eher Marschallstäbe. Wer mag diese Heereslieferung den Chinesen angehängt haben? Die Lampe ist das auffallendste Merkmal der neuen China-Armee, so wie das der japanischen die Thermosflasche ist. An der Knabenbrust der Soldaten prangt eine Medaille, Ausrüstung und Ausbildung sind vollendet, nun geh gegen deine Volksgenossen und Klassenbrüder, schieß recht viele tot, und du wirst wieder eine Medaille kriegen.

Die Residenz ist froh, sie loszuwerden. Obwohl die 19. Armee verwässert ward, es ist doch die 19. Armee, noch immer sind zu viele von den Schanghaier Kerlen dabei, die sich ohne Befehl aus Nanking den Japanern gegenübergestellt hatten und die von Nanking befohlene Kapitulation nicht durchführen wollten. Aufatmend blickt Tschiang Kai-schek aus seiner Festung innerhalb der Kriegsakademie, geschützt von seinen Schützlingen, aufatmend sieht der Finanzminister T. V. Sung von seiner Villa am Hügel des Nordsterns, aufatmend sehen die gepflegten Herren aus dem Parteihaus der Kuomintang, aufatmend die Vertreter der Vertreter der Großmächte (die Vertreter selbst sitzen in Peking, zwei Eisenbahntage fern vom Regierungssitz), aufatmend blicken allesamt auf das abziehende Heer.

Im Hafenviertel Hsiakwan wird es eingeschifft, auf uralte, zitronengelbe, am Ufer vertäute Jangtse-Kästen. Kanonenboote neuesten Schnitts ankern mitten im Strom. Sollte auf den Transportschiffen etwas laut werden, so würde es auf den Kanonenbooten noch lauter werden. Seid versichert. Die 61. Division ist bereits verladen, die 60. und die 78. marschieren an uns vorbei uferwärts, und die „North China Daily News", die China-Zeitung Englands, wird morgen anerkennend feststellen können, daß auch die zweite Hälfte der 19. Armee ihren Abmarsch aus Nanking in die Gebiete der „Roten" ohne Zwischenfall vollzogen hat.

Das Wort „Rote“ und das Wort „Kommunisten“ darf bei Prozessen und Interventionen nicht ohne Gänsefüßchen geschrieben werden, allzu deutlich hat Sun Yat-sen jeden Feind der Kommunisten als Feind der Kuomintang bezeichnet. Daher wird von sogenannten Kommunisten, von Kommunisten unter Anführungszeichen gesprochen, wenn man Kommunisten ohne Anführungszeichen meint. Aber am besten, man sagt: Banditen. Bei Banditen braucht man kein Anführungszeichen, im Gegenteil, da wäre es wieder strafbar, eines hinzusetzen. Diese Terminologie hat sich sogar die britische China-Presse zu eigen gemacht, für die doch Banditen und Kommunisten ohnedies identisch sind und die schwerlich eine Antwort auf die Frage geben könnte, welcher Unterschied für sie zwischen Kommunisten mit und Kommunisten ohne Anführungsstriche besteht.

Die chinesischen Gerichte wiederum verurteilen die Kommunisten nur mit der Formel „wegen reaktionärer Umtriebe“. So fällt der Richter den Spruch, daß der Angeklagte sich in offenkundig reaktionärer Weise betätigte, indem er gegen den Imperialismus, gegen die Vorherrschaft der Banken, gegen den Pfandwucher und gegen das Opium aufgetreten ist.

Gegen solche Reaktionäre werden nun die Neunzehner zu Felde gezogen. Schon vorher haben sich viele Truppen in der gleichen Absicht kiangaufwärts bewegt. Ein englisches, ein amerikanisches, drei japanische und ein italienisches Kanonenboot segelten im September 1930 zur Eroberung von Tschangsha in schöner Gemeinschaft los; alle Gegensätze sind schnell vergessen, wenn Amerika, Japan (mit drei Schiffen), England und Italien die „Reaktion“ niederwerfen wollen. Die Landungstruppen von „H. M. S. Aphis“, „U. S. S. Palos“, „H. I. J. M. S. Atami“, „Futami“ und „Kutama“ und „S. M. R. d'l. Carlotta“ häuften Greuel auf Greuel, deren sie sich selbst rühmten und hervorhoben, daß „insbesondere Commander Tisdale von der ‚Palos‘ den blutdurstigen, rußlandinspirierten Horden eine Dosis ihrer eigenen Medizin gegeben“. („China's Weekly Review“, 6. Sept. 1930.)

Trotz dieser Dosis vergrößerten die Sowjets ihre Gebiete, die schon damals von mehr als 50 Millionen Menschen bewohnt waren. Trotz dieser Dosis? Wegen dieser Dosis! Daß die Kuomintang für ihre Interessen fremde Mächte gegen China losziehen ließ, erregte auch die indifferenten Bauern außerhalb der Sowjetdistrikte.

So ging es also nicht noch ein zweites Mal. Die Nankingregierung mußte selbst zeigen, was sie kann. Mit 15 Divisionen begann im Februar 1931 unter persönlicher Leitung Sr. Exzellenz des Kriegsministers Ho Ying-ching die „Ausrottungskampagne gegen die ‚Roten'" der Provinz Kiangsi. Im Juni kam ihm der Gottsöberste zu Hilfe, Tschiang Kai-schek befehligte 300 000 Mann. Nie vorher war ein solcher Heerbann gegen eine einzige Provinz aufgeboten worden.

Eine Ausrottungskampagne ohne Anführungsstriche. Ausgerottet wurden die Dörfer, ausgerottet die darin zurückgebliebenen Greise und Kinder, ausgerottet das Vieh und die Ernte. Das einzige, was nicht ausgerottet werden konnte, waren die Roten. Von den Bauern, die die Rote Armee bilden, hatte höchstens jeder dritte ein Gewehr, und auf jedes Gewehr kamen lediglich zwei Patronen; so bewaffnet führten sie sechs Monate lang den Guerillakrieg gegen eine Armee mit 256 europäischen Feldgeschützen, 12 Flugzeugen, Maschinengewehren und ausländischen Spezialisten der Strategie. Schließlich wurden die Divisionen der Kuomintang genauso vertrieben wie die preußisch-österreichisch-emigrantische Interventionsarmee bei ihrer Kampagne in Frankreich von den Ohnehosen der jungen französischen Revolutionsarmee, und wie die französisch-englisch-amerikanisch-deutsch-tschechoslowakisch-japanisch-weißgardistischen Armeen und Flotten von den Bolschewiken aus Rußland vertrieben worden waren. Ein Beweis dafür, daß technisches Übergewicht nur dann das einzige Kriterium der Entscheidung darstellt, wenn das Klasseninteresse am Ergebnis des Krieges bei beiden Armeen das gleiche, das heißt null, ist. Beim Krieg der Nankingregierung gegen das Volk war das Klasseninteresse nicht das gleiche.

Unter der Beute der Roten befanden sich drei Flugzeuge, man bedeckte sie mit einem Schutzdach, und so stehen sie noch heute da; bedienen kann sie niemand, worüber die Presse der geschlagenen Kuomintang nicht zu spotten aufhört. Zwei Monate nach der Flucht der Regierungsarmee gab sie den „Abbruch des Feldzuges" bekannt und begründete ihn damit, daß die Besetzung der Mandschurei durch die Japaner eine Konzentrierung des nationalen Interesses auf den äußeren Feind notwendig mache. Der heimgekehrte Kriegsminister Exzellenz Ho Ying-ching führte vor dem IV. Kongreß der Kuomintang aus, warum es der Gesamtarmee nicht gelungen war, auch nur eine der revolutionären Provinzen zu erobern. „Die Bewohner der von den Banditen besetzten Gebiete unterstützen die verbrecherischen Horden, während es für die Regierungstruppen außerordentlich schwer, war, auch nur die geringste Hilfeleistung von seiten der Bevölkerung zu erhalten." Immerhin konnte Minister Ho Ying-ching dem Kongreß eine Hoffnung geben: „Krankheiten von epidemischen Ausmaßen sind in den Lagern der Banditen ausgebrochen, und infolge des Mangels an ärztlicher Hilfe gehen viele von ihnen zugrunde. Mit dem Herannahen des strengen Winters erhöhen sich ihre Schwierigkeiten ständig, da nur wenige von ihnen Winterkleidung besitzen."

Ob die Erwähnung der Tatsache, daß die „Roten" nicht einmal Winterkleidung besitzen, vom Kongreß mit Heiterkeit aufgenommen worden ist, steht im Protokoll nicht verzeichnet. Jedenfalls wurde in den Resolutionen ein neuer Feldzug zur Ausrottung der roten Gefahr als die erste Pflicht der Regierung erklärt, die Besetzung Nordchinas durch die Japaner fand der Kongreß bei weitem nicht so wichtig.

In Ausführung des Beschlusses müssen jetzt die Jungen, die sich in Schanghai freiwillig zum Schutz ihrer Familien und ihrer Wohnstätten vor den Japanern bei der 19. Armee anwerben ließen, gegen ihre Heimat losziehen, gegen jene Kreise ihrer Heimat, die die drei Prinzipien Sun Yat-sens in die Wirklichkeit umsetzen. Auch diese Jungen mit den neuen Gewehren, den grauen Uniformen, den blitzenden Medaillen und den elektrischen Laternen werden mitnichten den Sieg erringen, den ihnen der Armeebefehl verheißt. Worin soll er bestehen? Worin soll er sich auswirken? In der Wiederzusammenziehung des aufgeteilten Bodens, in der Wiederzuteilung des Landes an einen Feudalherrn, in der Wiederherstellung des Likin-Zolls, in der Wiedereinführung des Bestechungswesens, in der Wiederanlegung von Mohnfeldern, in der Wiederzulassung von Missionaren? In der Schließung der neuen Schulen, Druckereien, Büchereien, Zeitungen?

Glaubt man, ein Volk mit Waffengewalt wieder in Unwissenheit stürzen zu können? Auf dem Kongreß der chinesischen Sowjets, der am 7. November 1931, dem vierzehnten Jahrestag der russischen Oktoberrevolution, in Juikin zusammentrat, wurde berichtet, daß in den sechs Sowjetgebieten innerhalb von vier Jahren acht Millionen Menschen lesen und schreiben gelernt haben. Komischer-, aber nicht unlogischerweise verdoppelte die englische Presse diese Zahl und schrieb von „sechzehn Millionen Menschen, denen das Lesen beigebracht wurde, um sie der gedruckten Hetzpropaganda zugänglich zu machen". Die Schriften von Marx, Lenin und Sun Yat-sen werden in Auflagen von einer Million gedruckt. In einer Stadt, wo Lenins „Staat und Revolution" wegen Papiermangels vergriffen war, erschienen Leute mit eigenhändig geschöpftem Papier in der Druckerei und zogen das Buch vom Letternsatz ab. Ein Amerikaner schreibt der Schanghaier „Evening News", daß „in allen Nachbargebieten der Banditenbezirke das mit den Köpfen der bekannten kommunistischen Agitatoren Marx und Lenin versehene Papiergeld als vollwertiges Zahlungsmittel angesehen wird".

Wie? Mit dem Abzug der Truppen sei alles Interessante erschöpft, was Nanking zu bieten habe? Im übrigen sei es eine langweilige Stadt?

Kann ich aber *gar* nicht finden! Sehen Sie zum Beispiel, wie in allen Straßen gebuddelt wird. Das ist keine kommunale Angelegenheit, das ist eine politische Angelegenheit, der Lohn, den England dafür bezahlt, daß Nanking die Roten wacker zu bekämpfen versucht.

Der den Chinesen seit 1901 auferlegte Straftribut wird in den letzten Jahren von den Großmächten innerhalb Chinas angelegt. Die Amerikaner schicken Chinesen aus Propagandagründen für das Geld der Boxerindemnität auf ihre Colleges. Aber diese Studenten, statt gelbe Yankees zu werden, werden oft genug Gegner der Fremdherrschaft und Anhänger der Revolution.

England ist nicht so dumm wie Amerika. England gibt das chinesische Geld nur für Kommunikationszwecke her, und zwar für solche, deren Material zu guten Preisen von England geliefert wird. Überall, sehen wir, werden Tore gebaut, weil das zum Kapitel „Kommunikation" gehört, überall, sehen wir, wird die Residenzstadt der Vasallenregierung befestigt, überall, sehen wir, werden Röhren und Kabel gelegt und eine Funkstation errichtet, damit die englische Industrie Geld verdiene, überall, sehen wir, werden Häuser niedergerissen, um breite Straßen zu schaffen, auf denen solche Ross' und Reisige, die nicht schützen die steile Höh', wo Fürsten stehn, bequem hinausgeschickt werden können gegen das Volk.

Der Zugang zur Stadt ist um so verschlossener. Renoviert sind die alten Wälle, der doppelte Ring um die Stadt, die Wachtore desgleichen, obwohl Flugzeuge keineswegs durch Festungstore einzufahren pflegen, und Geschosse aus Schiffsgeschützen vor Festungsmauern niemals ratlos haltmachen. Nicht um moderner Artillerie Einlaß zu verweigern, stehen die Wachkompanien unter jedem Torbogen ... Der Feind, gegen den man rüstet, hat keine Bombenflugzeuge und keine Schlachtschiffe auf dem Jangtse und keine modernen Geschützzüge. Der Feind, gegen den man rüstet, ist kein äußerer Feind. Er kann bald vor den Toren stehen. Nanking ist immer fluchtbereit.

Jedermann wird am Stadttor angehalten, die Guardia prüft sorgsam die Pergamente seiner Heimatszugehörigkeit und seiner Zunft und prüft seiner Einreiseerlaubnis, bevor sich ihm der Weg freigibt in die Stadt der „Volkspartei" und ihrer Regierung. Das Elend hat draußen seine Bezirke, zwischen dem Bahnhof und dem Stadttor. Doch gibt es auch in der Stadt des Schmutzes und des Jammers mehr, als man sich vorzustellen vermag.

Reisbauern und Brokatweber haben ihre Pfützen und Hütten am innern Rand der innern Festungsmauer oder unten an den befestigten Ufern des Tschin-Hwaj-Flusses. Verfallene Holzbuden sind die Arbeitsstätten der Brokatweber, ihre Webstühle von alten Meilensteinen gestützt. Zwischen zehn Bambusstäben, die vom Fuß des Webers bewegt werden, entsteht das Muster, das Weberschiffchen mit fettgoldenem Inhalt fährt von links nach rechts, die schwarzen und goldenen Fäden werden von Kindern aneinandergeknüpft. Du glaubst, daß sie nur zwecklos die Finger bewegen, nur mit Luft arbeiten, du siehst die Fäden nicht, so schnell geht das. Bei dieser Arbeit nicken die Kinder mit dem Kopf nach rechts und nach links, wie Fahrer eines Sechstagerennens. Sie dürfen nicht aufschauen, auch wenn ein Besucher kommt. Auf die Seide schweben, indes sie geboren wird, vier goldgefiederte Vögel nieder, sie verschwinden, und vier neue goldgefiederte Vögel, den vorigen gleich, schweben auf die Seide nieder. Ihr Auftauchen und ihr Verschwinden vollzieht sich in einer Atmosphäre von Schmutz und Hunger. Die Frau des Goldwebers bittet um eine kleine Gabe. Keinen Meter Brokat darf der Weber verkaufen, denn alle Ware ist, längst bevor sie entsteht, an den Garnlieferanten in Tschekiang verpfändet. Überall umringen dich Bettler. Cholera und Lepra wüten, ohne Widerstand zu finden.

Viel Elend ist in die Stadt gerutscht, dem Aufenthaltsverbot zum Trotz, der Sicherung dieser doppelt gesicherten Stadt zum Trotz. Doppelt gesichert? Ja. Nanking hat materielle und ideologische Festungswerke, und die ideologischen sind materieller Art. Wirklich, ich verstehe gar nicht, wie man Nanking eine langweilige Stadt nennen kann.

Hoch ragt die ideologische Zitadelle empor: das Grabmal Sun Yat-sens. Selbst das Lincoln-Mausoleum in Washington, dem es entschieden nachgebildet ist, ist nicht so pompös und nicht so kostspielig, Millionen wurden ausgegeben für dieses einzige große Bauwerk der Republik. Die Mings, die direkt daneben begraben sind, können sich direkt daneben begraben lassen. Dabei haben die Mings dreihundert Jahre lang über China geherrscht, und Sun Yat-sen, der erste Präsident der Republik, mußte schon nach ein paar Monaten seinen Platz dem kaiserlichen Mandarin Juan Schi-kai räumen, der sich zum Sohn des Himmels machte. Viermal mußte Sun Yat-sen aus der Republik flüchten, er hatte ihre Machthaber zu fürchten, wie er vorher die des Kaiserreichs zu fürchten hatte. Als er Präsident der Kantonregierung wurde, war er, der nationale Revolutionär, den Großkaufleuten und den Großmächten viel zu sozial. Sie rüsteten die Kantoner Kaufmannsgarden gegen ihn aus, und England, wo das Labour-Kabinett Macdonald regierte, schickte ihnen Waffentransporte. Sun Yat-sen begriff am Widerstand seiner Gegner deren Interessen, seine Lehre, die voll von Unklarheiten und Kompromissen gewesen war, wurde immer entschiedener und sozialer.

1925 starb er, und hier oben ist er begraben. Einen Kilometer führt die breite Marmortreppe, geschmückt mit Podesten, Vasen, Obelisken, Pylonen, zum Gipfelbau, zur Kolossalstatue, zum Sarkophag hinan. Und doch ist diese Grabanlage kein Luxusbau, sie ist ein Zweckbau, die zehn Millionen Dollar sind kein hinausgeworfenes Geld. Ideologische Sicherung. Seht her, wie wir Sun Yat-sen ehren, in Sun Yat-sens Sinn regieren wir. „Wir“, das sind die heutigen Herren von Nanking, die Sun Yat-sen gekannt und genannt hat, „diese entarteten Revolutionäre, diese falschen Revolutionäre, die Sie während dieser letzten Jahre allein damit beschäftigt gesehen haben, Karriere zu machen und sich zu bereichern. Diese Leute haben die große Sache der Revolution und des revolutionären Geistes entwürdigt und lächerlich gemacht. Trennen Sie sich von den Leuten dieses Schlages und vergessen Sie sie . . .“

Die Karrieremacher haben die Trennung selbst vollzogen, eine blutige Trennung. Jetzt sind sie an der Macht. Nichts, nichts von den Lehren Sun Yat-sens haben sie durchgeführt, nichts durchzuführen versucht. Die Fremden, gegen deren Oberherrschaft er sich wandte, sind die Schutzherren seiner Nachfolger, die Gewerkschaften, die er schuf, wurden zu gelben Fachvereinen gemacht, seine revolutionären Bauernverbände vernichtet, die Gangster, Begleiterscheinungen des Chikago-Kapitalismus, erfreuen sich der Regierungsgunst, die Banditengenerale, Begleiterscheinungen der Feudalherrschaft, sind die Bundesfürsten des Reichs, das Opiumgeschäft blüht, das Waffengeschäft blüht, die Kinderarbeit blüht, der Likin-Zoll blüht.

Sun Yat-sens Gattin, seinen Ideen treu, muß in der Auslandssiedlung Schanghais leben, bespitzelt von den vierzehn Schanghaier Spitzelorganisationen der Großmächte, und sie betritt chinesischen Boden nicht, ohne einen Anschlag von seiten der Partei befürchten zu müssen, die sich die Partei ihres Gatten nennt; von Ausländern stehen nur die amerikanische Schriftstellerin Agnes Smedley und der mutige Kreis der von allen Seiten verfolgten Zeitschrift „The China Forum" als Freunde zu ihr.

Truppen gegen die Sowjetbezirke ziehen auf der Straße mit dem Namen des Mannes, der auf seinem Sterbebett einen Brief an die Sowjetregierung nach Moskau schrieb, deren Generalkonsulat heute das einzige leerstehende Haus am Ufer des Hwangho in Schanghai ist.

Der Brief lautet:

„Liebe Genossen! Auf meinem Sterbebette beschäftigen sich meine Gedanken mit Euch sowie mit dem zukünftigen Geschick meiner Partei und meines Landes. Ihr seid das Haupt jener Republiken, die der unsterbliche Lenin befreit hat. Wenn sie Euch folgen, werden die Nationen, die heute noch Opfer des Imperialismus sind, ebenfalls ihre Befreiung von dieser Gesellschaftsordnung erlangen, die immer auf Sklaverei, Krieg und Ungerechtigkeit begründet gewesen ist. Ich hinterlasse eine Partei, die, wie ich stets gehofft habe, im Bunde mit Euch wirken wird an der Befreiung Chinas und anderer unterdrückter Völker vom Joch des Imperialismus. Ich beauftrage daher meine Partei, in ständigem Kontakt mit Euch zu bleiben. Ich fühle mich glücklich in dem festen Glauben, daß die Unterstützung, die Ihr meinem Lande zuteil werden ließet, ihm unverändert erhalten bleiben wird. Indem ich nun Abschied von Euch nehme, gebe ich der Hoffnung Ausdruck, daß der Tag kommen wird, da die Sowjetunion in einem freien und starken China ihren Freund und Bundesgenossen begrüßen wird, und daß die zwei Staaten Hand in Hand in dem großen Kampf für die Befreiung der Unterdrückten der ganzen Welt fortschreiten werden.

Mit brüderlichen Grüßen
Sun Yat-sen."

Er starb, und die chinesischen Polizeibeamten, mehrere hundert Mann stark, drangen in den geschlossenen Bezirk der ausländischen Gesandtschaften in Peking ein, überfielen die Sowjetbotschaft, verhafteten das Personal, schleppten die Akten weg, besetzten das Haus. Von den teuren Grundstücken am Ufer in Schanghai ist eines unverwertet, ein einziges Gebäude steht leer, das Sowjetkonsulat an der Garden Bridge.

Antwort der Kuomintang auf Sun Yat-sens letzten, seinen strikten Auftrag: „Ich beauftrage meine Partei, in ständigem Kontakt mit Euch zu bleiben ..."

Ein leerstehendes Haus kann interessanter als ein bewohntes sein. Eine Stadt von Beamten und Bonzen und einer neuen Grabanlage und einer endlosen Militärkolonne braucht gar nicht langweilig zu sein.

Ich finde Nanking *gar* nicht langweilig.

STRASSE, WIE WUNDERLICH ...

Wien in Peking. Ein Wort von Karl Marx, das Wort, daß Österreich das deutsche China sei, will uns nicht aus dem Sinn, sooft wir uns im Gewirr der chinesischen Gassen verlieren. Da fühlen wir uns wahrhaftig, als wären wir im asiatischen Österreich, in einem chinesischen Wien. Gaudium und Elend, ewiges Teehaus und Geschäftsgeist, Servilität und Strenge, Fremdenhaß und Fremdenindustrie wohnen hart an hart. Volk der Phäaken. Immer ist Sonntag, auch wochentags. Immer ist Tag, auch bei Nacht. Nur dreht sich am Herd der Spieß nicht. Man sieht mehr Hungernde als Satte. Die Chinesen sind wienerischer als die Wiener, in ihren besten Zeiten konnte sich der Wurstelprater keineswegs etwa mit Tjen-Men-Da-Dje messen, einer Pekinger Straße, die man mit einem phosphoreszierenden Strich auf dem Globus verzeichnen müßte. Im Wiener Prater steht (oder stand) im Mittelpunkt des Ringelspiels von Calafatti ein fünf Meter hoher Chinese mit Zopf und Hängeschnurrbart und hebt die Hand, dieweil die Pferdchen kreisen. In China gibt es kein Karussell mit einem fünf Meter langen Europäer in der Mitte, der den Kreislauf segnet. Wien ist also in diesem Punkt stark voraus. Auch wenn Mei Lan-fang oder Lo Sa-jung (diese Schauspielerin Rosa Jung ist die Tochter eines Deutschen) des Weges kommt, so erregt das bei weitem nicht solches Aufsehen wie ein Bühnenliebling auf der Praterstraße. Ebenso wird bei einer Konkurrenz zwischen den Gruppen von Präuschers Panoptikum und denen des Tempels „Schö-Ba-Jü" Präuscher die Palme davontragen. Und der Heurige? Der Heurige fehlt in Peking ganz. Aber sonst! Was man in Wien eine „schöne Leich" nennt, ist geradezu der letzte Dreck gegen einen Leichenzug in China. (Man stößt während eines nächtlichen Spaziergangs auf zwei bis drei Leichen, Verhungerte, die haben keinen Leichenzug.) Was wir meinen, ist ein richtiger Kondukt mit Sarg aus Buchenholz, in dem sich's fein wohnen läßt, mit Trägern in grünrotem Kostüm, die Musikbanda spielt, und Figuren von schönen Maderln werden hinterhergetragen, schönen Dienern und allem, was dazu gehört. Verkauft's mei G'wand, i fahr' in Himmel. Gelegenheit, das Gewand zu Geld zu machen, ist vorhanden, das Dorotheum, das Pfandhaus, ist immer just vis-à-vis. Doch das kommt später.

Indessen feiern wir auf jeden Fall
Nur lustiger das wilde Karneval.

Faust II

Halbversperrter Zugang zur Chinesenstadt. Durch Gittertore ist die Ausländersiedlung Schanghais vom fremdenlosen China getrennt. Jetzt haben die Weißen noch spanische Reiter und lebende Posten mit Gewehren hingestellt; lediglich ein schmaler Gang ist zwischen Sandsäcken und Stacheldrähten frei gelassen, denn ganz kann der Westen den Osten nicht entbehren. Freilich, die Compradores, die großen einheimischen Mittelsmänner des europäischen Kaufmanns, wohnen nicht in der Chinesenstadt. Aber schon die Chroffs wohnen in der Chinesenstadt, des weißen Händlers gelbe Makler, Stadtreisende und Inkassanten. Und vor allem leben dort seine Kunden und Kulis. Er braucht sie, und deshalb müssen sie sich in die ausländische Siedlung drängen, selbst wenn der Eingang durch Stacheldraht und Sandsack, durch Bajonett und Gitter, durch spanische Reiter und französische Polizisten erschwert ist.

Jenseits der Grenze. Den Straßennamen „Boulevard des Deux Républiques" gebrauchen die Franzosen überlegen lächelnd: wie kann man die junge Republik China mit der alten Republik Frankreich in einem Atem nennen? Hat man den Boulevard des Deux Républiques, die Grenze, überschritten, dann wird man vom fünftausend Jahre alten Leben dieser jungen Republik, vom Wirbel fremdartiger Menschen, unverständlicher Stimmen und unbekannter Dinge dahingetragen bis Nantao, den Marktbezirk.

Werkstätte und Laden und Wohnung sind eines nur. Elfenbeinschnitzer arbeiten und verkaufen: sie meißeln aus Elfenbein und Schweineknochen Mahjongsteine, Griffe für Sonnenschirme, Mundstücke für Pfeifen, Zigarettenspitzen, Spielwürfel, kleine Hände für die Stäbchen zum Rückenkratzen und kreisrund geschlossene Kämme zum Kopfkratzen. Unter den Messern der Holzschnitzer entstehen skulptierte Leuchter, Kugeln für Rechenmaschinen. Unter ihren Pinseln bekommen Gestelle mit Fischornamenten grellen Glanz, Drachen fürchterlich aufgerissene Rachen und Kriegsgötter fürchterlich aufgerissene Augen. Schirmmacher polieren Bambusrippen, schneiden und säumen Seide zurecht, Korbflechter, Fächermaler und Stempelschneider sind Erzeuger und Händler zugleich, Zwischenhandel ausgeschaltet. Briefschreiber beteuern mit Tusche und Pinsel soviel Liebesgefühl auf das Papier, wie der Auftraggeber für seine paar Kupfer verlangen kann. Chiromanten haben alle Hände voll zu tun, um aus den Linien der Hände das Schicksal weiszusagen. Raseure putzen ihren auf dem Bürgersteig sitzenden Klienten die Ohren mit einer flaumigen, an einem Stiel befestigten Kugel. Seltsame Krippen aus buntem Papier sind Hausaltäre für die Ahnen, silberpapierne Tüten Symbole der Taels, die man am Grab der Toten verbrennt. Konditoren kneten gebrannten Zucker zu Phantasiegebilden und färben ihn. Das Schaufenster des Geflügelhändlers hängt voller Geigen, welche sich aber als Enten erweisen, in Betel rotgekocht. Im Fleischerladen liegen flache und in farbiges Ölpapier eingewickelte Schinken, sie stammen von Schweinen, die sich in der Provinz Yünnan ihre Nahrung selber suchen und deshalb so schwache Lenden haben. Hohe Teestühle und mächtige Kohlenöfen, Hibatschi, aus Porzellan stehen vor dem Laden des Porzellanhändlers, drinnen winzige Nippes, Tassen, Kannen, Tuschschalen, Spucknäpfe und viele, viele Futternäpfchen für Vogelkäfige.

Den Vogelladen umstehen die Chinesen stundenlang, wie gebannt schauen und hören sie den Zwergzeisigen und den grellgefiederten japanischen Nachtigallen zu. Der Chinese ist ein fanatischer Vogelfreund; wenn er spazierengeht, trägt er seinen Vogel behutsam im Käfig vor sich her und stellt ihn im Teehaus neben sich. Wir sahen Flüchtlinge aus Tschapei, die hatten nichts gerettet als ein Kopfkissen und den Vogelkäfig. – Ganz ausgezeichnet vertragen sich in den Gitterkästen der Tierhändler Kröte und Maus, wie in jenem Lied von einer Wassermaus und einer Kröte, die zum Genuß der Abendröte einen steilen Berg hinangingen, was angeblich ein Gedicht von Goethe ist, das er eines Abends späte auf dem Sofa noch ersann. Schildkröten und Goldfische kauft man, um ihnen die Freiheit zu geben, indem man sie in den Teich beim Teehaus wirft. Das gilt in China als gute Tat. Die in einem hölzernen Futteral steckende Mauserpistole der Polizisten ist europäisches Fabrikat.

Verkehr lebhaft. Wo Handel ist, ist Wandel nicht fern. Überfüllung überall. Wie auf den Kanälen die Boote mit Reis, die in die Stadt fahren, und die Boote mit menschlichen Exkrementen, die auf das Land fahren, keinen Fußbreit Wasser frei lassen, so lassen die Menschen in den Elendsbezirken keinen Fußbreit Boden frei. Männer tragen Kittel bis hinab zu den Knöcheln, die Frauen blaue Leinenhosen. Auf ihren durch Abschnürung verkrüppelten Füßen stelzen ältere Frauen eilig dahin, es scheint, als würden sie jeden Augenblick umkippen. Viele Frauen haben Glatzen, vielleicht kommt es davon, daß sie Krüge und Körbe auf dem Kopf tragen. Kleine Kinder mit rasiertem Kopf, auf dem Schädel ein keimendes Zöpfchen, mit langen, molettonierten, vorne und hinten offenen Hosen spielen auf der Straße, Fünfjährige müssen Papierdrachen kleben oder die kegelförmigen Stanniolpäckchen, das Totengeld. Sechsjährige, Achtjährige schnitzen und bemalen Mahjongsteine, drehen die Handmühlen mit Sojabohnen, kehren Werkstätten aus und tragen Waren aus. An den Seitenwänden der

Häuser stehen Männer und verrichten ihre Notdurft; die linken Beine der ganzen Reihe sind nackt; da die Hose keinen Schlitz hat, zieht man das Hosenbein hoch. – Die Häuser sind niedrig, nicht mehrstöckig wie im Internationalen Viertel, wo die Reklamefahnen vor den Verkaufsläden groß und aus Brokat sind, die Aufschriften der Firmen golden, und wo man ungestört Opium rauchen kann. In der Chinesenstadt ist das Opiumrauchen verboten, damit den fremden Nutznießern des Opiumschmuggels und der Opiumkneipen keine Konkurrenz gemacht werde. Den Schaukästen der Metallwarenhändler von Nantao fehlen jene Stücke, die das Um und Auf ihrer Kollegen in der Rue du Consulat sind: die Opiumpfeifen, die Pinzetten, die Ständer und die anderen zum „Großen Rauch" gehörigen Utensilien. Nur die Wasserpfeife hört man prallen.

Überhandnehmendes Bettlerunwesen. Bettler hocken dicht aneinander. Auf der vor ihnen liegenden karierten Leinwand sind ihre Schicksale geschildert; manche, pauperisierte Intellektuelle, schreiben ihre Selbstbiographie mit Kreide auf den Bürgersteig, und der Passant legt sein Almosen auf jenes Quadrat, dessen Inhalt ihn besonders ergreift. Von der Tatsache, daß die Gilde der Bettler keine Frauen aufnimmt, merkt man auf der Straße nichts, die Zahl der Bettlerinnen könnte nicht größer sein.

Große Entrüstung unter den Europäern Schanghais. Unter Schanghais Bettlern findet man jetzt auch Weiße. Weiße in physischem und politischem Sinn, russische Emigranten. Zumeist in betrunkenem Zustand betteln sie die Chinesen an. Früher gab es für einen verarmten Europäer ein unfehlbares Mittel, Geld zur Heimreise zu bekommen. Er spannte sich einfach einer Rikscha vor. Die Weißen konnten eine solche Schädigung ihres Ansehens nicht zulassen und kauften ihm schleunigst ein Schiffsbillett. Gerne täte man mit den russischen Hooligans und vor allem mit den von Chinesen frequentierten Emigrantinnen ein Gleiches, wären ihrer nicht so viele! Was hätte der alte Herder gesagt, der vor hundertfünfzig Jahren erklärte: „Daß übrigens China sich unsern europäischen Nationen verschließt und sowohl Holländer als Russen und Jesuiten äußerst einschränket, ist nicht nur mit ihrer ganzen Denkart harmonisch, sondern gewiß auch politisch zu billigen, solange sie das Betragen der Europäer in ihrem eigenen Lande um und neben sich sehen.“ Und damals war es doch nur das Geschäftsgebaren des europäischen Kaufmanns, das den „tatarischen Stolz“ des Chinesen wachrief, nicht aber betrunkene Bettler und Huren.

Sollten Heiden wohltätig sein? Nimmermehr! Fast jeder vierte Passant gibt dem Bettler einen Kupfer. Das ist den Missionaren der christlichen Kirchen, die das Almosengeben als gottgefällige Tat und soziales Hilfsmittel lehren, nicht entgangen. Da jedoch der rohe Heide kein christlich-wohltätiges Herz haben kann, erklären sie seine Gebelust mit der Angst vor der Rache der Bettlergilde oder mit der Angst vor den mit Bresthaften im Bunde stehenden Dämonen. Wenn jeder säumige Spender solcherart verfolgt werden sollte, so hätten die Bettler keine Zeit zu betteln und die Dämonen keine Zeit, dämonisch zu sein.

Vermischte Nachrichten über Apotheken. Aberglaube herrscht vor allem in der Medizin, aber der chinesische scheint weniger dumm zu sein. Über dem Eingang jeder Apotheke buckelt ein buntbemalter Tiger, denn der erfreut sich des Rufes, ein heilsames Tier zu sein. Seine Hoden taten in China, schon lange bevor Europa die Hormone und die Innere Sekretion kannte, Wunder am schlapp gewordenen Mann. Ähnlich wirkt der Gin-Seng, die Alraune, eine menschenähnlich geformte Wurzel. Ach, wie abergläubisch doch dieses Volk ist! Nur stellte sich bei der von europäischen Chemikern vorgenommenen Analyse heraus, daß Gin-Seng (Panax ginseng) reichliche Quanten von Spermin und Kolanin enthält. Bis 1911 kauften chinesische Firmen in Wladiwostok die im Gebiet von Ussurijsk und in Primorje gesammelten Wurzeln und verschifften sie nach China, durchschnittlich 45 000 Rubel brachte der Export jährlich. Als die Wladiwostoker Kaufleute sahen, daß ihr sperminhaltiger Handelsartikel unter dem Einfluß amerikanischer und mandschurischer Züchtungsversuche an Einträglichkeit verlor, propagierten sie „Panti“, das zu Pulver zermahlene Geweih der Elentiere von Ussurijsk, als Aphrodisiakum. Und dann soll China nicht übervölkert sein! – Selten erscheint der Kunde einer Apotheke mit einem Rezept, er wendet sich mit seinem Beschwer an den hinter einer braunpolierten Barre thronenden Arzt. Oft ist der Apotheker selbst Arzt, untersucht, verordnet, mixt und verkauft in einer Person. Hauptsache: die Farbe des Medikaments: gelb ist für den Magen, rot für Blut und Herz, grün für die Leber, blau für die Augen, braun für den Darm. Wenn eine Schwangere pulverisiertes Schildkrötenfleisch einnimmt, so rutscht Baby wie geölt von selbst ans Licht der Welt. Und dann soll China nicht übervölkert sein!

Ärzte machen Reklame. An hölzernen Votivtafeln auf der Fassade ist das Haus des Arztes erkennbar, dankbare Patienten bestätigen auf diese Weise, von welchen Leiden er sie geheilt. Das Ausmaß dieser Tafeln ist, zügellose Bande, diese Chinesen, von keiner Ärztekammer beschränkt. In seinem Ordinationszimmer stehen in gläsernen Schreinen geschmacklose silberne Schilder, den Wanderpreisen unserer Sportveranstaltungen ähnlich, gleichfalls Prämien für erfolgreiche Behandlung. Solcher Tafeln und Schilder kann sich der Zahnarzt nicht rühmen, sein Haus hat keine Fassade, er hat kein Ordinationszimmer. Der Zahnarzt – wenigstens der Volkszahnarzt – ordiniert in freier Luft; seine Trophäen sind Hunderte von Zähnen auf Schnüre gereiht, seine Reklame ein Äffchen an der Kette, aber er braucht es eigentlich nicht, alle Welt schaut zu, wie Zähne gezogen werden, und bekommt Lust, sich ein Gleiches tun zu lassen.

Die Pfandleihe. So viele von diesen fensterlosen, halbrunden Gebäuden es gibt – fast an jeder Straßenecke steht eine Pfandleihe –, alle sind voll, vornehmlich in den Nachtstunden. In den Händen der Kunden bronzene Rauchgeräte, Buddhastatuen, seidene Kostüme, Steppdecken und Kissen; mit Flehen und Schwüren wird versucht, höhere Leihbeträge herauszuholen, nirgends gibt es so lärmende Versatzstellen. Welche Rolle das Geldverleihen gegen Pfand bei der Auswucherung des Volkes spielt, ist aus K. A. Wittfogels Werk „Wirtschaft und Gesellschaft Chinas“ bekannt. Der Zins wird monatlich berechnet, ein Teil der Leihsumme schon bei ihrer Auszahlung abgezogen, das verpfändete Objekt niedrig bewertet und die Verfallsfrist kurz bemessen. Die Tatsache, daß sich der Pfandwucher im Umkreis lauten nächtlichen Lebens entfaltet, erinnert an New Yorks Negerbezirk Harlem, wo Lichtreklamen strahlen und die Neger sich in die Lombardgeschäfte drängen, um ihre Smokings und Saxophone zu versetzen. Dort wie hier, und hier stärker als dort, bilden die Pfandhäuser das Gegenspiel zu einer vom Wesentlichen abgelenkten Lebensweise der vermeintlichen Fröhlichkeit und des kleinen Luxus.

Lunapark. In der Nachbarschaft der „Großen Welt“ und der „Neuen Welt“ drängt sich Pfandleihe an Pfandleihe. Die „Große Welt“ und die „Neue Welt“ sind die Schanghaier Lunaparks, weitläufige, sechsstöckige Vergnügungspaläste mit Gärten, etwa zwanzig Theatern, Akrobatenvorstellungen, Spieltischen, Tanzvorführungen von Kindern, Wurfbuden, Lotterien, Schießstätten, Bilderautomaten, Zerrspiegeln und anderem Ramsch aus europäischen Rummelplätzen. Huren mit ihrer Kupplerin stehen im Hof, auf dem Dachgarten spielen Studenten oder solche, die es scheinen wollen, Miniaturgolf. In Peking besorgt die obenerwähnte Straße des Vorderen Tores die Funktion der sozialen Ablenkung. Wir notieren dort folgendes Branchenverzeichnis:

Jadeschnitzereien,
Teppichwebereien,
Halbedelsteinschleifereien,
Curio-Shops,
Cloisonnéwerkstätten,
Feuerwerkläden,
Lampionwerkstätten,
Sonnenschirmlackierereien,
Vasengeschäfte,
Papierblumenmacher,
Sargmagazine,
Begleitpuppen für Verstorbene,
Instrumentenmachereien,
Eisensilhouettenerzeugungen,
Bronzegießereien,
Silberschmieden,
Teegeschäfte,
Fächerreparaturen,
Schildkrötenverkauf,
Melonenkernstände,
Hausaltarhandlungen,
Kamelsattlereien,
Maskenmachereien,
Verkauf von Opiumlämpchen

und hundert andere Betriebe, alle dekoriert mit goldbeschrifteten Samtstandarten, planetengroßen Lampions, hysterisch-farbigen Papierblumen und kunstgeschnitzten Portalen, Goldfischbottiche davor.

Und an allen Straßenkreuzungen die gerundeten, massiven, keines Schaufensters, keiner Reklame bedürftigen Bauten der Pfandhäuser; Transformatoren, die die frohen Käuferinnen der Kinkerlitzchen, die ständigen Besucher der Opiumkneipen, die lachenden Zuschauer der Theater, die freigebigen Stammgäste der Badestuben umformen in Gestalten, wie sie zwischen all dem lockenden, winkenden, rufenden Glanz von Tjen-Men-Da-Dje umherirren: in schlotternde Bettler, in abgehärmte, zerlumpte Mädchengestalten mit dem trüben Säugling auf dem Rücken und in hagere, schwankende Männer mit dem olivgrünen Gesicht der Opiumraucher.

PARALLEL ZUM CHINESISCHEN THEATER

I. Handtücher, Symbolik und Handtücher

Wenn man über chinesisches Theater schreiben will, so muß man wohl oder übel mit den Handtüchern beginnen. Denn noch ehe das Spiel auf der Bühne beginnt, hat das Spiel der Handtücher begonnen; die Handtuchtränker werfen die frisch genäßten Handtücher vom Seitengang aus dem Handtuchverleiher im Mittelgang zu, der Verleiher wirft die benützten zurück, und so schwirren die leinenen Vögel vor und während der Aufführung durch das Haus.

Das Publikum im unverdunkelten Zuschauerraum fährt sich mit den heißen, dampfenden Tüchern über Stirn, Hals, Ohren und Augen (die Verbreitung der Trachoma und der Pocken wird dadurch sehr begünstigt), außerdem fächelt man sich, trinkt Tee, spricht mit dem Sitznachbar, knackt Sonnenblumenkerne, knackt Mohnblumenkerne, knackt Melonenkerne, raucht Zigaretten und kauft Schokolade oder Reispasteten von den Händlern, die ununterbrochen entlang der Sitzreihen hausieren.

Fürwahr, der europäische Schauspieler würde sich ein anderes Publikum wünschen, und fürwahr, der europäische Schauspieler hätte recht. Hingegen gibt es für den chinesischen Schauspieler kein idealeres Publikum als das chinesische. Es kennt das Drama Wort für Wort, Geste für Geste. Schon das würde keinem europäischen Theatermann gefallen. Wie sagte doch jener Theaterdirektor, dem sein Dramaturg vorschlug, zu

Schillers Geburtstag das „Lied von der Glocke“ mit verteilten Rollen aufzuführen: „Lassen Sie mich in Ruh’ mit solchen Sachen! Mein Publikum kann es auswendig, und meine Schauspieler müßten es erst lernen.“

In China: das Publikum kann die klassischen Stücke auswendig, aber der Schauspieler noch besser. Er kann sie auswendig, obwohl er zumeist nicht lesen kann (umgekehrt wie in Europa), er hat sie in seiner Kindheit vom Lehrer gelernt, der seinerseits keine schriftliche oder gar gedruckte Rolle besaß. So geht es seit tausend Jahren.

Publikum ist auch auf der Bühne, es füllt sie dergestalt, daß sich der Auftretende kaum hindurchzuquetschen vermag; da es ihm schließlich doch immer gelingt, so wüßten wir nicht, was gegen den Aufenthalt von Zuschauern auf der Szene ernstlich einzuwenden wäre.

Geradezu begrüßenswert aber ist der Aufenthalt breiter Massen von Schaulustigen hinter der Bühne. Begrüßenswert vom Standpunkt des Mimen aus, der das Glück empfinden darf, auch vor seinem Auftritt und nach seinem Abgang die Blicke der Menge auf sich gerichtet zu fühlen. Begrüßenswert vom Standpunkt dieser Menge aus, die, keinerlei Eintrittsgeld bezahlend, durch die Seitentür hereingeströmt ist und nun sowohl die auf der Bühne gesprochenen Dialoge hört als auch zusehen kann, wie sich die Schauspieler zurechtmachen.

Dieses Parkett der kostenlos Begeisterten heißt „Ting-Tsang-Chi“, wobei Ting: hören, Tsang: Schmarotzer und Chi: Theater bedeutet. Keiner vom Ting-Tsang-Chi sitzt, keiner trinkt Tee, keiner fächelt sich, und keiner kühlt sich vermöge eines heißen Handtuchs, keiner hat das Recht, verzückt „chao, chao“ zu rufen, wenn einem Darsteller eine Stelle genauso glückt, wie man sie von dessen Vorgänger und Vorvorgänger zu hören gewohnt ist. Stundenlang steht stumm und lauschend die Schwarzhörerschaft hinter den Kulissen.

Einer, der jeder Vorstellung jedes Theaters beiwohnt, ist Tang Min-huang. Er sitzt in einem gläsernen Schrein hinter der Bühne, und man könnte ihn leicht für ein Versatzstück halten, insbesondere bevor man sich daran gewöhnt hat, daß die Versatzstücke in China nicht hinter der Bühne versteckt werden, vielmehr fein säuberlich auf einem Requisitentisch coram publico bereitliegen. Von dort nimmt sie der Bühnenarbeiter, wenn sie gebraucht werden. Bevor zum Beispiel die Fürstin, von einer leidenschaftlichen Eingebung des Augenblicks überwältigt, sich vor ihrem Gemahl auf die Knie werfen will, hat der Kuli längst den grüngoldenen Teppich hingebreitet, als hätte er diesen Gefühlsausbruch schon immer geahnt. Und wenn die Heldin einen Wahnsinnsausbruch markiert, so kommt ihr Garderobier, unbekümmert um den anwesenden und vom Wahnsinnsanfall zu überraschenden Mandarin, in Zivil auf die Bühne und hilft seiner Herrin kundig dabei, sich die Haare zu raufen und die Kleider zu zerreißen und dennoch schön und gesittet dazustehen; um sie zu überzeugen, daß diese Verwandlung ästhetisch geglückt ist, nimmt der Garderobier schließlich einen Spiegel vom Requisitentisch, und die Heldin besieht sich zufrieden darin.

Ja, alle Requisiten und alle Versatzstücke liegen auf der Bühne, und infolgedessen kann Tang Min-huang, der hinter der Bühne und hinter gläsernen Wänden sitzt, kein Requisit und kein Versatzstück sein.

Er ist ein Gott, der Gott des Theaters. Das konnte er leicht werden, da er schon vorher Kaiser war. Als solcher hat er das Theaterspielen und Musikmachen erfunden, um seiner geliebten Schwiegertochter Yang Kwei-fei (er liebte sie so sehr, daß er sie seinem Harem einverleibte) eine Unterhaltung zu verschaffen. Die Mitwirkenden schulte er selbst und führte in einem Birnengarten die Regie, weswegen die chinesischen Schauspieler noch heute, Studenten des Birnengartens" genannt werden und in keinem Theater, auch in dem Mei Lan-fangs nicht, die Statue von Tang Min-huang hinter der Bühne fehlen darf.

Auch in dem Theater Mei Lan-fangs nicht. Das muß ausdrücklich gesagt werden, denn Mei Lan-fang hat vor kurzem in Amerika gastiert, ist dort Ehrendoktor geworden und kehrte derart begeistert von der Bühnenkultur dieses kulturvollen Ländchens zurück, daß er sich, ein schmiegsamer Eklektiker, anschickt, das chinesische Theater zu reformieren.

Nun ist gegen das altchinesische Theater manches einzuwenden, aber es reformieren heißt soviel, als würde man Oratorien für Jazzmusik bearbeiten oder das Forum Romanum im Stil Neuer Sachlichkeit wieder aufbauen.

Das altchinesische Theater ist eine höfisch-feudale Kunstform, es dient der Glorifizierung von Dynastie und Adel und Mandarinentugend – ein Eiapopeia für das Volk. Dieses Theater ist konservativ, in einem Maße konservativ, daß es jeden Zusammenhang mit dem Leben, selbst die geringste Wirkungsfähigkeit auf die Zeit verloren hat.

So betrachtet das Publikum die Figuren, die da oben im Falsett sprechen, wie es ja kein Mensch spricht, die da oben Gesichter tragen, wie sie ja kein Mensch trägt, überhaupt nicht als Menschen, sondern als Fabelwesen. Für die Menge ist es, als tauschten Löwe und Nachtigall Gespräche. Man freut sich, wenn Großmütterchen Fabeln erzählt, und wollte sie eine Änderung anbringen, dann wären die Kinder bitterböse. Sie wollen die gleichen Gesten, die gleiche Stimmlage, die gleichen Worte.

Nein, Dr. honoris causa amer. Mei Lan-fang, Sie können das altchinesische Theater nicht reformieren, es muß als historische Kategorie stehen und fallen. Sie sind ja selbst eine Subspezies dieser Kategorie, Sie, der Mann in Frauenrollen, Sie, der Mann, der mit der Ferse auftritt, die Fußspitzen hochgehoben (so schreiten keine irdischen Weiber!), Sie, der Mann mit Falsett in der Stimme und Silberblumen im Haar, Sie, Dr. Mei Lan-fang. Die Vorgänge auf Ihrer Bühne vertragen keine Transfusion von Yankeeblut, vertragen überhaupt keine Transfusion; denn sie haben ebensowenig Blut, wie die chinesischen Gemälde Schatten haben, weil sie unwirklich sind.

Wollen Sie lebende Pferde auf die Bühne bringen, wenn alle Leute in Ihrem Theater in dem Mann, der einen Flederwisch schwingt, ohnehin einen Reiter erkennen, viel deutlicher, als säße er leibhaftig auf leibhaftigem Pferd?

Soll der Mann, der getötet ward, nicht mehr nach seinem Tode von der Bühne eilen, sondern als blutende Leiche liegenbleiben? Wozu? Seine Frau, eben zur Witwe geworden, beugt sich über den unsichtbaren Toten, Galerie und Parkett sehen den Leichnam körperlich vor sich, genau dort, wo er zu liegen hat und nicht liegt.

Wozu einen Festgenommenen brutal am Wickel packen – die symbolisch ausgestreckten Hände eines Balletts von Häschern ist als konventionelles Zeichen für Verhaftung allgemein bekannt.

Vollkommen genügt ein weißer Anstrich des Gesichts, um zu zeigen, daß dieser Mandarin sein hehres Amt mißbraucht – wollen Sie ihm die Hollywoodmimik der Intriganten anschminken? Was braucht der Schalksnarr Pritsche und Schelle und zwiefarbige Livree, wenn ihn doch schon ein weißes Pflaster auf der Nase als Schalksnarren kenntlich macht?

Wozu die Gefechte, diese barbarisch wilden und akrobatisch eleganten Tänze parallel gefochtener und parallel gefuchtelter, gewirbelter und geschwungener Lanzen, wozu sie realistisch hieb- und stichfest machen? Wozu Massenszenen für das Schlachtgewoge, wenn der Schwerterschwung eines bärbeißigen Jongleurs, schlimmstenfalls der getanzte Zweikampf zweier Partner genügt?

Wozu Kulissen bauen, wenn Großväter und Enkel wissen, daß das graue Banner, unter dem der Schauspieler hindurchschreitet, das Stadttor ist?

Wozu Dämmerung auf der Bühne, wozu überhaupt ein Beleuchter, wenn durch den Rhythmus der Musik eindringlich (für des Westlers Ohren: zu eindringlich) die Stunde angezeigt ist, die den Übergang vom Tag zur Nacht bedeutet? Wozu eine Sänfte, wenn's reichlich ausreicht, daß der Träger hinter dem „Getragenen" hergeht und zwei Bambusstäbe zu dessen Seiten hält? Wozu ein raffiniertes Versteck für den Lauscher aufbauen, wenn der sich doch einfach auf den Tisch stellen kann, um alles zu sehen, ohne – ein approbiertes Als-Ob – gesehen zu werden.

Wozu Bühnenmaler und Bühnenarchitekten, wenn jedem Galeriebesucher die Erfüllung des faustischen Wunsches vom Ahnen her vererbt ist: er nennt einen Zaubermantel sein, der trägt ihn in ferne Länder, sobald sich die Personen seines Interesses dorthin begeben haben. Jetzt hat der Prinz zwei Meter lange Fasanenfedern an seinem Hinterkopf aufgesteckt, also sind wir im Barbarenland, und unser Prinz ist gefangen. Er hebt den Fuß, dieweil er schreitet – plastisch sehen wir die Treppe, die nicht da ist.

„Ab durch die Mitte", „Eintritt durch die Soffitte", solcher Regieanweisungen bedarf es nicht; zwei Türen führen auf die Bühne, sie sind offen, nur mit einem Vorhang leicht verhängt. Durch die linke treten alle Schauspieler ein, durch die rechte treten sie ab. Außerdem gibt es überall Türen genug, man muß sie nur zu sehen gelernt haben. Wo immer jemand in ein Haus eintreten oder es verlassen will, braucht er bloß beide Hände auszustrecken, als schöbe er einen mächtigen Riegel zur Seite und stieße das Tor auf, ein stattliches Tor, deine Phantasie ist nicht imstande, sich ein stattlicheres auszudenken als gerade dieses.

Vermag man das alles zu ändern? Man vermag es nicht. Und der Reformismus – das ist ja sein Wesen – tastet auch das Fundament nicht an, er begnügt sich mit der Verschminkung von Symptomen. Was oben aufgezählt wurde, gehört zum Grundriß der höfisch-feudalistischen Bühnenkunst Chinas, und auch Mei Lan-fang kann daran nicht rühren. Wenn er dennoch modernisiert, verdirbt er nur. Er verbannt die Musikanten von der Bühne, er verbannt das Publikum von der Bühne und läßt nicht einmal hinter den Kulissen die wogende Menge der Schwarzhörer zu. In seinem Theater spielen Beleuchtungseffekte mit, er streicht die Handlung des Stückes zugunsten seiner Rolle zusammen und schreckt nicht davor zurück, sich in einer lyrischen Szene (im „Westzimmer", dessen deutsche Übertragung Vinzenz Hundhausens Meisterwerk ist) mit plumpen Zoten Spezialerfolg zu holen. – So doktert der Doktor Mei Lan-fang, der im übrigen eine zarte und schöne Schauspielerin mit ergreifender Stimme ist, am altchinesischen Theater herum, ohne es retten und ohne es töten zu können.

Auch im Kai-Ming-Chi, in seinem Theater der Klarheit, verhindern es aller Glanz der Seide und alle Tricks der Regie keineswegs, daß im Zuschauerraum die Trachoma und Pocken verbreitenden Linnen durch die Luft schwirren, das Wurfspiel der Handtücher vor sich geht, mit denen man, wohl oder übel, beginnen und enden muß, wenn man über das chinesische Theater schreiben will.

II. Wir kaufen Kostüme ein

Er ist eine „Dan", er spielt Frauenrollen, singt auf der Bühne mit sopraniger Kopfstimme, wandelt dort auf einer unsichtbaren, geraden Linie, als wäre er eine Seiltänzerin, und bewegt den Körper bei Geste und Gesang in der S-Linie. Im Privatleben ist er schwul. Heute geht er Kleider einkaufen, und ich darf ihn begleiten. (Honny soit qui mal y pense!)

Unsere Rikschas fuhren durch Tjen-Man-Da-Dje, die Straße des Vorderen Tores in Peking, zu einem Laden, in dem es nur so wimmelte von Inhabern, Verkäufern, Lehrlingen, Kulis, die außerdem Brüder, Söhne, Neffen und weitläufige Verwandte voneinander sind. So geht es in den meisten Geschäften zu. Uns schien aber hier das Massenaufgebot von Personal um so fehler am Ort, als Theaterkostüme in China unmöglich ein Artikel sein können, der Andrang von Käufern erwarten ließe. Im Grunde untersteht jedes Drama, jedes Rollenfach und jeder Schauspieler einer strengen Uniformvorschrift. Wohl wird der Darsteller sein altes Gewand eines Tages gegen ein neues eintauschen, wohl wird er sein schönes Gewand eines Tages gegen ein noch schöneres eintauschen, aber da das altchinesische Theater ewig dieselben Stücke spielt, kann es keine Premierenausstattungen, kann es keine Kostümsorgen geben. Oder doch?

Jedenfalls war im Nachbarladen der gleichen Branche nicht ein einziger Kunde anwesend, was daraus zu schließen war, daß der Inhaber mit Brüdern und Halbbrüdern, Kindeskindern und Geschwisterkindern, Vettern und Bauernvettern vor seiner Schwelle erschien, um neidisch zuzusehen, wie wir uns aus unseren Rikschas schnurstracks in den Laden der Konkurrenz begaben.

In diesem trafen wir zwei Kunden. Der eine, meinem Freund bekannt, war Schauspieler wie dieser, aber von geradezu gegenteiliger Art: ein Djing. Ein Djing ist ein wilder Geselle, Räuberhäuptling oder Heerführer, furchtbar in seiner Kriegsbemalung; seine Augen sind verschminkt, die Theateraugen, die schreckenerregenden, über ihnen aufgemalt, er singt tief und schreitet breit. Hier im Laden, wo er in schlichtem Zivil war, um für einen seiner Schüler einzukaufen und daran zu verdienen, erblickten wir den Djing, ohne zu schaudern, er erinnerte an einen Charakterspieler westlicherer Zonen.

Was den zweiten Kunden anbelangt, so war er kein „Student aus dem Birnengarten“, sondern ein Geiger. Mein Freund behandelte ihn kühl. Die Verachtung galt dem Geiger als Geiger (obwohl der Schauspieler selbst auf einer sehr niedrigen Rangstufe, nämlich zwischen Krieger und Prostituierten, steht), die Verachtung galt aber auch der Heterosexualität im allgemeinen und der Tatsache, daß sich diese Perversität im Theater einzubürgern beginnt.

Auf der chinesischen Bühne werden in neuerer Zeit Frauenrollen hie und da auch von Frauen verkörpert. Sie bedürfen, ebenso wie der männliche Darsteller, bei ihrem Spiel der ununterbrochenen Begleitung durch den Hu-Tschin, die zweisaitige Violine, die den Leibesrhythmus der handelnden Personen ausdrückt, ihr Lied untermalt. Noten gibt es nicht, die Musik muß durch monatelange oder jahrelange Zusammenarbeit auf die Darstellung abgepaßt sein, und der Schauspieler kann ohne seinen Geiger gar nicht auftreten. Ist nun der Schauspieler eine Schauspielerin, so mißbraucht der Geiger oft seine vollkommene Unentbehrlichkeit und droht mit Absage oder

Kündigung, wenn die Partnerin nicht willens ist, ihm zu Willen zu sein.

Unser Mitkunde im Kostümladen, der Geiger, ist mit seiner Schauspielerin bereits so weit, daß er ihr Kostüme besorgen und die entsprechende Provision einstecken kann, welches Privileg früher nur der Lehrer des Schauspielers hatte.

„Mit den Frauen ist die Unzucht auf das Theater gekommen", brummt mein Begleiter. Ich schweige.

„Chinas Unglück ist die Nachahmung Europas."

Ich senke mein Haupt.

„Ihr seid schuld!"

Ich bebe reuevoll. Zu meinem Glück werden wir von der Familie des Kostümeurs umzingelt und müssen unser Begehr nennen.

Wir bedürfen eines roten gestickten Röckchens und roter Hosen. Im dritten Akt des Stückes, das wir demnächst spielen werden, sollen wir unter dem Verdacht des Gattenmordes verhaftet werden, und auf dem Boden der altchinesischen Bühne darf keine auch noch so spontane, auch noch so überrumpelnde Verhaftung erfolgen, wenn die zu Arretierende nicht im roten Röckchen aufgetreten ist.

Ferner möchten wir eine hölzerne Halskrause erstehen, ein Brett, mit dem man im europäischen Mittelalter den Hals des Delinquenten umspannte, während in den beiden kleineren Löchern dieses Folterinstruments die Handgelenke staken. In China gibt's das heute noch, sogar auf der Bühne, die sonst Realistik verschmäht und sich mit symbolischen Gesten begnügt.

In dem Stück, in dessen Verlauf unsere Festnahme wegen Gattenmordes vorauszusehen ist, müssen wir das Halsbrett so lange anbehalten, bis sich herausstellen wird, daß nicht wir, sondern die andere Gattin des Ermordeten die Missetat begangen hat.

Mehr als das. Wir müssen es – deutscher Theaterdirektor, schmunzle! – uns selbst kaufen. Wir wollen eines, das unserem Hals angemessen ist und in der Farbe zu unserem Gesichtchen paßt. Wir wollen es mit dunkelblauer Seide überzogen und mit Perlen bestickt, huch nein. Nun ist aber in dem Lokal, das wir mit der Menge der Angestelltenverwandten, mit einem Studenten aus dem Birnengarten und einem Geiger teilen, weder das rote Gewand der Verhaftungsfähigkeit noch das zugehörige Halseisen aus Holz vorrätig. Wir sind hier sozusagen nur im Schaufenster, hier soll der Passant der Straße Tjen-Men-Da-Dje, gelockt von Seide und Farbe, einkehren, um für eine allfällige Liebhaberaufführung ein Kostüm zu erstehen, hier soll der Stammkunde eintreten, damit der benachbarte Konkurrent mitsamt Sippe vor Neid zerspringe, hier sollen Djing, der Wüterich, und Dan, die Schöne, und Tschau, der Komische, und Mo, der Begleiter, der Schen, der jugendliche Held, einander treffen und miteinander Tee trinken, bevor sie in die unterschiedlichen Kostümlager dieser fünf Rollenfächer geführt werden.

Unter vielköpfiger Eskorte gehen wir durch den Hinterausgang und durch das Gäßchen der Sonnenschirmmacher zum Magazin der Frauenrollen. Lackierte Risentruhen mit blitzblanken Schlössern bergen den Fundus instructus, feierlich und stückweise wird er hervorgeholt, feierlich und stückweise vor uns ausgebreitet, Brokate und Ornate. Mein Freund probiert Jacken, Röckchen und Höschen, er tut es schamhaft in einer dunklen Ecke.

Die Wahl ist, wie immer bei Damen im Modesalon, sehr schnell getroffen, die Farbe stand allerdings von vornherein fest, binnen zwei bis drei Stunden hat sich mein Freund für eine Toilette entschieden. Durchaus unser Geschmack sind die auf den roten Fond gestickten fliegenden Fische mit Mäulern von Pekinesenhündchen, durchaus unser Geschmack das kobaltblaue Futter. Die langen Ärmel, mehr Fittiche als Ärmel, werden mit weißer Seide so verlängert, daß sie fast bis zur Erde reichen. Ein weißseidener Rock gehört dazu, die Plisseestreifen sind durch Stiche in kleine Körbchen geteilt.

Innerhalb der wenigen zur Auswahl und Anprobe des Kleides erforderlichen Stunden wurde auch der Preis ausgehandelt (32 Silberdollar). Dann legte man uns verschiedene Tischdeckchen, Thronvorhänge und Kissen vor, Bühnengegenstände, die sich – deutscher Theaterdirektor, schmunzle! – der Schauspieler selbst kauft, damit sie zu seinem Kostüm passen.

Zeitraubender war die hölzerne Halskrause, obwohl alle hölzernen Halskrausen die gleiche Form, die eines stilisierten Fisches, haben, und diejenige, deren Lücken genau zum Hälschen und zu den Händchen meines Begleiters paßte, sich schnell herausfinden ließ. Die Farbe des Seidenbezuges und das Arrangement der Perlen waren es, was uns die Wahl zur Qual machte. Schließlich wählten wir einen tiefdunklen Brokat und zeichneten das von uns gewünschte Ornament von Flitter und Perlen auf. Da wir aber unmöglich wissen können, ob das Folterinstrumentchen, wenn es fertig sein wird, zu unserm funkelnd roten Verhaftungskleide paßt, so ließen wir auch dieses unbezahlt zurück.

Nach kaum sechsstündigem Aufenthalt entfernten wir uns aus dem Magazin und kamen an dem Lager für Kriegerkostüme vorbei, wo unser schon vor uns eingetroffener Kollege, der Darsteller der Djing-Rollen, eine dreifache dreieckige Flagge aussuchte, wie sie die rauhen Lenker der Schlachten am Rücken ihres Kostüms befestigt tragen; jedes Dreieck symbolisiert 10 000 Soldaten, ersetzt – amerikanischer Filmregisseur, schmunzle! – eine Komparserie von 10 000 Mann.

Wir verabschiedeten uns von unserm dreißigtausendfachen Kollegen, wobei er äußerte, er freue sich, uns morgen hier wiederzusehen, er werde auch dasein, um seine Auswahl zu beenden.

In den Büchern über chinesisches Theater steht übereinstimmend, daß alle Bühnenkostüme traditionsgebunden feststehend sind, sich in den letzten neunhundert Jahren kaum geändert haben.

DER DACHGARTEN

Ein Kasperltheater vom 10. Juni 1932 in vorläufig zwei Akten

I. Akt

BÜHNENMEISTER: Meine hochverehrten Herrschaften! Ich habe die Ehre . . .

KASPERL *steckt den Kopf aus dem Vorhang:* Habe die Ehre! *Verschwindet.*

BÜHNENMEISTER *zu Kasperl:* Halt den Mund, Kasperl. *Zum Publikum:* Ich habe die Ehre, Ihnen den Dachgarten des Grand Hotel de Pékin vorzuführen, das Leben, das sich hier oben allabendlich entfaltet. Sie sehen den Mond über dem Dachgarten, aber die Herrschaften, die vorzuführen ich die Ehre habe . . .

KASPERL *wie oben:* Habe die Ehre!

BÜHNENMEISTER: Laß doch, laß doch, Kasperl, du bringst mich ganz aus dem Konzept. Wo bin ich denn nur stehengeblieben?

KASPERL: Auf dem Mond.

BÜHNENMEISTER: Ja, richtig, ich sprach vom Mond. Den Mond sehen die Gäste des Dachgartens nicht, denn sie tanzen unter Girlanden aus bunten elektrischen Glühlampen. Außerdem sieht da oben jeder nur sich selbst, bis zu dem Augenblick, da der Held meines Stückes mit seiner Gefolgschaft eintreten wird. Dann werden alle auf den einen starren, alle nur von dem einen sprechen.

KASPERL: Warum werden dann alle auf den einen starren? Warum werden alle nur von dem einen sprechen? Ist er denn ein so hoher Herr?

BÜHNENMEISTER: Nicht deshalb. Alle hier sind ja hohe Herren.

KASPERL: Natürlich sind sie hoch, wenn sie auf dem Dachgarten sind, haha!

BÜHNENMEISTER: Du Dummkopf, es sind Prominente. Auf meiner Bühne treten nur Prominente auf, Dummkopf du.

KASPERL: Nein, ich bin kein Dummkopf, aber du bist ein alberner Flausenmacher. *Nachäffend:* „Auf meiner Bühne treten nur Prominente auf." Wenn du gesagt hättest, der Mann mit dem Gefolge, auf den alle bei seinem Eintritt starren werden, der sei prominent – gut. Aber daß alle prominent sind, wer soll dir denn solchen Unsinn glauben?

BÜHNENMEISTER: Das kann ich sofort beweisen. Ich rufe einen x-beliebigen von den Herren im weißen Frack oder von den Damen in goldenen Abendtoiletten. Zum Beispiel diesen da. *Ruft hinter die Bühne:* Wollen Sie, bitte, einen Augenblick vortreten. Ja, Sie! So, stellen Sie sich einmal daher und sagen Sie dem Publikum, wie Sie heißen.

LORD LYTTON: Mein Name ist Lord Lytton.

KASPERL: So ein langer Lulatsch.

BÜHNENMEISTER: Ihr Beruf, Mylord?

LORD LYTTON: Ich habe keinen Beruf.

BÜHNENMEISTER: Also Ihre Beschäftigung, Eure Lordschaft?

LORD LYTTON: Ich habe keine Beschäftigung. Ich habe die Leitung der Völkerbundskommission.

KASPERL: Haha, hat die aber eine lange Leitung.

BÜHNENMEISTER: Entschuldigen Sie, daß ich Sie bemüht habe, Mylord. Ich wollte nur meinem P. T. Publikum zeigen, daß ein Herr, der bald mit seinem Gefolge auftreten und hier oben Aufsehen erregen wird, nicht der einzige Prominente auf dem Dachgarten ist.

Lord Lytton: Aber ich bin unbedingt der Prominenteste, ich habe politische Weltbedeutung. Sogar mein Spazierstock ist weltbedeutend. Haben Sie nicht von meinem Spazierstock in der Zeitung gelesen?

Bühnenmeister: Jawohl, Eure Lordschaft. Ich weiß allerdings nicht, ob mein Publikum das weiß. Vielleicht haben Sie die Güte, darüber einen kurzen Bericht zu geben.

Lord Lytton: Einen Bericht – recht gerne, dazu bin ich ja da. Also, ich habe vor ein paar Tagen eine Landpartie gemacht, und als ich nach Peking zurückkam, merkte ich, daß mein Spazierstock weg ist. Vielleicht habe ich ihn in irgendeinem Tempel vergessen. Oder ich habe ihn verloren. Möglicherweise ist er mir gestohlen worden. Jedenfalls verlautbart die Regierung, daß alle Rikschakulis, die uns gezogen haben, verhaftet sind. Großzügige Streifungen nach dem Verbleib des Spazierstocks sind angesetzt. Belohnungen für die Wiederbringung des Spazierstocks sind ausgesetzt.

Bühnenmeister: Von Ihnen, Lord?

Lord Lytton: Von mir? Von seiten der chinesischen Regierung selbstverständlich.

Bühnenmeister: War denn der Stock so wertvoll?

Lord Lytton: Gar nicht. Aber man kann mich doch nicht einfach bestehlen lassen! Wenn ich den Stock nicht wiederkriege, spreche ich den Japanern die Mandschurei zu.

Kasperl: Einen Stock! Ein Königreich für einen Stock!

Lord Lytton: Jawohl, die Chinesen sollen sich's nur merken. Entweder Rückgabe des Stocks oder Anerkennung der Mandschukuo.

General MacCoy *stürzt auf die Bühne:* Eure Lordschaft, ich protestiere, Sie geben hier Erklärungen ab . . . ich protestiere namens der Regierung der Vereinigten Staaten und der Vereinigten Textilindustrie von Amerika.

Lord Lytton: General MacCoy, die amerikanische Regierung und Textilindustrie haben meinen Stock auch nicht geschützt. Wenn ich ihn nicht wiederkriege, kriegt China die Mandschurei auch nicht wieder.

General MacCoy: Aber Eure Lordschaft, damit schwächen Sie doch die Position der Nankingregierung!

Lord Lytton: Geht mich nichts an. Die Nankingregierung hat sich weder um meinen Stock noch um die Mandschurei gekümmert.

GENERAL MACCOY: Bedenken Sie doch, Lord Lytton, der Sturz der Nankingregierung würde den Sieg der chinesischen Sowjets bedeuten! Sechzig Millionen Chinesen haben schon Sowjetverwaltung, und mindestens ebensoviel sympathisieren mit ihr, weil sie die Landaufteilung durchgeführt, das Opium abgeschafft und unbestochene Behörden eingesetzt hat. Wenn Tschiang Kai-schek fällt, haben wir ein kommunistisches China.

LORD LYTTON: Um Gottes willen, da verzichte ich lieber auf meinen Stock. Kommen Sie, ich will das gleich offiziell erklären.

Beide ab.

BÜHNENMEISTER *zum Publikum:* Sie sehen, meine Herrschaften, daß wirklich nur weltbedeutende Persönlichkeiten auf meinen dito Brettern verkehren.

KASPERL: Ach, du Schwindler, du hast die beiden einzigen Gäste ausgesucht, die prominent sind.

BÜHNENMEISTER: Haha, daß ich nicht lache, haha. Siehst du dort den Chinesen sitzen?

KASPERL: Den dürren dort?

BÜHNENMEISTER: Jawohl, er hat eine hagere Gestalt, einen englischen Taufnamen und eine belgische Frau. Weißt du jetzt, wer es ist?

KASPERL: Kreuzworträtsel sind meine schwache Seite.

BÜHNENMEISTER: Nun, er wird es dir selber sagen. *Ruft:* Hallo, kommen Sie her!

WELLINGTON KOO: Sie wünschen?

BÜHNENMEISTER: Sagen Sie zunächst mal dem Publikum, wie Sie heißen.

KOO: Ich heiße Wellington Koo.

BÜHNENMEISTER: Halten Sie sich für prominent?

KOO: Ich glaube, prominenter als ich kann man nicht sein. Ich war chinesischer Außenminister, gegen meine Teilnahme an der Völkerbundreise nach der Mandschurei hat Japan protestiert. Und das ist alles noch nichts: ich habe bei den Versailler Friedensverhandlungen den Polen ganz Oberschlesien zugesprochen. Meine Stimme allein gab den Ausschlag.

BÜHNENMEISTER: Sagen Sie, Exzellenz, hier unter uns – unter uns, tief unter uns liegt Peking –, haben Sie dafür polnische Millionen bekommen, oder hat Ihnen Ihre belgische Schwiegermutter Ihre Haltung diktiert, oder wollten Sie damit die chinesischen Interessen in Oberschlesien wahren?

Koo: Darüber verweigere ich die Aussage. Jedenfalls kann ich, der ich solcherart Länder wegnehme und vergebe, mich wohl mit Recht als prominent bezeichnen. Guten Abend, meine Herrschaften. *Ab.*

Bühnenmeister: Nun, Kasperl, glaubst du mir jetzt?

Kasperl: Du scheinst da wirklich einen komischen Stall beisammen zu haben. Reite uns doch noch ein paar von den hohen Tieren vor.

Bühnenmeister: Ich kenne selbst nicht alle. *Nach hinten:* Zum Beispiel diesen da. Darf ich um Ihren werten Namen bitten?

Conte Ciano: Mein Name ist Conte Ciano.

Bühnenmeister: Freut mich sehr. Darf ich Sie fragen, ob Sie prominent sind?

Conte Ciano: Magnifico! Wissen Sie denn nicht, wer ich bin? Ich bin der Gatte von Edda Mussolini. Ich bin der Schwiegersohn des Faschismus. Ich bin italienischer Gesandter in China. Kann man mit achtundzwanzig Jahren prominenter sein?

Kasperl: Porco di Maccaroni! Schwiegersohn des Faschismus, das muß ein feiner Posten sein! Sagen Sie, hat der Mussolini nicht noch eine Tochter?

Conte Ciano *zum Bühnenmeister:* Wünschen Sie sonst noch etwas?

Bühnenmeister: Danke, nein, Herr Graf.

Conte Ciano *hebt die flache Hand:* Eja, Eja, Alala! A noi! *Ab.*

Kasperl: Ei, ei, tralala! Ahoi! Das war ja eine ulkige Nudel! *Zum Bühnenmeister:* Hast du noch mehr solche auf Lager? Wer ist denn zum Beispiel dieser schwule Jüngling mit dem Monokel?

Bühnenmeister: Das ist gerade das Gegenteil von einem schwulen Jüngling mit einem Monokel.

Kasperl: Das Gegenteil?

Bühnenmeister: Ja. Nämlich eine schwule Jungfrau mit Monokel. *Nach hinten:* Bitte, treten Sie näher, Lady. Wollen Sie uns Ihren werten Namen nennen?

Nadin Huang: Mein Name ist Nadin Huang.

Kasperl: Sind Sie ein Mannerl oder ein Weiberl?

Huang: Ich trage Männerkleidung, weil man als Frau in China schief angesehen wird.

Kasperl: Die Chinesen schauen dich aber nicht deshalb schief an, weil sie schiefe Augen haben, sondern weil du ins Berliner „Eldorado“ gehörst.

HUANG: Ganz recht, meine rückständigen Landsleute haben keine Ahnung davon, was in Europa schick ist.

BÜHNENMEISTER: Haben Sie auch einen Beruf, Herr Huang oder Fräulein Huang – weiß nicht, wie ich Sie ansprechen soll?

HUANG: Sagen Sie „Herr" zu mir. Ich bin Adjutant bei Tschang Tso-liang, dem jungen Marschall, der übrigens dort drüben sitzt. Auf Wiedersehen. *Ab.*

KASPERL: Auf Wiedersehen, du Loser. Mir ist ganz warm geworden.

BÜHNENMEISTER *zu Kasperl:* Hast du gehört, was er gesagt hat? Marschall Tschang Tso-liang ist auch hier, der Sohn von Tschang Tso-lin und Stellvertreter von Tschiang Kai-schek. Solche Persönlichkeiten gehören zu meinem Ensemble – Tschang Tso-liang ist der zweitmächtigste Mann Chinas und der mächtigste Mann Nordchinas einschließlich der Mandschurei . . .

KASPERL: . . . gewesen.

BÜHNENMEISTER: Na ja. Er konnte sich den Japanern nicht entgegenstellen, als sie Mukden besetzten, weil er für diesen Abend eine Loge im Theater von Mei Lan-fang bestellt hatte. Eine Loge im Theater Mei Lan-fang bekommt man nicht alle Tage und kann sie wirklich nicht verfallen lassen.

KASPERL: Natürlich. Da läßt man lieber die Mandschurei verfallen. Sag mal, wer ist denn der alte Herr dort?

BÜHNENMEISTER: Das ist Doktor Schnee, der Ex-Gouverneur von Ex-Deutsch-Ostafrika.

KASPERL: Aha, Schnee vom Vorjahr. Was macht denn der hier?

BÜHNENMEISTER: Das kannst du ihn selber fragen. Exzellenz Schnee, möchten Sie nicht herüberkommen und uns einige Aufklärung geben? Wie bitte? Aber natürlich, bringen Sie die andern Herren ruhig mit, wenn Sie keinen Schritt allein machen dürfen.

CLAUDEL *stellt sich vor:* General Claudel, Vertreter Frankreichs.

ALDROVANDI *ebenso:* Conte Aldrovandi, Vertreter Italiens.

SCHNEE *ebenso:* Schnee, Vertreter Deutschlands.

BÜHNENMEISTER: Darf ich die Herren fragen, was Sie hier tun?

DIE DREI: Gar nichts. Wir sind die Völkerbundskommission.

BÜHNENMEISTER: Und was macht die Völkerbundskommission?

DIE DREI: Spesen natürlich.

EIN MANN AUS DEM PUBLIKUM: Ja, das haben wir heute in den Pekinger Abendblättern gelesen. Die Stadtgemeinde Peking hat für den Aufenthalt der Kommission des Völkerbundes bisher 60 000 Dollar bezahlt. Eine Landpartie der Herren nach Tai-Schan hat 8000 Dollar gekostet.

KASPERL: Dafür hat Lord Lytton seinen Spazierstock dort gelassen.

EIN MANN AUS DEM PUBLIKUM: Der Stadtrat von Peking hat wegen dieser Ausgaben die Gehälter der Beamten um zwanzig Prozent gekürzt, aber das macht erst 3000 Dollar im Monat aus und würde die Spesen unserer Herren Gäste erst in zwanzig Monaten decken. Deshalb wurde auch die Pekinger Armenpflege eingestellt.

DIE DREI: Daran sind wir nicht schuld. Die Stadtgemeinde Peking kann sich ihre Ausgaben von der chinesischen Reichsregierung ersetzen lassen.

DAS PUBLIKUM *lacht:* Hoho! Hoho!

KASPERL: Ruhe! Wenn der Völkerbund etwas sagt, gibt es nichts zu lachen!

DIE DREI: Außerdem bleiben wir nicht nur in Peking. Wir sind erst zwanzig Tage in Peking und schon vier Monate in China.

KASPERL: Da kann man sich ausrechnen, was der ganze Aufenthalt kostet.

EIN MANN AUS DEM PUBLIKUM: Der Eisenbahnzug, der zur Verfügung der Kommission seit zwanzig Tagen auf dem Pekinger Bahnhof steht, bedeutet einen Verlust von 174 000 Dollar.

DIE DREI: Uns sind vom Völkerbundsrat 500 000 Schweizer Franken bewilligt. Warum hat China nicht in Genf gegen unsere Reise protestiert? Übrigens fahren wir jetzt nach Japan, und dort werden die Japaner zahlen müssen.

PUBLIKUM: Glückliche Reise! Glückliche Reise!

DIE DREI *mit Verneigung:* Besten Dank. Wir werden die herzlichen Wünsche, die uns das chinesische Volk dargebracht hat, in unserem Bericht erwähnen.

EIN MANN AUS DEM PUBLIKUM: Wir möchten gerne wissen, was die Völkerbundskommission hier erreicht hat?

DIE DREI: Oh, wir haben schon einen Erfolg erzielt. Obwohl Japan die größte Stadt Chinas ohne Kriegserklärung zerschossen, die drei besten chinesischen Provinzen besetzt hat, hat China nicht gewagt, die diplomatischen Beziehungen mit der Sowjetunion aufzunehmen – dem einzigen Reich, das ihm helfen würde. Das ist unserem Eingreifen zu danken.

EIN MANN AUS DEM PUBLIKUM: Herr Doktor Schnee, warum gibt sich Deutschland dazu her, an dieser Kommission teilzunehmen? Deutschland ist wie China durch den Frieden von Versailles zerstückelt worden. Jetzt sehen wir, daß Deutschland mit den Feinden Chinas gemeinsame Sache macht.

DR. SCHNEE: Deutschland darf sich bei internationalen politischen Aktionen nicht ausschalten lassen. Auch diese sind ein Platz an der Sonne.

EIN MANN AUS DEM PUBLIKUM: Und was arbeitet die Kommission hier?

DR. SCHNEE: Da müssen Sie sich an die Sekretäre und Experten der Kommission wenden. *Ab.*

BÜHNENMEISTER: Darf ich die Herren Sekretäre und Experten der Kommission bitten?

SEKRETÄRE UND EXPERTEN *durcheinander:* Poshaluista, gospodin, konetschno, gospodin.

KASPERL: Sind denn das Russen?

EXPERT POKROWSKI: Selbstverständlich, wir mandschurischen Experten sind Russen.

BÜHNENMEISTER: Sowjetrussen?

POKROWSKI: Sind Sie wahnsinnig geworden? Wollen Sie mich beleidigen? Ich bin selbstverständlich Emigrant. Was hat Sowjetrußland mit dem Völkerbund zu tun?

CHOR DER SEKRETÄRE UND EXPERTEN: Wahrscheinlich haben die Sowjetrussen überhaupt keinen weißen Frack.

Haha, haha,
haha, haha,

... überhaupt keinen weißen Frack.

BÜHNENMEISTER: Ist niemand unter Ihnen, der kein Russe ist?

PASTUHOV: Ja naprimer, ja ne ruskij.

BÜHNENMEISTER: Was heißt das?

PASTUHOV: Das heißt: „Ich zum Beispiel bin kein Russe."

BÜHNENMEISTER: Warum sprechen Sie dann Russisch?

PASTUHOV: Ich bin Pole und habe einen tschechoslowakischen Paß. Aber Russisch ist unsere Geschäftssprache, weil alle unsere offiziellen Freundinnen russische Huren aus Charbin sind. *Zu den andern:* Sie entschuldigen doch den Ausdruck, meine Herren?

CHOR DER SEKRETÄRE UND EXPERTEN: Aber, bitte sehr. Was wahr ist, ist wahr.

BÜHNENMEISTER: Herr Legationsrat, würden Sie uns sagen, wie die Kommission hier den Tag verbringt?

PASTUHOV: Das ist natürlich nicht bei allen Herren gleich. Um sieben Uhr morgens reitet man auf Ponys aus, um neun Uhr badet man im Swimming-Pool und spielt Tennis oder kauft Curios ein. Dann nimmt man das Tiffin, das Mittagessen, hier im Hotel und ruht ein wenig aus, weil man in der Nachmittagsglut nicht arbeiten kann. Um fünf Uhr ist man zum Tee eingeladen oder spielt Golf, abends zieht man den weißen Frack an und geht auf den Dachgarten, um mit der Freundin Abendbrot zu essen und mit der Freundin zu tanzen und nachher zu schlafen.

KASPERL: Schlafen auch? Die Ärmsten, nicht einmal bei Nacht haben sie Ruhe!

PASTUHOV: Bei Nacht erfahren wir gerade die wichtigsten Dinge. So können wir vieles voraussehen.

KASPERL: Voraussehen? Diplomaten, die etwas voraussehen? Das ließ sich allerdings nicht voraussehen!

BÜHNENMEISTER: Was könnten Sie denn zum Beispiel voraussehen, Herr Legationsrat?

PASTUHOV: Ach, vielerlei. Nehmen wir zum Beispiel den norwegischen Attaché, der dort mit der russischen Dame sitzt.

BÜHNENMEISTER: Was sehen Sie bei dem voraus?

PASTUHOV: Erstens wird er heute nacht erfahren, daß die Sowjets einen Überfall auf Norwegen beabsichtigen, und zweitens wird er übermorgen erfahren, daß er einen Mordstripper hat. *Ab.*

KASPERL: Sapperlot, Stallmeister, du hast ja sogar Propheten in deinem Ensemble. Wirklich lauter Prominente. Ich bin neugierig, wer in dieser Gesellschaft so viel Aufsehen erregen kann, wie du am Anfang gesagt hast.

BÜHNENMEISTER: Jetzt hast du mich durch dein Mißtrauen so lange aufgehalten, daß ich eine Pause einschalten muß. In zehn Minuten beginnt der zweite Akt.

II. Akt

DIE MONGOLISCHE FÜRSTIN TORGUT: Bitte, Lady Astor, borgen Sie mir Ihr Rouge, ich muß mich schön machen, schließlich bin ich doch die Fürstin Torgut und mit einem Völkerbundkommissar hier.

DIE ENGLISCHE LADY ASTOR: Bitte, Fürstin Torgut, borgen Sie mir Ihren Spiegel, ich muß mich schön machen, schließlich bin ich doch die Lady Astor und mit einem Gesandten hier. *Beide ab.*

BOTSCHAFTER: Herr Botschaftsrat, ich habe Sie herausgebeten, um Sie um Ihr Monokel zu bitten. Ich habe meines zu Hause vergessen und muß doch schließlich meine Großmacht vor den Vertretern der andern Großmächte repräsentieren. Das ist ja das einzige, was wir in Peking zu tun haben.

BOTSCHAFTSRAT: Hehehe, aber in Europa glaubt man, daß wir unser Land bei der chinesischen Regierung vertreten. In Europa weiß man nicht, daß die chinesische Regierung in Nanking sitzt, zwei Schnellzugstage von hier.

BOTSCHAFTER: Hehehe, es ist genauso, also ob der Botschafter beim Vatikan in Stockholm lebte.

BOTSCHAFTSRAT: Das Auswärtige Amt muß doch wissen, daß wir nicht am Regierungssitz sind, Exzellenz?

BOTSCHAFTER: Natürlich, aber das A. A. glaubt, unsere Depeschen kommen von hier aus schneller nach Nanking als die aus Berlin oder Paris. Dabei sind die europäischen Telegramme viel früher in Nanking.

BOTSCHAFTSRAT: Hehehe!

BOTSCHAFTER: Herr Botschaftsrat, ich muß Sie übrigens bitten, sich ein anderes Monokel von zu Hause zu holen. Sonst können Sie hier unmöglich bleiben. Alle Welt schaut auf uns.

BOTSCHAFTSRAT: Selbstverständlich, Exzellenz. *Beide ab.*

CHINESISCHE KELLNER *stürzen über die Bühne:* Ba-schö-Ell, Ba-schö-Ell! Der Zweiundachtzig kommt!

CONTE ALDROVANDI *stürzt über die Bühne:* Tschang Tsung-tschan ist da! Wozu habe ich nur meinen neuen Frack angezogen!

BOTSCHAFTER: Hier, Botschaftsrat, haben Sie Ihr Monokel wieder. Wir brauchen kein Monokel mehr, niemand schaut uns mehr an, Tschang Tsung-tschan ist da. *Ab.*

LADY ASTOR: Hier haben Sie Ihren Spiegel zurück, Fürstin Torgut, ich brauch ihn nicht mehr. Tschang Tsung-tschan ist hier mit seinem ganzen Harem.

CHINESISCHE KELLNER: Ba-schö-Ell, Ba-schö-Ell, der Zweiundachtzig ist da!

DIE GELIEBTEN DER VÖLKERBUNDSEKRETÄRE: Tschort wosmi – hol's der Teufel! Jetzt sind wir hier vollständig überflüssig. Unsere Herren werden sich die Augen ausgucken nach dem Harem von Tschang Tsung-tschan.

DIE VÖLKERBUNDSEKRETÄRE: Tschort wosmi – hol's der Teufel! Jetzt sind wir hier vollständig überflüssig. Unsere Damen werden sich die Augen ausgucken nach Tschang Tsung-tschan, selbstverständlich, der Herr „Zweiundachtzig"!

KASPERL: Was bedeutet „Zweiundachtzig"?

BÜHNENMEISTER: Das bedeutet zweiundachtzig übereinandergelegte Dollarstücke.

KASPERL: Und was bedeuten zweiundachtzig übereinandergelegte Dollarstücke?

BÜHNENMEISTER: Das bedeutet einen besonders männlichen Körperbau.

KASPERL: Versteh ich nicht.

BÜHNENMEISTER: Brauchst du auch nicht zu verstehen.

EIN VÖLKERBUNDEXPERTE: Haben Herr General seinen Harem gesehen? Ein Mädchen schöner als das andere! Die Jüngste ist acht Jahre alt.

DER GENERAL *lüstern:* Acht Jahre! Acht Jahre! Ach ... *Er stirbt.*

EINE AMERIKANERIN: Zweiundachtzig! Wie zweiundachtzig übereinandergelegte Dollarstücke! Zweiundach ... *Sie stirbt.*

EIN FRANZÖSISCHER JOURNALIST: Mon ambassadeur, für wann könnten Sie mir ein Interview mit Tschang Tsung-tschan verschaffen?

L'AMBASSADEUR: Ich? Er lehnt es sogar ab, mich zu empfangen.

DIE GEMAHLIN DES AMBASSADEURS: Er lehnt es ab, meinen Mann zu empfangen – den Botschafter Frankreichs! Das ist zuviel! *Sie stirbt.*

L'AMBASSADEUR *beugt sich über die Leiche:* Adieu, ma chérie. *Zum Journalisten:* Wenden Sie sich an Bardaque, den Direktor unserer Banque de l'Industrie. Von dem bekommt Tschang Tsung-tschan Geld und Waffen. Wenn Bardaque sich dafür einsetzt, wird der General Sie vielleicht empfangen. *Ab.*

GRÄFIN BERG: Sagen Sie, Professor Tung Tsching-lei, er hat doch nur ganz junge Mädchen – wie macht er das?

PROFESSOR TUNG TSCHING-LEI: Nach zwei Jahren schickt er jede seiner Frauen mit Ruhestandsgehalt davon. Frauen, mit denen er unzufrieden ist, verheiratet er mit Kulis. Als er vor fünf Jahren nach Japan flüchten mußte, hat er seine schönsten Mädchen erschossen, damit sie keinem andern Mann angehören können.

GRÄFIN BERG: Arme Chinesenmädchen!

PROFESSOR TUNG TSCHING-LEI: Nicht nur Chinesenmädchen – damals waren auch Europäerinnen dabei. Er rühmte sich, fünfzig Frauen von fünfzig Nationen in seinem Harem zu haben.

GRÄFIN BERG *durchs Lorgnon schauend:* Ein stattlicher Mann, dieser Tschang Tschung-tschan. Sagen Sie, nimmt er jetzt keine Europäerinnen mehr?

PROFESSOR TUNG TSCHING-LEI: Nein. Er sagt, Europäerinnen seien nichts wert. Seit 1929 nimmt er keine mehr. *Gräfin Berg stirbt.*

ADMIRAL DOHERTY *kommt mit Frau:* Ich halte es hier nicht mehr aus. Wenn ich bedenke, daß dieser Kuli mit Dutzenden der hübschesten Mädchen lebt, während ich mit dir mein ganzes Leben verbringe, du ausrangierte Ziege . . .

FRAU ADMIRAL DOHERTY: „Ausrangierte Ziege" sagst du zu mir, einer Lady? Und was bist du? Du bist nicht einmal ein ausrangierter Ziegenbock. Du hättest selbst in deiner Jugend mit diesen hübschen Mädchen nichts anfangen können. Ich war gestern bei Colonel Bey, der ist fünf Jahre älter als du und noch ein ganzer Mann . . .

ADMIRAL DOHERTY: Du warst bei Colonel Bey . . . *Er stirbt.*

KU WEI-DEN, EIN JUNGER CHINESE: Li-Ba, warum sind wir nur hier heraufgegangen, warum nur!

LI-BA, EINE JUNGE CHINESIN: Sei doch nicht so aufgeregt. Was liegt denn daran, daß wir auf den Dachgarten des Peking-Hotels gekommen sind, um einmal zu sehen, wie es hier zugeht?

KU WEI-DEN: Wie es hier zugeht! Es geht schrecklich zu! Ich schäme mich für mein Volk. Die Fremden spreizen sich hier auf unsere Kosten und halten uns für minderwertig. Und dann kommt dieser Kerl herauf, dieser Tschang Tsung-tschan, und gibt ihnen volles Recht, uns zu verachten.

LI-BA: Was kümmert er dich?

KU WEI-DEN: Er ist Sinnbild unserer Unterdrückung. Die Provinz Kiangsi hat er ausgeplündert, Kirin hat er ausgeplündert, Fengtien hat er ausgeplündert, Schantung hat er ausgeplündert, als Divisionskommandant hat er geraubt, als Okkupationskommissar hat er geraubt, als Armeekommandant hat er geraubt, als Statthalter hat er geraubt.

LI-BA: Ja, man sieht, daß er viel Geld haben muß. Seine Frauen haben wunderschöne Kleider und kostbaren Schmuck.

KU WEI-DEN: Aber dort, wo er gehaust hat, können die Bauern keinen Reis mehr essen. Bis aufs Blut hat er alles ausgesaugt!

LI-BA: Was hat er mit dem vielen Geld getan?

KU WEI-DEN: Verpraßt hat er alles, Millionen und Millionen. Nichts hat er davon mehr übrig.

LI-BA: Wie kann er dann solchen Aufwand treiben?

KU WEI-DEN: Die fremden Mächte bezahlen ihn, um sich seiner Hilfe zu vergewissern gegen die Selbständigkeitsbewegung in Annam und gegen unsere Sowjetgebiete. Und er, dieser käufliche Schurke, kommt hierher, um sich ein Gesicht zu geben, und trinkt Champagner und zeigt seine Mädchen ...

LI-BA: Seine Mädchen trinken auch Champagner.

KU WEI-DEN: Natürlich, damit er seinen Kredit erhöht, damit man sieht, daß er reich genug ist, sich Soldaten zu kaufen.

CHINESISCHE KELLNER *stürzen über die Bühne:* Ba-schö-Ell geht! Die Autos vorfahren!

LI-BA: Warum nennt man ihn Ba-schö-Ell?

KU WEI-DEN: Das bedeutet zweiundachtzig übereinandergelegte Dollarmünzen.

LI-BA *schlägt die Augen nieder:* Pfui! Wie alt ist er denn?

KU WEI-DEN: Fünfzig Jahre.

LI-BA: Und was war er, bevor er General wurde?

KU WEI-DEN: Ein Bandit, wie alle unsere Generale.

LI-BA: Ein Bandit? So sieht er aber nicht aus.

KU WEI-DEN *eifersüchtig:* Er gefällt dir also?

LI-BA: Mir? Ich finde ihn widerlich.

KU WEI-DEN: Aber du schaust ihn immerfort an.

LI-BA: Du bist eifersüchtig auf dieses Scheusal, du beleidigst mich damit.

KU WEI-DEN: Verzeihe mir, aber es regt mich auf, daß China mit diesem Gesindel nicht Schluß macht, weil es die Kuomintang und die Fremden nicht zulassen. Sie bezahlen diesen Schurken noch, der ...

LI-BA: Pst. Da kommt er.

TSCHANG TSUNG-TSCHAN *ein Hüne, mit dreizehn Mädchen, bleibt vor Li-Ba stehen, greift ihr an den Busen:* Zeig deine Beine. *Li-Ba tut es.* Ganz gut. Du kannst mitkommen.

LI-BA: Ja. *Tschang Tsung-tschan mit Gefolge und Li-Ba ab.*

KU WEI-DEN *will ihr nach, ein Soldat stößt ihn zurück. Ku Wei-den springt auf die Brüstung des Dachgartens:* Dann muß ich sterben ... Nein. E r muß sterben. Die Feinde müssen sterben, wir müssen leben. *Schreit.* China, höre mich! Feinde über dir, China! Fremde über dir, China! Chinesen über dir, China!

Vorhang

BÜHNENMEISTER: Ich wollte gar nicht, daß das Stück so ernst endet, ich kann nichts dafür.
KASPERL: Ist es denn schon aus?
BÜHNENMEISTER: Hm. Ich glaube, nicht für immer.

NACHBEMERKUNG

Im Winter des Jahres 1925 reist Egon Erwin Kisch, bekannt geworden durch seine Bücher „Klassischer Journalismus“ und „Der rasende Reporter“, zum erstenmal nach Moskau. Noch ist die Sowjetunion nicht das, was sie heute ist. Jung ist der erste sozialistische Staat der Welt. Die Spuren von Krieg, Bürgerkrieg und Intervention hat das Land noch nicht voll überwinden können. Das Ringen um die eigene staatliche Form ist gerade zum Abschluß gekommen, erst 1922 haben sich die föderierten sozialistischen Sowjetrepubliken zur Union zusammengeschlossen. (Im Sprachgebrauch heißt es noch immer Sowjetrußland statt Sowjetunion.) Mittels der NEP, der Neuen Ökonomischen Politik, schreitet man vorwärts auf dem Wege der wirtschaftlichen Festigung und des Sozialismus. Dabei muß man sich gleichzeitig gegen Spekulantentum und konterrevolutionäre Umtriebe zur Wehr setzen. Hirn und Herz der Revolution, der geniale Vollstrecker des Volkswillens, Wladimir Iljitsch Lenin, ist vor einem Jahre gestorben. Die Partei setzt ihre Generallinie im schärfsten Kampf gegen den Trotzkismus durch.

Das etwa ist in knappen Worten die Situation, als Kisch seinen ersten Besuch im Sowjetland macht, Eindrücke sammelt und das Gesehene und Beobachtete in seinem Buch „Zaren, Popen, Bolschewiken“ niederlegt. Er geht vom unmittelbaren persönlichen Erlebnis aus und sucht das Grundsätzliche zu ermitteln, das er, in der Regel, auch trifft. Wenn wir seinen Reisebericht mit der Wirklichkeit des Heute konfrontieren, wird er zu einem ergreifenden Dokument für die gewaltige Schöpferkraft des Volkes unter dem Sozialismus. Was Kischs Reportage für die damalige Zeit bedeutete, hat Johannes R. Becher in einer Rezension dargelegt, die 1927 in der „Roten Fahne“ erschien. Becher schrieb:

„Die Eroberung der Wirklichkeit, der Kampf gegen alle Jenseitigkeit, in welcher Gestalt auch, Erkenntnis der herrschenden Natur- und Gesellschaftsgesetze, Menschenerkennen: das hat sich auch Kisch in seinen Reiseberichten über Sowjetrußland zur Aufgabe gesetzt. Kisch weicht nicht vor der sozialen Wirklichkeit aus. Dadurch, daß er sie richtig in den Mittelpunkt seiner Berichterstattung rückt, wird er zu einem Reporter der Wahrheit. (Es lohnt sich, Kischs eigene Auffassung über Reportage nachzulesen in der ‚Bücherschau‘.) Um die Wirklichkeit zu verändern (dieser Imperativ steht bei Kisch immer mindestens zwischen den Zeilen), muß man erst einmal die Wirklichkeit so fassen, wie sie ist. ‚Zaren, Popen, Bolschewiken‘ berichtet von Sowjetrußland, von einer in unserem Sinne bereits veränderten Wirklichkeit. Kischs künstlerische Fähigkeiten wuchsen an der Größe des Objekts. Unendliche Steppe und das Tempo des sozialistischen Aufbaus sind in seinem Buch. Heroismus des Bürgerkriegs und das ‚Unheroische' des Alltags – nichts wird verheimlicht, nichts wird schöngefärbt. Schwierigkeiten über Schwierigkeiten. Rückständigkeiten aller Art werden nur so herangeschwemmt, eine ganze Sintflut – aber der feste Block: die Partei, die Revolution weicht nicht. Weicht nicht und wankt nicht, trotz alledem, steht fest und unerschütterlich: vorgeschobenste Position des zwanzigsten Jahrhunderts.

Und Kisch entgeht instinktsicher beinahe immer der Gefahr, die darin liegt, Tatsachen mechanisch aneinanderzureihen, zu summieren. Im entscheidenden Moment springt Kisch los, faßt zusammen, konzentriert, macht einen Strich, zieht den Schluß. Das sieht oft wie eine Rechnung aus, die das Leben, die Geschichte geschrieben hat."

Und ganz ähnlich urteilte Lunatscharskij am 8. Juli 1929 in der „Literaturnaja gaseta": „Kisch ist wahrhaft. Er macht uns keine Reklame, er macht uns keine Komplimente. Im eigenen Kreis ist das nicht nötig. Aber er gibt im Relief ein anschauliches Bild der grundlegenden Errungenschaften unseres Lebens. Er berührt alle Seiten unseres Sowjetlebens."

Also noch einmal: Wenn wir Kischs Reisebericht aus dem Jahre 1925 mit der heutigen so gründlich veränderten Wirklichkeit konfrontieren, entdecken wir, daß Kisch mit seiner damaligen Beschreibung auf eigene Weise dazu beigetragen hat, jene gewaltigen Veränderungen zu befördern, deren sich die Sowjetvölker heute erfreuen. Und das ist kein Zufallsprodukt seines Buches. Die Wirkung war gewollt.

Ein Freund der Sowjetunion, ein Streiter für die Sowjetunion ist Kisch allezeit geblieben. Nach seiner zweiten Reise im Jahre 1930 zum Schriftstellerkongreß in Charkow, wo er mit Johannes R. Becher, Anna Seghers, Hans Marchwitza und anderen deutschen Schriftstellern weilte, erleben wir Kisch als Sprecher in öffentlichen Versammlungen. „Was geht in der Sowjetunion vor?" lautet das Thema der Veranstaltungen des Bundes proletarisch-revolutionärer Schriftsteller, auf denen Kisch und seine Freunde der antisowjetischen Verleumdungskampagne entgegentreten.

Kischs nächste Reise – ein Jahr später – bringt dann als Frucht den neuen Reportageband „Asien gründlich verändert".

1932 aus China zurückgekehrt, erlebt er den fünfzehnten Jahrestag der Oktoberrevolution und berichtet über die Vorbereitungen dazu in der Internationalen Presse-Korrespondenz unter der Überschrift „Moskau vor dem 15. Jahrestag".

Moskau, 5. November 1932

Der Jahrestag der Oktoberrevolution, der Jahrestag des Sieges steht vor der Tür, und die ganze Sowjetunion steht im Zeichen des Sieges und des Festes! Fünfzehn Jahre! Wie vor fünfzehn Jahren zehn Tage die Welt erschütterten, so haben fünfzehn Jahre, die seitdem vergangen sind, die Welt verändert. Fünfzehn Jahre! Interventionskrieg, Hungerkatastrophen an der Wolga, Skepsis, Opportunismus, Schädlingsarbeit, Verschwörungen, Arbeitslosigkeit und Kinderelend wurden überwunden, die Sabotage des kapitalistischen Auslandes; ihren Provokationen, Kriegsdrohungen, Dokumentenfälschungen, Boykottkampagnen und Lügenhetzen zum Trotz wurde eine ungeheure positive Arbeit geleistet. Das ehemalige Zarenreich ist in einen modernen, industriellen, sozialistischen Staat umgewandelt, der die größte kulturelle Erziehungsarbeit, die die Weltgeschichte kennt, vollbracht hat.

Nun sind fünfzehn Jahre siegreicher Kämpfe vorbei. Keine Fabrik, keinen Klub, keine Schule, kein Theater, kein Haus kann man heute betreten, wo nicht gemalt, gehämmert, gezimmert und genäht wird, wo nicht Diagramme für Fassaden, Dekorationen für die Wände, Fahnen für die Giebel, fünfzackige Sterne für Fenster und Balkons entstehen und in riesigen Ausmaßen die beiden Jahrestage 1917/1932 verkünden. Nach Entwürfen der besten Maler und Bildhauer werden Dekorationen für die Moskauer Straßenbahnen hergestellt. Auf einhundertzwanzig Autos werden, von totgeborenen Friedensengeln mit blauen Gesichtern umschwebt, lebensgroße Figuren der Teilnehmer der Abrüstungskonferenz des Völkerbundes herumgefahren, die nichts mehr als eine Seifenblase zusammenbringen.

Jeder der großen Moskauer Plätze veranschaulicht die Entwicklung eines bestimmten Lebensgebietes. Der eine stellt das Schulwesen zu Beginn der Sowjetzeit dem heutigen gegenüber, der andere die Entwicklung der Kollektivgüter, der dritte die Entwicklung der Sowjetgüter, der vierte das Bauwesen, der fünfte die Schwerindustrie, der sechste die Leichtindustrie, andere Verpflegungswesen, Verkehr sowie die Kulturarbeit der Roten Armee, den Aufstieg der Partei in diesen fünfzehn Jahren. Überall erstehen konstruktivistische Tribünen, die sich drehen, und auf ihnen werden die Redner der Bezirke sprechen und die Kleinkunstbühnen spielen. Der Theaterwagen der Arbeiterjugend, „TRAM", ist schon mit Kulissen bedeckt und bereit, spielend durch die Straßen zu fahren. Allerorts werden Lautsprecher und Scheinwerfer montiert. Riesen bewegen das Rad des Sozialismus. Am Gewerkschaftshaus ist ein Kreis von fünfzehn Metern Durchmesser in fünfzehn Segmente geteilt, jedes der Segmente gilt einem der vergangenen fünfzehn Jahre und zeigt die steigenden Zahlen der Produktion.

Am Wolkenkratzer des Obersten Volkswirtschaftsrates ragt ein Bohrturm vom Parterre bis zum vierzehnten Stockwerk mit den Zahlen der Naphthaförderung empor, und daneben ist ein ebenso großer Traktor, der die neuen Traktoren repräsentiert, eine ebenso große Glühlampe als Vertreterin der Elektrifizierung und ein Förderturm als Sinnbild der steigenden Kohlenproduktion. Über dem Puschkinplatz schwingen sich zwei Zeitungsblätter von einem wahrlich noch nicht dagewesenen Format in den Lüften: sechs Meter hoch und vier Meter breit. Die erste Seite zeigt die erste Nummer der ersten bekannten Lenin-Zeitung „Iskra" und eine Nummer der „Prawda" mit dem Bericht über die Eröffnung des Dneprostroi.

Alle Leitern der Feuerwehr sind in Betrieb, sie arbeiten oder rasen zur nächsten Arbeitsstelle, sie haben so viel zu tun, als wären Tausende Dachstuhlbrände ausgebrochen, aber sie sollen nur auf einem hohen Giebel einen Karl Marx anbringen oder einen Lenin, Stalin oder eine Gruppe von Stoßbrigadlern, die alle strahlen und leuchten werden. Zahlreiche Passanten stehen vor den Gerüsten, die wie Rutschbahnen aussehen, und ein großes Rätselraten ist darüber im Gange, von welcher Art das betreffende Monument sein mag, das hier im Entstehen begriffen ist.

Besonders reges Leben und Treiben herrscht in den Arbeitervierteln. Allabendlich sind große Veranstaltungen und Versammlungen in den Betrieben und Klubs. Überall proben Musikkapellen und Arbeitersprechchöre, überall ertönen die Blasinstrumente; die älteren Arbeiter, die Teilnehmer an den Barrikadenkämpfen bei der Oktoberrevolution, putzen ihre Gewehre und formieren ihre Betriebsgruppen. Zwischen den Belegschaften der einzelnen Fabriken ist es zu einem Wettstreit um den ersten Platz an der Spitze der Bezirkskolonnen in der Demonstration am 7. November gekommen. An den Bahnhöfen warten Arbeiterdelegationen der Moskauer Betriebe auf die Ankunft der ausländischen Arbeiterdelegationen. Unter den Wartenden sind viele ausländische Arbeiter, die in Moskau beschäftigt sind; deutsche Arbeiter warten auf deutsche Arbeiterdelegationen, amerikanische Arbeiter auf amerikanische Arbeiterdelegationen und englische Arbeiter auf ihre Landsleute. Es spielen Musikkapellen, es singen Pionierkinder, und staunend gehen die ausländischen Genossen durch ein aufleuchtendes, sich schmückendes Moskau, durch die Hauptstadt des Sozialismus, welche den fünfzehnten Jahrestag ihres Sieges feiert, sie feiert ein Fest, wie es die übrige Welt nicht kennt. Noch nicht.

Fünfzehn Jahre später – nach langer Emigrationszeit in die Prager Heimat zurückgekehrt – nimmt Kisch noch einmal die Feder zur Hand, um einen Gruß und Glückwunsch zu schreiben; Anlaß dazu gibt der dreißigste Jahrestag der Oktoberrevolution. Es ist Egon Erwin Kischs letzte publizistische Arbeit, denn wenige Tage später befällt ihn die Krankheit, der er im März 1948 erliegt. So hat er sich in der Tat bis zum letzten Federstrich als ein treuer Kampfgefährte der Sowjetunion bewährt und hat damit erfüllt, was er – in seinem letzten Gruß – „Die Pflicht jedes Sittlichen“ nannte.

Prag, 27. Oktober 1947

Die Oktoberrevolution und ihr Werk – die Sowjetunion – haben die Menschheit in zwei Fronten aufgeteilt: die der Wahrheit und die der Lüge. Die Sowjetgegner entfalteten eine Propaganda, die enorm, fast lückenlos war und ihre Wirkung auf Millionen und aber Millionen nicht verfehlte. Das dokumentierte Buch darüber, wie die Reaktion jede Wahrheit über und jede Stellungnahme für die Oktoberrevolution und die Sowjetunion zu unterdrücken versuchte, wird noch zu schreiben sein.

Noch ist der Dreißigjährige Krieg unserer Zeit nicht beendet. All das, was der vorfaschistische Kapitalismus zur Rettung seiner Machtposition an Verleumdungen gegen die Sowjetunion ausgeheckt hatte, diente nachher dem Faschismus als Vorwand und Erlaubnis, die gesamte fortschrittliche Menschheit zu überrumpeln, Männer, Frauen, Kinder und Säuglinge, Städte und Länder zu vernichten und Kultur und Zivilisation auszurotten. Noch nicht ausgerottet ist die Lüge. Selbst inmitten aller Verwüstung, die sie anrichteten, hätte den Millionen von Hitlersoldaten im Sowjetland klar werden müssen, welchen Aufschwung das russische Volk wirtschaftlich, kulturell und sozial genommen hatte, mit welcher Dankbarkeit und Liebe es an seinen Befreiern vom Zarenjoch hing, wie einmütig das Volk sein Land und die Errungenschaften der Revolution verteidigte. Nichts von solcher Erkenntnis und Einsicht drang aus der einen Front in die andere. Und den ahnungslosen Zeitungslesern, vermeintlichen Nazigegnern unter ihnen, erschien die Tatsache, daß die Nazis die den Bolschewiken angedichteten Greuel eingestandenermaßen und sich brüstend verwirklichten, als ein Beweis für eine Identität beider Regime.

Wer im Westen gegen diese verhängnisvolle Massenverdummung seine Stimme erhob, wurde augenblicks zum Zielpunkt behördlicher Schikanen, publizistischer Angriffe und wirtschaftlichen Boykotts. Als Lion Feuchtwanger richtig formulierte: „Wer gegen Stalin ist, ist für Hitler", ging eine Kampagne gegen ihn los, die nicht von Goebbels organisiert war, aber von Goebbels hätte organisiert sein können. Der Krieg mit dem „armen Finnland" kam. Die Weltpresse begann ein Wehklagen über das arme kleine demokratische und nun von den „roten Imperialisten" überfallene Finnland. Täglich tischten sie ihren Lesern Nachrichten darüber auf, wie die Finnen die Reste des bereits völlig geschlagenen russischen Heeres nach Moskau jagten. Dann brach der Krieg zwischen Deutschland und der Sowjetunion los – ein Krieg, der laut einstimmiger Voraussage der amerikanischen Radiokommentatoren (ich habe ihre Round-table-Konferenz selbst abgehört) binnen einem Monat mit dem katastrophalen Zusammenbruch, mit der Liquidierung der Sowjetunion enden müsse.

In Stalingrad war der Triumph der Russen noch nicht vollendet, als sie bereits über die Hemisphäre vorwärts drangen, die sieggewohnte deutsche Wehrmacht in Stücke schlugen, und das waren nicht nur militärische Siege, sondern auch die Beweise für die bisher bestrittene organisatorische Kraft der Sowjetarmee und die hohe Moral der Truppe. Schon wurde in den Straßen Berlins gekämpft, aber noch immer schrie Goebbels ins Mikrophon: Der deutsche Endsieg steht unmittelbar bevor. Mitten im hastigsten, kampferfüllten Vormarsch vergaßen die roten Kolonnen nicht, die nazistischen Konzentrationslager zu öffnen, und Hunderttausende schauerlich gepeinigter Menschen empfingen von ihnen das, was sie nie mehr zu hoffen gewagt hatten: Leben und Freiheit.

Ganze Völkerschaften gewannen Leben und Freiheit aus der Hand der Sowjetunion, über die sie, die nun Geretteten, seit 1917 nur Verleumdungen gelesen und – geglaubt hatten. Jedoch – wir sehen es nicht nur in Amerika – die Fronten existieren noch immer. Wahrheit und Lüge stehen einander so geschlossen und erbittert gegenüber wie vor dreißig Jahren, und es ist die Pflicht jedes Sittlichen, sich auf seiten der Wahrheit einzureihen.

Der dritte Band der Gesammelten Werke Egon Erwin Kischs vereinigt drei der größeren, in sich abgeschlossenen Reportagenbände. „Zaren, Popen, Bolschewiken" erschien 1927 im Erich Reiß Verlag, Berlin; bis 1930 erlebte das Buch zehn Auflagen. Unser Neudruck geht auf die erste Auflage zurück.

1932 veröffentlichte der Erich Reiß Verlag „Asien gründlich verändert". Zu Beginn des folgenden Jahres erschien bereits die achte Auflage. Auch hier folgt unsere Ausgabe der ersten Auflage.

Ebenfalls 1933 erschien im Erich Reiß Verlag „China geheim" – nur eine Auflage, es war der letzte Band Kischs, der für eine lange Zeit in Deutschland gedruckt werden durfte.

Orthographie und Interpunktion des Textes wurden behutsam dem heutigen Gebrauch angepaßt.

Auch die Schreibweise russischer Orts- und Eigennamen ist dem jetzigen Transkriptionsgebrauch angeglichen. Das gleiche gilt für chinesische geographische Namen, sofern sie sich aus Kischs englischer Transkription rückübersetzen ließen.

Die Bearbeitung des Textes besorgten Edelgarde Oehlandt und Elga Abramowitz, die auch die Anmerkungen verfaßten.

ANMERKUNGEN

Zaren, Popen, Bolschewiken

8 *Budjonny* – Semjon Michailowitsch Budjonnyj (1883–1973), organisierte aus Partisanenabteilungen die „Rote Kavallerie“; 1919 als Kommandeur der 1. Roten Reiterarmee erfolgreich gegen Weißgardisten und Interventen.

Babel – Isaak Emanuilowitsch Babel (1894–1941), sowjetischer Schriftsteller, schrieb u.a. einen Band Erzählungen „Die rote Reiterarmee“.

„Blaue Blusen“ – Eine deutsche Agitpropgruppe der zwanziger Jahre.

9 *Chleboprodukt* – Staatliche Brotwarenhandelsorganisation der Sowjetunion.

12 *Cassirer* – Paul Cassirer (1871–1926), Berliner Kunsthändler und Verleger.

15 *Aul* – Dorfsiedlung.

16 *Sassaniden* – Persisches Herrschergeschlecht von 226 bis 651.

Ktesiphon – Alte Stadt am Tigris, die Hauptresidenz der Sassaniden. Beim Sturz des Sassanidenreiches fiel die Stadt in die Hände der Araber, die hier große Schätze erbeuteten.

voilà Naples tatare! – (franz.) Das ist das tatarische Neapel!

18 *Karaul* – Wachstation.

Bagratiden – Armenisch-georgisches Fürstenhaus, herrschte vom 8. bis ins 13. Jahrhundert.

19 *Rußlands Ischl* – Bad Ischl war die Sommerresidenz Kaiser Franz Josephs von Österreich und Sommerfrische des hohen österreichischen Adels.

21 *Loubet* – Emile Loubet (1838–1929), von 1899 bis 1906 Präsident der Französischen Republik.

23 *„Jörn Uhl“* – 1901 erschienener Roman des holsteinischen Schriftstellers Gustav Frenssen, ein Buch der provinzialistischen „Heimatkunst“.

43 *Katorga* – Zwangsarbeit im zaristischen Rußland, die meist in Sibirien abgeleistet wurde. Hier: Zuchthauszelle.

44 *Trotzki* – Lew Dawidowitsch Trotzki (1879–1940) wurde wegen seines hartnäckigen Fraktionskampfes gegen die Leninsche Parteilinie 1927 aus der Partei ausgeschlossen, 1929 des Landes verwiesen.

Bouquiniste – (franz.) Antiquar, der seine Bücher vom Bücherkarren verkauft.

45 *„L'argent“* – „Das Geld“, 1891 erschienener Roman Zolas.

46 *Sensal* – Makler.

47 *Tscherwonez* – Ehemalige, 1924 im Zuge einer Währungsreform eingeführte sowjetische Währungseinheit.
48 *Zentrosojus* – Zentrale Vereinigung der Konsumgenossenschaften der UdSSR.
die heilige Hermandad – Im 16. Jahrhundert spanische Gendarmerie, die über die Sicherheit der Landstraßen wachte; scherzhafte Bezeichnung für die Polizei.
50 *entendez, Monsieur Henri Béraud* ... – (franz.) Hören Sie, Herr Henri Béraud, noch eine Filiale, ein Juweliergeschäft mehr in Moskau, und nicht von Ihnen beschrieben! Welche Chance ist Ihnen entgangen! (Henri Béraud, geb. 1885, Journalist und Schriftsteller, war Mitarbeiter verschiedener großer französischer Zeitungen.)
53 *ex lucis orient* – (lat.) aus dem „Lux" kommt der Orient; Wortspiel mit dem lateinischen Sprichwort „ex oriente lux", aus dem Osten kommt das Licht.
55 *Barin* – (russ.) Herr.
57 *Taylorismus* – Nach dem amerikanischen Ingenieur F. W. Taylor (1856–1915) benannte Lehre von der äußersten Rationalisierung und Systematisierung des Arbeitsvorgangs im Fabrikbetrieb.
60 *ad analogiam* – (lat.) nach dem Vorbild; entsprechend.
64 *Wilajet* – (türk. arab.) Provinz.
66 *loco* – (lat.) am Ort.
67 *Tschin* – (russ.) Rang, Klasse. Die russischen Zivilbeamten und Offiziere wurden 1722 durch ein Gesetz Peters des Großen in 14 Rangklassen eingeteilt und erhielten je nach Rangklasse den erblichen oder persönlichen Adel. Diese Rangtafel blieb bis zur Oktoberrevolution in Kraft.
68 *Aschkenasim* – Mittel- und osteuropäische Juden im Gegensatz zu den Sephardim, den im 15. Jahrhundert von Spanien und Portugal aus zerstreuten Südjuden.
Schiiten – Eine Richtung des Islam.
72 *Moribundus* – (lat.) der im Sterben Liegende.
74 *500 Rubel* – wahrscheinlich muß es heißen: 150 Rubel.
75 *Tschinownik* – (russ.) Beamter.
76 *Bednyi* – Demjan Bednyj (1883–1945), russischer Dichter, populärer Satiriker.
77 *eine „Quadriga von sechs feurigen Rennern" (Holzbock)* – Der Name des um die Jahrhundertwende populären Berliner Journalisten Alfred Holzbock war in Journalistenkreisen sprichwörtlich für Paradoxa wie dem hier zitierten.
„Des Gourmets" – (franz.) Feinschmecker (Pl.).
79 *Troize-Sergijewa-Lawra* – Eins der bedeutendsten russischen Klöster, in der Nähe von Moskau gelegen; im 14. Jahrhundert gegründet.
Antinous – Wahrscheinlich ist Antonius gemeint, Liebling des röm. Kaisers Hadrian (117–138), Ideal der Jünglingsschönheit in der spätrömischen Kunst.

79 *Plechanow* – Georgij Walentinowitsch Plechanow (1856–1918), Organisator der ersten russischen marxistischen Gruppe „Befreiung der Arbeit" (1883). Verdient in der Bekämpfung der Narodniki. Nach dem II. Parteitag der SDAPR (1903) führender Menschewik; stand der Oktoberrevolution ablehnend gegenüber.

Jaurès – Jean Jaurès (1859–1914), französischer Sozialist des opportunistischen Flügels. Begründer der „Humanité". Trat gegen den drohenden imperialistischen Krieg auf; am 31. Juli 1914 von Chauvinisten ermordet.

Sozialrevolutionäre – 1902 gegründete kleinbürgerliche Partei auf den Spuren der Volkstümlerbewegung des 19. Jahrhunderts, die, wie seinerzeit der Geheimbund „Narodnaja Wolja" (vgl. Anm. zu S. 90), den individuellen Terror propagierte. Später, vor und nach der Oktoberrevolution, erbitterte Gegner der Bolschewiki.

80 *Ponte dei Sospiri* – (ital.) Seufzerbrücke.

82 *Ochrana* – Die politische Geheimpolizei des zaristischen Rußlands, 1881 zur Unterdrückung der revolutionären Bewegung geschaffen.

83 *non in actis, non in mundo* – (lat.) nicht in den Akten, nicht in der Welt.

86 *Semstwo* – 1864 in Rußland eingeführte Selbstverwaltung für Gouvernements und Kreise.

Asew – Jewno Asew (1869–1918), seit 1893 Spitzel der Ochrana in der Parteileitung der Sozialrevolutionäre, verriet zahlreiche Revolutionäre; wurde 1908 entlarvt; floh ins Ausland.

87 *die Erschießung der sechsundzwanzig Volkskommissare* – Vgl. S. 179.

88 *Cadeau* – (franz.) Geschenk.

der erste Parteitag 1908 – 1908 fand kein Parteitag der SDAPR statt. Der erste Parteitag war 1898.

Lunatscharskij – Anatolij Wassiljewitsch Lunatscharskij (1875–1933), sowjetischer Politiker und Schriftsteller, 1917 bis 1929 Volkskommissar für Unterrichtswesen und Volksaufklärung.

Maria Smidowitsch – Vermutlich ist Sofja Nikolajewna Smidowitsch (1872–1934) gemeint. Sie bekleidete nach der Oktoberrevolution eine Reihe hoher politischer Ämter und setzte sich insbesondere für die Verbesserung der Lage der arbeitenden Frauen ein.

Kollontai – Alexandra Michailowna Kollontai (1872–1952), sowjetische Diplomatin und Schriftstellerin, wurde 1917 ins ZK gewählt.

Solz – Aaron Alexandrowitsch Solz (1872–1940), nach 1917 Mitglied der Redaktion der „Prawda"; von 1921 bis 1934 Mitglied des Präsidiums der Zentralen Kontrollkommission.

Semaschko – Nikolai Alexandrowitsch Semaschko (1874–1949), einer der Organisatoren des sowjetischen Gesundheitswesens.

Deutsch – Leo Grigorjewitsch Deutsch (1855–1941), Narodnik, später einer der Organisatoren der marxistischen Gruppe „Befreiung der Arbeit" (1883), seit 1903 Menschewik, gab nach 1918 jede politische Tätigkeit auf.

90 *S. K.* – Vermutlich Abkürzung für „Sibirskij Katorshnik", „sibirischer Sträfling".

Kropotkin – Pjotr Alexejewitsch Kropotkin, Fürst (1842–1921), russischer Politiker, Geograph und Forschungsreisender; Theoretiker und Organisator der anarchistischen Bewegung.

Herzen – Alexander Iwanowitsch Herzen (1812–1870), russischer Philosoph und revolutionärer Demokrat. Seine Schriften, die in Rußland illegal verbreitet und viel gelesen wurden, trugen entscheidend bei zur ideologischen Vorbereitung der Revolution.

Petraschewzen – Anhänger des utopischen Sozialisten Michail Wassiljewitsch Petraschewskij (1821–1866), der 1845 in Petersburg revolutionäre Zirkel der russischen Intelligenz bildete und 1849 zu lebenslänglicher Zwangsarbeit verurteilt wurde.

Narodowolzen – Angehörige des Geheimbundes „Narodnaja Wolja" („Volkswille") innerhalb der Narodniki-Bewegung. Diese 1879 gegründete Organisation versuchte den Zarismus durch Terror zu bekämpfen.

92 *Fort Chabrol* – Kischs Anspielung bezieht sich auf das Haus Nr. 51 in der Rue de Chabrol in Paris, das 1899 Sitz der Antisemitischen Liga war. Dort verschanzte sich der Journalist Jules Guérin, der einem Gerichtsverfahren entgegensah, mit einigen Freunden drei Wochen lang.

93 *Figner* – Wera Figner (1852–1942), führendes Mitglied der Narodniki-Bewegung und der „Narodnaja Wolja", am Attentat auf Alexander II. (1881) beteiligt; 1884 bis 1904 in der Schlüsselburg eingekerkert.

Aschenbrenner – Michail Juljewitsch Aschenbrenner (1842 bis 1926), führendes Mitglied der Narodniki und der „Narodnaja Wolja", 1884 bis 1904 in der Schlüsselburg eingekerkert.

Frolenko – Michail Fjodorowitsch Frolenko (1848–1938), Narodnik, Mitglied der „Narodnaja Wolja", Herausgeber der von 1921 bis 1935 erschienenen Zeitschrift „Katorga i Sylka" („Zwangsarbeit und Verbannung").

Prytaneum – Stadthaus im alten Griechenland, Versammlungsstätte der Mitglieder des Ratsausschusses, der Prytanen.

95 *Rjasanow* – Seinerzeit Direktor des Moskauer Marx-Engels-Instituts.

96 *Pastor Weidig* – Friedrich Ludwig Weidig (1791–1837), Landpfarrer und Schulrektor, überarbeitete im liberalen Sinne den von Georg Büchner verfaßten revolutionären „Hessischen Landboten", wurde mehrmals verhaftet und schließlich im Gefängnis durch Mißhandlungen zum Selbstmord getrieben.

Jordan – Sylvester Jordan (1792–1861), liberaler Staatsrechtler in Hessen, wurde des Hochverrats beschuldigt, 1839 verhaftet, 1845 freigesprochen; war 1848 Mitglied der Frankfurter Nationalversammlung.

Waldeck – Franz Leo Benedikt Waldeck (1802–1870), preußischer Politiker, 1848 Vorsitzender des Verfassungsausschusses der preußischen Nationalversammlung, wurde im Mai 1849 verhaftet und des Landesverrats angeklagt, jedoch durch die Geschworenen freigesprochen.

97 *Bauer* – Bruno Bauer (1809–1882), idealistischer Philosoph, Religionshistoriker und Publizist, Junghegelianer; nach 1866 Nationalliberaler.

„Ami du Peuple" – (franz.) Volksfreund. Eine von Marat redigierte Zeitung, die von 1789 bis 1792 erschien.

Cloots – Jean-Baptiste du Val de Grâce, Baron von Cloots (1755–1794), Schriftsteller und Politiker, Anhänger der Französischen Revolution; wurde 1792 in den Konvent gewählt; 1794 hingerichtet.

Michel – Louise Michel (1833–1905), französische Schriftstellerin und Revolutionärin, nahm an den Kämpfen der Pariser Kommune teil.

Blanqui – Louis-Auguste Blanqui (1805–1881), französischer Revolutionär; Vertreter der Idee der gewaltsamen Machtergreifung durch eine Verschwörerorganisation; zwischen 1830 und 1870 Organisator mehrerer Geheimbünde; spielte eine führende Rolle in der Pariser Kommune.

Godwin – William Godwin (1756–1836), englischer Schriftsteller, vertrat in seinen Romanen anarchistisch-sozialreformerische Ideen.

Windelband – Wilhelm Windelband (1848–1915), deutscher Philosoph, Neukantianer.

Phalanstère – Bezeichnung für die von dem französischen utopischen Sozialisten Charles Fourier geplanten Arbeitsgenossenschaften.

Abbé Meslier – Jean Meslier (1678–1733), katholischer Priester und utopischer Kommunist.

Bakunin – Michail Alexandrowitsch Bakunin (1814–1876), Ideologe des Anarchismus, Gegner des Marxismus. 1872 aus der I. Internationale ausgeschlossen.

Réclus – Elisee Réclus (1830–1905), französischer Geograph, wurde 1872 wegen seiner Beteiligung an der Pariser Kommune des Landes verwiesen.

Most – Johann Most (1846–1906), deutscher Sozialdemokrat, später Anarchist; vereinigte 1883 in den Vereinigten Staaten verschiedene anarchistische und sozialrevolutionäre Strömungen zur „Internationale des werktätigen Volkes", gab in New York die Zeitschrift „Freiheit" heraus.

101 *Sadda Yacco* – Japanische Schauspielerin, die 1900 und 1901 mit ihrer entgegen der japanischen Sitte aus Männern und Frauen gemischten Truppe Europa bereiste.

107 *Matteotti* – Giacomo Matteotti (1885–1924), italienischer Politiker, Sozialist.
Adler – Friedrich Adler (1879–1960), Führer der Sozialdemokratischen Partei Österreichs, Vertreter des Austro-Marxismus.
Macdonald – James Ramsay Macdonald (1866–1937), englischer zentristischer Labourpolitiker, mehrmals Premierminister.
Honny soit, qui mal y pense – (franz.) Schande dem, der Arges dabei denkt. Wahlspruch des englischen Hosenbandordens.
Kalinin – Michail Iwanowitsch Kalinin (1875–1946), sowjetischer Politiker; seit 1922 Vorsitzender des Zentralen Exekutivkomitees der UdSSR, 1938 bis 1946 Vorsitzender des Obersten Sowjet.
111 *en plein air* – (franz.) im Freien.
113 *Tschitscherin* – Georgij Wassiljewitsch Tschitscherin (1872 bis 1936), sowjetischer Diplomat, von 1918 bis 1929 Volkskommissar für Auswärtige Angelegenheiten.
Dsershinskij – Felix Edmundowitsch Dsershinskij (1877–1926), 1917 Gründer und erster Vorsitzender der Tscheka, ab 1921 Volkskommissar für Verkehrswesen, ab 1924 Vorsitzender des Obersten Wirtschaftsrates und Kandidat des Politbüros der KPdSU.
117 *in partibus infidelium* – (lat.) in den Gebieten der Ungläubigen. Bezeichnung für die während der Kreuzzüge im Orient gegründeten Bistümer, die wieder in die Hände der Andersgläubigen fielen.
119 *Regens-chori* – (lat.) Chorleiter.
123 *Denikin* – Anton Antonowitsch Denikin (1872–1947), russischer General, 1919 Oberbefehlshaber der weißgardistischen Truppen, 1920 von der Roten Armee endgültig geschlagen; floh nach England.
Martow – Julij Ossipowitsch Martow (1873–1923), einer der Führer und Theoretiker der Gruppe „Befreiung der Arbeit“; später Führer der Menschewiki und Gegner der Sowjetmacht; emigrierte 1920.
Axelrod – Pawel Borissowitsch Axelrod (1850–1928), Mitbegründer der Gruppe „Befreiung der Arbeit“; Führer und Theoretiker der Menschewiki; Gegner der Oktoberrevolution; emigrierte nach 1917.
130 *Wundt* – Wilhelm Wundt (1832–1920), idealistischer Philosoph und Psychologe, Begründer des Instituts für experimentelle Psychologie in Leipzig.
Bücher – Karl Bücher (1847–1930), Nationalökonom, Wirtschaftshistoriker, Begründer der Zeitungswissenschaft in Deutschland.
Koltschak – Alexej Wassiljewitsch Koltschak (1874–1920), russischer Admiral, Oberhaupt der konterrevolutionären Regierung in Sibirien 1918/19, Führer der Hauptarmee der Interventen; 1919 von der Roten Armee vernichtend geschlagen; erschossen.

134 *Séjour* – (franz.) Erholungsaufenthalt.
136 *Meuniersche Gesichtszüge* – Der belgische Maler und Bildhauer Constantin Meunier (1831–1905) schuf u. a. berühmte Plastiken von Bergarbeitern.
137 *Petljura* – Simon Petljura (1879–1926), ukrainischer Politiker, 1917 bis 1921 Führer nationalistischer Gruppen, die einen ukrainischen Separatstaat anstrebten, nach dem Sturz Skoropadskijs Hetman der Ukraine; stellte konterrevolutionäre Verbände auf, wurde 1920 von der Roten Armee vertrieben; floh ins Ausland.
Skoropadskij – Pawel Petrowitsch Skoropadskij (1873–1943), russischer General; 1918 nach der Besetzung der Ukraine durch deutsche Truppen zum Hetman ausgerufen; floh später nach Deutschland.
Wrangel – Peter Nikolajewitsch Wrangel, Baron (1878–1928), russischer General, leitete 1920 den letzten großen Interventionsversuch gegen Sowjetrußland; von der Roten Armee bei Perekop (am Asowschen Meer) vernichtend geschlagen; floh ins Ausland.
Ataman Machno – Nestor Iwanowitsch Machno (1884–1934), russischer Anarchist, Führer von Banden, die 1921 von der Roten Armee zerschlagen wurden; floh ins Ausland.
Schkuro – Andrej Grigorjewitsch Schkuro, weißgardistischer General, organisierte im Kaukasus konterrevolutionäre Verbände, die 1919 von Budjonnyjs Reiterarmee zerschlagen wurden.
Haidamaken – Ursprünglich: aufständische ukrainische Bauern und Kosaken im 18. Jahrhundert. 1918 nahmen die Banden Petljuras und Skoropadskijs die Bezeichnung Haidamaken an.
142 *Aretino* – Pietro Aretino (1492–1556), italienischer Dichter und geistreicher Pamphletist.
144 *Judenitsch* – Nikolai Judenitsch (1862–1935), russischer General, Befehlshaber der nordwestlichen Interventionstruppen, im Herbst 1919 von der Roten Armee geschlagen; floh ins Ausland.
150 *Journaux d'Affiche* – (franz.) Anschlagzeitungen.
160 *clock-maker to the Queen* – (engl.) Uhrmacher der Königin.
genii loci – (lat.) die Schutzgeister des Ortes.
164 *Inful* – Liturgische Kopfbedeckung höherer katholischer Geistlicher.
165 *Eparchien* – Bischofssprengel in der griechisch-orthodoxen Kirche.
166 *Sachariden* – Armenisches Fürstengeschlecht, seit dem 12. Jahrhundert nachweisbar.
168 *Oblomow* – Titelheld des 1859 erschienenen Romans von I. A. Gontscharow (1812–1891).
169 *Coucher* – (franz.) Zubettgehen.
170 *Habima* – (hebr.) Bühne. Name des 1917 gegründeten Moskauer Hebräischen Theaters.
171 *Karsawina* – Tamara Karsawina (geb. 1885), Petersburger Primaballerina. Der Höhepunkt ihrer Laufbahn lag vor dem ersten Weltkrieg.

171 *Gelzer* – Jekaterina Wassiljewna Gelzer (1876–1962), von 1898 bis 1934 Tänzerin am Moskauer Bolschoi-Theater.

174 *Entente cordiale* – (franz. Herzliches Einvernehmen) 1904 entstandene bündnisähnliche Beziehungen zwischen England und Frankreich.

Home Rule or How to solve the Irish question – (engl.) Selbstregierung oder Wie die irische Frage zu lösen ist.

177 *Palmare* – Handgeld.

178 *Badkubé* – (pers. Vom Wind geschlagen) Der persische Name für Baku. Hier: der Wind nach Baku.

179 *Mussawatisten* – Angehörige der 1911 gegründeten bürgerlich-nationalistischen aserbaidshanischen Partei „Mussawat" (Gleichheit).

190 *Daschnaki-Regierung* – „Daschnak-Zutjun": eine Anfang der neunziger Jahre des 19. Jahrhunderts gegründete nationalistische Partei in Armenien. 1918 bis 1920 standen die „Daschnaki" an der Spitze einer konterrevolutionären Regierung.

197 *Brieux' „Schiffbrüchige"* – Eugène Brieux (1858–1932), der Autor erfolgreicher sozialkritischer Dramen, schrieb 1901 das Theaterstück „Les Avariés" („Die Schiffbrüchigen").

200 *Asbuka* – Bezeichnung des kyrillischen Alphabets; im Russischen Alphabet überhaupt.

209 *Pilsudski* – Józef Pilsudski (1867–1935), polnischer Politiker, 1919 bis 1922 Staatschef und Oberbefehlshaber der polnischen Armee; ergriff 1926 durch Staatsstreich die Macht, führte eine halbfaschistische Militärdiktatur ein.

Qui pro Quo – (lat.) Wer für wen.

210 *Poniatowski* – Józef Fürst Poniatowski (1763–1813), polnischer General und napoleonischer Marschall, Kommandeur des polnischen Korps der Großen Armee im Rußlandfeldzug 1812, fiel bei dem Versuch, nach der Völkerschlacht bei Leipzig den Rückzug Napoleons zu decken.

Przybyszewski – Stanislaw Przybyszewski (1868–1927), polnischer Schriftsteller, Modernist, schrieb anfangs in deutscher Sprache.

Asien gründlich verändert

215 *Dobroljot* – Fluggesellschaft der Sowjetunion.

Chodynka-Feld – Moskauer Flughafengelände.

Pinkertons – Bezeichnung für amerikanische Detektive (nach der Detektei Pinkerton).

219 *Professor Ramme* – Willy Ramme (1887–1953), damals Kustos am Zoologischen Museum der Berliner Universität.

220 *Newerow* – Schriftstellername von Alexander Sergejewitsch Skobelew (1867–1923). 1923 erschien Newerows Roman „Taschkent, die brotreiche Stadt".

225 *bis!* – noch einmal!

237 *Mullahs* – Mohammedanische Geistliche.
240 *n. d. Hedschra* – Mit der Hedschra (der „Auswanderung" Mohammeds aus seiner Geburtsstadt Mekka nach Jathrib, dem späteren Medina, am 15./16. 7. 622) beginnt die islamische Zeitrechnung.
242 *Kapuzinergruft* – Begräbnisstätte der Habsburger in der Wiener Kapuzinerkirche.
244 *Ulug-Beg korrespondierte mit Galilei* – Hier liegt offensichtlich eine Verwechslung vor, denn Ulug-Beg starb 1449, und Galilei wurde 1564 geboren.
245 *Enver Pascha* – Zu Enver Pascha (1881–1922) siehe S. 266.
Uhlands Graf im Bart – der Autor des Gedichts „Preisend mit viel schönen Reden", auf das Kisch hier anspielt, ist Justinus Kerner.
damnator temporis acti – (lat.) Verächter vergangener Zeiten.
246 *Dshadiden* – Anhänger der bürgerlich-nationalistischen Bewegung Mittelasiens (Dshadid) im ersten Viertel des 20. Jahrhunderts.
247 *Mufti* – Mohammedanischer Rechtsgelehrter.
Achun – Mohammedanischer Theologe.
Kasi – Kadi, mohammedanischer Richter.
250 *Doorn* – Holländischer Exilort Wilhelms II.
251 *Medresse* – Meist mit Moschee verbundene islamische Schule.
252 *Kufi-Schrift* – Alte eckige Form der arabischen Schrift.
253 *Samaniden* – Iranische Dynastie (874–999) mit dem Hauptsitz in Buchara.
263 *Ghurkas* – Ursprünglich die herrschende Kriegerschicht im Königreich Nepal, dann verallgemeinernd Bezeichnung für alle Soldaten in den nepalesischen Regimentern der britischen Kolonialtruppen.
266 *Mangiten* – Türkische Dynastie in Buchara, herrschte seit Ende des 18. Jahrhunderts.
290 *Athropos, Klotho, Lachesis* – Die drei griechischen Schicksalsgöttinnen.
293 *divide et impera* – (lat.) teile und herrsche; Grundsatz der altrömischen Außenpolitik.
294 *Vendée* – Französische Landschaft am Atlantischen Ozean; in der Französischen Revolution Zentrum der royalistischen Aufstände.
Dshigity – Verwegene Reiter bei den kaukasischen Bergstämmen.
296 *Golem* – In der jüdischen Volkssage eine von einem Rabbiner durch zauberkräftige Bibelsprüche belebte Tonfigur.
299 *Sinda bod Todshikistoni surch* – (tadsh.) Es lebe das rote Tadshikistan.
317 *Kurban-Beiram* – Das Fest der Wallfahrt nach Mekka.
319 *Federal Farm Board of USA* – 1929 gebildete Organisation zur Stützung der amerikanischen Landwirtschaft.
331 *Oulednails* – Prostituierte afrikanischer Stämme.
341 *Ktab* – (arab.) Buch. Hier ist das Heilige Buch, der Koran, gemeint.

374 *Cyrus* – Cyrus (gest. 529 v. d. Z.), Begründer des altpersischen Reiches.
375 *Falangen* – In tropischen und subtropischen Gebieten verbreitete Spinnenart.
377 *Die Ballade vom Zuchthaus in Reading* – Gedicht des irischen Schriftstellers Oscar Wilde (1856–1900).
379 *Cotton Belt* – (engl.) Baumwollgürtel; das Baumwollanbaugebiet im Süden der USA.
Feddan – Ägyptisches Feldmaß; 1 Feddan = 59,29 Ar.
387 *In Dixieland, the land of cotton, old times there are not forgotten* – (engl.) In Dixieland, dem Land der Baumwolle, sind die alten Zeiten nicht vergessen.

China geheim

394 *Sojus-Chleb* – Staatliche Getreidehandelsorganisation der UdSSR.
396 *Kirschon* – Wladimir Michailowitsch Kirschon (1902–1938), sowjetischer Dramatiker.
397 *Starowerzen* – (russ.) „Altgläubige", die sich aus Anlaß der Kirchenreform des Patriarchen Nikon im 17. Jahrhundert von der russischen Kirche getrennt haben.
Perowskaja – Sofja Perowskaja (1853–1881), russische Revolutionärin, Mitglied der „Narodnaja Wolja", leitete Vorbereitung und Ausführung des tödlichen Attentats auf Zar Alexander II. am 1. März 1881, wurde am 3. April 1881 hingerichtet.
Ataman Semjonow – Weißrussischer Kosakenführer, kämpfte unter Koltschak gegen die Rote Armee.
General Gajda – Radula Gajda (geb. 1892), kämpfte 1917 bis 1919 in der Tschechoslowakischen Legion unter Koltschak gegen die Rote Armee; in den zwanziger Jahren einer der Führer der tschechoslowakischen Faschisten.
398 *Smedley* – Agnes Smedley (1890–1950), amerikanische Schriftstellerin, war in den zwanziger bis vierziger Jahren als Zeitungskorrespondentin in China tätig; beschrieb in einer Reihe von Büchern den Freiheitskampf des chinesischen Volkes.
403 *Variatio delectat* – (lat.) Abwechslung erfreut.
405 *Triëder* – Fernglas.
406 *Dreadnought* – (engl.) „Fürchte nichts", Bezeichnung für einen bestimmten Typ von Großkampfschiffen der britischen und der US-Flotte.
Sampan – Chinesisches Hausboot.
407 *Settlement* – (engl.) Niederlassung.
408 *Dinner given by ...* – (engl.) Essen, gegeben vom japanischen Minister für China zu Ehren der Untersuchungskommission des Völkerbundes.
417 *Ordre de bataille* – (franz.) Schlachtordnung.
428 *Yoshiwara* – Tokioter Vergnügungsviertel.

431 *dii minores militiarum gentium* – (lat.) Götter geringeren militärischen Ranges.

435 *Noulens (Ruegg)* – Paul Ruegg, Sekretär des Pazifischen Sekretariats der Gewerkschaften.

450 *Bonzen* – Europäische Bezeichnung für buddhistische Priester oder Mönche.

Trebitsch-Lincoln – Ignaz Timotheus Trebitsch-Lincoln (geb. 1879), internationaler politischer Agent, 1920 Pressechef bei Kapp-Lüttwitz, ging 1925 nach China, wurde dort politischer Berater der Kuomintang.

452 *Ming* – Chinesische Dynastie, regierte von 1367 bis 1644.

459 *Mahjongspiel* – Chinesisches Brettspiel.

461 *squeeze* – (engl.) auspressen, erpressen.

Compradore – Einheimischer Vermittler zwischen Inlandsmarkt und ausländischem Kapital im Ostasienhandel.

462 *Whitechapel* – Stadtteil im Osten Londons, Slumdistrikt.

470 *Shanghai Child Labour Commission* – (engl.) Schanghaier Kommission zur Untersuchung der Kinderarbeit.

471 *Camões* – Luiz Vaz de Camões (1524–1580), portugiesischer Dichter, schrieb das Nationalepos „Die Lusiaden“ (1572), das die Entdeckung des Seeweges nach Indien durch Vasco da Gama zum Thema hat.

477 *Merry House: Turkish Bath and Russian Massage* – (engl.) Fröhliches Haus: Türkisches Bad und russische Massage.

482 *She'd a dark and rolling eye …* – (engl.)
Sie hatte dunkle Kulleraugen
Und ihr Haar hing in Locken herunter
Ein nettes Kind, ein braves Kind
Aber sie hatte es hinter den Ohren.
    Ich drückte sie
    Ich wiegte sie
    Ich herzte sie
    Ich liebte sie
Und fand zu meiner Überraschung:
Sie war nichts als ein getarntes Feuerschiff.

486 *Han-Dynastie* – Die Han-Dynastie herrschte von 202 v. d. Z. bis 220 n. d. Z.

492 *cif* – Abkürzung für: cost, insurance, freight; Vereinbarung im internationalen Handel, daß der Lieferant die Kosten für Verladung, Versicherung und Fracht übernimmt.

493 *Taiping-Aufstand* – Großer chinesischer Bauernaufstand 1850 bis 1864 gegen die reaktionäre Feudalordnung und die Fremdherrschaft der Mandschu-Kaiser; wurde von kaiserlichen Truppen und englischen und französischen Interventionskorps blutig niedergeschlagen.

the ever victorious army – (engl.) die stets siegreiche Armee; Bezeichnung des engl. Interventionskorps im Taiping-Aufstand.

494 *Boxerindemnität* – Reparationen, die China 1901 nach dem Boxeraufstand von den an der Niederschlagung des Aufstands beteiligten Staaten auferlegt wurden.

495 *Tao-Tai* – Hoher Beamter mit militärischer und ziviler Befehlsgewalt.

498 *Wu* – Wu Pei-fu (1872–1939), chinesischer Bürgerkriegsgeneral, von England unterstützt; spielte seit 1919 eine führende Rolle vor allem in Mittelchina, wurde 1926/27 von der Kuomintang entscheidend geschlagen.

Tschang – Tschang Tso-lin (1873–1929), chinesischer Bürgerkriegsgeneral, beherrschte mit japanischer Unterstützung zeitweilig die Mandschurei und Peking.

499 *Sun Tschuan-fang* – Zeitweilig mit Wu Pei-fu gegen Tschang Tso-lin verbündeter Bürgerkriegsgeneral.

514 *in camera caritatis* – (lat.) in der Kammer der Barmherzigkeit. Hier: die Gummizelle.

518 *das Blutbad vom 30. Mai 1925* – Die Demonstration chinesischer Arbeiter und Studenten erfolgte aus Protest gegen die Ermordung chinesischer Arbeiter in Tsingtau und Schanghai durch japanische Soldateska.

520 *misera plebs* – (lat.) armseliger Pöbel.

546 *Likin-Zoll* – Chinesischer Binnenzoll, 1853 zur Deckung der Unkosten bei der Unterdrückung des Taiping-Aufstands (siehe Anm. zu S. 493) eingeführt.

549 *Juan* – Juan Schi-kai (1859–1916), bis 1911 General unter dem letzten Mandschu-Kaiser. 1912 zum provisorischen Präsidenten der Republik gewählt. Errichtete 1913 eine offene Militärdiktatur. Sein Versuch, die Monarchie zu restaurieren und sich zum Kaiser zu proklamieren, scheiterte an der antimonarchischen Bewegung in Südchina.

551 *Phäaken* – Sorgloses und genußfreudiges Seefahrervolk der griechischen Sage.

552 *Mei* – Mei Lan-fang (1894–1961), berühmter Schauspieler der Pekinger Oper, vor allem Frauendarsteller.

554 *molettoniert* – mit Moltongewebe unterlegt.

555 *Hooligan* – (engl.) Strolch.

558 *Cloisonné* – (franz.) Emailmalerei.

575 *Poshaluista, gospodin, konetschno* – (russ.) Bitte, mein Herr, selbstverständlich.

577 *Tschang* – Tschang Tsung-tschan (1881–1932), chinesischer Bürgerkriegsgeneral, kämpfte unter Tschang Tso-lin; Militärgouverneur von Schantung; durch ein Attentat getötet.

INHALT

Zaren, Popen, Bolschewiken

Asien gründlich verändert

China geheim